차이와 윤리

개화 주체성의 형성

지은이 김미정(金美廷, Kim Mi-Jeong)은 서울대학교 사회학과에서 석사학위와 박사학위를 받았다. 경희대, 아주대, 서울대 등에서 사회이론과 문화사회학, 사회학개론을 강의하였다. 관심분야는 사회이론, 문화사회학, 역사사회학 등이다. 요즘엔 유교와 근대, 보편성 사이를 사회이론적으로 어떻게 접합할 것인지 고민하고 있으며, 개화기를 현재의 기원이자 한계지로서의, 일종의 형이상학적 영역으로 끌어올릴 기획을 세우고 있다.

「이행의 시간성과 주체성─개화 주체에 대한 한 설명」, 「'수치(shame)'와 근대」, 「'사회적인 것'의 문제 설정에 대한 한 설명─선험적인 것-경험적인 것-실천적인 것의 삼각 구도를 중심으로」, 「의사소통 이성의 한계에 대한 화용론적 비판─언어의 바깥을 넘어서 '삶의 형식'으로」, 「기혼여성의 자아와 가족질서의 균열」, 『문예공론장의 형성과 동아시아』(공저, 성균관대 출판부, 2008), 『식민권력과 근대지식─경성제국대학 연구』(공저, 서울대 출판부, 2011) 등을 발표했다. (email : rosa-mj@hanmail.net)

차이와 윤리 개화 주체성의 형성

초판발행 2014년 5월 20일 **초판2쇄발행** 2015년 8월 30일
지은이 김미정 **펴낸이** 박성모 **펴낸곳** 소명출판 **출판등록** 제13-522호
주소 서울시 서초구 서초동 1621-18 란빌딩 1층
전화 02-585-7840 **팩스** 02-585-7848 **전자우편** somyong@korea.com **홈페이지** www.somyong.co.kr

값 38,000원   ⓒ 김미정, 2014

ISBN 978-89-5626-985-6 93330

이 도서의 국립중앙도서관 출판시도서목록(CIP)은 서지정보유통지원시스템 홈페이지(http://seoji.nl.go.kr)와 국가자료공동목록시스템(http://www.nl.go.kr/kolisnet)에서 이용하실 수 있습니다.(CIP제어번호: CIP2014014712)

차이와 윤리

개화 주체성의 형성

Difference and Ethics
The Formation of Kaehwa Subjectivity

김미정

소명출판

일러두기

◆ 책 내용의 일부는 다음과 같은 지면에 발표되었음을 밝혀둔다.

「이행의 시간성과 주체성-개화 주체에 대한 한 설명」, 『동방학지』 제158집, 2012.6.
「'수치(shame)'와 근대」, 『사회와 이론』 통권 제21-1집, 2012.11.

◆ 책에 나오는 한문 인용문의 번역은 모두 필자가 작업한 것임을 일러둔다. 한국어로 번역출판된 자료들, 혹은 국사편찬위원회나 한국고전번역원에서 번역되어 웹으로 구축된 자료들은 기존의 번역들을 많이 참조하되 한문 표현들을 되살리는 방식으로 손을 보았고, 완결된 번역이 도서나 웹으로 구축되어 있지 않은 자료들은 한문 표현을 살리는 방식으로 직접 번역했다.

◆ 인용문의 출처는 본문에서는 (신용하, 2001a) 혹은 (Foucault, 2003c)와 같이 밝히고, 해당문헌의 자세한 서지사항은 참고문헌을 통해 확인하도록 했다. 참고문헌에서 해당문헌은,

신용하, 「19세기 개화파의 자주적 근대화사상의 구조」, 『갑오개혁과 독립협회운동의 사회사』, 서울대출판부, 2001a.

Foucault, M., "On the Genealogy of Ethics : An Overview of Work in Progress", P. Rabinow & N. Rose, eds., *The Essential Foucault*, New York : The New Press, 2003c.

와 같이 나타낸다.

1. 사랑하는 독자에게

나는 이 책에서 개화 주체성에 대한 물음을 던지며, 150년가량 된 자료들을 읽고 분석하는 작업을 했다. 그 150년은 단순히 1년 365일에 150을 곱한 숫자가 아니다. 사서삼경을 읽던 사람들이 칸트와 베버와 푸코를 읽고 근대성에 대해 심각하게 질문하게 된, 크고 깊은 변화가 150년의 시간을 내리누르고 있다.

크고 깊은 거리를 느끼는 것은 슬픈 일일 수 있다. 그러나 거리를 느끼고 안타까워하는 것은 그것과 나 사이에 오랫동안 사라지지 않을 관계가 형성되어 있음에 대한 감지일 것이다. 남진의 노래처럼 "당신과 나 사이에 저 바다가 없었다면" 쓰라린 일도 없었겠지만 또한 그런 노래를 부르게 할 가슴 아픈 사랑도 없었을 것이다. 사랑이 거리를 견디고 좁히고 또 존중하는 일인 것처럼, 역사적 연구도 시간간격을 견디고 좁히고자 하지만, 또 존중하는 일이다. 내가 읽고 분석하고자 한 자료와 나 사이에 깊이 굽이치는 간격이 없었다면, 이 책도 없었을 것이고, 나아가 고통스런 우리의 역사적 존재도 불가능했을 것이다. 사랑이 바다를 오가듯이, 우리가 역사를 갖는다는 것이 나로 환원되지 않을 과거의 타자성을, 즉 그 낯섦의 존엄을 인정하는 것에서 출발한다는 생각을 밝히며, 한 번도 만나본 적 없는 '사랑하는 독자들'에게 처음으로 말을 붙여본다.

독자들에게 어떤 말을 더 할지 고민해본다. 지금까지 이 책을 구상하고 집필하고 수정하면서 겪은 일들을 나열하며 성취의 감격에 젖어야 할까? 그러고 싶지는 않다. 이상한 말이겠지만, 이 책은 나도 모르는 사이에 씌어졌다. 이 책은 2011년 8월 서울대 사회학과에서 통과된 박사논문 「개화 담론에서 서양의 의미작용과 주체의 구성」을 이리저리 다듬은 것인 만큼, 대학제도에 빚지고 있다. 더욱이 이 책은 어느 날 문득 나에게로 와서 나를 사로잡은 생각들 덕분에 씌어졌고, 그 생각들 덕분에 모래알 같은 나날을 버티며 완성될 수 있었다. 이 책은 이제 나의 곁을 떠나, 당신 '사랑하는 독자'에게로 가려 한다. 불현듯 사로잡힌 생각들 중 하나를 풀어놓으면서, 당신과 나 사이에 긴장어린 관계를 오래도록 만들어두고자 한다. 거리와 관계가 지속되는 한, 나는 이 생각을 계속할 것이다.

2. '결을 거슬러 역사를 솔질하는 것' 그리고 분기(憤氣)를 참는 것

발터 벤야민의 「역사의 개념에 대하여」에는 꽤 잘 알려진 다음과 같은 구절이 있다.

> 오늘에 이르기까지 늘 승리를 거둔 사람은 오늘날 바닥에 누워 있는 자들을 짓밟고 가는 지배자들의 개선행렬에 함께 동참하는 셈이다. 전리품은 통상적으로 늘 그래왔듯이 개선행렬에 따라다닌다. 사람들은 그 전리품들을 문화재라고 칭한다. (…중략…) 그것들은 그것들을 만들어낸 위대한 천재들의 노고에서뿐만 아니라 그 천재들과 함께 살았던 무명의 동시대인들의 노역에도 힘입고 있다. 동시에 야만의 기록이 아닌 문화의 기록

이란 결코 없다. 그리고 문화의 기록 자체가 야만성에서 벗어날 수 없는 것처럼 그것이 한 사람에게서 다른 사람에게로 넘어간 전승의 과정 역시 야만성을 벗어나지 못한다. 따라서 역사적 유물론자는 가능한 한도 내에서 그러한 전승에서 비켜선다. 그는 결을 거슬러 역사를 솔질하는 것을 자신의 과제로 본다.

역사가 폭력과 지배의 기록이라는 점을 부인하기란 어렵다. 교과서에서 자랑스럽게 기술되는 역사의 기념비들은 승리자의 전리품이거나 이제 막 승리자가 되려고 하는 자들이 챙기려고 하는 전리품이다. 설사 그것이 과거 피압박 계급의 것이라 해도 그것이 문화재가 되는 한 여기에는 현재하는 지배의 시선이 투영되어 있다. 그런 의미에서, 반들반들 윤이 나도록 결들이 잘 솔질된 역사만큼, 과거 사건들이 우리의 역사적 시간감각에 자연스럽게 배치되어 아늑한 충족감을 선사하는 역사만큼 폭력적인 것은 없다. 과거의 사건들과 발화들이 현재의 이해로 잘 정리되어 있는 한, 이런 역사에서는 사실상 과거와 현재 사이의 간격이 사라지고 없다. 과거에는 현재가 흡수할 수 없는 어떤 과도함이 있게 마련이며, 그것을 부정하고 밀쳐버림으로써만 이런 종류의 역사가 성립하기 때문이다. 그래서 '결을 거슬러 역사를 솔질한다'는 구체적인 비유는 현재화에 저항하는 과거의 요소들로 향하도록 명령한다.

고등학교 이상의 학교 교육을 받은 사람이라면 대체로 하나의 역사상(歷史像)을 갖고 있다. 불평등과 속박이 분쇄되고 평등과 자유가 증진되는 과정으로서의 인류사이며, 그 절정에는 프랑스혁명과 같은 극적인 반봉건 투쟁이 있다. 많은 근대비판론이 잘 보여주듯, 이 역사상에는 세계로부터 단절한 위치에서 자연과 타자를 지배하고 통제하려는 '초월적 주체'에 대한 긍정이 있다. 이 역사상이 자연스러움을 획득하는 세계에서 유럽사는 역사기술의 표준이 된다.

한국의 역사가들은 다른 비서구의 그들처럼 한국도 유럽과 같은 유형의 역사를 가졌다는 걸 논증하느라 반세기 이상의 시간을 써버렸다. 이 와중에, 주체적 인간의 등장을 그리느라 조선 후기를 성리학의 해체기로 보는 오도된 인식까지 이루어졌었다. 그러나 근대적 이행의 의의 아래 성립한 '개화' 연구야말로 이러한 에너지가 집중된 영역일 것이다. 자주적 근대화를 지향하는 혁신세력의 성장을 추적하고 위대한 기념비들을 확립하는 것이 내재적 발전론의 주된 기획이었다. 혹은 이른바 혁신세력들이 훌륭한 민족 부르주아지가 못되었다고 비판하는 목소리도 있었다. 반민족성과 반민중성을 고발하는 이 목소리들은 근대의 해방적 요소를 부각하는 듯하지만, 실상 과거의 낯섦에 대한 존중을 결여한다. 그들이 제대로 된 부르주아이기만 했어도 망국도 식민지도 없었으리라는 투정과 불만 같은 것이 읽힌다. 김옥균이나 유길준이 혹은 고종이 좀더 계몽적이었다면 어땠을까 하면서 고대하는 것이야말로, 자신이 애착하는 서양사의 자연스러움에 묶인 채 역사적 감수성을 억압하는 자세일 뿐이다.

벤야민의 '결을 거슬러 역사를 솔질'한다는 비유는 근대 안에서 근대가 부정하려는 낡고 영락한 요소들을 드러낼 때 진보의 역사철학이 탈신화화된다는 점을 적시한다. 이 지침을 개화 주체성의 문제에 적용한다면 다음과 같은 그림을 얻게 된다. 교과서적 견해에서 근대는 유럽에서 기원한 유럽사의 연장으로서, 유럽사의 과정을 따라 20세기 혹은 21세기까지 연장하다 보면, 현재 지구적 반경으로까지 확대된 근대 전반을 포괄하게 된다. 그러나 '결을 거슬러 역사를 솔질'해 본다면, '유럽의 것들이 퍼져나가 세계를 단일한 시공간으로 연결한 것은 다만 세계를 제패한 유럽 문화의 우월한 능력일 따름인가?'라고 묻게 된다. 어쩌면 극심한 혼란을 감수하면서 이질적인 유럽 문화에 개방해 그것들을 받아들인 비유럽적인 역량이 있었기에 외견상 유럽의 제패가 가능했던 것이 아닐까?

　근대를 만든 비유럽적인 역량은 자기동일성을 확정하는 것이기보다는 타자와의 관계 안에서 차이를 협상하며 자기자신을 새로이 조형해가는 '타자와의 조우'의 역량일 것이다. 개화 담론들은 구미(歐美) 문화의 기념비라기보다는 '타자와의 조우'가 힘차게 펼쳐지는 장이 될 것이고, 개화 주체성은 유럽적 유형의 복사판이나 아류라기보다는, 차이나는 타자와의 관계적 속성을 가지고 성립하게 될 것이다. 공교롭게도 동아시아의 오랜 전통은 바로 이 타자와의 관계적 속성이 두드러진다고 이야기되어왔다. 그렇다면 전통에게 그 자체의 힘을 되돌려주는 것이 필요하다. 현재적 관점에서는, 유럽사적 유형의 역사에서는 망각되고 기술되지 않는 지점, 유럽이 비유럽에 가닿고 비유럽이 유럽과 연결되는 그 사이의 점이지대로 향해야 한다. '역사의 결을 거슬러 솔질'해본다면, 과거의 요소는 새로운 통일성으로 나아가기 위한 중간의 부정적 계기로서만 포착될 수 없다. 진보하는 정신으로 종합되지 못한 그것은 현재적으로 자랑스러운 문화유산이기는커녕 낡고 퇴락한 양상으로 드러날 수 있다.

　이같은 통찰은 '내재적 비판'의 학문적 태도 속에서도 지지대를 발견한다. 연구대상의 본질은 외부 준거에 의해 밝혀질 수 없고 대상 자체의 내재적 연관 속에서 다뤄져야 한다. 개화 주체성은 서구적 근대를 목적지로 삼는 역사 속에서 등록될 수 없다. 당대 행위자들이 역사적 존재라면 그들은 그들이 선택하지 않은 조건 안에 있으며, '근대적 이행'을 해낸다 해도, 이 역사적 조건의 제약 속에서 움직이게 된다. 「루이 보나파르트의 부뤼메르 18일」에서의 마르크스의 말은 의미심장한 경구가 된다. "인간은 자신의 역사를 만들어가지만, 그들이 바라는 꼭 그대로 만드는 것은 아니다. 인간은 스스로 선택한 상황 속에서가 아니라 이미 존재하는, 주어진, 물려받은 상황 속에서 역사를 만들어간다." 그들은 그들의 세계 지평에 몰입해 있어야, 그 안에서 느끼고 알고 이해하고 행동할 수 있다. 하이데거의 표현을 빌리자면, "자신의 고유한 과거는 현존재를 뒤따라오지 않으며, 오히려 각기 그때마다 그를 앞서 간다."

역사적 인간은 구조의 수인(囚人)이라는 이야기가 아니다. 그들도 진위와 부정을 문제삼고 구별하고자 하는 의지와 역량이 있다. 그러나 이 역량은 행위자 자신의 설명능력을 초과하는 역사적·사회적 조건들에 의존한다. 세계에 대해 말하기 위해서는 무엇이 옳다 그르다 말하기 위해서는 세계에 대한 관계, 주체의 자기관계가 전제되어야 하는데, 이 선험적(a priori) 관계성은 초시간적인 것이 아니라 시간을 통하여 퇴적된 것 안에 내포되어 있다. 그렇다면, 현재적으로 낯선 전통적 에토스, 특히 유교적 에토스가 이 선험적 관계망의 형성에 있어 중요한 역할을 하리라고 생각될 수 있다.

결을 거슬러 역사를 솔질하고자 했을 때 '타자와의 조우'의 비유럽적인 역량이 발견된다고 했다. 그런데 내재적 비판에 충실하고자 할 때, 개화 주체성은 동아시아의 오랜 전통의 에토스 속에 배태되어 있으리라는 문제의식을 품게 된다. 이 책은 이 교묘한 합류지점에서 씌어졌다. 양자는 모두 개화 담론의 유교적 에토스에 아주 엄밀하게 주목하면서 개화 주체성에 접근할 것을 요구한다. 독자들은 제1장 3절에서 이 엄밀한 요구에 부응하려는 방법론적 전략을 보게 될 것이다.

어느 날 문득 다가온 이 요구를 우직하게 따랐다. 연대기적 시간에 맞추어 사건들을 배치하지 않았다. 무지몽매의 한가운데에서 선구자들이 솟아나 개화사상을 창안하고 자주적 국민국가를 건설해나가는 역사 이야기, 실은 실패했지만 실패하지 않았을 수도 있었을 역량을 가진 듯한 세력을 찾는 만회(挽回)의 드라마—그 주인공으로는 급진 개화파 대신, 온건개화파, 갑오농민군 등이 등장하곤 하는데—를 쓰지 않았다. 익숙하고 자연스러운 이해로 귀속시키지 않도록, 문헌을 낯설게 보는 훈련을 반복하고 반복하면서 글이 힘들게 씌어졌다. 이 지독한 투쟁적 글쓰기는 나를 풍부하게 하는 도정이 아니라 하면 할수록 나를 가난하게 하는 도정, 나 아닌 것과의 가난한 일체감을 얻게 하는 도정이었다. 누군가는 이 도저한 미련둥이 짓을 용납 못할 수 있다. 역사의 흐름과 결에 익숙해져 있는 이들이 역겨움을 느낄 법하다. 역사 해석은 현재의 어떤 운동세력 혹은 어떤 방향성에 대한 정당화일 때 그 의의가 인정되곤 하는데, 이 책은 그 점에서는 점수가 낮다. 낭만적 복고주의와도 거리가 멀다. 이 책에서 논해지는 전통은 삼강오륜을 강제할 규범적 효력을 갖거나 행복감에 젖게 하는 것이 아니다. 행복한 전통은 박물관에 자랑스레 전시된 죽은 유품일 뿐이며, 과거를 순치시키는 현재의 모습일 뿐이다. 개화 주체성에 들어온 전통은 규범적 강제력을 잃고 있는, 즉 비참하게 영락하는 윤리이며, 실천 가운데 은밀하게, 무능력을 노정하면서 오히려 훌륭히 '타자와의 조우'를 이뤄내는 에토스이기 때문이다. 독자들은 '가슴 아프게' 그리고 염연(恬然)하게 이런 장면들을 반복해서 보게 될 것이다.

역사의 결들이 뻣뻣하게 일어난 상태, 그것은 역사를 읽는 즐거움을 도려낸 것이지만 역설적으로 역사적 제약으로부터 해방되는 장소이다. 거리를 넘고 또 존중한다는 것이란 이렇게 추레함을 드러내는 고귀한 몸짓이 아니겠는가? 물론 과거를 향유하는 다른 방식이 있다. 과거의 자료들을 집어올리는 순간, 과거의 단편들은 과거의 그 시간에 있지 않다. 현재로 불려들어온 그것들은 현재 우리 욕망의 회로 속에서 살아 움직인다. 그래서 역사에서 우리는 죽은 자들이 속삭여주는 우리의 소망과 절망, 희망과 고통의 이야기들을 듣는다. 대원군이나 갑신정변 세력이나 혹은 명성왕후, 전봉준이 등장하는 이런 애끓는 드라마들을 잘 알고 있다. 감동적이지만 이건 역사의 형태를 띤 신화이고, 이 안에 있는 한 우리는 우리의 욕망을 가동시키는 현재의 한계 안에서 배회할 뿐이다.

과거와의 거리를 인정하는 것은, 과거를 현재의 나에게 저항해오는 것으로 두는 동시에 그것에 현재의 나를 대립시킴으로써 과거의 힘을 운명적인 것으로 절대화하지 않으려는 것이다. 과거를 순치하려는 욕망의 맹목적 전진을 막으면서도 욕망의 에너지를 보존함으로써 미지의 미래를 준비하려는 것이다. 개화 논설들의 표현대로라면(제4장 참조) 우주와의 소통을 잠재한 분기(憤氣)를 함부로 발산하지 않고 언젠가를 위해 쌓아두는 것이다. 주역의 박괘(剝卦)가 보이듯이 늦가을 석과불식(碩果不食)의 자세로 우리 안의 역량을 잠재성의 상태로 보존하는 것이다. 역사적 인물들을 살아 움직이게 하기보다 담론상의 위치로 산재시키는 태도야말로 무력한 듯 감춰진 것을 드러나게 함으로써 현실의 흐름에 우리 자신을 완전히 양도하지 않는 것이다. 또 오늘의 기원이자 한계지로서 개화 주체성을, 망각되어온 윤리적 자원이 가동된 면모로 드러내는 것은, 역사의 혹은 우주의 하나의 순환국면이 끝나가고 있음을 아는 자의 태도일 수 있다. 사라질 듯 숨어든 것이 현재의 문턱을 만들었고, 또 현재로부터 벗어날 현재의 역량을 형성한다는 것이다. 이 책은 이런 태도를 처음으로 시험해본 졸작(拙作)이다.

3. 다시 사랑하는 독자에게

이 책을 준비하고 집필하면서 많은 분들의 도움을 얻었다. 독자들에게 이들을 소개할까 한다.

지도교수셨던 박명규 선생님은 일견 기괴한 생각에 사로잡혀 있는 제자의 고집을 받아주셨고, 그것이 박사학위 논문으로 이어질 수 있도록 지도하고 보살펴주셨다. 단정하고 온화한 선생님께서 소풍 날짜를 받아놓은 아이처럼 상기된 나를 상대하시느라 고생하셨을 생각을 하면 지금도 죄송스럽고 감사할 따름이다. 역사사회학 연구자로서의 성실함과 신중함을 알려주신 정근식 선생님, '유교와 근대'라는 주제의 위험성을 보여주신 정일균 선생님, 개화기가 중층결정된 역사적 공간임을 일러주신 최정운 선생님, 문헌 해석에 대한 감수성과 포용력으로 감동을 주신 권보드래 선생님께도 커다란 학은을 입었다. 서울대 사회학과에서 한상진, 송호근, 서이종, 김홍중 선생님께 배운 사회학적 상상력과 사고는 이 책 곳곳에 배어 있다.

'문화와 사회이론 연구회'의 박영도, 김종엽, 정태석, 김수진 선생님, 그리고 박치현, 김성은, 김정환과 어울려 보내며 공부한 시간들이 많았다. 되돌아보니 내가 관심 갖고 할 줄 아는 많은 것들을 특히 박영도 선생님께 얻었음을 깨닫고 놀라곤 한다. 김태완 선생님께서는 유교경전 읽기를 가르쳐주셨고, 바쁘신 와중에 이 책 원고까지 읽고 오류들을 잡아주셨다. 물론 책의 주장 내용과 오류들은 모두 나의 책임이다. 전성우, 김무경 선생님을 비롯한 이론사회학회와 문화사회학회의 선생님들께서 무명의 룸펜 연구자를 동료로 따뜻하게 맞아주신 덕분에 이 책의 원고를 만드는 데 힘이 붙었다. 김상준 선생님께서는 독특한 능력과 분위기로, 내가 '유교와 근대'라는 주제를 계속 끌어안아야 함을 새삼 일깨워주셨고, 많은 영감을 내려주시고 있다. 야심만만하지만 실험적인 이 책의 출판을 결정하고 진행한 소명출판의 박성모 사장님, 공홍 부장님, 긴하안 선생님께 감사를 전한다. 이 책이 이런 근사한 형태로 나온 것은 그 누구보다도 이분들 덕분이다. 이분들과 인연을 맺은 나의 행운이 기쁘다.

그리고 믿음직한 동반자, 나의 남편이 있다. 공부하는 아내를 아끼고 보살피는 그의 사랑은 늘 사랑스럽다. 넷째 딸을 깊이 믿는 엄마, 그리고 학교에서 공부하는 행운을 거머쥔 여동생을 예뻐해 준 언니들, 남동생, 공부하는 며느리를 관대하게 봐주신 시부모님들 덕분에 길고 고요한 날들이 가능했다. 돌아가신 아버지는 평범하고 정직한 농부셨지만 내게는 역사 자체의 상징이셨다. 고향마을 그곳에 계시던 아버지와의 거리와 관계 덕분에 역사를 계속 생각한다.

이분들이 이 책을 즐겁게 받아드는 순간을 기다린다. 그러나 그 누구보다도 나와 의미있는 관계를 맺어갈 독자 당신을 기다리고 있다.

2014년 4월 늘 그렇듯이 나의 공부방에서 김미정

제1장 서론

개화 주체성을 묻는다

1. 문제의식 —'타자와의 조우' 안에서 개화 주체성의 형성을 살핀다

대부분의 현대 한국인이 자신을 반성하는 잣대는 서구적 기준이다. 우리는 현재의 모습이 오래되지 않은 역사적 형성물임을, 즉 19세기 후반 이후 서양과의 상호작용의 결과임을 직감하고 있다. 100여 년 전까지만 해도 숱하게 읽혔을 사서삼경이나 조선 선비들의 주석들이 더없이 낯설고 루소와 칸트가 오히려 익숙한 자기 모습처럼 여겨지며, 유교의 계서제적 질서에 대해 눈살이 찌푸려지는 반면 자유, 평등, 민족적 독립의 가치에 저절로 감격하게 되는 것은 그 사이에 중요한 역사적 변환이 벌어졌음을 뜻한다. 역사적 변환이라는 말은 타자와의 지난한 과정을 시사하고 있다. 사회학의 전통 또한 사회적 인간이라면 으레 갖고 있는 자기반성의 기제가 사회질서의 기능을 할 뿐더러 타자와의 상호작용의 산물임을 밝히는 데 주력해왔다. 자기반성의 층위가 타자와의 상호작용 연관이라면, 우리가 우리 자신을 반성하고 조율하는 방식에는 타자와의 지난한 상호작용의 과거가 농축되어 있을 터이며, 우리의 현재는 이렇게 응축된 과거 안에서 펼쳐진다고 할 수 있다. 현재의 우리를 알기 위해서는 서양이라는 새로운 반성적 기준이 설립된, 고단하고 복잡한 그 과정으로 거슬러 올라갈 필요가 있다. 이 책은 1800년대부터 1905년까지의 담론에 대한 연구를 통해 이것을 진행해 보고자 한다.

앞으로의 여정을 인도하는 질문은 다음과 같다. '개화 담론에서 어떠한 타자관계가 전개되었기에, 서양이 반성적 기준으로 등장하게 되었는가?' 주체의 탄생에 타자가 깊숙이 개입한다는 사회이론의 전언에 따른다면 이 질문은 '개화의 주체'에 대한 질문이라고 할 수 있다. '서양의 의미작용'이 변화하는 가운데 서양을 반성적 기준으로 삼는 주체성(subjectivity)이 형성된다고 보고, 그 과정을 역사적으로 정향된 문화사회학적 탐구를 통해 추적하고자 한다.

사실, 서양의 의미작용과 그 의미작용에 의해 구성된 개화 주체성에 대한 물음은 너무나 일반적인 문제라서 다소 뻔한 듯한 인상을 줄 수 있다. 아주 간단히 '서양이 보편적 문명의 척도로 상승한 모범이고 그것에 의해 구성된 주체는 그 모범에 대해 격하된 위상을 가진 모방자'라는 답을 예상할 수도 있고, 이것을 과감히 서양이라는 '보편'과 한국적 '특수'의 문제로 전화할 수도 있다. 선행연구 검토에서 상술되겠지만, 보편자로서의 서양과 그것에 준거된 특수자로서의 개화 주체의 구도는 이식(移植)근대론과 내재적 발전론을 막론하고 많은 연구에서 암묵적으로 채택되었다. 연구 이전에 전제된 채 외삽(外揷)되어 사실(史實)들을 배열하고 해석·설명하며, 평가하는 원리로서 가동되었을 뿐만 아니라, 정신분석학이나 탈식민주의론의 힘을 빌려 더욱 심오한 함의로 덧칠되기도 했다.

그러나 보편으로서의 서양과 특수로서의 비서양의 구도는 근대 서양의 역사철학이 지구적 차원으로 확대된 것으로서, 서양의 자기이해를 담고 있다. 세계가 서양화되는 과정을 동일자가 타자를 지양하고 통일하는 운동으로 이해할 때, 서양 자신에게는 보편이, 그밖의 세계에게는 그것에 규정당하는 특수라는 위치가 할당된다. 하지만 주체성은 주체의 자기관계로서, 즉 주체가 세계 및 자기자신과 맺는 관계로서 해명되어야 한다. 특정 사회와 언어에는 특정한 앎과 틀이 축적되어 있고, 행위자들은 자신이 숙달된 이런 자원을 갖고 세계를 살아가며, 타자들과 관계하고, 참과 거짓, 옳고 그름을 분별한다. 요컨대 비서양인인 행위자들이 영위했을 에토스(ethos)를 문제의 중심부로 끌어들이지 않는 한, 개화 주체성의 문제가 본격적으로 제기되지도 답해지지도 않았다는 입장에 서지 않을 수 없다.

문제의식을 좀더 자세히 풀어보자. 개화사상을 담고 있는 문헌들을 보면 대개 서양의 것을 받아들이라고 촉구하는 주장들을 펼친다. 일본 및 서양 각국과 조약을 맺고 외교관계를 수립해야 하며, 서양식 정부(政府)와 학교, 기업 등을 세워야 하고, 서양 언어를 배우고, 화륜선과 전선을 도입해야 한다. 하지만 이 문헌에서 말하고 듣는 자들을 '주체'로 규정할 수 있는 것은 그들이 자신들의 주장을 올바른 것으로 제시할 수 있다는 것이다. 당대 특유의 방식으로 근거를 제시하고 반론하면서 주장을 계속할 수 있는 한, 그는 동시대의 다른 행위자들에게 타당한 주장을 펼칠 수 있는 능력을 갖는 주체임에 틀림없다. 어떤 전략적 의도를 품고 있다 해도, 그들은 자신들의 주장이 당대에 일정한 설득력을 지니기를 기대한다. 그는 이야기하는 세계와의 관계에서 그리고 그가 상대하는 청중들과의 관계에서 책임을 질뿐만 아니라, 자기자신과도 반성적으로 관계하게 된다. 개화 담론에 표현된 '주체성'은 이들이 결코 서양의 지식이나 사고방식들을 앵무새처럼 반복하지는 않는다는 점에서 가장 잘 확인된다. 타자와 관계하여 옳은 것을 말하는 자로 스스로를 세우려 한다는 점에서 이 말하기는 윤리적인 측면을 갖는다고 할 수 있다. 요컨대 개화 담론에서 말하고 듣는 이들의 '주체성'은 서양화를 주장한다는 것에서보다는 '차이나는 타자와 관계하여 올바른 것을 말하고자 한다'는 점에서 가장 잘 포착된다고 할 수 있다.

물론 옳은 것을 말하고자 한다 해서, 그것을 인간 고유의 본질로 치부할 수는 없을 것이다. 윤리적 주체를 세우는 양식은 역사특수적이다. 개화기 문헌들에서 면면한 유교적 용어와 수사학을 무시하기란 힘든 노릇이다. 유명한 1882년 고종의 교서에서 서양과의 수교는 의리와 염치의 관점에서 정당화된다. 많은 문헌들에서 서양은 자연의 기운(氣運)이라고 표현되거나 이해된다. 1888년 박영효의 상소문에서 서양을 문명으로 정당화하는 데 근거로서 제시된 것은 『논어』, 『맹자』, 『중용』의 경구들이거나 인(仁), 의(義), 신(信)과 같은 유교적 덕들이다. 개화기 문헌들에서 보편적 입법을 세우는 자신만만한 서구적 개인의 태세도 거의 볼 수 없다.

물론 인의나 도 같은 전통적 요소들은 경전 안으로 소급되어 고정되기보다는 서양과의 수교나 서양 문물의 수용이 주장되는 가운데 흔들리는 빛을 얻는다. 개화 담론에서 말하는 자들은 수동적으로 반응하기보다는 이질적인 것과의 조우 안에서 활발히 행동하는 듯 보이며, 그런 의미에서 당대로서도 새로울 뿐만 아니라 현재적으로도 매우 이채로운 의미론적 역동을 보여준다. 이 역동 안에서 친숙하고 오래된 요소들은 타자를 잇는 교량으로서 반복적으로 소용되는데, 이는 자본주의의 지구적 확장이라는 단일 인과관계로 환원될 수 없으려니와 그렇다고 해서 있어왔던 것의 존속으로 간주될 수도 없는 듯하다. 이 운동은 전통의 익숙한 것들과 서양의 낯선 것들을 끊임없이 잇고 있고, 이런 반복 운동은 주체의 지평과 서양 간의 '차이'가 해소되지 않기 때문인 듯하다.

우리는 여기서 개화 주체성의 해명에 있어 중요한 두 가지 초점을 확인하게 된다. 먼저 개화 주체가 형성되는 터전이 타자와의 만남이라는 점이다. 그리고 둘째, 타자와 관계하는 주체의 주체됨을 구성하는 관건적인 것이 윤리적 요소라는 점이다. 이는 개화 인사들이 모두 의롭고 착한 사람들이라는 뜻이 아니라, 익명적으로 작동하는 올바름 혹은 적합성의 감각 없이는 주체의 주체됨이 성립될 수 없다는 의미에서이다. 그리고 더더욱 중요하게 고려되어야 하는 것은 이 윤리적 감각을 부지하는 데 소용되는 중요한 원천이 당대 행위자들이 숙달된 전통적 에토스라는 점이다. 윤리가 갖는 사회학적 중요성은 선행연구 및 이론적 검토 부분에서 더 상술될 것이다.

따라서 개화 주체성은 유럽과 차이나는 지평 안에 있는 자가 그의 지평 안에서 서양이라는 타자를 수용하고 반성적 기준으로 들어올리는 절차와 과정으로 묘사되어야 한다. 개화 주체성에 있어 타자와의 차이가 관건적 역할을 한다는 점, 그리고 전통적 에토스, 특히 유교적 에토스가 변형되면서 가동된다는 점을 고려하지 않는 한, '개화 주체성에 대한 물음'은 제기되지도 답해지지도 않았다는 것이다.

이 책이 던지는 문제의식은 이 점에 착안해 있다. 개화 담론에서 서양이 규범 수준으로 끌어올려졌다 해도 규범이 되는 방식이 서구적이지 않은 오랜 에토스에 힘입어 성립된다면, 그리고 타자와 주체 사이의 차이가 해소되지 않는다면, 개화 주체성은 동일자로서의 서양이 비서양의 타자를 종합하는 의미론에 구속된 보편과 특수의 관점으로는 제대로 해명되기 어렵다. 나아가 앞으로 기술되듯, 유교적 에토스가 근대 서양의 윤리와 그 기본 문법에서부터 다른 것이라면, 개화 주체성에 개입하는 서양의 의미작용은 서양 문화가 스스로에게 부여해온 위상으로 포괄할 수 없는 양상으로 드러날 수 있다.

예비적으로, 타자와의 관계 속에서 옳음이 협상되고 주체의 자기관계가 펼쳐지는 이와 같은 담론적 실천을 '타자와의 조우'라고 특징지어 볼 수 있겠다. 타자가 '타자'인 것은 그것이 친숙한 전통의 교량을 요구함에도 불구하고 그 안으로 완전히 내부화되지 못하고 반복적인 운동을 낳기 때문이며, 타자와의 '조우'인 것은 타자가 전통과 상관없는 외부 힘으로 남기보다는 전통적 요소들과 공명하면서 주체에게 의미있는 것으로 변화하기 때문이다. 여기서 타자관계란 이렇게 주체가 연루되어 있는 타자와의 조우의 양태일 것이며, 주체는 차이나는 타자와의 관계 안에서 작동하는 '유연한 주체'일 터이다.

이 책에서는 던지는 질문은 인과론적인 것이 아니다. 의미론적 역동에 주목하는 해석적 물음이며, 문헌 내부에서 주체와 타자의 관계를 재구성하여 생성되는 것들을 식별하고 서술하려는 과제이다. 이같은 차이에 의한 공명 운동이 어떻게 해서 반성적 기준의 변경을 초래하는지, 그리고 그 변화를 이룬 주체는 어떤 타자관계 속에 있는지, 즉 어떤 서양의 의미작용과 연관하여 구성된 주체인지를 정밀하게 밝히고자 한다. 담론은 사실의 세계를 거울처럼 반영하는 것이 아니라, 사람들의 삶과 얽힘으로써 그것을 의미론적으로 구성하는 것이다. 담론을 필요로 하지 않는 제도나 인간 삶은 거의 없다. 의미의 배후에 있다고 가정되는 사회경제적·정치적 변수를 찾아 인과론적 설명을 하기보다는 문화사회학의 자원들을 세밀한 검토 하에 충분히 이용하여 의미론적 역동 자체를 밝히는 데 주력할 것이다.

이 책은 대개의 역사적 연구처럼 사실(史實)의 연대기적 재현을 의도하지 않는다. 주체성에 대한 탐구는 좀 다른 접근을 요구한다. 문헌 속 등장인물에 대한 신원조사나 감정이입적 묘사 혹은 사상사적 기술로 주체성에 대한 탐구를 대체할 수 없다. 주체성의 심급은 명제의 의미내용으로 정해지기보다는 의미있는 명제가 성립되게 하는 선험적 조건이며, 어떤 이름을 가진 구체적 인물이 들어서기 전에 세계 속에서 사람들이 분별력을 갖춘 주체로 살아가게 하는 익명성의 조건들로 서술되어야 한다. 개화 문헌에서 표현되는 주체의 세계관계, 타자관계 및 자기관계는 그 말하기가 당대에 통용력을 갖는다는 점에서 말하는 행위자 당자에게만 귀속되지 않는다. 주체성이 '세계와 타자, 그리고 주체 자신과의 관계를 처방하는 익명적 배치'로서 성립함을 보일 때 훨씬 심화된 역사적 이해를 얻을 수 있다. 베버 이래의 문화사회학은 바로 이런 이해로 나아가게 해줄 생산적 개념과 이론들을 갖추고 있다. 주체성을 익명적 배치로서 밝혀야 하는 까닭도 이론적 자원 검토 부분에서 상술될 것이다. 수많은 가용한 이론들이 소개되었음에도 '개화 주체성'이라는 중요한 문제에 있어 체계적으로 활용되지 않았다는 아쉬움도 이 책의 주요 동기 가운데 하나이다.

2. 선행 연구 및 이론적 자원 검토

1) 개화사 연구에서의 보편-특수 구도 비판

한국의 근대에 대한 질문에는 외부의 영향력과 내부의 자기형성이라는 두 초점 및 양자간의 상호연관이라는 문제가 내포되어 있다. 전형적인 방식은 암묵적으로 서양이라는 '보편'과 한국적 '특수'라는 구도로 전화하는 것으로서, 한국 근대에 대한 포괄적 조망인 이식근대론, 내재적 발전론의 문제설정 속에서 공통적으로 발견된다. 근대로의 진입이라는 의의 속에 문제화된 영역인 '개화(開化)'[1]에서도 이러한 양상이 발견된다.

서구적 보편과 한국적 특수의 구도를, 전자가 후자를 일방적으로 억압하고 말소하는 양상이라고만 할 수는 없다. 역사적인 것과 이성적인 것을 통일하려 한 헤겔의 역사철학에서 연유한 보편과 특수라는 관점은 역사의 복잡다양한 과정을 인간의 자기실현과 해방의 보편사적 과정으로 합리화함으로써 특수자들을 보편자의 계기들로 정립하려는 것이다. 보편적인 것은 특수자들과 분리된 정적인 중심이기보다는 특수자들에게 전체 발전과정 내에 정당한 자리를 제공하는 동적인 운동원리가 된다. 일례로 「개설조선신문학사」(임화, 2001a)에서 임화는 근대가 이식으로 이뤄졌다고 선언하면서도, 그 이식에 대해 세계적 규모의 보편성 속에서의 자기 확인으로서의 위상을 부여하고 싶어 한다. 근대 진입은 "봉건제에서 한번 자기의 영토를 떠난 정신이 다시 자기로 돌아오고 거기서 다시 세계로 향하여 날개를 펼치는 정신운동의 역사적 형태다. 거기선 자기에의 회귀의 귀착점이 곧 세계로의 전개의 출발"

---

1 개화(開化)는 『주역』 계사전의 개물성무(開物成務)와 『예기』의 화민성속(化民成俗)을 합성한 말로서, 당대에 실제로 쓰인 말이었다. 대체로 '서양화'를 가리킨 이 말(이광린, 1989e)은 고전에 정통한 이들로 하여금 역사와 문명의 출발시점으로 초대하는 시대이해를 부추기고, 그러한 이해를 가진 사람들의 자기정당화를 열어놓았다고 할 수 있다. 대략 1860년대부터 1910년까지의 시기를 부르는 명칭은 다양하나, 개화기라는 용어가 가장 적합하다고 여겨진다. 19세기 말이나 1880년대 혹은 1890년대 1900년대와 같이 서력의 수치로 나타내는가 하면, 한말이나 구한말 혹은 대한제국기 같은 국명을 사용하기도 하고 애국계몽기라는 표현도 보이나, 이것들은 이 시기를 특징짓는 데 어려움이 많다. 자주 쓰이는 '개항기'라는 말 또한 1876년 개항이라는 한 사건을 특권화하는 경향이 있어, 이 시기 전체를 가리키는 데 있어 무리라는 지적이 있다(이윤상, 2006). 이미 수천 년간 문명을 이뤄왔던 사정을 지적하며 '개화기'라는 명칭을 쓰는 데 대해서 비판하는 문헌(김영민, 2003)도 보인다. 그러나 이미 여러 연구를 통해 개화당, 개화사상, 개화운동, 개화파, 개화정책 등과 같은 유관 용어들이 자연스레 쓰이고 있고, 또한 '개화'라는 말이 그 시대의식을 집약하는 말로 이 시기에 자주 쓰였음을 생각할 때 가장 큰 통용권을 갖고 있다고 여겨진다. 애국계몽기라는 용어는 보호조약 이후의 사회운동인 애국계몽운동이 특권화 된다는 단점이 있다. 이광린, 강재언, 신용하 등에 있어 애국계몽기는 개화운동의 제3단계이다.

차이와 윤리
개화 주체성의 형성

(임화, 2001a : 115)이 되므로, 이식 시점인 "갑오에 조선은 비로소 정치적·문화적으로 조선에 돌아왔고, 갑오에서 또한 세계를 향하여 전개하기 시작한 것"(임화, 2001a : 116)이 된다.

이광린, 강재언, 신용하 등은 탈전통과 탈외세의 과제를 자각하고 근대 국민국가의 성립을 지향하는 혁신세력과 사상을 추적하는 내재적 발전론을 가동·발전시켰다. 이광린의 일련의 연구들(1973a · 1973b · 1973c · 1973e · 1989e · 1998b · 1998c)로 인해 초기 개화파가 박규수의 사랑에 모였던 양반 청년들에게로 거슬러 올라가고, 여기에 유대치 등의 중인 경세가들의 지도와 일본 견문의 영향으로 급진화한 개화파와 그렇지 않은 온건 개화파의 분화 양상을 겪었다는 것[2]은 널리 통용되는 사실(史實)이 되었다. 신용하는 개화사상이 1853~1860년대에 오경석·박규수·유홍기 등에 의해 형성되었다고 주장하는 한편, 초기 개화파, 갑오개혁파, 독립협회파 등 19세기 개화파의 사상을 입헌군주제와 시민사회, 근대 경제의 발전을 추구하는 자주적 근대화 사상으로 확정하고자 했다(신용하, 2001a · 2001b · 2001c · 2001d · 2001h · 2001j · 2006 등). 강재언(1981)은 실학파와 개화파의 인맥적 연결을 주장하였으며, 초기 개화파의 분화를 개량적 개화파와 변법적 개화파의 분화로 개념화했다. 이광린, 강재언, 신용

---

2 기존 연구들에서는 개화기의 사상들을 위정척사론, 동도서기론, (급진)개화론으로 삼분하는 방식이 흔히 사용된다. 그러나 이 삼분법은 후대의 연구에서 나타난 것이지, 당대에 통용된 것이 아니었다. 특히 '동도서기'라는 개념은 1968년 한우근(1968)이 처음 세시할 때, 특성한 사상집단에 해당된 개념이라기보다는 서구 문물 수용의 일반 논리로서 제시된 것이지만, 이후 급진 개화파와 구분되는 온건 개화파만의 사고로 특정화되었다(민회수, 2007). 이런 구분법에는 온건개화파는 유교윤리의 틀 안에 남아 있는 반면, 급진개화파는 철저한 반(反)유교적 입장으로 나아가 인민주권을 주장하는 민족주의자(nationalist)가 되어갔다는 암묵적 정의가 숨어들어 있다. 그러나 1884년 정변 참여세력이 탈유교적이라는 증거는 좀처럼 찾기 힘들다. 온건 개화파와 급진 개화파를 시무(時務) 개화파와 변법(變法) 개화파로 특정화하려는 시도도 있으나, 당시 광범위하게 쓰였던 유교적 용어인 시무나 변법이 각 파를 특정화할 수 있는 개념으로 사용될 수 있는지에 대해 의심하는 눈길도 있다(주진오, 1993 · 1995 · 2004 · 2006).

하의 연구는 갑신정변, 갑오경장, 독립협회 및 만민공동회운동, 애국계
몽운동 등 국민국가 건설을 위한 자주적 근대화 역량의 표출로 간주되
는 현상들에 대한 관심을 촉발하였고 이에 따라 많은 연구들이 진행되
었다(유영익, 1990; 왕현종, 2003; 주진오, 1995; 김도형, 1994; 박찬승, 1992 등). 내재적
발전론을 취하는 연구가 개화기 연구 중 압도적 다수를 차지하며, 개화
파·개화사상·개화운동이라는 사실(史實)의 존재는 이 많은 문헌들을
통해 상호 지시됨으로써 확정적인 것이 되었다.

　수많은 자료들을 발굴하고 사실들을 확정했음에도 불구하고, 내재
적 발전론에서 보편-특수의 도식은 더욱 분명해졌다. 정체성론과 타
율성론을 극복하려는 가운데, 역사 기술과 해석이 유럽사를 모범으로
하는 세계사적 발전과정에 준거되었기 때문이다. 이제 서양은 그 외부
성이 불식되고 내재적인 보편 원리로 가동되며, 한국의 사실(史實)들은
그것에 의거하여 정당한 자기 위치와 필연적 연관을 획득할 수 있게 된
다. 특히 서구적 경로를 걷는 자생적 세력에 대한 기대는 개화파, 개화
사상, 개화운동에 모순적 요구를 과부하시켰다. 그것은 근대화 역량의
자생적 발전인 만큼 전통과 연속적인 동시에,[3] 근대적 국민국가를 세

3　개화사상의 근원으로는 통상 실학이 상정되었지만, 그 둘 간의 사상적 연결을 입증할
　뚜렷한 자료는 없는 형편이다. 실학과 개화사상의 연결을 강하게 주장하는 강재언
　(1981)조차 이 둘 간의 인맥적 연결을 주장할 뿐, 사상적 연결을 확인하지 못하고 있다.
　문헌에 대한 심도깊은 검토는 '실학에서 개화사상으로의 전환'이라는 기대가 성급한
　면이 있음을 확인해준다. 이완재는 박규수가 '개화사상의 원류'라는 세간의 평가에 대
　해 피상적이라는 진단을 내리고 있다(이완재, 1989·1999). 김명호(2005·2008) 또한
　일련의 양요(洋擾)를 거칠 당시 박규수가 성리학과 존주론(尊周論)을 신봉했으며, 서
　양 국가와의 수교를 주장하지 않았다는 내용을 확인해주고 있다.
　더욱이 실학이라 지칭되는 것이 성리학과 어떤 관계에 있는 것인지, 성리학과 분별될
　수 있는 특정성을 지니는 것인지에 대해서도 뚜렷한 정견이 없다. 성리학과 다른 체
　계를 구상하려 한 실학자는 정약용이 거의 유일하며(한형조, 1996; 정일균, 1996 참
　조), 실학의 대표적 저술들도 고대 성인의 가르침을 실현하려는 유교적 경세론의 틀
　안에서 이해되어야 한다는 견해가 설득력 있다(Palais, 2002 참조). 이러한 경세학적
　저술들의 성격에 대해서는 수기(修己)와 치인(治人) 간의 거리가 멀어짐으로써 성리
　학 내부의 상황주의적 경향이 확대 발현된 것이라는 견해(박충석, 1982)나 조선 성리

위야 하는 만큼 진보 및 자유·평등의 서구적 가치에 대해 적극 동의해야 했고, 근대 문명의 당위성을 신뢰하더라도 외세에 주눅 들지 않는 강한 민족적 자부심을 갖고 있어야 했다. 개화파, 개화사상, 개화운동이 이같은 복잡한 기준을 만족시킬 수 있는가에 대해서는 회의적인 반응이 있어왔음에도 불구하고(김용섭, 1988; 김준석, 1990; 이이화, 1990; 김정기, 1984; 이태진, 2000; 주진오, 1993·1995·2004·2006) 급진 개화파 대신 동도서기론(정재걸, 1992·1994·1998; 노대환, 2005)이나 갑오농민전쟁(김정기, 1984; 김용섭, 1988), 대원군 집정기(연갑수, 2001), 고종의 군주정(이태진, 2000) 등을 높이 평가하는 형태로 "한국사회 내부에서 자주적으로 근대를 지향했던 흐름"(주진오, 1995)을 발견하고 정립하려는 움직임은 지속되었다.

보편과 특수의 도식에 의존해 근대를 전망한다고 해서 서구를 추종하기에 급급했다는 식의 비난은 지나친 것이다. 역사적 구체성과 특수성을 각별히 배려하라는 요구가 지속되었다. 하지만 보편과 특수의 관점을 취하는 한, 특수자들의 존립은 보편자의 운동에 종속됨으로써만 가능하다. 내재적 발전론이라 해도 한국의 역사적 과정은 서구에서 발원한 자유와 평등, 민족적 독립의 잣대로 평가·기술되며, 자유와 평등, 민족적 독립의 기획을 품고 있는 것으로 전제되었다.

서구적 보편과 한국적 특수를 암묵적 틀로 전제하기보다는 한국의 근대에 있어 서양의 의미작용 및 주체의 위치를 적시해보려는 노력들도 있었다. 이는 '개화'의 기준과 정의에 있어 매우 예민한 문제이기도 하다. 주진오(1995·2004·2006)는 '조선이 야만이고 구미열강이 문명'이라는 새로운 세계상을 받아들인 것으로서 '개화'를 한정하면서, '동도서

학의 심성론 일변도 경향에 대한 비판으로서 의리(義理)와 경세(經世)를 조화시키려는 것이라는 견해(노대환, 2005)가 설득력이 높다. 박제가, 박지원, 홍대용 등 북학파가 중화주의로부터 벗어나기보다는 철저한 존주론의 신봉자라는 점도 재인식되고 있다(정옥자, 1998; 노대환, 2005; 김명호, 1990 참조).

기론'을 개화사상의 범주에서 배제한다. 정용화(2004)는 한국에서 근대란 서구적 근대를 문명표준으로 수용한다는 의미이고 서구문명을 보편으로 밀어올리고 동아시아 문명을 주변으로 위치짓는 권력관계를 함축한다고 보면서, 주진오와 마찬가지로 문명표준의 전위를 포함하지 않은 이른바 동도서기론을 개화로부터 배제한다. 슈미드(Schmid, 2002)는 개화 담론에서 서양이 '전능한 타자'로 의미작용하고 있다고 명시한다. 개화 담론은 개인과 정치공동체와 세계를 '솔기 없이 연결시켜주는 개념틀'로서의 의의가 있으며, 여기서 민족은 세계적 규모의 보편성에 합류하기 위한 탈것이었고, 전능한 타자로서의 서양은 세계를 조망·해석하는 보편적 척도이자 조선이 '민족'이 되어 나아가야 할 미래로 전제되었다는 것이다.

주진오, 정용화, 슈미드에게 서양의 의미작용은 모두 동일시되고 모방되는 '보편자'이며, 개인과 집단을 새로이 위치시킬 상징적 전체를 형성한 조직자로서 파악되고 있다고 할 수 있다. 서양은 세계를 형성함으로써 주체에게 동일시되는 보편자이고 그것에 의해 규정당해 과거와 결별하고 새로운 세계에서 자신의 위치와 정체성을 얻는 자가 주체인 것이다. 그렇다면 주체는 '타자로서의 서양과 조우했다'고 하기보다는 서양이 상징적 중심으로 기능하는 '단일한 근대세계에 편입되고 복속되었다'고 볼 수 있다.

그러나 주진오와 정용화가 배제하려는 '동도서기론' 범주에서 보듯이, '개화'로 이야기되어온 사상이나 현상들이 모두, 서양이 진리를 말하는 보편자로서 작용하는 가운데 성립했다고 말하기는 힘들다. 또 서양이 명실상부한 보편이라면, 서양이 보편으로서 기능하는 세계는 단일하고 통일적이어야 하는데(내재적 발전론은 바로 한국을 세계사적 보편성 안에 편입시키려는 기획이다), 한국의 근대 주체가 살아간 세계가 그러한 단일한 통일체였다고 하기도 어렵다. 정용화의 연구(2004)는 개화를 국제정치학계의 입론인 '근대와 전통의 복합화'(장인성, 2002; 정용화, 2004; 하영선 외, 2009)로서 주장하는 것이며, 슈미드의 연구는 세계적 보편성에 합류하려는 시도들이 거듭 난관에 부딪혔음을 보여준다. 이는 이들 연구가 잘못되었다기보다는 서양의 의미작용과 주체위치에 대한 체계적인 개념화로 나아가지 않았음을 지적하는 것이다.

한편 사회학계에서도 전통과 근대의 혼종성을 강조하며 한국 근대의 불균질성을 개념화·이론화하려는 시도들이 있었다. 장경섭(Chang, 1999; 장경섭, 1998)에 따르면, 한국의 압축적 근대성은 과거에 대한 단절과 성찰을 내장하지 못한 채, 토착적인 것과 외래적인 것이 혼종되어 있는 우발적 다원주의(accidental pluralism)의 양상을 보인다. 박명규(2000a·2001·2006)는 한국의 역사사회학이 서구적 근대를 목적지로 하는 선형적 시간축에서 한국이 점한 특정한 시간대를 포착하여 근대의 미성취를 비판하고 장래의 근대성취를 전망하는 데 몰두하는 경향이 있었음을 지적하면서, 역사적 시공간의 중첩성을 사고할 것을 권하고 있다. 박명규(2009)는 서구적 요소들이 "한자문명의 오랜 의미망과 결합될 때, 인식론적 단절보다는 특이한 의미연관 내지 변형이 나타날 가능성"에 주의를 환기하기도 했다. 이 점은 개화를 전통의 변형에 의한 서양과의 조우로서 접근하면서 그 고유성을 탐구하려는 이 연구에 있어 시사하는 바가 매우 크다. 이런 문제의식은 한국 역사사회학계에서 탐색되고 있는 식민지 근대성에 대한 문제의식(김진균·정근식, 1997)과 상통한다고 하겠다. 이에 따르면, 비서구의 '차이'는 열등성의 표지기 아닌 만큼, 보편성에 포섭됨으로써 소거되어야 하는 것도 아니며, 오히려 서구중심주의가 품은 보편주의를 내재적으로 비판하는 거점으로서 적극적으로 포착되어야 된다. 최근의 연구들(김수진, 2005; 김백영, 2005 등)에서 식민지 조선의 현상들은 서구적 보편의 불가능성을 구현하는 모순적이고 분열적인 정체성의 장으로 나타난다.

역사사회학을 넘어선 광범위한 학문영역들에서 탈식민주의 및 탈구조주의 이론을 통해 타자관계를 경유한 주체의 형성을 살피고, 한국 근대의 불균질성을 논의하려는 흐름도 보인다. 특히 강내희(2000 · 2001 · 2002)가 제안한바, 근대를 실정성(positivity)으로 보는 관점은 이 연구의 문제의식과도 부합한다. 데리다적 차연이나 산포, 혹은 푸코적인 분산 체계와 깊은 관련을 맺고 있는 실정성이란 세계를 심층의 구조적 원리를 지시할 수 없도록 탈중심화된, 불균질한 영역으로 상정하는 것인데, 이는 한국의 근대를 서양에 얼마나 근접했는가 혹은 어떻게 다른가로 규정하자는 것이 아니라, 서양을 그러한 평가의 잣대로 운용하게 하는 '서양이라는 의미작용'을 포함한 복잡성의 배치로 보자는 것이다. 또 근대를 외부에서 오는 것이 아니라 "어떤 외부와 내부의 만남(encounter)을 통해 전개되는" 상황으로 보자는 것이다.

다만 탈식민주의 및 탈구조주의의 영향을 강하게 표명하는 역사적 · 문학적 연구들(예컨대 박태호, 2004; 나병철, 1999 등)은 실제적인 연구의 수준에서는 역사적 구체성이 사라지고 이론의 추상성과 보편성이 오히려 고양되는 듯하다. 혼종성과 주체의 균열을 이야기하지만, 그것이 전통과 근대의 이항대립을 교란하는 시간적 차원을 갖는다는 것에 충분히 주의를 기울이지 않는 듯 보인다. 이들에게 서양은 여전히 기원적인 것, 즉 현상을 제압할 이론의 원천으로서의 기원이고, 옛것을 파괴하고 근대를 여는 외부의 기원인 듯하다. 그래서 타자성과 차이의 접합 과정이 중요하다면서도, 전통적 에토스나 수사학이 타자와의 관계 및 차이의 접합과정에 어떻게 관여하는지 주의를 기울이는 모습을 찾기 어렵다. 이들이 의지하는 들뢰즈, 푸코, 데리다가 제기하는바, 즉 생성을 단일한 기원에서가 아니라 그 과정과 움직임에서 파악할 수 있는 이론적 잠재력을 충분히 활용하지 않는다고 하겠다.

2) 윤리와 주체

흔히 근대의 핵심이 인간 주체성의 발견이라고 말해지고, 근대적 인간은 자기자신 외에는 어떠한 존립근거도 갖지 않는 독립적 인격체, 자신의 역량으로써 세계를 질서있게 표상하고 구성하는 '초월적 주체'로 묘사된다. 근대인은 스스로를 독립적 인격체로 자각함으로써 자기자신 외의 다른 모든 것으로부터, 즉 관습적 권위 및 타인과 자연으로부터 해방되려는 자유의 이념을 구현하고자 한다. 그의 도덕성은 감정이나 국지적 이해관계로부터 해방되어 오로지 이성적 사유능력에 의해 만인을 동등하게 고려하는 보편적 관점을 획득함으로써 주어진다. "내 안의 도덕법칙"이라는 칸트의 말(Kant, 2003 : 327)은 그 대표적 표현이다.

사회이론은 이런 개인을 초역사적 범주가 아니라 근대 이전의 포괄적 질서의 붕괴 혹은 해체의 결과로 해석하게끔 하는 자원들을 제공한다. 근대를 '탈주술화'로 서술하는 베버는 독립적 개인을 신성의 해체의 결과로 보는 이러한 사회이론의 주요 원천일 것이다(Weber, 2002a · 2002b). 총체적 세계상이 붕괴하면서 인간은 최종적 의미를 구할 수 없게 되고, 그리하여 "세계에 대해 자신의 입장을 정립하고 또 이 세계의 의미를 부여할 수 있는 능력과 의지를 가진 문화인"이 요구된다는 것이다. 그러나 베버의 종교사회학 연구의 더더욱 중요한 논점은 독립적 개인상이 기독교 내부의 긴장으로부터 초래된 서구의 문화적 변환의 결과이지(Weber, 2002a · 2002b · 2002c · 2002d) 모든 역사나 문명으로 일반화될 수 있다는 것이 아니라는 점이다. 유교와 같은 동아시아 전통 종교들은 비인격적인 우주적 원리에서 출발함으로써 기본적으로 탈주술화의 조건이라 할 세계상의 이원화가 이루어지지 못했고, 피안과 현세 사이의 긴장이 부족하며, 그리하여 예(禮)를 따름으로써 도와 부합하는 삶을 살아가는 "조화로운 적응"으로 머문다는 것이다.

베버 연구의 서구중심주의를 지적하며, 세계와 긴장하고 대립하는 근대적 주체를 생산할 역량을 유교 및 동아시아 전통에 부여하려는 움직임이 있어왔다.[4] 그러나 초월적 주체상 자체에 대해 도전하며 새로운 주체를 모색함으로써 서구중심주의적 이해에 도전하는 것도 시도할 수 있다. 서양 지성사에서 '도덕'과는 다른 위상을 갖는다고 이해되는 '윤리'에 대한 각별한 강조 위에서 이뤄지는 흐름들에 주목함으로써 이 길을 적시할 수 있다. 도덕이 선악(善惡)과 관계하는 것이라면 윤리는 좋음

---

4 기독교만이 근대적 주체를 생산해낼 조건을 갖추고 있다는 베버의 설명은 유교로부터 초월적 주체의 성립을 설명해내도록 하는 문제의식을 촉발시켰다.
『일본정치사상사』(丸山眞男, 1995)에서, 마루야마 마사오는 성리학의 연속적 사유가 해체되어 자연과 도덕이 분리되고, 나아가 자율적으로 도덕을 정초하는 인격이 출현하는 과정을 일본의 사상사에서 발견하고자 한다. 그는 일본 고학(古學)파의 야마가 소코외(山鹿素行], 이토 진사이[伊藤仁齋], 고문사학(古文辭學)의 오규우 소라이[荻生徂徠]로 이어지는 흐름에서 그것을 찾아낸다. 특히 그가 높이 평가하는 오규우 소라이는 도(道)를 경전과 분리된 과거의 역사적 사실로서 객관화함으로써 도의 자연성을 파괴하고, 천의 불가지성과 주재성을 도입함으로써 하늘과 인간을 단절함과 동시에 하늘에 피안의 인격체로서의 위상을 부여한다. 또 도를 옛 성인이 치국평천하(治國平天下)를 위해 만든 예악형정(禮樂刑政)으로 한정함에 따라 성인은 자연적 기초 없이 보편적 규범을 창조한 작위(作爲)의 주체로서 위상을 부여받는다. 즉 인간이 신성한 원리를 내재한 자연 속의 존재에서 무에서 규범을 창출하는 작위의 주체로 이행하는 장면, 다시 말해 "정치적·사회적 질서가 하늘과 땅 사이에 자연스럽게 존재한다는 주자학적 사유로부터 그것은 주체적 인간에 의해 만들어져아[作爲] 한다"는 논리로 바뀌는 이것이 근대적 전환의 장면이다.
일본에서의 유교발전의 예외성을 상정함으로써 유교를 근대에 근접시킨 마루야마에 비교하면, 김상준의 『맹자의 땀, 성왕의 피』(김상준, 2011)는 유교를 인류의 근본적 종교성과 세계성의 발전을 해명할 핵심에 위치시키는 방식으로 근대성과 유교, 초월적 주체와 유교의 윤리적 주체를 근접시킨다는 점에서 진일보한다. 인류사의 근본을 동서문명의 구조적 상동성에서 찾음으로써, 근대성을 인류 공동의 것으로 확보하고 서구중심주의적 근대이해를 타파할 수 있으리라는 문제의식이 이 주장의 저류를 차지한다. 이에 따르면, 기축시대에는 인간이 지금 목전의 세계와는 분리되는, 성스러운 초월적 실재를 발견하는 것, 즉 성(聖)의 우위가 관철되는 가운데서의 성과 속(俗)의 분리가 일어나는데, 이 질서가 역전됨으로써, 다시 말해 성이 속을 통섭했던 세계에서 속이 성을 통섭했던 세계로 이행함으로써 근대성이 출현한다는 것이다. 인류의 문명 궤적 곳곳을 짚으면서, 다양한 요소의 교직다발의 보편성으로서 근대성을 드러내려는 것이 기본적 전략이 된다.

차이와 윤리
개화 주체성의 형성

/ 나쁨에 관계하는 것이다. 전자가 칸트의 도덕법칙이 보여주듯이 맥락을 초월한 보편적 판단기준을 세우는 것이라면, 후자는 타자와 관습적 기준이 존재하는 구체적인 사회적 맥락 속에서 적절히 처신하려는 실천들이며, 그리하여 광범위한 익명적 조건들에 의존하여 자기자신과 관계맺는 주체를 함축한다.[5] 윤리는 타자와 관습적 기준이 존재하는 사회적 맥락 속에서 행동하고 반성하는 '나'를 문제시함과 아울러 초월적 주체로 협소화될 수 없는 주체성의 폭넓은 영역을 개방한다.

도덕과 윤리를 분별하고 양자에 대해 다른 내용을 할당하기 시작한 이는 헤겔이다. 그는 『법철학』(Hegel, 1990)에서 칸트의 정언명령과 같이 맥락을 초월한 형식적 이성의 보편적 요구를 좇는 것을 도덕으로, 특수하고 구체적인 인륜성(Sittlichkeit) 안에서 자기를 실현하는 활동을 윤리로 규정하면서, 도덕의 추상적 원리가 구체적인 인륜성을 통해 실현되고 지양되어야 함을 주장한다. 헤겔의 인륜성은 옳은 것을 행하는 인간의 실천이 이성의 형식적 절차나 도덕적 신념이 아니라 역사적으로 누적되어 실제로 행해지는 실천적 태도들의 인도들을 받는다는 점을 환기한다.

니체적 전통을 따르는 푸코의 계보학은 윤리를 '자기와의 관계'가 조형되는 주체화 양식(mode of subjectivation)의 영역으로 도입한다(Foucault,

---

5 니체적 전통을 따르는 들뢰즈의 다음과 같은 말은 도덕과 윤리를 구분하는 감각의 일단을 잘 보여준다. "도덕이란 판단체계이다. 이중의 판단으로서 당신은 당신 자신을 판단하고 낭신은 판단된다. (…중략…) 판단하기는 언제나 존재보다 우월한 권위를 함축하고 존재론보다 우월한 어떤 것을 함축한다. 그것은 존재 이상의 것을 함축한다. 선(the Good)은 존재를 만들고 행동을 만들며, 그리하여 존재보다 우월한 일자이다. (…중략…) 윤리에서는 완전히 다른데, 당신은 판단하지 않는다. 특정한 태도로 당신은 이렇게 말한다. '당신이 무엇을 하든, 당신은 당신이 얻을 만한 것을 갖는다.' (…중략…) 다른 말로 하면 당신은 사물이나 그 상태를 그것이 함축하고 전개하는 존재의 양식과 연결짓는다. (…중략…) 당신은 존재의 전개된 양식을 추구하지 초월적 가치를 추구하지 않는다. 그것은 내재성의 작동이다."(Cours Vincennes, 1980. 12. 21, http://www.webdeleuze. com/php/texte.php?cle=190&groupe=Spinoza&langue=2; Butler, 2005에서 재인용)

1990b · 1990c · 2003a · 2003c). 그는 『성의 역사』 2권(Foucault, 1990b)에서 개인이나 집단들에 제안되는 행동규칙과 가치들의 총체를 도덕으로, 그것을 받아들인 개별 인간들이 스스로를 행위 주체로 세우게끔 하는 실천적 양식들을 윤리로 구별한다. 탐구의 주안점은 준수되는 규범들이 아니라, 자기관계의 윤리적 양식들이고, 자아관(view about self)이나 정체성의 내용이 아니라, 자기관계를 형성하는 절차와 테크닉들이다. 주체화란 그의 실천의 대상을 형성할 주체의 부분을 구획하고, 숱한 제약들에 맞춰 자신을 만들어나가는 과정, 자기자신을 조탁(彫琢)하는 과정이다. 주체가 스스로의 실천으로 자기자신을 적극적으로 구성하는 방식에 관심갖는다 해도, 여기서 주체의 자기형성적 측면을 역사적 제약과 대립하는 개인적 창발성으로 이해하지는 않는다. 주체화 양식은 "그(행위자-인용자)가 자신의 문화 속에서 발견한 양식이며 그의 문화, 그의 사회, 그가 속한 사회적 집단들이 그에게 제의하고 부과한 양식들"이다(Foucault, 2003a).

문화사회학적 연구에서도 '에토스(ethos)'는 중요한 탐구영역이다. 그리스어 ēthos에서 유래한 에토스는 윤리의 관습적 차원을 뜻한다. 베버가 탐구한 '자본주의 정신'은 종교적 · 사상적 전통으로부터 유래하지만, 정련된 이념체계가 아니라 시간을 아끼고 근검절약하여 더욱 많은 돈을 모으려는 금욕적인 생활태도들로서의 에토스이다(Weber, 1988). 그것은 실천 속에 용해되어 언제나 변형중에 있는 습관화된 배치(disposition)로서 세계와 자기자신에 대한 특정한 전제와 태도들로 나타난다. 기어츠(Geertz, 1973b · 1973c)는 사물들이 존재하는 방식에 대해 사람들이 갖고 있는, 각별히 잘 배열된 그림으로서의 세계관(world view)과 사람들의 삶의 방식으로서의 에토스를 구별했다. 이에 따르면 에토스는 질서에 대한 신념체계라기보다는 문화의 윤리적이고 미적인 '스타일'이고 색조(tone)이며, 세계와 사람들 자신에 대한 태도를 특징짓는 것으로서의 행동의 가망성(likelihood)이고 배치(disposition)이다.

  에토스가 세계와 주체 자신에 대한 태도를 특징짓는 행동의 가망성이라면, 윤리적 에토스의 중요한 한 축은 타자관계의 양식이라고 할 수 있다. 헤겔은 윤리 속에 인정투쟁(struggle for recognition)으로 불리는 타자와의 관계를 도입했지만, 양 당사자가 벌이는 생사를 건 투쟁이란 모두 자유로운 주체가 되기 위해, 즉 자기동일성과 보편성을 얻기 위해, 자기자신을 대상화하는 상대방의 의식을 부정적 대상으로 정립하고 지양하는 의식을 통해 더 높은 통일성으로 고양하려는 것일 따름이다. 타자를 반성적 주체의 성립에 긴요한 요소로 끌어들인 미드(Mead, 1962)도 독립된 주체가 자신을 상대방의 대상으로 관철함으로써 타인들의 기대를 내면화함과 동시에 독립적인 자기의식 — 일반화된 타자로서의 나 — 을 취득하는 과정을 그리고 있다. 상대방을 대상화하는 자기자신의 독립성을 인정받기 위해 자기자신 또한 상대방의 대상으로 내주는 과정을 도입한다는 점에서 헤겔과 유사한 방식이다. 그래서 타자와의 관계를 통해서만 주체성이 성립 가능함에도 불구하고 이 상호주체성 안에서 주체와 타자는 분리된 독립된 개체로 놓여 있다.

  이런 점들을 반성하며, 세계 및 타자에 대한 주체의 다른 태도, 또 주체 자신에 대한 주체의 다른 태도를 찾아보려는 노력들이 지속되었다. 주체의 자기동일성이 아니라 타자에의 민감성(responsiveness), 그리고 민감성 속에서 형성되는 자기책임성(self-responsibility)과 자기관계를 찾으려는 시도이다. 길리건(Gilligan, 1982; Gilligun et al, 1988)은 미국 여성들에 대한 사회심리학적 연구를 통해 '관계적 자아'와 '배려의 윤리'라고 불리는 실천적 태도들을 주장한다. 그에 따르면 남성들이 스스로를 '일반화된 타자'로서 설립하여 만인을 동일하게 대하는 공정성을 추구하려는 반면, 여성들은 구체적 타인의 타자성을 인지하고 배려하면서 타자성을 자신의 일부로 들여온다는 것이다. 자기자신을 타자와 분리된 존재로 보기보다, 주변의 다양한 타자들과 연결된 존재로 보면서 그들의 감정과 필요에 감응함으로써 '자기' 책임을 다하려 한다는 것이다. 레비나스의 윤리학(Levinas, 1969)에서도 타자관계의 우선성에 대한 인정이 주체의 윤리적 역량을 가름한다. 윤리적 주체는 자기와 타자에게 똑같이 적용되는 도덕법을 정초하는 자, 혹은 객관적 사태 인지를 통해 타자에 대한 책임의 성격과 한계를 명확히 하는 자가 아니다. 타자는 주체가 완전히 파악할 수 없는 무한성으로 주체에게 명령하므로, 타자와 맞닥뜨릴 때 주체는 세계를 지배·소유하려는 자신의 힘을 무력화하고, 자신의 자유를 유보하게 된다. 푸코 또한 그리스·로마 윤리를 통해 자기에 대한 배려가 타자에 대한 거부가 아니라, 타자에의 배려이며 또한 자유의 조건일 수 있는 가능성을 탐구한다(Foucault, 1990b·1990c·2003a·2003c). 자기에 대한 배려, 즉 '자기 스스로의 활동으로 자아를 변형시키고 어떤 특정한 존재양식에 도달하려는 자아의 훈련'은 기독교에서 유래한, 즉 오직 자기자신을 주체이자 객체로 삼아 개별화하는 이른바 '진리놀이'에서 벗어날 대안으로서 모색된다.

더욱이 동양철학 연구들, 즉 슈워츠(Schwartz, 1998), 그레이엄(Graham, 2001), 핑가렛(Fingarette, 1993), 뚜웨이밍(Tu, 1979a·1979b·1979c·1981·1999a·1999b·1999c·1999d·1999e), 탕쥔이(T'ang, 1966a·1966b), 홀과 에임즈(Hall & Ames, 1987·1995) 등과 같은 연구들은 베버가 주장한 것처럼 유교가 피안의 신을 지향한 현세거부적 경향을 갖지 않았다는 것을 긍정하면서도, 그것이 서구적 주체와는 전혀 다른 반성의 문법을 가진 윤리적 주체를 형성시켰음을 설득력있게 보여주었다. 세계와 타자에 대해 지배적인 서구적 주체가 초월적 시점에 서서 구체적 타자관계가 소거된 자기자신을 마주하고 반성하는 자라면, 최근의 유교 연구자들은 타자에 대해 민감한 관계적인 위치에서, 타자에게 투과된 자기자신을 반성하는 자로 유교의 윤리적 주체를 이해하고 있다. 이들은 유교의 이런 윤리에 대해 서구적 근대의 대안으로서의 의의를 부여한다.

종합하건대, 주체를 관습적 조건들 및 타자와의 관계에 의존하여 생성되는 것으로, 그리고 자기자신에 대한 조탁으로 이해하려는 이와 같은 노력들은 유교적 인간을 '주체'로 명명하는 데 정당화의 기반을 제공하고, 나아가 '개화의 주체'를 비판적으로 조망하는 시야를 제공한다. 그러므로 이 책에서는 초월적 주체의 탄생과 근대를 동일시하지 않을 것이다. 또 초월적 주체만을 '주체'로 간주하지도 않으며, 유교적 에토스를 가동하면서 서양을 반성적 기준으로 받아들인 개화인들에게도 '주체'라는 이름을 허용하고자 한다.

3) 익명성의 장으로서의 담론적 실천

에토스가 명료히 반성되는 측면이 아니라 특정한 시공간의 사람들의 익명적 자원이라면, 과거의 담론들로부터 에토스를 추출해내려는 것은 당대인들에게 과도한 통일성을 부여하기 위해서가 아니다. 이는 상쟁하고 갈등하는 발화의 의미와 진리는 발화자의 의도가 아니라 광범위한 익명적 조건들, 행위자들에게 거의 사고되지 않거나 즉각적으로 사고되지 않는 광범위한 조건에 의존한다는 사고 때문이다. 후기 후설로까지 거슬러 올라가는 이런 생각은 구조주의, 화용론, 푸코의 고고학과 계보학에 이르기까지 20세기 이후의 많은 지적 조류를 특징짓는 요소이다.

익명적 조건에 주안하게 되면, 우리는 말의 진리와 의미에 대해 괄호치게 되고(bracketing), 낯선 이방인과 같은 태도를 취하게 된다. 우리는 주장 중 어떤 것이 옳은지 어떤 점에서 그른지, 혹은 그중 어떤 것이 가장 타당한 주장인지 판단하기를 유보하게 된다(Epoche). 또 그들의 주장의 명제적(propositional) 내용들을 현재적으로도 타당하도록 논리적 규칙에 맞게 재구성하는 것도 유보한다. 익명적 조건을 밝히고자 한다면, 발화자의 의도와 동기를 추체험함으로써 발화들을 이해할 수 있으리라는 기대를 즉각적으로 추구하지 않는다. 진리와 의미를 괄호치기함으로써 판단중지하는 것은 해당되는 말과 실천을 낯설게 보는 것일 뿐만 아니라, 현재 친숙하게 작동하는 진리와 의미의 가능조건들을 상대화시키고 비판적으로 조망할 수 있는 관점을 획득하는 것이기도 하다. 그러므로 과거나 낯선 곳에서 제기된 타당성 주장들을 상대화하는 것에 머물지 않고, 일견 낯설지 않은 담론과 실천들에도 적용될 수 있다. 가핑클의 실험에서 잘 드러나듯이(Garfinkel, 1967) 괄호치기의 철저한 실행은 현재 일상생활의 가장 친숙한 측면조차 어떤 낯선 것으로 변화하게 함으로써 사회생활의 구성적 측면에 대한 중요한 통찰을 얻게 한다.

그렇다면 익명성의 조건들을 어떻게 특징짓고 탐구하는가? 후기 후설(Husserl, 1997)에서 생활세계는 익명적 상태로 존재하는 속견(doxa)들의 세계이자 일상적으로 친숙한 지평이지만, 의미와 타당성의 궁극적 정초자로서 철저한 판단중지를 통해 초월적 주관성으로 드러나게 된다. 이와 반대로 구조주의는 반복되는 이항대립적 패턴을 재구성함으로써 익명적 조건들에 접근한다. 구조 내 단위는 자체로는 부정적 동일성(negative identity)만 가진 채 구조 전체의 차이의 규칙에 의해 그 의미가 결정되며, 주체는 그렇게 결정된 의미론이 수미일관하게 조직되는 '논리적 초점'이라는 이해방식은 구조주의적 담론이론 및 라캉주의 정신분석학, 그리고 그것을 수용한 문화연구에서 흔하게 볼 수 있다.

후설의 의미부여적 주체나 구조주의의 차이의 연산(演算) 대신 사회적 실천들이 주체와 그 대상을 형성한다고 보는 접근들이 성숙해왔다. 주체는 의미의 원천이 아니며, 오히려 실천의 익명적 영역이야말로 주체와 대상을 형성해내는 힘을 갖는다. 행동은 실천의 성좌들 안에서 자체의 의미와 사회적 효력을 담은 실정적(positive) 단위이며, 그 의미와 효력은 연루된 실천적 상황 전체 안에서 포착할 수 있다는 것이다. 그러므로 행동에 의해 형성중이며 실천들 속에 구체화된 의미들을 고려해야 하지, 기호학적 분석처럼 거대한 의미론적 층위를 고립시켜 기술할 수 없다. 즉 주체위치는 기호학적 법칙이 아니라 행위자의 행위성(agency) 안에 있게 되고, 그런 만큼 관습과 타자의 역할이 강조된다. 이런 요소들은 고프만의 연출적 사회이론(Goffman, 1959·1961·1963) 및 의례와 상징에 대한 인류학적 이론(Turner, 1974·1996·2005; Tambiah, 1985; Bell, 1992), 후기 비트겐슈타인의 언어놀이 개념(Wittgenstein, 1994)에서도 나타난다. 화용론적(pragmatic) 혹은 수행적(performative) 접근이라고 불리기도(Alexander & Mast, 2006; Junge, 2006; Giddens, 1976·1998) 하는 이론의 세부는 오스틴과 설의 화행이론(Austin, 1992; Searle, 1969)에서 가장 명쾌한 형태를 취하고 있다.[6]

무엇인가를 말하는 것은 그 자체가 무엇인가를 행하는 것이며(그러므로 화행(speech act)이며), 그런 점에서 말은 '수행적(performative)'이라는 것이 화행이론의 요체이다. 일례로 "나는 이 여자를 아내로 맞이한다"라는 말은 그 자체로 결혼을 행하는 것이며, "내일 줄게"라는 말은 그 자체로 '내일 무엇인가를 준다는 약속'을 행하는 것이다. 결혼과 약속 등을 행하는 화행 안에서 화자는 청자와 특정한 사회적 관계를 맺게 되며 ― 즉 특정한 주체가 되며, 그러한 주체구성을 포함한 특정한 사회적 사실이 창출되는 것이다. 말이 그 자체로 사회적 사실을 창출하

---

6   이것들에 대한 자세한 정리로는 김미정(2008 : 47~65)을 참조하라. 그리고 김미정 (2007·2013)은 화용론적 전통이 구조주의 언어학을 전용한 라캉주의 정신분석학보다 타자의 타자성 및 언어와 세계의 생성적 측면을 더 잘 드러내며, 사회적인 것의 문제설정의 핵심에 있는 자기지시성과 역설의 문제에 대한 설득력 있는 논리를 제공한다는 점을 논증하였다.

는 이 수행적 차원이 발화수반적 행위인데,[7] 이 발화수반적 행위에는 통사론적(syntactic) 규칙이 아닌 다른 사회적 힘(force)이 작용한다. 그런데 발화수반력이라고 개념화되는, 이 사회적 힘은 숙련된 행위자를 통해 가동되는 상황 내의 관습적 요소로 이해된다. 관습적 조건들이 없다면 화행 자체가 성립할 수 없기에 관습적 요소는 화행을 구성하는 외적 요인이 아니라, 내적 복잡성으로, '구성적 규칙(constitutive rule)'으로 존재하게 된다.[8] 이를테면, 구성적 규칙이란 '내일 줄게'라는 말이 단어 꾸러미를 넘어 약속이라는 행위로, 혹은 서양 선교사의 학살 뒤 "서양 나라들이 우리에게 원한도 은혜도 가질 리 없다"라고 장담하는 말이 난센스가 아니라 유효한 화행이 되는 데 관여하는 차원이다.

그러므로 발화를 해석하기 위해서는 그 논리적·명제적 양태만을 살펴서는 안되고, 그것이 함축·전제하는[9] 상황(situation) 전반을 살펴 어

---

7 오스틴에게 말을 한다는 것은 의미있는 구절들을 내뱉는 발화(locutionary) 행위일 뿐만 아니라, 그 자체로 행위를 만드는 힘을 갖는 발화수반적(illocutionary) 행위이며, 인과적으로 특정한 사회적 결과를 발생시키는 발화효과적(perlocutionary) 행위이기도 하다. 물론 여기서 관심의 초점은 발화수반적 행위이다.

8 설(Searle, 1969)은 구성적 규칙을 규제적 규칙(regulative rule)과 대조하여 설명한다. 규제적 규칙은 '음식을 썰 때 나이프는 오른손에 쥐어라'와 같이 해당 규칙과 별개로 존재하는 사회적 행위를 규제하는 것이다. 여기서 규칙과 행위의 관계는 외부적이다. 반면 구성적 규칙은 예를 들어 '체크메이트는 왕이 공격당하지 않고는 움직이지 못하도록 왕을 공격할 때 이뤄진다'와 같이 논리적으로 그 규칙에 의존하여 존재하는 행위를 구성하는 것이다. 규칙이 행위를 구성한다는 것은 그 규칙이 없으면 존재하지도 않을 행위의 가능성을 연다는 것이다. 체크메이트에 대한 규칙이 없다면 체크메이트라는 행위는 없다. 마찬가지로 약속의 화행을 구성하는 규칙이 없다면 약속의 말하기는 음성의 연쇄로만 남을 것이다. 구성적 규칙이 화행을 내적으로 구성하는 복잡성이므로, 그것에 대한 완벽한 특정화도 불가능하다. 하버마스의 의사소통 행위이론에서 보듯이, 구성적 규칙은 사회적 실재의 구성을 행위이론적으로 해명하는 기획의, 즉 수행적·화용론적 전회의 핵심적 요소이다.

9 오스틴은 함축(implies)과 전제(presupposition)를 함의(entailment)와 구별한다. 함의는 논리적·명제적 관계이다. 예컨대 '모든 사람은 낯을 붉힌다'라는 진술은 '몇몇 사람은 낯을 붉힌다'라는 진술을 함의한다. 그러나 함축과 전제는 논리적 관계가 아니다. '그 고양이는 돗자리 위에 있다'라는 말은 그 화자가 그 말을 믿는다는 점을 함축한다. 또 '현재 프랑스 왕은 대머리이다'라는 진술은 프랑스에 왕이 있다는 점이 전제

떤 유효한 사회적 사실이 창출되는지, 즉 어떤 주체와 세계의 구성이 이루어지는지를 분석해야 한다. 즉 어떠한 말하기가 유효한 화행으로 성립되는 데는 관습적 조건들이 숙련된 행위자를 통해 가동된다는 주장이며, 그것들은 화행을 바로 그 유효한 화행으로 성립시키는 구성적 조건들, 구성적 규칙으로 개념화된다. 또 사회적 사실의 창출이란 특정한 의무와 태도를 갖는 주체, 즉 윤리적 주체의 구성을 포함하는 것이다. (해석의 절차를 서술하는 가운데, 이 부분의 의의를 좀더 자세히 검토하게 될 것이다.)

화용론적 접근들은 그 내밀한 부분에서 들뢰즈나 푸코의 문제의식과 협력한다.[10] 화용론이 언어놀이의 규칙이나 구성적 규칙이라는 이름으로 사회적 실재를 만드는 관습의 힘에 주목한다면, 푸코의 계보학(Foucault, 1990a · 1990b · 1990c · 1994)은 그 점을 권력관계들이 취하는 전략으로 포착한다고 하겠다. 그는 권력관계의 전략들이 실린 장대한 실천들의 더미 안에서 진리와 의미가 조건지어지고 특유한 주체와 대상이 성립된다는 견해로 나아간다(Dreyfus & Rabinow, 1983). 푸코는 소유·양도될 수 있는 실체적 권력 개념, 그리고 '금지'로서의 부정적 권력 개념에 반대하면서, 사회적 실천의 도처를 흐르는 '모세혈관과 같은 권력

되어야만 그 진위를 논할 수 있는 진술이 된다.

10 데리다나 들뢰즈 자신이 화용론을 자신의 저술 안으로 끌어들이기도 한다. 화행이론을 출발시킨 오스틴은 데리다가 해체적으로 독해할 만큼(Derrida, 1988) 매우 존중하는 철학자다. 들뢰즈는 『천의 고원』(Deleuze, 2001)에서 발화수반 행위가 자신을 표현하는 언표와 그 언표가 수행하는 비물체적 변형 간의 순간적 관계를 뜻한다는 인상적인 설명을 가하고 있다. 푸코는 『지식의 고고학』에서 언표(énoncés)를 화행(speech act)과 구별지었으나, 드레퓌스와 라비노우의 연구서(Dreyfus & Rabinow, 1983)에서는 언표를 화행으로 설명함과 아울러, 푸코 자신이 설과의 서신왕래를 통해 언표를 화행과 구분한 견해를 수정했음을 알리고 있다. 들뢰즈의 푸코론(Deleuze, 2003)에서도 고고학은 새로운 화용론을 시도한 것으로 언급된다. 양자가 완벽히 수렴하지는 않겠지만, 영미권의 철학자나 소개자들(Garver & Lee, 1998; Cavell, 1995; Rajchman, 2005; Dreyfus & Rabinow, 1983)에게는 영미의 화용론과 대륙의 탈구조주의적 이론들을 연계하려는 노력이 잘 나타난다. 푸코의 권력관계를 화행이론의 발화수반력의 수준에서 끌어들임으로써 수행성 이론을 전개하는 버틀러(Butler, 1990 · 1993 · 1997a)의 시도도 있다.

관계'(Foucault, 1994)를 묘사하고자 한다. 권력은 주어진 한 사회에서 '복잡한 전략적 상황'에 부여되는 이름이다. 권력관계는 비주관적이지만, 즉 개별적 주체의 선택에 귀속되는 것은 아니지만, 방향성을 갖고 있다. 권력관계는 오랫동안 누적된 실천의 결과 일정한 방향성을 지닌 복합체로 구성되고, 그럼으로써 일정한 효력을, 즉 일정한 주체와 대상을 형성한다고 할 수 있을 것이다.[11]

주체화의 과정을 고려하기 위해서는 주체가 행하는 실천을 익명적 장으로서 주의깊게 보아야 한다는 데 푸코와 화용론의 옹호자들은 일치한다고 할 수 있다. 담론적 실천들은 구성적 규칙 속에서 혹은 권력의 전략 속에서 특정한 적합성의 감각을 지니는 주체를 주형하는 형성력을 갖는다. 행위자의 관점에 대한 '지나친' 강조가 실천의 관건적 중요성을 무시한다는 데, 계보학과 수행적 전환의 지지자들은 동의한다 (Butler, 1997a; Bell, 1992; Junge, 2006; Dreyfus & Rabinow, 1983; Cavell, 1995). 행위자는 이미 그 행동과 실천 속에서 특유의 의도와 감정을 가진 자로 형성되어 있으므로, 분명 그의 일상적 행위를 이해할 수 있고 더 깊은 반성적 의미로 인도될 수 있다. 그러나 그 행위자의 관점에서 읽는다는 것은 그의 의도와 감정을 형성하는 익명의 실천적 과정들이 있다는 점에

---

11 물론 푸코의 계보학이 담론적 실천에 특정화된 방법은 아니다. 『지식의 고고학』(Foucault, 2000)의 용어대로라면 계보학은 주체, 대상, 개념, 전략을 파생시키는 담론적 질서와 함께, 그것을 둘러싼 비담론적 제도들을 포괄하는 방법이다. 고고학의 푸코는 담론을 주체와 대상을 형성하는 실천으로 간주해야 한다고 주장했음에도 불구하고, 칸트의 초월적 주체도 구조주의적인 추상적 법칙에도 호소하지 않으려는 가운데, 그 형성적 힘을 언표들간의 순수한 분산관계로 보았을 뿐 그것을 적절히 설명해낼 수 없었다. 계보학으로의 이행은 담론적 실천의 형성적 힘을 권력관계와 전략에 연결시키려는 시도라고 할 수 있다. 계보학적 전환 이후에도 진리와 의미를 괄호치고 분산적 규칙성을 추구하는 고고학은 유지된다. 고고학에서 계보학으로의 이행을 단순히 비담론적 제도들을 포괄하도록 연구영역을 확대한 것으로만 볼 수는 없고, 주체와 대상이 발생하는 익명적 공간에 대한 이론화가 더 심화된 결과라고 할 수 있겠다. 이제 담론적 질서는 언표간의 순수한 분산관계로 머물지 않으며, 유효한 실천을 구성하는 사회적 힘이 작동하는 차원이 된다. 이를테면 칸트로부터 니체로 좀더 접근한 셈이다.

맹목적이기 쉽다. 그러므로 행위자의 이해에 동화되지 않도록 우선은 낯설게 보는 것이 필요하다. 연구자는 해당 상황에 전적으로 관여적이지 않으며, 행위자들과 같은 문제해결을 추구하지도 않는다. 괄호치기가 이루어지면, 연구자는 특정한 묘사의 수준을 획득하는데, 행위자들이 관심 갖는 대상의 의미를 현재적으로 기술하는 것이 아니라, 그 대상들이 행위자들에게 특정한 의미를 주도록 하는 것을 전반적인 배치(disposition)로서 확인하고 묘사하게 된다.

3. 연구대상 및 연구방법

1) 연구대상

이 책의 연구 대상은 타자와의 차이가 유지되고 윤리적 에토스가 가동되는 가운데 옳음이 협상되고 서양과의 관계 및 주체의 자기관계가 전개되는 담론적 실천들이 된다. 전통적 에토스가 행위자의 습속화된 자원으로서 가동되고, 타자와의 차이가 유지되는 가운데 진행되는 담론적 실천들을 '서양의 의미작용'과 '주체의 위치'를 중심으로 분석하여 재구성하고자 한다. 앞서 우리는 여기에 '타자와의 소우(encounter with alterity)'라는 이름을 붙였다.

서양의 의미작용은 행위자의 자의적 상상이나 해석으로 치부될 수 없다. 사회적 현실이 구성된다는 관점을 취한다 해도, 그 구성이란 것이 주관적인 자의적 상상을 뜻하지는 않는다. 이론적 검토로써 정리했듯이, 현실의 실천적 과정이 이루어지는 가운데 그 과정에 대한 특정한 이해의 틀도 함께 형성된다면, 서양의 의미작용은 실천 속에 내재하되, 그 실천의 의미를 조건짓는 익명적 차원이라고 할 수 있다. 옳은 것을 이야기하려는 가운데 구미(歐美) 지역의 사람들 및 문물들에게 배정되는 수사학적 장소라고 할 수 있다. 그 의미작용이 헤겔의 인정투쟁에서 같이 주체와 똑같은 것을 두고 다투는 또다른 자기(alter ego)인지 아니면 라캉의 대타자(Other)나 미드의 일반화된 타자(generalized other)와 같이 동일시되고 내면화되는 보편자인지, 아니면 다른 방식의 어떤 것인지 알고 싶은 것이다. 개화를 개화로 만드는 데 관건적인 것이 서양의 특정한 '의미작용'이기 때문이다.[12]

연구대상에 '타자와의 조우'라는 이름을 붙인 것은 담론적 실천의 '사건적 우연성'을 드러내기 위함이기도 하다. 조우(遭遇, encounter)에는 '뜻밖의 우연한 만남'이라는 뜻이 있다. 조우를 규정하는 사회적 틀이 있고, 상호 의미있는 관계로 발전한다 하더라도, 타자와 마주하는 것은 완전히 이해될 수 없는 누군가에게 노출되는 사건이다. 에토스는 담론적 실천을 매개로 계시(revelation)되는 시원(始原)이 아니라, 서양 및 그 조우의 사건적 우연성 때문에 끊임없이 교란되고 변형되는 실천적 요소이다. 마찬가지로 그 담론적 실천들도 에토스라는 본질이 외화되는 등질적 단위가 아니다.

관찰과 서술의 주안점들을 정리하면 다음과 같다. 먼저 ① '타자와의 조우'는 분산된 담론적 사건의 무리로서 존재한다. 아울러 ② 서양과 주체는 지리적 영역이나 특정한 인물로 환원되지 않는 담론적 실재

---

12 서양의 의미작용을 탐구한다고 해서 일본이나 중국이 아닌 서양만이 영향력을 미쳤다는 뜻이 아님은 물론이다. 또 개화 담론에서 일본이나 중국이 갖는 특정한 의미작용을 대상으로 하는 연구가 불가능하다는 것도 아니다. 그러나 설사 그런 연구가 진행된다 해도, 서양이 가진 강력한 의미작용과의 관계를 배제할 수 없다는 점에서, 오히려 그것을 전제한 연구일 것이라는 점에서 그것들은 개화를 개화로 만드는 데 관건적인 요소는 아니라고 할 수 있다.

성을 갖는다고 할 수 있다. 윤리적 에토스가 말하고 행동하는 자들의 습속화된 자원이 되고 수행적으로 가동됨으로써, 특정한 의미작용을 펴는 서양과 그와 관계하는 주체의 위치(positon of subject)를 구성하는 측면에 유의한다. 그리고 ③ '타자와의 조우'가 사건적 우연성을 잃지 않음으로써, 서양의 의미작용과 주체형성 과정이 동요하는 면모들에 주의하게 된다. ④ 윤리적 에토스에 있어 유교적 요소들이 수행하는 역할들에 주의한다. 그러나 ⑤ 윤리적 에토스는 일정한 상수라기보다는, 폭넓은 변이의 가능성을 지닌 것으로 간주된다. 이 연구에서는 유교적 요소가 변형, 잔존, 부식되는 면모들을 살필 것이다.

2) 자료의 표집

개화기의 방대한 자료들[13]을 어떻게 선별하고 절단할 것인가? 이 책

---

13 개화기의 문서고들을 대략 분류해보면 다음과 같다. ① 박규수 · 강위 · 신헌 등이 저자로 되어 있는, 이양선(異樣船), 양요(洋擾)나 대일교섭 관련 자문이나 편지, 상소, 이 문헌들의 성격을 드러내기 위해 대조군으로 설정되는 개항 이전의 다른 문헌들. ② 김기수, 김홍집, 박영효 등의 수신사 기록 및 조사시찰단의 기록. ③ 『조선책략』 『이언』 이홍장─이유원 편지와 같이 조선에게 대서양 수교를 설득한 청측의 문헌. ④ 어윤중의 『종정연표』나 김윤식의 『음청사』 『김윤식전집』 속의 몇몇 글과 같이 대미수교관련한 조정 관료들의 문건. ⑤ 『갑신일록』을 비롯해 김옥균 등 갑신정변 관계자들의 개인저작물. ⑥ 조선조정과 청, 일본, 서양 각국 사이에 오고간 각종 외교문서. ⑦ 수교 및 자강책과 관련한 관찬사료 (『조선왕조실록』, 『승정원일기』, 『일성록』 등) 속의 왕과 신료 간의 대화. ⑧ 개화상소들. ⑨ 1880년대 이후의 각종 신문과 잡지. ⑩ 유길준, 윤치호, 박은식, 신채호 등의 개인저작물. ⑪ 신소설과 개화가사 등. 이 자료 목록은 상당히 방대해 보이지만, 개화기에 대한 어떤 연구든 간과할 수 없는 핵심적인 것들인데다, 1960년대 이래의 연구사를 통해 연구주제별로 잘 배열된 질서를 이루고 있다. 연구사와 관련지어 이 자료들을 살펴보자. ① 개항 이전, 박규수, 강위, 신헌 등의 문헌은 개화사상의 출발점으로서 주목되었던 것들이다. 이광린(1979a · 1998a · 1998b), 신용하(2001d), 강재언(1981) 등은 1860년대부터 이미 개화사상이 성립되어 있음을 증명하기 위해 이 자료들을 이용한다. ②와 ③, ④는 대미수교로의 전환과정을 알아보기 위해 자주 이용되었던 문헌들이며(김기혁, 1990; 김세민 2002; 김용구, 1997 · 1999; 동덕모,

은 기존의 역사적 연구들을 통해 정렬된 '사건사적 계열체'를 자료들의 절단과 선별의 기준으로 삼는 방법을 제안한다.

연구사를 볼 때, 서양과의 만남에서 중요한 몇 가지 사건의 연속적 계열체를 추출할 수 있다. 이밖에 다른 사건사적 계열체를 추출하는 것도 가능하나,[14] 다음의 다섯 계열체가 빠뜨릴 수 없는 정도의 중요성을 갖는다는 점은 부인하기 힘들 것이다.

㉠ 개항 이전 천주교도 처형과 관련한 사건들의 계열체이다. 신유사옥과 황사영 백서사건(1801)－기해사옥(1839)과 세실 함대의 내항(1846), 라피에르 함대의 내항(1847)－병인사옥과 병인양요(1866)가 그것이다.

1980; 이광린, 1973b 등),⑤는 개화사의 급진적 분파의 탄생으로 기록되고 있는 개화당 관련 자료이다(이광린, 1973a · 1973b · 1973c · 1973d · 1973e · 1994a; 김영작, 2006; 김현철, 1999; 박은숙, 2005; 신용하, 2001a · 2001b · 2001c; 주진오, 2003). ⑥과 ⑦은 이른바 쇄국정책 및 개화정책의 실제 구안과 집행 과정으로 인식되고 있다. ⑥은 한국의 개화정책이 여러 나라들과의 관계 속에서 펼쳐졌음을 보이고 있고(김용구, 1997 · 1999 · 2004; 김용덕 외, 2000; 김기정, 2003; 김기혁, 1990; 단국대 동양학연구소 편, 2004 등), ⑦은 개화의 주요 산실이 왕과 신료 혹은 상소문들이 소통하는 조정이었음을 알리고 있다. ⑧개화상소들은 확산되고 유포된 개화사상의 증거들로 이용되고 있고(강재언, 1981; 권오영, 1990; 김문용, 1998; 노대환, 2005; 이광린, 1998c), ⑨는 1890년대부터 그 유포와 확산의 무대가 조정과 상소로부터 신문과 잡지로 옮겨갔다고 간주되면서 이용된다(김민환, 1988; Schmid, 2002; 신용하, 2003; 이광린, 1989a; 김도형, 1994 · 2004; 박찬승, 1992; 류준필, 2004 등). ⑩은 개화사상을 그 사상가들로 분절하여 개별 사상가들만의 독특한 사상적 통일체를 포착하고자 할 때 이용된다(이광린, 1979c; 장인성, 2002; 정용화, 2004; 신일철, 1983; 신용하, 2005; 이광린, 1979b · 1979c 등). 그러나 이 자료들은 대체로 ①부터 ⑨까지의 자료들과 상당 부분 겹친다. ⑪은 국문학 연구자(권영민, 1999; 권보드래, 2000; 김영민, 2003; 정선태, 1999)들에 의해 선호되는 자료들이다.

14 그밖에 다음과 같은 계열체들도 덧붙일 수 있다. ㉠ 개항 이전 이양선의 출몰과 관련된 사건들의 계열체이다. ㉡ 개항 이전 청과 서양의 충돌과 관련된 사건들의 계열체이다. 주로 재자관의 수본과 연행사의 파견, 문건별단의 전달 및 이렇게 전달된 내용에 대한 논란으로 구성되어 있다. ㉢ 대일 및 대미 관계 외에 다른 국가와의 외교관계를 중심으로 한 사건사적 계열체도 창출할 수 있다. 군사적 충돌을 빚은 프랑스나 중요한 외세였던 러시아, 중국 등은 충분한 분량의 계열체를 만들 수 있다. 이렇게 다른 계열체를 구성하는 것이 가능하지만, 본문 중에 나열된 계열체의 의의와 중요성은 충분히 납득될 수 있고 생각된다. 개항 이전의 천주교도의 처형이나 개항 이후 '수교' 및 기물 도입이 갖는 사안의 중요성은 크다.

ⓛ 개항 이전 서양과의 전투와 관련된 사건들의 계열체이다. 제너럴 셔먼호 사건(1866) – 병인양요(1866) – 와추세트호의 내항(1866) – 셰난도어호의 내항(1868) – 신미양요(1871)가 그것이다.

ⓒ 개항 이후 '수교'와 관련된 사건들의 계열들이다. 대일수교의 경우 1869년 이후의 서계 접수를 둘러싼 분쟁 및 일본의 무력침공, 그리고 이 두 사안을 두고 조정 내에서 논란이 벌어지고, 조약체결이 이루어진 사건사적 과정이 있고, 대미 수교의 경우는 1881년 미국과의 조약체결과 관련된 사건들의 계열이다. 1879년 이홍장–이유원 편지, 1880년 2차 수신사 파견 및 『조선책략(朝鮮策略)』과 『이언(易言)』의 도입, 1880년 슈펠트 방문, 1881년 영선사 파견, 1882년 척화비를 철거하라는 교서, 1882년의 조약 체결로 이어지는 사건사적 계열이 있다. 수교의 사건 계열에는 조약체결 이후의 사절단의 파견, 외교관의 상주, 외교관들과의 교류 등의 사건들도 포함될 수 있다. 이 과정에서 갑신정변을 주도한 이른바 개화당과 같이 급진적 분파가 나타나기도 했다. ⓔ 1880년대 서양식 기물(器物) 및 제도의 도입과 관련된 사건사적 계열이다. 이 계열은 서양식 기물 및 제도의 수용과 배척을 둘러싼 논쟁의 과정으로 점철되어 있다. 1880년의 2차 수신사가 가져온 『조선책략』과 『이언』의 전래, 1881년의 신사척사운동, 1881년의 고종의 교서 발표와 개화상소의 등장, 1883년의 『한성순보』 발행과 서양식 문물에 대한 잇단 소개, 1886년 『한성주보』 발행과 서양식 문물에 대한 잇단 소개 등으로 이어지는 계열이다.

ⓜ 1890년대 후반부터 1905년 을사늑약에 이르기까지 민간의 개화운동과 관련된 계열이다. 중국을 종주국으로 삼는 사대관계가 철폐되고 열강의 이권 침탈이 가시화된 이후 일본 및 서양 각국을 모범으로 삼아 변화를 촉구하는 주장들이 민간 신문과 집회에서 펼쳐졌던 것이다. 분석될 주요 자료는 각 신문의 사설들이 될 것이다.

이와 같은 사건사적 계열체들은 자료 표집(sampling)의 틀로 전용될 수 있다. 우리는 해당 시기의 모든 담론적 실천들을 자료로 조직할 수 없을 뿐더러, 모집단 전체의 변수들이 알려져 있는 것도 아니므로 확률표집과 같은 정도의 대표성 있는 표집을 기대하기는 어렵다. 더욱이 이론적 관심이 두드러지는 연구의 특성상 표집될 자료의 분석 단위는 인물이나 집단조직이 아니라, 타자관계와 자기관계의 형태를 추출할 수 있는 담론적 실천의 특정한 단위여야 한다. 사건사적 계열체는 이같은 연구 목적에 적절한 범위의 단위들을 포괄하고 선택하는 틀이 될 수 있다.

우선 사건사적 계열체들은 다양한 인물, 다양한 제도적 영역, 다양한 장소와 짧지 않은 시간대를 아우르면서도, 역사가들의 다각적 고려 아래 이해가능하게 조직된 전체를 이룬다는 장점이 있다. 다양한 사건과 인물들은 이 전체 안에서 발생적으로 연관되어 있다. 사건사적 과정 및 그 컨텍스트는 기존 연구들에서 상세하게 탐구되었으므로, 그것들을 적절히 이용할 수도 있다.

그리고 사건사적 계열체가 당대에 중요하게 토론된 주제를 중심으로 조직되어 있다는 점도 장점이다. '서양 선박의 내항'이나 '수교'와 같은 주제들은 현재적으로도 그 의의가 클 뿐만 아니라 과거에도 다양한 인물들이 연루되고 긴장어린 논쟁들이 펼쳐졌으며 왕과 조정이 결정을 내려야 할 '실제적으로 중요한' 사건과 쟁점들로 구체화된다. 그것은 결코 특정한 인물들만 고요히 숙고하는 학문적 문제가 아니며, 많은 이들의 관심을 받고 대체로 널리 퍼진 통념들에 깊숙이 영향받은 문제들이었다.

더욱이 사건사적 계열체는 다양한 역사적 문헌들을 통해 구축된 만큼, 문헌들이 계열체를 구성하기에 적절히, 즉 이런 주제와 관련된 토론과 논쟁, 결정의 실천들로 선별되고 절단되어 있다. 사건사적 계열체에는 사건사의 전개상 누락될 수 없는 토론과 결정의 과정들이 있다. 예컨대 ㉢ 수교의 사건사적 계열에서 1880년 9월 8일의 차대(次對)

는 누락될 수 없는 중요한 기록이다. 수신사 김홍집의 활동 및 그가 가지고 온 『조선책략』이 논의되고 있으며, 아울러 대미수교의 가능성이 조심스럽게 시사되고 있기 때문이다. 사건사의 계열체는 이 차대의 기록을 관찬사료에 나타난 1880년 9월이나 10월의 다른 기록들로부터 선별하고 절단할 뿐만 아니라, 1880년 9월 8일의 차대 기록으로부터 특정 부분을 선별하고 절단해낸다. 이 차대에서는 이 문제 외에도 토호(土豪)의 무단(武斷)과 같은 다른 문제들이 토론되고 있기 때문이다. 사건사적 계열체는 일차적으로 탐구될 만한 주제와 관련된 적절한 범위의 담론적 실천들을 선별하고 절단해내는 기능을 수행하는 것이다.

단 ⑩의 계열체는 다른 계열체들과 사정이 조금 다르다. 1890년대 후반 이래의 민간신문들은 상시적으로 문제들을 제시하고 해결책을 모색하는 데 특화된 공론의 장이었다. 특정한 주제와 연관된 사건들의 계열이라기보다는 많은 주제들이 상시적으로 토론되는 장의 발생 및 전개를 둘러싼 사건들의 계열체라고 할 수 있다. 그러나 신문 사설들도 당대의 통념을 반영하며, 광범위한 사람들이 중시하는 주제들을 다루고 있고, 긴장 어린 논쟁을 담고 있다.

그리고 이 다섯 가지 사건사적 계열체들은 시간적으로도 분류될 수 있다는 장점이 있다. ㉠과 ㉡이 개항 이전의 것이라면 ㉢과 ㉣은 1876년 개항 전후부터 1894년 갑오경장 전까지의 것이다. 그리고 ⑩은 1894년 갑오경장 이후의 것들이다. 1876년 개항과 1894년 갑오경장은 이 시기의 성격을 규정하는 중대한 분기점으로 간주되었으므로, 이런 사건사적 계열체에 따른 자료의 추출은 역사기술에서 중요하게 간주된 시간적 변수를 고려할 수 있도록 해준다.

그러나 무엇보다도, 사건사적 계열체를 자료표집의 틀로 이용한다고 해서, 사건사적 계열체가 고수하는 연대기적 서사를 유지하겠다는 것이 아님을 강조해둘 필요가 있다. 사건사적 계열체에서는 현재적으로도 드라마로 재현될 수 있을 만치, 이미 특정한 배경과 성격을 지닌 인물들이 무대에 등장해서 특정 주제에 대해 숙고하고 결정을 내린다. 여기서 역사적 시공간은 주체와 대상이 형성되는 선험적 지평이기보다는 사건들을 운반하는 동질적이고 공허한 시간과 공간일 따름이다. 기존 연구들은 연대기적 흐름에 맞춰 인물과 사건들을 서사하는 데 주안점을 두어온바, 대체로 인물들의 성향 및 쟁투의 사건들, 토론되고 결정된 것의 명제적 내용에 관심이 있다. 인물들간의 논쟁이 벌어지고, 이후 암투에 의해 조정의 방책이 결정되고 추진된다. 어떤 주장이 펼쳐지고 그 현재적 의의는 무엇이며, 그런 주장을 펼치는 사람은 누구인가 하는 것이 대개 관심사이다.

그러나 이 책의 관심은 명제적 내용 및 그 현재적 의의가 아니라 그런 내용이 실리는 어휘와 수사학(rhetoric) 및 실천적 양식들에 있다. 이 연구가 자료로서 요구하는 분석단위는 일정한 복잡함을 갖춘 의사소통의 장면들이다. 사건사적 계열에 의거한 자료들은 이 요구를 충족시키지만, 사건사적 계열체를 넘어서는 수준의 분석을 필요로 한다. 이 책은 이미 주체로 성립된 자가 세계에 대해 말하고 행동한다는 관점을 취하기보다는 어떤 담론적 실천을 타당하게 하거나 부당하게 하는 조건들 속에서 주체 위치가 정해지고 세계의 배열이 정해진다는 입장에 서고자 한다. 해당 자료들은 명제적 내용 못지않게 그것이 만들어지는 실제적인 담론적 과정 또한 담고 있다. 자료가 담고 있는 의사결정의 과정들은 진위(眞僞)와 부정(否正)을 다투는 과정이 실제로 어떤 담론적 실천들로 나타났는가를 알려주는 창구가 된다. 거듭 말하지만 이는 당대 행위자들이 논거와 책임성을 가지고 주장했음을 부정하는 것이 아니라, 행위자가 완벽히 통제할 수 없는 익명적 자원들에 숙달됨으로써 행위성과 윤리적 책임성을 갖는다는 이론적 전제에 충실하기 위해서이다.

주로 인용문의 형태로 자료를 분석하면서 설명이 구축될 것이므로,

각 계열별로 표집의 할당표를 작성하고, 자료들에 일련의 지표를 붙여 정리하고자 한다. 이같은 체계적인 자료정리는 이 책 말미에 「부록 : 자료표집 목록」으로 실었다. 관심있는 독자들은 본문을 읽기 전에 살펴보기 바란다. 다양한 인물들이 연루된 논쟁들을 포괄하고자 하므로 자료의 출처는 대개 관찬사료나 신문논설, 정책적 조언을 담은 서적 등이 될 것이나, 개인문집 속에 수록된 공문서나 상소, 서신교환, 대화 기록 등도 활용될 것이다. 또한 표집에는 연구자가 추구하는 설명에 부합하지 않을 듯한 자료들도 다수 포함하겠다. 유교적 에토스로부터 상대적으로 벗어났다고 간주되는 개화당 관련 자료나, 사대교린(事大交隣)의 예가 실행되지 않게 된 1894년 이후의 자료들을 포함한 것은 바로 이 때문이다.

3) 자료 해석 및 담론형성체의 재구성 절차

① 먼저, 각 장이 시작될 때 주요하게 다뤄질 사건사적 계열들을 미리 언급한다. 자료를 실제로 다룰 때는 전후 사정을 약술함으로써, 관련 자료의 사건사적 맥락을 드러낸다.

② 해석의 방식을 예시하면 다음과 같다.

예컨대, 화행이론이 주로 분석대상으로 삼는 문세, 예를 들어 '불이야'라는 말이 왜 타인에게 현재 '불이 났음을 경고하는 것'이 되는지에 대해 우리는 이론적 대답을 준비할 수는 없어도, 그것이 그렇다는 사실 자체는 즉각적으로 이해한다. 그것을 알지 않고는 사회생활을 할 수 없을 만큼 우리는 이미 이 화행의 효력 안에서 구성된 자이다. 그러나 예컨대 조선에서 천주교를 전교한 프랑스인 신부를 처형하고는 조선 국왕 및 관료들이 "서양 나라들이 우리에게 원한도 은혜도 가질 리 없다"라고 장담하는 말이 어떻게 유효적절한 화행이 되는지를 이해하기란 쉽지 않다. 연구자는 말뜻을 모르지는 않으며, 이것이 사태에 대해 판단을 내리는 일종의 판정발화[15]라는 것도 알고 있다. 그러나 그것이 어떻게 유효한 화행이 되는지에 대한 직관이 없다. 그들은 농담을 하는 것일까? 허세를 떠는 것일까? 그렇지 않다면 그들이 그 말로써 하고 있는 바가 과연 무엇인가? 이것은 그 말의 진위를 묻는 문제도 아니고, 그 말을 하게 된 심리적 상태를 추체험하거나, 화자가 미처 말하지 않은 암묵적 근거를 추출하는 문제도 아니다. 연구자가 100여 년의 전의 그에게 왜라고 묻고 그가 대답할 수 있다고 쳐도 그의 대답이 왜 적절한 대답이 되는지 이해하지 못할 수도 있다. 이것은 그의 말이 창출한 사회적 상황에 우리들이 놓여 있지 않기에 발생하는 문제이다.

그 말이 판정발화로서 '사태에 대한 판단'을 행하는 것이라면, 사태에 대한 판단을 하는 과거의 행위자들은 분명 그 판단의 진위에 대해 집요한 관심을 갖고 있을 터이다. 그러나 서양인들의 마음속에 미움과 원한이 있는지 없는지에 대한 '심리적 사태를 순전히 자연적 사실로 묘사하는 것'이 이들의 관심사가 아니라는 점은 분명하다. 특히 1866년의 경우, 이 발화가 서양 군함이 이미 조선으로 출항한 뒤에 행해졌다면, 그리고 행위자들도 그 점을 이미 짐작하고 있다면, 더욱 그렇다. 사

---

15 오스틴(Austin, 1992)은 발화수반력에 따라 판정발화(Verdictives) 행사발화(Exercitives), 언약발화(Commissives), 행태발화(Behabitives), 평서발화(Expositives)의 다섯 가지로 발화를 구분했다. 이중 판정발화란 판사나 배심원의 사실판단이나, 운동경기 중 심판의 판정 등에서 전형적으로 나타나는 발화이다. 예를 들어 야구경기에서 심판이 '아웃'이라고 외치는 경우, 그것은 어떤 사태에 관해 사정하고 평가한 것이다. 그런 만큼 그것은 진위 논란에 부딪칠 수 있지만 사태를 자연과학적으로 묘사하는 것으로 이해될 수는 없다. 판정은 관련된 사태를 규정하고 처방함으로써 새로운 현실이 만들어지게 하기 때문이다. 판정이 이루어지면 관련된 행위자들은 새로운 관계에 놓이며 일정한 책임과 의무를 지게 된다. 예컨대 심판이 아웃이라고 외치면, 타자는 아웃이 되어 실망에 젖어 더그아웃(dugout)으로 돌아가야 한다.

태에 대한 판단으로서 이 말은 세계의 사태를 묘사하되, 그 묘사되는
사태의 얼개와 외연은 다른 역사적 시공간에서 성립된 것이어서, 현재
즉각적으로 객관화될 수 있는 것이 아니다. 진위가 문제시되는 사태는
설의 용어대로 하면, 원시 사실(brute fact)이 아니라 다수의 구성적 규칙
에 의해 성립하는 제도적 사실(institutional fact)에 속한다.[16]

그렇다면 우리는 과거 행위자들과 같은 방식으로 발화의 진위에 관
심 갖지 않는다. 익명적 조건을 탐구하고자 낯설게 보기를 감행하는
연구자는 이 발화가 참이 됨으로써 수반되는 과정들을 주목해야 한다.
진위가 문제시되는 사정, 그리고 그 진위 판정이 요구되는 좀더 폭넓
은 배치(disposition)를 발견하고자 해야 한다. 발화가 참이 됨으로써 수
반되는 과정을 기술한다는 이런 방법론적 지침은 언어표현의 의미를
말하는 주체의 의도나 그 지시대상으로 소급하지 않으려고 할 때 매우
유용하고 필수적인 것이다.[17] 우리는 그 화행이 유효해지는 조건을 알

---

16 설(Searle, 1969)은 원시적 사실과 대비되는 제도적 사실에 대해 이야기한다. 원시적
   사실의 관점에 설 경우 세계는 물리적 사태이며, 그것에 대해 보고하는 자는 물리적
   사태에 대해 정신적인 위치에 선다. 그러나 '스미스 씨는 존즈 양과 결혼했다' '다저스
   가 자이언츠에 3 대 2로 이겼다' '의회가 세출 예산안을 통과시켰다'와 같은 사실은 다
   양한 물리적 행위와 사태를 포함하지만 특정한 인간 제도들의 존재를 전제함으로써
   성립하는 제도적 사실들이다. 이 제도들은 구성적 규칙의 체계로서, 구성적 규칙은 'C
   란 맥락에서 X는 Y이다'와 같은 형태로 사실을 규정한다. 제도적 사실을 순전히 주관
   적인 심리적 현실로 오해해서는 안 된다. 제도적 사실도 분명 객관적 사실이나, 구성
   적 규칙들의 체계 안에서 성립하는 객관성이다. 화행은 제도적 사실이다. 이런 관점
   에 서면 거의 모든 '사회적 사실'들이 구성적 규칙의 체계로서 규명될 수 있다.

17 비트겐슈타인의 『논리─철학 논고』의 유명한 구절, "어떤 명제의 의미를 이해한다는
   것은 그것이 참일 때의 경우를 안다는 것이다"는 이런 지침을 잘 드러내는 것으로서 자
   주 인용된다. 『논리─철학 논고』의 이 구절은 의미론적 분석의 최소단위를 지시를 갖
   는 단어가 아니라 사태가 표현되는 명제로 선택한 프레게 이후의 전통을 선언적으로 정
   립한 것이기도 하다. 이 전통에 따르면 단어의 의미와 그 지시는 (문장에 선행하는 것이
   아니라) 명제를 말하는 문장 안에서 정해지고 관찰된다. 물론 프레게와 『논리─철학 논
   고』 시기의 비트겐슈타인은 명제의 진리를 가능케 하는 논리적 공간을 구명하는 데 노
   력을 경주하지만, 후기 비트겐슈타인은 그것을 화용론적으로 전환시킨다. 『철학적 탐
   구』에서, 진리와 의미를 가능케 하는 것은 말을 가지고 행하는 다양한 언어놀이의 규칙

때 그것을 이해한다.

그 수사학(rhetoric)을 배제하지 않는다는 자세를 취하면서, 진술은 우선 문자 그대로(literally) 독해된다. 그 다음, 문헌에 실제적으로(actually) 출현한 언표들을 가지고 참이 되는 발화와 그것에 수반되는 것 간의 관계를 기술한다. 서양 선교사를 학살했음에도 불구하고 서양과 조선이 은혜도 원한도 없다는 진술이 참이 될 때 수반되는 세계의 사태는 은혜도 원한도 없는 감정적·관계적 소원(疏遠)함이 서양에 대한 특정한 태도와 감정과 의무를 수반하도록 하는 배치를 갖는다고 할 수 있다. 그러므로 은혜도 원한도 없다는 진술은 서양 선교사에 대한 살해가 서양에게 원한을 불러일으키지 않았다는 인과적 효력을 은폐하는 비유적 표현으로 성급히 등치될 수 없다. 더욱이 이 발화에서 타당한 것을 말함으로써 윤리적 주체가 된다는 것은 맥락초월적인 규칙에 대한 준수／위반 여부에 관련되기보다는, 서양과 자기자신 사이의 국지적 맥락에 대한 민감성(responsiveness)을 갖는다는 것과 밀접한 관련이 있는 듯 보인다. 이런 배치에서라면 인과관계의 유무 및 형식적 규범의 준수／위반이 아니라, 타자와 주체 사이의 관계와 국지적 맥락이 어떠한가라는 물음이 더욱 집요한 관심사가 될 것이다.

그러므로 이러한 배치 속에서 주체의 태도와 의무들을 분석할 수 있다. 화행으로서 판정발화는 사실에 대한 기술로 그치지 않기 때문이다. 판정은 관련된 사태를 규정하고 처방함으로써 새로운 현실이 만들

들로서, 명제의 진리조건이나 하나의 논리적 질서로 환원되지 않는다. 오스틴과 설의 화행이론에서도 의미는 다양하게 행해지는 화행의 유효성 조건 안에 놓여 있다. 즉 프레게적인 통찰이 화용론적으로 전환되면서 진리와 의미를 조건짓는 폭넓은 사회적·실천적 조건들이 시야에 들어온다고 할 수 있다. 푸코 또한 문제화(problematization)라는 개념을 제안하면서 비슷한 통찰에 나아가는 모습(Foucault, 2003e)을 볼 수 있다. 문제화란 진위(眞僞)가 문제시될 수 있도록 사고의 대상을 창출하는 담론적·비담론적 실천의 앙상블이다. 역사적으로 논란되었던 문제들은 자명하게 주어지는 것이 아니라, 특정한 실천들을 통해 특정하게 문제화되도록 그 대상이 형성되는 것이라는 입장이다.

차이와 윤리
개화 주체성의 형성

어지게 하는데, 그러면 관련된 행위자들은 변화된 관계에 놓이며 일정한 책임과 의무를 지는 윤리적 태도를 갖게 된다. 예컨대 '이것은 A씨의 소유야'라는 판정이 내려지면 나는 그것에 자유로이 접근할 수 없게 된다. 이 윤리는 모든 맥락과 감정을 초월한 이성의 명령으로서의 도덕성(morality)이 아니라, 사회적 행동을 하는 가운데 실천적으로 요구되는 태도로서의 윤리의 발현이다(Searle, 1969). 사회적 사실은 윤리적인 사태이다. 비단 판정발화뿐만 아니라, 사회적 공간에서 이루어지는 모든 화행은 그 구성적 규칙의 가동에 의해 제도적 사실을 성립시켜 관련 행위자들에게 일정한 관계 속에서 윤리적 책임과 의무를 지우는 것이며, 일정한 감정들마저 처방하는 것이기 때문이다. 이것이 화행이 갖는 사회적 힘의 차원, 권력관계의 차원이라고 할 수 있다.

또한 연구자와 자료를 나누는 100여 년의 간격에 유의한다면, 그 말의 유효성 조건에 낯선 요소들이 관여하고 있다고 할 수 있고, 현재적으로 낯선 유교윤리가 개입하고 있다고 전제할 수 있다. 말의 유효성에 개입하는 에토스란 독창적 사상이라기보다는 훈련된 습관이며, 잘 의식되지 않는 방식에 의해 행위자들을 익숙한 위치로 돌아오게 하는 것이다. 그럼으로써 우리는 오랫동안 통용된 요소가 관건적 역할을 하는 배치로 인도되고, 그 안에서의 자기관계와 타자관계의 형식들을 추출할 수 있다.[18]

---

18 이같은 방법론의 타당성을 보이기 위해 다음과 같은 예화(例話)를 기술해본다. 한 남성이 어떤 한 여성을 두고 '저 여자는 이미 결혼했어. 저 여자랑 깊게 사귈 수 없어'라고 말할 수 있다. 이것은 분명 유효한 판정발화이다. 그런데 만약 결혼제도를 갖지 않을 미래의 역사사회학자가 그 말을 접하고는 엄격한 생물학적 견지에서 그 말을 난센스로 돌린다면, 그건 온당한 것이 아닐 것이다. 어떤 사람의 결혼 여부에 대한 판정은 단순히 과거에 그러한 예식을 올렸다는 사태를 묘사하는 것으로 그치지 않고 특정한 관계와 의무, 그리고 연관된 감정들을 수반한다. 결혼이 이성적 교제의 범위를 제약한다는 것은 '결혼'이라는 제도적 사실을 규정하는 중요한 구성적 규칙이므로, 이 점을 밝혀낼 때, 미래의 역사사회학자는 이 말의 타당성을 설명할 수 있게 된다. 더 나아가 그는 좀더 폭넓은 조건들, 즉 결혼제도 및 그것을 떠받치는 사랑과 같은 규범들

③ 화행들이 어떤 사회적 사실을 창출하는지 명시화할 수 있다. 이것이 이 연구에서 추구하는 해석이다. 해석되는 내용은 다음의 세 가지로 세목화해볼 수 있다.

먼저 ㉠ 주체에게 서양이 문제화되도록 등장하게 되는 전반적인 성좌(constellation) 혹은 서양의 의미작용과 주체의 위치가 동시에 함축되어 있는 전체적인 배치(disposition)를 서술해야 할 필요가 있다. 진위와 부정이 논란되는 발화를 조사하되, 실제로 사용된 언표들을 가지고 그것이 참이 됨으로써 수반되는 관계를 기술함으로써 이것에 접근할 수 있다. 그리하여 그 진위가 논란되는 사태가 어떻게 이해되어야 하는지, 예컨대 개별화된 대상의 심리적 사태인지, 분리된 두 단위간의 인과관계인지 아니면 체면이나 의리 같은 관계 속에서 포착되는 윤리적 요소가 관건적인 배치인지 알 수 있게 된다. 이는 단순히 명제의 인지적 내용만을 기록하는 것이 아니라, 논란되는 사태가 주체와 어떤 연관 속에서 존립하는지를 보여야 하는 과제이다. 진위나 부정이 논해진다고 해서 말과 세계 간의 연관의 방식, 혹은 당시인들이 전제했을 사실성을 미리 현대적 이해로 고정할 필요는 없다.

다음으로는 ㉡ 이런 전체적인 배치로부터 서양의 의미작용을 분석적으로 추출해야 한다. 서양은 발화가 그것에 대해 말하고 있는 사태 속의 중요한 요소로 등장한다. 그러나 서양의 의미작용을 탐구함에 있어, 당시인들이 서양을 어떻게 인식했는가 혹은 서양이 어떤 표상(representation)으로 제시되는가가 아니라, 서양이 주체에게 문제화되도록 등

을 통해 그런 규범 속의 자기관계와 타자관계의 윤리적 형식들을 추출하여 그것이 발화자에게 특별한 주체위치를 할당하고 있음을 분석하고 재구성할 수 있다. 그리고 분석된 그것은 주관적이기보다는 사회적인 것으로 간주된다. 저 여자랑 상관없다고 말하는 이가 설혹 '나는 결혼제도에 반대한다'고 의견을 말한다 해도 그는 이런 규칙들과 동떨어져 있지 않으며, 오히려 결혼제도에 대한 반감을 표현하는 그 말이 결혼제도를 떠받치는 사랑이라는 규범 및 특유의 자기관계의 윤리적 형식과 밀접한 연관을 맺고 있음을 보일 수 있다.

차이와 윤리
개화 주체성의 형성

장하는 방식을 서술하고자 한다. 서양에 대한 인식의 내용이나 표상의 구체적 내용이 아니라, 서양이 문제로 등장하는 방식을 발견해내고자 한다.

마지막으로 ⓒ 주체의 태도 및 위치이다. 발화가 참이 되는 조건들을 추출함으로써 진위와 부정이 겨냥하는 사태가 어떠한 것인지 기술할 수 있다면, 이는 이미 주체의 태도와 위치에 대한 기술을 포함하고 있다. 어떤 화행을, 무엇이 그것을 참으로 받아들일 수 있게 하는지 알면 이해하게 된다고 할 때, 동의하거나 거부하는 입장을 취하기 위해 필요한 조건이 무엇인가를 탐구하고 기술한다면, 우리는 주체의 태도와 관련한 서술을 획득하는 셈이다. 이 수용 가능성의 조건은 객관적 관찰자의 시각으로부터 규정되는 것이 아닐뿐더러 그 말을 하거나 듣고 그것에 대해 동의나 거부를 표명하는 참여자에게도 명시적 앎으로 존재하지 않는다. 주체의 태도는 심리적이거나 실체적인 것으로 추적되기보다는, 화행이 유효해지는 데 가동되는 요소로서 간주된다.

더욱이 화행이 창출한 사실성 속에서 관련된 행위자들은 일정한 책임과 의무를 지는 윤리적 태도를 갖게 된다. 여기서 문제되는 사태 속의 서양과 특유하게 관계하는 주체가, 스스로 의무를 설정하며 자기자신과의 반성적 관계를 획득하는 차원도 기술된다. 이는 궁극적으로 행위자가 자기자신과 관계하는 주체성의 양식(mode of subjectivation)을 기술하는 문제와 연결된다. 주체성의 양식은 '의무를 알도록 자극되는 방식'이라는 푸코적 의미에서(Foucault, 2003c) 쓰였음을 일러둔다.

서양의 의미작용과 주체의 위치는 일면적이지 않다. 예컨대 '조선과 서양 나라는 은혜도 원한도 없다'는 말 안에서 서양이 관계 희박한 타자로 구성되고 있다 해도, 거기에는 경악의 요소가 끼어들어 있다. 바로 눈앞에 정박한 서양 배를 보고 서양이 소원하다고 말하는 것은, 그러한 경악에 대한 방어일 수 있다.

④ 연구자는 이런 절차들을 반복하면서 비슷한 효력을 갖는 발화들을 모아, 하나의 범주를 설정할 수 있다. 각 담론형성체는 다양한 발화들을 연결하여 모은 느슨한 범주이다. 하나의 담론형성체 내에서 발화를 유효하게 만드는 조건과 효력들은 다양한 변이를 보이며 진동할 것이기 때문이다. 담론형성체들간의 관계 또한 다소 느슨하게 이해될 수 있다. 담론형성체간의 관계는 대체로 연대기적 시간의 흐름에 부합한다 하여도 기계 시간의 선후관계나 진화(進化)의 관계가 아니며, 대립하거나 어우러지는 것으로 그려진다 해도 엄밀한 논리적 대립이나 통일의 관계는 아니다.

또 담론형성체로 묶고 분류하는 것은 발화의 효력들을 추상화·일반화하는 것이라기보다는 반복적으로 그리고 지속적으로 출현하는 것들을 전형(典型)으로 제시하여 담론형성체에 응집성을 부여하는 것으로 이해될 수 있다. 다시 말해 담론형성체는 특정한 본질을 가진다기보다는 특정한 전형이 추출되고 제시됨으로써 그 성격이 풍부하고 통찰력 있게 설명된다고 할 수 있다.

담론형성체의 명명화에는 유교적 용어들이 사용될 것이다. 어떤 타자관계가 전개되고 어떤 주체가 형성되고 있는지를 아는 데 유교적 에토스의 작동이 관건적이라면, 서양의 의미작용과 주체위치는 유교적 용어로써 가장 간명하고 효과적으로 지시될 수 있기 때문이다. 담론형성체의 이름은 '□-○ 담론'과 같은 형태를 취한다. □은 유교윤리에 따른 서양의 주된 의미작용을, ○은 그 의미작용을 동요하고 교란하는 요소를 보이고자 한다. □과 ○을 병치하는 것은 에토스를 체현한 주체의 질서화 역량과 더불어 그것의 불안정성을 동시에 드러내고자 함이다. 또한 에토스의 작동과 교란을 병치한 □과 ○는 서양을 개별화하는 지시적 명명이 아니라 주체와 서양의 조우의 양태, 즉 상호작용의 양태를 압축적으로 보여주는 것으로서 이해될 수 있다.

4. 이 책의 구성

이 책은 서론을 포함하여 다섯 개 장과 한 개의 보론으로 구성된다.

먼저 제1장 다음에는 보론을 붙여, 자료해석에 반복적으로 이용되는 유교적 에토스의 요소들을 이념형적 복합체로 조합하고자 한다. 유교 윤리가 서구적 근대의 그것과 이질적이라면, 독자들은 이 이질성을 압축적으로 파악하고, 예비적으로 이해를 확보함으로써, 본문 중에서 전개되는 해석과 담론형성체의 구성을 좀더 원활하게 받아들일 수 있을 것이다.

제2장에서는 천주교도의 처형이 불러온 서양과의 조우 및 서양 함대와의 전투와 관련된 사건들의 계열체를 다룬다. 앞서 정리한 연구자료의 분류에 따르면 개항 이전의 사건사적 계열체 ㉠과 ㉡이 제2장에서 다루어질 것이다. 특히 천주교도의 처형이나 양요와 같은 외견상의 충돌에도 불구하고 서양에 대한 적대적 응전태세가 뚜렷하지 않거나 이양선과 서양인에 대한 원조가 자주 행해진 사정에 주안해, 서양의 의미작용과 주체의 구성을 살핀다.

제3장에서는 개항과 서양과의 화호가 토론되고 실행되며, 서양의 제도와 문물을 수용하는 과정과 관련된 사건사적 계열체를 다룬다. 연구 자료의 분류에 따르면 개항 전후 및 1880년대의 사건사적 계열체 ㉢괴 ㉣이 제3장에서 다루어질 것이나. 당대인들의 발화가 근대적 지식 및 사상에 얼마나 근접했는가보다는, 그것이 어떤 담론적 실천의 과정들을 동반하는가를 살피고자 한다.

제4장에서는 1890년대 후반부터 1905년 을사늑약에 이르기까지 민간의 신문논설에서 다양한 주제에 걸쳐 서양화가 주장되는 과정을 살핀다. 연구 자료의 분류에 따르자면 사건사적 계열체 ㉤이다. 특히 당

대 신문논설에서 반복적으로 쓰인 관용구들 안에서 서양의 의미작용과 주체의 구성이 어떻게 나타나고 있는지를 살피며, 아울러 그것이 대규모 공중을 조직하는 수사학적 장치라는 점에서 공동체가 형상화되고 집합적 연대가 설정되는 방식에도 주의를 기울인다.

제2장, 제3장, 제4장의 내용은 다음과 같이 조직된다. 익명적 조건들에 대한 해석과 기술을 세 가지로 항목화한 대로, ① 주체에게 서양이 문제화되는 전반적 배치, ② 서양의 의미작용, ③ 주체의 태도와 위치 및 주체성의 양식이 각 계열체마다 정리되어 드러날 수 있도록 절 이하의 항을 조직한다. 그리고 이 세 가지 요소들을 골격으로 하여 제2장, 제3장, 제4장에 걸쳐 다섯 개의 담론형성체를 조합한다.

제5장에서는 연구 결과를 요약하고, 연구 결과의 함의를 서술한다. 제2장~제4장에서는 담론형성체의 구성에 부속된 형태로 서술되었던 개화 주체성의 특징을 요약적으로 기술한다.

유교의 관계 지향적 윤리에 대한 재구성

유교적 신성과 유비적 주체

조선에서 유교는 왕과 조정의 통치 논리였을 뿐만 아니라, 조정에 참여할 수 있는 정도의 재산과 교양을 갖춘 사족(士族)[1]을 위한 학문이자 신념체계였고, 그들이 주도하는 향촌사회 조직화의 원리였다. 주희(朱熹)가 집대성한 성리학은 조선 건국 뒤 교육과 과거제도뿐만 아니라, 의례, 종족조직 등 사회 전반에서 기준으로 자리잡았고, 조선 후기에 이

---

[1] 조선의 지배계급은 보통 양반으로 통칭된다. 그러나 양반은 원래 신분 용어가 아니라, 문인 관리를 지칭하는 동반과 무인 관리를 지칭하는 서반, 이 둘을 일컫는, 다시 말해 관직에 오른 이들을 가리키는 느슨한 용어였다. 그런데 양반이라는 용어가 집합적으로 결속된 세습적 신분이라는 의미를 획득한 것은 유교의 확산 및 토착화 과정, 그리고 그것을 담당한 지방 토호층의 성장과 궤도를 같이한다. 이들은 유교적 교양에 충실한 독서인[士]으로 자부했고, 종법제에 따른 친족체제의 정비, 복잡한 혼맥과 학맥, 관직 경험, 향촌사회에서의 활동 등을 통해 유대와 결속을 강화해나갔으며, 결국 16~17세기 이후 (군역이 부과되는) 상인(常人)에 대해 군역이 면제되는 관직후보자군으로서의 특권을 공고히 하기에 이른다. 조선 조정은 이들을 사족(士族)으로 추인했을 따름이었고, 양반 혹은 사족이라는 신분은 조정이 거의 통제할 수 없는 복잡한 사회과정을 반영하는 각종 통념에 의해 좌우되고 유지되었다. 그러므로 반상제(班常制)의 확립에 있어 지방 토호층의 사(士)로서의 자기이해가 중요했던 만큼, 조선의 지배신분을 사족으로 통칭하는 것이 더 적절할 것이다(송준호, 1987; Wagner, 2007; 김성우, 2001).

르면 유교적 신념과 규범, 실천이 향촌사회 깊숙이까지 스며들었다는 것이 한국사학계의 통설이다(이태진, 1989; 정옥자, 1993a · 1993b; Deuchler, 2003; Palais, 2002). 유교 경전은 문과시험의 기본 교재였을뿐더러, 삶의 거의 모든 문제들에 대한 모범 답안을 담고 있는 문화적 정통인 동시에 그 문제들에 의해 끊임없는 주석과 정리가 요구되고 때로는 격렬한 논쟁까지 벌어진 마르지 않는 광맥이었다.

오늘날 유교 경전들을 살펴볼 때 받게 되는 느낌은 낯섦과 친숙함의 교차이다. 낯섦과 친숙함이라는 느낌에는 대상에 대한 감성적 지각 못지않게 그것에 대한 가치평가가 포함되어 있다. 경전은 현재의 우리에 대해 하나의 반명제(反命題)인 듯이 현시되지만, 또한 낯섦과 친숙함이 교차되는 느낌은 근대적인 것에 밀려나 사라졌다고 간주된 것이 여전히 만만찮은 역사적 두께로 남아 있음에 대한 감지이기도 할 것이다.

앞서 언급했듯이 유교 경전에는 서구적 근대의 핵심이라 할 자연과 타자로부터 해방된 개인의 이상이 아닌 다른 이상이 추구되고 있으며, 이는 유학자들이 살아간 현실이 오늘날과 현저히 다른 것이었음을 암시하고 있다. 인간이 살아가는 현실은 그 현실에 대한 인간 자신의 해석과 방향설정이 포함되면서 구성된다. 현실이 이루어지는 가운데, 현실에 대한 이해의 틀도 함께 형성되는 것이 인간이 살아가는 현실이다. 이런 점은 경전의 구절들이나 개별 규범들보다는 그것들이 구현된 현실과 그것이 인도하는 행동의 방향들을 생각해보게 하고, 베버의 표현대로라면 "행위의 궤도를 결정하는 전철수"로서의 실천적 요소들에 주목하게 한다. 유교윤리의 이념형적 구성으로 획득하려는 것은 바로 비교의 관점 아래 얻어지는 이런 실천의 논리이며, 그것은 서구적 근대의 주체형식과 대별되는 방식으로 구성되어야 할 것이다. 1960년대 이래 서구적 근대의 기본 전제들에 민감해짐에 따라, 영미권에서 활동하는 현대 유교 연구자들의 연구는 바로 이런 대별되는 형식의 윤리적 문법을 재구성하는 데 주력하고 있다. 보론에서는 특히 이들의 주장을 수용하여, 유교윤리의 관계 지향적 성격을 드러내고자 한다.

앞서 예고했듯이, 자료 해석에 반복적으로 이용되는 유교적 에토스의 요소들을 이념형적 복합체로 조합하고자 한다. 본문 중에서도 유교적 에토스의 요소들은 해석에 필요한 정도로 언급되고 설명될 것이나, 산재한 채 나타날 것이므로, 압축적으로 기술하여 독자들에게 예비적으로 총괄적 이해를 촉진할 필요도 있다.

유교윤리를 이념형적으로 조합한다고 할 때 그처럼 압축되는 유교윤리란 과연 어떤 것인가? 유교의 경전들이 다양한 지침들을 담은 경구 모음집에 가깝다는 사실은 경전의 내용을 체계적으로 요약하겠다는 시도를 무망하게 한다. 그렇다고 해서 공자 이래의 광대한 유교 문헌들을 포괄하고 통일하는 본질이나 보편적 토대를 찾겠다는 시도가 아님은 물론이다. 베버가 정의한바 이념형은 객체의 본질을 모사한 것이 아니다. 그보다는 '특정한 가치의 관점 아래' 특정 문화적 현상의 독특성을 일관된 사유상으로 조직함으로써 명료한 표현수단을 제공하고, 나아가 그것에 포괄되지 않는 현상들과 비교 · 대조되게 하려는 것이다.[2] 그것은 독특성의 가능한 연관을 논리적으로 조합한 '연구 도구'이다. 그러므로 이념형에는 다른 것들과 구별되는 연구대상의 독특한

---

2 이념형이 현상의 본질을 서술하는 것이 아님은 베버가 택한 신칸트주의적 방법론 안에 함축되어 있다. 사회적 현상은 그 가치연관이 분명한 한에서 연구대상이 되므로 지극히 삭은 특수성들이 연구관심으로 들어오게 된다. 연구자의 가치는 가치관계로 매개된 연구 대상을 그 독특성 속에 성립시키는 전제이며, 대상에 대한 연구를 연구자의 자기 성찰로 되돌리게 하는 기제이다. "이념형은 하나의 사고도구로서 이것은 역사적 현실이 아니며 진정한 현실은 더더구나 아니다. 특히 이념형은 현실이 하나의 사례로 귀속되어야 할 그러한 도식은 더더구나 아니다. 이념형은 하나의 순수하게 이념적인 한계개념으로 기능하는데, 우리는 현실의 경험적 내용 가운데 특정한 중요한 요소를 명확히 하기 위해 현실을 이 개념에 준거하여 측정하며, 또 이 개념과 비교하는 것이다. 우리가 현실에 준거된 그리고 현실에서 훈련된 우리의 상상력이 적합하다고 판단하는 연관맥락을 객관적 가능성이라는 범주를 이용해 구성해내는 형상들이다."(Weber, 2002b)

논리에 대한 비교의 관점이 내포되어 있다.

유교는 오랜 시간 동안 지속적인 주석과 해석, 종합 작업을 통해 존속해왔다. 경학과 경세학의 해석학적 순환을 통해 주해되고 보충되고 종합된 유교, 도가적·음양가적·불가적인 각종 조류로부터 자양분을 흡수하여 포괄적인 세계상과 실천적 양식을 제공한 유교, 그리고 이들 조류와 경쟁하되 해석학적 소통의 장을 배척할 수 없는 유교가 재구성의 대상이다. 또 하나, 유교윤리의 이념형적 재구성이라고 해도, 유교의 본질을 규정하려는 목적이 없음은 물론, 경전에 대한 경학적 해석을 지향하는 것도 아님을 밝혀둔다. 경구의 의미는 결코 일의적일 수 없고, 그 다의적인 풍부함이야말로 경전을 경전으로 존속케 하는 것이다. 이념형적 재구성은 경학의 어휘들을 사용하여 경구에 대한 정련된 주석들을 달고 주요 용어들간의 상관적 체계를 만드는 작업이 아니라, 사회학적 목적을 위해 유교적 에토스를 재구성하는 작업이다. 경전으로부터 유래하지만 일상적 실천 속에 녹아 흐르며 변형중에 있는 에토스를 추적하여, 가능한 한 현대의 사회학적 언어로 번역하고자 한다.

1. 유교적 신성의 문제틀─천인합일과 술이부작

1) 천인합일(天人合一)

데리다의 해체론 이후 증대된 감수성에 따르면, 서구 문화에는 '현전의 형이상학(metaphysics of presence)'이 있다. 신학─형이상학적 뿌리가 있는, 서구의 모든 문화적 산물들은 존재나 주체와 즉각적인 인접관계를 갖는 — 즉 현전하는 — 어떤 것과, 그것이 구성하거나 파생시키는 것들을 대립시키는 수사학적 운동을 해왔다는 것이다(Derrida, 2004). 신과 세계, 영혼과 신체, 초월적인 것과 경험적인 것, 본질과 현상, 이론과 실천 같은 이항대립들 근저에는 이런 현전의 형이상학 혹은 로고스중심주의가 있다. 반면 데리다 이전부터 유교는 초월적 실체나 추상적 원리, 본질에 대한 사고가 체계적으로 전개되지 않은 것으로 주목받았다.[3] 그러나 서구문화를 틀짓는 초월적·실체론적 전제를 발견하기 어려운 대신, 유교의 모든 주제들은 관계적 자아로서 윤리적 주체의 타인에 대한 실천적 전념이라는 쟁점 위에 세워져 있다고 할 수 있다.

유학은 일용인륜(日用人倫)의 현세를 벗어나지 않으며, 유교가 제시하는 윤리적 인간의 과제, 즉 성인됨의 과제는 초월자에게 간원(懇願)하는 고립된 개인이 아니라, 타인과의 인격적 전념에 연루됨으로써만 참여할 수 있다. 그러나 유교의 이같이 현세적인 윤리적·사회적 측면은 그것의 종교적 측면과 분리될 수 없다(Tu, 1979b·1979c). 물론 세속으로부터 분리된 어떤 것을 뜻하지는 않지만, 유교에도 신성(sacred)의 차원이 있어서,[4] 타인에 대한 실천적 전념을 통한 인격 형성은 우주의 최

---

3 초월적인 피안과 현세 사이의 긴장이 부족한 유교는 세계에 대항하여 합리성을 관철해나가는 주체가 아니라 주어진 질서에 대한 개인의 "조화로운 적응"을 낳을 뿐이라는 베버(Weber, 1990)야말로 이런 유감 표명의 대표일 것이다. 개인의 자유에 대한 관점이 부족하다는 점은 오랫동안 유교철학자들을 괴롭히는 문제였다(Ching, 1978). 한편 펑여우란(馮友蘭, 1999)도 중국철학사를 기술하려는 대담한 계획을 세우면서 서양철학사에 비교되는 중국철학사의 '약점'에 대해 쓰고 있다. 중국철학사에는 체계적인 논증이 드물고, 인식론의 전제라 할 주관과 객관의 분리도 뚜렷하지 않다는 것이다. 물론 펑여우란은 이런 형식적 비체계성이 실질적인 체계성을 배제하지 않는다고 봄으로써 그런 약점들을 정당화하고자 한다. 최근에는 유교의 이러한 비체계성이야말로 유교의 실천적 면모를 관통하는 특징이라는 관점이 유력하다(Tu, 1979a·1979b 참조).

4 종교사회학에서 성스러움(sacred)은 불가해한 요소나 피안의 인격신과 필연적인 연관을 맺지는 않는다. 뒤르켐(Durkheim, 1992)은 세계를 성스러운(sacred) 것과 속된(profane) 것으로 분류하는 활동들을 종교의 정의적 특성으로 확립하며, 전승되는 의례를 통해 성스러움이 성취되는 측면을 강조한다. 엘리아데(Eliade, 1998)에 따르면,

성스러움이란 세계를 존재케 하는 근원이고, 성현(聖顯)에의 갈망은 '진정으로 존재하는 것'에 대한 갈망, 영속하는 '절대적 실재'에 대한 갈망이다. 성스러움이 현현된 시공간은 카오스가 아니라 질서잡힌 우주(cosmos), 즉 인간에게 방향성과 진정한 의미의 삶을 제시하는 우주가 된다. 베버의 종교사회학은 이렇게 세계를 성스러운 연결망을 갖춘 우주(cosmos)로 제시하여 윤리적 실천을 제시하는 것으로 세계종교를 정의한 것이다. 인간들 사이에 두루 퍼진 고통 그리고 행운과 재화의 불평등한 분배에 직면하여 그것을 정당화함과 아울러 구원을 제시할 수 있는 체계화된 세계상이 요구된다는 것이다. 피터 버거(Berger, 1987)도 종교적 세계상들을, 의심을 괄호치고 사회질서를 의미론적으로 안정화하는 신성한 천개(天蓋, sacred canopy)를 제공하는 것으로 특징짓는다.

유교의 종교성은 오랜 논쟁의 대상이었다. 유교에는 신성의 차원이 없으며, 현세적 인본주의로 머문다는 해석을 고수하려는 경향이 1970년대까지 광범위했다. A. Waley나 H. G. Creel은 이런 견해를 편 권위자들이다. 그러나 유교의 현세지향성이 '신성'을 배척하지 않는다는 견해가 영향력을 넓히고 있다. 핑가렛의 기념비적 연구, *Confucius : The Secular as Sacred*는 유교적 신성에 다가서는 새로운 접근법을 제공했다. 마치 뒤르켐이 사회의 성스러움이 종교적 의례를 통해 수행적으로 성취되는 것으로 본 것처럼, 핑가렛은 공자도 예를 올리는 몸짓이나 음송을 통해 자기의 의지를 아무런 억지나 무리 없이 올바르고 자연스럽게 움직여나가는 신묘한 힘(magic power)을 성취하고 있다고 본다. 유교의 신성은 현세와 구별되는 초월적 거점이 아니라 이렇게 의례를 통해 수행되는 신묘한 힘이며, 예의 수행을 통해 참된 인간성을 제시하여 감화력을 갖는 것이 덕(德)의 정수라는 것이다. 그러므로 유교를 현대적 의미의 세속주의로 끌어내리는 해석들은 도나 예, 그리고 성인에 깃들인 신성함과 그것이 지닌 구속력에 몽매하게 된다는 것이다. 핑가렛의 이런 해석 외에도 우주론의 차원을 제공하는 천(天)이나 도(道)를 가지고, 유교의 신성을 드러내는 이해할 만한 시도가 나타난다. 머우쭝쌴(牟宗三) 같은 현대 신유가는 바로 이와같은 의미에서 유교의 종교적·초월적 요소를 강조하려는 입장의 옹호자이다. 머우쭝쌴은 천(天) 혹은 천명(天命)이 미세하게나마 불변의 표준으로서의 초월적 측면을 갖고 있고, 그 초월성을 수락할 때 인간의 윤리적 삶이 가능하다고 본다. 현대 신유가의 영향사 안에 있음을 인정하는 뚜웨이밍은 유교의 세속주의와 함께 종교성을 인정한다. 그러나 뚜웨이밍에게는 천 자체의 초월성보다는 천이 인간에게 투자되고 인성(人性)으로 내재화됨으로써 인간의 윤리적 삶을 제공하는 천인상관(天人相關), 천인합일(天人合一)의 측면이 유교의 신성으로서 더 강조된다. 하늘과 인간은 상관하는 두 요소가 아니라 불가분한 전체를 이룬다는 것이다. 그러므로 유교적 자기실현이란 우주를 구현하는 것(embodying the Universe)이다(Tu, 1994).

초월적 전제나 원리가 없는 내재적 우주(immanental cosmos)를 유교의 가장 큰 특징으로 사고하는 홀과 에임즈(Hall & Ames, 1987)는 천과 도의 초월성을 부정하고, 천인합일(天人合一)을 내재적 우주론 안에서 해명하고자 노력한다. 천은 존재 이전에 선재하는 창조적 원리나 초월적 동일자가 아니며, 수많은 특정성들이 어우러진 우주론적 전체(cosmological whole), 자연과 인간 세계의 과정 자체로 간주되어야 한다. 천과 도를 초월적 일자로 보지 않으면서도, 인간의 자기실현이 우주론적 의의를 지님을 설명고 수준인 하늘[天]과 연결되어 있다. 유교에는 기독교의 신에 비견되는 하늘[天]이 있으나, 하늘은 인격화되어 초월적 피안에 자리잡기보다는 인간과 우주만물이 따라야 할 질서의 패턴인 도(道)라는 관념으로 이어졌다. 하늘이 마련했지만 피안에 있지 않고, 세계에 이미 내장되어 있는 원형적 질서인 도를 실현하는 것이야말로 성스러운 경지이며, 윤리적 활동의 방향이다. 유교는 천인합일(天人合一)의 절대적 경지를 이상으로 삼고 있다.

여기서 도의 내재성은 급진적으로 이해되어야 한다. 도는 현전하는 실체나 본질은 물론이고, 만물을 규정짓는 초월적 원리, 추상적 법칙과 같은 것으로도 생각하지 않는 것이 좋다.[5] 이미 존재하는 실체나 원

함에 있어, 이들은 보편-특수의 모델뿐만 아니라, 유기체적 전체의 모델도 배격한다. 부분들이 생존유지라는 중심 원리에 따라 일률적으로 규정되는 유기체적 모델은 실상 동일자의 자기전개 방식이기 때문이다. 천과 도의 우주론적 전체 안에서 인간의 자기실현은 그 전체를 이루는 특수자들의 생성을 가리켜야 한다. 덕(德)은 말하자면 도(道)의 개별화, 혹은 전체의 특수한 배치이다. 뚜웨이밍의 '우주를 구현하는 것(embodying the Universe)'에 근접하는 설명이다. 천인상관, 천인합일에 대해 홀과 에임즈가 최종적으로 내놓는 설명은 필드와 포커스(field and focus)의 관점이다. 필드와 포커스의 관점은 홀로그램 모델로 설명된다. 부분과 전체는 포커스(focus)와 필드(field)의 관계인데, 필드는 홀로그램적이라서 각각의 부분이 축약된 전체를 구성하며, 결국 부분과 전체는 필드가 포커스될 때 동일화된다. 덕은 필드에 대한 포커스로서 부분이 전체를 구성하는 방식을 제시하며, 천은 존재하는 필드로서 덕으로 포커스화된다. 전제적인 필드도 없고 단일한 포커스도 없는 호혜적 초점화가 천인합일을 이루게 된다.

이 책은 우주론적 전체가 인성으로 내재화되고 덕으로 실현되는 과정을 묘사하는 천인합일이 유교의 신성을 가리키는 데 더 적절하다고 본다는 점에서 뚜웨이밍과 홀과 에임즈의 견해에 동의한다. 또 도를 실현하는 것은 선조들이 세운 삶의 방식을 적절하게 획장하고 강화하는 방식으로 세계를 해석하고 경험하는 것이라는 점에서 신성의 또다른 문제틀은 술이부작(述而不作)이라고 할 수 있다. 천인합일은 초월적 성격이 약한 유교의 우주론에서의 인간의 윤리적 실천을, 술이부작은 신성한 전통의 해석학적 순환 속에서 윤리적 성취를 보여주기 위해 선별된 것이다.

5   물론 유교연구에서 도나 이(理)를 초월적 일자(一者)로 이해하려는 시각이 꽤 있다. 그러나 통합적인 비인격적 일자라는 점만으로 도나 이를 서양 형이상학의 초월적 일자처럼 이해하는 것은 신중치 못하다는 견해가 오늘날 우세하다. 이같은 견해는 우선 유교를 비롯한 동아시아의 사상, 문화들이 내장한 상관인 우주론(correlative cosmolgy) 혹은 주역에 잘 나타난 역학(易學)에서는 그러한 초월적 일자의 여지가 없다는 점에서

리에 복종하여 그것에 수동적으로 규정당하는 과정이나, 금욕적으로 생활하는 것이 유교윤리와 거리가 멀다는 점은 많은 유교 연구가 동의하는 바이다.[6] 유교경전들은 '일이관지(一以貫之)'나 '음양이 교대로 작용하는 것이 도(一陰一陽之謂道)', '이일분수(理一分殊)'와 같은 표현들을 통해 도(道)나 이(理)가 세계나 일상적 실천에서 분리·추상될 수 있는 자기동일성이 아니라는 점을 분명히 하고 있다. 그것은 맥락에 따라 다양한 실천적 '원리'이며, 만물의 자연적 운동의 패턴에 다름아니다. 도에 대한 앎은 도를 실현하는 과정과 별개가 아니다. 도를 내장하고 있는 이 성스러운 우주 내의 한 부분으로서 인간은 원죄를 가진 소외된 자가 아니라 성인이 될 자질을 가진 자이다. 인간이 성스러운 세계에 참여하고, 덕 있는 통치자가 인간과 세계를 도로 이끈다고 이해되는 구도에서 인간의 자기실현은 국가의 실현 및 우주의 실현과 동일한 과정 속에 있다.

유교 경전은 도가 가깝게 있고, 또 늘 어디에나 있다고 강조한다. 공자는 도를 끊임없이 흐르는 어떤 것으로 생각했고, 맹자는 도가 큰 길과 같아서 어렵지 않게 알 수 있다고 선언했으며, 『중용』도 제1장에서

정당화한다(Needham, 1998; Graham, 2001; Fingarette, 1993; Hall & Ames, 1987·1995; 최진덕, 2004b·2004c·2004e; 이상익, 2001 등 참조). 탕쥔이[唐君毅], 머우쫑쌘[牟宗三], 뚜웨이밍과 같이 유교의 종교적·초월적 요소를 강조하려는 현대 신유가들도, 도의 내재성이 그들이 말하는 초월성과 양립한다고 주장하고 있다. 단적으로 말해 유교의 초월적 요소는 신이나 이데아, 법칙(law) 같은 것에 호소하고 있지 않음을 인정한다는 점에서, 이들 현대 신유가의 초월성은 서양 형이상학의 외재적 초월성이 아니라 이른바 '내재적 초월성'이기 때문이다. 이에 대해서는 문병도, 2004 참조.

6　Tu, 1999a; Hall & Ames, 1987 참조. 뚜웨이밍은 다음과 같은 표현으로써, 이 점을 명확히 한다. "길은 고정된 패턴으로 건립된 규범이 아니기 때문에 사람은 외적 기준에 얼마나 합치하느냐에 따라서 자기의 행위에 대한 성패를 따질 수 없다. 길은 항상 비근한 데 있으며 여행은 지금 여기서 항상 새롭게 바뀌고 있다. (…중략…) 길은 이상적 규범이나 복종해야 하는 명령이 아니다. 그것은 실천해야 하는 전망이나 추구해야 하는 방향을 지시한다."(Tu, 1999a : 27~28) 이 주장은 대표적으로 『논어』 「衛靈公」 28장의 "人能弘道 非道弘人"에서 그 정당화를 발견할 수 있다.

도는 떨어질 수 없는 것이라고 말한다.

① 공자가 시냇가에서 말하였다. "가는 것이 이 물과 같구나. 밤낮을 그
치지 않는다."[7]

② 천천히 걸어 나이든 이보다 늦게 가는 것을 공손하다고 일컫고 빨리 걸
어 나이든 이보다 앞서가는 것을 공손하지 않다고 일컬으니, 천천히 걷는 것
이 어찌 사람이 할 수 없는 일인가? 하지 않는 것이니, 요순의 도는 효와 공경
일 따름이다. (…중략…) 대저 길은 큰 길과 같다. 어찌 알기 어렵겠는가?[8]

③ 도라는 것은 잠시라도 떨어질 수 없는 것이니, 떨어질 수 있다면 도가
아니다. 그러므로 군자는 보이지 않는 곳에서 경계하고 조심하며, 들리지
않는 곳에서 두려워한다.[9]

사실 경전들 전체가 도의 신묘성과 더불어 도의 편재성과 일상성을
시사하고 있다고 할 수 있다.[10] 그래서 성리학[11]의 집대성자인 주희는

---

7 子在川上曰 逝者如斯夫 不舍晝夜(『논어』「子罕」16).

8 徐行後長者 謂之弟 疾行先長者 謂之不弟 夫徐行者 豈人所不能哉 所不爲也 堯舜之
道 孝弟而已矣 (…중략…) 夫道若大路然 豈難知哉(『맹자』「告子下」2).

9 道也者 不可須臾離也 可離 非道也 是故 君子 戒愼乎其所不睹 恐懼乎其所不聞(『중
용』1).

10 예긴대 子游曰 子夏之門人小子 當灑掃應對進退則可矣 抑末也 本之則無 如之何 子
夏聞之曰 噫 言游過矣 君子之道 孰先傳焉 孰後倦焉 譬諸草木 區以別矣 君子之道焉
可誣也 有始有卒者 其惟聖人乎(『논어』「子張」12).
或謂孔子曰 子 奚不爲政 子曰 書云孝乎 惟孝 友于兄弟 施於有政 是亦爲政 奚其爲
爲政(『논어』「爲政」21).

11 성리학 또한 결국 경학의 일종이다. 술이부작(述而不作)에 따르는 학문유학에서 성
인의 가르침과는 다른 별도의 체계를 구성한다는 것은 이단(異端)일 따름이다. 경학
이란 경서의 진리성에 대한 믿음을 전제로 하고 그 경서를 주석하는 학문이다. 원래
경서 자체가 경구모음집이지만, 주석도 그 경구모음집에 대한 주석으로서 엄격한 체

도를 일용사물에 마땅히 행해야 할 이(理)로서 정의내리며, 도가 없는 사물, 도가 없는 때는 없다고 단정짓는다.[12] 또 천지 사이의 만물이 끊임없이 자라고 변화하는 과정이 도의 본연이라고 말하고 있기도 하다.[13] 맹자와 성리학에 따르면 인간 마음에도 도나 이(理)에 다름 아닌 성(性)이 있으며, 그 성을 다하는 것은 도를 실현하는 과정으로 이해된다.[14] 효제(孝悌)의 일상적 실천에 바탕을 두는 도의 일상성과 천지만물의 모든 곳에 있는 도의 편재성의 관계에 유교윤리의 신성한 요소가 있다. 즉 도의 실현은 일상적 관계 안에 머무르면서, 만물을 포괄하는, 천지와 합일하는 성스러운 경지로 나아간다는 것이다. 만물에게 분유(分有)되어 있듯이, 내게도 있는 그것을 실현하는 과정이며, 나에게 있는 그것을 실현하게 되면 연관된 만물에도 신묘한 영향을 미치게 된다는 이상이 바로 천인합일이다. 말하자면 신성으로의 길은 일상으로부터의 수직적 고양이 아니라, 일상과 연속된 타자와 사물들로 나아가는 수평적 확장 과정이다.

경전은 덕(德) 있는 자가 주변 타인과 사물에 갖는 신묘(神妙)한 영향력에 대해 여러 방식으로 말하고 있다.

① 정사(政事)를 덕(德)으로 하는 것은 비유하자면, 북극성(北極星)이 제자리에 머물러 있으면 여러 별들이 그에게로 향하는 것과 같다.[15]

계성에는 한계가 있으며, 이는 주희의 경우에도 마찬가지이다. 주희의 주된 저작은 무엇보다도 사서(四書)를 주석한 사서집주이고, 현재 주희의 사상에 대한 연구자료로 이용되는 『주자어류』도 체계적인 논문이 아닌, 대화와 아포리즘들로 이루어진 경구모음집이다(大濱晧, 1997; 최진덕, 2004b 참조).

12 道者 日用事物當行之理 皆性之德而具於心 無物不有 無時不然 所以不可須臾離也 若其可離 則豈率性之謂哉 是以 君子之心 常存敬畏 雖不見聞 亦不敢忽 所以存天理 之本然 而不使離於須臾之頃也(『중용장구』 1, 주희주)

13 天地之化 往者過 來者續 無一息之停 乃道體之本然也 然 其可指而易見者 莫如川流 故 於此 發以示人 欲學者時時省察 而無毫髮之間斷也(『논어집주』 「子罕」 16, 주자주)

14 天命之謂性 率性之謂道 修道之謂敎(『중용』 1)

②계강자(季康子)가 공자(孔子)께 정사(政事)를 물었다. "만일 무도(無道)한 자를 죽여서 도(道)가 있는 데로 나아가게 하면 어떻습니까?" 공자가 대답했다. "그대가 정사(政事)를 함에 어찌 죽임을 쓰겠는가? 그대가 선(善)하고자 하면 백성들이 선(善)해지는 것이니, 군자(君子)의 덕(德)은 바람이요, 소인(小人)의 덕(德)은 풀이다. 풀에 바람이 불면 풀은 반드시 눕는다."[16]

③군자(君子)는 지나는 곳에 교화(敎化)가 되며, 마음에 두고 있으면 신묘(神妙)해진다. 그러므로 상하(上下)가 천지(天地)와 더불어 흐르나니, 어찌 보탬이 작다고 하겠는가.[17]

④그 마음을 다하는 자는 그 성(性)을 아니, 그 성(性)을 알면 하늘을 알게 된다. 그 마음을 보존하여 그 성(性)을 기름은 하늘을 섬기는 것이다.[18]

도를 실현하는 자는 주위의 타자와 사물도 함께 도로 나아가게 한다는 것이다. 그것은 마치 '뭇 별들이 북극성을 향하듯이' 혹은 '바람에 풀이 눕듯이' 자연스런 감응의 과정으로 묘사된다. 덕이 있는 자는 전혀 힘을 들이지 않고 주위를 감화하는 이런 신묘한 역량을 갖게 되는 것인데, 이 역량은 상하가 통합되어 천지와 더불어 흐르는[天地同流] 도 본연의 과정에 다름 아니다. 그러므로 마음을 다하는 일상의 활동은 우주 전체를 포괄하는 천(天)의 경지로 나아가게 된다.

『중용』에서 핵심적인 성(誠) 개념은 바로 이런 과정을 응축하고 있

---

15 子曰 爲政以德 譬如北辰居其所 而衆星共之(『논어』「爲政」1)
16 季康子問政於孔子曰 如殺無道 以就有道 何如 孔子對曰 子爲政 焉用殺 子欲善 而民善矣 君子之德 風 小人之德 草 草上之風 必偃(『논어』「顏淵」19)
17 夫君子 所過者化 所存者神 上下與天地同流 豈曰小補之哉(『맹자』「盡心上」13)
18 孟子曰 盡其心者 知其性也 知其性 則知天矣 存其心 養其性 所以事天也(『맹자』「盡心上」1)

다(Tu, 1979b · 1979c · 1997b · 1997f; Hall & Ames, 1987; 牟宗三, 2001). 성(誠) 개념은 자아를 타인과 자연과, 궁극적으로는 우주와 통합시키려는 것이 성인이 되는 길이라고 말한다. 점진적인 포함 과정인 셈이다.

① 오직 천하에 지극히 성(誠)한 자라야 그 성(性)을 다할 수 있으니, 그성(性)을 다하면 능히 다른 사람의 성(性)을 다할 것이요, 다른 사람의 성(性)을 다하면 능히 사물의 성(性)을 다할 것이며, 사물의 성(性)을 다하면, 천지의 화육(化育)을 도울 것이며, 천지의 화육을 도우면 천지와 더불어 참여하게 될 것이다.[19]

② 한 부분을 지극히 하면, 성(誠)할 수 있고, 성(誠)하면 형태가 나타나며, 형태가 나타나면 더욱 두드러지고, 더욱 두드러지면 밝아지며, 밝아지면 움직이고, 움직이면 변하며, 변하면 화(化)하니, 오직 천하에 지극히 성(誠)한 사람이어야 능히 화(化)할 수 있다.[20]

③ 성(誠)은 저절로 이루어지는 것이고 도(道)는 사람이 스스로 행하여야 할 것이다. 성(誠)은 사물의 처음과 끝이며, 성(誠)이 없으면 사물도 없다. 그러므로 군자는 성(誠)을 귀하게 여긴다. 성(誠)은 스스로 자신을 이룰 뿐만 아니라 남을 이루어주니, 자신을 이룸은 인(仁)이요, 남을 이루어줌은 지(知)이다. 이는 성(性)의 덕이니, 내외를 합한 도이다. 그러므로 때에 따라 조치하는 것이 마땅함을 얻을 것이다.[21]

---

19 惟天下至誠 爲能盡其性 能盡其性 則能盡人之性 能盡人之性 則能盡物之性 能盡物之性 則可以贊天地之化育 可以贊天地之化育 則可以與天地參矣(『중용』, 22)

20 曲能有誠 誠則形 形則著 著則明 明則動 動則變 變則化 唯天下至誠 爲能化(『중용』, 23)

21 誠者 自成也 而道 自道也 誠者 物之終始 不誠無物 是故 君子誠之爲貴 誠者 非自成己而已也 所以成物也 成己 仁也 成物 知也 性之德也 合內外之道也 故 時措之宜也(『중용』, 25)

위 인용문들은[22] 성한 이의 지극히 신비한 체험을 제시하고 있다. 유교의 윤리적 행위자는 자신의 본성을 성실히 발현하면서 다른 이들과 사물의 본성도 실현시켜야 하며, 우주의 변화시키고 양육하는 과정[天地化育]을 돕는다. 자신의 본성, 즉 마음에 깃들인 도를 실현하는 것은 타자의 본성 실현 및 우주 전체의 생성 과정과 함께 하는 것으로 귀결되며, 윤리적 실천은 우주적 생성에 동참하는 신비적 체험을 동반하는 것이다. 성(誠)은 그런 우주적 통합을 이뤄낼 존재의 양식이면서 생성의 과정이다. 도 자체가 그렇게 생성의 과정을 전개하는 것이라면, 성인의 덕 또한 자연스럽게 생성의 과정과 합일하는 것일 터이기 때문이다.

이렇게 신성은 세속과 함께 나란히 있다고 할 수 있다. 성(聖)과 속(俗)을 이음매 없이 연결시키는 것은 어떤 망아적(忘我的) 직관이 아니라, 일상적 실천의 지속적인 조율과 단련 과정, 다시 말해 마땅히 해야 할 것들을 하는 나날의 윤리적 활동이다. '세속에 살면서 세속을 초탈한다[卽世間而出世間]'는 펑여우란의 명제나 하학상달(下學上達; 『논어』「憲問」 37)이란 표현은 이런 맥락을 가리킨다. 물론 도의 실현이 일상적 관계 안에 머무르면서, 만물을 포괄하는, 천지와 합일하는 성스러운 경지로 나아간다는 것은 엄밀한 연역적·귀납적 논증의 결과가 아니다. 이것을 실증할 과학적 도구도 있을 리 없다. 그러나 이는 경학과 인륜적 실천을 구조화하는 선험적 형식(최진덕, 2004e)이며, 뚜웨이밍(Tu, 1979a·1979b)의 표현대로 '유교의 기본 문제틀'이라고 할 수 있다.

---

22 誠에 대해서는 위 인용문 외에 『중용』 31, 32장을 참조할 수 있다.

2) 술이부작(述而不作)

유가들은 도가 과거의 문화적 전통 안에 있다는 점을 알고 있다. 실현해야 하는 도는 언제나 요(堯)·순(舜), 문(文)·무(武), 주공(周公)·공자(孔子)와 같은 옛 성인(聖人)들의 도이며, 하상주(夏商周) 삼대에 실현되었던 도이다. 옛 성인들의 가르침을 담은 경전(經傳)의 경(經)은 변하지 않는 일정함(常)을 뜻한다. 영원한 진리로서 그것은 모든 인간생활의 표준으로서의 역할을 담당한다. 도가 이처럼 과거에 완벽하게 실현된 적이 있었다면, 그것을 잘 전수하여 되살리는 것이 필요할 뿐, 새로운 것을 창작할 필요가 없다. 공자의 유명한 술이부작(述而不作)의 원칙[23]은 이렇게 성립한다. 위대한 과거는 지속적으로 되새겨짐으로써 새롭게 현재화하는 해석학적 순환 안에 있다.

전통에 대한 호소가 새로움을 낳는 사회에서 모든 행위는 진공 속에서 행해지는 것이 아니라 전승된 행위 패턴을 따르는 것이며, 행위자는 합주되는 그런 행위 패턴의 수행 안의 참여자가 되므로, 행위란 기본적으로 의례(ritual)의 수행이다. 구성하는 행동으로서 의례는 인격에게 형태를 부여하고 그 표현수단을 제공한다. 그러므로 강제적으로 예의 실행자가 된 개체의 상(像)을 그리기보다는, 의례 안에서는 응집된 개체성이 불가능하다고 보아야 한다. 공자 자신이 예(禮)라 불리는 사회적으로 승인된, 전통적 행위 패턴을 배우고(學) 익히는(習) 것을 도를 따르는 출발점으로 보았고, 핑가렛(Fingarette, 1993)은 의례적 인간을 유교의 윤리적 인간을 해명할 수 있는 통로로 이용한 바 있다. 공자는 주의 문

---

23 述而不作은 『논어』 「述而」 1장에 나온다. "子曰 述而不作 信而好古 竊比於我老彭" 여기서 述과 作은 대조적인 의미로 쓰이고 있다. 주자의 주에 따르면 述이란 옛것을 전하는 것일 뿐이며[傳舊而已], 作은 創始의 의미이다. 유학 내에서 공자의 가르침은 공자 자신의 창시물은 아니며, 옛 성인의 가르침을 집대성하여 전한 것으로 이해되고 있다(『맹자』 「萬章下」 1).

물인 주례(周禮)의 복원을 지향했으며,[24] 그후 주례의 복원은 지속적으로 추진된 유교의 이상이 되었다. 예는 쇄소응대(灑掃應對)로부터 제사 지내는 법에 이르기까지 모든 행동규정을 포괄한다. 공자는 모든 행동을 예에 따라할 것을 권했으며, 거칠게 말해서 유교 윤리란 예의 수행과 같다.[25] 예에 대한 성리학적 해석인 천리의 절문[天理之節文][26]은 예가 우주적 신성에 접근하는 통로임을 말해준다.

술이부작의 원칙에 따라, 전승된 옛것을 학습하고 행동에 옮기는 것이 강조된다 해도, 예의 수행에는 사회적으로 승인된 행위규정의 획일적 준수 이상의 무엇인가가 요구된다. 공자 자신도 사람들 사이에서 예를 수행하는 데 있어 융통성을 발휘했지만,[27] 다양한 사회적 맥락에서 적절히 행동하여 사람들과 어울리는 법을 배우는 것만으로는 충분치 않다. 전승된 옛것에 대한 학습에는 자기형성적 측면이 수반되어야 한다. 핑가렛의 표현대로 "적절한 예에 맞는 배치나 배열을 해놓고 예에 맞는 적절한 몸짓과 말을 하"여 신묘한 힘을 발휘하려면, "인간적 가치를 뚜렷이 나타낼 수 있는 힘으로 전환시키는 연금술"에 대단히 많은 공을 들여,

---

24 子曰 周監於二代 郁郁乎文哉 吾從周(『논어』「八佾」14) 이밖에도 『논어』의 팔일에는 주례가 무너진 데 대해 공자가 분노와 한탄을 표출하는 구절들이 많이 보인다(「八佾」1·2·6·7·10·17·18장 등 참조).

25 이 점이 가장 잘 나타나 있는 구절이 『논어』「顔淵」1장이다. 여기서 '공자는 예가 아니면 보지도, 듣지도 말하지도 행동하지도 말라고 권하고 있다[子曰 非禮勿視 非禮勿聽 非禮勿言 非禮勿動].' 그밖에 「八佾」19장, 「泰伯」2장 참조.

26 주희는 『논어집주』「學而」12장에서 "禮者 天理之節文 人事之儀則也"라고 주석하고 있다. 天理란 천지만물에 흐르는 도를 가리키며, 節文이란 마디를 나누고[節] 꾸미는 [文] 것을 뜻한다. 천지의 도를 인간적 표현에 적절하도록 절합하고 정련한 것이 예라는 것이다. 신성에 접근하는 통로로서의 예의 의미는 禮라는 한자를 분석해 보아도 분명하다. 禮는 제기를 뜻하는 豊과 신적 계시를 뜻하는 示가 결합한 회의문자로서, 신을 섬긴다는 어원을 갖고 있다. 禮는 제사지내는 의식에서부터 점차 다양한 인간행위를 포괄하도록 확장되었지만, 이 성스러운 것과의 연결이라는 의미를 잃지는 않았다. 주왕조가 종법제를 채택하고, 예가 신분에 맞는 행위규정으로서의 의미를 갖게 되었지만, 인간 행동을 우주의 패턴에 조화되게 규율한다는 관념을 아울러 갖게 되는 것이다.

27 『논어』「八佾」15; 「子罕」3; 「憲問」17·18 참조.

자기자신을 절차탁마(切磋琢磨)해야 한다(Fingarette, 1993). 요컨대 다양한 행위에 연루되는 과정에는 자기자신으로의 수렴점이 있어서, '자기자신을 변형시키고 어떤 특정한 존재양식에 도달하려는'(Foucault, 2003) 윤리적 실천을 동반해야 한다.[28] 유교 경전에서는 이런 자기자신으로의 수렴점에 대한 언급을 도처에서 볼 수 있다. 『논어』가 강조하는 학습(學習)이란 전통적 행위패턴을 모방하고[學] 반복적으로 훈련하는[習] 것인데, 그렇게 배우고 익히는 것이 자기 몸에 익어 숙련됨에 따라 마음깊이 기쁨[悅]이 있게 된다.[29] 이렇게 전통을 숙련되게 구현할 수 있도록 자기자신을 훈련하고 형성하는 과정에 따르는 희열은 타인의 인정에 따르는 즐거움[樂]에 앞서며, 그러므로 군자는 남이 알아주지 않아도 화내지 않을 수 있다. 배움은 남을 위한 배움이 아니라, 나를 위한 배움, 즉 위기지학(爲己之學)이어야 한다.[30] 또 예의 실행, 즉 극기복례(克己復禮)는 인(仁)이라는 인격적 특성과 관련하여 이야기된다.[31] 인(仁)이 아니라면 전승되는 의례인 예악(禮樂)이 제대로 실행될 수 없다.[32] 즉 예의 학습과 실행은 자아의 특정한 상태를 수반하지 않으면 가능치 않은 것이다. 인격은

---

28 뚜웨이밍은 공자와 맹자가 이러한 자기형성적 측면을 강조했음을 향원(鄕愿)에 대한 구절을 들어 예증하고 있다. 공자에게 향원은 덕의 적이고(子曰 鄕原 德之賊也, 『논어』 「陽化」 13) 이는 맹자에게도 마찬가지인데(「盡心下」 37장), 이는 향원이 기존의 사회규범을 잘 따르지만, 도에 대한 열정도 없고, 자기개선의 의욕도 없기 때문이다 (Tu, 1999a). 이러한 자기형성적 측면에 대한 강조야말로 "세계에 대한 조화로운 적응"일 뿐이라는 유교윤리에 대한 베버의 정의를 수정하게 하는 것이다. "유학자는 자신을 세상 안의 존재로 생각할 뿐이지 세계에 함몰된 존재로 생각하지 않는다. 유학의 합리주의는 세계에 합리적으로 적응하는 것이라는 베버의 주장은 적응이라는 말이 현상에 굴복하지 않는 의미일 때만 타당하다."(Tu, 1999d)

29 子曰 學而時習之 不亦說乎 有朋自遠方來 不亦樂乎 人不知而不慍 不亦君子乎(『논어』 「學而」 1).

30 子曰 古之學者 爲己 今之學者 爲人(『논어』 「憲問」 25).

31 顏淵問仁 子曰 克己復禮爲仁 一日克己復禮 天下歸仁焉 爲仁由己 而由人乎哉 顏淵曰 請問其目 子曰 非禮勿視 非禮勿聽 非禮勿言 非禮勿動 顏淵曰 回雖不敏 請事斯語矣(논어 「顏淵」 1).

32 子曰 人而不仁 如禮何 人而不仁 如樂何(『논어』 「八佾」 3).

기존의 전승되는 패턴에 맞춰 조탁되어야 하지만 그 조탁은 자기형성적 과정이다. 그러므로 지속적인 단련과 성찰을 통해 숙련된 몸과 마음의 상태, 즉 마음대로 해도 결코 어긋나지 않는 상태야말로 배우고 행하는 자의 최종적 경지이다.[33] 활쏘기와 마찬가지로 제대로 행동해내지 못했을 때, 그 책임은 자기자신에게 있게 된다.

　① 70세가 되니, 마음이 하고자 하는 대로 해도 법도에서 6벗어나지 않았다.[34]

　② 활쏘기에 군자와 비슷한 점이 있으니, 과녁을 맞히지 못하면 자기자신에게 돌이켜 그 원인을 구해야 한다.[35]

2. 타자에 대한 관계 지향적 윤리

이렇게 자기자신으로의 수렴이 요구된다면, 학습과정에서 그리고 일상적 실천 안에서 주의를 기울여 돌보아야 하고 성찰해야 하는 '자기자신'은 과연 어떤 메커니즘을 통해 주어지고 발전하는가? 그것은 세계로부터 급진적으로 단절한 위치에서 인식론적 질서를 궁구하거나 도덕적 정의를 구현하려는 독립적 개인으로부터 구해지지 않음은 분

---

33 '마음대로 해도 법도에 어긋나지 않는' 이 경지는 공자가 70세에 이루었다고 주장하는 인생의 최종적 국면이다. 『논어』「爲政」4장에는 공자의 발전과정이, 15세 志于學, 30세 立, 40세 不惑, 50세 知天命, 60세 耳順, 70세 從心所欲不踰矩의 순서로 열거되어 있다.

34 七十而從心所欲不踰矩(『논어』「爲政」4).

35 子曰 射 有似乎君子 失諸正鵠 反求諸其身(『중용』14).

명하다. 도를 내장한 우주 내의 한 부분으로서의 윤리적 주체는 그 내재성을 해치지 않고서 해명되어야 할 것이다. 그것은 독립된 실체라기보다는 다양한 관계와 활동 속의 초점으로 고려되어야 한다. 뚜웨이밍은 이러한 윤리적 주체를 '관계를 연결하는 지점' 혹은 '관계의 중심'이라고 정의하는데(Tu, 1997b), 이 또한 자아를 실체가 아닌 관계적 속성으로 보기 위한 노력이라 할 수 있다.

인간이 내적 항상성을 갖춘 인격이 되는 방식에 대한 질문, 즉 '인간이 어떻게 자기자신에게 이르는가?'라는 질문에 대해 유교가 내놓는 답은 '관계적 자아로서 윤리적 주체의 타인에 대한 실천적 전념'이다.

1) 국지적 충실성

먼저 유교의 윤리적 주체는 차등적인 위계 안에 자리잡고 있음을 지적해야 한다. 주지하듯 주왕조에는 종법제(宗法制)를 기초로 한 봉건제도가 채택되었는데,[36] 유교 경전은 이런 종법제적 질서를 자연스럽고 모범적인 현실로 전제하고 있고, 경학과 경세학은 이 모범적 과거로부

---

[36] 종법제하에서 주왕실의 자제와 일족 및 공신들로 구성된 제후들은 봉토에 부임하여 성벽도시인 국(國)을 조성하고, 다시 일족인 경(卿)·대부(大夫)에게 주변의 토지를 하사하여 그들을 위한 성읍인 도(都)를 조성하도록 했다. 왕과, 제후, 경대부는 적장자에게 승계되고, 이러한 주실 일가(一家)의 지배집단 내에서 왕은 제후들에 대해 대종(大宗)으로서 주왕실의 조상들에 대한 제사를 받들고, 제후들은 왕에 대해 소종(小宗)으로 대종의 권위에 복종하며, 다시 제후국 내에서 제후는 경대부에 대해 대종으로서 조상신에 대한 제사를 받들고 경대부는 소종이 되는 질서가 종법제였다(이춘식, 1997; 윤내현, 1988 등). 조상신에 대한 제사와 선물경제가 작동하는 조근(朝覲)과 조빙(朝聘)은 종법제의 주요 의례였고, 이것을 포함해 각종 사회적 에티켓과 관습을 포함한 다양한 행위규정들의 총체로서의 예가 종법제적 질서를 규율했다. 전통 한국의 왕조들이 중국의 왕조와 행한 조공과 사대의 의례들은 모두 이런 종법제의 모범에 기초해 있고, 현재 state의 역어로서 쓰이는 국가(國家)도 제후가 국(國)을 칭하고 경대부가 가(家)를 칭한 종법제적 질서로부터 유래하였다(金觀濤, 1997).

터 자유롭지 않다. 그러므로 예와 그 이념인 인륜(人倫)은 구별하고 차등하는 것을 자연스럽게 여긴다. 인륜이란 인간으로서 지켜야 할 차례 또는 질서를 말한다. 모든 인간에게는 각자의 몫이 정해져 있는데, 그 몫에 충실해야 한다. 모든 사회구성원은 상하존비(上下尊卑)의 위계구조 속에서 그 자리에 맞는 처신을 하도록 기대된다. 군주는 군주다워야 하고, 신하는 신하다워야 하며, 아버지는 아버지다워야 하고, 자식은 자식다워야 한다.[37] 윗사람에게 도전하는 범상(犯上)은 매우 불온한 것으로 간주된다.

또 하나 중시해야 할 것은 종법제의 모범에 뿌리박고 있는 한, 예와 인륜은 부계혈통적으로 조직된 종족(宗族)을 원초적 유대로 간주한다는 점이다. 국(國)나 천하(天下)는 확장된 가(家)에 다름 아니므로, 가부장이 통솔하는 가족은 모든 가치들의 원천이 된다. 유교는 오륜(五倫)이라 하여 부자, 형제, 부부, 군신, 붕우의 사회적 관계를 천하의 달도(達道)로 규정하는데,[38] 이중 세 가지가 가족적 결합방식이고, 군신과 붕우와 같은 가족 외적 관계는 가족적 관계의 유비를 통해 주어진다. 부모를 섬기듯 군주를 섬기고, 형을 섬기듯 다른 어른을 섬기며, 형제 간에 우애 있듯 친구를 사귀고, 자식을 사랑하듯 백성을 부릴 따름이다. 부모와 자식, 형제자매 간의 관계는 다른 어떤 관계보다도 우선하고 감정적 밀도도 높은데, 이들 관계에서 훈련되면서 축적된 것들이 좀더 넓은 사회적 맥락 안에서도 작동한다고 보는 것이다.[39] 이중에서

---

37 孔子對曰 君君 臣臣 父父 子子(『논어』「顔淵」 11)

38 天下之達道五 所以行之者三 曰君臣也 父子也 夫婦也 昆弟也 朋友之交也 五者 天下之達道也(『중용』 20)
后稷 教民稼穡 樹藝五穀 五穀熟而民人育 人之有道也 飽食煖衣 逸居而無教 則近於禽獸 聖人 有憂之 使契爲司徒 教以人倫 父子有親 君臣有義 夫婦有別 長幼有序 朋友有信(『맹자』「滕文公上」 4)

39 君子之物也 愛之而弗仁 於民也 仁之而弗親 親親而仁民 仁民而愛物(『맹자』「盡心上」 45)

도 부모와 형에 대한 효제(孝悌)야말로 으뜸가는 것이며, 인(仁)과 같은 최고의 가치마저 기초적인 효제의 실천으로부터 자라나오는 것으로 설명된다.[40] 그런 의미에서 인간의 삶이 사적 영역과 공적 영역으로 나뉜다는 생각, 혹은 사적으로 향유하는 내면성이야말로 그가 누구인가를 보여주는 본질이라는 사고는 유교에서는 낯선 것이다. 가족은 공적 실천과 유리된 사적 영역으로 내려앉기는커녕 공적 실천의 출발점이고 모델이 된다. 또 조정에서의 행위는 가족이나 교우관계 등과 유리된 외적 영역에 있지 않으며, 가족관계에서와 같은 하나의 도를 따르는 윤리적 행위이다. 가족을 괄호칠 수 없으므로, 유교의 윤리적 행위자는 근대의 국민적 정체성과도 거리를 갖게 된다. 왜냐하면 근대국가의 국민은 가족적·신분적 관계를 넘어서서 국민공동체에 직접 귀속되기 때문이다.[41]

정리해보건대, 윤리적 주체는 위계화된 차등적 위치에 충실해야 하는 자이다. 또 하나 그는 가장 친밀한 가족적 관계로부터 유비하여 관계를 확장할 수 있을 뿐, 처음부터 국(國)이나 천하(天下)의 구성원으로

老吾老 以及人之老 幼吾幼 以及人之幼 天下 可運於掌(『맹자』「梁惠王上」 7)

或謂孔子曰 子 奚不爲政 子曰 書云孝乎 惟孝 友于兄弟 施於有政 是亦爲政 奚其爲爲政(『논어』「爲政」 21)

所謂治國 必先齊其家者 其家不可敎 而能敎人者無之 故 君子 不出家而成敎於國 孝者 所以事君也 弟者 所以事長也 慈者 所以使衆也(『대학』「傳」 9)

40 有子曰 其爲人也孝弟 而好犯上者 鮮矣 不好犯上 而好作亂者 未之有也 君子 務本本立而道生 孝弟也者 其爲仁之本與(『논어』「學而」 2)

41 사카이 나오키는 근대적 개인이 향유하는 정체성을 전통적인 것과 대조하여 다음과 같이 설명한다. "국민공동체(민족 혹은 인종공동체도 똑같은 논리에 의해 구상된다)에의 귀속은 신분과 직업 등에 기초한 個와 個의 관계를 초월하여 개인과 전체로서의 공동체를 직접 연결시킨다. 사람은 공동체의 전체에 무매개적으로 접근하지 않으면 안된다. 무수한 사회관계의 망 속에 위치를 점하는 신분의 끈[束]으로서의 자기규정이 아니라 이러한 신분으로부터 유리된 국민/민족/인종이라는 비신분적인 집합에의 귀속에 의한 규정이 근대에 있어서 사람의 주체적인 위치를 우선적으로 결정하게 된다."(酒井直樹, 2003)

서 도약할 수 없다. 이 두 가지로부터 자신이 처한 국지적 위치에 충실한 윤리적 주체의 모습을 얻을 수 있다. 그러므로 관계 지향적 윤리의 출발점은 자신이 처한 '국지적 관계에 대한 충실성'이다. 그는 아버지로서, 아들로서, 신하로서 혹은 무엇으로서 자신의 위계적 위치에서 벗어나지 않으며, 자신이 나고 자란 가족과 가족 내 위치를 벗어날 수 없다. 그러한 국지적 관계가 없다면 자아의 근거도 없다. 더욱이 그는 자기자신의 국지적 위치를 초월해서 어떤 대단위 조직의 구성원으로 곧바로 진입하지 않는다. 추상적 기준을 세워 대규모의 시공간을 통시하기보다는 친근한 단위에서부터 점진적으로 확대하는 과정을 경유해서만 국(國)와 천하의 반경에 접근할 뿐이다.

그래서 유교경전에서는 동심원적으로 확장되는 사회적 관계의 표상들을 찾아볼 수 있다. 『대학』의 팔조목(八條目)과 『중용』의 구경(九經)은 대표적이다.

① 옛날에 밝은 덕을 천하에 밝히려는 자는 먼저 그 나라를 다스리고[治國], 그 나라를 다스리려는 다는 먼저 그 집안을 가지런히 하며[齊家], 그 집안을 가지런히 하려는 자는 먼저 그 몸을 닦고[修身], 그 몸을 닦으려는 자는 먼저 그 마음을 바르게 하며[正心], 그 몸을 바르게 하려는 자는 먼저 그 뜻을 성실히 하고[誠意], 그 뜻을 성실히 하려는 자는 먼저 그 앎을 지극히 하며[致知], 그 앎을 지극히 하려는 자는 사물의 이치를 궁구한다[格物]. 사물의 이치를 궁구한 이후에 앎이 지극해지며, 앎이 지극해진 이후 뜻이 성실해지고, 뜻이 성실해진 이후 마음이 바르게 되고, 마음이 바르게 된 이후 몸이 닦이며, 몸이 닦인 이후 집안이 가지런해지고, 집안이 가지런해진 이후 나라가 다스려지며, 나라가 다스려진 이후 천하가 평화로워진다[平天下].[42]

---

42 古之欲明明德於天下者 先治其國 欲治其國者 先齊其家 欲齊其家者 先修其身 欲修其身者 先正其心 欲正其心者 先誠其意 欲誠其意者 先致其知 致知 在格物 物格而后

②무릇 천하와 국가를 다스림에 아홉 가지 벼리[九經]가 있으니 몸을 닦음[修身]과 어진 이를 높임[尊賢]과 친족을 친히 함[親親]과, 대신을 공경함[敬大臣]과, 군신을 체찰함[體群臣]과, 백성들을 자식처럼 여김[子庶民]과, 백공을 오게 함[來百工]과, 먼 데 사람을 부드럽게 대함[柔遠人]과, 제후를 회유함[懷諸侯]이 그것들이다. 몸을 닦으면 도가 서고, 어진 이를 높이면 의혹이 없고, 친척을 친하게 하면 숙부와 형제들이 원망하지 않고, 대신을 공경하면 혼란하지 않고, 군신을 체찰하면 선비들의 보답하는 예가 중해지며, 백성을 자식과 같이 여기면 백성이 권면하고, 백공을 오게 하면 재용이 풍족하고, 먼 데 사람을 부드럽게 대하면 사방(四方)이 돌아오고, 제후를 회유하면 천하가 두려워한다.[43]

세계는 광대하고 그 중심에 윤리적 주체의 활동이 있다. 그의 자기 실현은 세계의 실현[平天下]과 연속적이다. 그러나 그 윤리적 활동에 있어 행위자가 깊숙이 연루된 국지적 관계의 위치를 아는 것이 무엇보다도 중요하다. 국지성에의 충실을 통해 그는 차근차근 세계로 나아간다. 세계의 변경에 가닿을수록 만나게 되는 상대들은 그와의 연루 정도가 낮은 이들이며, 그만큼 감정적 밀도도 낮고 우선순위에서도 밀린다. 이방인에 대한 동경으로 세계의 변경(邊境)에 급히 가닿으려거나 자신의 위치를 뛰어넘는 다른 정체성을 성취하고픈 급박한 욕구는 보이지 않는다. 또 초월적 일점으로 도약하여 세계를 한꺼번에 투시하거나 재배열하고픈 욕구도 찾기 어렵다. 그러므로 천지 전체와 감응하는

知至 知至而后意誠 意誠而后心正 心正而后身修 身修而后家齊 家齊而后國治 國治而后天下平(『대학』「經」1)

43 凡爲天下國家 有九經 曰 修身也 尊賢也 親親也 敬大臣也 體群臣也 子庶民也 來百工也 柔遠人也 懷諸侯也 修身則道立 尊賢則不惑 親親則諸父昆弟不怨 敬大臣則不眩 體群臣則士之報禮重 子庶民則百姓勸 來百工則財用足 柔遠人則四方歸之 懷諸侯則天下畏之(『중용』20)

성인으로의 길은 천재적 도약이 아니라, 수많은 중간적 단계들을 요청하는 점진적 통합과정이다.

그러므로 성인의 길을 가는 자들은 발 딛고 서 있는 자신의 위치에 충실해야 한다.

① 군자는 현재의 처지에 따라 행하고 그밖의 것은 바라지 않는다. 부귀한 처지에서는 부귀대로 행하고 빈천한 처지에서는 빈천대로 행하며, 이적의 처지에서는 이적의 것을 행하고, 환난의 처지에서는 환난대로 행한다. 군자는 들어가는 곳마다 스스로 만족하지 않음이 없다. (…중략…) 그러므로 군자는 편히 거하여 천명을 기다리며, 소인은 위험한 것을 행하여 요행을 기다린다.[44]

② 성왕(聖王)이 나오지 않아 제후들이 방자해졌으며, 초야의 선비들이 제멋대로 의논하여 양주(楊朱)와 묵적(墨翟)의 무리들이 천하에 가득해지더니 천하의 의견이 양주나 묵적에게 돌아갔다. 양씨는 자기만을 위하니[爲我] 군주가 없는 것이요, 묵씨는 똑같이 사랑하니[兼愛] 아버지가 없는 것이다. 아버지가 없고 군주가 없는 것은 금수이다.[45]

③ 자로가 말했다. "벼슬하지 않는 것은 의(義)가 없다. 장유(長幼)의 예절을 폐할 수 없거늘 군신(君臣)의 의를 어떻게 폐할 수 있겠는가? 그 몸을 깨끗이 하고자 하다가 인륜을 어지럽히는 것이다. 군자의 벼슬함은 그 의를 행하는 것이니 도가 행하여지지 못할 것은 이미 알고 있다.[46]

---

44 君子 素其位而行 不願乎其外 素富貴 行乎富貴 素貧賤 行乎貧賤 素夷狄 行乎夷狄 素患難 行乎患難 君子 無入而不自得焉 (…중략…) 故 君子 居易以俟命 小人 行險以徼幸(『중용』14)

45 聖王 不作 諸侯放恣 處士橫議 楊朱墨翟之言 盈天下 天下之言 不歸楊則歸墨 楊氏 爲我 是無君也 墨氏 兼愛 是無父也 無父無君 是禽獸也(『맹자』「滕文公下」9)

첫 번째 인용문에서 군자는 모험을 행하며 요행을 기다리기보다는 자신의 자리에서 그 자리에 적절한 것을 행하며, 천명을 기다릴 뿐이다. 국지적 관계에의 충실성이 도의 실현의 출발점임을 알기 때문이다. 그러한 국지적 관계에 대한 충실성은 무차별한 보편주의를 배제한다. 두 번째 맹자가 묵자의 겸애를 비판하는 것에서 알 수 있듯이, 모든 사람을 똑같이 사랑하는 것은 질서잡힌 공평함의 표징이기는커녕 인륜이 무너진 혼란의 상태일 뿐이다. 인륜이 무너지는 것은 그의 인격이 배양될 토양이 사라지는 것이다. 공자에 따르면 부자관계의 인륜은 획일적인 국법에 한계를 긋기까지 한다.[47] 또 맹자의 양주 비판이나 세 번째 인용문에서도 알 수 있다시피 국지적 관계에 대한 충실성은 세상을 등지는 은둔주의도 비판한다. 자신이 처한 소소하고 구체적인 인간관계에서 성실성을 발휘하지 않는다면 결코 도에 이를 수 없다. 도에 대한 깨달음은 세상을 등지는 은둔적 삶에서 구할 수 없을뿐더러, 구별하고 차등하는 다수의 관계들을 과감히 평균한 아르키메데스의 지점에서도 구할 수 없고, 해당 영토에 전일적 통치를 펴려는 법치 안에서도 구하기 힘들다. 각자의 몫이 정해져 있는 질서 안에서 자신의 몫에 충실하는 것이 도를 실현하는 길이다.

국지적 관계에 대한 충실성은 자신의 자리[位]에 똑바로 서야 한다[立]는 관념과 통한다. 국지적 관계에 충실하자면 우선 그의 자리에 확실하게 서 있어야 하기 때문이다.

① 30세에 섰다.[48]

---

46 子路曰 不仕無義 長幼之節 不可廢也 君臣之義 如之何其廢之 欲潔其身而亂大倫 君子之仕也 行其義也 道之不行 已知之矣(『논어』「微子」7)

47 葉公 語孔子曰 吾黨 有直躬者 其父攘羊 而子證之 孔子曰 吾黨之直者 異於是 父爲子隱 子爲父隱 直在其中矣(『논어』「子路」18)

48 三十而立(『논어』「爲政」4)

② 시에서 홍기하여, 예에서 서며, 음악으로 완성한다.[49]

③ (공자가－인용자) 말씀하셨다. "예를 배웠느냐?" 내(伯魚－인용자)가 대답했다. "아직 배우지 않았습니다." "예를 배우지 않으면 바로 설 수 없다." 그래서 물러나서 예를 배웠다.[50]

예(禮)와 인륜은 바로 똑바로 설 수 있는 자리를 보장해주는 것이다. 예가 다양한 행동맥락에서 자기자신의 자리가 어디이며 어떻게 처신해야 하는가를 알려줄뿐더러, 그의 자리를 알지 못한다면 예를 수행할 수조차 없다. 예가 아니라면, 그래서 자기자신의 자리를 알지 못한다면, 자기자신을 단련하고 조탁할 방법이 없다. 그러므로 예의 실천이 없이는 어떤 윤리적 주체도 그의 탁월한 인격도 없다. 말하자면 윤리적 주체는 우선 그가 처한 국지적 관계의 지점, 즉 자기자신의 자리에 다름 아니다.

그러나 예를 통해 자신의 자리와 처신 방법을 알게 되는 과정에는 맥락적 적절성의 감각이 필수적으로 요구된다. 예를 수행하는 자는 전승된 것으로부터 의미를 취하면서 자기자신을 그 행동에 적합해지도록 노력해야 하기 때문이다. 주형하는 형판과 그 생산물 사이에는 윤리적 주체의 운신의 공간이 있다고 할 수 있다.

① 공자가 말했다. "그 뜻을 굽히지 않고 그 몸을 욕되게 하지 않은 자는 백이(伯夷)와 숙제(叔齊)이다." 유하혜(柳下惠)와 소련(少連)에 대해서는 이렇게 말했다. "뜻을 굽히고 몸을 욕되게 하였으나, 말이 인륜에 맞고 행실이 사려에 맞았으니, 이러할 뿐이다." 우중(虞仲)과 이일(夷逸)에 대해

---

49 子曰 興於詩 立於禮 成於樂(『논어』「泰伯」 8)
50 曰 學禮乎 對曰 未也 不學禮 無以立 鯉退而學禮(『논어』「季氏」 13)

말하였다. "은거하여 함부로 말을 했으나 몸이 깨끗함에 맞았고, 벼슬하지 않음은 권(權)에 맞았다." "나는 이들과 달라서 가한 것도 없고, 불가한 것도 없다."[51]

②군자는 문(文)으로써 배움을 넓히고 예로써 그것을 요약하면 역시 도에 어긋나지 않을 수 있다.[52]

③공자께서는 차근차근 나(顔淵－인용자)를 잘 인도하여 나를 문(文)으로써 넓혔고, 나를 예(禮)로써 요약하셨다.[53]

첫 번째 인용문에서 공자의 처신은 때에 맞춰 적절함을 좇는 시중(時中)을 따르기 때문에 다양하다.[54] 공자 자신이 자신의 처신을 "가한 것도 없고 불가한 것도 없다[無可無不可]"라고 특징짓고 있기까지 하다. 그러므로 맥락을 초월해 통용될 수 있는 형식적 원칙을 정해놓고 그것에 매이는 것은 성인의 길과는 무관하다. 마찬가지로 유교의 군자는 무차별한 규범(norm)이나 원리로서의 예에 획일적으로 순종하는 자가 아니다(Hall & Ames, 1987; Tu, 1999a · 1999e; Lai, 2006). 두 번째와 세 번째 인용문은 공통적으로 '문으로써 넓힌다[博以文]' '예로써 요약한다[約以禮]'는 내용을 포함하고 있다. 무늬라는 어원을 갖는 문(文)은 인간이 영위하며 전승하는 문화 · 문명을 통칭한다. 그래서 '예로써 요약한다'는 말에는 예의 수행이 해당 규정의 엄격한 준수만이 아닌, 전통의 폭넓은 가능성 안에서 선별하고 수렴하여 자신의 행동을 가장 세련화하고 적합하게 한

---

51 子曰 不降其志 不辱其身 伯夷叔齊與 謂柳下惠少連 降志辱身矣 言中倫 行中慮 其斯而已矣 謂虞仲夷逸 隱居放言 身中淸 廢中權 我則異於是 無可無不可(『논어』「微子」8)
52 子曰 君子博學於文 約之以禮 亦可以弗畔矣夫(『논어』「雍也」25)
53 夫子循循然善誘人 博我以文 約我以禮(『논어』「子罕」10)
54 『맹자』「萬章下」참조.

다는 의미가 들어 있다(Hall & Ames, 1987). 예로 인해 요약됨으로써, 그의 행동은 그가 처한 자리에 가장 적합하고 세련된 것이 되고, 그의 인격을 빛나고 고양되게 하며, 또 나아가 도에서 어긋나지 않게 한다. 윤리적 주체는 예가 처방한 자리에 수동적으로 동화되기보다는 전승된 문화로부터 요약된 태도와 거동을 형성함으로써, 그러한 국지적 관계와 분리될 수 없는 자기자신을 형성하는 것이다. 그리고 그러한 형성에는 맥락적 적합성과 아울러 도에 들어맞는다는 의미소가 관여하고 있다.

그러므로 국지적 충실성은 의(義)와 밀접히 연결된다. 즉 국지적 관계에 적합하면서도 올바른 것으로 자기자신을 표현하는 것은 의(義)로운 활동이다(Hall & Ames, 1987; Schwartz, 1998; Cua, 2003 참조). 경전에서 의(義)는 가족을 벗어난 윤리적 관계의 특성(예컨대 君臣有義) 혹은 이기심(利)과 대별되는 윤리적 태도의 대표자(예컨대『맹자』의 仁義)로도 쓰이지만, '마땅함'을 뜻하는 의(宜)를 통해 자주 그 의미가 정의된다. 예컨대『중용』20장에서는 다음과 같은 구절을 볼 수 있다.

> 인(仁)은 사람다움이니 친척을 친히 함[親親]이 위대하고, 의(義)는 마땅함이니 어진 이를 높이는 것[尊賢]이 위대하다. 친척을 친히 하는 것의 친소(親疏)와 어진 이를 높이는 것의 높낮이가 예(禮)가 생겨난 바탕이다.[55]

인(仁)이 인간의 본원적 내밀성 안에서 정의된다면, 의(義)는 친밀성을 벗어난 관계의 마땅함을 통해 정의되고,[56] 예(禮)는 친소(親疏)와 높낮이를 분절하여 차례짓기 위해 필요한 것으로 설명되어 있다. 즉 의는 완전히 인간관계 안에서 마땅한 것을, 다시 말해 가장 적절하면서 올바른 것을 찾아 취하려는 윤리적 활동 혹은 그 행위자의 태도이다. 관계

---

55 仁者 人也 親親爲大 義者 宜也 尊賢爲大 親親之殺 尊賢之等 禮所生也(『중용』20)
56 비슷한 것으로는 "仁 人心也 義 人路也"라는『맹자』「告子上」11장의 구절이 있다.

의 맥락이 그 관계에 마땅한 어떤 것을 하도록 만든다는 것이다. 의(義)는 유연한 적응성이면서도 당위적인 것이라는, 서구적 기준으로는 선뜻 조화되지 않는 듯한 두 의미를 함께 갖고 있다. 위 인용문 외에 의(義)를 국지적 관계에서의 마땅함의 견지에서 정의하는 것은 사서집주에서 주희가 흔히 하는 바이다. 의(義)는 "일의 마땅함" 혹은 "일을 행하는 것의 마땅함" "일의 이치(事理)를 분별하여 각자가 그 마땅함을 갖는 것" 등으로 주석되어 있다.[57] 유연한 적응력이면서, 올바름의 감각을 갖는 의(義)의 의미론, 혹은 유교의 윤리적 주체의 중요한 특징인 국지적 관계에의 충실성은 도가 넘침도 모자람도 없는 중용(中庸)으로 이해되는 것과 밀접한 상관관계가 있다고 할 수 있다. 맥락적 적합성을 취하면서 올바름을 획득하려는 것이야말로 중용의 태도이기 때문이다. 나아가 위 인용문에서 보자면 예(禮)는 의(義)로운 활동을 바탕으로 분절하고 차등하는 것으로 간주된다. 다시 말해 예는 의를 절문(節文)한 것이며, 예를 수행하는 것의 바탕에는 국지적 관계의 마땅함을 좇는 의(義)가 수반된다는 것이다.[58] 요컨대 국지적 충실성 혹은 예의(禮義)에는 유연한 적응성과 더불어 올바름의 감각을 갖는 윤리적 주체가 포함되어 있다. 유교의 윤리적 주체란 국지적 관계의 위치이면서 그 위치에 적절하고 또 올바른 방식으로 서기 위한 의미론적 투자를 포함하게 된다. 그것은 맥락-속의-인격(person-in-context)이다(Hall & Ames, 1987).

---

[57] 義者 事之宜也(『논어집주』「學而」: 13) 義者 心之制 事之宜也(『맹자집주』「梁惠王上」1) 義者 行事之宜(『맹자집주』「告子上」11) 宜者 分別事理 各有所宜也(『중용장구』20) 앞서 인용한 『논어』「里仁」10장의 "가한 것도 없고 불가한 것도 없다"(無可無不可)는 공자의 태도에 대해서는 "가한 것도 없고 불가한 것도 없는 사이에 의(義)가 존재한다"는 주석을 덧붙이고 있기도 하다. 聖人之學 不然 於無可無不可之間 有義存焉(『논어집주』「里仁」10)

[58] 이는 『논어』「衛靈公」17장에서 더 잘 확인된다. 子曰 君子 義以爲質 禮以行之 孫以出之 信以成之 君子哉.

2) 타자를 의무의 원천으로 삼기

윤리적 주체가 서 있는 그 자리는 타자와 함께 하는 자리이다. 그러므로 전승된 예 및 국지적 맥락에 맞추어 적용하고 표현하는 것은 주체 개인의 고립적 행위일 수 없다. 국지적 맥락에 맞춰 자기자신을 형성하는 것이 언제나 타자에 대한 행위라는 것을 아는 데에, 다시 말해 자기형성에 있어 타자와의 관계를 괄호치지 않는다는 것에 유교윤리의 가장 큰 특징이 있다. 그러나 맥락적 적합성을 발휘하는 것은, 즉 각자가 합당한 각자의 몫을 한다는 것은 남에 대항하여 자신의 몫을 주장하게끔 하는 것으로 연결되지는 않는다.

대부분의 유교연구자들이 동의하듯이 '권리'라는 관념은 유학 전통에서는 낯선 것이다(Ames, 1988; Tu, 1999b; Schwartz, 1998 참조). 서구적 권리관념이 동반하는 바로써, 타자와의 투쟁적 관계를 통해 보장되는 나의 몫이라는 관념도 매우 낯설다. 물론 군주답다는 것, 아버지답다는 것은 윗사람으로서 아랫사람에 대하여 위엄을 세운다는 뜻을 분명히 갖고 있다. 『논어』에는 「위정(爲政)」 20장이나 「위령공(衛靈公)」 32장처럼 윗사람이 장엄하게 행동해야 아랫사람이 공경하고 교화가 미친다는 점을 알리는 구절들이 있다. 위엄을 세운다는 것은 있을지도 모르는 타자의 저항을 막고 나의 이익을 보호하기 위한 방편인가? 그러나 이러한 이해는 거의 찾을 수 없다. 윗사람으로서 위엄을 차리는 행동은 있을지도 모를 타자의 적대적 행위가 아니라 도를 위해 꼭 필요한 인륜적 질서의 조화로운 운행을 겨냥하고 있다. 위엄을 차리는 행위는 타자의 저항을 막아 나의 몫을 챙기기보다는, 기강(紀綱)의 해이를 막아 인륜을 보호하고자 한다.[59] 유교는 이익을 좇는 것을 현실적 경향

---

[59] 경전에서는 백성과 여자와 노예와 같은 아랫사람들에게 저항을 비롯한 적극적 행위의 가능성을 열어놓은 구절을 거의 찾을 수 없다는 것도 아울러 덧붙일 수 있다. 그들

성으로 인정하기는 하지만, 그것을 인간의 궁극적 자연권으로 옹호하지는 않으며, 오히려 천부(天賦)한 성(性)을 돌보지 않는 소인(小人)의 행위로 여긴다. 설사 저항이 일어난다 해도 그것은 권리와 이익을 침해당한 자의 자유를 향한 의지적 표현이 아니라, 윗사람으로서 자기자신이 잘못 처신하여 야기된 기강의 해이로 비쳐진다. 그러므로 타자의 저항은 타자를 억눌러 나의 우위를 보장하는 강제적 질서가 치러야 하는 비용이라기보다는 마땅히 해야 할 책무를 제대로 하지 못해 순리(順理)를 해친 '나의 윤리적 잘못'이다. 내가 제대로만 해낸다면 사태는 자연스런 원래의 질서로 호전될 것이다. 『맹자』 「이루하(離婁下)」 28장은 이런 맥락을 잘 드러낸다.

> 지금 한 사람이 있는데 그가 자기자신에게 횡역(橫逆)으로 대한다면, 군자는 반드시 스스로 돌이켜 '내가 불인(不仁)한 것이다. 무례(無禮)한 것이다. 어찌 이런 일이 일어나야 하겠는가?'라고 한다. 그 스스로 돌이켜 인(仁)하고 예를 차렸는데도 그 횡역함이 그대로라면, 군자는 반드시 스스로 돌이켜 '내가 성실치 못한(不忠) 것이다'라고 한다. 스스로 돌이켜 성실했는데도 그 횡역이 그대로라면 군자는 말한다. "이 또한 망인(妄人)일 따름이다. 이와 같다면 금수(禽獸)와 어떻게 다르겠는가? 금수에게 무엇을 꾸짖을 것인가?"[60]

타자와의 투쟁적 관계를 통해 자기자신을 표현하기는커녕, 유교경

은 배울 수 있는 자질이 없어 강제로 예의 규범들로 인도되어야 할 뿐이다. 『논어』 「泰伯」 9; 「陽貨」 25 참조. 맹자가 혁명을 이야기한다 하더라도, 그것은 계급투쟁 때문이 아니라 군주의 실덕 때문이다. 그리고 그 혁명의 주체는 백성이 아니라 군주와 동성(同姓)의 경(卿)이다(『맹자』 「萬章下」 9 참조).

60 有人於此 其待我以橫逆 則君子必自反也 我必不仁也 必無禮也 此物 奚宜至哉 其自反而仁矣 自反而有禮矣 其橫逆 由是也 君子必自反也 我必不忠 自反而忠矣 其橫逆 由是也 君子曰 此亦妄人也已矣 如此 則與禽獸奚擇哉 於禽獸 又何難焉(『맹자』 「離婁下」 28)

전은 자기의 몫과 위신을 유지하려면 타자들에게 잘 대해주라고 권고하는 구절들로 가득 차 있다. 나아가 유학에서는 다양한 국지적 관계에 걸쳐 있는 윤리적 행위들을 통합하려는 기획이 공자 이래 진행되었는데, 관계하는 타자를 자기자신의 의무의 근거로 삼는 기획이었다. 유교의 최고 가치로 일컬어지는 인(仁)이 바로 그런 것이며, 경전에서 그런 요소는 인 외에도 다른 이름으로 가리켜지기도 한다.

① 군자는 현재의 처지에 따라 행하고 그밖의 것은 바라지 않는다. 부귀한 처지에서는 부귀대로 행하고 빈천한 처지에서는 빈천대로 행하며, 이적의 처지에서는 이적의 것을 행하고, 환난의 처지에서는 환난대로 행한다. 군자는 들어가는 곳마다 스스로 만족하지 않음이 없다. 윗자리에 있으면서 아랫사람을 능멸하지 않으며, 아랫자리에 있으면서 윗사람에게 기어오르지 않는다. 자기자신을 바르게 하고, 남에게 구하지 않는다면 원망이 없다. 위로는 하늘을 원망하지 않으며, 아래로는 다른 사람을 원망하지 않는다.[61]

② 맹자가 양혜왕을 알현했다. 왕이 말했다. "노인이 천 리를 멀다하지 않고 오셨으니 나의 나라를 이롭게 할 수 있겠습니까?" 맹자가 대답했다. "왕께서는 하필 이(利)를 말씀하십니까? 오직 인(仁)과 의(義)가 있을 뿐입니다. 왕(王)께서 '어떻게 하면 내 나라를 이롭게 할까' 하시면, 대부(大夫)들은 '어떻게 하면 내 집안을 이롭게 할까' 하며, 사(士)와 서인(庶人)들은 '어떻게 하면 내 몸을 이롭게 할까' 하여, 윗사람과 아랫사람이 서로 이(利)를 취한다면 나라가 위태로울 것입니다. 만승(萬乘)의 나라에 그 군주(君主)를 시해하는 자는 반드시 천승(千乘)을 가진 공경(公卿)의 집안이요, 천

---

61 君子 素其位而行 不願乎其外 素富貴 行乎富貴 素貧賤 行乎貧賤 素夷狄 行乎夷狄 素患難 行乎患難 君子 無入而不自得焉 在上位 不陵下 在下位 不援上 正己而不求於 人 則無怨 上不怨天 下不尤人(『중용』14)

승(千乘)의 나라에 그 군주를 시해하는 자는 반드시 백승(百乘)을 가진 대부(大夫)의 집안이니, 만승(萬乘)에 천승(千乘)을 취하며 천승(千乘)에 백승(百乘)을 취함이 많지 않은 것은 아니지만, 만일 의(義)를 뒤로 하고 이(利)를 먼저 하면, 모두 빼앗지 않으면 만족해하지 않습니다. 인(仁)하고서 그 어버이를 버리는 자는 있지 않으며, 의(義)롭고서 그 군주를 뒤로 하는 자는 있지 않습니다. 왕(王)께서는 또한 인의(仁義)를 말씀하실 따름이니, 하필 이(利)를 말씀하십니까?"[62]

③ 중궁(仲弓)이 인(仁)을 묻자, 공자(孔子)께서 말했다. "문을 나갔을 때에는 큰손님을 뵌 듯이 하며, 백성에게 일을 시킬 때에는 큰 제사를 받들 듯이 하고, 자신이 하고자 하지 않는 것을 남에게 베풀지 말아야 하니, 이렇게 하면 나라에서도 원망이 없으며, 집안에서도 원망이 없을 것이다." 중궁(仲弓)이 말했다. "제가 비록 불민(不敏)하오나 청컨대 이 말씀을 종사하겠습니다."[63]

④ 자공이 "한 말씀으로써 종신토록 행할 만한 것이 있습니까?" 하고 묻자, 공자가 말했다. "서(恕)일 것이다. 자기가 하고자 하지 않는 것을 남에게 베풀지 말라는 것이다."[64]

---

62 孟子見梁惠王 王曰 叟不遠千里而來 亦將有以利吾國乎 孟子對曰 王 何必曰利 亦有仁義而已矣 王何以利吾國 大夫曰何以利吾家 士庶人曰何以利吾身 上下交征利而國危矣 萬乘之國 弑其君者 必千乘之家 千乘之國 弑其君者 必百乘之家 萬取千焉 千取百焉 不爲不多矣 苟爲後義而先利 不奪 不饜 未有仁而遺其親者也 未有義而後其君者也 王 亦曰仁義而已矣 何必曰利(『맹자』「梁惠王上」 1)

63 仲弓問仁 子曰 出門如見大賓 使民如承大祭 己所不欲 勿施於人 在邦無怨 在家無怨 仲弓曰 雍雖不敏 請事斯語矣(『논어』「顔淵」 2)

64 子貢問曰 有一言而可以終身行之者乎 子曰 其恕乎 己所不欲 勿施於人(『논어』「衛靈公」 23)

⑤ 공자가 말했다. "도는 사람으로부터 멀지 않다. 사람이 도를 행하면서 사람에게서 멀다면 도가 될 수 없다. (···중략···) 충(忠)과 서(恕)는 도로부터 멀지 않으니, 자기에게 베풀어보아 원하지 않는 것을 남에게 베풀지 않는 것이다. 군자의 도(道)가 네 가지인데 나는 그 중에 한 가지도 잘하지 못한다. 자식에게 바라는 것으로써 부모(父母)를 섬김을 잘하지 못하고, 신하(臣下)에게 바라는 것으로써 군주(君主)를 섬김을 잘하지 못하며, 아우에게 바라는 것으로써 형을 섬김을 잘하지 못하며, 붕우(朋友)에게 바라는 것을 내가 먼저 베풂을 잘하지 못한다.[65]

⑥ 이 때문에 군자에게는 혈구지도(絜矩之道)가 있다. 윗사람에게서 싫었던 것으로써 아랫사람을 부리지 말며, 아랫사람에게서 싫었던 것으로써 윗사람을 섬기지 말며, 앞사람에게서 싫었던 것으로써 뒷사람에게 가(加)하지 말며, 뒷사람에게서 싫었던 것으로써 앞사람에게 따르지 말며, 오른쪽에게서 싫었던 것으로써 왼쪽에게 사귀지 말며, 왼쪽에게서 싫었던 것으로써 오른쪽에게 사귀지 말 것이니, 이것을 일러 혈구지도라고 한다.[66]

첫 번째 인용문에서 군자는 '현재의 위치에 따라 행하고 그밖의 것은 바라지 않는[素其位而行 不願乎其外]' 국지적 위치에 대한 충실성을 지녀야 하지만, 이는 자신에게 주어진 기능만을 다하고 이웃에게는 신경 쓰지 않는다는 것을 뜻하지 않는다. 각자의 몫이 투쟁적 관계를 통해 주어진다는 전제만큼이나, 전체 유기체의 목표가 상위의 원리로서 각 부

---

[65] 子曰 道不遠人 人之爲道而遠人 不可以爲道 (···중략···) 忠恕違道不遠 施諸己而不願 亦勿施於人 君子之道四 丘未能一焉 所求乎子 以事父 未能也 所求乎臣 以事君 未能 也 所求乎弟 以事兄 未能也 所求乎朋友 先施之 未能也(『중용』 13)

[66] 是以 君子有絜矩之道也 所惡於上 毋以使下 所惡於下 毋以事上 所惡於前 毋以先後 所惡於後 毋以從前 所惡於右 毋以交於左 所惡於左 毋以交於右 此之謂絜矩之道 (『대학』 「傳」 10)

분을 규정하고 있고, 구성 부분들은 전체 목표를 위해 부분별 기능을 수행한다는 식의 기능주의적인 사회관도 통용되지 않는다. 각자 처해진 자리에서 처해진 대로 행해야 하는 의무는 인접 부분과의 관계로부터 정해진다. 충실해야 하는 국지적 위치라는 것은 상위의 원리나 토대로부터 도출된 실정적(positive) 몫이 아니라, 언제나 인접한 타자들과의 관계 및 그 관계에 따른(relational) 자신의 의무인 것이다. 그러므로 현재의 위치에 따라 행한다는 것은, "윗자리에 있으면서 아랫사람을 능멸하지 않"고, "아랫자리에 있으면서 윗사람에게 기어오르지 않는" 식의 타자를 고려하는 행동이 된다. 타자와의 관계에서 해야 할 의무가 실정적으로 표현되지 않고, 윗자리에 있으면서 아랫사람을 능멸하지 '않고' 아랫사람으로 윗사람에게 기어오르지 '않는' 식의 부정적(negative) 표현을 사용하는 것에도 유의할 수 있다.

두 번째 인용문은 『맹자』의 첫 구절이다. 각자가 이익을 추구하는 것은 종국적으로는 상하존비의 위계가 정해져 있는 질서 전체를 붕괴시키는 것이 된다. 그렇다고 왕의 이익을 전체의 이익으로 선언하고 다른 모든 이들을 여기에 복종시키는 절대군주적 이념이 도입되지도 않는다. 오히려 이익을 추구하는 왕의 행동은 '감응적 과정을 통해' 다른 이들 — 공경대부, 사, 서인 — 의 유사 행동을 불러일으킨다고 전제되어 있다. 하나의 행동이 인접한 부분의 유사 행동을 불러일으킨다면, 왕이 자신과 그 나라를 보존하기 위해서는 인접한 타자들에게 은혜를 베푸는 모범적 행동을 하는 수밖에 없다. 그러므로 이익[利]이 아니라 인의(仁義)를 내세워야 하는 것이다.

세 번째 인용문에서는 타자를 배려하는 행동을 인(仁)이라는 관념 아래 통합하고 있다. 인(仁)은 공자 이후 유교의 핵심 가치로 등장한 용어로서, 제자들이 다른 어느 것보다도 공자에게 자주 물어보던 주제이나, 공자는 다양한 방식으로 시사할 뿐, 드물게 이야기한 주제이기[67]도 하다. 다양한 영역어가 존재할 만큼,[68] 인(仁)은 하나의 심리적 속성으로 수렴될 수 없는 포괄성을 가지나(Chan, 1965; Fingarette, 1993; Tu, 1999a·1999b·1981), 타자와의 관계적 요소가 핵심적인 인격적 배치(personal disposition)라는 점은 대체로 동의될 수 있다(Hall & Ames, 1987 참조). 맹자의 측은지심(惻隱之心)이라는 표현이 가리키듯이[69] 인(仁)이 타인에게 공감적이고 동정적인(sympathetic) 방식으로 행위하도록 하는 것이기 때문이다. 이 인용문에서도 인(仁)은 관계적인 것으로 나타난다. '자신이 하고자 하지 않는 것을 남에게 베풀지 말아야 하는 것[己所不欲 勿施於人]'이 바로 인(仁)이다.

네 번째 인용문에서는 '자신이 하고자 하지 않는 것을 남에게 베풀지 말아야 하는 것[己所不欲 勿施於人]'이 서(恕)라고 불리고 있다. 『논어』에서 인(仁)과 서(恕)는 밀접한 관련이 있어서, 서는 인과 이처럼 그 정의하는 진술이 같거나 혹은 인을 이루는 방법으로 서술되어 있다(『논어』「雍也」 28 참조). 다섯 번째 인용문에서는 '자신이 하고자 하지 않는 것을 남에게 베풀지 말아야 하는 것[己所不欲 勿施於人]'이 "자기에게 베풀어보아 원하지 않는 것을 남에게 베풀지 않는 것[施諸己而不願 亦勿施於人]"으로 바꿔 표현되면서 충(忠)과 서(恕)에 할당되어 있다. 충과 서는 『논어』「里仁」 15장에서 공자의 도를 일이관지(一以貫之)한다고 하던 바로 그것

---

67 子罕言利與命與仁(『논어』「子罕」 1)

68 인(仁)은 『논어』에서 499개 장 중 58개 장에서 105번 등장할 만큼 중심적이지만, 통일된 번역어를 사용하기 어렵다고 한다. 仁은 benevolence, love, agapé, altruism, kindness, charity, compassion, magnanimity, perfect virtue, goodness, humanheartedness, humanity 등으로 번역된다. 사랑이라는 요소가 仁에 있어 중심적임은 분명하나, 사랑으로 번역할 수 없는 폭넓은 과정을 포함하기 때문이다. 仁한 사람은 용감하고 강하며, 지적이고, 공손하며, 부지런하고 성실하며, 의롭고 신뢰할 만하다. 부드럽고 단호하다. 더욱이 미움도 포함한다.

69 所以謂人皆有不忍人之心者 今人 乍見孺子將入於井 皆有怵惕惻隱之心 非所以內 交於孺子之父母也 非所以要譽於鄉黨朋友也 非惡其聲而然也 由是觀之 無惻隱之心 非人也 無羞惡之心 非人也 無辭讓之心 非人也 無是非之心 非人也(『맹자』「公孫丑上」 6)

이다. 여하튼 자기에게 원하지 않는 것을 남에게 하지 않는 것이야말로 도로부터 멀어지지 않는 방편이라고 설명하면서, 그것을 다양한 인간관계의 국면에 맞춰 나열하고 있다. 『대학』에서 따온 여섯 번째 인용문에서는 유사한 내용이 혈구지도(絜矩之道)로 이름붙여져 있다. 타자에게서 싫었던 바를 타자에게 행하지 말라는 것이 요점이다.

'자신이 하고자 하지 않는 것을 남에게 베풀지 말아야 하는 것[己所不欲 勿施於人]'은 타자가 바라는 바를 실현시켜주기 위한 이타성(利他性)이다. 다섯 번째 인용문의 공자가 말하고 있듯, 부모가 자식에게 바라는 것으로써 부모를 섬기며, 군주가 신하에게 바라는 것으로써 군주를 섬기고, 형이 아우에게 바라는 것으로써 형을 섬기고, 친구가 나에게 바라는 것을 그의 친구인 내가 먼저 베풀기 위한 것이다. 타자가 원하는 바를 해야 하므로, 타자는 나의 의무의 근거인 것이다. 타자의 마음을 알아내기 위해서 유교의 윤리적 인간은 그저 국지적 관계에서 상대하는 타자의 입장을 취해보고자 한다. 여섯 번째 인용문은 입장을 취해보아야 할 타자가 신이나 민족(nation), 인류같이 멀리 있는 초월적 타자가 아니라, 바로 위나 아래, 오른쪽이나 왼쪽, 앞이나 뒤 같은 인접한 타자들임을 더욱 잘 보여준다. 자식으로서 부모에게 잘하기 위해서는 부모의 입장 취하기가, 군주를 잘 섬기기 위해서는 군주의 입장 취하기가 요구될 뿐이다. 타자와의 관계에서도 국지적 충실성이 작용하는 것이다.

또한 타자의 입장을 취하면서 자기자신을 비워버리는 것이 아니라는 것도 분명하다. 타자의 마음을 알아내기 위해 운용하는 잣대는 바로 자기자신의 마음이고, 또 타자가 바라는 것을 실현해주기 위해 단련되고 벼려져야 하는 것도 바로 자기자신이기 때문이다. 서(恕)에 대한 성리학적 주석은 '자기자신을 미루어 타인에게 미치는 것[推己及人]'이다. 자기자신으로써 타자의 유비(喻譬)를 삼아 스스로에게 좋고 싫음을 물을 수 있을 때에야, 그리고 유비로 삼는 자기자신이 이미 다른 타자와의 관계 안에 있어서 타자에게서 좋고 싫음을 체험한 적이 있을 때에야 '자신이 하고자 하지 않는 것을 남에게 베풀지 말아야 하는 것[己所不欲 勿施於人]'을 할 수 있다. '오른쪽에서 싫었던 것으로 왼쪽에게 사귀지 않으'려면, 타자와의 관계를 연결하는 지점으로서 윤리적 주체는 타자에게 민감히 감응하면서도 타자로부터의 영향을 적절하고 올바른 것으로 변전할 수 있는 자기자신의 중심을 유지해야 한다. 다음의 인용문은 이런 점을 잘 보여준다.

① 인(仁)은 활쏘기와 비슷하다. 활쏘는 자는 자기자신을 바르게 한 이후에 쏘는데, 쏘아서 맞히지 못하면 자기를 이긴 자를 탓하지 않으며 자기자신에게 돌이켜 구할 따름이다.[70]

② 공자가 말했다. "삼아, 나의 도는 하나로써 관통한다." 증자가 말했다. "그렇습니다." 공자가 나가자 문인(門人)들이 "무슨 말씀입니까"라고 물었다. 증자가 말했다. "선생님의 도는 충(忠)과 서(恕)일 따름이다."[71]

첫 번째 인용문의 '활쏘기'라는 은유는 두 번째 인용문의 충(忠)과 서(恕)의 관계를 이해하는 데 도움을 준다. 충(忠)은 윗사람에 대한 충성(loyalty)이 아니라 최선을 다하는 것(to do one's best)을 뜻한다. 충(忠)에 대한 성리학적 주석은 '자기자신을 다하는 것[盡己]'이다. 공자의 가르침을 관통하는 것[一以貫之]이 '자기자신을 다히는' 충과 '자기자신을 미루어 남에게 미치는' 서(恕)는 다양한 타자에 대한 적절한 행동이 자기자신으로의 수렴을 동반한다는 뜻이다.[72]

---

70 仁者如射 射者正己而後發 發而不中 不怨勝己者 反求諸己而已矣(『맹자』「公孫丑上」7)
71 子曰 參乎 吾道 一以貫之 曾子曰 唯 子出 門人問曰 何謂也 曾子曰 夫子之道 忠恕而
    已矣(『논어』「里仁」15)

그럼으로써 인이나 서, 혈구지도라 불리는 윤리적 실천 안에는 두 개의 관점이 있게 된다(Hall & Ames, 1987 참조). 자기자신으로부터 유비된 타자의 관점과 그렇게 타자를 유비하고 그에 대한 적절한 행동을 조율하게 하는 자기자신의 관점이다. 두 개의 관점이 공존하는 한, '자신이 하고자 하지 않는 것을 남에게 베풀지 말아야 하는 것'은 자기와 타자의 완전한 일치나 동일시(identification)가 아니라, 유비(analogy)로 남을 수 있다(Fingarette, 1980). '자기자신을 미루어 타인에게 미치는 것(推己及人)'이며, 타자의 삶에 가상적으로 참여하되 자기자신의 위치를 잃지 않는, 공감적인(sympathetic, empathic) 인격적 배치일 따름인 것이다. 타인을 자기자신에게 비김으로써, 타자의 입장을 취하되 자신의 적절함의 감각을 적용하는 것이다. 타자와의 관계에서 해야 할 의무가 실정적으로 표현되지 않고, '자신이 하고자 하지 않는 것을 남에게 베풀지 말아야 하는' 식의 부정적(negative) 표현을 사용하는 것, 다시 말해 관계적으로 주어지는 주체의 의무가 실정적이기보다 부정적으로 표현되는 이유를 여기서 알 수 있다.

---

72 『논어』「里仁」 15장에 대한 주희의 주는 이 점을 잘 보여주고 있다. 그에 따르면 공자의 도는 전체적으로는 연속적이지만, 천하만물에 범응하여 다양한 편차를 갖게, 즉 만수(萬殊)를 지니게 되는 것이다. "공자의 한 이(理)가 혼연(渾然)하여 널리 응하고 곡진히 마땅함은, 비유하면 천지가 지성무식(至誠無息)하여 만물이 각기 제 곳을 얻음과 같은 것이다. 이로부터 이외에는 진실로 남은 방법이 없고, 또한 미룸을 기다릴 것이 없는 것이다. 증자(曾子)는 이것을 봄이 있었으나, 말씀하기 어려웠다. 그러므로 학자(學者)들이 자기 마음을 다하고 자기 마음을 미루는 조목을 빌려서 드러내 밝히셨으니, 사람들이 쉽게 깨닫게 하려고 하신 것이다. 지성무식(至誠無息)이란 도(道)의 체(體)이니 만수(萬殊)가 일본(一本)인 것이요, 만물(萬物)이 각기 제 곳을 얻음은 도(道)의 용(用)이니, 일본(一本)이 만수(萬殊)가 되는 것이다. 이것으로써 관찰한다면 일이관지(一以貫之)의 실제(實際)를 볼 수 있을 것이다. 혹자는 말하기를 '중심(中心)이 충(忠)이 되고 여심(如心)이 서(恕)가 된다' 하니, 뜻에 또한 통한다."(夫子之一理渾然而泛應曲當 譬則天地之至誠無息而萬物各得其所也 自此之外 固無餘法而亦無待於推矣 曾子有見於此而難言之 故 借學者盡己推己之目 以著明之 欲人之易曉也 蓋至誠無息者 道之體也 萬殊之所以一本也 萬物各得其所者 道之用也 一本之所以萬殊也 以此觀之 一以貫之之實 可見矣 或曰 中心爲忠 如心爲恕 於義 亦通)

기본적으로 유비에 의함으로써 인과 서는 타자의 가능성을 완전히 포괄한다고 자신할 수 없다. 자기자신을 잣대로 삼아 유비되는 타자에게는 자기자신과의 연속성만큼이나 새로움도 있게 마련이다. 그러므로 '자신이 하고자 하지 않는 것을 남에게 베풀지 말아야 하는' 식의 부정적 표현을 사용할 수밖에, 다시 말해 관계적으로 주어지는 주체의 의무가 실정적이기보다 부정적으로 표현될 수밖에 없는 것이다. 나는 타자가 요구하는 바를 완전히 알 수 없고, 그가 내가 원하지 않는 그것을 요구할 리 만무하다고 '짐작'할 뿐이다. 타자의 의식은 나에게 전적으로 알려져 있지 않으므로 나는 무엇을 해야 한다기보다는 무엇을 하지 말아야 할 뿐이다. 또한 타자가 자기자신의 행동에 상응하는 어떤 행동을 반드시 하리라고 기대하지 못한다. 내가 마땅히 해야 하는 그것은 나의 소망이라기보다는 타자의 소망인데도, 자신의 상황에 대하여 확신하는 것과 동일한 방식으로 타인의 상황에 대하여 확신할 수 없기 때문에 인(仁)과 서(恕)는 부정적으로 표현되는 것이다. 내가 나 자신을 찾을 때 무시할 수 없는 실재가 바로 타자라면(Tu, 1999e), 이 타자는 결코 완벽히 실정화되지 못하는 한계이다.

그렇다면 자기 안에 타인을 끌어들여서 관계된 모든 사람들에게 가장 적절한 것을 실행하고자, 자기자신을 연장하는 인과 서에는 윤리적 주체의 적극성만큼 수동성도 함축되어 있다. 흔히 인과 서를 호혜성(reciprocity)으로 보지만, 이 수동성에 주목한다면 호혜성은 적절치 못한 용어이다(T'ang, 1966a; Tu, 1999e; Lai, 2006). 타자의 요구에 응하도록 자기자신을 개방하고 확장하지만 타자의 차이가 결코 소거되지 못하므로, 윤리적 주체는 결코 자기자신의 행위가 상응하는 타자의 행동을 불러일으키리라고 확신하지는 못한다. 즉 타자는 윤리적 주체의 성립에 있어 핵심적 조건이지만, 주체가 완전히 포괄할 수 없는 상대이다. 탕쥔이[唐君毅]의 설명을 따른다면(T'ang, 1966a) 윤리적 주체의 활동에는 호혜성으로 지적될 수 없는 자아와 타자의 비대칭성이 있다. 타자는 나와 분리된 외부가 아니라 내가 윤리적 존재가 되는 데 있어 내부적 관계를 맺고 있으나 내적 관계이면서도 엄연히 별개의 존재여서, 나의 마음을 미루어 알게 되는 상대의 마음은 그에 대한 의무를 다하게 할 뿐이지, 나의 의무 이행에 의한 타자의 반응을 기약하게 하는 것으로까지 이어지지는 않는다는 것이다. 타자의 반응을 기약하지 못하기 때문에 그의 윤리적 활동은 지속적인 자기단련과 자기형성 과정으로 연결될 뿐이다. 그래서 윤리적 주체는 초월적 존재가 아니라 인접한 타자로부터 의무를 부여받지만, 그의 윤리적 활동은 자기자신이라는 중심을 지킬 수 있는 것이다.

그럼에도 불구하고 유비는 자기자신과 타인, 천하만물을 연속적이게 하는 방법이다. 유교경전에서는 유비의 방법으로도 천하만물을 포괄하는 데 낙관적이다. 상관적 우주의 자연스런 감응의 과정이 '바람에 풀이 눕듯이' 그리고 '뭇별이 북극성을 향하듯이' 군자의 덕화를 자연스럽게 하는 것처럼, 타자의 반응을 염두에 두지 않고 의무를 다하는 행동은 결국 신성한 하늘(天)과 도와 합치하는 경지로 나아갈 것이라는 낙관적 기대가 있다. 천하만물에 도가 흐르고 있기에, 인접한 타자에 대한 나의 올바른 행동은 그만큼 천하만물에서의 도의 흐름에 기여하는 것이다.

　①자공이 말하였다. "만일 백성에게 은혜를 널리 베풀어 많은 사람을 구제한다면 어떻겠습니까? 인(仁)하다고 할 만합니까?" 공자가 말했다. "어찌 인(仁)뿐이겠는가? 반드시 성인(聖人)일 것이다. 요순(堯舜)도 이 점을 오히려 부족하게 여겼다. 인(仁)이라는 것은 자신이 서고자 함에 남도 서게 하며, 자신이 통달하고자 함에 남도 통달하게 하는 것이다. 가까운 데서 취해 비유(譬喩)할 수 있다면 인(仁)할 수 있는 방법이라 할 수 있다."[73]

② 성(誠)은 스스로 자기만을 이룰 뿐이 아니요, 남을 이루어 주니, 자기를 이룸은 인(仁)이요, 남을 이루어 줌은 지(智)이다. 이는 성(性)의 덕(德)이니, 내외(內外)를 합한 도(道)이다. 그러므로 때로 둠에 마땅한 것이다.[74]

③ 만물이 모두 나에게 구비되어 있다. 자기자신에게 돌이켜보아 성(誠)하면, 즐거움이 이보다 큰 것이 없다. 서(恕)를 힘써 행하면 인(仁)을 구함에 이보다 더 가까운 방법이 없다.[75]

이처럼 유교의 윤리적 주체는 그가 서 있는 위치를 출발점으로 삼아 지속적으로 유비하는 과정을 통해 상호적 관계망에 대한 감수성을 확대함으로써 우주와 일체가 될 수 있을 것이라고 기대한다. 이런 구도 안에서 윤리적 주체는 부단히 확대되는 상호관계망의 출발점이며 관계망의 확대와 함께 개방·확대되는 존재가 된다. 앞서 보았듯이 유교의 성인이란 자신의 확대가 우주적 공명에까지 이른 자이다. 유비에 의한 일상적 실천이 타자의 본성 실현 및 우주 전체의 생성 과정과 함께 하는 것으로 귀결된 자가 바로 성인인 것이다.

요컨대 유교의 윤리적 주체는 구체적 관계로 맺어지는 타자를 매개로 한다. 주체가 자기자신을 고양하려면 다양한 타자와 연루되어 있는 관계에 참여하는 수밖에 없다. 그의 자아는 타자와의 관계 안에 배태되어 있으며, 여기서 타자는 윤리적 주체와 분리된 외부가 아니라 내부적 관계를 맺고 있다. 그럼에도 불구하고 타자에 대한 행동은 목전의 타자의 반응을 구하는 행동이라기보다는 천하만물을 포괄하는 하

---

73 子貢曰 如有博施於民而能濟衆 何如 可謂仁乎 子曰 何事於仁 必也聖乎 堯舜 其猶病
    諸 夫仁者 己欲立而立人 己欲達而達人 能近取譬 可謂仁之方也已(『논어』「雍也」28)
74 誠者 非自成己而已也 所以成物也 成己 仁也 成物 知也 性之德也 合內外之道也 故
    時措之宜也(『중용』25)
75 孟子曰 萬物皆備於我矣 反身而誠 樂莫大焉 强恕而行 求仁 莫近焉(『맹자』「盡心上」4)

늘의 신성을 구현해나가는 과정이다. 나의 행동은 만물에게 분유되어 있듯이, 내게도 있는 도를 실현하는 과정이며, 나에게 있는 그것을 실현하게 되면 연관된 만물에도 신묘한 영향을 미치게 되리라는 이상이 뒷받침되어 있다.

3) 자기반성의 감정으로서의 부끄러움

이같은 관계 지향적 윤리에서는 자기자신에 대한 반성의 감정이 수치(羞恥, shame)로서 나타난다(Fingarette, 1993; Hall & Ames, 1987). 수치는 죄의식과 섬세하게 구별되어야 하는 감정이다. 죄의식이 선험적 자아가 경험적 자아를 검사하는 식의, 타자가 소거된 관계를 구성한다면, 수치는 언제나 타자에의 노출을 전제한 감정으로서, '누군가의 앞에서 나에 대한 부끄러움'이기 때문이다. 루스 베네딕트의『국화와 칼』이후 수치의 윤리는 죄의식의 윤리에 비해 평가절하되어 왔지만, 사르트르(Sartre, 1983)처럼 수치를 타자와의 관계 속에서만 성립하는 주체의 본질을 선명히 보여주는 체험으로 자리매김하면 수치의 위상은 크게 달라진다. 타자와의 관계 속에서 자기자신을 체험하는 수치야말로 윤리적 주체 본연의 것이 된다.

죄의식과 수치는 타자 전제의 여부에서 다르지만 각각이 구성하는 주체의 자기관계, 즉 주체가 자기자신과 상관하는 방식도 다르다. 죄의식은 주체가 행한 규칙 위반이 주체 내부의 권위있는 심급으로부터 심판받고 처벌받는다는 관계를 구성한다. 규칙에는 사회 전체의 권위가 실려 있고, 주체는 규칙의 한계 내에 있음으로써 행위들을 규칙의 반경 내에 가두는 권위에 종속된다. 양심이나 초자아로 불리는 내부의 감시하고 판별하고 처벌하는 심급은 사회적 권위를 내면화한 대리자라고 할 수 있다. 그러므로 죄의식 안에서 문제시되는 것은 규칙에 비추어 판별되는 특정한 위반행위이고, 주체는 자신의 위반 행위를 복종해야 할 권위에 대한 침범으로 여기고 자기 처벌을 통해 보상하고자 한다.

죄의식이 구성하는 관계가 이처럼 내면화한 사법(司法) 모델로 일목요연하게 이해되는 데 반해, 수치가 구성하는 관계는 한층 복잡하다.[76] 앞서 말했듯이 수치에서 관건적인 것은 타자에의 노출이며, 타자에 대한 주체의 취약성이다. 잘못이 드러나서 부끄러워지는 경우도 있지만, 잘못이라 간주되지 않는 점이 타자에게 드러나는 경우에도 부끄러워질 수 있다. 수치 안에서 포착되는 것은 타자에 대한 주체 자신의 민감성과 취약성이기 때문이다. 타자에 대한 죄의식이 타자를 부당하게 침범한 자기자신에 대한 것이라면, 타자에 대한 수치는 타자에 의해 경계(boundary)가 풀어헤쳐지고 가려진 것들이 드러난 자기자신에 대한 것이다. 수치의 자기관계는 타자에 대해 취약한 자기자신과의 관계일 뿐더러 또한 자기자신의 전체적 이미지와의 관계이기도 하다. 죄의식의 주체가 위반되는 부분 행위에 집중한다면, 수치의 주체는 타자 앞

---

76 수치가 구성하는 타자와의 관계 및 주체의 자기관계에 대한 기술은 영미권의 정신분석학적 연구들을 참조해서 작성했다. 대개 대상관계이론이나 자아심리학 계열에 있는 연구들이다. Piers & Singer, 1953; Lynd, 1958; Lewis, 1971; Wurmser, 1981; Nathanson, ed., 1987 등이 그것이다. 수치는 죄의식에 비해 미성숙한 감정이고 미발전된 비서구 사회나 고대 사회에서나 발견되는 윤리적 감정이라는 사고는 오랫동안 지배적인 서구적 편견이었다. 프로이트 또한 수치에 대해서는 거의 언급한 바 없고, 사르트르의 영향을 밝히고 있는 라캉조차 타자를 대타자(A)나 대상 a와 같은 수학소로 환원하고자 했을 뿐, 타자와의 관계 속에서의 수치에 대해서는 별달리 논하지 않았다. 수치에 대한 정식화는 Piers & Singer(1953)가 자아와 자아이상 간의 내적 긴장에 수치를 위치시킴으로써 자아-초자아 긴장인 죄의식과 구분지으면서 일보를 내딛었다. 위반 행동과 그것을 심판하고 처벌하는 심급 간의 관계 속에 죄의식이 위치된다면, 수치는 나르시시즘적 전능감과 타자에 대한 취약성 사이의 관계이며, 전자가 오이디푸스적 단계를 거치며 발생한다면, 후자는 전오이디푸스적인 공생적 모자관계와 그로부터 분리되는 유아적 환상으로 소급된다는 점은 이후의 연구들에도 공통되며 사회이론에서도 활용되고 있다. 일례로 Giddens(1997)는 이러한 성과들을 광범위하게 원용하며, 수치를 현대의 자아정체성이 시험되고 재조립되는 핵심적인 기제로 위치지었다.

에서 자기자신 전부를 무력하고 왜소하며, 부적절한 것으로 체험한다. 그래서 죄의식에 대한 대응이 문제되는 부분에 대한 고백과 교정이라면, 수치에 대한 대응은 타자와의 관계에 적절하게 자기 모습을 바꾸거나 아니면 타자의 눈으로부터 아예 숨어버리는 것이다.

타자 앞에서 수치의 주체가 취약해지고 손상당한다고 여겨지는 심급은 자기존중감이 응축된 부분, 정신분석학에서 흔히 자아이상(ego ideal)이라고 명명되는 부분이다. 응축된 자기존중감 혹은 자아이상은 자기가 누구이며 어떤 자이어야 하는가에 대한 비교적 분명한 이상과 가치척도로 정련되어 자아정체감과 자기평가의 근거로 작용할 수도 있지만, 이렇게 사회화된 이상과 척도로 소진되지 않는 광범위한 나르시시즘적인 전능감이 자리잡은 영역으로 생각되고 있다. 사회화된 이상과 가치를 좇는 자기존중감의 근저와 배후에는 자기자신을 완벽하고 강력하며 무한한 불멸의 존재로 보고자 하는 믿음이 깔려 있다. 타자에 대한 취약성으로서 수치란 바로 이 자기존중감이나 자아이상, 혹은 그 기저의 나르시시즘적인 전능감에 가해진 상처와 손상이다. 정신분석학자뿐만 아니라 기든스(Giddens, 1997)와 같은 사회학자도 인정하듯이, 나르시시즘적인 전능감 및 거기서 자라나온 긍정적인 자기 이미지는 유아(乳兒) 시기의 공생적인(symbiotic) 모자(母子)관계의 유산이며, 나르시시즘적인 상처로서의 수치는 자신이 배태된 사회적 관계로부터 분리되는 불안과 공포를 재연한다고 여겨진다. 다시 말해 수치란 타자들로부터 주시되는 것일뿐더러 자신이 배태된 사회적 관계로부터 분리되는 고립감인 것이며, 수치를 체험할 때마다 주체는 자신의 근저에 있는 이 분리 불안과 공포를 다시금 맛본다는 것이다. 그런 점에서 수치는 주체에게 매우 치명적이다. 요컨대 수치는 타자에 대한 주체의 취약성이 노출되는 것인데, 수치로 인해 드러나는 주체의 취약성은 두 가지로 정리될 수 있다. 우선 자기자신의 잘못이 노출되는 것으로서 사회적 가치와 이상에 뿌리내린 긍정적 자기이미지에 대한 손상이며, 더 나아가서는 근저의 나르시시즘적 전능감이 손상되고 사회적 관계에의 배태성이 위협되는 것이다.

이제 수치에 대한 이와 같은 이해를 가지고 유교 경전에서 부끄러움(恥)이 자기반성 메커니즘으로 성립되는 논리를 추적해보자.

① 법으로써 인도하고 형벌로써 가지런히 한다면, 백성들이 처벌을 면하려고만 하고 부끄러움을 모를 것이다. 덕으로써 인도하고 예로써 가지런히 한다면 백성들이 부끄러워함이 있고, 선(善)한 것에 따를 것이다.[77]

② 소인은 한가로이 있을 때에는 불선(不善)한 짓을 맘대로 하다가, 군자를 본 뒤에 겸연쩍게 그 불선(不善)함을 가리고 선(善)함을 드러낸다. 남들이 자기를 보기를 자신의 폐부(肺腑)를 보듯이 할 것이니, 무슨 이익이 있겠는가? 이것을 일러, '중심(中心)에 성실하면 바깥에 나타난다'고 하는 것이다. 그러므로 군자는 반드시 그 홀로 있을 때를 삼간다.[78]

③ 군자(君子)의 허물은 일식(日蝕)·월식(月蝕)과 같아 잘못이 있으면 사람들이 모두 볼 수가 있고, 허물을 고쳤을 때에는 사람들이 우러러본다.[79]

④ 선비가 도에 뜻을 두고서 나쁜 옷과 나쁜 음식을 부끄러워한다면 더불어 도를 의논할 수 없다.[80]

---

77 子曰 道之以政 齊之以刑 民免而無恥 道之以德 齊之以禮 有恥且格(『논어』「爲政」3)

78 小人閒居 爲不善 無所不至 見君子而后 厭然揜其不善 而著其善 人之視己 如見其肺肝然 則何益矣 此謂 誠於中 形於外 故 君子 必愼其獨也(『대학』「傳」6)

79 子貢曰 君子之過也 如日月之食焉 過也 人皆見之 更也 人皆仰之(『논어』「子張」21) 군자의 허물을 일식·월식에 유비하는 비슷한 구절이『맹자』「公孫丑下」9에도 나온다.

80 子曰 士志於道而恥惡衣惡食者 未足與議也(『논어』「里仁」9)

⑤ 옛날에 말을 함부로 내뱉지 않은 것은 궁행(躬行)이 미치지 못할까 부끄러워해서였다.[81]

⑥ 말 잘하고 얼굴빛을 좋게 하고 지나치게 공손한 것을 옛날 좌구명(左丘明)이 부끄럽게 여겼는데, 나(공자─인용자) 또한 이를 부끄러워한다. 원망을 감추고 그 사람과 사귐을 좌구명(左丘明)이 부끄럽게 여겼는데, 나 또한 이를 부끄러워한다.[82]

⑦ 인(仁)하면 영화롭고, 인(仁)하지 못하면 욕(辱)을 받는다. 지금 욕(辱)을 싫어하면서도 불인(不仁)에 처함은, 이는 마치 습한 것을 싫어하면서도 낮은 곳에 처함과 같다.[83]

⑧ 측은지심(惻隱之心)은 인(仁)의 단서요, 수오지심(羞惡之心)은 의(義)의 단서요, 사양지심(辭讓之心)은 예(禮)의 단서요, 시비지심(是非之心)은 지(智)의 단서이다.[84]

첫 번째 인용문은 덕과 예의 통치가 사람들에게 부끄러움의 마음을 갖게 하여 윤리적 주체의 자율의 여지를 연다고 말한다. 주희의 주에 따르면, 이 구절은 군자가 "몸소 행하여 솔선수범하면 백성이 진실로 보고 감동하여 흥기 하는 바가 있고, 그 얕고 깊고 두텁고 얇아 균일하지 않은 것을 예로써 통일시킨다면, 백성들이 선하지 못함을 부끄러워

---

81 子曰 古者 言之不出 恥躬之不逮也(『논어』「里仁」22)
82 子曰 巧言令色足恭 左丘明恥之 丘亦恥之 匿怨而友其人 左丘明恥之 丘亦恥之(『논어』「公冶長」24)
83 孟子曰 仁則榮 不仁則辱 今 惡辱而居不仁 是猶惡濕而居下也(『맹자』「公孫丑上」4)
84 惻隱之心 仁之端也 羞惡之心 義之端也 辭讓之心 禮之端也 是非之心 知之端也(『맹자』「公孫丑上」6)

하고, 또 선(善)함에 이를 수 있음을 말한 것이다".[85] 군자의 솔선수범을 보고 예의 수행에 참여하는 자는 군자의 행동 및 타자들이 취하는 예의 조율된 행동들로부터 자기자신의 모습을 재발견하게 된다. 부끄러움이 있다는 것[有恥]이란 이 과정에서 자기존중감의 손상을 느끼고 그것을 피하고자 분별력을 가지고 자기자신을 통제하고 조절할 줄 안다는 것이다. 분별력과 자제력이 발휘되는 근저에는 부끄러움을 피하려는 태도, 다시 말해 타자와의 관계 속에서 자기존중감을 유지하려는 태도가 있다. 반면 형벌에 대한 복종에는 폭력을 가진 자 앞에서 자기 몸을 굽히는 굴종만이 있을 뿐 이러한 자기존중감은 가동되지 않는 것이다.

두 번째 인용문은 덕과 예에 의한 통치, 다시 말해 군자의 모범적 행위에 노출되는 것만으로도 소인이 자기자신을 돌이켜보면서 불선을 감추고 선을 드러내려는 부끄러움의 과정을 가동시킨다고 말한다. 첫 번째 인용문에서와 마찬가지로 전승된 문화로부터 요약된 태도와 거동을 형성하는 군자는 소인의 행위를 부적절한 것으로 노출시키는 부끄러움의 전제이다. 그렇다면 자기반성의 메커니즘으로서 부끄러움은 구체적 세평에 대한 반응이 아니다. 수치감 안에서 주체가 고려하는 타자들은 군자와 같이 일정하게 이상화된, 마땅히 윤리적·미적으로 우월한 방식으로 살아가리라 기대되는 그런 이들이다(Cua, 2003). 그러므로 구체적 타자들은 사실상 나에 대한 어떤 의견도 없을 수 있지만, 나는 나의 '체면'을 돌보지 않을 수 없다. 물론 두 번째 인용문의 소인은 여전히 자기 눈앞에 드러난 군자만을 의식하고 있지만, 그런 '모범(exemplar)'에 비추어보는 것이 훈련된다면, 그는 남이 보지 않는 데서도 조심할 것이다.

그래서 세 번째 인용문의 군자는 그의 잘못이 일식이나 월식처럼 타

85 　言躬行以率之 則民固有所觀感而興起矣 而其淺深厚薄之不一者 又有禮以一之 則民恥於不善 而又有以至於善也(『논어집주』「爲政」 3)

자의 눈에 뚜렷이 드러나 보인다고 여긴다. 이 타자들은 군자보다 우월하지는 않겠지만, 군자다움이 무엇인지 알고 있는 자들이다. 요컨대 부끄러움이 '누군가 앞에서의 나의 부끄러움'의 형식이라면, 그것은 유교적 모범, 즉 국지적 관계에 충실하며 타자를 배려함에 능숙한 자이거나 그런 모범에 친숙하다고 상정되는 자 앞에서의 자기자신의 체면의 문제이다.

유교의 교양인이 '체면'을 중시한다고 한 막스 베버의 지적(Weber, 1990)은 적절했다고 할 수 있다. 그러나 체면이란 타자와의 구체적 관계에서 마땅히 해야 할 바를 했을 때의 떳떳한 상태이지 타자의 반응에 직결되는 것은 아니다. 네 번째에서 여섯 번째 인용문은 이를 잘 보여준다. 군자는 영예를 추구하지는 않으므로 누추한 의식주는 부끄럽지 않다. 그러나 스스로 한 말을 지키지 못했거나 불의하게 재물을 취득했다면, 교언영색(巧言令色)을 한다면 부끄러울 것이다. 일곱 번째 인용문에서, 영예를 얻지 못하여 얻은 곤욕은 욕(辱)으로 표현되는데, 그러한 욕마저 인(仁)이라는 윤리적 의무의 실행 여부의 귀속되고 있다. 마땅한 것을 수행하지 못한 치(恥)가 사회적 영예를 얻지 못한 욕(辱)으로 전화한다는 인식을 엿볼 수 있다. 『맹자』로부터 따온 여덟 번째 인용문에서 부끄러움은 의(義)의 단서로 선언되고 있다. 부끄러움은 타자와의 관계에서의 마땅함, 즉 맥락적 적절성과 올바름의 감각과 상관하는 것이다.

그러므로 수치의 반성 메커니즘은 관계 지향적 윤리, 타자를 의무의 원천으로 삼는 유비의 윤리의 불가분의 일부라고 할 수 있다. 앞서도 보았다시피 유교의 윤리적 주체는 타자와의 관계 속에 배태되어 있고, 타자의 소망을 유비적으로 실현시키려는 활동에 종사해야 한다. 하지만 타자는 윤리적 주체와 내부적 관계에 있지만 엄연히 별개의 존재이다. 그러므로 이러한 타자에 직면하여 이루어지는 자기성찰은 부득이 '누군가 앞에서의 나에 대한 부끄러움'의 감정을 동반하게 된다. 타자에 대한 의무를 다하지 못했을 때 뒤따르는 수치란 자기자신으로부터 유비되는 타자의 시선을 경유하여 자기존중감이 훼손당하는 것이며, 또한 그 자신이 배태된 사회적 관계에서 분리되는 고립감을 맛본다는 것이다. 유교의 윤리적 주체가 타자에 대한 의무를 다하지 못하는 한, 타자와의 관계 속에 배태된 자기자신의 존엄성, 체면은 불투명하고 의심스러운 것이 된다. 더욱이 수치 속에서 주체는 적절한 사회적 위치와 처신을 잃어버린 자기자신을 발견하며 박탈감과 고립감을 맛보게 될 것이다. 반면 타자와의 윤리적 관계에서 의무를 다했을 때는 자기존중감의 회복과 더불어 사회적 관계에의 배태성이 강화된다. 주체는 체면을 유지할 수 있을뿐더러 사회적 관계에서의 자신의 위치를 잃어버리지 않는다.

앞서 보았듯이 유교에서는 타자와의 유비의 연쇄가 결국 우주적 범위와 일치하여 성(性)을 회복하고 천하만물과 일체화하리라는 기대가 있다. 천인합일의 이상이다. 그러므로 체면의 떳떳함을 이루었을 때는 사회적 관계 및 우주 전체의 생성적 과정을 포괄함으로써, '바람에 풀이 눕듯이' '뭇별이 북극성을 향하듯이' 무한한 감화력을 갖게 되는 것으로 여겨지고 있다. 다시 말해 수치에 자기존중감의 상실 및 사회적 고립의 불안이 수반된다면, 수치가 없는 성인에게는 천하만물과 합일하는 위력과 신성에의 합류가 뒤따르게 된다. 수치가 자기존중감의 상실 및 사회적 고립의 불안이라면 그 반대 극단에는 나르시시즘적인 전능감의 최대치로서 무한한 감화력과 신성에의 합류, 즉 세계와의 일체화가 있다고 할 수 있다. 다시 말해 유교의 윤리적 주체에게 수치란 타자와의 관계 속에 배태된 자기자신의 존엄성, 즉 체면이 상실되는 데 대한 불안이면서, 나아가 자기존중감의 극단으로서 천하만물의 조화로운 운행으로부터의 분리 불안이기도 한 것이다.

3. 기(氣)와 감응

현대 과학이 관성(慣性)을 가진 물질(matter)이라는 관념을 가진 데 반해, 유교를 포함한 동아시아의 전통에서는 우주가 우선 그 움직임, 즉 역(易)에서 포착되며, 그 움직임들을 명령하는 최종 원인이라는 관념이 부재하다. 기(氣)는 이와같은 존재의 끊임없는 유동, 즉 특정한 의도 없이 저 스스로 생성하고 조직해나가는 자연(自然)을 포착하기 위한 관념으로서 유가와 도가가 공유한다. 기는 자체로 에너지를 담고 있어 스스로 생성하고 변동하는 활물(活物)이다. 그것은 모든 공간에 충만하고 모든 시간을 통하여 흐르는 유체(流體)로서 천지 어디에도 이르지 않음이 없고 어떤 장소도 꿰뚫지 않음이 없다. 천하만물은 기로부터 응축됨으로써 생성되고, 그 속에서 해체됨으로써 사멸하는 것으로 여겨진다. 만물을 낳는 기의 분화와 활동은 음양오행(陰陽五行)의 방대한 상관적 체계로 기술된다. 한(漢) 초에 확고한 모습을 갖춘 상관적 우주론(correlative cosmology)은 음양과 관련된 짝개념에서 출발하여 오행과 관련된 넷과 다섯으로 이루어진 일련의 개념들로 가지를 치고, 그리고 『주역』의 8괘 및 64괘와 상관되어 계속 분할해가는 방대한 체계이다(Graham, 2001). 음양과 오행, 그리고 주역의 괘들은 변화 속의 고정된 실체나 본질이 아니라 변화의 유동적 패턴을 가리키고 있다. 음양(陰陽)은 생성과 변화 속의 두 대극적 힘의 도상(icon)이다. 오행은 행(行)이 가리키는 것처럼 변화의 다섯 가지 국면을 나타낸다. 주역의 괘(卦)와 상(象)은 음양의 교대에 따른 변화의 다양한 국면들을 배열한 것이다. 음양오행론은 만물이 서로 감응하며 자신의 위치에서 상호 공명하면서 조화를 이루고 영원한 극적 순환에 따라 움직이는 우주를 묘사한다(Needham, 1998).

기의 작용과 변이라는 점에서 인간과 다른 동식물, 혹은 무생물 간에는 유사성이 있다. 인간의 신체뿐만 아니라 보고 듣는 것과 호흡, 마음, 지각, 언어와 동작, 기억과 판단 모두가 기의 작용이다. 그러므로 인간과 금수(禽獸)는 코기토(cogito)와 연장(extention)이 존재론적으로 대립하는 것처럼 그렇게 멀지 않다(한형조, 2000). 그래서 유가들은 인륜적 질서를 구현할 능력과 의지가 없는 인간들에 대해 주저 없이 금수라고 부를 수 있었다. 또 서양 형이상학의 고질적인 심신이원론의 문제도 없다. 기의 연속체 안에서 만물은 각기 맑고 흐림[淸濁], 바름과 치우침[正偏], 통하고 막힘[通塞], 두텁고 얇음[厚薄], 굳세고 유연함[剛柔], 어둡고 밝음[昏明]과 같은 일련의 정도의 차이만 있을 따름이다. 이런 일련의 정도 차이에 의해 하늘과 땅이 나뉘고 인간과 금수가 나뉘며, 인간들 사이에서도 귀한 자와 천한 자가 갈리고, 혼(魂)과 백(魄)이 나뉜다.

더욱이 이런 일련의 정도 차이를 도입함으로써 기 안에서 가장 순수한[精] 것들을 상정할 수 있게 된다. 기의 가장 순수한 부분들은 하늘과 천체처럼 완벽하며, 귀신처럼 자신을 형체로 고정시키지 않아 어디로든지 움직일 수 있다. 더욱이 사람의 기와 천지의 기가 접한다면, 인간을 기의 가장 순수한 요소로 넘쳐나게 함으로써 그를 정화하고 천지만물과 자유로이 감응하게 할 수 있다는 자기완성 프로그램도 가능하다. 완성된 인간은 자기중심성을 버리고, 밖으로부터의 유입에 자신을 개방함으로써 자신의 마음[心]을 가장 순수한 기로 변화시키며, 그것은 어떤 사물에도 사로잡힘 없이 두루 퍼져 사물을 명료히 본다. 자기 몸의 기를 다스릴 수 있도록 마음을 사용함으로써 마음을 정화하는 것이 관건이며, 마음의 정화된 상태야말로 우주적 기를 회복한 본래적 상태라고 간주된다. 춘추전국 시대부터 일찍이 시작된 각종 양생법과 도가의 수양법은 물론이고, 맹자의 호연지기(浩然之氣), 신유가의 수양론도 마음이 기질을 변화시켜 우주적 개방을 이룬다는 점에서, 혹은 자아가 세계와 하나가 되는 것을 지향한다는 점에서 이런 자기완성 프로그램으로 포괄된다.

허(虛), 영(靈), 신(神), 명(明)은 이렇게 인간의 마음[心]에 깃든 순수한 기를 묘사하는데 사용되는 어휘로서, 『장자』와 같은 도가는 물론이고 중국화한 불교나 주희의 성리학에서도 나타난다(T'ang, 1966b). 성리학에서도 마음은 기의 가장 순수한 것[精爽]이다. 마음은 보통 허령(虛靈)하다고 이야기되는데,[86] 허(虛)는 비어 있고 수용적이라는 뜻이며, 영(靈)은 자발적으로 알고, 어떤 것에도 고착되지 않는다는 것이다. 마음이 비어 있고 수용적이며, 또 어떤 것에도 고착되지 않는다면, 만물이 어떤 장애도 없이 마음속에 받아들여진다. 명(明)은 허령한 마음이 앎의 과정에서 완전히 실현된, 투명하고 밝은 상태이다. 여기서 앎 또는 지각은 대상으로부터 거리를 둔 인식론적인 지식이라기보다는 대상에 대해 거리없이 반응하여 대상으로부터 순선한 것을 받아들이고 동화된 상태이다. 명(明)은 바로 이러한 앎의 과정에서 실현된 마음의 특징이다.[87] 신(神)은 피안의 인격신(god)을 가리키는 명사가 아니라, 인격적 위력을 나타내는 형용사로 볼 수 있다. 다시 말해 신(神)은 신(god)을 참조하지 않는 인간의 영성(spirituality)이다. 모든 사물과 조우하여

---

86 心之虛靈知覺一而已矣(『중용장구』「序」)

87 주희의 격물치지(格物致知)에 대한 설명은 이런 면모를 잘 보여준다. "이른바 앎을 지극히 함이 사물의 이(理)를 궁구함에 있다는 것은, 나의 앎을 지극히 하고자 한다면 사물에 나아가 그 이(理)를 궁구함에 있음을 말한 것이다. 사람의 마음의 영(靈)은 앎이 있지 않음이 없고, 천하의 사물은 이(理)가 있지 않음이 없건마는, 다만 이(理)에 대하여 궁구하지 않음이 있기 때문에 그 앎이 다하지 못함이 있는 것이다. 이 때문에 대학(大學)에서 처음 가르칠 때에 반드시 배우는 자들로 하여금 모든 천하의 사물에 나아가서 그 이미 알고 있는 이(理)를 인하여 더욱 궁구해서 그 극(極)에 이름을 구하지 않음이 없게 하는 것이다. 그리하여 힘쓰기를 오래해서 하루 아침에 활연관통(豁然貫通)에 이르면, 모든 사물의 표리(表裏)와 정조(精粗)가 이르지 않음이 없을 것이요, 내 마음의 전체(全體)와 대용(大用)이 밝지 않음이 없을 것이니, 이것을 격물(格物)이라 이르며, 이것을 앎이 지극함(知之至)이라 이른다" 所謂致知在格物者 言 欲致吾之知 在卽物而窮其理也 蓋人心之靈 莫不有知 而天下之物 莫不有理 惟於理 有未窮 故 其知有不盡也 是以 大學始敎 必使學者 卽凡天下之物 莫不因其已知之理而益窮之 以 求至乎其極 至於用力之久而一旦豁然貫通焉 則衆物之表裏精粗 無不到 而吾心之全體大用 無不明矣 此謂物格 此謂知之至也(『대학집주』 5장)

감응하는 작용이 바로 신(神)으로 이해된다. 성리학적 주석에서 마음은 사람의 신명(神明)이기 때문에 모든 이(理)를 갖추고 만사(萬事)에 응한다.[88] 잘 닦여져 더 없이 투명하고 밝아진 마음은 사물과 한 번만 감촉해도 그 응함이 매우 신속하여 통하지 않는 바가 없다.[89]

상관적 우주론과 마음에 대한 이러한 묘사에서 우리는 인접한 사물 및 사건들과 민감히 감응하는 주체의 면모를 포착할 수 있다. 주체는 자기자신을 주변의 사물 및 사태와 분리된 것으로 여기지 않는다. 또 그것들을 객관화하여 그 원리를 추출하고 자의적으로 배열함으로써 편리를 취하려는 도구적·전략적 자세도 찾기 어렵다. 전략적 자세가 요구하는 수단-목적의 도식은 자의적 배열이 가능한 관성적 물질을 전제로 하지만, 마음이 자체의 에너지와 생명을 가진 기의 일부라면, 그런 자세를 취할 수 없다. 다만 주체는 자기자신을 허령한 것으로 여기고, 천하의 자연적 움직임에 대하여 개방하고 감응함으로써 자연적 과정과 밀착한다. 변화하는 기운(氣運)에 대해 폐쇄적 자세를 고집하는 것은 우주적 과정으로부터 자기자신을 멀리 떼어놓음으로써 고립되고 폐색되게 만들 뿐이다. 그는 기운과 분리된 것으로 자기자신을 설정할 수 없을뿐더러, 기운과 소통하는 것을 자연스런 흐름으로 긍정하고 있다.

물론 성리학은 자연적인 기화(氣化)의 과정을 유보 없이 낙관하지는 않는다. 현실을 구성하는 기는 순수하지 않으며, 인의예지의 성(性)을 실현하는 데 있어 불안하고 위태롭다. 기는 이(理)로부터 떼어놓을 수도 없지만(不相離) 혼동되어서도 결코 안 되는(不相雜) 상대적으로 독립된 과정이며, 기에 대한 일정한 관여가 요청된다. 성리학적 견지에서 심은 허령할 뿐만 아니라 성(性)이 구현되도록 기의 과정을 제어할 수

---

88 心者 人之神明 所以具衆理而應萬事者也(『맹자집주』「盡心上」1)
89 蓋聖人之心 至虛至明 渾然之中 萬理畢具 一有感觸 則其應甚速而無所不通(『맹자집주』「盡心上」16)

있을 만큼 창조적이고 활동적이어야 한다. 하지만 그렇다고 그 관여가 기를 자의적으로 배열할 수 있는 개인을 상정하는 것도 아니다. 기는 유도되고 발양되어야 하는데, 그런 관여의 행위자도 기(氣)의 에너지로 작용하는 마음이기 때문이다. 이는 기와 동떨어진 이데아가 아니다. 그러므로 윤리적 주체는 기에 대해 완전히 낙관하지 않으면서도 일정하게 수동적이고 수용적이다.

4. 소결─점진적 포함과 유비적 주체

먼저 도의 일상성과 편재성은 천인합일의 이상을 수평적 확장과 점진적 포함과정으로서 도식화할 수 있게 한다.

점진적 포함과정은 자기 안에 다른 타자들을 점진적으로 포함하는 과정이며, 그 핵심적 메커니즘은 유비(analogy)라고 할 수 있다. 유교에서 차이나는 타자는 자아에 대한 '부정'이 아니라, 자기를 확장할 수 있는 단초가 된다. 이런 주장은 유비적 사고(analogical thinking) 혹은 미루어나감(deference)을 유교의 기본적 방법론으로 인정하는 기존 연구들(Needham, 1998; Graham, 2001; Fingarette, 1980; Hall & Ames, 1987)과 조화된다. 유비는 차이없는 동일화가 아니라, 닮음의 관계를 구성하는 통합의 양식이자 반성과 판단의 양식이다. 유비는 차이를 유지하는 것이지만, 분화나 개별화의 방식이 아니라 포함과 확장의 방식이다.

유비적 주체는 두 가지 양식을 가진다. 하나는 타자를 의무의 원천으로 삼아 타자가 원하는 바를 실현시켜주고자 하는 것이다. 맥락-속의-인격(person-in-context)으로서 유교의 윤리적 주체는 인접한 타자들과의 관계 안에서 자기자신으로써 타자의 유비를 삼아 타자가 원하는 바를 실현시켜주고자 한다. 여기서 그는 타자와 완전한 일치나 동일시를 이루기보다는, 타자와 자기 사이에 유비적 관계를 맺게 된다. 그는 자기자신을 타자와의 관계를 연결하는 지점으로 여길 뿐만 아니라, 관계망의 확대와 함께 자신도 개방·확대되리라 기대한다.

다른 하나는 타자를 비롯한 우주만물에 감응하는 것이다. 유교의 상관적 우주론에 따르면 기는 다양한 정도 차이를 허용하는 유비적 연합(analogical association) 관계로 되어 있으며, 신령한 인간의 마음은 고착되지 않은 채 기의 연속체 내의 다양한 요소들에 감응함으로써 우주적 통합과 개방을 이룬다. 감응이란 접하여 동화하는 과정을 내포한다.

그런데 놓치지 말아야 할 것은 유교적 신성은 점진적인 포함과정을 통한 것이기도 하지만, 또한 성인(聖人)으로 대표되는 과거의 모범을 되새기고 재활성화하는 과정을 통해 가동된다는 점이다. 예(禮)와 경전을 비롯한 과거의 전장(典章)은 유비의 점진적 통합을 인도하는 길잡이이다. 모범적 과거를 되새기는 과정으로부터, 즉 옛 성인의 도로부터 벗어났을 때, 유비의 과정은 천인합일을 기약할 수 없다. 완벽한 과거의 지속적인 틈입을 통해서만, 즉 문화직 전통들이 현실적 과성을 포괄함으로써 그 완벽한 진리성을 드러냄으로써만 도는 실현될 수 있는 것이다.

제2장 관계 희박한 타자로서 서양과의 조우

제2장에서는 천주교도의 처형이 불러온 서양과의 조우(이 책 46~47쪽의 사건사적 계열체 ㉠) 및 서양 함대와의 전투와 관련된(사건사적 계열체 ㉡) 자료를 다룬다. 사건사적 계열체 ㉠은 개항 이전 천주교도 처형과 관련한 사건들의 계열체로서, 신유사옥과 황사영 백서사건(1801)-기해사옥(1839)과 세실 함대의 내항(1846), 라피에르 함대의 내항(1847)-병인사옥과 병인양요(1866)로 이어진다. 천주교도의 학살이 외환(外患)을 야기하거나 프랑스 군함이 내항하는 실제 사건을 불러오는 연대기적 서사로서 구성될 수 있다. 사건사적 계열체 ㉡은 개항 이전 서양과의 전투와 관련된 사건들의 계열체이다. 제너럴 셔먼호 사건(1866)-병인양요(1866)-와추세트호의 내항(1866)-세난도어호의 내항(1868)-신미양요(1871)로 이어진다. 조선 조정이 서양 선박과의 실제 전투를 치르거나 준비하면서 군비를 강화해가는 서사로서 구성된다. 1절에서는 계열체 ㉠ 관련 자료가 2절에서는 계열체 ㉡을 조직하는 데 이용되는 자료들이 분석과 설명의 주된 자료가 될 것이다. 시기적으로 1801년부터 조일수호조규

가 맺어진 1876년 이전까지가 될 것이다.

천주교의 전파, 이양선의 출몰, 사옥과 양요 등과 관련한 문헌들은 흔히 '문명충돌'이라는 형식 아래 검토되기 쉽다. 헌팅턴 이래 유명해진 문명충돌이라는 관념은, 사이드(Said, 1995)의 지적대로 문명들이 뚜렷이 분리된 채 서로 내 편 네 편으로 적대하고 있다는 전제 및 '만인 대 만인의 투쟁'이라는 서구의 오래된 수사학에 의존하고 있다. 타자의 존재는 자체로 적대적이어서 자신의 존재를 위협하며, 그것은 서양인에게 그럴 뿐만 아니라, 그 타자의 입장에서도 그러하리라는 검증되지 않은 확신이 문명간의 조우를 문명충돌로 구성한다. 이런 전제 아래서라면 동점(東漸)해오는 서양은 조선에게 곧바로 위협으로 가동되며 조선은 이에 맞서는 대응을 찾아야 옳다. 그러나 차이 나는 타자가 자기에 대한 '부정'이 아니라, 차이의 기입을 통해 자기를 확장할 수 있는 단초가 되는 윤리적 에토스가 있다면, 낯선 타자와의 조우는 적대나 충돌보다는 다른 술어를 사용할 때 더 잘 기술될 가능성이 있다. 이는 천주교 박해나 양요가 일어났음을 인정하면서도, 그 외견상의 충돌이나 적대 아래 다른 수사학이 작동할 수 있음을, '적대'와는 다른 요소를 포함하는 주체구성 및 서양의 의미작용을 추출할 수 있음을 시사한다.

제2장에서는 바로 이런 가능성에 주목한다. 그리고 기존 연구들도 이 가능성을 개방한다. 천주교에 대한 강력한 배척에도 불구하고, 1866년 이전까지 조선 조정 및 유학자들에게 서양에 대한 적대적 응전 태세가 없었고, 이양선과 서양인에 대한 원조가 자주 이루어졌다는 것은 기존 연구에서 자주 지적되는 바이다(민두기, 1986; 原田環, 1997; 김원모, 1992; 김명호, 2005; 노대환, 2005; 연갑수, 2001; 이광린, 1998b 등). 서양에 대한 인식의 결함을 지적하며 원인을 정보부족이나 세도정치 시기의 실정 등으로 성급히 돌리거나(原田環, 1997; 하정식, 1985 참조), 가상된 '쇄국'[1]과 대조되는 박규수(朴珪壽)와 같은 몇몇 개명한 인물에 초점을 맞추기(손형

부, 1997 참조) 전에, 담론적 실천의 전체적 배치를 기술함으로써 이런 행동과 현상들에 의미있는 역사적 개연성을 부여할 수 있다.

1. 관계 희박한 서양이
천주교도와 내응하여 침입해오다

1) 천하 안에서 서양과의 간격 만들기(spacing)

16세기 말 마테오 리치(Matteo Ricci) 등 예수회 선교사들은 천주교의 교리와 의식을 유교경전의 논리로 세련되게 설명하는 한문 서적을 저술하였다. 마테오 리치의 『천주실의(天主實義)』는 이같은 보유론적(補儒論的) 저술의 대표작이다. 이들은 다른 한편으로 르네상스 과학을 전래하여, 수학, 천문학, 지리학, 역법 관련 서적을 저술했으며, 세계지도를 작성하고 새로운 역법을 산출했고, 무기제작에도 참여했다. 조선에서도 대체로 16세기 말 이래, 먼 서쪽에 영국이나 포르투갈 같은 나라들이 있다는 사실이 알려져 있었고, 많은 이들이 선교사들이 능숙한 한문으로 저술한 '서학서'를 입수하여 서실에 비치하고 있었다.[2] 특히

---

1 서양에 대해 적대적 자세를 가지고 문호를 걸어닫는 것을 뜻하는 쇄국(鎖國)이라는 용어는 당대에 사용된 용어가 아니라 조선 역사에 대한 일본인들의 언급으로부터 유래된 것이었을뿐더러, 그것에 반하는 당대의 다양한 사건과 현상들을 가리는 선입견으로 작용할 우려가 크다는 지적도 유력하다(연갑수, 2000·2001 참조).

2 조선에 서학서의 전래를 기록한 것으로는 1614년에 출판된 이수광(李睟光)의 『지봉유설(芝峯類說)』(이수광, 1994)이 최초이다. 이수광은 백과사전적 저술인 『지봉유설』 2권 제국부 외국조(諸國部 外國條)에 안남(安南), 유구(琉球), 일본, 섬라(暹羅) 등과 함께, 불랑기(佛浪機 : 포르투갈), 남번국(南番國 : 네덜란드), 영길리국(永結利國 :

서양식 세계지도 및 천문·역학 지식은 17~18세기 조선에서 환영받았다.[3] 1708년에는 서양식 역법인 시헌력이 채택되기도 했다.

그러나 1784년 이승훈(李承薰)이 북경에서 영세를 받고 난 뒤 근기남인(近畿南人) 학자들이 본격적인 신앙활동을 시작하면서부터 서학은 드디어 신앙이 된다(Dallet, 1979 참조). 호남의 사족인 윤지충(尹持忠)·권상연(權尙然)이 제사를 폐지하고 신주를 불사른 진산사건이 조정에 논란을 일으키면서 권일신(權日身)을 교주로 한 이승훈 등의 신앙조직이 발각되어 유배에 처해지고, 서학서의 소장과 수입이 금기시되었다. 서학서의 소장과 수입이 금기시되기 전에 신후담(愼後聃), 안정복(安鼎福)과 같은 남인계 성리학자들은 이단(異端)[4] 비판의 형식으로 천주교 교리에

영국), 구라파국(歐羅巴國)을 소개하고 있는데, 구라파국에 대해서는 『천주실의』와 『교우론(交友論)』의 요점 및 『곤여만국전도(坤輿萬國全圖)』가 1603년(선조 36년) 사행사절을 통해 조선에 전래된 사정을 소개하고 그 지도의 정교함과 문자의 숙련됨을 칭찬하는 것으로서 그 내용을 채우고 있다. 그러나 이들 서양 나라들은 오래 전부터 중국과 간간이 교통한 서역(西域)과 연속된 외이(外夷)지역으로서, 산해경식의 비정통적인 지식과 연결되고 있다. 이 점은 이수광 이후 서양에 관심을 기울인 바 있는 이익, 안정복, 이덕무, 이규경 등에게서도 지속되는 요소이다. 낯선 외이지역으로서의 인식은 『곤여만국전도』 등 5대주로 구성된 서양인의 지도를 본 이후에도 쉬 바뀌지 않았는데, 이는 서양인의 지도를 참고하여 조선인이 그린 당대의 세계지도, 즉 「天下古今大總便覽圖」 등에서도 확인되는 바이다(김문식, 2001; 오상학, 2001 참조).

3 소현세자와 아담 샬의 친교는 잘 알려져 있다. 그러나 서양 물품 및 서학서에 대한 호기심이 몇몇 인사에만 한정된 것은 아니다. 연행사절에 참가하거나 수행한 이들의 다수가 천주당에 방문해 서양 선교사들을 만나 필담을 나누거나 선물을 교환했고, 조선 조정에서도 서학서를 구입하고 천문·역학 지식을 수용하는 데 적극적이었으며, 경향의 사족들도 도서 구입에 열을 올렸다. 천문과 역학은 제왕의 권위 수식이라는 측면과 농정의 기초학문이라는 측면에서 전통적으로 중시되던 분야였던데다가 시헌력과 혼천의가 수용되는 등 고래의 천문역학과도 쉬 융합될 수 있었다. 더욱이 천문·역학 관계 지식은 대체로 '서기 중국원류설'의 전제 아래 받아들여졌기 때문에 당대 조선인들에게는 또다른 중화문물이었을 따름이다. 이 점은 천문·역학 관련 서학서가 이용후생에 도움이 된다고 판단한 19세기 중반의 이규경에게도 해당된다(노대환, 2005; 김문식, 2001 참조).

4 유교에서 이단(異端)이란 '성인의 도가 아니면서 일단을 이룬 것'으로 정의된다. 異端非聖人之道而別爲一端(『논어집주』「爲政」16) 사이비(似而非)라는 표현이 가리키는 대로 경전에서 이단의 도는 도와 닮았지만 도는 아니며, 그래서 진정한 도를 교묘

대한 체계적인 비판을 전개했다. 이들의 이단 비판은 마치 베버의 종교 사회학을 선취하는 것처럼 서학이 하늘을 섬기되 그 하늘을 현세의 생성적 패턴이 아니라, 내세의 인격적 형상처럼 본다는 점을 날카롭게 지적하고 있다. 내세적·인격적 천 관념을 갖는 천주교가 현세를 배척하는 태도를 취함으로써, 인륜적 질서와 배치된다는 논지는 조선 후기 서학 비판의 정형을 형성한다. 서학서가 엄금된 1791년 이후의 천주교 비판은 모두 이들의 논지를 원용했을 따름이다(금장태, 1984; 김명호, 2008).

1801년 신유사옥(辛酉邪獄)을 계기로 일어난 '황사영 백서사건'은 외부 세력과 결탁해 왕조국가를 전복할 수 있는 위험 요소임을 드러냈다. 사옥 시 도피중이던 천주교도 황사영(黃嗣永) 등은 북경 교구에 천주교도 박해 사실과 중국인 신부 주문모(周文謨)의 처형 사실을 알리고 몇 가지 대책을 건의하는 백서를 썼는데, 거기에는 청 황제를 통해 선교의 자유를 주도록 조선 국왕에게 압력을 넣도록 하자는 것과 함께 서양 선박을 동원하여 무력으로 선교사를 받아들이도록 압력을 가하자는 대책이 끼어 있었다(『순조실록』, 1801년 10월 5일; 박현모, 2004 참조). 이에 조선 조정은 사행사를 파견해 신유사옥 당시에는 비밀에 붙여진 주문모의 처형과 함께 백서의 내용을 알리는 「토사주문(討邪奏文)」을 청 황제에게 보내기에 이른다.

그러나 「토사주문」은 위험 요소에 부응하여 씌어진 것이 분명한데도 서양이 침략할 리 없다고 판단했다. 주문의 말미에는 다음과 같은 구절이 있다.

히 은폐하는 환영적 기능을 하는 것으로 간주되고 있다. 그래서 일관된 논변을 갖춘 양주묵적의 무리는 비루한 한비자보다 더 위험하고, 형이상학적 깊이를 갖춘 노장과 불교가 양주묵적보다 더욱 위험하다. 그것은 도의 은미한 성격을 잘 포착했기에 더욱 이(理)에 가깝지만, 결국 인륜을 부정하는 데로 나아가기 때문이다. "程子曰 楊墨之害 甚於申韓 佛老之害 甚於楊墨 蓋楊氏 爲我 疑於義 墨氏 兼愛 疑於仁 申韓則淺陋易見 故 孟子止闢楊墨 爲其害世之甚也 佛氏之言 近理 又非楊墨之比 所以爲害尤甚"(『맹자집주』「滕文公下」9)

아 서양의 나라가 소방과는 본래 은혜나 원한이 없으니, 상리(常理)를 미루어보더라도 어찌 10만 리 해로를 항해하여 소방을 위태롭게 모의할 마음이 있겠습니까? 단지 저 역적들이 형세가 위급해지자 궁지에 빠진 짐승이 덤벼드는 것처럼 궁벽하고 먼 땅에 빌붙어 바다를 건너 도적을 불러들이고 문을 열어 나라를 바칠 계획을 만들어냈으니 신과 온 나라의 신민은 늠연하게 놀라고 분개하여 가슴과 뼈가 떨립니다. 황사영, 유항검, 윤지헌, 김유산, 황심, 옥천희는 모두 곧 정형하였습니다. 다만 삼가 생각건대 소방이 궁벽하게 바다의 한 모퉁이에 처하였는데, 황은을 두텁게 입어 해마다 상공을 집행하기를 스스로 내복(內服)과 같이 하여 무릇 나라에 큰 일이 있으면 사신을 보내어 급히 상주함을 빠짐없이 행했던 것은 실로 지극한 정성으로 사대하는 의리에서 나온 것이었습니다. 더구나 지금 전에 없던 역변을 신속히 소탕하여 거의 위태로웠던 국세(國勢)를 다시 편안하게 하였으니 황령이 미친 바가 아님이 없겠기에, 도리에 있어 사유를 갖추어 진문하는 것이 합당하였습니다. 또 더구나 사당의 괴수는 비록 이미 제거되었다 하더라도 여얼(餘孽)은 더러 아마도 숨어서 빠져나가 바야흐로 앞으로의 걱정이 반드시 없을 것이라고는 보장하기 어려우니, 이 뒤로 혹시 사적과 도당으로서 변문(邊門)에 몰래 들어간 자가 해당 관사에 목숨을 구걸하는 일이 있을 때는 빨리 붙잡아서 돌려보내주신다면 거의 황위를 우러러 의뢰하여 번복(蕃服)이 편안하겠습니다. 감히 자소(字小)하시는 크나큰 사정(私情)을 믿고 일이 일어나기에 앞서 보잘것없는 정성을 함부로 진주하게 되니 참외(僭猥)함이 너무 심하여 긍황(兢惶)함을 견디지 못하겠습니다.[5]

---

5 噫 西洋之國 與小邦 本無恩怨 推諸常理 豈有航十萬里海 謀危小邦之心 而只緣伊賊等勢急困獸 依附涯角 乃生此越海招寇 開門獻國之計 臣與一邦臣民 懍然驚憤 心骨俱顫 黃嗣永柳恒儉尹持憲金有山黃沁玉千禧 竝卽正刑 第伏念小邦僻處海隅 厚沐皇恩歲執常 貢自同內服 凡國有大事 悉行專价馳奏 實出至誠事大之義 況今無前之逆變迅掃 幾危之國勢復安 莫非皇靈攸曁 理合具由陳聞 又況邪魁 雖已鋤除 餘孽或恐隱漏 方來之慮 難保其必無 嗣後或有邪賊徒黨 潛入邊門者 乞命所司 亟賜拿還 則庶可以仰藉皇威 奠安藩服 敢恃字小之洪私 冒陳先事之微懇 僭猥之極 不勝兢惶(『순조

1801년 10월에 파견된 동지사겸진주사행(冬至使兼陳奏使行)에 의해 황제에게 바쳐진, 이 「토사주문」은 조선국왕이 사대(事大)의 예를 다하여 청황제에게 신유사옥의 전말과 황사영 백서사건을 공손하게 아뢰는 형식이다. 이 주문의 전편에서 스스로 칭신(稱臣)하는 예의는 매우 극진하다. 주지하듯 중국에 파견된 사행은 천자(天子)에게 번국(藩國)의 왕(王)이 인사를 올리고(朝) 세폐(歲幣)와 방물(方物)을 바치는(貢) 조공관계의 중추적 절차였다. 명청대의 한중관계는 전형적 조공(朝貢)관계로 특징지어지며(전해종, 1970), 조공관계에서 대부분의 사건이 사행의 왕래에 의하여 제기되고 처리되었다.

조선 국왕과 사행이 행하는 조공과 사대의 예(禮)는 천하(天下)라는 독특한 우주론(cosmology)과 결부되어 있다. 천하는 하늘(天) 아래의 모든 것을 단순히 지시하는 명사만은 아닌데, 그것은 하늘 아래 만물의 산재(散在)를 드러내기보다는 질서잡힌 우주(cosmos)를 묘사하고 평가하는 척도를 내포하고 있다. 천하에는 인륜이 있는데, 인륜은 사람들 사이에 차례와 몫이 정해져 있으므로, 각자의 차이나는 자리에 맞게 잘 처신해야 한다는 것이다. 천하 위계의 정점에 천자(天子)가 있다. 그러므로 청 황제에 대해 조공하고, 신종(臣從)의 예를 다하는 것은 자신의 차례와 몫을 지킴으로써 인륜적 질서를 존중하고 아울러 천하의 도를 알고 실현하는 차원을 갖는 것이다. 조선의 왕이 소중화의 자부심을 갖는다 해도 번왕의 처지에서는 청 황제에게 사대의 예를 다해야 한다. 17세기 이후 조선 조정이 만주족 왕조인 청에 대해 가진 소중화적인 우월감은 오히려 예치(禮治)를 강화하며, 소국으로서 사대의 예를 충실히 수행하는 면모로도 드러났다(정옥자, 1998 참조).[6] 「토사주문」을 진달하는 것

실록』, 1801년 10월 27일)

6 17~19세기 조선 조정은 존주론에 따라 대보단을 세워 명황제에게 제사하고『존주휘편(尊周彙編)』을 편찬하며, 소중화로서 유교적 예치를 강화해갔다. 정옥자(1998)는

은 현대적인 주권국가 체계에서 나라(state)의 수반이 국민공동체 전부를 대의(represent)하는 것하고는 다른 것이다. 차례를 매기고 관계를 짓는 종법제적 질서 속에서 국왕이 처한 위치에 충실한 것이다. 조선의 국왕은 천자에 대해 번왕(藩王)답게 처신하고 있다.

인용되지 않은 주문의 전편에서 왕은 먼저 자신의 나라(小邦)가 중국 조정의 칭송을 받을 만큼 예의있고 충순(忠順)하여 여자와 아이들까지도 삼강오륜(三綱五倫)이 일용상행하는 도[日用常行之道]가 됨을 안다고 자랑한다. 반면 서양의 학[西洋之學]은 하늘과 성인을 업신여기고 인륜을 무시하는 이단(異端)인데, 그것이 점차 치성하여 광범위한 도당(徒黨)을 조직하기에 이르렀기에 국문하고 핵실하게 되었다고 서술한다. 정약종(丁若鍾), 이승훈, 이가환(李家煥), 강완숙(姜完淑) 등의 조선인 천주교도와 함께 주문모의 이름이 주모자로서 거명되고 있다. 아울러 황사영의 백서에 대해서도 언급하고 있다. 이 주달(奏達)이 정확한 보고라고는 할 수 없다. 조선조정은 신유사옥 당시부터 붙잡힌 신부 주문모가 청인이라는 점을 알고 있었지만, 이 주문에서는 주문모 처형 후 황사영의 공초에 의해 뒤늦게 알게 되었다고 거짓말을 한다. 또 황사영 백서의 내용에서 제안된 재건책 가운데에서도 서양 여러 나라에 의한 재정원조나, 교황이 청황제에게 요청하여 조선국왕이 천주교를 받아들이도록 칙서로 권하게 한다거나, 조선의 안주와 평양 사이에 무안

이런 흐름에 대해 '조선중화주의'라는 개념을 붙이고 있다. 천하의 도와 예를 보존하고자 하므로, 조선 중화주의는 청을 만주족 왕조로서 이적시하는 입장을 포함하지만, 또한 중국의 왕조로서 청과 그 문물에 대해 존중하는 입장도 포함한다. 북학론과 존주론은 조선 중화주의 안에서 결합한다. 북학론자들도 청의 문물에 대한 학습을 주장하기는 했지만, 존주론과 대명의리론의 철저한 신봉자들로서 청의 문물이 중화의 땅에서 중화의 것을 전승했다는 입장을 취했다. 이 시기의 조정 또한 청을 이적시하면서도, 예의바른 번국(藩國)으로서의 의무를 다하고자 명에 대해서와 거의 같은 지극한 사대의 예를 다했다. 1783년 정조는 심양으로 동유한 청의 고종황제에게 보내는 방물(方物)을 직접 점검하기도 했다. 19세기 들어 세도정권기 경화사족들은 북학론을 신봉했고, 종주국 청과의 교유에 몰두하였다.

사(撫按司)를 설치해 청나라의 친왕으로 하여금 조선을 감호케 하는 등의 내용은 빠져 있다. 다만 책문에서의 연락책 개설이나 서양 전함을 불러와 조정을 위협하려 했다는 내용만 알리고 있다.

거짓말을 하고 축소 보고를 하는 것은 청의 위세(威勢)를 두려워하기 때문이라고 할 수 있다. 주문모가 청인이라는 점이 드러난 이래 정순왕후와 대신들은 그의 처형이 잘못된 일이 아니라는 점을 확신하면서도 이 점을 청 황제에게 알리거나 혹은 알리지 않음으로써 탈(頉)이 나거나 트집(頉)이 잡힐까 우려하고 있었다(『순조실록』, 1801년 3월 27일; 1801년 10월 15일; 1801년 10월 27일). [7] 트집을 잡힐까 염려한다는 것은 밀접하고 지근한 관계의 강자(强者)를 상정한다. 그 관계 안에서 주체는 강한 자의 반응에 곧바로 연동되는 형편에 놓여 있다. 그의 사소한 행동도 주체에게는 관건적 중요성이 있기 때문에, 그는 무엇보다 그들의 마음을 헤아려야 하며, 사리곡직이 분명한 말로써 그들의 마음을 애써 풀어주어야 한다. 주문을 상달하러 가는 정사 조윤대(曹允大)에게 대왕대비는 다음과 같이 하교하고 있다.

금번에 진주할 일을 주문 가운데에 다 상세하게 알도록 한 듯하나, 들어간 뒤에 황상이나 예부에서 혹시 캐어묻는 일이 있게 되면 세 사신이 모름지기 미리 서로 강확(講確)하여 말을 잘해서 대답하라. 또 혹시 뜻밖에 탈

7　신유사옥 당시부터 조선 조정은 주문모가 청인이라는 사실 때문에 적잖이 곤혹스러워하고 있었다. 이미 성순왕후가 "소국에서 대국의 사람을 함부로 죽이는 것은 도리로 헤아려 보더라도 매우 불가한 일"이라며 청국에 이자(移咨)나 주문(奏文)을 올리는 방안의 검토를 명하기도 했으나(『순조실록』, 1801년 3월 27일), 황사영 백서 이전까지 주문모의 처형은 비밀에 부쳐졌다. 그러나 황사영의 백서가 바로 주문모의 처형을 빌미로 청 조정에 의한 조선조정을 압박을 기도하고 있었으므로, 조선 조정은 주문모의 처형이나 황사영 백서 등 청 관련된 문제들에 대해 알리자고 결정내린다(『순조실록』, 1801년 10월 15일). 또한 주문이 전달된 뒤 이들은 청으로부터 자칫 긴장을 야기할 수 있는 사태를 "진주(進奏)한 것은 진실로 체모를 얻었다"는 치하를 받을 수 있었다(『순조실록』, 1802년 4월 10일).

을 잡아서 묻는 일이 있게 되면 모름지기 사세(事勢)가 그렇게 하지 않을 수 없었던 뜻으로써 사리에 의거하여 대답하는 것이 옳다. 저들이 만일 변금(邊禁)이 엄하지 못하여 죄책(罪責)이 변신(邊臣)에 있다 하면서 대국의 사람이 혹시 주륙을 당하였다고 한다면, 그 소국의 도리에 있어서 대단히 불안하다. 이러한 경우에 도달하게 되면 갈등이 생기기 쉬우니, 반드시 모름지기 자세한 곡절을 잘 말해서 대국 사람의 마음을 언짢게 하지 마는 것이 옳을 것이다.[8]

강자와의 관계에 연동되는 약자의 위치가 오히려 상대방에 대한 배려 가운데 자신의 행동을 단속하고 사대(事大)의 도리를 염려하게 만든다고 확인할 수 있다. 사대의 예는 이처럼 밀접하게 연동되어 있는 대국에게 행해지는 것이다.

위 인용문에서 보건대 10만 리 거리를 두고 있고 본래 어떠한 은혜도 원한도 없다는 서양과의 소원함은 이렇듯 밀접한 청과의 관계와 대조된다. 위 인용문은 서양(西洋)이 10만 리나 되는 바다를 사이에 두고 멀리 떨어져 있을 뿐만 아니라 은혜나 원한도 본래 없었으므로, 조선을 칠 하등의 마음도 품지 않는다고 판단한다. 가슴과 뼈가 떨릴 만큼 놀라고 분한 것은 신민의 도리를 끝내 저버린 역적의 무리들이 있기 때문이며, 그같은 패역한 행위는 그 행위가 향하는 조선국왕 자신뿐만 아니라 그의 신민들 그리고 그가 지성사대(至誠事大)하여 「토사주문」을 아뢰는 청 황제에게조차 공분을 일으킬 만한 것이다.

신유사옥의 전말을 전하는 「토사주문」의 조선국왕은 분명 서양이 그가 금압하려는 사특한 이단이 생겨난 원천이며, 천주교도들과 마찬

---

8 今番陳奏之事 以皆詳悉於奏文之中 而入去之後 皇上及禮部 或有究問事 則三使臣須預相講確 善爲說辭以對 又或有意外執頉以問之事 則須以事勢不得不然之意 據理以對可也 彼若以邊禁不嚴 有罪責於邊臣 大國之人 或被誅戮 則其在小國之道 甚不安 到此地頭 易生葛滕 必須委曲說去 毋傷大國之人可也(『순조실록』, 1801년 10월 27일)

가지로 인륜의 실현에 관심이 없는 상태라는 것을 알고 있다. 마테오 리치 등의 예수회 선교사들이 중국과 8만여 리 떨어진 머나먼 서쪽의 구라파(歐羅巴) 출신이라는 점은 이수광(李睟光)의 『지봉유설(芝峯類說)』과 이익(李瀷)의 「발천주실의(跋天主實義)」에도 씌어 있는 사실이며, 이 「토사주문」에도 흉당들이 제창하는 서양의 학이 하늘과 성인을 업신여기고, 군부(君父)를 배반하고 모멸하며, 그 제례를 폐지하고 그 사판(祠版)을 훼철하는 것이라고 씌어 있다.[9] 1801년 12월 22일에 발표한 「반교문(頒敎文)」에도 "극변 서방 세계의 음침하고 요사스러운 기운이 소중화인 예의지방(禮義之邦)에 느닷없이 불쑥 들어오리라고 어찌 생각하였겠는가"라고 한탄하는 문장이 있다.[10]

더욱이 서양의 선교사들이 명 만력연간(萬曆年間)부터 중국에 머물면서 각종 서학서를 저술하고 지도를 제작하고 새로운 역법을 만들었다는 점은 널리 알려져 있었다. 18세기까지만 해도 서양 선교사들이 머물던 천주당은 연행사절의 주된 방문처이기도 했다. 게다가 조선 조정은 주문모가 서양 교황의 지휘를 받는 북경 교구, 즉 '북경의 천주당'에서 파견된 신부(神父)라는 점을 주문모의 공초로부터 잘 알고 있었고(『순조실록』, 1801년 3월 16일), 북경의 천주당으로부터 사학 괴수 이승훈이 영세를 받고 각종 서적을 들여왔다는 점, 황사영의 백서가 북경 천주당의 주교에게 부쳐질 목적으로 씌어졌다는 점도 잘 알고 있었다. 무엇보다도 황사영의 백서를 통해 볼 때 국내의 천주교도들은 북경의 천

---

9 『지봉유설』 권2 「諸國部」 외국 및 『성호선생전집』 권5, 발문 「跋天主實義」 참조. 그리고 「토사주문」에는 "忽於數十年間 一種匈醜匪類 倡爲西洋之學 慢天侮聖 背君蔑父 廢其祭禮 毁其祠版"(『순조실록』, 1801년 10월 27일)이라는 구절이 있다.

10 서양의 요사스러운 기운이 인륜을 멸하는 것이라는 점은 관련 대목을 보면 잘 알 수 있다. "誆意極西方陰沴之氣 闖入小中華禮義之邦 敢欲滓穢太淸, 所事者蛇神牛鬼 幾至誑惑半世 其說則地獄天堂 神父敎主之稱 崇奉過於尸祝 十誡七克之目 誕妄類於識符 喜生惡死人情也 而視刀鋸如衽席 追遠執本天理也 而以烝嘗爲弁髦 若敖之鬼 不其餒 而中蕭之言亦可醜也"(『순조실록』, 1801년 12월 22일).

주당을 통해 서양 세력을 불러들여 조선 조정을 무너뜨리려 시도하고 있는 것이다.

이런 정황에서라면 서양 → 북경 천주당 → 천주교도의 인과적(因果 的) 연쇄를 그리며, 서양이나 북경의 천주당에 대한 원망과 비난을 조금이라도 할 법한데, 이 「토사주문」 전체에 걸쳐 그런 내용은 전혀 나타나지 않는다. 원망을 하거나 비난을 할 수 있다는 것은 그 비난과 원망의 상대에게 일정한 책임과 의무 능력을 부여한다는 것을 뜻한다. 그런데 서양이나 북경의 천주당은 책임을 물을 수 있거나, 주체 자신에 대한 적절한 처신을 요구할 수 있는 상대자로 나타나지 않는다는 점이야말로 「토사주문」에서 정말 특징적이다. 청황제에게 보고하는 문서에서만 이런 자세를 취한 것은 아니었다. 「토사주문」과 같이 신유사옥과 관련하여 작성되었으나 조선인들을 대상으로 하는 「토역교문(討逆敎文)」이나 「반교문」에서도 서양을 비난하거나 원망하는 모습은 찾을 수 없기 때문이다. 그러나 서양 나라 및 그 사람들에 대해 책임을 묻지 않는 것이 또 (현재적 의미에서) 그 인과적 연쇄의 가능성을 완전히 배제하는 것이라고도 볼 수 없다. 이 「토사주문」을 주달하고자 연행한 조선의 사절은 또한 서양인의 실정 및 그들의 협력여부를 알아내고자 북경의 천주당에 사람을 파견했던 것이다.[11]

---

11 조선 조정은 천주교도와 서양과의 내응의 실태를 궁금해 했고 진주사행(陳奏使行)은
북경의 천주당에 사람을 파견하여 염탐하게 했다. 진주사를 마치고 돌아온 조윤대는
다음과 같이 의견을 말하고 있다. "又敎曰 或有探知洋人之情 而洋人無所言者乎 允大
曰 臣等旣入彼域 不可不探問洋人之情 而我國之人 無慣熟於洋人者 乃於行中募得一
人伶俐者 入洋人所住所謂天主堂 某條探問彼情 以筆談有所酬酢者 此則已爲送示於
廟堂矣 大抵昨年鋤治之後 孰不知邪類之爲極惡窮凶 而今番聞洋人之言 則其腸肚相
連之狀 尤爲昭然 若未趁卽鋤治 則滋蔓之慮 將不知至於何境矣 至於西洋大舶云云
我國賊招 以今年正月 洋人當有回答云 故以此探問 則彼曰 不知幾萬里水路 豈有裝
船送軍之道乎 此則萬不成說之事也 藉使有此計 吾道以慈悲爲主 與物無競 此等之說
萬萬怪駭云矣 故且以柵中設舖交通一款詰問 則渠以爲 汝國旣以此事成獄之後 若有
設舖交通之事 則三四年內 必見綻露 此亦不成說云云 大抵外此節目細瑣事 不能彈奏

서양과 북경의 천주당, 그리고 국내 천주교도들 간의 관계와 접촉의 정황에도 불구하고 「토사주문」은 서양과 조선 사이에 어떤 관계의 여지도 없다고 선언해버린다. '서양 나라가 조선과 본래 은혜나 원한이 없었다'는 것은 서양인의 심리학적 사실을 가치중립적 사태로서 묘사하는 기술로 보기는 어렵다. 이 문장의 의미론에 충실하자면, 서양인의 마음을 사실적으로 묘사할 수 있을 만큼 서양과 조선은 가깝지 않기 때문이다. 서양과 조선은 10만 리나 떨어져 있고 여태까지 은혜와 원한을 가질 만한 관계조차 없었다. 서양인들이 조선에 대해 본래 은혜와 원한이 없었다면, 서양인은 그 마음을 인지적으로 묘사할 만큼 객관화할 수 있는 거리에 있지 않다고 할 수 있다. 서양은 조선에 대해 감정적으로나 지리적으로나 아득한 거리에 있다. 서양 나라가 조선에 대해 본래 은혜도 원한도 없으므로 침략할 마음이 없다는 것은 서양인의 마음을 자연적 사태로서 묘사하는 것이라기보다는 은혜도 원한도 있을 리 없는 서양과 조선이 소원한 관계임을 판정하는 것이다. 그리고 위 인용문에서 보건대, 이는 서양인의 마음을 지근한 거리에서 들여다봄으로써 알아지는 것이 아니라, 상리(常理)라는 전체론적(holistic)인 패턴에 준거함으로써 판정되는 것이다.

상리(常理)는 형식적 규범이나 논리적 법칙이 아니라, 사건이나 사태가 자리잡은 좀더 폭넓고 일반적인(general) 패턴을 가리킨다. 종종 이성(reason)이나 법칙(law), 원리(principle)로 번역되곤 하지만, 고전 문헌에

而今則大舶柵市等事 似無日後之慮矣 然而設舖事 雖未知日後奸計之如何 而洋人聞我國陳奏之事 氣已沮喪矣 陳奏咨文進呈之後 渠以皇帝判下者 謂之上論 而頗有懲畏之意云矣 大王大妃敎曰 今番陳奏之後 彼言雖如此 暗地設機 安保其必無也 允大曰 皇帝判下 極爲順便 渠必有懲創之道矣"(『순조실록』, 1802년 4월 10일) 조윤대는 북경의 천주당과 천주교도들 간에 협력한 정황이 분명하다고 보나, 천주당의 서양인들이 서양 선박의 침략이나 책문(柵門)의 점포 건에 대해 그 가능성을 부정한 것을 보고하면서 당장의 염려는 없다고 추측한다. 서양인들을 책할 수 있는 것은 황제로서, 저들의 기세가 저상한 것은 황제의 판하가 순편하여 저들을 징계했기 때문으로 판단된다.

서 이(理)의 가장 익숙한 용법은 어떤 사건이나 사태의 맥(脈), 즉 이해 가능성을 낳는 응집적 패턴을 지시하는 것이다(Hall & Ames, 1995). 한자자전을 보면 이(理)는 옥(玉)과 줄이나 금을 뜻하는 이(里)가 합해진 말로서, 어원적으로 옥의 줄무늬를 가리키거나, 혹은 그 줄무늬가 드러나도록 옥을 잘 간다는 뜻을 가졌다. 주희는 이(理)를 자주 실오라기의 가닥(條理), 대나 나무의 결이나 무늬, 혹은 광주리의 짜임 등으로 묘사했다(한형조, 1996). 성리학적 이해에 따르면, 우주에는 수많은 맥락과 결, 즉 조리(條理)가 있고 만물의 생성과 변화는 이들 맥락과 결을 따라 이루어진다고, 다시 말해 기(氣)는 이(理)의 짜임을 따라 조직되고 양식화된다고 할 수 있다(같은 책). 혹은 홀과 에임즈(Hall & Ames, 1995)에 따라, 동아시아의 전통적 용어로서 이(理)는 과정에 내재한 짜임(fabric of order)과 그 짜임을 발견할 수 있는 역량 양자를 뜻한다고도 볼 수 있다. 짜임은 그것이 조직하는 과정과 분리될 수 없다는 점을 강조해둘 필요가 있다. 이(理)에 대한 추론(reasoning)은 형식논리학에 따르는 추론과도 다르고, 인과적 연관을 법칙으로 정립하는 것과는 다르다. 이를 탐구한다는 것은 사물들간의 상관적 패턴(correlative pattern)과 반향(resonance)을 감지한다는 것이며, 또 그 상관적 패턴과 반향에 부합하도록 평가하고 처신해야 한다는 것이다(Hall & Ames, 1995). 이(理)는 서술적이면서 또한 처방적이기 때문이다. 그러자면, 사물들간의 연관과 반향의 갈래들을 알아야 하고, 그 감응(correspondence)과 반향의 정도와 양상에 민감해야 한다. 그럼으로써 주체는 마땅히 옳은 처신을 할 수 있다.

　"상리를 미루어보더라도 어찌 10만 리 해로를 항해하여 소방을 위태롭게 모의할 마음이 있었겠습니까"라고 묻는 자는 '아니'라는 답을 준비하기 이전에 이미 서양과 조선 간의 연관과 반향의 양상과 정도가 문제시되는 특정한 배치 속에 놓여 있다. 이 질문은 서양과 조선이 맥락(脈絡)이 닿는가 닿지 않는가를 묻는 것이다. 그리고 위 인용문에서 보건대 연관과 반향은 인과적 연쇄로 귀결되기보다는 은혜와 원한이 있는가 없는가, 즉 서로 감정을 촉발하는가 아닌가, 혹은 가까운가 먼가 하는, 반향과 공명의 정도차의 어휘로서 묘사되고 있다. 모든 존재는 상관적으로 연관되고 반향함으로써 연속체를 구성하는데, 이 반향과 연관의 패턴을 앎으로써 자기와 타자 간의 관계를 알아낸다는 전제가 깔려 있다고 할 것이다. 주체는 반향과 연관의 패턴을 통해 자신의 위치와 처신을 깨닫고자 한다. 이는 존재의 각 단위를 분석적으로 분리해내고 그 단위간의 인과관계를 수립하는 것과는 다른 태도라고 할 수 있다. 더욱이 연관과 반향의 정도가 약하다는 판정은 주체에게 특정한 태도와 의무를 수반하게 한다. 서양과 조선이 본래 은혜와 원한이 없었다는 것은 감정적 소원함이 혹은 거리의 멂이 서양과의 상호작용의 여지를 크게 줄이고, 그럼으로써 그에게 어떤 책임도 물을 수 없게 된다는 윤리적 태도를 수반한다는 점을 알 수 있다. 서양이 원한과 은혜가 없다면 그들에게 책임을 묻지 않는 조선도 서양 나라에 대해 원한과 은혜가 없다고 할 수 있다. 서양과 조선 사이에는 거리가 멀고 감정적으로 소원할 만큼, 공명의 여지가 없고, 그럼으로써 결국 윤리적 책임과 의무를 부과할 수 있는 상대가 아니게 되는 것이다. 서양과 조선이 은혜도 원한도 없다는 것은 앞서 말한 대로, 사태에 대한 기술이면서 타자에 대한 태도와 의무를 함축하는 것이고, 아울러 자신의 행동에 대한 처방이기도 한 것이다. 천주교도를 옥사시키는 것만큼이나 서양에 대해 책임을 묻지 않는 것도 상리에 부합하는 것이다.

관계와 접촉은 국왕이 밀접히 상대하는 청 황제와 조선 내의 신민하고만 이루어지며, 그러한 관계에서만 주체는 의무와 책임을 진다. 그는 청 황제에게는 황은을 느끼고 도리를 감당하며, 그 도리를 어기는 천주교도들에 대해서는 분개하여 책망하고 있다. 천주교도들이 저 음사한 서방의 기운에 물든 것은 기운의 소재지인 서방의 탓이 아니라,

그것에 물들어 인륜을 저버린 역적 무리의 잘못이다. 그리고 그들을 소탕하는 큰일을 벌인 것은 '궁벽하게 바닷가 한 모퉁이에 처한'(僻處海隅) 작은 나라로서 황제에게 마땅히 상주(上奏)해야 하는 일로서 나타나 있다. 그러한 큰일에 대해 곡절(由)을 갖추어 진문(陳聞)하는 것은 도리에 합당하다(理合)고, 다시 말해 주체가 놓인 관계의 맥락과 결에 부합한다고 되어 있는 것이다. 그렇지만 도리를 어김으로써 천하를 어지럽힌 역적 무리나 조선 국왕이 사대의 도리를 다해야 하는 청 황제와 달리, 서양은 조선과 관계의 정도가 매우 엷은 상대이므로 어떤 감정도 촉발하지 못하고, 윤리적 책임과 의무를 부과할 수 없는 상대로 나타나는 것이다. 물론 천자인 청 황제에게 서양 나라는 마땅히 조공을 바쳐야 할 의무가 있다고 할 수 있다. 하지만 천자의 책봉을 받는 바닷가 한 모퉁이(海隅)에 처한 소국으로서 천자도 그대로 두고 있는 머나먼 서양과 상대한다는 것은 주제넘은 짓일 터이다. 번국의 제후로서 그는 천자에 대해 사대할 뿐이며, 머나먼 서양은 그와의 연루 정도도 낮고 은혜도 원한도 없는 관계 희박한 타자로 남아 있을 수 있다.

그러나 황사영 백서에서 특징적으로 드러난 것은 국왕의 무도한 신민인 천주교도들이 이토록 관계 희박한 서양과 연결되려 한다는 점이다. 물론 이는 위 「토사주문」에 따르면 '형세가 위급하게 된 짐승이 아주 먼 궁벽한 곳에 붙으려 하는 것[勢急困獸 依附涯角]'과 같다. 그들이 충순한 백성들이라면 처한 자리에서 할 도리를 다함으로써 천하에 존립할 테지만, 그렇지 못하기 때문에 머나먼 곳에 붙으려 하는 것이다. 천주교도는 또한 말하는 주체에게 밀접한 관계에 있다는 점에서 천주교도가 서양과 붙으려 하는 것은 우주론적·윤리적 배치인 상리에 합당하지 않은 의아하고 경악스러운 사태이다.

여기서 우리는 주체가 상대하는 타자들간에 일정한 간격을 만드는 (spacing) 것을 발견하게 된다. 청 황제는 천자로서 조선 국왕이 삼가 사대의 예를 바쳐야 하는 밀접한 상대자이고, 서양의 학에 물든 천주교도들 또한 국왕 자신과 그의 신민들에게 공분을 불러일으키는 밀접한 관계에 있다. 그러나 서양은 이런 밀접한 관계망 바깥에 있는 머나먼 타자로 남아 있다. 서양은 관계 희박한 타자로 처우되고 있는 것이다. 차례를 지음으로써 관계를 만드는 인륜적 질서 안에서 주체는 이렇게 멀고 가까움, 밀접하고 소원함의 간격을 설정하면서, 자신의 위치를 정하고 더불어 타자에 대한 특정한 태도로 이끌리는 것이다.

관계의 친소(親疎)에 따라 달리 대우하는 것은 유교 경전에서도 폭넓게 발견되는 윤리적 태도이다. 유교 경전에서 여러 사회적 관계에서의 합당한 처신은 대개 그 무엇보다도 친밀하고 책임과 의무도 무거운 가족적 관계에서 훈련되고 축적된 것이 좀더 넓은 사회적 관계로 연장 적용되는 방식으로 정해진다. 그러므로 우선 자기자신이 놓인 국지적 관계에 대한 충실성이야말로 윤리적 행위의 출발점이다. 친근한 단위에서부터 점진적으로 확대하는 과정을 통해 천하의 반경에 접근하는 것이『대학』의 팔조목이나『중용』의 구경에 잘 나타나 있다(이 책 81~84쪽 참조).

이러한 윤리적 태도는 롤즈와 같은 현대 윤리학에서 보이는바, 구체적 타자와 절연한 채 만인에게 공평한 정의를 구하는 방식이 아니다. 유교의 윤리적 주체는 관계적 맥락에서 벗어난 공평한 입법자라기보다는 자신이 처한 관계 내 맥락에 강하게 연루됨으로써, 관계된 타자들에게 최신을 다하지 않을 수 없는 존재이다. 그리하여 윤리적 주체는 '처한 위치에 따라 행하고 다른 것은 바라지 않는(素其位而行 不願乎其外)'(『중용』14장) 자세를 취하게 된다.

밀접하고 소원한 정도에 따라 간격을 두는(spacing) 이러한 배치와 국지적 관계에 충실한 이런 에토스에서라면, 서양은 천자가 주재하는 천하의 일원이나 소국 조선에 대해서는 연루의 정도가 낮고 그만큼 감정적 밀도도 낮으며, 책임의 우선순위에서도 뒤로 밀리는 관계 희박한 '타자'가 된다고 할 수 있다. 그리고 '관계를 연결하는 지점'으로서 주체는 '자신이 처한 자리에 따라 행함'으로써, 연루의 정도가 먼 타자에 대해 거의 아무런 책임도 돌리지 않을 수 있다.

이렇게 반향과 감응의 정도를 재면서 거리화하는 주체의 활동과 태도는 유비적(analogical)이라고 할 수 있다. 앞으로도 종종 나올 개념이므로 유비(類比, analogy)에 대해 간략히 언급하기로 하자. 사전적으로 유비란 서로 다른 사물들간에 유사성을 끌어냄으로써 연관시키는 것을 일컫는다. 그러므로 은유와 같은 비유법이나, 특정 수준의 유사성을 근거로 다른 수준의 유사성을 도출하는 유추(類推) 등을 유비의 일종으로 꼽는다. 좀더 폭넓게 보자면 유비란 서로 다른 사물들을 배열해 상관관계(correlation)를 만드는 실천의 테크닉으로 간주할 수 있다. 유비는 일자(the One)나 일반적 원리(general principle)에 준거하지 않고, 하나의 특수자에서 또다른 특수자로 나아가며 풍부한 대응(correspondence)을 만듦으로써, 상관관계를 구축한다고 설명될 수 있다.[12] 유비가 창출하는 사물

---

12 레비스트로스는 『야생의 사고』(Lévi-Strauss, 1996)에서 바로 이와 같은 의미에서 신화나 의례가 유비(analogy)를 통한 작업이라고 서술했다. 과학적 작업이 그 용도가 분명하게 정해진 도구를 가지고 작업하는 엔지니어에 비교된다면, 신화나 의례는 구체적인 조각들을 가지고 조합하여 작업하는 손재주꾼에 비유된다. 과학자의 도구가 일의적인 개념이라면, 손재주꾼의 구체적인 조각들은 다양한 관념적 함축을 갖는 이미지로서 이용되며, 그것들의 배열은 무수한 사건과 사물을 포괄하도록 총체적인 상관관계를 갖는 구체의 과학을 낳는다. 레비스트로스의 이런 주장은 그라네(Granet, 2010)가 중국 고전문헌에서 발견한바, 상관적 사고(correlative thinking)에 영향받아 이루어진 것으로 알려져 있다. 레비스트로스는 야콥슨의 언어이론(Jacobson, 1989b)을 원용해 상관적 사고를 은유와 환유로 정리했고, 이것이 신화와 의례 같은 구체의 과학은 물론 현대의 과학적 사고까지 규정하는 구조의 수준으로 끌어올렸다. 그라네와 레비스트로스의 연구는 니덤(Needam, 1998)과 그레이엄의 연구에 수용되었다. 특히 그레이엄(Graham, 2001)은 레비스트로스의 이런 연구에 의존하여 음양오행의 상관관계를 은유와 환유의 유비적 절차로 확립했다. 홀과 에임즈(Hall & Ames, 1995)는 레비스트로스와 그레이엄의 연구를 높이 평가하면서도, 상관관계의 유비적 절차를 은유와 환유로 분류하고 형식화하는 데 반대한다. 상관적 사고는 요소들간의 연관을 이미지들

의 질서를 간략히 표시한다면, 이를테면, A'-A"-A'"-A""와 같을 것이다. A'과 A"는 닮은 것으로 간주할 수 있고, A'"와 A"" 또한 닮은 것으로 간주할 수 있다 해도, A'과 A'" 혹은 A"" 는 닮거나 교호(交互)하는 것으로 간주하기 어렵다는 것이다. 유비는 일반 원리나 일의적인 것(univocal)에 대한 회의나 상대적인 무관심을 표현한다. 일반원리를 상정할 수 있다면 A'과 A", A'", A"" 는 일반 원리 A에 의해 대체될 수 있는 등가관계에 있다. 그러나 유비적 연쇄는 예컨대 음양오행(陰陽五行)이나 줄무늬[理] 같은 이미지로 이해되므로 이접적인 것(disjuction)으로 남는다(Hall & Ames, 1995). 유비 안에서 각 요소는 상위의 원리 없이 즉각적으로 닮아지거나 영향을 주고받으며 연속된 하나의 세계를 구축하되, 각 요소들마다 다양한 거리 혹은 다양한 정도차를 두는 것이라고 이해될 수 있다. 이를테면, 유비가 간직하는 차이는 수량화되거나 동일률로 흡수되지 않지만, 요소들이 어우러진 복합(complex)을 가능케 한다고 할 수 있다.

2) 격절된 서양, 그러나 이단과 상통하는 서양

기해사옥(己亥邪獄)에서는 천주교도들과 함께 프랑스인 신부들이 처형되었다. 기해사옥 이후 조선은 무력 시위를 하는 서양과 직접 마주하게 되는데, 1846년 여름 세실(Cécille)이 거느린 프랑스 함대 세 척이 충청도 외연도(外烟島)에 정박해 기해사옥 때 프랑스인 신부를 처형한데 항의하는 공한을 남기고 간 것이다.[13] 그 공한은 자국민이 조선에

의 연합으로 바꾸어, 풍부하고 모호한 의미들을 보장하는 데 그 큰 특징이 있으므로, 야콥슨에 호소하여 은유와 환유로 형식화하는 것은 그 잠재력을 축소한다는 것이다. 상관적 사고의 견지에서 사건이나 요소를 설명한다는 것은 유비적 관계(즉 이미지들의 연합)로 조직된 도식 한가운데 위치시켜 그 감응(혹은 대응 correspondence)에 의해 풍부한 의미의 장을 도출해내는 것이라고 설명된다.

서 처형되는 일이 또다시 벌어지면 무력 응징이 있을 것이라고 위협하면서 다음해 전선(戰船)이 회답을 받으러 올 것이라고 경고했다.[14] 공한대로 다음해 7월에 해군 대령 라피에르(Lapierre)가 이끄는 프랑스 군함 2척이 나타났으나, 폭풍을 만나 배가 좌초하여 난파되는 바람에 조선원정에 실패하고 말았다.

당대의 용어를 사용하자면, 세실과 라피에르가 지휘하는 프랑스의 전함(戰艦)은 이양선(異樣船)이었고, 실제로 이양선이라고 불리고 있다(『헌종실록』, 1846년 6월 23일; 1846년 7월 3일; 1847년 8월 9일). 이양선은 말 그대로 특이한 모양을 가진 정체불명의 배들을 총체적으로 가리키는 용어로서, 서양 세력의 쇄도를 보여주기에 적절한 표현은 아니라고 할 수 있다. 『조선왕조실록』에서 이양선이라는 용어는 1794년(정조 18년)에 처음 등장하는데, 이때의 배는 서양 배가 아니라 표착(漂着)한 중국 남부의 배였다. 이양선은 불의의 사고에 의해 표착하거나 무단으로 국경을 넘어 정박한 정체불명의 배들이었으므로 범월(犯越)했다는 점에 의해 하나로 묶이는 범주였다. 예컨대 이유원(李裕元)의 『임하필기(林下筆記)』 13권에는 '서행의 범월에 대한 방수(西海犯越防守)'라는 표제 아래 이양선에 대한 역대 기록 — 대개 중국 남부의 배들과 관련된 소동이다 — 들이 모아져 있다. 프랑스 전함이 이양선으로 불렸다면, 조선 조정의 사전 허가 없이 불현듯 내해에 들어오거나 해안에 정박한 배들 가운데 하나로 범주화된 것이다.

비교적 개방적이었던 신라나 고려와 달리 조선 조정은 사사로이 외국인과 교섭하는 것을 금지했다. 변금(邊禁) 혹은 해금(解禁) 등으로 불

---

13 『헌종실록』, 1846년 6월 23일; 7월 3일 참조. 기해사옥에 대해서는 Dallet, 1979를, 세실 제독의 원정에 대해서는 김원모, 1992 : 90을 참조.

14 『헌종실록』, 1846년 7월 3일자에 이 공한 및 세실과 외연도 백성이 문답한 기록이 실려 있다. 세실은 프랑스를 大佛朗西國으로 자기자신을 欽命到印度與到中國各戰船元帥 瑟西爾로 소개하고 조선을 高麗라고 부르고 있다.

리는 이 제도에 따라 의주나 동래 등 허가한 지역 이외에서 승인 없이 상인들이 교역하는 것을 허락하지 않고, 허락 없이 함부로 국경을 넘나드는 사람은 내국인이나 외국인을 막론하고 엄벌에 처했다. 그리고 나라의 사정을 사사로이 외국에 누설하는 것도 금기시했다. 해금정책은 남왜북로(南倭北虜)에 시달린 명(明)의 제도를 준용한 것이다.[15] 해금은 조공 및 교린 관계의 전면화를 수반한다. 자국민의 출국과 사무역이 금지되고, 문화 교류 및 인적 왕래의 제한 등으로 조공이나 교린 관계 아닌 대외관계는 거의 존재하지 않았다.[16] 조공 및 교린 관계는 매우 제도화되어 사행 왕래의 기회, 사행의 명칭, 구성, 여정, 의식, 교역 활동 등에 대한 세밀한 규정이 이루어졌다. 신유사옥 때의 주문모의 처형이나 기해사옥 때의 프랑스 신부들의 처형은 모두 이 변금에 의해 정당화되었다(『순조실록』, 1801년 3월 27일; 『헌종실록』, 1847년 7월 15일).

다만 조난 선원들과 같이 고의성이 없다고 여겨지는 월경자에 대해서는 유원지의(柔遠之義)로 대우하도록 했다. 즉 식량과 의복, 거처나 땔감 등을 지급하였고, 본국에 돌아갈 수 있도록 배의 수리를 보조하거나

---

15 이러한 처벌 규정은 『대명률(大明律)』에 마련되어 있다. 대명률은 1374년 완성된 명나라의 법전이었지만, 조선의 사회생활을 규율하는 형법으로 준용되었다. 이에 따라 변경의 요새에서의 통행과 통상이 엄격히 통제되었다. 통행증 없이 은밀히 관소와 나루터를 통과한 자는 장(杖) 80대 형에, 관소에서 관문을 경유하지 않거나 나루터에서 도선장(渡船場)을 통과하지 않고 딴 곳으로 지나간 자의 죄는 장 90대 형에 해당했다. 변경의 관소나 요새를 몰래 넘거나 건넌 자는 장 100대 형, 도형(徒刑) 3년형, 그리고 국경 밖으로 나간 자는 교수형에 처해졌다. 병조에서는 100리 이상 여행하는 군인이나 관리, 상인, 삼포에 왕래하는 왜인 등에게 통행허가증인 노인(路引)을 발급했다. 노인에는 당사자의 신분과 연령, 본관 그리고 휴대품 목록과 수 등이 기록되었다. 밀수 행위도 혹독하게 처벌하도록 했다. 상품을 사사로이 국경 밖으로 가지고 나가 팔거나 바다로 나가서 사고파는 자뿐만 아니라, 운반한 사람도 처벌되었고, 돈과 배, 수레는 관에서 몰수했다. 군용품을 일정한 경계 밖으로 내보내거나 해외로 내보낸 자는 목을 옭아매어 죽였다. 국내의 비밀을 외국에 누설한 자는 가차 없이 목을 베었다. 또 해안 주민들이 먼 바다로 나가 물고기를 잡거나 외국인과 거래하는 것을 금지했다(박천홍, 2008 : 26∼27쪽).

16 변방에서의 특수한 교역이 행해졌으나, 조공 및 교린 관계의 규정들에 의해 제한되고 처리되었기 때문에 준조공관계로서만 존재할 수 있었다(전해종, 1970).

혹은 배가 파손될 때는 배를 지급하거나 육로로 의주까지 호송해서 중국의 관원들에게 인도해주었다. 유원지의는 그 누구든 먼 곳에서 온 이들에게 적용되는 것으로서 소중화를 자처하는 예의지방이 낯선 자들에게 해야 할 도리였다.[17] 원래 유원(柔遠)은 『중용』에서 천하와 국가를 다스리는 구경(九經) 가운데 하나로서, 해당 구절은 앞서 보론에서 인용한 바 있다.[18] 먼저 자기 몸에 도를 세워 그것을 가까운 관계의 이들로부터 점차 먼 데로 확충해나가면 결국 평천하(平天下)에 이른다는 전형적인 가르침이다. 멀리서 오는 자(遠人)는 타자와 맺는 관계의 동심원적 확대가 국(國)의 반경을 넘게 될 때 처음으로 맞는 상대이다. 『중용』은 손님과 나그네(賓旅)를 부드럽게 대하면 천하의 나그네가 기뻐하며 그 길로 나오기 때문에 천하의 사방이 그에게 돌아온다고 가르치고 있다.

이양선에 대한 처리과정에서 이처럼 해금과 유원지의가 병행되었다. 우선 해금은 범월한 낯선 배에 대해 경계하는 태도를 낳는다. 이양선은 낱낱이 조사해서 그 정체를 분명히 한 후, 잘 타이르고 원조(援助)하여 나라 밖으로 돌려보내야 할 대상이었다. 만약 이양선이 정박했는데도 그것을 확인하지 못하거나 조사하지 않는다면 해당 지방관의 잘못이었다. 이양선을 조사하는 것을 문정(問情)이라 하고 문정하기 위해 파견된 관리를 문정관(問情官)이라고 했다. 역관을 대동한 문정관은 여행의 어려움과 피로를 위로한 뒤, 그 사람들의 국적, 여행 목적, 용모와 옷차림,

---

17 『순조실록』, 1809년 6월 26일은 유원지의에 따른 필리핀인[呂宋國人]의 송환 과정을 알려주고 있다. 1801년 제주에 표류한 필리핀인들은 언어 불통으로 9년간이나 출신지를 모른 채 머물고 있다가, 마침 필리핀에 표류했다가 돌아온 다른 조선인의 도움으로 겨우 여송국인임을 알게 되어 중국을 통해 송환될 수 있게 된다. 9년간 조선 조정은 이들에게 양식과 의복 등을 제공함은 물론 청 예부에 자문을 보내면서까지 이들의 모국을 알고자 애썼다는 것이다.

18 凡爲天下國家 有九經 曰 修身也 尊賢也 親親也 敬大臣也 體群臣也 子庶民也 來百工也 柔遠人也 懷諸侯也 修身則道立 尊賢則不惑 親親則諸父昆弟不怨 敬大臣則不眩 體群臣則士之報禮重 子庶民則百姓勸 來百工則財用足 柔遠人則四方歸之 懷諸侯則天下畏之(『중용』 20)

연령, 언행, 그리고 배의 규모와 모양, 배 안에 있는 기물까지 낱낱이 묻고 관찰하고 기록해야 했다. 이양선의 처리는 관리들에게 매우 성가신 문제였다. 가능한 한 예의바른 처신이 요구되었지만 문정을 소홀히 하거나 선물을 교환하는 등 친밀히 교제하면 문책당할 수 있었다.[19]

이양선들은 유원지의의 혜택도 받았다. 1830년대 이래 조선 근해에 서양 선박의 출몰이 잦아지고 있었는데,[20] 서양의 선박들은 실제로 표착한 것이든 아니든 간에 대개 먼 데서 온 표류 선박으로 대우되어, 오랜 항해에 지쳤을 이양선에서 식수와 땔감과 식량을 원하면 대개 무상으로 푸짐하게 원조해주었다.[21] 심지어 약탈행위를 한 제너럴 셔먼(General Sherman)호나 병인양요 시 침입한 프랑스군이나 신미양요 때의 미군도 상당한 식량과 식수를 공급받았을(『고종실록』, 1866년 8월 18일;『일성록』, 1871년 4월 17일 참조) 정도였다. 세실의 함대는 문정과 유원지의의 혜택을 모

---

19 실제로 세실은 자신이 조선의 영의정에게 보내는 공한을 외연도 주민에게 전달을 요구하였으나 주민이 전달을 거부하자, 작은 나무상자에 편지를 담아서 외연도에 던지고 가버렸던 것이다. 세실의 함대가 내항할 당시 충청수사 정택선은 이양선이 충청도 앞바다에 여러날 머물렀는데도 문정을 하지 않았다는 이유로 파출(罷黜)당했다(『헌종실록』, 1846년 6월 23일).

20 김원모(1992)를 통해 볼 때, 순조 이후 철종대까지 조선에 내도한 주요한 서양 선박은 1797년의 Providence호, 1832년의 Lord Amherst호, 1845년의 Samarang호, 1847년 48년의 프랑스함대, 1856의 Viginie호 등으로 확인된다. 노대환은 1800~1866년까지의 서양 선박 출몰 상황을 표로 정리해두고 있다(2005 : 156~157쪽). 그러나 1848년 이후 관찬사료에는 서양 선박들이 해안에 출몰한다고 보고가 자주 이루어지고 있는 만큼(예컨대『헌종실록』, 1848년 12월 29일), 1840년대 후반부터 서양 선박은 기록상 확인된 배의 숫자를 훨씬 상회한다고 보아야 한다.

21 1832년 내박한 영국 상선 로드 애머스트호는 교역 요청은 수락되지 않았으나 푸짐한 식품을 공급받았다(『순조실록』, 1832년 7월 21일). 1859년에 초량에 내박한 애지마호도 유원지의에 의해 약재와 식품을 공급받았고, 1860년에 전라도 영암의 추자도에 배가 난파되어 표도한 영국인들은 대선 2척과 양식을 공급받고 돌아가도록 조처되었다(김원모, 1992 참조). 1855년에 미국 포경선에서 탈출한 미국인 4명도 후한 대우를 받으며 청국으로 호송되어 상해에 도착할 수 있었고, 병인사옥이 한창인 1866년에 평안도 철산 앞바다에 표도한 미국상선 서프라이즈(Surprise)호도 극진한 후대를 받은 뒤 청국으로 호송되었다(김원모, 1992 참조).

두 피했지만, 좌초한 라피에르의 함대는 문정과 유원지의의 혜택을 받았다. 그들은 유원지의에 따라 식량과 선박 등을 공급받고서 겨우 돌아갈 수 있었다(『일성록』, 1847년 7월 10일; 1847년 7월 25일;『헌종실록』, 1847년 7월 10일; 1847년 8월 4일; 1847년 8월 11일).

해금과 유원지의는 서양을 소원한 관계에 두는 또다른 방식이라 할 수 있다. 해금 하에서 낯선 배의 출현은 그 자체로 경악과 소동을 낳았다.[22] 서양 선박은 무단 범월한 이상한 모양의 선박, 즉 이양선으로 범주화되었고, 문정한 뒤 곧 되돌려 보내야 할 존재였다. 유원지의로 대우된다 해도 먼 데서 온 손님일 따름이다. 유원지의의 상대는 종래 어떤 관계도 맺어진 바 없고 이후에도 별다른 관계가 없는 자들로서 낯선 곳에서 궁지(窮地)에 놓여 있기에 극진히 우대되는 것이다.

이렇듯 먼 데서 온 이양선인 세실의 함대가 기해사옥에서 프랑스인의 처형을 자세히 알고 항의할뿐더러 다시 이런 일이 발생할 때는 보복할 것이라고 위협까지 가했던 것이다. 이 사건은 당시 서울의 성민들 사이에 상당한 소란을 일으켰고, 또 조선 조정에서도 중요한 사안이었다.[23] 1846년 조선 조정은 프랑스가 조선에서 일어난 일을 그렇게 상세히 알고 있는 것은 국내 천주교도의 내응이 있었기 때문이라고 파악하였다. 『일성록』은 다음과 같이 기록한다.

　　①내(헌종 — 인용자)가 말했다. "불랑국(佛朗國)의 글을 보았는가?"
　　돈인(당시 영의정 권돈인 — 인용자)이 말했다. "과연 보았는데 편지글에

22　제주도에 유배중이었던 김정희의 편지에는 백성들은 물론 방백과 아전에 이르기까지 이양선을 보고 놀라 일을 폐하고 놀라 도망가는 사태가 여러 번 묘사되어 있다『완당집』권3「與權彝齋」32; 권2「與舍仲」5; 권2,「與舍季」8. "愚見淺識 別有深憂者 不在番舶 而在我人公然騷動 至有廢農廢遁之境 上自方伯下至州倅懸胥 與之俱動 無一存撫奠安之意 任其離析分散 (…중략…) 民無騷動 雖千萬番舶 有何憂乎哉"(『완당집』권3,「與權彝齋」32)
23　『헌종실록』, 『일성록』, 『승정원일기』의 1846년 7월 15일 차대 기록을 보라.

자못 공동(恐動)하는 저의가 있었습니다. 또 외양에 출몰하여 사술(邪術)에 빙자하고 인심을 선동하여 어지럽히는데, 이는 소위 영길리(嘆咭唎)와 함께 서양의 부류입니다."

내가 말했다. "그 글의 뜻을 보건대 극히 거만하고 무례하다. 이는 반드시 우리나라 사람으로서 종용한 자가 있을 것이다."

돈인이 말했다. "주상의 말씀이 지당하십니다. 만약 우리나라 사람으로서 내응자가 없었다면 저들이 어찌 우리나라 사람이 서양인을 죽인 것을 알겠습니까?"

내가 그 글을 보이며 말했다. "글 가운데에는 내년에 나온다는 말이 있다. 만약 그렇다면 어떻게 처리해야 하겠는가?"

돈인이 말했다. "이는 정말로 걱정할 것이 못됩니다. 설사 나온다 해도 역서(譯胥)를 보내, 의(義)로써 그들을 타이르고, 이(理)로써 책한다면 그들이 어떤 말로 답할 수 있겠습니까? 그들이 '타국인으로서 조선에 도달한 자는 반드시 우대하여 음식과 탈것까지 제공하는데, 유독 우리나라 사람만 주멸하는 일이 있었'고 운운한다면, 이는 말하기가 어렵지 않습니다. '우리나라는 타국인이 몰래 국경을 넘는 것을 금하여 반드시 용납하지 않고 죽인다. 만약 표도한 자라면 몰래 국경을 넘은 자와는 다르다. 그래서 음식을 주고 탈것을 주기도 하고, 이자(移咨)하여 돌려보내기도 한다. 저 서양인들은 타국의 국경을 넘어 사교(邪敎)를 부채질하였는데 어찌 죽이지 않을 수 있겠는가?'라고 하면 됩니다. 또 그 글에서 말하기를 '죽임을 당해서 원망을 초래했다'고 하고 또 '다음부터는 죽이지 말라'고 하였는데, 이 또한 답할 말이 있습니다. 저들이 만약 나오지 않았다면 어찌 죽일 이치가 있겠습니까?"

내가 말했다. "과연 그러하다. 저들이 만약 나오지 않았다면 어찌 죽일 수 있었겠는가?"

돈인이 말했다. "이와 같이 답하면, 한편으로 공갈하는 뜻이 있다 해도 마땅히 책할 뿐이니 어찌 두려워하겠습니까?"[24]

②내가 말했다. "이는 반드시 조선인으로서 맥락이 상통하는 자가 있을 것이다. 그렇지 않다면, 저들이 어떻게 살해된 연유를 알겠으며, 어떻게 그 연조(年條)를 알겠는가?"

돈인이 말했다. "한번 사술이 유행하고부터 사람들이 점차 물들고 있습니다. 이번 불랑의 배가 오게 된 것도 종용하고 유인한 것이 아니라고 할 수 없으니, 이는 집안의 변란(蕭墻之變)일 것입니다."[25]

여기서 불랑(佛朗)으로 일컬어지는 프랑스는 영국과 마찬가지로, 바다에 출몰하면서 사술에 빙자하고 인심을 선동하며 무례하기 짝이 없는 서양의 부류로 규정되어 있다. 앞서 말했듯이 16세기 이래 영국, 프랑스, 포르투갈과 같은 서양 나라들의 존재와 주요 문물이 알려져 있었고, 이들이 광동(廣東)에 출입하면서 교역에 종사한다는 점은 주지의 사실이었다. 세실의 내항이 아편전쟁(1840)과 남경조약(1842) 이후였으므로, 헌종과 권돈인(權敦仁)은 중국에서 서양의 호전성과 무력의 우위를 전문을 통해 이미 알고 있었다. 조선 조정은 1년에 네 차례 이상의 연행 사절을 파견했고,[26] 예조와 청 예부 사이에 부정기적으로 자문이 수차

---

24 予曰佛朗國書見之乎 敦仁曰 果見之而其書辭頗有恐動底意 且出沒於外洋 藉其邪術 煽亂人心 此與所謂嘆咭唎 皆是西洋之類矣 予曰 觀其辭意 極其媒慢 此必有我國人 之慫慂者也 敦仁曰 上教切當矣 若無我國人之內應者則 渠豈知我國之誅洋人乎 予 出示其書曰 書中有明年出來之語 若然則何以處之乎 敦仁曰 此固不足憂也 設或出 來當送譯胥 諭之以義 責之以理 則渠將以何辭爲答乎 渠之言曰 他國人之到朝鮮者 則必優待之 至有廚傳之擧 獨於本國人 則有此誅滅之事云 此則不難爲辭矣 我國禁 條他國人之潛越者 必不容誅至 若漂到者 則與潛越自有異焉 故或廚傳而待之 或移 咨而還之 彼洋人越他國而煽邪教 安得無誅乎 又其書曰 以其見殺而招怨 又曰 後勿 殺之 此亦有可答之辭 渠若不出來 則寧有誅之之理乎 予曰 誠然矣 渠若不出來 則何 可誅之乎 敦仁曰 如是爲答 而一向有恐喝之意 則直當叱之而已 有何可畏乎(『일성록』, 1846년 7월 15일)

25 予曰 (…중략…) 此必有朝鮮人之脈絡相通者矣 不然 則渠何以知見殺之由 又何以知 其年條乎 敦仁曰 一自 邪術之流行 人多漸染 而今此佛朗船之來 未必不由於慫慂誘 引之致 皆是蕭墻之變矣(위의 글)

례 오고갔기 때문에 당시 세계 어느 나라보다도 빨리 중국의 내정을 파악할 수 있는 상태였다(민두기, 1986). 물론 당시 청과 조선 조정이 현대적 견해와 같이, 남경조약을 조공질서의 종말로 인식한 것은 아니었으나,[27] 강성하던 청이 전쟁에서 영이(英夷)에게 진 것은 분명했다. 불랑국(佛朗國)이 청에 대해 승리하여 더욱 발호하고 있던 영길리(英咭唎)와 같은 서양의 부류라면, 그와 같은 서양의 부류가 공동(恐動)하는 저의가 분명한 편지글을 보내온 것이다. 충분히 위협적인 사태인 것이다.

---

[26] 청에 파견되었다 돌아온 사절은 반드시 국왕을 알현하고 복명하는 것이 상례였다. 이 자리에서 국왕은 청의 정세에 대해 묻고 사절은 소견에 응하여 보고하는 것이 의무였다. 사행의 정사와 부사는 국왕의 소견을 전후하여 장계(狀啓)와 문견별단(聞見別單)을 작성하여 보고하였다. 서장관과 수역이 문견사건(聞見事件)을 작성하기도 하였다. 장계란 관찰사, 수사, 병사 등 왕명을 받들고 외방에 나가 있는 신하가 그 지역의 중요한 일을 국왕에게 보고하거나 청하는 문서이다. 문견별단은 사행의 정사와 부사가 장계를 쓴 다음 별지에 덧붙여 써서 조목조목 아뢰는 비교적 간단한 형식의 글이다. 문견사건이란 서장관이 수역이 사행을 가서 문견(聞見)한 것을 자유롭게 쓴 글이다(제홍규, 1974 참조).

[27] 제1차 중영전쟁, 즉 아편전쟁(1840)과 남경조약(1842)은 현대의 역사기술에서는(예컨대 Fairbank et al, 1991) 중국 전통 왕조 몰락의 개시이자 동아시아에 대한 제국주의적 침략의 신호탄으로 간주되나, 당시 청의 관리들은 영국이 무역에만 관심이 있고 영토적 야심은 갖고 있지 않다고 확신하고, 내륙의 이민족들에게 사용해온 전통적 기미(羈縻)정책에 따라 이익을 제공하여 영국을 위무하고 그 활동을 제약함으로써 왕조 통치의 안정을 꾀할 수 있다고 여겼다(Fairbank, 1998). 중국의 왕조가 오랑캐와의 전쟁에서 군사적 열세를 보여 그들의 요구를 받아주는 것은 과거에도 있었던 일이다. 연행하여 전쟁과 조약의 경과를 잘 알고 있었던 조선의 관리들도 이와 같은 견해를 취했다. 아편전쟁의 개시에서 남경조약의 체결 이후에 이르기까지의 경과를 자세히 보고하고 있는 사행의 문견별단이나 재자관의 수본(『일성록』, 1840년 3월 25일; 1841년 3월 19일; 1842년 4월 9일; 1842년 12월 4일; 1843년 3월 29일; 1844년 2월 6일)을 통해 볼 때, 아편과 관련된 통상문제로 인해 전쟁이 시작되었고, 영국의 무력이 우세하여 전쟁과 조약이 청측에 불리하게 진행되었다는 점은 정확히 보고되고 있으나 '침어지폐(侵漁之弊)'가 없다고 평가하는 등 전쟁의 결과를 심각하게 받아들인 흔적은 없다. 민두기(1986)에 따르면, "이것은 이 패전이 옛날의 정복전쟁과는 달리 직접지배를 가져오지 않았다는 인식에서 나온 말이었을 것이니 통치권의 상실 같은 사태를 수반하지 않는 새로운 형태의 패전으로 보았던" 때문이다. 권돈인에게 보낸 편지(『완당집』 권3 與權彝齋 32)에서 김정희도 영이(英夷)가 중국의 근심거리가 된 것은 사실이나 그것은 중국이 왜구나 해적으로 인해 겪는 오랜 곤경의 하나일 뿐이라고 보며, 영이보다는 실정에 의한 중국의 화란의 조짐을 우려하고 있다.

그런데 국왕과 영의정은 이렇듯 호전적이고 인심을 선동하는 서양이 협박을 가하고 있는데도, 서양이 조선에게 위협을 하는 사태는 사교에 물든 이들이 서양세력과 내응하기 때문이라고 보고 있다. 권돈인은 '만약 우리나라 사람으로서 내응자가 없었다면 저들이 어찌 우리나라 사람이 서양인을 죽인 것을 알겠습니까'라고 말하고 있고 국왕 또한 '이는 반드시 조선인으로서 맥락이 상통한 자가 있을 것이다. 그렇지 않다면, 저들이 어떻게 살해된 연유를 알겠으며, 어떻게 그 연조(年條)를 알겠는가'라고 말하고 있다. 내응자가 아니라면, 서양과 조선은 감응(感應)하거나 맥락(脈絡)이 상통(相通)하는 관계가 아닌 것이다.

감응한다거나 맥락이 상통한다는 것은 분리된 어떤 한쪽이 원인이 되어 다른 한쪽을 결과로서 발생시키는 역학적 이미지와는 부합하지 않는다. 감응이나 맥락은 서로 이어지고 상호 반향하는 관계를 묘사하며, 특히 연속체 속의 한 요소와 다른 요소가 즉각적으로 서로 영향을 미치는 유동적 패턴을 가리키고 있다. 맥락(脈絡)은 맥이 이어져 사물이 서로 통하여 있는 것을 가리키는 말이다. 감응(感應)이라는 것은 그 야말로 느껴지는 그대로 즉각적으로 반응하는 것, 즉 매개 없는 수용과 자발이다. 감응이나 맥락, 혹은 상통이라는 용어를 더 잘 이해하기 위해서는 동아시아 전통 특유의 기(氣)의 우주론, 혹은 니덤의 표현대로 상관적 우주론(correlative cosmology)을 참조해야 할 것이다. 유사와 대비, 인접 관계에 따라 천하만물이 연결된 상관적(correlative) 체계로 이해되는 기의 우주론은 그 생성과 변화가 음양오행(陰陽五行)의 유비적 어휘로 기술된다(이 책 110~114쪽 참조).

역시 천주교도가 내응했기 때문에 서양인이 찾아왔다고 말하는 권돈인과 국왕은 서양과 조선이 연루와 연관의 정도가 매우 낮아서 반향과 공명이 거의 없다는 전제 속에 있다. 서양인 선교사를 죽였지만, 맥락이 상통하지 않으므로 저들은 알 리가 없다는 것이다. 앞서 「토사주문」에서 '서양과 조선이 원한도 은혜도 없다'고 말하는 것과 거의 비슷한 전제라고 할 수 있겠다. 역시 반향과 연관의 패턴을 앎으로써 자기와 타자 간의 관계를 알아낸다는 전제가 깔려 있다고 할 것이다. 서양과 조선은 반향과 공명이 어려운 관계적 위치를 갖고 있는 것이다.

목전에 닥친 서양의 침입이 천주교도의 내응에 의한 것으로 전화됨으로써, 무장한 채 근해에 나타나 위협을 가하는 서한까지 전달했음에도 불구하고, 여전히 서양은 조선과 맥락과 반향의 연속체 안에서 격절되어 있는, 관계 희박한 상태로 남아 있다. 무례하고 호전적인 것이 그 성격임에도 불구하고 서양의 침입 위협은 서양에게 내응(內應)한 천주교도가 있기 때문이다. 사교에 물든 이들이 아니라면 이들이 머나먼 바다를 건너 찾아올 리가 없다는 것이다. 여기서 사교를 믿는다는 유사성으로 인해 천주교도와 서양은 연결되어 있으므로, 천주교도는 무관한 타자의 위협을 불러올 만큼 위험한 집단으로 각인되어 있다.

그러나 무도한 이 내응자는 그것과 연계된 외부의 위협을 더욱 가공스러운 것으로 만들기보다는 관계 희박한 타자의 위협을 경감하는 방향으로 작용한다. 너무나 멀리 격절되어 있는 자의 침입이 내응자와의 연결을 통해서만 겨우 일어날 만한 일이라면, 그 관계 희박한 자들은 쉽게 물러갈 수 있으리라 여겨지기 때문이다. 다음해에도 프랑스군함이 찾아오면 어떻게 해야 하겠는가라는 국왕의 우려에 영의정 권돈인은 다음해에 프랑스군함이 찾아온다 해도, "의로써 설득하고 이로써 책망하면[論之以義責之以理]" 그들도 수긍하고 물러갈 것이라고 낙관하고 있고, 이어 국왕도 그 견해에 동의하고 있다. 군함을 타고 와서 공동하는 편지를 보낸 무례한 무리이지만, 서양인들은 거의 위험하지 않다.

이(理)가 연관과 반향의 짜임으로서 서술적이면서 또한 처방적인 성격을 갖고 있는 것처럼, 의(義)도 상황적 적절성이면서 또한 당위적으로 마땅히 해야 할 바라는, 서구적 기준으로는 언뜻 조화되기 어려운 듯한 두 의미를 함께 갖고 있다. 유교 경전에서 의(義)는 '마땅함'을 뜻하는 의(宜)를 통해 그 의미가 정해진다.[28] 일[事]이 존재의 국지적 단위(local unit)라면, 국지적 관계의 맥락이 그 관계에 마땅한 어떤 것을 하도록 만든다는 것이다.

국왕과 권돈인이 의리로서 주장하는 것은 유원지의와 해금의 병행 방침임을 알 수 있다. 타국인이 몰래 국경을 넘는다면 반드시 죽이지만, 표도(漂到)한 자에 대해서는 식량과 탈것을 주어 돌려보내기에 힘쓴다는 것이다. 의리로써 책하고 타이르면 저들도 수긍할 것이라는 것은 자신들의 처분이 누구에게나 통할 만큼 온당(穩當)했다는 확신을 드러낸다. 국왕과 권돈인이 자연스럽게 감지하고 있는 맥락적 적절성은 저들에게도 통할 만큼 자명한 것이다. 별달리 반박의 여지조차 없으므로 호전적인 서양의 부류라 해도, 두려워할 필요가 없다. 이는 사교를 믿는 서양 오랑캐들도 의리로 설득될 수 있는 존재라고 본다는 점을 증명할 수도 있다. 유교의 도가 서양인들을 감화시킬 수 있을 것이라는 견해는 이항로(李恒老)와 같은 강경한 노론 산림(山林)까지 포함해 19세기 중반에 공유된 견해였다.[29] 또 하나 의리로 책망한다[責之以理] 해도 그 책망의 수준은 과히 높지 않다. 곧 수긍할 만한 자명한 것을 일러주는 타이름(諭) 정도이다.

그리고 서양인을 설득할 의리가, 서양과의 거리두기를 주장하는 변

28　〈보론〉 2절 1항 '국지적 충실성'(특히 주 57) 참조.

29　박규수는 1848년에 지은 『벽위신편평어(闢衛新編評語)』에서 천주교를 유교의 도리로 공박하는 책을 널리 유포하게 되면 서양인들도 곧 교화되리라고 생각했다(노대환, 2005; 김명호, 2008 참조). 이항로도 서학을 비판하는 「벽사록변」(『화서집』 25권, 闢邪錄辨)에서 마테오리치 같은 서양의 현자가 중국에 오래 머물러 한자와 경전에 대한 상당한 이해에 도달했음에도 불구하고 교화되지 않은 것을 안타까워했다. 그들이 경전에 대한 상당한 이해의 수준에 도달한 것은 성심으로 학습하는 마음이 있었기 때문인데, 다만 중국과 너무나 다른 풍속을 가진 곳에 태어난 탓에 불행히도 대도(大道)의 요체를 얻지 못했다는 것이다. 중화의 문명으로 오랑캐를 변화시킨다는 용하변이(用夏變夷)가 서양에도 적용되어야 하고 적용될 수 있다는 것은 이항로에게도 분명했다.

금과 유원지의라는 점은 주목할 만하다. 관계 희박한 타자를 설득하는 의리란 다시 그 관계 희박성을 깨닫게 하는 것이다. 현대적 용어로 해석하면, 이미 관계 희박한 타자로 전제하고 있는 가운데, 그 관계 희박한 타자가 접근해올 경우 그들을 관계 희박한 타자로 두는 해금과 유원지의를 옳은 것으로 설복함으로써, 또다시 관계 희박한 타자로 돌려보낸다는 것이다. 서양인은 무단으로 범월했든 표도했든, 죽이거나 그들이 살던 데로 돌려보내거나 해서 이 나라 사람들과 격절시켜야 하는 존재들인 것이다. 죽임이 원망스럽다면 다시 안 오면 그만이지, 원망스럽다고 해서 공갈을 하며 몰려나올 필요가 없다.

결국 조선 안에서 사교(邪敎)를 믿는 이단(異端)이야말로 서양과 조선이 격절된 일반적 상태를 깨뜨리는 가공스러운 것이다. 인심을 현혹시키고 어지럽혀 인류을 저버린 금수의 상태에 이르게 하는 이단은 철저히 배제되어야 할 것이며, 기해사옥 당시의 「척사윤음」은 천주교를 이와 같은 관점에서 이단으로 비판하고 있었다.[30] 이제 더더욱 위험한 점은 이단이 머나먼 타자를 유인해낸다는 점이다.

3) 주체는 침입해온 서양이 아니라
천주교도와 자기자신에게 책임을 묻는다

서양과 연관과 반향의 정도가 약하다는 판정은 서양에게 위협과 공갈의 책임을 지우지 않는 주체의 윤리적 태도를 수반하게 된다. 서양

---

30 凡所以奉天而事上帝者 豈有出於四端五倫之外哉 嗚呼 粤自義農堯舜 繼天立極 其寅畏而祇承 惇敍而敬敷者 惟此而已 亦粤我夫子 祖述憲章之後 至于有宋群賢 其明天理淑人心者 惟此而已 毫釐有差 猶謂之異端 況乎陰沴荒誕 怪詭不經之外道乎 國有常刑 必殺無赦 此所謂辟以止辟也(『헌종실록』, 1839년 10월 18일)

의 침입에 대한 책임은 내응자에게로 돌려진다. 비난해야 할 대상은
천주교도가 된다. 나아가 이단을 다스리는 것은 백성을 교화하고 정도
로 이끌어야 할 국왕의 책무이기도 하며, 무엇보다도 이단이 발생하고
치성하는 것은 국왕이 반성해야 할 점이 된다.[31] 그러므로 위 인용문
에서 권돈인이 말하듯이, 프랑스 전함이 온 것은 외환(外患)이 아니라
집안의 변란[蕭墻之變]이 되는 것이다.

다음해인 1847년 라피에르가 이끄는 프랑스[佛蘭西] 군함이 또 한번
내도했을 때 성근묵(成近默)이 올린 상소를 보자. 이는 『헌종실록』에
실린 전문이다.

> 듣자옵건대, 지난해에 홍주에 온 이양선이 이미 흉서를 보내어 잠월(潛
> 越)한 서양인으로서 사옥 때에 주살(誅殺)된 자를 우리가 죽였다고 하였다
> 하니 그 사연은 사리를 밝힐 것도 못됩니다마는, 우리나라 사람으로서 와
> 주(窩主 : 도둑이나 그 장물을 숨겨주는 사람—인용자)가 된 자는 형적(形
> 跡)이 이미 드러나서 하루도 용서할 수 없으므로 정상을 궁극히 핵사(覈査)
> 해야 할 것인데도 조정에서 관대하였던 것은 다만 우리가 해야 할 것을 하
> 면서 불치(不治)로 다스린 것이니, 만 리 밖에서 밝게 보고 70일 만에 와서
> 귀화하는 일이 있을 터입니다. 그런데 어찌하여 적모(賊謀)가 남몰래 점점
> 더하고 화란(禍亂)을 교결(交結)하여 빚어내어 이번에 고군산에 양선(洋
> 船)이 온 일이 있게 되었습니까? 이것이 과연 표류하여 온 배이겠습니까?
> 해적(海賊)이겠습니까? 표류하여 온 배로 대우하여 마치 먼 데서 온 자처럼

---

31 기해사옥 시의 척사윤음에서도 국왕이 사교를 막는 것을 자신의 책임으로 세우는 대
목이 있다. "嗚呼 今距辛酉四十年所 禁網寢疏 邪敎又盛 虺蜮匿影 稂莠易種 逆竪變
姓而出沒 妖譯齎貨而交通 潛募洋人 至於再三 而聲氣接於異域 脈絡遍於同黨 比諸
辛酉 殆有浮焉 肆予小子 謹遵皇祖之謨 恭奉慈聖之命 不敢不行天之罰 雖其迷昏而
莫之返 淪沒而莫之拯 駢首連肩 自底大戮 而予惟爲民父母 其能無哀痛惻怛之心 戚
戚于中哉 嗚呼 予聞不敎而刑 謂之殄民 予當以邪敎源委 逐條卞析 用播告于爾在廷
臣隣及我八方士女 俾各曉然 爾尙欽哉"(『헌종실록』, 1839년 10월 18일)

회유한 것은 반드시 응변(應變)하는 기책(奇策)이 있었겠으나, 심복(心腹)을 드러내고 정실(情實)을 드러내어 본연(本然)의 약한 것을 보이는 것이 아닐 수 있겠습니까? 적이 온 것에는 반드시 까닭이 있을 것이고 머무르는 데에는 반드시 믿는 것이 있을 것입니다. 사당(邪黨)으로서 와주가 된 자 중에 반드시 그 사람이 있을 것인데, 불문에 부친다면 고금 천하에 어찌 이런 일이 있겠습니까? 아! 오랑캐 사신(1636년 2월에 들어온 後金의 사신 龍骨大를 가리킨다―인용자)을 베기를 청할 사람이 오늘날에 어찌 없겠으며, 강홍립(姜弘立 : 광해군의 지령에 의해 후금에게 항복한 조선군 장수―인용자)이 향도(嚮導)한 것과 같은 일을 오늘날에 다시 보겠습니까마는, 양적(洋賊)이 오랑캐 사신과 같지는 않더라도 저 사당은 강홍립과 비슷하다는 것을 모르는 듯합니다. 우리가 적을 헤아리는 것이 도리어 적이 우리나라를 엿보는 것만 못한데, 한갓 사술(邪術)에 속고 사적(邪賊)에 깔보이며 오직 요사(妖邪)를 보양(保養)하는 것을 화란을 늦추는 장책(長策)으로 여긴다면, 장차 우리 소중화의 온 고장이 함께 멸망하여 요수(妖獸)·괴조(怪鳥)가 되어도 구제할 수 없을 것입니다. 예전부터 융적(戎狄)의 화(禍)에 어찌 선악을 가릴 만한 것이 있었겠습니까마는, 이 적으로 말하면 방자하게 의리를 말하고 전에 없던 이단을 새로 만들어 성인의 도를 위협하니, 이것은 화이(華夷)·인수(人獸)가 갈라지는 큰 요점입니다. 양주묵적(楊朱墨翟)의 도는 자신이 난신적자가 되는 일이 아니나, 맹자는 말하기를, '인의(仁義)가 막히면 짐승을 이끌어 사람을 먹게 한다' 하고 또 '능히 양주묵적을 물리치는 자는 성인의 무리이다' 하였습니다.

저 사선(使船)이 말(馬)처럼 바다를 마구 다니면 이는 거의 범에 날개가 달린 듯하여 더불어 대적할 자가 없을 듯하나, 요사를 부리고 제 힘을 믿는 데도 천하에 적이 없다는 것은 신이 전에 듣지 못한 것입니다. 대개 요(妖)가 덕(德)을 이기지 못하고 사(邪)가 정(正)을 이기지 못하는 것은 천지를 세운 상리이니, 이제 천지가 무너지고 인류가 다한다면 그만이겠으나, 그렇지 않다면 어찌 요순주공의 도가 해외의 요사한 적에게 욕을 보게 되는 일이 있겠습니까? 오늘날 성지(聖志)가 근학(勤學)에 있고 성학(聖學)이 주경(主敬)에 있는 것은 논할 수 없습니다만, 빠지고 부족한 것이 있고 없고는 오직 임금님께서 반성하시는 바에 달려 있으니, 허물이 있으면 일식·월식처럼 숨기지 않고 고치며 착한 것을 보면 바람·천둥처럼 신속히 옮겨서 성지가 그칠 데를 알고 성학이 매우 밝아 정론(正論)이 크게 행해지고 정기(正氣)가 굳세게 채워져서 대명(大明)이 중천(中天)하여 만물이 다 보듯이 하신다면 저 음사한 자가 감히 그 사이를 범하겠습니까? 또한 어찌 양학(洋學)이 근심스럽고 사당이 두렵겠습니까?**32**

성근묵의 상소는 라피에르 함대에 대한 조정의 처치가 온건하고 유화적이라고 비판한다. 그렇다고 이양선을 표도한 배로 가정(假定)하고 유원지의로 대우하는 것을 그만두고, 무력으로 공격하고 쫓아냈어야 한다고 주장하는 것은 아니다. 강경한 어조의 상소문 가운데서도 서양

---

32 伏聞去年洪州異樣船 已有凶書之投 而以潛越洋人之見誅於邪獄者 謂我戕殺云爾 則其辭有不足辨也 而我人之爲賊窩主者 形跡已露 不可一日容貸 所宜窮覈情節 而朝廷寬大 只是爲吾所當爲 而治之以不治者 庶有萬里明見 七旬來格之化矣 奈之何賊謀之潛滋暗長 而禍亂之校結醞釀 以至有今 古群山洋船事耶 此果漂船乎 海賊乎 其待之以漂船 柔之若遠來者 其必有應變之奇策 而得非所謂披心腹露情實 示之以本然之弱者耶 賊之來也 必有所以也 其留也必有所恃也 邪黨之爲窩主者 必有其人 而付之勿問 則古今天下 寧有是耶 噫 虜使請斬 其無人於今日乎 弘立鄕導 將復見於今日乎 洋賊雖非虜使之類 而彼邪黨者 恐不知爲幾弘立也 我之料賊 反不如賊之覘國 而若徒見詎於邪術 見陵於邪賊 惟以保養妖邪 爲緩禍之長策 則將見我小中華一域 淪胥爲妖獸怪鳥而莫之救也 從古戎狄之禍 豈有善惡之可辨 而至於此賊 則肆然稱義理 俑厥無前之異端 以威脅聖人之道 此華夷人獸之大關棙也 楊墨之道 非身親爲亂臣賊子之事也 孟子曰 仁義充塞 率獸而食人 又曰 能言拒楊墨者 聖人之徒也 彼之使船 如馬橫行大海 此殆虎而翼者 疑若無與爲敵然 售妖負力而無敵於天下云者 臣未之前聞也 蓋妖不勝德 邪不犯正 卽建天地之常理也 今若天地壞而人類盡則已 苟非然者 安有以堯舜周孔之道 爲海外妖邪之賊所傡辱也耶 今日聖志之在勤學 聖學之在主敬 不可得以議也 而至於闕遺之有無 惟在乎睿念之反省 過則如日月之更 善則如風雷之遷 若聖志知止 聖學克明 正論大行 正氣盛壯 如大明中天 萬物咸覩 則彼陰邪者 敢干於其間乎 尙何洋學之可憂 邪黨之可畏也哉(『헌종실록』, 1847년 8월 9일)

오랑캐에 대한 직접적 공세를 촉구하는 구절은 찾아볼 수 없다.

상소문의 주장은 "적이 온 것에는 반드시 까닭이 있을 것이고 머무르는 데에는 반드시 믿는 것이 있을 것입니다. 사당(邪黨)으로서 와주가 된 자 중에 반드시 그 사람이 있을 것인데, 불문에 부친다면 고금 천하에 어찌 이런 일이 있겠습니까?"라는 말 속에 압축되어 있다. 성근묵에게도 프랑스가 접근한 것은 내응자의 내응이 아니라면 생각될 수 없는 것이다. 다만 이 상소는 이양선을 불러들인 내응자를 처벌하는 조치가 이루어지지 않은 것은 잘못임을 강경하게 주장하고 있다. 사교에 물든 내응자를 처벌하지 않는다면 화란(禍亂)을 촉진할 뿐이며, 나라 사정을 양적(洋敵)에게 노출하는 결과를 낳을 뿐이라는 것이다. 그리고 내응자의 내응과 양적의 유입은 이단이 치성하고 성인의 도가 무너져 인륜이 없는 금수의 상태로 몰락시킬 것이다. "한갓 사술(邪術)에 속고 사적(邪賊)에 깔보이며 오직 요사(妖邪)를 보양(保養)하는 것을 화란을 늦추는 장책으로 여긴다면, 장차 우리 소중화의 온 고장이 함께 멸망하여 요수(妖獸)·괴조(怪鳥)가 되어도 구제할 수 없을 것입니다."

의리로 책하고 타이르면 쉬 물러갈 것이므로 서양의 부류를 두려워할 필요가 없다는 권돈인의 주장에 비해 강경책을 주문하지만, 서양인이 찾아온 것이 내응자 때문이므로 내응자를 다스림으로써 서양인의 유입을 막아야 한다는 점에서 권돈인과 성근묵은 다르지 않다. 양자는 서양의 부류가 성인의 도를 숭상하지 않는 이단이라는 점을 알지만, 그것에 대해 직접적인 공세를 취하는 방안은 생각지 않고 있다. 성근묵의 상소에서 특징적인 것은 무도한 이 내응자가 그것과 연계된 타자의 위협을 경감하는 방향으로 작용하기보다는 오히려 더욱 가공스러운 것으로 만드는 방향으로 작용한다는 점이다.

궁극적으로 국왕과 조정이 취해야 할 올바른 조치는 내응자를 처벌하고 내수(內修)에 힘쓰는 것이다. 성근묵의 상소에서 궁극적으로 서양 오랑캐와 사당에 대한 해결은 내수로부터 가능하다. 어긋남(邪)이 올바름(正)을 이기지 못하는 것은 천지의 상리이므로, 허물이 있으면 드러내 고치고 착한 것을 신속히 옮기면 바른 기운(正氣)이 가득해져서 음사한 것들이 감히 범접하지 못할 것이라고 예견하고 있다. 양적이 요사를 부리고 힘을 자랑한다 해도, 그것은 우주의 일반적 패턴, 즉 상리(常理)에서 용납되지 못하는 것으로 드러난다.

이 상소문의 저자는 세계의 일들이 세력들간의 경쟁과 힘의 우위에 의해 결정되는 배치 속에 있지 않다. 서양 오랑캐를 힘으로 제압하거나 그들보다 더 강한 무력을 지녀서 위세(威勢)를 부리려는 등의 욕구나 계획은 떠오르지 않는다. 그 조리(條理)에서 어긋나는 것은 그 조리에 맞는 것에 밀린다는 우주론 안에 있으면서 전반적인 기운이 바뀌기를, 그래서 저 요사한 것들이 사그러들기를 바라는 태도와 기대를 갖는다. 상리에 맞는 나날의 실천이 오히려 더 강력하게 기운을 바꾸어놓을 것이다. 매사에 허물을 고치고 바르게 행동하여 기운을 바꿈으로써 요사한 것들을 물리친다. 그러므로 상리를 통관(通觀)하려는 자에게 서양 오랑캐의 강세는 두려워할 것이 못된다. 그것은 가변적이고 임시적인 형세일 따름이다. 서양인의 접근은 세계의 항상성(恒常性)이 깨진 사태이지만, 그 항상성은 곧 회복될 수 있다. 상리와 상도(常道)의 항상성 및 그것을 따르는 행위의 올바름이 있는 한, 기이한 사태는 소멸될 것이라는 낙관적 기대가 있는 것이다.

1848년 4월 10여 척의 이양선이 연속 출현했다는 보고가 대마도주로부터 들어옴으로써, 또다시 프랑스군함의 침입이 우려되었을 때도,[33] 영의정 권돈인은 임금에게 경서 강학을 열심히 하고 신하들과 정

---

[33] 이때 이뤄진 차대에서 국왕과 헌종의 대화도 서양과 조선은 관계 희박하며, 서양의 침입은 내응자 때문이라는 전형적인 이해가 이루어지고 있음을 볼 수 있다(『일성록』, 1848년 4월 15일 참조).

사를 의논하는 것을 자주할 것을 촉구하고 있다.

　신(臣)이 바로 지금의 사단(事端) 때문에 구구히 우러러 권면할 것이 있습니다. 오늘날 나라의 형세는 위태롭다고만 말할 수 없습니다. 대마도(對馬島)에서 고시(告示)한 문첩(文帖)이 반드시 그러하리라는 것을 어찌 알겠으며, 또한 반드시 그렇지 않으리라는 것을 어찌 알겠습니까? 중외(中外)의 인심이 동요하여 진정(鎭定)할 수 없는 것은 신들이 국사를 도모하는 것이 충실하지 못하여 점점 이 지경이 되게 한 것이므로 먼저 천신(賤臣)부터 일을 그르친 주벌(誅罰)을 받아야 하겠습니다. 사죄(死罪)에 해당한 어리석은 신은 그윽이 생각하건대, 이 일은 전하께서 특히 한 번 마음을 전환(轉換)하는 사이에 달려 있는 일입니다. 옛사람이 말하기를, '백성을 편안하게 하고 환난(患難)을 염려하는 데에는 덕을 닦는 것만한 것이 없다' 했는데, 이제 전하께서는 강독을 멈추신 지 이미 몇 해가 되었습니다. 비록 요순 같은 성인일지라도 반드시 뭇사람의 지혜에 의지하므로 임금과 신하가 한 당(堂)에서 가부를 의논하였으니, 정일(精一)한 학문과 풍동(風動)하는 정치가 다 여기에 달려 있는데, 이제 전하께서 신하들을 불러 만나시는 것은 이처럼 아주 드뭅니다. 이제 힘써야 할 급한 일을 생각하면 본디 어찌 한정이 있겠습니까마는, 이 몇 가지 일보다 급한 것이 없을 것입니다.[34]

　권돈인이 임금에게 요청하고 있는 바는 강학을 자주 하고 신하를 가까이 두고 정사를 돌보라는 것이다. 그러나 이 요청을 수락할 때 국왕이 지게 되는 책임과 의무는 무엇인가? 이는 경전을 읽으면서 현재 문제되고 있는 프랑스 군함의 침입을 의제로 올려 그 대책을 치밀하게 준

34　"古人曰 安民慮患 莫如修德 今殿下講讀之停閣 已幾年矣 雖堯舜之聖 必藉於衆知 故君臣一堂 日都日兪 精一之學 風動之治 皆在於是 今殿下之召接臣隣 若是其絶罕矣 顧今當務之急 固何限 而未有急於此數者矣"(『헌종실록』, 1848년 4월 15일)

비하라는 것도 아니다. 전체적으로 보아 왕이 성실하지 못하니까 인심이 소란하고 진정이 되지 않는다는 내용인 듯하지만, 강학을 열심히 하는 모습을 보여 그 전시효과를 가지고 백성들을 위무하라는 것도 아니고, 인심만 진정되면 아무 문제가 아니라는 것도 아니다. 권돈인이 왕에게 강학을 자주 하라면서 요청하는 바는 오직 성인의 모범에 비추어 그 스스로 올바르게 행동하라는 것이다. 이를테면 왕은 요순처럼 행동하여야 한다. 프랑스군이 쳐들어올지도 모르고 인심이 소란한 와중에 왕은 자기 수양을 열심히 해야 하는 것이다. 그러면 사태가 좋아지리라는 것이다. 왕의 올바른 행동이 광범위한 과정의 변화를 불러오리라는 기대가 있다. 이 기대를 집약하는 것은 '바람이 무엇을 움직인다'는 뜻의 풍동(風動)이라는 어휘이다. 『서경』「우서(虞書)」 '대우모(大禹謨)'에는 "바라는 대로 다스려져서 사방이 풍동하게 하니[從欲以治 四方風動]"라는 표현이 있다. 왕이 어떤 인위적 · 형벌적 조치를 취하지 않는데도 백성들이 왕에게 감화되어 그의 뜻에 어긋나게 행동하지 않는다는 것이다. 왕의 덕은 그런 정도의 감화력을 갖는 것이다. 덕이란 상응하는 감응적(responsive) 과정을 불러일으키는 것이기 때문이다.

오늘날의 시각에서 내수와 자강불식을 촉구하는 것은 기강(紀綱)을 잡고 분위기를 정렬하는 제스추어 정도로 보일 수도 있다. 지배적 지위의 이들은 기강이 흐려지고 분위기가 흐려지는 것을 두려워한다고 치부할 수 있다. 그러나 일전을 앞둔 자세 다듬기 혹은 지위를 유지하기 위한 술책 정도로 보기에는, 그 기강과 분위기를 잡는 것에 결정적인 중요성이 부과되어 있다. 내수는 자기자신을 천하의 도에 맞게 가다듬음으로써 자기자신을 바르게 하는 것일뿐더러, 기운을 변화시켜 상황을 바꾸는 효력을 갖는다고 여겨지고 있다. 그러므로 '백성을 편안하게 하고 환난(患難)을 염려하는 데에는 덕을 닦는 것만한 것이 없'는 것이다.

정리하자면, 서양을 관계 희박한 자로 규정하고, 관계 희박한 자의 침입은 내치의 결함인 사교의 내응으로밖에 판단될 수 없게 되면, 결국 문제의 근원은 국왕과 그를 보좌하는 관료들이 정도(正道)를 밝히는 정치를 펼치지 못한 데 귀결된다고 할 수 있다. 여기서 외환의 위협은 국왕의 덕과 내치의 완성 정도를 재는 척도로 기능하고 있다. 멀리 떨어져 있고, 관계의 정도도 엷은 타자는 나의 행동을 촉발할 어떤 원천도 되지 못하는 만큼, 관계 희박한 자의 침입은 결국 주체 자기자신이 덕을 쌓지 못해 관계한 자들을 감화시키지 못했기에 벌어진 것이다. 서양의 접근은 타자에 대한 적극적 대응을 자제시키는 대신 자기자신에 대한 윤리적 반성을 촉발한다. 정도를 밝힐 책임은 국왕과 관료, 그리고 사족들에게 있으므로, 외환은 내수를 위한 자강불식(自强不息)을 촉구하고 결심하는 계기로 나타나고 있다.

또 이렇게 윤리적 재정렬이 요구된다면, 이는 국왕과 주변인들의 마음과 기강을 흐리는 것이 발생했다는 점을 뜻할 것이다. 서양 배의 내항은 그 자체로 경악을 낳기 때문이다. 위 권돈인의 상소는 "중외(中外)의 인심이 동요하여 진정(鎭定)할 수 없는" 상태에 놓여 있다고 진단한다. 더 올라가 보자면 황사영 백서가 발각되었을 때, 조선은 연행사절로 하여금 연경의 천주당을 살피게 할 만큼 경악한 상태였다(『순조실록』, 1802년 4월 10일 참조). 성근묵의 상소와 권돈인의 주청에도 불구하고 1846~1848년 당시 헌종은 프랑스 군함이 무력으로 침입할 것이라는 두려움을 씻어내지 못하고 있었다.[35] 당시 프랑스 전함의 내항에 큰 관심을 기울인 이규경(李圭景)은 프랑스가 어디에 있는지도 정확히 알 수 없는데다, 성리학을 밝혀 천주교를 배척해야 한다는 내수 강화의 입장을 갖고 있는 처지에서, 프랑스군함의 내항이 임진·병자호란과 같은 변란의 조짐이 될 수도 있다고 우려하는 글을 남기고 있었다.[36] 관계 희박한 자로 처우

---

35 『일성록』, 1846년 7월 15일; 『헌종실록』, 1847년 8월 9일; 『일성록』, 1848년 4월 15일 참조.
36 『五洲衍文長箋散稿』經史篇「斥邪敎辨證說」; 번역문은 http://db.itkc.or.kr/index.jsp?-

되기 이전에 서양은 이미 성내에 소란을 일으키고 사족들과 국왕을 겁에 질리게 하는 목전의 위협인 것이다. 즉 관계 희박한 타자로서의 서양의 이면에는 위험과 놀람이 가시지 않는 서양이 있는 것이다. 그리고 서양의 출현이 놀랍고 위협을 주는 것은 멀리 떨어져 있어 전혀 아무런 관계도 없는 그것이 바로 눈앞에 나타났기 때문이다.

성근묵의 상소에 대한 헌종의 다음과 같이 비답에서 이 점이 잘 나타난다.

> 이양선이 해마다 오는 것은 놀랍고 의아하다. 이제 그대의 상소를 보건대 사를 물리치는 논의(闢邪之論)가 매우 절실하고 명쾌하니 비류(匪類)가 들으면 마음을 고치고 자취를 감출 만하다.[37]

헌종은 비류, 즉 전선을 타고 온 프랑스 군대가 1846년에 이어 47년에도 찾아온 것이 매우 놀랍고 의아하다고 표명한다. 의아(疑訝)하다는 것은 까닭을 알 수 없다는 뉘앙스이므로 경악할 만하다는 표현으로 바꿔 읽을 수 있을 것이다. 이치에 합당하지 않은데도 해마다 벌어지고 있는 그 사태는 경악할 만한 것이다. 그래서 오직 사교의 준동으로밖에 설명되지 않는 것이다. 하지만 멀리 있는 것이 가깝게 찾아오는, 이

---

bizName=MK 참조. 이규경은 서양에 대해 비교적 개방적이었다는 평가가 있다(원재연, 2005). 박물학적인 관심을 가진 그는 중국이 교역하는 것을 보고 조선도 일본이나 만주 외의 다양한 이국(夷國)들과 교역하여 부유해질 것을 희망하기도 한다(『五洲衍文長箋散稿』, 人事篇,「與番舶開市辨證說」). 그는 서양 선박의 내항을 듣고 "암내 난 소나 말이 서로 짝지으려 해도 가까이 할 수 없는 것 같은 거리인데 배를 타고 와서 정박하니 매우 기이한 일"이라면서 '서동문거동궤(書同文車同軌)'와 같은 천하의 실질적 확대를 기대한다(『五洲衍文長箋散稿』, 論史篇,「西洋通中國辨證說」). 그러나 그가 기대하는 교역이나 서동문거동궤(書同文車同軌)는 상상될 수 있는 장래의 사태일 뿐이다. 실제로 프랑스군함이 두 차례에 걸쳐 내도했을 때는 내응자를 생각하고 경악했다.

37 異船之課歲來到 甚是駭訝 今見爾疏 闢邪之論 痛切明快 若使匪類聞之 足可以革心而斂跡(『헌종실록』, 1847년 8월 5일).

치에 합당하지 않는 사태 자체는 놀라움을 주는 그 성격을 잃지 않는다고 하겠다. 그러면서 정학을 밝히는 논의가 사학을 물리치는 것일 뿐만 아니라, 주체 자신의 놀람과 의아함을 씻어주리라고 기대하고 있다. 즉 주체의 내수는 교화의 영향을 미치는 것임과 동시에, 그 자신에게 일어난 경악과 혼돈에 대한 다스림이기도 하다.

앞서 인용한 발화들을 보건대, 특정한 요소들이 모여 일정한 담론적 실천의 형태를 갖춰나가고 있는 것을 알 수 있다. 그 얼개를 그려보자면, 먼저 ㉠ 서양과 조선은 거의 아무런 관계도 없고, ㉡ 서양의 침입은 사교에 물든 무리의 내응(內應)에 의한 것이며, ㉢ 주체는 내수(內修)하지 못한 데 반성해야 한다는 세 요소의 조합으로 생각될 수 있다. 이 세 요소가 이루는 결합이 순전히 인식론적이기보다는, 주체의 행동을 처방하는 윤리적 방향설정이기도 하다는 점에 유의해야 한다.

이같은 공통점에 주목할 때, 연관된 발화들을 엮어 하나의 담론형성체로 범주화할 수 있다. 이 담론형성체를 '관계 희박—내응자 담론'으로 이름짓기로 하자. 이 담론형성체 안에서 서양의 의미작용에는 상호 교란되는 두 면모가 있다. 서양은 관계 희박한 타자이지만, 이치에 합당하지 않게도 내응자에 의해 갑작스럽게 출현한 타자이기도 한 것이다. 황사영 백서나 두 차례에 걸친 프랑스 전함의 내항, 그리고 이양선에 대한 대마도주의 보고는 국왕과 조정을 경악시킴은 물론 여항간에도 큰 소란을 일으켰다. 그러므로 이 담론형성체 안에는 관계 희박한 서양 및 천주교도와 내응하는 서양 못지않게 '경악할 만한 서양'이 아울러 있다고 할 수 있다. '관계 희박함'과 '내응자' 사이에는 이치에 합당하지 않게 불현듯 찾아온 서양의 모습이 비친다. 이렇게 설명될 수 있다. 관계 희박하다는 기준에 의해 목전에 들이닥친 서양은 경악할 만한 존재가 되며, 또 서양이 관계 희박한 자로 설정됨으로써 목전에 닥친 그것을 멀리 떼어놓아 위협이 경감되고 내치의 문제로 전화되는 것이다.

멀리 있어야 할 서양이 해마다 찾아오는 사태에 대해, 놀라는 조선의 국왕과 선비들은 서양을 여전히 관계 희박한 먼 존재로 돌림과 동시에 내응자와 연계시킨다. 위협을 주는 그것은 나와 거의 관계되지 않는 것이 눈앞에 닥친 것이다. 그것은 눈앞에 있되 눈앞에 있지 않은 것이며, '나'를 놀랍게 하지만 그것과의 적절한 관계맺기를 포함한 윤리적 고려의 대상이 아니다. 다만 내응자의 처벌을 통해 그리고 나날의 실천을 올바르게 하여 주체 자신을 가다듬음으로써 대응될 수 있을 뿐이다. 그러나 그것이 눈앞에 있는 한, 적극적으로 대응되지 않는다 해도 주체의 반경 안에 접근했다는 점까지 부정될 수 있는 것은 아니다. 이렇게 보면 관계 희박-내응자 담론은 타자의 갑작스런 침입에 따른 놀람에 대한 방어라고 볼 수도 있을 것이다. 19세기 중엽의 조선은 인근 해역에서 무장한 서양의 위협을 대수롭지 않게 여기면서도, 갑작스레 출현한 서양에 대해서는 경악하는 두 극단 사이에서 동요하고 있었다고 할 수 있다.

　　이 담론형성체에서 서양의 의미작용과 주체의 위치를 결합시키는 독특한 주체성 양식(the mode of subjectivation)을 추출해볼 수 있다. 여기서 주체가 타자에 대한 의무를 아는 데 있어, 그 타자가 무엇인가, 그가 올바른 자인가 아닌가를 아는 것보다 그와 나 사이의 관계가 어떠한가를 감지하는 것이 더욱 관건적이다. 그의 마음을 들여다본다거나 그의 행적을 조사하는 것 이상으로 천하에서 타자와 주체 자신 사이의 연관 패턴을 따진다. 관계의 연결점으로서 주체에게 있어 타자와의 연관 패턴이야말로 마땅히 해야 할 의무를 제시하기 때문이다. 그러므로 이러한 주체성 양식을 '관계적 주체성(relational subjectivity)'이라고 일컬을 수 있다. 관계 희박-내응자 담론에서 관계적 주체성은 특히 유교 특유의 우주론적 구도를 활용하여 가동된다. 유사와 인접 관계로 연결된 상관적 우주 안에서 주체는 스스로에게 그 패턴에 맞추어 그리고 자신이 처한 자리에 적절하게 행동할 것을 요구한다. 그리고 천하만물의 상관적 패턴은 현저히 유비적인데, 이나 의와 같은 용어들은 사태를 상관적인 복합체로 묘사하면서, 상관적인 복합체 안에서 마땅히 해야 할 도리를 지시한다. 성리학적 설명대로 이(理)는 생성의 패턴[所以然之故]이면서 만물이 의당 따라야 할 표준[所當然之則]이기 때문이다.

여기서 문제시되고 있는바, 이단을 믿는 오랑캐인 서양의 부류들에게 직접적인 책임을 돌리지 않은 것도, 서양이 조선과 은혜도 원한도 없는 상태, 서로 맥락이 상통하지도 감응하지도 못하는 격절된 상태라는 판정이 수반한 것이었다. 그러므로 '은혜도 원한도 없다'거나 '맥락이 상통하지 않는다'라는 말은 타자의 심리나 행적을 대상화하는 것이 아니라, 주체와 타자 사이의 연관과 반향의 패턴에 대한 판정인 것이며, 또 그 안에서 주체가 차지하는 자리에 대한 판정인 것이다. 그리고 그 판정은 주체에게 연관 패턴에 맞추어 그리고 그 자리에 적절하게 행동할 것을 요구하는 것이다. 주체에게 서양이 관계 희박한 타자로 설정된다는 것은 서양을 부정하거나 적대시하는 것과는 다른 것이다. 오히려 이는 위협하는 서양을 탓하고 비난하는 것을 자제하게 만든다. 서양과 조선 사이에 반향과 공명의 정도가 낮으므로, 서양의 접근은 천주교도의 내응에 의한 것으로 포착되고, 그 천주교도는 주체에게 밀접한 상대자이므로 책임을 지우고 처벌할 수 있게 된다.

또 서양의 접근이 상리에 맞지 않는 사태라면, 주체는 내응자를 없애는 것과 아울러 내응자가 생기지 않도록 주변을 바른 기운으로 채움으로써 대처하게 된다. 만물에 범응(凡應)하되 혼연(渾然)히 하나의 도로 연결된 천하 안에서 상리에 맞는 나날의 실천, 혹은 정학을 세우는 기강은 기운을 바꿔 사학의 치성을 막는 효능을 갖는 것이다. 결국 서양이라는 외부의 타자의 침입은 정도를 실천하도록 자기자신을 닦고 가다듬는 것으로 귀결된다. 위해를 가하는 타자가 주체에 대해 관계 희박한 위치에 설 때, 관계적 주체는 자기자신의 나날의 실천 전체를 문제화하고 조탁(彫琢)해 나갈 것을 스스로에게 요구하게 되는 것이다.

이런 요소들을 지닌 담론형성체는 1866년 병인양요가 발발할 당시에도 발견된다. 앞서 대원군 집권하의 조정은 병인사옥을 일으켜, 남종삼(南鍾三), 홍봉주(洪鳳周) 등 조선인 천주교도들과 더불어 또다시 프랑스인 선교사 9명을 처형하였다. 청에 주재하던 프랑스 극동함대와 프랑스 공사가 보복을 결정한 뒤 공친왕을 통해 조선에 대해 선전포고를 하자, 청 예부는 프랑스[法國]가 자국의 선교사 살해 사건을 빌미삼아 군대를 동원하여 조선을 공격하려 한다는 자문(咨文)을 조선 조정에 보냈다. 이토록 위급하던 1866년 7월, 조선 조정이 청 예부에 보내는 회자(回咨) 말미에는 다음과 같은 구절이 있다.

우리나라와 프랑스는 넓고 큰 바다로 막혀 있어 서계(書契)를 서로 통하지도 못하는데, 무슨 오래된 원망이나 미움이 있다고 온전히 돌려보낼 방도를 생각하지 않고서 차마 이와 같이 사형에 처하는 조치를 취하겠습니까? 이번에 프랑스에서 주장한 말은 미처 생각해 보지도 못한 문제입니다. 우리나라가 후미지고 먼 곳에 있어서 전혀 기회(機會)에 어두웠는데, 다행히도 여러 대인들이 재난을 없애주고 분규를 해결해주시는[排難解紛] 혜택을 입었고 깊이 생각하여 만전을 기하는 계책까지 가르쳐 주었으니, 이는 진실로 일반 규례를 벗어나 잘 돌봐주고 도와주려는 훌륭한 덕과 지극한 생각입니다. 앞으로 사행(使行) 때 그 정성에 사례하기를 기다리면서 이에 먼저 자세히 갖추어 회답합니다.[38]

인용되지 않는 자문의 전반부에는[39] 유원지의와 해금의 병행 방침

---

38 弊邦與法國 隔以重溟 不通書契 抑有何舊怨夙嫌 不思所以全歸之方 忍行此誅殛之
擧乎 今此法國之執言 圖慮之所不及也 弊邦僻遠 全昧機會 而幸蒙諸大人之排難解
紛 敎之以熟思萬全之計 此誠格外眷佑之盛德至意也 容俟前頭使行 稱謝忱悃 玆先
備悉事由 有此覆陳(『고종실록』, 1866년 7월 8일)

을 들어 프랑스인 처형의 정당성을 주장하는 내용이 들어 있다. 그러나 문제는 조선 조정이 그렇게 마땅한 처분으로 여기는 그것이 프랑스로부터 반발을 불러일으켜 군사를 일으키는 결과를 몰고왔다는 점이다.

이 시기는 1856년부터 벌어진 2차 중영전쟁이 1860년 청의 완패로 귀결된 다음이었다. 2차 중영전쟁의 결과 영국, 프랑스, 미국, 러시아의 외교사절은 완전한 외교적 평등이라는 조건 아래 북경에 주재할 수 있게 되었다. 조약체제가 본격 가동되기 시작한 것이다. 조선 조정도 1860년 영불연합군에 의해 북경이 점령되고 원명원이 불타고 황제가 열하로 피난할 만큼 사정이 다급했다는 것을 비교적 신속히 알고 있었고, 북경조약 이후 서양인이 북경에 상주하게 되었다는 것도 잘 알고 있었다(『일성록』, 1860년 12월 9일; 1861년 3월 27일; 1861년 6월 19일). 이렇게 외교사절이 북경에 상주하는 상황에서 북경주재 프랑스 공사가 선전포고를 한 것이다. 프랑스가 북경에 외교관을 상주하고 있다면, 현재의 시각으로 보아 조선과 프랑스가 넓고 큰 바다로 막혀 있다고 볼 수도 없을 터이다. 그리고 병인사옥 시 조선을 탈출한 리델(Ridel) 신부가 천진(天津)에 주재한 극동함대사령관 로즈(Pierre Gustave Rose)에게 알림으로써 프랑스 공사가 공친왕을 통해 선전포고를 감행했다는 것이 확립된 사실(史實)이기도 하다.

그런데도 "우리나라와 프랑스는 넓고 큰 바다로 막혀 있어 세계를 서로 통하지도 못하는데, 무슨 오래된 원망이나 미움이 있다고 온전히 돌려보낼 방도를 생각하지 않고서 차마 이와 같이 사형에 처하는 조치

---

39 弊邦自昨冬以來 有凶徒匪類 聚黨糾結 潛圖不軌 遂乃掩捕 則異國人八名 不知何處 冒越 衣冠言語, 與東國無別 甚至姦昵婦女 幻形匿跡 其久處弊境 推可量會 藉曰傳習 其教 安用此祕詭爲哉 異國人之漂到弊國者 盡行護還 至若無公憑潛越者 一切置辟 原係金石之成憲 此所以竝施當律者也 假使弊邦之人 潛入他國 冒禁煽訛 民國與受 其害 則他國必鋤誅之無遺 弊邦亦不當一毫致憾 靖封疆嚴邦禁 易地皆然矣(『고종실록』, 1866년 7월 8일)

를 취하겠습니까?"라고 되묻고 있다. 서양인 선교사를 죽였지만, 그것은 서양 나라들을 적대시하는 태도에서 나온 것이 아니다. 서양을 적대시하지 않는 것은 "우리나라와 프랑스는 넓고 큰 바다로 막혀 있어 세계를 서로 통하지도 못하"므로 "무슨 오래된 원망이나 미움이 있"을 리가 없기 때문이다. 서양에 대해 적대시하지 않는 태도는 서양이 어떠한 자인가 혹은 그의 행적이 어떠한가가 아니라, 서양과 주체 사이의 연관과 반향의 패턴 속에서 유도되고 있다. 서양인 선교사를 죽였지만, 프랑스하고는 맥락이 상통한 적도 없으므로, 프랑스에 대해 적대하는 행동이 아니었다는 설명이다. 서양이 관계 희박한 타자가 되는 것은 서양을 부정하거나 적대시하는 것과는 다른 것이다. 그것은 차라리 대립각을 세우지 않으면서, 주체 자신의 상황에 타자를 끌어들이지 않는 자세를 동반한다. 프랑스인의 처형은 프랑스라는 나라하고는 전혀 상관없는 일인 것이다. 그러므로 프랑스가 침공하는 것은 조선 조정으로서는 생각지도 못한 일이 된다.

프랑스 선교사의 처형은 아마 현재적으로도 정당화 가능할지도 모른다. 조정의 설명처럼 그들은 선교를 위해 무단 범월했고, 아직도 몇몇 이슬람 국가에서 기독교 선교를 금지하듯이 19세기 중반의 조선 조정이 기독교를 이단시하는 것은 일견 '지금도 이해될 법한' 일일 수 있다. 그리고 자국민의 학살을 항의하는 타국에 대해 자국법을 따랐을 뿐임을 강조하는 것도 '지금도' 있는 일일 수 있다. 그러나 위 자문에는 그러한 현재화된 이해에 저항하는 것이 있다. 프랑스하고는 격절되어 있으므로, 프랑스에 대한 영향, 그리고 프랑스의 반응은 전혀 생각지도 못했다는 구절들이다. 프랑스하고 서로 비난하거나 싸울 이치가 없는 것은, 프랑스인 처형이 올바르기 때문만이 아니라, 프랑스하고는 거리도 멀고 세계도 통하지 못하는 격절된 상태라 서로 원망과 미움이 있을 수 있는 사이가 아니기 때문이기도 한 것이다. 이 자문을 보건대 조선 조정의 처분에 대해 프랑스는 응(應)할 수 있는 존재론적 위치에 있지 않다. 조선 조정에게는 상리가 그러한 것이다. 그렇기 때문에 프랑스에 대해 적대하거나 그에게 대항해 자신의 옳음을 주장하기보다는 프랑스를 자신의 문제에 끌어들이지 않는 자세를 취하는 것이다.

이 자문은 프랑스에 대해 프랑스인의 처형을 정당화하는 것이 아니라, 인접한 청에 대해 '프랑스와의 관련없음'을 설명하면서 프랑스의 선전포고를 물리게 해달라고 부탁하고 있는 글이다.

조선은 후미지고 먼 곳에 있어(僻遠), 기회(機會)에도 어두웠다고 한다. 조선은 후미지고 먼 곳에 있어 사단(事端)이 만들어지는 과정과 그것에 끼어들어 사단을 해소할 만한 역량이 없다. 후미지고 먼 곳에 있다는 것은 지리적인 위치를 명시하는 용어라기보다는 천하 전체 관계망 속에서 맥락이 잘 닿지 않은 위치에 처해 있음을 드러내는 말이다. 앞서 「토사주문」에서도 보았듯이, 벽처해우(僻處海隅)는 천자나 중국인들에게 조선 국왕과 조정이 스스로를 공손히 낮추는 표현이기도 하다. 궁벽한 곳에 처한 조선 국왕이나 조정은 황은(皇恩)이나 중국인들의 너그러운 덕을 받는 위치이다. 프랑스와 직접 상대하고 싶어하지 않는 것은 단지 오랑캐에 대한 혐오감만을 드러낸 감정적 표현이 아니라, 자신이 처한 위치에 대한 충실성인 것이다. 그러므로 조선 조정은 프랑스의 공격을 피하고자 청의 조정을 요청하고 있다.

프랑스와 격절되어 있다는 것이 혐오감을 은폐한 외교적 수사로 그치지 않는다는 점은 같은 1866년 7월 8일에 내려진 의정부계를 보아도 알 수 있다.

이 일(천주교도와 프랑스 선교사의 처형 – 인용자)이 초봄에 있었는데 우리나라와 프랑스는 바다와 육지를 사이에 두고 수만 리 떨어져 있습니다. 그런데 성기(聲氣)가 상통(相通)하는 것이 이처럼 신속하니, 틀림없이 추포를 피해 소굴을 버린 무리들이 그들과 화응하고 부추겨서 그렇게 되었을 것입니다. 변경의 방어가 허술하고 법령이 해이할 데에 생각이 미치면 차라리 말을 하고 싶지 않은 심정입니다. 이른바 사학(邪學)을 믿는 불순한 무리를 서울에서는 두 포도청이, 지방에서는 각 진영(鎭營)이 각별히 조사하여 붙잡아 일일이 법대로 처리하게 하소서. 비록 변방의 금령에 대하여 말하더라도 텅 비게 내버려둘 수 없으니, 각도의 도수신(道帥臣)에게 관문(關文)을 보내 신칙하여 연해의 각 고을과 진영에서 만약 배를 기다리는 거동이 수상한 자가 있으면 즉시 그 자리에서 효수하여 여러 사람들을 경계시키라는 뜻으로 급히 공문을 띄우는 것이 어떻겠습니까?[40]

역시 내응자만 아니라면, 프랑스와 조선이 수만 리나 떨어져 있으므로 성기(聲氣)가 상통(相通)하지 않는다고 말하고 있다. 음성과 기운을 뜻하는 성기(聲氣)가 상통한다는 말은 한쪽의 진동이 다른 쪽으로 퍼져나가 그쪽에서 울림이 있게 되는 것을 묘사하고 있다. 마치 현대 물리학의 파동(波動)과 같은 운동 이미지와 부합한다. 성기의 상통이라는 표현을, 프랑스 선교사의 처형이 신속히 프랑스 공사에게까지 전달된 사실만을 뜻하는 것으로 보기에는 맞지 않는 점이 있다. 프랑스 공사는 수만 리 떨어진 프랑스가 아니라, 조선의 관리들이 일년에도 몇 번씩 드나드는 북경에 있기 때문이다. 조선에서의 처형 소식이 전달되는 것이 물리적으로 불가능한 일도 아니며, 병인사옥 소식을 프랑스 공사에게 전한 것도 도망친 프랑스인 신부였다. 프랑스와 조선이 수만 리 떨어져 있다는 말은 지리적 사실을 묘사하는 것이 아니라, 천하 전체

---

40 且事在春初 而我國之於法國 水陸幾萬里也 聲氣之相通 若是迅速 其必有漏網失巢
之徒, 和應慫慂而然 邊圉之疏虞 法令之解弛 思之及此 寧欲無言 所謂邪學不逞之類
內而兩捕廳 外而各鎭營 另加詗捉 一一以法從事 雖以邊禁言之 亦不可一任蕩然 關
飭各道道帥臣 凡於沿海各邑鎭 若有候望船隻行止殊常者 卽其地梟首警衆之意 星火
行會何如(『고종실록』, 1866년 7월 8일)

의 과정과 관계 안에서 주체가 프랑스하고 격절되어 있는 존재상태를 표시하는 말이라고 할 수 있다. 말하는 주체가 이러한 배치 안에 있으므로, 내응자가 아니라면 프랑스와 조선은 성기가 상통하지 않는다는 말이 타당성을 띠게 된다.

그리고 이러한 판정은 주체에게 윤리적인 방향설정을 하게 된다. 서양을 비난하기보다는 내응자의 철저한 색출과 처벌을 요구하고 있는 것이다. 이제 서양과 사학을 믿는 자들의 연계는 추정을 넘어 확고한 사실성을 갖게 된다. 의정부의 장계는 그런 사실성의 상태를 전제하고 조치를 취할 것을 요구하고 있다. "각도의 도수신(道帥臣)에게 관문(關文)을 보내 신칙하여 연해의 각 고을과 진영에서 만약 배를 기다리는 거동이 수상한 자가 있으면 즉시 그 자리에서 효수하여 여러 사람들을 경계시키라"고 명할 수 있게 되는 것이다. 의정부는 7월 10일에도 화응자(和應者)를 전제하며 해안에서 행동거지가 수상한 자를 효수하자는 장계를 올린다.

며칠 후인 7월 14일에 고종은 프랑스의 침입에 대비하여 이양선과 내통하는 무리들이 없도록 규찰을 전교하고 있는데, 여기서도 익숙한 양식을 보게 된다.

요사이 다른 나라 배들이 바다에 출몰하는 것이 무슨 까닭인지는 알 수 없으나, 듣건대 우리나라 사람으로서 그들에게 화응하여 그 속에 들어간 자들이 많이 있다고 한다. 자기 나라를 버리고 무모하게 다른 나라의 배에 들어가는 자들에 대하여 상정으로 헤아려본다면, 결코 이런 이치가 없다. 그러나 또 한편으로 생각해보면 요사이 감사나 수령 노릇을 하는 자들은 대부분 가혹한 정사를 실시하면서 포용하여 안정시키는 방법은 전혀 알지 못한다. 그래서 낙담하여 망명한 무리들이 마침내 구차하게 살고자 해서 이 지경에까지 이르고 있는 것이니, 이것이 어찌 그들만의 죄이겠는가?[41]

여전히 서양 배의 출몰은 예기치 못한 사태인 반면, 덕치에 힘써 내응자를 없앨 수 있다면 쉬 사라질 수 있는 것으로 생각되고 있다.

4) 서양과 싸우면서 거리를 유지하기

1866년 7월 30일 차대에서 조선 조정은 대대적인 군비정돈을 결정한다. 이때 좌의정 김병학(金炳學)은 "정학은 나라의 원기이며 원기가 충만하면 모든 사학이 기회를 타서 제멋대로 할 수 없고" 내수와 외양의 근본을 이룬다면서 국왕의 경전 공부를 독려한다.[42] 이 자리에서는 척사윤음(斥邪綸音)의 반포도 결정되었다. 김병학의 다음과 같은 말은 관계 희박-내응자 담론이 여전함을 보여준다.

봄에 일어난 사옥(邪獄)은 엄하게 징계하지 않은 것이 아니었지만, 추포를 피해 깊숙이 숨은 자들이 꼭 없다고 보장하기는 어렵습니다. 요즘 양이들이 제멋대로 위협하며 날뛰는 것은 오직 이러한 무리들(천주교도-인용자)이 성색으로 은밀히 내통하고 있기 때문입니다. 지금의 사세(事勢)로 보면 더욱 엄격히 조사하여 체포하지 않을 수 없습니다. 좌우 포장에게 특별히 신칙하여 샅샅이 수색하고 끝까지 다스려 남김없이 소탕하도록 해야 할 것입니다. 감사와 수령들도 각자 경계하고 조심하여 끝까지 적발함으로써 꼭 소탕하고야 말게 할 것입니다. 슬프게도 불쌍하고 어리석은 저 백

---

41 春間邪獄 非不大懲創 而漏網連藪 難保必無 近日異舶之出沒於海洋者 未知何故 而聞我國人 多有和應入處云 棄其父母之邦 冒入他國之船者 揆以常情 必無是理 而抑又思之 則挽近之爲牧伯守宰者 多行酷虐之政 全昧懷綏之方 失志亡命之徒 遂欲偸活 以至此境, 是豈獨渠輩之罪乎(『고종실록』, 1866년 7월 14일)

42 正學, 有國之元氣也 元氣充泰 則百邪不敢闖肆 明正學之本 莫先於我殿下益務時敏之工 丕濟日新之德 政令施措 無一不出於正 以至于循天理遏人欲 則此亦明正學 培元氣之要 而內修外攘 豈非高遠難行之事 懋哉懋哉(『고종실록』, 1866년 7월 30일)

성들이 미혹되어 그것에 깊숙이 빠져들어간 것은 사실 그들의 상정(常情)이 그래서 그런 것은 아닙니다. 제대로 가르쳐주지도 않고 형벌을 가하는 것은 역시 차마 할 수 없는 일입니다. 그러니 척사윤음을 문임(文任)에게 지어올리도록 하여 중외(中外)에 널리 반포함으로써 커다란 변화가 일어나는 성과가 있도록 하는 것이 어떻겠습니까?[43]

양이는 천주교도에 내응하여 준동하는 관계 희박한 타자이므로 내응자를 색출·처벌하고, 백성에게 위정자의 덕이 미칠 수 있도록 더욱 힘써야 한다. 척사윤음(『고종실록』, 1866년 8월 3일)은 백성에 대한 교화책의 일환으로서, 천주교가 이단(異端)임을 설명하고 설득하는 내용으로 되어 있다.

1866년 결국 프랑스 함대가 침입하는 병인양요가 벌어졌을 때, 국왕이 경외의 대소 관료들과 백성들에게 내린 교서는 관계 희박—내응자 담론의 얼개를 짜임새 있게 드러내고 있다. 먼저 ㉠ 서양과 조선은 관계가 희박하며, ㉡ 서양의 침입은 사교에 물든 무리의 내응에 의한 것이며, ㉢ 국왕과 신료들은 내수(內修)하지 못한 데 반성해야 한다는 내용들이 명료하게 전개되고 있다.

우리나라는 동해의 동쪽에 위치해 있고, 맨 서쪽 끝머리와는 몇만 리나 떨어져 있어, 이에 암내 나는 말과 소가 서로 짝을 지으려 해도 서로 미칠 수 없다[風馬牛之不相及]. 국경 문제를 가지고 다툰 일도 없으며, 서로 피 흘리며 싸운 일도 없다. 넓고 넓은 바다를 건너고 사나운 풍파를 헤치면서 왜 우리나라 땅을 침범한 것인가? 이는 필시 우리나라의 간악하고 하찮은

---

43 近日洋夷之敢肆恐動 職由此輩之潛通聲氣 到今事勢 尤不容不嚴加詗捉 另飭左右捕將 遍搜窮治 剿殄無遺 至於按節守土之臣 各自警惕 到底摘發 期於掃蕩乃已 哀彼愚夫愚婦之迷惑沈溺 實非常情然也 不敎而刑 亦係不忍 斥邪綸音 令文任撰進 頒示中外 俾有丕變之效何如(『고종실록』, 1866년 7월 30일)

무리들이 뜻을 잃고 나라에 원망을 품었거나 죄를 받을까 두려워서 망명해 가지고 그들과 오래 전부터 결탁해서 몰래 내통하면서 바다를 건너가 먼 곳에 있는 사람들을 끌어들여 공공연히 반역음모를 꾸민 것이다. 아 슬픈 노릇이다. 오히려 차마 이런 짓을 한단 말인가? 오히려 차마 이런 짓을 한단 말인가? 천리는 매우 밝으며 국법은 지엄하니 일일이 찾아내어 귀신과 사람의 분개하는 마음을 풀어주어야 할 것이다. 저 어리석게 미혹되어 변고를 일으키려고 음모한 무리들은 인륜을 상하게 하고 기강을 멸하여 저도 모르게 용서할 수 없는 죄에 스스로 빠져 들어간 것이다. 내가 볼 때에는 그들도 모두 나의 백성들이며 또한 모두 우리 열성조가 화육한 후손들이다. 그런데 널리 보살펴주지 못하고 너그럽게 잘 다스리지 못하여, 그들로 하여금 편안히 살면서 생업에 안착하지 못하게 함으로써 이러한 반역행위까지 하게 만들었으니 과연 이것이 누구의 잘못이겠는가? (…중략…) 나는 실로 부끄러움을 금할 수 없다. 또 어떻게 어리석고 고약한 무리들을 책망하겠는가? 말만 해도 마음이 아프니 많이 말할 필요도 없다. 그대들 중앙과 지방의 유사인 관리들은 모두 이런 뜻을 잘 알고 조정에서 애통해하는 유고를 널리 선포하여 철저히 잘못을 고치고 다 같이 옳은 길에 들어서도록 하라.[44]

서양과 조선 간의 연관과 반향의 패턴은 '암내 난 말과 소가 서로 짝지으려 해도 서로 미칠 수 없'는[風馬牛之不相及] 바라고 한다. 『춘추좌씨

---

[44] 我國介在東海之東 與極西幾萬里之地 曾是風馬牛之不相及 非有疆界之互爭 釁隙之可修 踔重溟歷風濤 何爲而涉吾地哉 是必有我邦奸細之類 或失志怨國 畏罪亡命 糾結旣久 聲氣潛通 越海遠引 公然犯順 噫嘻 尚忍爲此 尚忍爲此 天理孔昭 王法至嚴 從當一一鉤覈 快雪神人之憤 彼遇迷造變之徒 喪倫蔑紀 不覺自陷於罔赦之科 以予視之 皆吾赤子也 亦皆我列聖化育之餘 則庇覆不廣 綏馭失宜 使不得安生樂業 以致此不軌之行者 果誰之咎 (…중략…) 予固愧惡之不暇 又何責於蚩蠢悖蠢之輩也 言之痛心 不必多誥 咨爾京外有司之臣 咸悉此意 宣布朝家哀痛之諭 使之革心革面 偕底大道(『고종실록』, 1866년 9월 9일)

전』에서 따온 이 표현은 프랑스와 조선이 거리가 멀다는 것을 나타내면서, 또 그것을 암수의 교접과 같은 감응적 연관이 불가능하다는 방식으로 나타낸다. 현대어로 풀자면 '관계가 없다'는 말인데, 그것이 암수의 교접과 같은 감응적 이미지로 나타나는 것이다. 그러나 고종이 1866년 9월 위 교서를 발표할 당시 프랑스군은 이미 강화도에 침입한 상태였다. '암내 난 말과 소도 서로 미칠 수 없는' 격절을 프랑스가 넘어온 상태인 것이다. 위 교서는 프랑스가 왜 멀고 먼 바다를 건너 조선에까지 쳐들어오겠다는 것인지 이해할 수 없다는 반응을 먼저 보이고 있다. "국경 문제를 가지고 다툰 일도 없으며, 서로 피 흘리며 싸운 일도 없다. 넓고 넓은 바다를 건너고 사나운 풍파를 헤치면서 왜 우리나라 땅을 침범한 것인가?" 관계 희박한 타자는 내응자에 의해 그 접근이 이해 가능해짐에도 불구하고, 먼저 경악할 만한 위험한 상대인 것이다.

프랑스의 침입은 그것과 적으로서 싸워야 하는 상황을 가져온다. 양이의 침입이 현재 전력을 다해 군사적으로 대응되어야 할 대상이 될 때, 관계 희박-내응자 담론은 변화하지 않을 수 없다. 양이가 침략해 온 것이 조선 천주교도의 내응에 의한 것이라는 억측은 지속되었다. 양이의 배후에 천주교도가 있다는 주장은 병인양요뿐만 아니라 1868년 오페르트 일당의 남연군묘 도굴 사건, 1871년 신미양요 때까지 끊임없이 제기되었고, 양이를 인도하는 조선인 향도(嚮導)가 있다는 보고들도 있었다.[45] 『매천야록(梅泉野錄)』에 따르면 1866년 이래 천주교 박

---

45 예컨대『고종실록』, 1868년 4월 19일; 1868년 4월 21일; 1868년 5월 29일; 1871년 4월 6일; 『승정원일기』, 1871년 4월 17일; 1871년 4월 20일 참조. 1868년 오페르트의 남연군묘 도굴사건은 특히 조선 조정을 경악케 했는데, 왕은 이때에도 천주교도가 향도 노릇을 했을 터이니 천주교도를 남김없이 체포하여 처형하라는 전교를 내렸다(『고종실록』, 1868년 4월 21일). 박규수가 집필한 오페르트 사건 관련 자문을 보아도(『환재집』에 실린 陳洋舶情形咨라는 두 편의 글), 오페르트 일당의 침입은 서양인이 주도한 소행이 아니라 천주교도가 계책을 꾸미고 서양인을 유인하고 종용한 소행이라는 인식이 이뤄지고 있다. 실은 박규수 자신도 사태를 그와 같이 파악하고 있었다. 박규수가 수하 관리에게 보

해로 처행된 조선인 신자 수는 무려 2만여 명에 달한다. 천주교도를 내응자로 본다는 것은 쳐들어온 서양인을 단순히 도와줬다는 것을 넘어, 격절된 자들을 불러들여 유인했을 뿐만 아니라 종용한 자들로 설정한다는 것이다. 이처럼 천주교도가 관계 희박한 타자를 불러올 만큼 위험한 집단으로 각인되어 있다는 점은 예전과 다름이 없다.

그러나 예전의 관계 희박-내응자 담론에서 내응자가 서양의 관계 희박성을 강조하는 계기로 운용된다면, 양이와의 대전이 요청되는 상황에서는 외부 오랑캐의 위협을 더욱 가공스러운 것으로 만드는 계기로 운용된다. 내응자를 전제하면서도 오랑캐를 도리로써 설득할 수 있으리라는 기대는 크게 후퇴하고, 그 대신 인륜적 질서를 해칠 내응자-양이 연계의 흉악성·무도성이 부각되고 양이를 물리치기 위해 내응자를 더욱 엄격히 다스려야 한다는 요소가 부각된다.[46] 이런 면모는 이미 성근묵의 상소에서도 예고되었던 바이기도 하다. 위 인용문에서 김병학도 "지금의 사세(事勢)로 보면 더욱 엄격히 조사하여 체포하지 않을 수 없"다고 생각한다. 침입한 서양을 다시 관계 희박한 타자로 돌려놓기 위해서는 자수(自修)하지 못한 자기반성으로 물러나는 것 못지 않게 내응자와 양이 양쪽에 대한 적극적 공세가 요구된다. 이렇게 보면 양이를 내쫓기 위한 전투는 두 갈래로 진행된다고 할 수 있다. 양이와 직접 대전하는 것과 아울러 천주교도들을 처형하는 것이다. 과연

내는 여러 통의 편지를 보면(김명호, 2005 : 254~261 참조) 이 점이 잘 드러난다. 그는 오페르트 일당이 조정에 보낸 편지마저도 충청도 시골의 천주교도가 쓴 것이라 여겼다.

46 이 점은 다음과 같은 金炳駿의 상소문에 잘 나타난다. "洋醜一種 眞是猘犬惡獍之至凶大逆 非實宇中血氣含生之類也 雖聖人之化 不可以馴之 惟王者威 乃可以御之 其御之之道 卽在於鋤治洋敎 其聲氣相通者 鉤刜之 其謀計內應者 撲滅之而已 然後洋醜 雖欲涉吾地 無復嚮導指誘者 則一片帆 將絶影於海上矣 何必疲我士卒 弊我兵甲而後 禦之哉 辛酉之獄 己亥痛治 終不能殄滅無遺也 今宜廣捕邪賊 朝得一而誅之 暮得二而殲之 至于百千萬億 悉掃而盡芟之 則外寇無得窺覦 陰黨庶革心面矣"(『승정원일기』, 1866년 10월 15일)

양요 발발 이후 프랑스군에 맞서 한성의 방위를 책임지고 있던 총융청 (摠戎廳)이 천주교도의 처형을 맡았다(연갑수, 2001; 원재연, 2003 참조). 내응 자를 공격함과 아울러 양이와 싸워야 하는 것이다. 그렇다고는 하나 '㉠ 관계 희박한 타자로서의 서양 ㉡ 천주교 내응자 ㉢ 자기반성'이라 는 담론형성체의 기본 요소는 변경되지 않았다. 다만 내응자-양이 연 계가 전투의 상황에 맞춰 그 기능이 변화한 것이다.

고종이 1866년 9월 16일에 내린 교서는 관계 희박-내응자 담론의 변 화된 양상을 보여준다.

나의 덕은 온 나라를 보살피기에 부족하였고, 은혜는 백성들을 품어주기 에 부족했다. 게다가 양적(洋賊)들이 변란을 일으키자 백성들이 도탄에 빠 짐이 또한 극도에 달하였다. 그 까닭을 가만히 생각하면 죄는 나에게 있으 니 백성들이 무슨 죄가 있겠는가?

아! 양적(洋賊)들이 우리의 해안 방비를 엿보고 우리 백성의 마음을 고혹 하는 것은 유래하는 바가 점차 커진 것이지, 일조일석(一朝一夕)에 생긴 일 은 아니다. 그들이 말하는 교리를 캐보면 귀신이나 도깨비 같은 것이고, 암 사슴처럼 모여서 윤리를 어지럽히는 것인데 심지어 하늘을 사칭하고 가탁 하여 제사를 모두 없애는 지경까지 이르렀으니 하늘땅이 생긴 이래 여태 없던 지극히 요사스럽고 지극히 참람한 설이자, 옳지 못한 일이다. 우리나 라 풍속에서 기자(箕子) 이래로 존숭한 것은 삼왕오제와 주공, 공자, 맹자, 정자, 주자의 도이고, 익힌 것은 부자·군신·부부·장유의 떳떳한 인륜 이었다. 우리 왕조는 나라를 세워 500년 이래로 한결같이 모두 선대 성인 의 도를 표준으로 삼았다. 불행히도 인심이 나쁜 것에 혹하고 세도(世道) 가 무너지니 6, 70년 이래로 나라를 원망하고 뜻을 얻지 못한 무리들과 음 흉하고 사특한 무리들이 7, 8만 리 밖의 흉악한 이류(異類)들과 결탁하여 천하를 바꾸려 했다. 전후에 조정에서 모두 처단하고 죽여버리기를 지극히 했지만 남은 종자가 종자를 낳아 끝없이 늘어나서 올봄 남종삼의 옥사 사건에 이르러는 극도에 달했다. 아! 차마 말할 수 있겠는가? 지금 이 무리들은 감히 눈짓으로 말하고 이마를 찡긋하며 은밀하게 음흉한 계책을 꾸몄고, 호흡을 상통하여 몰래 우리 실정을 말해 주었고, 올빼미와 부엉이가 화답하듯이 호응하고 뱀이나 지렁이가 뒤엉키듯이 결탁하여, 감히 바다에 배를 띄워 곧바로 도성까지 왔다. 이것이 어찌 바다 멀리 몇만 리밖의 더럽고 흉악한 무리가 할 수 있는 일이겠는가? 생각이 여기에 미치니 차라리 더 말하고 싶지 않다.

이번에 강도(江都)를 잃고서, 중앙과 지방을 단단히 경계하도록 하여 방금 경험 많은 노련한 장수들과 중무장한 군사들에게 부(府)를 열고 출진(出陣)하여 며칠 내로 적들을 소탕할 것을 기약했다. 강도(江都)는 배를 많이 모으고 있으니 곧장 적 소굴을 쳐서 한 놈의 흉악한 종자도 발붙이지 못하게 할 것이다.[47]

먼저 양요에 대한 최종 책임은 자기 몸과 백성을 잘 다스리지 못한 왕에게 있다. 관계 희박한 타자의 침입은 그 타자에 대한 비난에 앞서 자기자신의 반성을 촉구하는 것이다. 그의 말에 따르면 그 자신은 덕이 부족하여 백성들을 넉넉히 품어줄 수 없었다. 그러나 이러한 반성

---

[47] 德不足以撫綏方域 惠不足以懷保民生 至于洋賊之變 而生民之塗炭 又極矣 靜念厥由 罪在寡躬 百姓何辜 嗚呼 洋夷之窺覘我海防 蠱惑我民心 所由來者漸矣 非一朝一夕之故 而原其所以爲說 則鬼蜮而狐魅也 麋聚而瀆倫也 至於矯誣上天 殄絶祭祀 自有天地以來 所未有之至妖至僭 不可方物者也 東俗自箕聖以來 所尊崇者 五帝三王周公孔孟程朱之道 所服習者 父子君臣夫婦長幼彝倫之敍 而我朝立國五百年來 一是皆以先聖人之道爲道 而不幸人心陷溺 世道交喪 自六七十年以來 怨國失志之徒 凶險邪慝之輩 糾結七八萬里外凶醜異類 思欲以易天下 前後朝家之所以鋤治而殄滅之者 非不至矣 而種下生種 滋蔓不已 至于今春鍾三之獄而極矣 嗚呼 尙忍言哉 今此輩乃敢眉語額瞬 跡秘言懵 呼吸相通 暗地輪情 鴟鳴梟應 蛇盤蚓結 乃敢掛帆海洋 直指京城 是豈隔重溟屢萬里醜類凶種之所可爲也 思之及此 寧欲無言 今者江都失守 中外戒嚴 方以宿將重兵 開府出陣 期於不日掃淸 而江都則方大集舟航 直搗巢穴 俾無一箇凶種接跡於此地(『고종실록』, 1866년 9월 16일)

의 고백은 절대자 앞에서 자기자신의 죄를, 자기자신만의 욕망과 감정을 은밀히 고하는 형식은 아니다. 어쩌면 자신이 직접 개입하지는 않았을 모든 관련 사태를, 다양한 타자들의 행동이 만들어낸 다양한 사태를, 자기자신의 범위 안에 귀속시키는 화행이다. 바로 그 타자들을 청자로 하여, 타자들의 행동을 자기자신의 책임으로 귀인시키는 것이다. 사태가 잘못되고 있는 것은 그 사태를 구성하는 행동들을 한 이의 잘못이기보다, 윗사람으로서 자기자신이 잘못 처신하여 야기된 기강의 해이, 자기자신이 마땅히 해야 할 책무를 제대로 하지 못해 순리(純理)를 해친 주체 자신의 윤리적 잘못이다. 유교의 전형적 이해에 따르면 덕이 있는 자의 올바른 행동은 '바람에 풀이 눕듯이'다른 이들을 감화시키는 신묘한 힘을 갖는다. 그의 백성들, 특히 사학에 빠진 천주교도들은 그의 이 감화의 범위 안에 있는 자들이다.

그러나 양적 자체는 이 감화력 밖에 있다는 점에서 관계 희박한 타자로 설정된다. 양적은 왕이 다스리는 나라와 백성과는 전혀 이질적인 상태에 있으므로, 갑작스럽게 쳐들어올 수 있는 자들이 아니기 때문이다. 양적의 침입은 오랫동안 쌓여서 점차적으로 된 일이지, 일조일석(一朝一夕)의 일이 아니라는 것이다. 위 인용문에 따르면, 그들이 믿는 이단은 침략의 바탕이기는커녕 오히려 격절의 조건이다. 오륜을 지키고 성인을 존숭하는 나라에서 인심이 나쁜 것에 빠져들어가고 세도가 무너지면서 지극히 요사하고 참람한 설이 치성하기에 이른 것이고 나아가, 이들이 양적과 내응하여 여러 겹의 바다를 사이에 두고 격절되어 있는 흉한 이류를 불러들였다는 것이다.

천주교도와 서양의 관계는 그야말로 은밀한 화응(和應)의 관계로 나타나 있다. 위 인용문에서 내응자가 서양을 불러왔다는 것은 내응자가 단지 소식을 전했다거나 쳐들어오도록 원인을 제공했다는 것을 뜻하지는 않는다. 내응은 밀접히 교감하는 이미지로 그려져 있다. 서로 눈

빛을 나누고 표정을 맞추면서, 올빼미와 부엉이가 화답하듯이 호응하고, 뱀이나 지렁이처럼 뒤엉킨다고 되어 있다. 내응자와 양이의 연계란 단순한 접촉이 아니라 이처럼 깊숙한 교감과 내통의 관계인 것이다. 그리고 이토록 깊숙한 내응은 서양과 조선이 격절되어 있는 천하를 바꾸는 일로 포착된다. "음흉하고 사특한 무리들이 7, 8만 리 밖의 흉악한 이류(異類)들과 결탁하여 천하를 바꾸려 했다."

무엇보다도 내응자와 양이의 흉포성이 부각되고 그 양자에 대한 적극적 공세를 요구한다는 점이야말로 이 교서의 핵심적 내용이라 할 것이다. 양이와 사적이 그렇게 밀접하게 교감하고 결합하여 양적이 실제로 쳐들어왔다면, 이미 쳐들어온 양적은 힘껏 싸워서 물리쳐야 하는 것이다. 내응자와 양이에 대한 공세가 관계 희박한 타자로서의 서양의 의미작용을 전제로 하고 있다는 점도 놓칠 수 없다.

역시 프랑스군의 강화성 점거 이후 급히 등용된 이항로가 올린 일련의 상소는 위정자의 자기반성을 촉구하는 동시에 내응자와 양이 연계의 흉포성·무도성을 부각하는 방식을 잘 보여준다. 그의 상소는 프랑스군에 대한 조정의 전투태세를 지지하고 독려하면서 조정과 재야를 넘어 막대한 영향력을 발휘했다.[48] 그것은 주화론을 일소할 만큼 상당

---

48 이항로의 1866년 상소들은 개화론과 대별되는, 위정척사론이라는 일관된 계보의 사상의 표출로서 주로 이해되어왔지, 상황적 맥락에 대한 고려는 적었다. 그러나 이항로의 상소는 조정 차원에서 전투가 준비되고 실행되는 상황 속에서 올려졌고, 이항로 자신도 이런 맥락을 충분히 알고 있었다. "오늘날 서양 오랑캐가 창궐하여 바로 위급과 논망이 달린 때에 있어서는 뭇 관원을 더욱 잘 골라야 할 텐데 신처럼 형편없는 사람에게 승지의 중임을 맡겼으니 신은 삼가 지나친 일이라 여깁니다. (…중략…) 신은 본래 장구나 외는 썩은 선비로서 경제의 기술도 없는데다 노환으로 거의 죽어가는 목숨으로서 정신이 혼몽하여 일상의 자질구레한 일도 모두 제대로 처리하지 못하고 있습니다. 이에 적의 정세를 미리 살펴 분명하고 조리있게 시사를 논할 수는 없습니다. 그러나 짐짓 그 대개만을 들어보기만 하겠습니다."(況今洋賊猖獗 正當危急存亡之秋 凡繫庶官 尤宜遴選 而以臣萬萬不似之物 畀之納言之重任 臣愚竊以爲過矣(…중략…) 臣本章句腐儒 無經濟之術 加以老病垂死 精神昏耗 日用瑣細 前忘後失 不得逆探賊情 條論時事 鑿鑿符合 然姑擧其大槪; 9월 12일 상소)

한 설득력을 발휘했다. 『매천야록』에는 이항로의 상소가 최고의 명상
소라는 평을 들었다고 기록되어 있다. 이유원도 『임하필기』에서 그것
이 한점 의혹도 남기지 않았다고 쓰고 있다(이유원, 1999). 또한 박규수도
동료에게 보내는 편지에서 이항로의 상소를 훌륭하다고 칭찬하면서
그 내용에 동의하는 입장을 보이고 있다(김명호, 2005 참조).

① 오늘날의 국론은 두 가지 설이 서로 다투고 있는데, 서양 적과 싸우자
는 것이 나라의 입장에 선 사람의 말이고, 서양 적과 강화하자는 것이 적의
입장에 선 사람의 말입니다. 앞의 말에 따르면 나라의 예교 전통[衣裳之舊]
을 보전할 수 있지만 뒤의 말을 따르면 인류가 금수(禽獸)와 같은 지경에
빠지게 될 것이니, 이는 커다란 분계점입니다. 도리를 조금이라도 아는 사
람이라면 모두 알 수 있는 일인데, 더구나 밝고 성스러운 전하께서 어찌 간
사한 말을 받아들일 리가 있겠습니까?[49]

② 그런데 삼가 듣건대, 조정의 의논이 싸워 지키는 것을 정론으로 삼고
서울을 떠나는 것을 잘못된 계책이라 하며, 화의와 교역을 요구하는 무리
와 잡술을 떠드는 불경한 무리를 요망하여 나라를 망칠 화근으로 간주하
여 매우 미워하고 배척하여 한칼에 베고자 한다 하였습니다. 신은 벌떡 일
어나 곧바로 춤이라도 추고 싶었습니다.[50]

③ 내수와 외양의 일은 근본과 지엽이 서로 의지하는 것과 같아서 하나
라도 뺄 수 없습니다. 지엽도 늦출 수 없지만, 근본은 더욱 급선무로 해야

---

49 則今日國論 兩說交戰 謂洋賊可攻者 國邊人之說也 謂洋賊可和者 賊邊人之說也 由
    此則邦內保衣裳之舊 由彼則人類陷禽獸之域 此則大分也 粗有秉彝之性者 皆可以知
    之 況以殿下之明聖 豈容左腹之入也(『승정원일기』, 1866년 9월 12일)
50 抑臣伏聞朝議以戰守爲定論 以去邪爲失計 以乞和交易及雜術不經之類 爲邪妄誤國之資
    斧 而深惡痛斥 一劍兩段云 臣蹶然而起 直欲曲蹐距蹐也(『승정원일기』, 1866년 9월 16일)

만 할 것입니다. 그런데 이른바 근본이란 전하의 한 마음이 자신의 사욕을 이기고 선을 따르는 데 있을 뿐입니다. 전하께서 뜻을 세우고 거경(居敬)하시어 의당 해야 될 일이 있으면 곧바로 우레가 크게 울리고 바람이 휘몰아치듯이 용기있게 하고, 의당 제거해야 될 일이 있으면 쇠를 끊듯이 단호하게 결단하여 제거한다면 성상의 지혜가 날로 밝아져 사악한 기운이 가리지 못하게 될 것이고, 성상의 덕이 날로 강해져서 어느 누구도 흔들어 빼앗지 못할 것입니다. 그러면 사류(士類)를 수습해서 정학을 강명하고 간사한 무리를 찾아 없애 내응하는 세력을 끊어버려 외적을 물리치는 토대가 될 것입니다.[51]

첫 번째로 인용된 1866년 9월 12일 자 상소는 양이와의 화친이 금수의 지경에 떨어지고 말 것이라며, 양이와 싸워야 한다고 주장한다. 그리고 두 번째 인용문인 9월 16일 자 상소는 대원군에 의해 척화론이 관철되자 매우 기쁘다고 적고 있다.[52] 세 번째 인용문인 10월 4일의 상소에서는 흉포한 오랑캐와 내응하는 사류가 있음도 전제되고 있다. 여기서 도를 따르는 정(正)이 도에서 어긋난 사(邪) 및 외적과 싸운다는 구도가 분명하다. 내응자−양이 연계는 단호히 배격해야 할 그 이단성으로

---

51 然則內修外攘之擧 如根本枝葉之相須 不可闕一也明矣 枝葉雖不可緩 根本尤所當急 所謂根本者 在殿下之一心 克己從善而已 殿下立志居敬 當爲卽爲 有雷厲風飛之勇 當去卽去 有斬釘截鐵之斷 則聖智日明 無氛翳之蔽 聖聰日剛 無撓奪之患 收拾士類 講明正學, 誅鋤奸細, 遏絶內攘而爲外攘之田地矣(『승정원일기』, 1866년 10월 4일)

52 이항로의 9월 16일 상소에 보이듯이 흥선대원군은 다음과 같은 구절이 포함된 글을 의정부에 보내 벽에 붙이도록 했다. 흥선대원군의 이 글은 이항로 등의 척화론을 조정이 채택했음을 뜻한다. "人字下有死字 國字下有亡字 自古天地之常經 洋賊之侵犯列國 亦自古有之 于今幾百年 此賊不敢得意 伊自前年中國許和之後 跳踉之心 一倍叵測 到處施惡 並受其毒 惟獨不行我國者 實是箕聖在天陰隲也 到此之地 所特者禮義也 所知者衆心成城也 今日上下 若有疑惻 則萬事瓦辭 國事去矣 我有四件 畫定矢心者 諒此血誓, 隨我跟後焉 一 不耐其苦 若許和親 則是賣國也 一 又不耐其毒 許其交易 則是亡國也 一 賊迫京城 若有去邪 則是危國也 一 若有恠術六丁六甲喚鬼喚神 設或 逐賊 日後之弊 甚於邪學 此紙輪照諸公 務盡實心盡美焉(『용호한록』, 제18책, 994쪽)

특징지을 수 있기 때문이다. 그러나 이항로는 이 모든 문제의 근원이 국왕의 자수에 있다는 점을 명확히 한다. 내수와 외양은 근본과 지엽의 관계이다. 국왕이 뜻을 세워 '의당 해야 할 일을 단호히 한다면' 사악한 기운이 없어지고 내응자도 소멸되어 외적을 물리칠 토대가 되리라는 것이다. 그러니 국왕은 정학을 바로 세우고 덕을 쌓는 등에 힘을 기울여야 하고, 바른 정치를 펴는 데 집중해야 한다.[53]

1866년의 이항로에게 침입한 서양은 당장 계책을 내어 싸워야 할 상대이면서도 국왕과 신료들의 기강 해이가 부른 음사한 기운이다. 이항로에게는 내응자-양이 연계에 대한 공세의 필요를 인정하면서도 그것을 한시적·지엽적인 것으로 돌려, 내응자-양이 연계를 출현시킨 음사한 기운 및 그것을 제어하지 못한 국왕의 도덕적 무능을 문제의 근원으로 지목하는 것이 중요해진다. 도덕적 해이로 빚어졌으며 또 도덕적 해이를 야기하고야 말 사악한 기운은 이곳저곳에 편재하는 것이지 한곳에 응집된 분명한 대상은 아니다. 다만 자수하는 노력을 통해 국왕의 도덕성이 제고되면 사악한 기운이 다스려지고 내응자와 양이의 연계가 해체될 것이며, 서양도 관계 희박한 타자로 남게 될 것이다. 사악한 기운은 그것이 사라지기까지 덕을 쌓으며 기다려야 할 것이지, 천주교도나 목전의 적처럼 직접 공격해야 할 것은 아니다. 그래서 이항로는 프랑스군을 패퇴시킨 뒤에도 화란의 조짐이 여전하다고 경고하고 있다.

지금 비록 적선이 물러가기는 했지만 어찌 나중에 염려스러운 일이 없으

---

53 이항로가 올린 상소는 대부분 바로 이런 내용으로 채워져 있다. 이항로는 만동묘 철폐 및 잦은 토목공사 같은 대원군 집권기의 정책들에 대해 비판적이었다. 예컨대 "所謂仁聲者 如亟罷土木之役 悉禁斂民之政 大開從諫之門 深講用賢之方 不留一毫私意 不雜一毫文具 不容一毫吝執 使擧國曉然知聖意之所在 而必信不疑 然後乃所謂仁聲也"(『승정원일기』, 1866년 9월 19일) "萬東廟, 蓋天地腥膻, 而王春一脈, 獨寄於此, 然則只此巋然一宮, 豈不足以有辭於天下後世哉? 今天下薙髮左袵, 而西洋者, 又夷狄之尤者也 雖曾前未遑者, 亦當追擧, 豈宜輟其已擧之儀乎"(『승정원일기』, 1866년 10월 7일)

리라고 보장할 수 있겠습니까. 오늘 낭패를 당하고 물러갔다가 내일 대대적으로 다시 쳐들어온다면 전하께서는 어떻게 대응하실지 모르겠습니다. 원컨대 전하께서는 적들이 우리를 공격하지 않을 것이라고 믿지 마시고 우리를 공격할 수 없도록 대비하는 것을 믿으십시오. 어진 자를 임용하고 사악한 자를 제거하여 조정을 맑게 하고, 요역을 가볍게 하고 세금을 줄여주어 백성들의 힘을 펴게 하며, 장수를 선발하고 군졸을 훈련시켜 무비를 갖추도록 하고, (…중략…) 공도를 넓혀 사사로운 길을 끊어버리며, 안으로 성실을 쌓아 겉치레를 없애며, 밖으로 상벌을 알맞게 해서 기강을 세우는 것은 모두 오늘날의 급무입니다. 이렇게 한다면 성곽이 견고하고 병갑이 많은 것을 믿지 않더라도 우리를 공격할 수 없는 형세가 이루어질 것입니다.[54]

요컨대 변조된 관계 희박-내응자 담론은 전투의 상황을 정당화하지만, 목전의 전투를 한시적·지엽적인 것으로 돌리는 구도를 갖고 있다. 문제의 근원은 위정자의 윤리적 역량 부족이다. 현재의 전투는 눈앞의 양이를 몰아낼 수는 있어도, 양이의 지속적 유입이라는 화란 자체는 막을 수 없다. 조정을 맑게 하고 백성들이 힘을 펴게 하며, 기강을 세우면 병갑이 없더라도 양이는 조선을 공격할 수 없다. 그렇다고는 해도 양이와의 전선은 무한정 연장되지는 않는다. 양이를 지구 끝까지 쫓아 없애버린다는 발상은 이항로가 올린 여러 편의 상소 어디에서도 나타나지 않는다. 도가 확립되면 양이는 침범할 수도 없을 뿐이며, 조선은 예의지방으로 남을 수 있다.

---

[54] 今賊船雖退 豈能保其無後慮乎 今日狼狽而去 明日大擧而來 則來知殿下 何以應之也 願殿下 勿恃賊之不我攻 而恃我之不可攻也 任賢去邪 以淸朝廷 輕徭薄斂 以寬民力 選將鍊卒 以繕武備 (…중략…) 恢張公道 以絶私逕 內積誠實 以祛文具 外協賞罰 以立紀綱 此皆當今之急務也 不待城郭之固兵甲之多 而我有不可攻之勢矣(『승정원일기』, 1866년 10월 7일 상소).

차이와 윤리
개화 주체성의 형성

2. 서양과 싸우며 윤리적 관계를 형성하다

1) 서양을 적으로 삼으면서 가까이 가기

서양세력과의 첫 전투는 프랑스가 아니라 미국 상선 제너럴 셔먼호
와 치렀다.[55] 제너럴 셔먼호 사건 직후 1866년 7월 30일 차대에서 좌의
정 김병학의 제안에 따라 군사적 방비태세를 강화할 것이 결정된다.
이 자리에서 제시된 구체적 방안은 각 병영의 병력 보충 낡은 군기(軍
器) 수선, 군사훈련 실시, 전선(戰船) 보수, 염전과 어장에 부과된 세금
을 병영에 배정할 것 등이다. 서양에 대한 군사적 대비태세는 종래 볼
수 없었던 중대한 변화이다. 이 날 차대에서 김병학은 다음과 같이 제
너럴 셔먼호 사건을 암시하며 서양세력에 대항해 군사력을 강화할 것
을 요구한다.

---

55 제너럴 셔먼호는 본래 미국 국적의 선박이었는데, 영국 메도우즈 상사(Meadows and
Company)가 빌린 것이었다. 이 선박에는 선주 프레스터 등 미국인 3명, 통역을 담당
한 개신교 선교사 토머스 등 영국인 2명, 기타 중국인 등이 타고 있었다. 조선 조정은
제너럴 셔먼호가 영국 선박이라고 오해했다(김명호, 2005).
당시 지방관인 평양감사 박규수는 제너럴 셔먼호가 대동강을 거슬러오르며 침입할
당시, 휘하 장수가 납치당했는데도 불구하고, 공격하기는커녕 유원지의에 따라 식량
을 제공하고 해금을 실명해 스스로 물러가기를 기다리는 조치를 취했다. 제너럴 셔먼
호가 대포와 조총 등으로 공격을 감행하며 조선인들을 살상하기에 이르자 섬멸작전
을 지휘했다(『고종실록』, 1866년 7월 27일; 김명호, 2005 참조). 박규수의 이런 유화적
대응은 그가 실학을 잇는 개화사상가로서 서양에 대해 우호적 입장을 가졌기 때문이
아니라 조선 조정의 통상적인 대응방식이었다. 1860년 전후의 글들을 검토해볼 때,
천주교 및 그 신자를 배척하고 처단해야 할 이단과 사류로 보고, 서양을 교화되지 않
은 오랑캐로 본다는 점에서 박규수는 다른 지식인들과 다를 것이 없었다. 제너럴 셔
먼호 섬멸 뒤 대원군에게 보낸 편지에서 그는 "천리로 보자면 반드시 일어날 일"이라
며 크게 기뻐하고 있다. 그는 또 대원군의 척화론의 지지자였다(김명호, 2005).

무비(武備)가 해이하고 해방(海防)이 엉성한 것이 요즘 같은 때가 없었습니다. 이양선과 양이(洋夷)가 내양(內洋)에 들어오는데도 금지하지 못하니, 이것은 이웃 나라에서 알게 해서는 안될 일입니다. 무릇 연해에 고을을 설치하고 진을 설치한 것은 뜻밖의 사태에 대비하기 위한 것입니다. 지금 시일이나 보내면서 구차하게 목전의 무사함을 다행으로 여긴다면, 어찌 평안한 때에도 위태로움을 잊지 않는 도리이겠습니까. 감시하고 방어하는 일에 대해서는 이미 지난번에 신칙했습니다. 군사수가 모자라거나 빈자리에는 일일이 다 보충해놓도록 하며, 무기들이 녹슬었거나 무딘 것들은 있는 대로 다 수선하도록 하며 때때로 군사훈련을 하여 늘 적과 맞설 태세를 갖추도록 해야 할 것입니다. 지금 있는 전선(戰船)도 역시 폐기해둘 수 없는 만큼 날짜를 정하여 수리하여서 조금이라도 허술한 일이 없도록 해야 할 것입니다.[56]

김병학은 양이의 침략을 무비와 해방의 해이와 직접 연결짓는다. 이양선이 제멋대로 내양을 오고가는 것은 해방의 강화를 통해 막아야 한다는 것이다. 김병학은 인용되지 않은 바로 앞에서는 "원기가 충만하면 온갖 간사한 것들이 틈을 타서 제멋대로 할 수 없습니다"라고 아뢰고 있기는 하지만,[57] 적어도 이 인용문의 맥락에서 양이의 준동은 정학을 밝힘으로써 장차 소멸될 사안이라기보다는 군사적 방비태세를 통해 직접 격퇴해야 하는 것으로 나타난다. 관계 희박-내응자 담론은 전

---

56 武備之解弛 海防之疎虞 莫近日若 而番舶洋夷之闌入內洋 莫之禁遏者 此不可使聞於隣國 夫沿海之設邑 設鎭 所以備不虞也 今其玩愒 苟幸目前之無事 則是豈安不忘危之道乎 瞭望防守之節 已有前飭 而軍伍之闕漏者 ——塡充 器械之朽鈍者 這這修繕 以時操鍊 常若臨敵然 此時戰船 亦不可一任抛廢 刻日補葺 毋敢一毫疎忽(『고종실록』, 1866년 7월 30일)

57 正學 有國之元氣也 元氣充泰 則百邪不敢闖肆 明正學之本 莫先於我殿下益務時敏之工 丕濟日新之德 政令施措 無一不出於正 以至于循天理 遏人欲 則此亦明正學 培元氣之要 而內修外攘 豈非高遠 難行之事 懋哉懋哉(『고종실록』, 1866년 7월 30일)

투의 상황을 정당화할 수는 있지만, 그것을 한시적·국면적인 것으로 이해한다. 그러나 서양과 싸워야 한다면, 직접 맞부딪칠 전투를 준비하고 수행하지 않을 수 없다. 이 점은 피할 수 없는 과제이다.

제너럴 셔먼호 사건 이전까지 조선이 서양의 침략을 군사적으로 대비하는 모습은 발견되지 않았다. 19세기 들어 사실상 군정(軍政) 자체가 거의 이뤄지지 않았다(최병욱, 1998). 1866년부터 대원군이 착수한 군비정돈은 상당한 재정을 들여 병인양요 직전부터 시작되어 병인양요 이후 1873년 그의 실각까지 수미일관하게 추진되었다. 이것은 주로 남해와 서해로부터 침투하여 조선 조정에 대해 전교와 통상을 요구할 서양 선박을 직접 겨냥한 것이었다.[58] 병인양요는 군비확충이 본격화되기 전에 치러진 서양과의 실질적인 전투였고, 서양 세력을 겨냥한 군비정돈에 있어 방향타와 같은 역할을 하였다.

박규수는 병인양요 직후 청의 황운곡(黃雲鵠)에게 보내는 서신에서 다음과 같이 말하고 있다.

---

[58] 먼저 남서해안의 군사요충지에 진(鎭)을 새로이 설치하거나 기존의 진을 보강하여 해안방어 능력을 향상시켰다. 병인양요 시 프랑스군에게 점령되었던 강화부는 1866년 10월 진무영(鎭撫營)으로 개편되었고, 수도의 관문인 한강 입구를 방어하는 주된 병영이 되었으며, 정2품의 진무사(鎭撫使)는 강화유수와 삼도수군통제사를 겸하였다. 병력 증강도 이루어졌다. 총포 훈련이 강화되고 포군(砲軍)이 증설되었고, 급료를 받는 상비병으로 육성했다. 대원군 집권기 약 3만 명의 포군들이 설치되었다(연갑수, 2001; 최병욱 2000). 무기 보수와 생산, 개발도 추진되었다. 1867년 세 척의 전선을 건조한 것이 확인되는데(『고종실록』, 1867년 9월 9일), 이후 대규모 전선을 건조했다는 기록은 보이지 않는다. 바다에서 양이와 맞붙는다는 전략은 실현 불가능한 것으로 여겨졌다(최병욱, 1998). 훈련도감에서는 1867년에 수뢰포(水雷砲)를 제작했는데, 『해국도지(海國圖志)』에 나와 있는 내용을 참조하여 만들어낸 서양식 무기였다(『일성록』, 1867년 9월 11일; 연갑수, 2001; 최병욱 2000; 이광린, 1998b 참조). 1871년 진무영에서의 무기 제작을 위해 삼군부에서 『영환지략(瀛環志略)』과 『해국도지』를, 운현궁에서 『연포도설(演礮圖說)』과 『칙극록(則克錄)』과 같은 양무(洋務) 서적들을 내려주기도 했다(연갑수, 2008). 재정확보 노력도 동반되었는데, 호포법을 시행함으로써 군포제도에 대한 전면적인 개혁을 실시했고, 1871년에는 양반도 군포를 내라고 명시했다. 당백전(當百錢)과 원납전(願納錢)도 원래 목적인 경복궁 중건 외에 상당 부분이 각 군영의 무기를 보수하는 데 사용되었다.

근심과 걱정을 몽롱하게 되돌아보니 자못 눈썹을 펼 수 없습니다. 형의 편지가 조선의 근황을 묻는 것이라 저절로 깨닫는 바가 이미 있을 뿐입니다. 도를 지키고 사술을 물리치는 데에는 언어·문자로써는 성과를 얻을 수가 없고, 반드시 번거로이 병력을 동원해야 하는데, 서생에게 어떻게 가능한 일이겠습니까?[59]

여기서 박규수는 적과 싸우는 새로운 장으로 옮겨가고자 한다. 그는 적과 맞붙는 것이 전혀 새로운 태도를 요구한다는 것을 감지하고 있는 듯 보인다.

그러나 전쟁을 수행하는 데도 상징적 문법은 작동한다. 동아시아의 고전적 병법서인 『손자(孫子)』는 전투에 앞서 적과 나의 상황을 면밀히 살피고 비교하는 것을 전투를 준비하고 수행하는 데 있어 가장 중요한 것으로 꼽고 있다. "지피지기(知彼知己) 백전불태(百戰不殆)"는 『손자』의 잘 알려진 관용구이다. 승리에 있어 실제로 교전하는 것은 부차적이며, 면밀히 비교·검토된 상황에 맞춰 전략을 세우고 유리한 형세(形勢)를 만들어놓는 것이야말로 승리를 위한 병법의 요체로 여겨진다. 중국 고전에서 세(勢)는 주로 힘(strength) 자체보다는 힘의 배치 상황 혹은 사태를 불가피하게 일정방향으로 몰고가는 그 역동적인 흐름을 가리킨다(Rubin, 1974). 『손자』에서는 흔히 상대적으로 정적인 힘의 배치를 형(形)으로,[60] 그 형이 움직이는 동적인 흐름을 세(勢)로 이해하여, 압도적인 형의 형성을 통한 세의 운용을 병법의 요체로 간주한다. 압도적인 형이 있으면 내가 반드시 이길 수 있는 것은 아니나 적이 이기

---

59 "而顧憂虞潰洞 殊無展眉時 兄書所問天東近事 可已有默會耳 防道距邪 未可以言語文字奏功 必煩兵戈 是豈書生所能者乎" 『환재집』 권10, 與黃緗芸雲鵠 丙寅 10월
60 故勝兵若以鎰稱銖 敗兵若以銖稱鎰 勝者之戰民也 若決積水於千仞之谿者 形也(『손자』「形」); 勇怯 勢也 強弱 形也(『손자』「勢」).

지 못하게 만들 수 있다.[61] 또 세란 "거세게 흘러가는 물이 돌을 떠내려 가게 하는 것과 같은 것"[62]이다. 요컨대 형세를 사고할 때 주체는 자기 자신을 적과 대치해 있는 힘의 관계적 양상 안에 두는 것이다.

순간순간 변화하는 세의 형성과 운용에는 상황즉응적이고 응변적 (應變的)인 자세가 요구된다는 점이 중요하다. 세 안에서 우위를 다투 는 주체의 태도는 객관화하는 것이라기보다는 매우 감응적인 것이다. 세의 운용에 필수적인, 상황즉응적이고 응변적인 방법들을 권(權)이라 한다. 『손자』는 "이익에 근거하여 권을 사용하는 것이 바로 세"[63]라는 정의를 내려놓고 있다. 그러므로 이기고자 한다면, 상황의 모든 요소 들이 직접 맞붙을 적에 대한 승리 여부에 귀속되어 비교·검토되고, 국지적 힘의 배치 상황, 즉 형세로 재구성되어야 한다. 또 적의 동향에 맞추어 형세를 변화무쌍하게 구성하는 것 외에 전쟁에 있어 신묘한 힘 이란 없다.[64] 요컨대 병학적 대응은 정태적 장에서 적과 내가 대결한 다기보다는 피아간의 반응에 따라 유동하고 변화하는 형세의 장을 전 제하고 있다. 적과 나는 하나의 형세 안에서 밀접히 연관되어 있다. 전 쟁에 임하는 자는 끊임없이 적과 비교를 해야 하고, 적의 반응을 전제 한 가운데서 대응을 취해야 한다.

1866년 이후 서양과의 전투를 준비하며 구체적 방어책을 제시하는 문헌들은 대체로 고전적 병서가 제시하는 이런 자세를 드러내고 있다. 병인양요 직후 군무에 대한 상소를 올리면서 신헌(申櫶)은 다음과 같이

---

61 故善戰者 能爲不可勝 不能使敵必可勝(『손자』 「形」)

62 激水之疾 至於漂石者 勢也(『손자』 「勢」). 비슷한 표현으로 다음과 같은 것이 있다. 任勢者 其戰人也 如轉木石 木石之性 安則靜 危則動 方則止 圓則行 故善戰人之勢 如轉圓石於千仞之山者 勢也(『손자』 「勢」)

63 勢者 因利而制權也(『손자』 「計」) 세라는 것이 기정(奇正)에 불과하다는 표현도 있 다. 기가 병력의 정규적 운용이라면 정은 복병을 포함해 병력의 비정규적 운용을 가 리킨다. 戰勢不過奇正 奇正之變 不可勝窮也(『손자』 「勢」)

64 兵無常勢 水無常形 能因敵變化而取勝者 謂之神(『손자』 「虛實」)

말하고 있다.

　여섯 번째는 오랑캐들의 변란을 살펴서 헤아리는 것입니다. 무릇 싸움을 이기기 위해서는 적을 잘 헤아리는 것보다 더 중요한 것이 없습니다. 속셈으로써 헤아리면 반드시 그에 대한 말이 있고 하는 짓으로써 헤아리면 반드시 그에 대한 정사가 있는데, 오랑캐를 헤아리는 것을 어찌 살피지 않아서 되겠습니까? 오랑캐는 헤아릴 수가 없다고 한다면, 몰래 사교(邪敎)를 행하고 드러나게 통화(通貨)하기를 요구하니 그 정상이 이미 드러난 것입니다. 오랑캐는 헤아릴 것도 없다고 한다면, 우리의 요해처를 엿보고 우리의 도시들을 불태우니 그 일이 이미 혹독합니다. 그런데 어찌 오랑캐를 헤아리는 것을 속히 하지 않을 수 있겠습니까? 저들이 요구하는 것을 결단코 들어줄 수가 없다고 한다면 이미 지켜야 하고 또 싸워야 하는 것입니다. 그런데 싸우고 지키는 데에 대한 대비가 지금 어떠합니까? 지금 저들 오랑캐들의 일은 비록 그 영향을 얻지는 못했으나, 저들이 여러 겹의 바다를 건너와서 남의 나라를 침범하는 것이 어찌 아무렇게나 온 것이겠습니까? 저들에 근거해서 연습을 하게 되면 반드시 믿을 것이 있게 되고 우리 측의 사정을 염탐하도록 내버려두면 반드시 모욕당하게 됩니다. 그러니 지금 저들을 막고자 하면서 또 어찌 구차하게 그럭저럭 할 수가 있겠습니까? 저들이 변경을 노략질하면 어떻게 굳게 막겠으며 저들이 침입해 들어올 경우에는 어떻게 맞서 싸우겠습니까? 어떻게 하여야 먼저 싸움터에 자리잡고 어떻게 하여야 저들이 제대로 싸우지 못하게 하겠습니까? 상대할 만하면 맞서 싸우고 약할 경우에는 피하여야 하는데, 이 가운데 한 가지도 할 수 없게 하는 것이 과연 마땅하겠습니까? 병지에 이르기를 '싸우기 전에 조정에서의 가상전쟁(廟算)에서 이기는 것은 승산이 많은 것이고, 싸우기 전에 조정에서의 가상전쟁에서 지는 것은 승산이 적은 것이다'고 하였습니다. 저들과 우리가 서로 이루는 형(形)을 볼 때 승산이 많은 자가 누구이겠습니까? 우리가 과연 많다면 많은 것을 믿고 닦지 않아서는 안되며, 적다고 한다면 속히 닦아서 많게 하여야 합니다. 지금 싸우기로 결의하고서 전략을 강구하지 않고 전쟁 도구를 수선하지 않는다면 어찌 위태로운 방도가 아니겠습니까? 이 때문에 신이 동동거리면서 말을 그만두지 못하는 것입니다.[65]

지금 신헌이 올린 상소는 국왕 및 의정부의 동의를 얻어 이후 군비 확충의 방향타 역할을 한 것으로 평가된다(최병옥, 1998). 그는 이 상소에서 "근래의 폐단 가운데 속히 변통해야 할 것과 온 나라 연변의 방수와 기무 가운데 먼저 강구해야 할 것[近弊之亟宜變通者 與環國沿邊防守機務之當先講磨者]"을 구명하여 여섯 조항으로 나누어 정리하고 있다. 경병단조(京兵團操), 장선향포(獎選鄕砲), 권설민보(勸設民堡), 북연제병(北沿制兵) 독수내정(篤修內政), 심료이변(審料夷變)이 그 여섯 가지이다. 경병단조란 서울의 군사를 한데 묶어 훈련하자는 것이고, 장선향포란 향포수(鄕砲手)를 선발하도록 장려하자는 것이며, 권설민보란 민보를 건설하자는 것이고, 북연제병이란 북쪽 변경에 군사를 두자는 것이다. 앞의 이 네 조항은 군정(軍政)과 관련된 구체적이고 세세한 내용들, 예컨대 대오를 정비하고, 총쏘기 훈련을 강화하자든가, 혹은 사냥을 하는 포수들을 선발하여 선봉군으로 삼자든지 하는 등의 내용을 담고 있다. 반면 뒤의 내정을 잘 닦자는 독수내정과, 오랑캐들의 변란을 헤아리자는

---

65 六曰 審料夷變 夫制勝 莫先于料敵 料之以情 必有其言 料之以事 必有其政 而料夷 安可不審也 以爲夷不可料耶 潛行邪敎 顯求通貨 其情已著 以爲夷不足料耶 戕我要害 焚我大都 其事已棘 而料夷 安可不亟也 以爲彼之所求 決不可許 則旣可以守 又可以戰 而戰守之備何如耶 今彼夷中之事 雖未得其影響 然彼欲驀越重溟 侵人之國 彼豈苟然而來者耶 據彼練習 必有所恃 偵我虛實 必有所侮 今欲拒彼又可苟然相當已耶 彼止掠邊 則何以固圉 彼若入寇 則何以逆戰 如何而先處戰地 如何而彼不得戰 敵則能戰之 弱則能避之 果當無居一於斯者耶 兵志曰 未戰而廟算勝者 得算多也 未戰而廟算不勝者 得算少也 彼我相形 而多算者誰耶 我果多耶 則不可恃多而不修 其或少耶 則宜亟修而求多 倘今決意欲戰 而不講戰略 不修戰具 則豈非危道耶 此臣所爲憧憧而不能已於言也(『승정원일기』, 1867년 1월 16일)

심료이변의 두 조항은 군정을 펴는 포괄적인 자세를 제시하면서, 둘 다 『손자』에 의거한 설명을 가하고 있다. 위 인용문은 이중 여섯 번째 조항이다.

신헌에게도 서양은 성인의 도를 모르는 오랑캐[夷]에 불과하다. 그러나 이 장면에서는 '저들이 요구하는 것을 들어줄 수 없다면' 싸워야 한다는 사실이 더더욱 중요하다. 양이와 '나'는 수만 리 떨어져 있기보다는 싸움이 벌어질 장소에 함께 있다. 관계 희박-내응자 담론에서는 수만 리 떨어져 있고 은혜도 원망도 없는 서양이 침범한 것은 무엇보다도 사교에 물든 내응자들이 서양 오랑캐와 화응했기 때문이고, 그래서 내응자를 처단하는 것은 서양과의 단절을 기도하는 성격을 갖고 있다. 그러나 내응자와의 연계를 상정함으로써 서양과 먼 거리를 유지하려는 태도는 위 인용문에서는 드러나지 않는다. 멀리서 오히려 알 수 없는 적과 근접하여 상대해야 한다는 당혹감이 있다. 그래서 신헌은 오랑캐를 헤아리는 것을 속히 하지 않느냐고, 그들이 쳐들어오면 어떻게 할 것이냐고 지속적으로 묻고 있다. "그런데 어찌 오랑캐를 헤아리는 것을 속히 하지 않을 수 있겠습니까?" "저들이 변경을 노략질하면 어떻게 굳게 막겠으며 저들이 침입해 들어올 경우에는 어떻게 맞서 싸우겠습니까?" 그럼으로써 그는 국왕과 조선 조정을 직접적인 전투의 장으로 끌어들이고 있다. 직접 맞부딪칠 전투를 상정하는 한 서양은 헤아려지고 알아져야 할 대상이다. 요컨대 서양과의 전투태세는 그것의 이적성과 이단성을 부정하지 않으면서도, 관계 희박-내응자 담론과는 다른 행동 공간을 열고 있다고 하겠다.

이제 주체는 서양과 응(應)할 수 없이 격절되어 있기보다는, 침입해 오는 서양과 밀접히 붙어 있다. 서양과의 연관과 반향의 패턴이 다르다고 할 수 있다. 그러므로 서양을 잘 알고 헤아리고자 한다. 그리고 서양에 대한 그 앎이라는 것도 앎의 대상과 관조적 거리를 유지하는 것이라기보다는 밀착해 있다. 적에 대한 나의 앎은 나의 행동방침으로 곧 적용되어야 하며, 나의 행동은 저들의 행동을 불러일으킬 것이고, 그 것은 다시 나에게 돌아온다. 그리고 모든 과정은 적과 나의 우열관계에 곧바로 영향을 미친다. "저들에 근거해서 연습을 하게 되면 반드시 믿을 것이 있게 되고 우리 측의 사정을 염탐하도록 내버려두면 반드시 모욕당하게 됩니다." 그렇기 때문에, 피아간의 반응에 따라 유동하고 변화하는 형세의 장 안에서의 우위를 노리는 것이다. 그래서 신헌은 "어떻게 하여야 먼저 싸움터에 자리잡고 어떻게 하여야 저들이 제대로 싸우지 못하게 하겠습니까?"라고 묻는다. 이 구절은 『손자』「형(形)」의 "그러므로 잘 싸우는 것이란 패하지 않는 데 서서 적의 패할 만한 점을 놓치지 않는 것이다故善戰者 立於不敗之地 而不失敵之敗也"라는 구절을 연상시킨다. 그가 '싸우기 전에 조정에서의 가상전쟁[廟算]에서 이기는 것은 승산이 많은 것이고, 싸우기 전에 조정에서의 가상전쟁에서 지는 것은 승산이 적은 것이다'라는 병서의 구절(『손자』「計」)을 인용할 때, 그는 이렇게 밀접히 연동되는 형세 안에 적과 함께 있다.

그러나 무엇보다 중요한 것은 나에 대한 앎, 그리고 적에 대한 앎이 지구적 규모로 확장되기보다는 적과 내가 맞붙을 형세라는 국지적 공간으로 응축된다는 점이다. 문제는 구체적 전투에서 누구에게 승산이 있는가, 아니 예상되는 전투에서 어떻게 승산을 만들 수 있는가이다. "어떻게 하여야 먼저 싸움터에 자리잡고 어떻게 하여야 저들이 제대로 싸우지 못하게 하겠습니까?"라고 물을 때 주체에게 전투 상황을 떠난 지구적 규모에서의 나의 전력과 적의 전력 간의 산술적 비교는 상대적으로 작은 관심사이다. 치밀하고 교묘한 기동(機動)으로 적이 제대로 싸울 수 없고 내가 이길 수밖에 없는 형(形)을 만들어 자신의 위치를 잡는 것이 중요한 것이다. 즉 서양을 적으로 만나지만, 그 만남의 장은 전투의 승패가 갈리는 국지적 형세 안에서이지 지구적 규모로 확장된 세

계가 아니다.[66]

총포와 선박 등에서 서양 오랑캐의 우세는 이미 알려져 있었다. 천하의 대국인 청마저도 양이의 우세한 무력에 밀려 북경을 내주었던 사실은 1860년 북경 함락 이후 깊숙이 각인되어 있었다. 서양 오랑캐와 맞붙은 첫 전투인 제너럴 셔먼호 사건에서도 서양 배의 우수함이 확인되었다. 반면 조선의 군정이 미비하다는 것은 이미 헌종 때부터 자주 지적되던 바였다(최병욱, 2000). 서양에 대한 병학적 대응은 이 불균형을 깨뜨릴 방안을 마련해야 한다. 병인양요 당시부터 중요시된 방안은 민보(民堡) 건설이었다. 1867년에 올린 신헌의 상소문에서도 세 번째 조항은 권설민보(勸設民堡)였다. 병인양요 당시 무인 가문 출신인 강위(姜瑋)는 신헌을 대신하여 작성한 「청권설민보증수강방소(請勸設民堡增修江防疏)」에서 다음과 같이 말한다.

대저 오랑캐의 정황은 예측하기 어렵고 오랑캐의 힘은 헤아리기 어렵습니다. 그러나 중국인이 말한 바로써 본다면 저들은 속전(速戰)에는 이점이 있지만 지구전(持久戰)에는 능하지 못하고 대포(大礮)라고 하는 것도 다만 탁 트인 뱃길이나 넓은 들에서는 쏠 수 있지만 산성에서는 어찌할 수 없다고 합니다. 진실로 이 말과 같다면 우리나라의 지형은 계곡이 깊고 산이 험하여 곳곳의 산성에 방어망을 설치하여 대처한다면 진실로 지키고 남음이 있을 것입니다. 또한 들으니 저들의 군율은 대단히 엄하고 기계도 정밀하고 예리하여 가히 갑자기 싸울 수는 없지만 또한 두드러지게 뛰어난 힘이나 월등한 용맹은 없다고 하므로 (…중략…) 어찌 우리 군대가 반드시 이기지 못한다고 할 수 있겠습니까?[67]

---

66 서양에 대한 병학적 대응이 함축하는 점에 대한 이런 통찰은 장인성(2002)에서 얻은 것이다.

67 今夫夷情叵測 夷力難料 然以中國人所言觀之 彼利速戰不能持久 所謂大礮只可施於

서양 오랑캐는 조선이 관계하는 반경 밖의 존재였다. 그러나 싸움이 결정되는 한 이 애매모호성은 조금이라도 경감되어야 한다. 다시 말하지만 적과 싸우자면 적에 대한 앎을 통해 이길 수도 있는 형세를 재구성해야 한다. 여기서 강위는 전통적 청야전(淸野戰)과 같은 것을 구상하고 있다. 드넓은 평원이나 해양에서 훈련된 강병도 험준한 산악에서는 힘을 쓰지 못하며, 이런 형세에서라면 내가 적에게 밀리지도 않는다. 그러므로 험준한 산악과 계곡에 산성을 쌓고 방어망을 친다면 저들로부터 '우리나라(我國)'를 지켜낼 수 있다는 것이다. 강위의 이 상소는 서양 선박과 총포의 예리함을 이유로 공격이 아닌 수비를 중시하고 있고, 외양에서의 전투가 아닌 해구 방어를 주장한다는 점에서 『해국도지(海國圖志)』[68]의 주해편(籌海篇)과 상통한다(이현주, 2004).

강위의 관심은 오랑캐를 이곳으로부터 몰아내고 물러나게 하는 데 집중되어 있다. 이곳이 아닌 드넓은 평야나 해양에서 서양 오랑캐를 물리칠 수 있을 가능성은 이미 배제되어 있다. 그들의 군대와 대포는 드넓은 평야나 해양에서라면 조선의 군대를 궤멸시킬 것이다. 여기서 이길 수 있는 형세는 오로지 조선의 험준한 산세와 전통적인 산성 방어망을 바탕으로 해서만 구축된다. 19세기 후반 전투의 상대자로 서양과 조우하는 관계에서는 나에 대한 앎, 그리고 적에 대한 앎이 지구적 규모로 확장되기보다는 적과 내가 맞붙을 형세라는 국지적 공간으로

闊港大野 而無奈於山城 誠如是 我國地形 嶔岈崱屴 在在山城 設防以處之 固可守而有餘也. 又聞彼之師律甚嚴 器械精利 未可遽戰 然亦無絶倫之力超距之勇 (…중략…) 安見我師之必不勝也(『古歡堂集』「請勸設民堡增修江防疏」; 이현주, 2004 재인용)

68 『해국도지』는 아편전쟁 후 청의 위원(魏源)이 1842년에 간행한 것으로서, 동서양 각국의 지리, 종교, 군사력과 문물을 소개한 일종의 백과사전적 저작이다. 전쟁에서 승리한 서양세력에 대한 위기감이 저술의 동기를 이루고 있다. 저작 중 대부분을 차지하는, 동서양 각국의 사정을 소개하는 내용은 서양인과 중국인의 기왕의 저작물에서 인용·편집되었으나, 1권과 1권에 나오는 주해편(籌海篇)은 서양 세력을 막아내기 위해 위원이 제언하는 해방(海防)의 방책들을 수록하고 있는 핵심적 부분이다. 조선에는 연행사절로 다녀온 권대긍에 의해 1845년에 초간본 50권이 전래되었다.

응축된다는 점을 다시 한 번 확인하게 된다. 고전적 병서의 형세의 논리는 서양을 적으로서 근접하여 끌어들이고, 앎의 대상으로 설정하며, 나의 행동과 밀접히 연동하여 행동하는 상대자로 설정하되, 그것을 국지적 관계로 응축하는 것이다.

프랑스군이 강화도에 진격하기 3일 전인 1866년 9월 3일, 서양 오랑캐가 중국에 들어오게 된 것이 "서양 오랑캐가 가장 강한 상대여서가 아니라 중국에서 그 방어를 잘못한 데 기인한다"[69]면서 상소를 올린 박주운(朴周雲)도 강위와 비슷한 산성 방어 제안을 하고 있다.

다만 태평한 시대가 오랜 까닭에 백성의 뜻이 견고하지 못하여 서양 배가 이르면 몹시 두려워했다가 물러나면 조금 안정되는데, 그 나아오고 물러남을 미리 알 기약이 없어 수비해야 한다고도 하고 싸워야 한다고도 하여 일정한 계획을 볼 수가 없습니다. 신은 계속 이렇게 될까 두렵습니다. 즉 적이 닥쳐오는 날 군민이 창황히 도망치고 사방으로 흩어져 수습할 길 없게 되고, 모아놓은 것을 버리고 훔친 곡식에 의지하며, 관령(關嶺)을 포기하고 적로(敵路)와 통하여 아무렇지도 않게 군부(君父)에게 적들을 보내게 될 터입니다. 궁벽한 산골에 추위가 닥쳐 굶주려 얼어죽는 자가 잇따라 생기고, 고을이 텅 비고 적의 칼날이 뒤따라 닥치면 지난날 흩어져 도망가 목숨을 부지하려고 했던 사람들도 끝내 유린당하여 구할 수 없을 것이니 어찌 크게 우려할 만하지 않겠습니까? 그러나 사람들은 오로지 자신과 처자식을 온전히 보전하려는 것만 계책으로 알면서 온전히 보전하는 계책은 나라를 지키는 데 있고, 나라를 지키는 계책은 적을 막아낼 방법을 얻는 데 있음을 알지 못합니다. 적을 막아낼 방법을 물으면 때에 따라 변통할[隨時變通] 뿐이라고 답하니 때에 따라 변통하면 과연 적을 막아낼 수 있겠습니

---

69 此虜者洋夷之所以入中原也 然亦非洋夷之最强 實由中原之失其禦耳(『승정원일기』, 1866년 9월 3일)

까? 신이 듣건대 우리나라의 강함은 천하에 알려져 있다고 하는데, 우리나라가 천하의 강국이 된 까닭은 전곡(錢穀)이 풍부하거나 갑병(甲兵)이 많아서가 아니라 산과 계곡의 험준함이 천하에서 으뜸가기 때문입니다. 병법에 이르기를 먼저 높은 곳을 점거하는 자가 승리한다 하였고, 손무자(孫武子)는 먼저 고지를 점거하면 피하여 공격하지 말라고 하였습니다. 지금 그 고유의 험준함으로 인하여 곳곳에서 고지를 점거하여 성을 쌓고 지킨다면 척계광(戚繼光)이 이른바 저 백만 명의 침입자들을 그냥 둔다는 것이 이 경우일 것입니다. (…중략…) 중국의 지형은 들이 넓고 산이 드물어 천연적인 험지가 매우 적은데, 서양 오랑캐의 용병술은 평원이나 강해(江海)에서의 싸움에 강한 면모를 발휘하니 그들이 질주하는 기술을 멋대로 부린 것이 이상할 것이 없습니다. 그러나 우리나라는 이와 달라 삼면이 높은 산맥으로 첩첩이 싸여 있고 산골짜기는 밭을 일구기에 적당하니 실로 보루를 높이 쌓고 벽을 깊숙이 쌓고자 한다면 정형(井陘)과 같은 험준함이 없는 곳이 없을 것입니다. 저들이 비록 엿보아 넘어 들어오려 한다 해도 또한 그때마다 사로잡히게 될 것이니 어찌 감히 수족을 놀릴 수 있겠습니까? 만들기만 잘하면 그 강함이 약해지기 쉽고 지키기만 잘하면 그 험준함이 견고해질 수 있으니, 병갑이나 기계의 예리함은 이에 상관없는 것입니다. (…중략…) 이를 통해 본다면 우리나라의 장점이 우리 손 안에 들어 있고 저들에게 들어가지 않아 각기 지킬 수 있는 험지를 지켜 청야(淸野)하고서 들어가 보존하면서 때때로 나와 적의 소굴을 공격한다면 지난날 신성(新城), 안시(安市), 원주(原州), 귀주(龜州)에서 거둔 것 같은 큰 승리를 한산대첩(閑山大捷)을 기다리지 않고도 일찍이 거둘 수 있었을 것이니, 비록 천하의 굳센 왜구로서도 일찍이 자기 나라로 돌아가려 도모했을 것입니다. 더구나 이 서양 오랑캐는 큰 바다를 건너와 우리의 험준한 산세에 익숙지 않은데 우리가 각각 고지를 점령하고 있다면 어찌하겠습니까?[70]

앞서 보았듯이 관계 희박—내응자 담론은 서양이 관계 희박한 먼 타자라는 전제 속에서 작동하며, 그 전제와 어긋나는 장면에서는 경악이, 그 전제가 다소 충족되는 장면에서는 경악의 완화가 반복되는 것이었다. 그러나 이렇게 "그 나아감과 물러감을 기약할 수 없는" 바람과 같은 존재에 흔들리며 적을 헤아리지 못해 일정한 계획을 세울 수 없는 상태는 박주운에게는 두려운 것이다. 박주운이 이 상소를 올린 때는 아직 2차 프랑스 원정군이 강화도에 모습을 드러내기 전이지만, 1차 원정의 충격이 채 가시기 전이었다.[71] 1차 원정 때 프랑스군이 여의도 근처인 서강(西江)까지 진입하자 도성은 크게 동요하여 곡물이 품귀하고 집을 버리고 피난하는 자들이 줄을 이었다.

---

70 而惟其昇平已久 民志靡堅 船至則洶懼 般退則少定 而其退其進, 未有前知之期 曰守曰戰 莫見一定之劃 臣恐若此而不已 則embedded至之日 徒見軍民之蒼黃奔迸 而四散莫收 棄積儲而資盜糧 抛關嶺而通敵路 晏然遣賊虜於君父 而及其窮山寒凜 凍餓相枕 鄉里空虛 鋒鏑隨至 則向所以散伏而求生者 徒亦糜爛而莫之救耳 豈不大可憂 然人皆知全軀保孥之爲得計 而不知全保之計 在於守邦 所以守邦之計 在於禦敵之得其方 而及問禦敵之方 則曰隨時應變而已 隨時應變 果可以禦敵乎 臣聞我國之强 聞於天下 夫我國之所以爲天下强國者 非以金穀之饒甲兵之衆 而山谿之險 甲於天下也 兵法曰 先據高地者勝 孫武子曰 先據高地則避而不攻 今因其固有之險 處處據高而城守 則戚氏所謂任他百萬來犯者是也 (…중략…) 且中國之地形 野曠山稀 天險絶少 而洋夷之用兵 多在於平原江海 其騁技恣行 無昇也 至若我東之爲國 昇於三方峯嶺峻疊 巖洞合沓 苟欲高壘而深壁 則井陘之險 無處無之 彼雖欲窺越 亦將隨處就擒矣 其何敢措手而着足乎 夫善制其强易弱, 善守則其險可固兵甲器械之利 無與焉 (…중략…) 由此以觀 向使我國之長在我而不在彼 各守可守之險 而淸野而人保 時出而勦挈焉 則新城安市 原州龜州之捷 必不待碧波開山之日 而雖以天下之勁寇 早已謀雲水之飛潛矣 矧玆洋夷之浮遊大海 不習山險 而其於吾各據高地何哉(『승정원일기』, 1866년 9월 3일)

71 병인양요의 경과는 다음과 같다. 프랑스군은 8월 10일부터 22일까지 사전 정찰을 목적으로 1차 원정을 단행하였다(이때 한강을 항행해 여의도 근처인 西江까지 올라왔다). 다시 본격적인 2차 원정을 단행해, 1866년 9월 3일 군함 7척을 이끌고 오다가, 중간에 4척에 병력을 분승시켜 강화해협을 거슬러 올라가 갑곶에 상륙한 후 9월 8일 강화부를 점령하였다. 조선 조정은 결국 교전(交戰)을 결정하였고, 급히 등용된 이항로의 상소는 대응을 둘러싼 혼란을 불식하고 교전론을 일반화시켰다. 흥선대원군은 중국이 강화한 이후 서양인들에게 곤욕을 당하고 있다는 사실을 논거로 들면서 척화 4조목을 묘당에 알리는 조처를 취하였다. 조선군이 정족산성에서 승리한 후, 프랑스군은 10월 13일까지 조선 영해에서 완전히 후퇴하였다.

그래서 박주운은 적을 막아낼 알맞은 방법을 찾자고 제안한다. 그 방법이란 조선의 험준한 지형을 이용하자는 것이다. 높은 곳을 점거하여 성을 쌓고 지키면 침략군도 어찌할 수 없을 것이라고 예단한다. 『손자』「지형(地形)」편에 "험준한 지형은 아군이 먼저 점한다. 반드시 높고 양지바른 곳을 점하여 적을 기다린다. 만약 적이 먼저 점하면 물러나며 쫓지 않는다(險形者 我先居之 必居高陽以待敵 若敵先居之 引而去之 勿從也)"는 구절이 있다. 험준한 곳을 점거하는 것은 설사 방어를 위한 것이라고 해도, 전투에서 이길 수 있는 형세를 만드는 것이지, 근접해 오는 서양과 격절되도록 숨어들어가는 것을 뜻하지는 않는다. '험지를 점거하면 내가 이기고 적은 패한다'는 계산, 험지에서 적과 나의 강약을 비교하는 산술(算術)이 작동하고 있다. "험지를 지켜 청야(淸野)하고서 들어가 보존하면서 때때로 나와 적의 소굴을 공격한다면" 대승을 거둘 수 있다는 계산을 할 때, 주체는 서양을 자신과 밀접히 연동하여 행동하는 상대자로 설정하는 동시에 험준한 산과 계곡을 이런 관계가 설정되는 국지적 장소(locale)로서 도입하고 있다. 양이가 물러난다면 이 관계는 곧 사라진다.

박주운은 강위와 같이 험준한 산악과 산성에서는 병갑이나 기계의 예리함은 작용할 수 없으리라 전망한다. 그렇기 때문에 산성방어 전략을 세운 것이다. 험준한 산지를 중심으로 잘 수비하면 양이를 물리칠 수 있으리라는 사고는 강위나 박주운 같은 이에게만 한정되지 않았다. 대원군집권기 내내 상당한 군비 증강이 이루어지고 무기 제소가 시도되었지만, 선박에 대해서는 크게 신경쓰지 않았다. 반면 험준한 산과 산성은 양이의 예리함을 무디게 할 조선의 핵심적 보루로 남아 있었다.[72] 당시의 인식에 의하면 양이는 바다를 종횡무진 다니며 배를 집

---

72 신미양요 당시 고종이 진강에서 대신들과 주고받은 대화에서도 지형의 험준함을 양이가 버티지 못하리라는 사고가 나타난다. "予日 講官曾任萊邑 當詳知之矣 我國則

으로 삼는 자들이었으므로,[73] 산성을 이용해 방위하자는 제안은 양이가 창궐하는 드넓은 세계 안에서 정면으로 승부를 볼 것을 기대하고 있지는 않다.

병인양요 당시 김윤식(金允植)은 『해국도지』를 모방해 서양식 병기를 제조할 것을 주장하고 있지만, 양이와의 전선이 형세 안으로 응축된다는 점에서는 위 인용문들과 다를 것이 없다.

바다를 다스리는 방법은 병졸이 적고 정밀히 편제되어 있으며 무기가 편리한 것이 중요하다. 병졸이 적으니 식량이 적게 들고 정밀히 편제되어 있으니 어지럽지 않으며, 무기가 편하니 쉽게 움직이며 이로우니 잘 맞힐 수 있기 때문이다. 양이가 종횡사해(縱橫四海)하는 까닭은 이 방법을 쓰기 때문이다. 지금 비록 수많은 병사가 있어 전쟁에 능하고 꿰뚫고 있어도 실로 한 칼도 서로 맞부딪치지 않는다. 만약 험한 곳을 차지하고 정밀한 포를 발사해 한번에 명중시키면 적선 한 척을 전복시키니 어찌 많은 병력을 필요로 하리오? 그래서 일찍이 위원의 주해편을 보니 병력의 많음에 힘쓰지 않고 오직 포의 정밀함을 구한다고 하였다. 이 모두 여러 번 양이의 난을 경험하고서 그 요령을 말한 것이다. 지금 널리 좋은 공장(工匠)과 약삭빠른 책략가를 구해 대포(大礮)를 제조하고 활차(滑車), 교가(絞架), 강총(扛銃), 대포(臺砲), 수뢰차(水雷車) 등을 그림에 의거해 본뜨면 이루지 못할 리가 없다. 우선 경영(京營)의 병사들을 손돌목, 갑곶진, 통진, 양화진 염창항,

山川險阻 洋醜必難犯矣 淳穆曰 洋醜以船爲家 只是慣習泛海 且況我國山川之險阻 戒嚴旣具 則何慮之有 但若久泊不退 自不無繹騷矣 洺曰 大國則數千里沙漠之曠野 也 無一山隔 環以江海 故彼得以用技 我國則山川險阻 彼雖有兵技 難以用之 而我之 備禦之道 亦不可不固矣"(『일성록』, 1871년 4월 17일)

73 박주운의 상소에도 다음의 구절이 있다. "臣竊嘗聞洋夷者 邈在西海極徼屢數萬里之外 與我邦區域逈絶 風氣敻越 不啻涯角之不相及 而其爲生也 以舟楫爲家 以貨利爲命" (『승정원일기』, 1866년 9월 3일) 그밖에 신미양요 시기 고종과 진강에서 대화한 홍순목도 다음과 같이 말한다. "淳穆曰 洋醜以船爲家 只是慣習泛海"(『일성록』, 1871년 4월 17일)

경강 등과 같은 연해의 요해처에 나누어 배치하고 포대를 쌓고 모래성을 세우고, 지평(地平)과 구고(句股)의 방법으로써 포가 나아갈 길을 정확히 살펴 엄히 방수해야 한다. 만약 무사히 상대하여 그밖의 모집한 이들을 모두 돌려보낸다면 비용을 줄이고 소란을 잠재우는 일단이 될 수 있을 것이다. 그렇지 않다면 중원의 사람이 우리에게 가르쳐준 대로 곧바로 싸우지 말고 지구전을 펴면 그들은 식량이 다하면 스스로 물러갈 것이라 하니 실로 격언(格言)이다. 다만 오늘날 우리나라의 세를 알지 못하고 주객이 전도되면, 우리는 힘들고 저들은 쉽게 되어 만약 지구전을 펴면 저들의 식량이 떨어지기 전에 우리가 곤란을 크게 겪을 것이다.[74]

병졸의 정밀한 편제와 편리한 무기를 요구하는 김윤식은 양이에게 좀더 접근해 있다고도 볼 수 있겠다. 험지가 적의 장점을 무너뜨리는 역할을 한다면, 병졸의 정밀한 편제와 편리한 무기는 바로 양이의 장기이기 때문이다. "병졸이 적으니 식량이 적게 들고, 정밀히 편제되어 있으니 어지럽지 않으며, 무기가 편하니 쉽게 움직이며 이로우니 잘 맞힐 수 있기 때문이다. 양이가 종횡사해(縱橫四海) 하는 까닭은 이 방법을 쓰기 때문이다." 양이의 장기를 우리도 써야 한다는 것이다. 그렇지만 김윤식도 직접 바다 위에서 적과 응전해야 한다는 제안은 하지 않는다. "만약 험한 곳을 차지하고 정밀한 포를 발사해 한번에 명중시키면 적선

---

74 然竊謂禦洋之道 貴在兵少而精 器便而利 何者 少則食減 精則不亂 便則易云 利則能中 洋夷之所以能縱橫四海者 用此道也 今雖有百千萬兵 能征貫戰 實不得一刃 若據要險放精礮一番命中 則覆一敵船 此豈資衆多之力哉 故嘗見魏源籌海篇 以爲不務兵多而惟求礮精 此蓋屢經洋亂 得其要領之言也 今宜廣求良工及有功思之人 製造大礮滑車絞架及扛銃臺砲水雷車等之類 按圖倣造 無不成之理 但選京營兵 分置沿海 要害如孫石項甲串津通津楊花渡鹽倉項京江諸處 皆築礮臺 起沙城 以地平句股之法 精審礮路 嚴其守備 若無事以待之 其外鄕募一切罷遣 庶可爲省費息擾之一端歟 不然則中原人敎我 勿戰持久 彼將糧盡自退云 誠格言也 然殊不知今日我國之勢 主反爲客 我勞彼逸 如此持久 則不待彼之糧盡 而我已困劇有難(『김윤식전집』 2, 「洋擾時答某人書」)

한 척을 전복시키니 어찌 많은 병력을 필요로 하리오?"라고 말하고 있다. 연해의 요해처에 보루를 마련해 엄히 방수하는 데 그칠 뿐이다. 포격해서 적을 물러나게 못한다 해도, 지구전을 오래도록 펴면 적들도 식량이 다해 물러갈 것이라고 기대하고 있다. 이런 조심스런 지구전은 김윤식에 따르면 오늘날 우리나라의 세(勢)를 안 소산이다. 그러나 형세 밖에서 우월한 무력으로써 지속적으로 압박을 가할 서양 세력 자체에 대해서는, 적어도 이 장면에서는 별다른 관심이 없다.

2) 적으로 대치한 서양에게 윤리적 관계를 설정하다

(1) 전투지에서 서양에게 책임을 묻기 위해 서양과의 관계를 세 겹으로 만들기

1866년 8월 16일, 호남의 산림인 기정진(奇正鎭)은 국왕에게 상소를 올렸다. 8월 16일이라면 1차 원정 때 온 프랑스 군함이 한강을 거슬러 오르고 있던 시기였으나, 기정진의 상소에는 아직 이런 사실이 반영되어 있지는 않다. 그는 서양 선박이 서해에 정박한 것만 알고 있다. 그의 상소에는 다음과 같은 구절이 있다.

예로부터 두 나라가 서로 전쟁을 하게 되면 사신이 각국의 군대 사이에 끼이게 되는데, 사신이 조리있는 말로써 상대를 설득하면 상대가 군사를 이끌고 물러나곤 하였습니다. 저들이 자기네 사람을 마구 죽였다고 우리에게 문책할 때 만약 우리의 대답이 분명하고 바르지 않으면 문책하는 사람은 기가 살 것이며, 대답하는 사람은 기가 꺾이게 될 것이니, 기가 사느냐 꺾이느냐에 곧 승패가 나누어지는 것입니다. 그들에게 대의에 당당하게 대답하기를 '본래 우리나라는 외국인에 대하여 대접을 박하게 하지 않았다. 배가 고프다고 하면 음식물을 주었고, 병에 걸렸다고 하면 약을 주었으며, 배가 기울고 누수가 된다고 하면 재목을 주었다. 어려움을 당한 이를 불쌍히 여기고 구원하는 뜻이 어찌 멀고 가까움에 따라 차별을 둘 수 있겠는가? 그러나 만약 지방관에게 보고하지도 않고 변형을 하고는 몰래 잠입하여 성안과 여염을 돌아다닌다면 이는 바로 정탐하는 행위이며 외적을 끌어들이는 길잡이다. 이에 나타나는 즉시 체포하여 형벌을 가하는 것은 천하만국의 항전(恒典)인데 무엇을 의심하겠는가? 하물며 이들은 이미 이와 같은 죄를 범하고도 또 무뢰배들을 불러모아 임금을 배반하고 아비를 저버리는 교리로써 꾀어내어 남녀의 도리를 어지럽히고 인두세를 받는 등 모든 악행을 범했으니 이는 우리나라의 죄인일 뿐 아니라 너희 나라의 수치이기도 하다'라고 한다면 저들은 반드시 대답할 말이 없을 것입니다. 삼가 용강현에서 저들과 문답한 내용을 적은 글을 보건대 저 추악한 무리들의 물음에 대하여 우리는 처음부터 대답할 말이 없었으니 기가 꺾여버린 상황을 상상할 수 있습니다. 사령에 능한 사람에게 미리 대답할 말을 만들어 연해의 진과 읍에 반포하도록 하소서.[75]

기정진의 이 상소는 흔히 이항로와 마찬가지로 위정척사운동의 선구로 평가된다(이광린·신용하 편, 1984; 김영작, 2006 등). 기정진도 서양을 요망한 오랑캐로 보고 있고 그들과 접촉해서는 안된다고 주장한다.[76] 특

---

[75] 古者兩國相攻 使在兵間 辭令屈則斂兵而退 彼以濫殺問我 而我之答辭 若不光明直截 則問者氣伸 答者氣縮 氣之伸縮 卽勝敗所決也 其答大義當云 我國待外國人 本自不薄 告飢則賜食 告病則賜藥 告舟船傾漏則給材木 哀矜救活之意 豈有遠近之別乎 若或不告地方官 變形潛入 出沒城府閭巷間 則此乃窺覘之奸細 寇賊之先導也 隨現捉而加刑誅 乃天下有國之恒典 何足疑乎 況此人等 旣犯此一罪 又嘯聚無賴 誘以反君背父之敎 瀆亂男女 計口收貢 聚惡兼備 此非徒我國之罪人 乃汝國之羞恥 彼必無辭可答 竊見龍岡縣問答一紙 彼醜有問 而我人元無所答 其阻縮之氣可想 令善爲辭令者 作答爲一通 頒布沿海鎭邑(『승정원일기』, 1866년 8월 16일)

[76] 此胡 乃非常妖氣 計行意得 一天之下 盡入其殼中 差爲乾淨者 獨靑邱一片耳(…중략…)其無厭之溪壑 欲附庸我國家 帑藏我山海 奴僕我衣冠 漁獵我少艾 禽獸我生靈耳

히 인용되지 않은 부분에서 기정진도 이항로와 마찬가지로 서양 물건 특히 서양목(西洋木)을 엄금해야 한다고 주장한다.[77] 내수(內修)를 강조하고도 있다.[78]

하지만 앞의 이항로의 상소들과 비교하면 서양이 문제화되고 주체가 놓여 있는 전반적인 성좌가 현저하게 달라져 있다. 이항로의 상소들이 내응자와 연계한 서양 오랑캐와의 전투를 긍정하고 정당화하면서도 내수하는 주체의 노력을 강조하는 가운데 오랑캐와의 전투 자체에 대해서는 대체로 자세히 언급하지 않는 데 비해, 기정진의 이 상소는 침범한 오랑캐에 대한 대응방법에 대해 제언하고 있기 때문이다.[79] 기정진은 곧바로 적과 접촉하는 장 안으로 나아가고 있다. 역사적 인

萬一交通之路一開 不出二三年 殿下赤子不化爲西洋者無幾 斷然自任 無或饒恕(『승정원일기』, 1866년 8월 16일)

[77] 近日豪華輕薄 喜蓄洋物 貪服洋布 最爲不祥 殆海寇東來之兆 命中外官 搜括廛人 所儲洋物 焚之通衢 嗣後貿來者 施以交通外冠之律(『승정원일기』, 1866년 8월 16일)

[78] 위 인용문이 두 번째 조항인 데 반해, 內修는 여섯 번째 조항이다. 其六內修外攘 節日甚繁 要歸則不過結人心三字 用人行政之際 以結人心三字 念念不舍焉(『승정원일기』, 1866년 8월 16일)

[79] 기정진은 상소를 올린 목적에 대해 다음과 같이 설명한다. "지금 비록 저들을 살해했다는 것으로 구실을 삼지만 사실은 죽여도 돌아오고 죽이지 않아도 돌아왔을 것입니다. 지금 이미 들어온 자들이 상륙하여 흉포한 행위를 하지 않는다고 보장할 수 없으며, 다시 오는 자들이 있을지 없을지 그리고 그 수가 얼마가 될지도 전혀 예측할 수 없습니다. 요컨대 흉포한 행위를 하는가 하지 않는가 하는 것은 저들에게 달린 것이며, 그러한 흉포한 행위에 잘 대처하는가 하지 못하는가 하는 것은 오로지 우리에게 달려 있는 것입니다. 따라서 저들이 우리를 침범하지 않는다고 믿고 대처할 방법을 강구하지 않아서는 안되는 것입니다. 묘당의 깊고도 장구한 계책은 더할 나위 없이 훌륭할 것이니, 초야에 묻혀 있는 어리석은 신으로서는 생각할 수 없는 경지일 것입니다. 그러나 신의 어리석은 생각으로 혹 때를 놓쳐서 후회막급한 일을 당하지 않을까 하는 절박한 충정에서 평소 자신의 분수를 돌아보지도 않고 아래에 몇 가지 조목을 적어 감히 올립니다(今雖以殺害彼人爲執言 其實 削之亦反 不削亦反也 今其旣來者之登陸肆凶 不可保其必無 復來者之有無多寡 又非料度所及 要之肆凶與否在彼 應變之善不善在我 不可恃彼之不我犯 而不爲應變之圖也 廟堂之深謀長策 竊計靡不用極 有非草野愚淺之臣 所可懸想者 而微臣漆蔹之過慮 尙恐其機事之或失 後悔無窮 衷情所迫 平日之私分 有不暇顧矣 敢以數條 錄在下方 冒昧陳達)."(『승정원일기』, 1866년 8월 16일)

물로서 기정진은 이항로만큼이나 서양을 관계 희박한 타자로 두고 내 응자를 처벌하는 것이 중요하다는 입론을 충분히 펼칠 수도 있을 것이다. 그러나 위 인용문에서 말하는 자는 그런 방식으로 말하지 않는다.

위 인용문에서 기정진이 주장하고 있는 바는 "저들이 자기네 사람을 마구 죽였다고 우리에게 문책할 때" 분명하고 바르게 대답해야 한다는 것이다. 그의 이러한 주장은 그러므로 서양 오랑캐에 근접해서 말하고 있는 상황을 상정한다. 서양 오랑캐에게 조리있게 제대로 말함으로써 주체는 무엇을 기대하게 되는가? 기정진에 따르면, 말이 분명한 조리가 서느냐에 따라 기가 죽고 살며, "기가 사느냐 죽느냐에 따라 승패가 갈린다[氣之伸縮 卽勝敗所決也]".

기정진이 대의에 맞는 말이라고 주장하는 것은 예의 그 유원지의와 해금에 대한 설명이다. 조선은 원래 외국인에 대해서는 유원지의로 후대하지만, 몰래 잠입한 자에 대해서는 엄히 처벌한다는 것으로서 이는 이미 1840년대부터 조정에서 이양선을 설득할 논리로 인정되던 것이었다. 서양 오랑캐에 대해 의리로써 책하고 타일러야 한다는 것은 1840년대의 권돈인도 이야기하던 것이었다. 양 진영이 대치하는 비유를 든 적도 있지만,[80] 1846~1848년의 권돈인은 싸울 것은 전혀 예상하고 있지 않다. 서양이 관계 희박한 타자라는 것은 의심되지 않고, 사교를 퍼뜨리기 위해 온 서양 오랑캐에 대해 적의를 보이기보다는 기분을 맞춰

---

[80] 대마도주가 이양선의 도본(圖本)을 보내옴으로써 프랑스 군함의 침입이 또다시 우려되던 1848년에 권돈인과 국왕(헌종)에 나누던 대화에서 그러하다. 予曰 自我國無舉兵先伐之義矣 敦仁曰 初無釁端之構煽 而何可輕先加兵乎 (…중략…) 予曰 彼船之期欲出來有若故 尋事端者 誠何意思 敦仁曰 距我涉重溟幾萬里之地 本無相關 恐不可謂全出惡意 而課歲來閙斷 然是廣布邪敎之意 大抵昨年之不爲趁時答書 彼以此致憾云 此固失着 雖兩陣對圓矢石交攻之時 羽書往來 本自無礙 彼之執言 容或無怪 而及其回還時 則譯員言內多致謝意云矣 予曰 伊時聞有渠國王回謝之說矣 敦仁曰 然矣 而彼若以年前范世亨輩三漢伏法事爲言 則答是也不難 變服藏跡 潛越人國 締結不逞 註誤俗 尙爲國固圉之道 所必殺無赦也(『일성록』, 1848년 4월 15일)

주고 잘 타일러 보내면 된다는 기대로 기울어 있었다.

1840년대와 비교하면, 대치한 오랑캐와 말을 나눈다는 점에서는 비슷하나 그리고 오랑캐에게 대답하는 내용의 요지도 매우 비슷하나, 전투를 예상한다는 점에서는 사뭇 달라져 있다.[81] 1866년에 서양 오랑캐는 맞서 싸우는 국지적 형세 안에서 밀접히 연동해 있는 상대자인 것이다. 기정진의 상소에는 언뜻 대의가 분명한 말로써 저들을 '설득하면' 저들이 설득당해 물러갈 수 있다는 기대와 희망이 엿보이는 듯도 하다. 하지만 전투의 와중에 사령을 준비한다면, 오랑캐를 의리로 설득해 물리칠 수 있다는 희망보다는 조리있는 말이 저들의 입을 다물게 하고, 저들의 기를 꺾으리라는 기대가 더 두드러진다. 물론 말이 통하려면, 무도한 오랑캐라도 이런 말을 알아들을 만한 상대이지 않으면 안된다. 이는 기정진이 의식적으로 주장한 것이라기보다는 대의에 맞는 말로 당당히 대응해야 한다는 그의 주장이 함축하는 전제이다. 그러나 조리있는 말은 저들을 감화하기보다는 저들을 압도해 전투에서 행사될 힘을 잃게 하려는 기대로 행해질 것이다. 다시 말해 오랑캐에게 조리있게 답변할 때 주체는 이미 싸움을 예비한 가운데, 그 상대를 위축시킴으로써 전세에 영향을 주리라는 기대 속에서 움직인다.

주체와 서양이 매우 달라진 배치 안에 있음을 확인할 수 있다. 주체는 내응자만 없애면 혹은 의리로서 책하면 저들이 물러갈 수 있으리라는 기대로부터 멀어져 있다. 기정진의 상소에서 내응자는 언급조차 되지 않는다. 내응자는 단지 생략된 것이 아닌데, 내응자가 언급될 필요가 없는 배치 속에서 주체가 말하고 있기 때문이다. 관계 희박-내응자 담론에서 내응자는 서양을 주체와의 연관이나 반향이 거의 없는 우주

---

[81] 기정진은 이 상소에서 양이와 맞서싸울 전략에 대해서도 조언하고 있다. "其三 審地形 利於水者 不利於陸 制彼之法 恐不過據險邀擊四字 其四 練兵"(『승정원일기』, 1866년 8월 16일)

론적 위치에 두면서, 서양에 대해 비난할 수 없게 하는 역할을 맡는다. 서양과 전투를 하는 것을 긍정한다 해도, 서양의 침입에 대한 책임은 서양이 아니라 내응자가 지고 있다. 그러나 위 상소문에서 오랑캐에게 조리있게 말하는 주체는 서양과 밀접히 연동되어 있고 서양에 대해 비난하고 책임을 지울 수 있기 때문에 내응자를 언급할 필요가 없는 배치 속에 있다. 또 의리로써 쉽게 설득되리라고 여겨지지도 않는다. 관계 희박-내응자 담론에서 의리로써 쉽게 타이를 수 있다는 것은 서양의 접근을 상리에 어긋난 사태로 두면서 동시에 그 상리에 의해 쉽게 교정될 수 있는 사태로 만든다. 하지만 이 상소문에서 서양의 근접은 전투로써 해결되어야 할 일이다.

　좀더 자세히 살펴보면 주체와 서양이 놓여 있는 배치는 다음과 같이 '세 겹'을 띠고 있음을 알게 된다. 주체는 유원지의와 해금에 비추어 선교사 살해의 정당성을 확신하고 있는데, 유원지의와 해금은 경전의 가르침과 예의지방의 오랜 제도 안에서 정당성을 얻는다. 그러므로 ⊙ 서양과 접해 있는 국지적 형세 밖에서 서양은 그저 사교를 믿는 오랑캐이고, 유원지의와 해금에 의해 곧 돌려보내거나 범월자로 처벌할 관계 희박한 타자로 남는다. 그런데 둘째로 ⓛ 조리있고 대의에 맞는 말을 한다는 것은 서양 오랑캐에게 비난을 하고 책임을 지울 수 있으리라고 기대한다는 것이다. 이는 서양 오랑캐에게 책임을 소급할 수 있는 어떤 국지적인 윤리적 질서를 설립하는 것이기도 하다. 그러나 세 번째로 ⓒ 대의에 맞는 말은 그 감화력, 즉 저들이 책임을 통감하여 스스로 물러갈 가능성보다도 전투의 형세에 미칠 그 영향력에서 평가된다. 저들이 감화되든 안되든 일목요연하게 정리된 이쪽의 말은 저들을 압도하고, 이쪽의 승리를 앞당길 것이다. 배치가 세 겹이라는 것은 서양의 의미작용과 주체의 위치가 셋으로 중층성을 띤다는 것이다.

　주체와 서양이 여전히 소원한 관계에 놓인 ⊙의 수준 때문에 주체와 서양이 맞붙어 말을 주고받고 책임을 부과할 수 있는 ⓛ은 부분적이고 임시적인 국면이게 된다. 그리고 서양을 싸워 물리칠 적으로 상대하는 ⓒ의 수준 때문에, 대의에 맞는 말은 "기가 사느냐 죽느냐에 따라 승패가 갈리는" 효력으로 귀결된다. 관계 희박-내용자 담론과 달라진 주체 위치와 서양의 의미작용의 새로운 점은 ⓛ과 ⓒ에 담겨 있다. ⓐ의 수준에서 서양은 주체에게 그 체면이나 그 자신의 올바름의 문제를 제공하지 않는다. 그러나 ⓛ의 수준에서 주체는 서양 오랑캐에 대해 대의에 맞는 말을 함으로써 서양에게 책임을 부과하고 주체 자신의 올바름을 설립해야 한다. ⓒ의 수준에서 주체의 말은 그 자체의 올바름보다는 상대방의 기를 죽여 전투에 영향력을 행사할 효력을 겨냥하고 있다. 위 인용문이 논하고 있는 것은 한쪽이 기가 서면 다른 쪽은 기가 눌리는 관계의 양상, 즉 양자가 서로 밀접히 연동하는 기세(氣勢)이다.

이같은 세 겹의 배치 양상은 병인양요 시기 군무를 총괄했던 순무영(巡撫營)이 1866년 9월 11일 강화부를 점령한 프랑스군에 발송한 다음과 같은 공한에서도 보인다. 이 공한에서 순무영은 다음과 같이 프랑스군을 비난하고 조선 조정을 정당화한다.

그러나 교린(交隣)과 유원(柔遠)은 예로부터 있었던 도(道)이다. 우리나라에서는 더욱 너그럽게 사랑하여 나라이름도 모르고, 도리(道里)도 모르는 사람들이 매번 우리나라 경내에 표류해오면, 수토지신(守土之臣)에게 명하여 영접하고 사정을 물어보면서 마치 오랜 우호관계를 수행하듯이 하였다. 굶주렸다고 하면 먹을 것을 주고, 춥다고 하면 옷을 주었고, 병들었다고 말하면 약을 지어서 치료해주었으며, 돌아가겠다고 하면 식량까지 싸서 보내주었다. 이것은 우리나라가 대로 지켜오는 법으로 지금까지 행하기 때문에 온 천하가 우리를 '예의지국(禮義之國)'이라고 부른다. 만약 우리 사람들을 인연(夤緣)하여 몰래 우리나라에 들어와서 우리의 옷으로 바꿔 입고 우리말을 배워 가지고 우리 백성과 나라를 속인다든지 우리의 예속(禮俗)을 어지럽힌다면, 나라에 상법(常法)이 있는 만큼 발각되는 대로 반드시 죽인다. 이는 만국획일지규(萬國劃一之規)인데 우리가 상법(常法)을 실행하는 것에 대해서 너희들이 무엇 때문에 성내는가? 처지를 바꾸어 생각하면 우리가 묻지도 않았는데도 지금 너희들이 이것을 트집 잡아 말하는 것은 이미 도리에 몹시 어긋난다. (…중략…) 듣건대 너희들이 우리나라에 전교(傳敎)하려고 한다는데 이는 더욱 안 될 일이다. 수레와 서책이 같지 않으며 각기 숭상하는 것이 있으니 정사곡직(正邪曲直)에 대해서는 아예 거론할 필요가 없다. 우리는 우리의 학문을 숭상하고 너희는 너희의 학문을 행하는 것은 사람마다 각기 자기 조상을 조상으로 섬기는 것과 같다. 그런데 어떻게 감히 남에게 자기 조상을 버리고 남의 조상을 조상으로 섬기라고 가르칠 수 있겠는가?[82]

말하는 주체는 세의 우열을 다투는 전투자일 뿐만 아니라, 오랑캐에게 비칠 자신의 모습을 염려하고 체면을 차리는 윤리적 행위자이기도 하다. 그는 타자와의 관계에서 그 자신이 할 도리를 다했다고 말하고 서양의 침략을 비난하게 되기 때문이다. 먼저 주체는 ㉠ 경전을 표준으로 삼아 정립된 인륜적 질서를 전제한다. ㉡ 다른 한편으로 양이를 설득하는 행위가 유효해지기 위해서 서양에게는 일정한 책임성이 부과되어야 한다. ㉢ 말이 오가는 곳이 전투의 상황이라는 점에서 윤리

---

82 然交隣柔遠 自古有道 而在於我國 尤用寬仁 凡不知國名 不知道里者 每有漂泊我境 則命守土之臣, 迎接問情 如修舊好 飢則賜食 寒則與衣 告病則調藥以救之 告歸則齎 糧以送之 此我國世守之規 而至今行之, 故天下之號我者 莫不曰禮義之國也 若或貪 緣我人 潛入我境 換我衣服 學我言語 罔我民國 亂我禮俗 則國有常法 隨現必誅, 此 通萬國畫一之規也 我行常法 汝何怒焉 易地行之 我當無問 而今汝之執此爲言 已極 違理 (…중략…) 且聞汝輩 欲以行敎於我國云 此則尤爲大不可也 車書不同 各有所尙 正邪曲直 尙矣勿論 我崇我學 汝行汝學 殆若人人之各祖其祖 而曷敢敎人以捨其祖 而祖人祖乎(『고종실록』, 1866년 9월 11일)

적 관계는 자신의 구속력을 스스로 철회한다. 오랑캐에게 말하는 행위는 그의 기세를 누를 뿐, 설득의 행위가 요청하는 규범성의 심급을 공고화하지는 않는다.

(2) 부끄러움을 일러줄 수 있는 서양, 싸워서 물리쳐야 할 서양

기정진 상소에서 양이와 상대하는 가상의 관원은 유원지의와 해금을 설명한 뒤 다음과 같이 말하게 된다.

> 이에 나타나는 즉시 체포하여 형벌을 가하는 것은 천하만국의 항전(恒典)인데 무엇을 의심하겠는가? 하물며 이들은 이미 이와 같은 죄를 범하고도 또 무뢰배들을 불러모아 임금을 배반하고 아비를 저버리는 교리로써 꾀어내어 남녀의 도리를 어지럽히고 인두세를 받는 등 모든 악행을 범했으니 이는 우리나라의 죄인일 뿐 아니라 너희 나라의 수치이기도 하다.[83]

이렇게 말한다면 서양 오랑캐도 반드시 대답할 말이 없을 것이라고 한다. 일정한 비난을 가하고 있고 또 그 비난이 통하리라 예상하고 있다. 비난한다는 것은 서양 오랑캐에게 일정한 책임과 의무를 부과한다는 것, 다시 말해 일정한 책임과 의무가 부과되는 윤리적 관계에 놓는다는 것을 함축한다. 오랑캐가 스스로 비난과 책임을 감당하는 것을 응축하는 언표는 이 경우 '수치(羞恥, shame)'이다. 앞서 보론에서 살펴보았다시피 수치는 각기 구성하는 주체의 자기관계, 즉 주체가 자기자신과 상관하는 방식이 다르다는 점에서 죄의식과 구별된다. 죄의식이 주체가 행한 규칙 위반이 주체 내부의 권위있는 심급으로부터 심판받

---

83 隨現捉而加刑誅 乃天下有國之恒典 何足疑乎 況此人等 旣犯此一罪 又嘯聚無賴 誘以反君背父之敎 瀆亂男女 計口收貢 聚惡兼備 此非徒我國之罪人 乃汝國之羞恥(『승정원일기』, 1866년 8월 16일)

고 처벌받는다는 관계를 구성하는 반면, 수치에서 관건적인 것은 타자에의 노출이며, 타자에 대한 주체의 취약성이다. 부끄러워하는 자는 타자에 의해 경계(boundary)가 풀어헤쳐지고 가려진 것들이 드러난 자기자신을 부끄러워하며, 타자 앞에서 자기자신 전부를 무력하고 왜소하며, 부적절한 것으로 체험한다.

기정진의 상소는 조선의 관원이 유원지의와 해금을 조리있게 설명하고 나서, '범월자는 너희의 수치다'라고 말하는 것이 서양 오랑캐에게도 통하고 들어맞으리라고 예상하고 있다. 서양 오랑캐가 스스로 수치스러워한다면, 그는 낯선 조선의 관원에 대하여 자신이 취약하고 민감한 존재로 드러나는 것을 경험하는 것이다. 낯선 타자 앞에서 자기자신 전부가 왜소하고 부적절한 것으로 간주되기 때문이다. 그는 타자 앞에서 타자의 눈을 경유하여 자기자신의 부적절한 모습을 재발견한 것이다. 부끄러움을 느낀다는 것은 이 과정에서 자기존중감의 손상을 느끼고 그것을 피하고자 분별력을 가지고 자기자신을 통제하고 조절하려는 태도를 갖게 된다는 것을 뜻한다. 분별력과 자제력이 발휘되는 근저에는 부끄러움을 피하려는 태도, 다시 말해 타자와의 관계 속에서 자기존중감을 유지하려는 태도가 자리잡고 있다. 부끄러움은 타자와의 관계 속에서 자기자신을 체험하는 방식이기 때문이다.

그러므로 부끄러워하는 오랑캐 자신과 그에게 말하고 있는 조선의 관원은 일정한 연속선 위에 있다. 저들이 부끄러워하는 한, 저들의 존엄성, 저들의 체면은 '나'와의 관계 안에 배태되어 있을 수밖에 없다. 저들의 자기존중감은 그들이 믿는 사교나 그들이 추구하는 가치에 의해 정련되어 있기보다는, 전투의 국지적 형세 안에서 맞붙어 있는 낯선 조선의 관원들과의 관계 안에 있는 것이다. 조리있고 힘있는 말을 건네면 저들은 기가 꺾여 위축되고 왜소하고 부적절한 모습의 자기자신을 발견하게 될 것이다. 그렇게 그들의 체면이 위태로워지는 한, 다시 말해 타자 앞에서 수치스러워하며 자기자신의 부적절함을 절감하는 한, 서양은 조선의 국왕·신료와 연루된 윤리적 관계 안에 배태되어 있고, 타자와의 관계에 배태된 자기존중감을 높이기 위해 자기자신을 조절하려는 윤리적 자세를 갖게 될 것이다. 주체가 서양 오랑캐에 대해 수치를 절감하게 할 수 있기 때문에, 이렇게 서양에게는 윤리적 위치가 배당된다.

오랑캐가 수치스러워하면서 반박할 말을 찾지 못하리라는 것은 타자의 입장을 가상적으로 취해본 취해험이다. 이는 타자를 자기자신에게 빗대는 일종의 유비라고 할 수 있다. 타자의 행동을 알아내기 위해 운용하는 잣대는 바로 자기자신이다. 타인을 자기자신에게 비김으로써, 타자의 입장을 취하되 자신의 적절함의 감각을 적용해본 것이다. 조리있는 말을 하면 수치스러워 하리라는 기대는 서양 오랑캐를 자기자신에게 빗댐으로써, 즉 유비함으로써 얻어졌다고 할 수 있다. 주체가 공명정대한 말로써 위신과 체면을 세우려 하듯, 저들도 공명정대한 말을 접하면 자신들도 체면이 깎이는 줄을 깨닫고 물러섬으로써 체면을 유지하려 할 것이라고 기대된다.

그렇다면 오랑캐가 놓이리라 기대되는 수치의 배치 안에 주체는 이미 놓여 있다고 할 수 있다. 주체 자신이 오랑캐와의 관계 안에서 체면을 염려하고 있다. 흥미로운 것은 수치 또한 타자와 자기자신의 유비적 관계를 함축한다는 점이다. 수치의 주체는 자기 이미지가 타자들에게 투과되어 있다는 것을 감지한다. 수치를 통해 부적절해진 자기자신의 모습을 발견할 때, 주체는 자신의 그 모습에 관여한 타자들의 시선을 체득하고 있다. 수치란 자기자신으로부터 유비되는 타자의 시선을 경유하여 자기존중감이 훼손당하는 것이다. 주체가 스스로를 보는 관점은 주체 자신과 밀접한 것으로 타자의 위치를 수용하고 그의 입장에 가상적으로 반응함으로써 생성되며, 타자의 위치 또한 주체 자신가 밀접한 것으로 수용하고 반응하는 것으로서 생성된다. 오랑캐의 수치가 자기자신으로부터 빗대진 것이라면, 그리고 수치가 유비적 관계라면, 주체는 이미 낯선 타자와의 유비적 관계 안에 들어서 있다.

이 안에서 주체는 전래의 경전이나 법식에 의해 정련된 자기존중감보다는 전투의 국지적 형세 안에서 맞붙어 있는 낯선 서양인들과 견준 자기자신의 체면을 더욱 염려하고 있는 것이다. 그러므로 '의리'로써 타이르면 될 것이라는 1840년대의 권돈인보다 훨씬 더 서양에 근접해 있다. 상소문에서 주체는 저들에게 기가 꺾여 위축되고 왜소하고 부적절한 모습으로 드러나는 것을 피하고자 한다.

더욱이 오랑캐를 설득하는 심급은 경전상의 '의리'가 아니라 '천하만국의 상법'이다. 범월한 자를 체포하여 형벌을 가하는 것이 천하만국의 항전(恒典)이라고 선언하는 것은, 조선 조정의 처분이 낯선 서양 오랑캐도 능히 수긍할 만큼 옳다는 것이다. 만약 이 진술이 참이라면 서양 오랑캐는 조선 조정의 처분이 옳다고 여기고 물러나야 한다. 더욱이 만약 그러한 항전이 있다면, 조선과 서양은 공통의 법전을 가진 공동체로 묶일 것이며, 각자의 행동과 의무가 세밀하게 규정될 것이다. 하지만 그러한 천하만국의 항전이라는 공통의 법전이 정말로 있는가? 이 시기의 조선인들은 만국공법(萬國公法)에 대해 알고 있지 않았다. 이 천하만국의 항전은 마치 불현듯 솟은 법전처럼 보인다. 전투 속에서 형성된 임의적 맥락 안에서 가상된 법전이라고 할 수 있다. 그것은 사대관계나 자국 내 인륜적 질서처럼 풍부하게 담구된 가치들의 도움을 받기보다는, 서양 오랑캐로 하여금 수치를 느끼게 할 수 있을 만큼, 즉 저들에게 비난을 가하고 의무와 책임을 부과할 수 있을 만큼 임의적으로 가정된 공동의 법도인 셈이다.

그러나 이러한 윤리적 관계는 형세에 구속됨으로써 그 타당성이 취하된다. 유비를 통해 형성된 윤리적 관계는 임시성을 벗어나기 힘들게 된다. 천하만국의 항전(恒典)은 그 항(恒)이라는 글자가 무색하게도 그 항구성을 보장하지 못한다. 당장의 급박한 형세에서 승기를 잡기 위해 임의적으로 가상된 항전인 셈이다. 서양 오랑캐에 대해 대의를 말하는 자는 유비를 작동시키되 그 작동을 곧 멈춘다.

순무영(巡撫營)이 프랑스 군함에 보낸 공한에도 서양이 주체에게 유비되는 상대임을 보여주는 다음과 같은 구절이 있다.

> 이(예속을 어지럽히는 무단 범월자를 처벌하는 것 - 인용자)는 만국획일 지규(萬國劃一之規)인데 우리가 상법(常法)을 실행하는 것에 대해서 너희 들이 무엇 때문에 성내는가? 처지를 바꾸어 생각하면 우리가 묻지도 않았 는데도 지금 너희들이 이것을 트집 잡아 말하는 것은 이미 도리에 몹시 어 긋난다. (⋯중략⋯) 듣건대 너희들이 우리나라에 전교(傳敎)하려고 한다는 데 이는 더욱 안 될 일이다. 수레와 서책이 같지 않으며 각기 숭상하는 것이 있으니 정사곡직(正邪曲直)에 대해서는 아예 거론할 필요가 없다. 우리는 우리의 학문을 숭상하고 너희는 너희의 학문을 행하는 것은 사람마다 각기 자기 조상을 조상으로 섬기는 것과 같다. 그런데 어떻게 감히 남에게 자기 조상을 버리고 남의 조상을 조상으로 섬기라고 가르칠 수 있겠는가?[84]

"처지를 바꾸어 생각하면 우리가 묻지도 않았는데도 지금 너희들이 이것을 트집 잡아 말하는 것은 이미 도리에 몹시 어긋난다"라는 말을 들은 청자는 처지를 바꾸어보아야 할 것이며, 그럼으로써 하나의 도리 가 발견될 터이고, 또 그럼으로써 자기자신의 부당함을 깨닫게 되리라 고 전제된다. 주체의 비난과 요구를 듣는 타자는 또 능히 주체 자신과

---

[84] 此通萬國畫一之規也 我行常法 汝何怒焉 易地行之 我當無問 而今汝之執此爲言 已 極違理 (⋯중략⋯) 且聞汝輩 欲以行敎於我國云 此則尤爲大不可也 車書不同 各有所 尙 正邪曲直 尙矣勿論 我崇我學 汝行汝學 殆若人人之各祖其祖 而曷敢敎人以捨其 祖而祖人祖乎(『고종실록』, 1866년 9월 11일)

빗대질 수 있고, 또 그 유비의 맥락에 적절한 판단을 할 수 있는 자로 설정되고 있다. 혹은 주체는 타자와 역지사지로 빗대질 수 있는 유비적 관계 상의 한 위치에 설정되고, 전투의 장에서 만난 타자는 그런 역지사지를 요구받는 자로 의미작용하고 있다.

이 문건에서 예의지방이 의거하고 있는 도리, 혹은 교린의 도는 경전 문구들을 상기시키기보다는 만국획일지규라는 애매모호한 질서로 나아가고 있다. 조선의 예속성교를 무너뜨리려 한 프랑스 선교사를 처형한 것은 만국획일지규에 맞는다는 것이다. 역시 '만국획일지규'란 체계적 법전과 같은 것이기보다는 예의지방 조선과 서양 오랑캐가 만나는 임의적이고 우연적인 상황에서마저 통하는 비체계적인 심급이라고 할 수 있겠다. 이 문건의 집필자는 서양 오랑캐로 하여금 자기자신의 입장을 취해보도록 함으로써, 그들 사이에 윤리적 공간을 만들어내고 있기 때문이다. '만국획일지규'란 각자의 입장 바꾸기를 통해 수행적으로 구축된 이 공간에서 통하리라 가정되는 예규(禮規)에 대한 임의적 이름이다. 이런 공간을 상정하지 않는다면 저들을 말로써 압박하는 행동 자체가 불가능할 것이다.

'만국획일지규'가 유교적 인륜과 다른 윤리적 공간을 전제한다는 점은 천주교를 전교하는 것의 부당성을 주장하는 부분에서 잘 확인된다. 우리는 우리의 학을 따르고, 너희들은 너희의 학을 따르면 된다는 말은 적어도 이 장면에서는 유교적 질서마저 상대화한다. 물론 인륜적 질서의 상대화는 서양 오랑캐와 맞붙은 전두에서 저들을 물리치기 위한 임시적 방편일 터이다. 조선 조정에게 기독교가 이단이라는 점은 의심할 수 없는 것이다. 그러나 각자는 각자의 학을 따르면 된다는 이 수사가 서양 오랑캐와 맞붙은 이 장 안에서는 일종의 자명한 공리처럼 구사된다는 점까지 놓칠 수는 없다. 이 문건의 필자는 서양인은 기독교를 조선인은 유교를 섬기면 되는 것을 각자는 각자의 조상을 섬긴다는 것에 감히 빗대고 있다.

그러나 만국획일지규를 가정하는 것은 프랑스 선교사 처형을 정당화하여 저들의 기세를 누르기 위함이지 정당한 규범 자체를 설립하기 위함이 아니다. 어떤 행동을 특정 규범에 맞는 것으로 정당화할 수 있다면 보통 그 행동을 정당화하게 하는 그 상위의 규범까지 보편화하게 되는 순환적 구조가 있다. 예컨대 거짓말을 시인하는 행동이 옳다면 그 상위에 있는 정직이라는 가치는 보편적 규범으로서 정당화된다. 그러나 여기서는 사정이 전혀 다르다. 선교사의 처형을 만국획일지규에 맞추어 정당화하지만, 만국획일지규 자체가 형세의 장 바깥에서까지 보편화·정당화될 수 있는 것은 아니게 된다. 선교사의 처형에 대한 정당화가 힘의 우열을 결정하는 형세에 구속되기 때문이다. 말하자면 전투의 장 안에서 주체는 오랑캐에게도 통용되는 만국획일지규가 있는 양, 타자와의 유비를 꾀한다. 그러나 만국획일지규가 임시적인 한, 타자와 맺은 유비의 관계도 임시적이다.

이러한 주체는 유교윤리로부터 훈련된 습관을 가동한다고 할 수 있다. '관계를 연결하는 지점'(Tu, 1999b)으로서 유교의 윤리적 주체가 타자와 맺는 관계의 양상은 유비적이라는 연구들(Fingarette, 1980; Hall & Ames, 1987·1995)로부터 그 근거를 찾아볼 수 있다. 수치의 반성 메커니즘과 타자를 의무의 원천으로 삼는 유비의 윤리는 상당한 친화력을 갖는다(Fingarette, 1993; Hall & Ames, 1987; Lai, 2006). 유교 경전에는 부끄러워할 줄 아는 것[有恥, 知恥]을 중요한 인격적 자질로서 인정하는 구절들이 많다.[85]

---

85 子曰 道之以政 齊之以刑 民免而無恥 道之以德 齊之以禮 有恥且格(『논어』「爲政」3); 小人閒居 爲不善 無所不至 見君子而后 厭然揜其不善 而著其善 人之視己 如見其肺肝 然 則何益矣 此謂 誠於中 形於外 故 君子 必愼其獨也(『대학』「傳」6); 子貢曰 君子之 過也 如日月之食焉 過也 人皆見之 更也 人皆仰之(『논어』「子張」21); 子曰 士志於道 而恥惡衣惡食者 未足與議也(『논어』「里仁」9); 子曰 古者 言之不出 恥躬之不逮也 (『논어』「里仁」22); 子曰 巧言令色足恭 左丘明恥之 丘亦恥之 匿怨而友其人 左丘明 恥之 丘亦恥之(『논어』「公冶長」24); 孟子曰 仁則榮 不仁則辱 今 惡辱而居不仁 是猶

보론에서도 보았듯이 군자의 행동은 다른 사람들에게 부끄러움을 가동시켜 분별력과 자제력을 발휘하게 만들며, 군자는 자신의 잘못이 늘 분명하게 드러난다고 생각하고 남이 보지 않는 가운데에서도 자제하는 태도를 가지게 된다. 그리고 부끄러움은 의(義)의 단서이기도 하다.

유비적 관계에서 타자는 윤리적 주체와 밀접히 관련되지만 엄연히 구별되는 존재이므로, 이러한 타자에 직면하여 이루어지는 자기성찰은 부득이 '누군가 앞에서의 나에 대한 부끄러움'을 동반하게 된다고 설명될 수 있다. 유비적으로 헤아려지는 타자에 대한 의무를 다하지 못했을 때 뒤따르는 수치란 자기자신으로부터 유비되는 타자의 시선을 경유하여 자기존중감이 훼손당하는 것이며, 타자와의 관계 속에 배태된 그 자신의 체면이 침해되는 것이다.

(3) 주체는 서양을 예접하다가, 도로 오랑캐로 멸시한다

대원군의 주도 아래 대대적인 군비증강이 이뤄진 시기는 병인양요 외에도 제너럴 셔먼호 사건의 진상조사차 파견된 미국 배들이 내도하던 때이기도 했다. 1866년 12월 미 군함 와추세트(Wachusett)호가 황해도 장연에 내항하여, 표류한 서프라이즈(Surprise)호의 안전 송환[86]에 감사하는 동시에 제너럴 셔먼호 사건의 진상을 조사하고 또 생존 선원의 인도를 요청하는 편지를, 함장 슈펠트(R. W. Shufelt)를 송신자로 하여 조선 정부에 발송한다.[87] 이 편지는 종래 프랑스군으로부터 받은 것들과

惡濕而居下也(『맹자』「公孫丑上」 4); 惻隱之心 仁之端也 羞惡之心 義之端也 辭讓之心 禮之端也 是非之心 知之端也(『맹자』「公孫丑上」 6) 등.

86 서프라이즈(Suprise)호는 1866년 5월 12일 평안도 철산 앞바다에 표도한 미국 선박으로서, 이 배의 중국인·미국인 선원들은 평안감사 박규수 휘하의 무장에 의해 구출되어, 유원지의에 따라 신변이 보호되고 식량·의복 등을 지급받는 등 후대받은 뒤, 이들의 원에 따라 청국을 경유하여 본국으로 송환되도록 조치되었다. 자세한 내용은 김원모, 1992 참조.

87 슈펠트는 1866년 청 상인 우문태(于文泰) 등을 대동하고 황해도 장연 앞바다에 도착했

달리 공감을 하거나 적의를 보임이 없이 외교적 격식을 차린 것이었다. 그러나 와추세트호는 내하(內河)가 결빙하여 항행하기가 불가능해지자 답장을 받지 못한 채 1주일 만에 떠나버리고 말았다. 해당 지방관이 답신을 띄우기도 전에 와추세트호가 떠나버리자, 제너럴 셔먼호 사건의 당사자로서 당시 평안도 관찰사로 있던 박규수는 미군함이 또다시 올 때를 대비하여 슈펠트의 조회에 대해 황해도 관찰사 명의의 답서(「擬黃海道觀察使答美國人照會」)를 짓게 된다. 그 문서, 「의답조회(擬答照會)」는 다음과 같은 내용으로 되어 있다.

> 조선국 황해도 관찰사 도순찰사 박승휘가 조회에 답합니다. 이달 18일 귀 총병(總兵)이 와추세트[俄柱嘶]호를 타고 나의 관할인 장연현 해상에 정박하여 편지와 조회를 투송하면서 오로지 우리 조정에 전달해주도록 요청하고 변강대신의 회신을 기다렸습니다. 해당 지방관(장연 현감－인용자)은 이치상 왕복도정이 조금 멀다는 점을 응당 알리고 좋은 말로 성의를 표하면서 귀선을 만류했어야 했습니다. 그런데 지금 회신이 도착하기 전에 멀리서 온 손님이 바로 돌아가게 하였으니 예와 인정에 어긋남이 이보다 심함이 없습니다. 해당 지방관은 이미 대죄(戴罪)한 채 유임하게 했을 뿐 아니라, 이제 회답하는 글을 지어 귀선을 기다립니다. 혹시 다시 오게 되면 사정을 살펴주시기를 바랍니다. 본국의 법례에 무릇 이국 상선이 표도하면 배가 온전할 경우에는 식량을 제공하고 바람을 기다려 돌아가게 하고,

다(『고종실록』, 1866년 12월 27일 참조). 한편 이에 앞서 8월 조선 조정은 제너럴 셔먼호 사건과 병인양요의 전말을 적은 자문을 청 예부에 보낸 바 있는데, 이때에도 조선 조정은 제너럴 셔먼호를 영국 선박으로 알고 있었다. 그해 11월에 청 예부가 자문을 보내 프랑스의 2차 원정 소식을 뒤늦게 전하면서, 미국 선박이 조선의 공격에 의해 불타버렸다는 미국인 S. W. Williams의 보고를 문의해왔을 때도, 조선 조정은 영국 선박의 일이 와전된 것으로 판단하고 있다(『고종실록』, 1866년 11월 5일). 조선 조정은 슈펠트의 편지를 받고 나서야 비로소 평안감영에서 섬멸한 제너럴 셔먼호가 미국 선박임을 알게 된다. 슈펠트가 조선 국왕에 보내는 친서는 김원모, 1992 : 219~220에 실려 있다.

배가 온전치 못해 항해할 수 없을 경우에는 소원에 따라 육로로 관리를 딸려 호송해서 북경으로 보냅니다. 이렇게 한 것이 전후로 한두 번이 아닌데, 이는 상천의 인(仁)을 본받아 이웃나라 백성을 우리 백성과 같이 보기 때문입니다. 그런데 귀 조회에서 몹시 칭찬하니 도리어 부끄럽습니다.

지난 가을 평양하 사건으로 말하자면 (…중략…) 아직도 이 배가 귀국의 배인지 알지 못합니다. 최씨란 자는 남의 나라에 무단히 깊숙이 들어와 이같은 사단을 일으켰으니 지금 추구해보아도 그가 무슨 의도였는지 모르겠습니다. 귀 조회 안에 '선객(先客)은 다른 나라 사람이다'라고 했는데 최씨를 가리키는 말입니까?

이 사건의 시말은 이상으로 다 말했습니다. 귀국의 풍속이 예양을 숭상하며 합성명방(合省名邦)임은 중국이 아는 바입니다. 귀 조회 안에 '종전의 화호에 비추어 서로 상해하는 일이 없도록 하자'는 등의 말에 대해서는 원래 추호도 의심과 우려를 둘 것이 없습니다. 이에 삼가 답하니 반드시 양지하기 바랍니다. 이와 같이 조회에 답하니 회답하기 바랍니다.[88]

집필자인 박규수는 조선의 관료제 안에서 이 해명의 담당자인 황해감사 박승휘(朴承輝)로 자처하고 있다. 그의 신원은 가려지고, 그의 말은 조선 조정의 책임있는 한 구성원으로서 발화된다. 이 글에서 특징

---

88 朝鮮國黃海道觀察使都巡察使朴承輝爲照覆事 査本月十八日 貴總兵駕駛俄柱唭船 在敝境長淵縣海面停泊 投送書一封 照會一角 專要轉達我朝廷 且候邊疆大臣回文 該地方官理應明告往復程途之稍遠 善辭致誠 挽留貴船 今乃回文未到之前 致令遠賓徑歸 違禮乖情 未有甚焉 除該地方官已令戴罪留任外 玆修回覆文字 以俟貴船或者再來 尙祈管照事情 本國法例 凡有異國商船漂到者 船完則助粮給需 候風歸去 船不完莫可駕海者 從願旱路 差官護送 以達北京 前後不止一再 是爲體仁上天 視鄰國之民猶吾民也 今貴照會盛加稱道 還切愧怍 秋間平洋河事 (…중략…) 尙不知此船之爲貴國船也 姓崔的無端深入他國 惹此事端 至今追究 不知其爲何意也 貴照會內 船客係別國人 卽姓崔者之謂歟 此事始末 盡於是矣 貴國俗尙禮讓 爲合省名邦 中國之所知也 貴照會內 照前和好 無各殘害等語 原不足秋毫置諸疑慮間 玆庸奉復 幷須諒悉爲此照覆 須至照覆者(『환재집』권7, 「擬黃海道觀察使答美國人照會」)

적인 것은 오랑캐이자 낯선 이방인과의 관계에 예(禮)를 투사하고 있다는 점이다. 슈펠트가 왔을 때 장연현감은 왕복도정이 조금 멀다는 것을 응당 알리고 좋은 말로 성의를 표하면서 회항을 만류했어야 사리에 맞았다(理應)는 것이다. 멀리서 온 손님을 바로 돌아가게 한 것은 예(禮)와 인정에 '어긋나는' 것이었다. 그래서 멀리서 온 손님을 예접하지 못한 책임을 지고 해당 관리가 대죄하고 있다. 이 글에 따르면 무례한 쪽은 갑작스레 찾아왔다가 떠난 슈펠트가 아니라, 예의있게 응접하지 못한 조선측 관리에게 있다. 더욱이 이 편지는 그 사실을 거듭 사과하고 있다. 이 문맥으로 보자면 주체는 서양 오랑캐에 대한 예접의 의무와 책임을 지고 있다고 할 수 있다.

「의답조회」에 따르면, 서프라이즈호의 표류자들을 구조하여 호송한 것은 하늘의 인(仁)을 본받는 것이었다. 또 그렇게 한 것이 한두 번이 아닐 만큼, 조선 조정은 유원지의를 일관되게 실천하였다. 그리고 멀리서 온 손님을 바로 돌아가게 하는 무례를 저지른 것을 정중히 사과한다. 의답조회에서 말하는 주체는 하늘의 도를 실현하고자 애쓰는 인간의 위치를 점하는 듯이 말한다. 그는 인을 실천하는 자, 즉 타인을 배려하여 그에게 공감적이고 동정적인(sympathetic) 방식으로 행위하는 자, '자신이 하고자 하지 않는 것을 남에게 베풀지 않는' 자로 행동하고자 한다. 그는 타자를 자기자신 안에서 헤아려보고자 하고, 그 헤아려진 그의 처지에서 그가 원하고 그에게 도움이 될 만한 것을 행하고자 할 것이다. 만약 타자에게 불편을 끼치고 언짢은 마음을 갖게 했다면, 이는 융통성 없는 실수라기보다는 "예의와 인정에 어긋남이 이보다 심할 수 없는" 중대한 잘못이 된다. 그렇기 때문에 해당 지방관이 대죄하는 형편인 것이다.

자기자신으로써 타자의 유비(喩譬)를 삼는 것, 혹은 이 인용문의 표현대로 "이웃 백성을 우리 백성과 같이 보는 것[視鄰國之民猶吾民]"은 미국을 예의지방 조선과 닮은 모습으로 추정하는 것으로까지 나아가고 있다. "귀국의 풍속이 예양(禮讓)을 숭상하며 합성명방(合省名邦)임은 중국이 아는 바입니다"라고 씌어 있는 것이다. 이런 칭송은 미국에 관해 각별히 우호적으로 소개한 『해국도지』에 근거한 것으로 짐작된다(손형부, 1997; 김명호, 2005). 1847년에 60권으로 발간된[89] 『해국도지』 권39에는 미국을 서양인들은 겸섭방국(兼攝邦國) 혹은 합성국(合省國)이라고 옮긴다면서, 독립 후 미국이 변흔(邊釁)을 막기 위해 "백성들로 하여금 사해를 한 집안처럼 보고 다른 나라를 같은 한 몸으로 보도록 했으며, 열국의 분쟁을 화해시키는 것을 숭상한다(令民視四海如一家 視異國同一體 遇列國紛爭勸和爲尙)"고 씌어 있다. 그리고 대통령을 비롯한 주지사, 의원이 임기를 가진 선출직이라는 사실과 회의를 통해 각종 결정이 이루어지는 과정이 자세히 기술되어 있다.

하지만 이렇게 미국을 높이는 것은 미국인을 예접하려는 가운데 행해진 것이다. 예의를 다하려는 자, 혹은 배려를 행하려는 자는 자기 안에서 타자와의 차이를 헤아려보고, 자기자신과 닮음관계를 이룰 수 있도록 그 차이를 변형한다. 상대방이 설사 야만인이라 해도, 그의 입장과 기분을 헤아리면서 예우하려는 가운데, 상대방의 태도와 감정은 존중할 만한 의도와 질서를 갖춘 것으로 인정되어야 한다. 이쪽의 깍듯이 예접하려는 태도가 예접되는 상대방을 자신과 같이 예양을 숭상하는 나라로까지 추켜올리고 있는 것이다. 타자가 이렇게 유비되는 밀접한 상대자로 끌어당겨짐으로써, 그래서 그와의 관계에 그 자신의 체면이 배

---

89 『해국도지』에는 3종의 판본이 있다. 대체로 50권본을 1842년, 60권본을 1847년, 100권본을 1852년에 발간된 것으로 본다. 이중 가장 일반적으로 통용된 것은 1847년의 60권본이고, 서울대학교 도서관에서 원문이용이 가능한 것도 1847년본이다. 이광린(1998b)에 따르면 권대긍에 의해 1845년 처음 전래된 『해국도지』는 1842년의 50권본이나 그 뒤 중국에 파견된 여러 사절에 의해서도 구입된 듯하다고 한다. 이후의 판본도 쉬 전래되었으리라는 것이다.

태됨으로써, 그 앞에서 자신의 덕이 드러나는 것마저 부끄러운 일이 된다. '예양'이라는 단어는 『논어』「이인(里仁)」 13장에 나온다. 거기서 공자는 "'예양(禮讓)'으로써 한다면 나라를 다스림에 무슨 어려움이 있겠는가"라고 묻는다. [90] 주희의 주에 따르면 예(禮)가 행동의 자질구레한 규범이라면 양(讓)은 그 예의 실질이다. [91] 예를 차리기 위해서는 타인을 위해 자신을 자제하는 양(讓)이 수반되어야 한다는 것이다.

그러나 존주론에 충실했고, 척사론에 찬성한(이완재, 1999; 김명호, 2005) 박규수가 미국이 이단을 따르는 오랑캐가 아니라고 볼 까닭은 없다. 조선인들 사이에서 박규수는 미국에 대해 "예양을 숭상하는 나라"라고 칭송하기는커녕 주저 없이 도리를 모르는 오랑캐라고 불렀다. [92] 두말한 나위 없이 조선 조정에서도 미국은 오랑캐의 나라였다.

위 인용문에서 생략된 부분은 짐작할 수 있듯 제너럴 셔먼호 사건의 전말이다. 아마도 글쓴이가 가장 공들인 곳이 바로 이 부분일 것이다. 제너럴 셔먼호 선원들의 잘못을 낱낱이 지적하고, 조선 관원들의 행동의 올바름을 주장하는 내용으로 되어 있음은 물론이다. 배를 불태워 선원들을 모조리 죽게 한 것이 정당한 행위였다고 하고 있는 것이다. 제너럴 셔먼호가 미국 배인지 몰랐다고도 덧붙이고 있다. 깍듯한 예우와 달리 여기서 전하고 있는 내용은 자칫 분노와 공격을 불러올 수 있는 내용임은 틀림없다. 박규수가 덧붙인바, 「의답조회」를 지은 동기는 다음과 같다.

---

90 子曰 能以禮讓 爲國乎 何有 不能以禮讓爲國 如禮何(『논어』「里仁」 13)
91 讓者 禮之實也(『논어집주』「里仁」 13)
92 와추세트호 이후 셔난도어호가 제너럴 셔먼호 사건의 항의차 또다시 방문했을 때, 박규수는 이종원에게 보내는 편지에서 다음과 같이 말하고 있다. "彼夷之四日不出 寂無動靜 何也 向於問情文字往來時 彼於何時稱 以渠輩敎中有安息日 凡事不爲應接云矣 今此四日不出 亦所謂安息日故歟 不然而若忽地遘癘盡斃 則亦快事也 以彼逆天悖理之醜 敢窺君子之國 其有天殃必矣"(김명호, 2005 : 196에서 재인용)

병인 12월 미국 배가 황해도 장연현에 들어왔다. 편지를 보내어 전에 미국인 표류자를 호송한 것을 사례하고, 또 병인년 가을에 평양의 강에서 미국 배를 태운 일을 물었다. 해당 현에서 접응을 잘못하고 미국인은 배를 돌려 마침내 회답을 얻지 못하고 떠나니, 기회를 잃고 일을 그르침이 이보다 심할 수 없다. 당시 나는 평양 감영에 있었는데 병이 심했지만, 이 소식을 듣고 분격을 참지 못해 벌떡 일어나 모의하여 답[擬答]하는 문자를 초했다.[93]

슈펠트에게 답신도 못하고 떠나보낸 것은 '기회를 잃은 것' '일을 그르친 것'이다. 제너럴 셔먼호의 진상을 묻는 슈펠트의 조회에 회답하는 것이, 즉 서양 오랑캐에게 응하여 사정을 설명하고 정당화하는 것이 일을 제대로 하는 길이 된다는 것이다. 그러나 무단 범월한 이양선에 대해 직접 회답하는 것이 이제껏 상례(常例)는 아니었다. 1866년 12월까지 병인양요 시 순무영이 띄운 격문이 있을 뿐이다. 회답을 하지 못한 것이 일을 그르친 것은 무례했기 때문이 아니라, 그것이 침입의 빌미가 될지 모르기 때문이다. 이렇게 침입할지 모르는 서양 오랑캐에게 극진한 예접이 이루어진 것이다.

여기서도 미국인에 대해 예의를 차리는 주체는 세 겹의 배치 안에 있다. ㉠ 예의 혹은 예양은 먼저 경전들의 레퍼토리이다. 박규수는 『논어』의 이 구절이 뜻하는 바를 잘 알고 있을 것이며, 이 편지에서는 먼데 사람을 따뜻하게 대우하는 도리의 원천으로서 하늘[上天]이라는 유교적 관념을 들고 있다. 그러나 ㉡ 예양은 잠재적으로 싸울지도 모르는 낯선 오랑캐와의 교량으로서 요청된 것이며, 어떤 확정된 예식의 도움을 받기보다는 서신이 오가는 맥락에 좌우되고 있다. 미국에게 예양을

---

93 丙寅十二月 有美利堅船來迫黃海之長淵縣界 投書稱謝 前此護送伊國漂人之事 仍又問 本年秋間平壤河焚燬伊國商船事狀 該縣不善接應 美人徑歸 竟不得回答而去 失機誤事 未有甚於此者 時余之浿營 方病劇臥 聞此不勝憤激 蹶起草此擬答文字(『환재집』권7 : 8)

투사한 것은 미국인을 예접하려는 가운데 행해진 것이다. 이쪽의 깍듯이 예접하려는 태도가 예접되는 상대방을 자신과 같이 예양을 숭상하는 나라로까지 추켜올린다. 또한 슈펠트가 오랑캐로서는 이례적으로 '예의바른' 편지를 보냈고 별다른 살의를 보이지 않았다는 점과도 밀접히 관련될 것이다. 여기서도 '유비'의 방법은 구사된다. 상대방의 입장과 기분을 헤아리면서 예우하려는 가운데, 상대방의 태도와 감정은 자기자신과 견줄 만한 것으로 인정되어야 한다. 이러한 관계 안에서 타자에 대한 배려는 의무로 설정되며, 주체의 존엄성과 체면은 서양과의 관계 안에 배태될 것이다. 자신의 정당성을 호소할 뿐만 아니라, 무례했다면 사과해야 하는 관계가 맺어지는 것이다. ⓒ 하지만 이것은 있을지도 모를 침략의 위험성을 막기 위해서이다. 그래서 예의와 예양은 또다시 전투의 맥락에 종속된다. 제너럴 셔먼호 사건의 처분이 정당화된다 하여도, 오랑캐에게까지 연장된 예양은 형세에 영향을 주기 위한 임의적 수단으로 축소되는 것이다.

박규수는 대원군집권기 동안 조선 조정이 미국과 맞부딪히는 과정에서 작성한 거의 모든 공식 문서를 집필하거나 기초하였다.[94] 이는 박규수가 대원군에게 절대적인 신임을 받고 있음을 드러냄과 동시에, 또

---

[94] 1868년 3월 중국 예부에서 제너럴 셔먼호의 생존자 여부를 묻는 미국 영사와 영국 공사의 조회 내용을 전하는 자문이 도착했다. 조선 조정은 박규수가 작성한 회답자문(「請開諭美國使臣勿致疑怪咨」)을 보냄과 아울러, 여기서 인용되고 있는, 박규수가 1866년에 황해도 관찰사 명의로 지어둔 「의답조회」도 함께 보냈다. 함장 페비거(J. C. Febiger)가 이끄는 셰난도어(Shenandoah)호가 다시 제너럴 셔먼호의 진상 조사를 위해 조선국왕에게 보내는 편지를 전달했을 때도 조선측에서는 중국과 조선 사이에 오간 자문과 1866년의 「의답조회」를 전했다고 한다. 이 시기 박규수가 작성한 자문(「美國兵船回去請使遠人釋疑咨」)은 셰난도어호가 돌아간 뒤 조선 조정이 보낸 자문에 통합된다. 1870년 북경 주재 미국 공사 로우(F. F. Low)의 공한을 총리아문에서 조선조정에 전달했을 때도, 박규수가 회자를 지었다. 이것이 「미국봉함전체자(美國封函轉遞咨)」이다. 1871년 5월 중순 신미양요로 불리는 조선과 미국의 군사적 대치가 종료되었을 때, 조선 조정은 청에 자문을 보내 신미양요의 전말을 알렸는데(『고종실록』, 1871년 5월 17일), 이 자문 「미국병선자요자(美國兵船滋擾咨)」도 박규수가 집필한 것이다.

이 문서들의 내용이 대원군에게도 동의될 만한 것임을 시사한다. 박규수는 의답조회 등의 외교문서에서 미국에 대해 예양을 투사하고 화호를 다짐하는 등의 구절로 대미수교론의 선구자, 나아가 서양을 이단시하지 않는 개방적 태도를 가진 개화의 선구자로 주목되기도 했다.[95] 이렇게 평가될 때 박규수는 대원군은 물론 당대의 유학자들과 차별되는 이채로운 인물로 부각된다. 그러나 박규수의 문건들은 사신(私信)이 아니라, 대원군에게 신임을 받는 신료가 작성하여 조선 조정에서 중요하게 채택된 공문서였다는 점에서 이런 구절의 의의를 박규수 개인의 특출함으로 한정할 수 없을 것이다(연갑수, 2001; 김명호, 2005).

앞선 기정진의 상소 및 순무영의 공한 그리고 위 「의답조회」로부터 서양의 의미작용과 주체 위치가 일정하게 수렴하는 모습을 볼 수 있다. 서양은 형세에 의해 전투의 상대로 접근한 자이나 임시적으로나마 체면을 염려하고 비난이 가해지며, 예의가 투사되는 등 국지적인 윤리적 상대자로 나타난다. 주체 또한 서양과 상관하여 형세 안에서 윤리적 위치를 갖게 된다. 그러나 여러 번 강조했듯이, 이 담론형성체 안에서 서양의 의미작용과 주체의 위치는 상호 모순적인 세 겹의 면모를 띠고 있다. ⓒ 서양은 '예의'가 투사되고 수치가 가늠되는 '윤리적 관계의 상대자'이다. 그러나 이는 국지적인 형세 안에서만 작동하는 것이다. ⓐ 형

---

95 손형부, 1997; 原田環, 1997; 강재언, 1981; 김용구, 1997 등에서 이렇게 나타난다. 박규수를 대미개국론의 선구로 보는 연구들은 『환재집』에 실린 김윤식(金允植)의 안설(按說) ― 여기서 그는 일련의 자문들이 박규수의 본뜻이 아니었다고 말한다 ― 을 들고 있으나, 김윤식의 이 글은 1911년에야 쓰어진 것이므로 증언으로서의 가치가 떨어진다. 김명호(2005)는 이 글이 개화파 정치인으로서 김윤식의 회한을 담은 것으로서, 자신의 행적을 합리화하기 위해 박규수의 단편적인 언급들을 과장했다고 판단한다. 사료를 좀더 신중하게 검토하는 한국사 연구자들은 본문에서 언급한 일련의 자문들 및 행적들을 대미개국론의 선구로 읽기보다는 서양의 침입을 온건히 물리치려는 해방론(海防論)의 입장으로 정리하고 있다(이완재, 1989; 주진오, 1995; 김명호, 2005 등). 예우(禮遇)를 강조하면서도 벽사(闢邪)에도 철저했고, 서양의 무력침공에 대해서는 단호히 대처해야 한다고 생각했기 때문이다.

세 밖에서 주체는 전래의 법식과 경전에 의거해 자기자신의 정당성을 확신한다. 형세 밖에서 서양은 자신의 옳음과 체면을 구하는 데 있어 '참조할 필요가 없는 오랑캐'일 뿐이다. 그리고 ⓒ 형세의 장 안에서도 그 윤리적 관계는 전투의 승패에 미칠 영향력의 견지에서 평가된다. 여기서 서양은 형세의 장 안에서 밀접히 연동되어 승부를 다투는 '전투의 상대자'로서 의미작용한다. 이런 요소로 압축되는 이것을 '형세-예의 담론'으로 이름짓겠다.

서양과 윤리적 관계가 맺어지는 데서도 역시 관계적 주체성(relational subjectivity)의 양식이 가동되고 있다. 그러나 이 윤리적 에토스가 가동되는 양상은 앞선 관계 희박-내응자 담론과는 사뭇 다르다. 주체는 맞서 싸우는 형세 안에서 자기자신과 밀접히 연동되는 자로 타자를 발견한다. 이런 밀접한 관계로 인해, 이단을 믿는 서양 오랑캐에게도 비난을 하고 책임과 의무를 부과하는 윤리적 관계의 상대자의 역할이 맡겨지게 된다. 서양과 윤리적 관계가 맺어지는 방식은 유비적(analogical)이라고 할 수 있다. 그러나 이 유비적 관계는 천하 자체의 유비적 연관을 드러내는 상리나 기 같은 우주론적 용어들의 도움을 받기보다는, 체면을 구하고 수치를 피하며, 예의를 차리고자 하는 등의 주체의 유비적 실천 자체를 통해 형성된다. 서양과의 밀접한 연결은 천하의 수준에서 형성된 것이 아니라, 적으로서 만나는 형세의 국면 안에서 이루어진 것이기 때문이다. 주체는 타자의 기대를 자기 안으로 끌어와서 밀접한 닮음관계를 형성하고, 그 기대에 맞춰주려는 것이 마땅하다는 듯이 행동한다. 각자가 자신의 위치를 지키면서 조화로이 연결되는 것을 이상화한다. 그래서 타자의 입장 취하기를 통해 자신의 체면을 염려하는 동시에, 저들의 체면이 손상당하는 수치를 추체험하고 있다. 혹은 상대방의 입장과 기분을 헤아리면서 예우하려는 가운데, 서양은 주체 자신과 견줄 만한 정도의 예의의 상대자로 인정된다. 오랫동안 훈련된 윤리적 감각이 작동한다고 할 수 있다. 타자에게 존중받을 만한 자로 인정되기 위해 주체는 자신의 행동을 자제하고 정련하며, 공손한 태도를 취하게 된다.

그러나 주체의 이 윤리적 에토스는 내적으로 교란되고 변형되고 있다. 그것은 국지적인 형세 안에서만 작동하며, 형세 밖에서 서양은 여전히 참조할 필요가 없는 오랑캐일 뿐이다. 그리고 형세의 장 안에서도 주체가 지는 예접의 의무는 전투의 승패에 미칠 영향력의 견지에서 평가된다.

신미양요 시기 강화유수 정기원(鄭岐源)이 대원군의 이름으로 대필하여 미군에게 전달한 문서에서도 비슷한 관계를 살펴볼 수 있다.

> 귀국은 예양을 숭상하는 풍속이 본래 이름난 나라로 다른 나라들보다 뛰어났습니다. 귀 대인은 아마도 사리에 밝아서 경솔한 행동을 하지 않을 터인데, 이번에 어찌하여 멀리 바다를 건너와서 남의 나라에 깊이 들어왔습니까? 설사 살해하는 일이 없었다고 하지만 누구인들 의심하고 괴이하게 여기지 않겠습니까? 중요한 요새지에 갑자기 외선이 들어오는 것을 허용하지 않는 것은 모든 나라의 일반적 규범으로서 처지를 바꾸어놓고 보아도 모두 그러할 것입니다. (…중략…) 넓은 천지에서 만방의 생명들이 그 안에서 살면서 다 각자 그 성(性)을 따르니 동방이나 서양 나라는 각기 자기의 정치를 잘하고 자기의 백성들을 안정시켜 화목하게 살아가면 서로 침략하고 약탈하는 일이 없노록 하니, 이것은 바로 천지의 마음입니다. 혹시 그렇지 못해서 위로 하늘을 노하게 한다면 더없이 상서롭지 못할 것입니다. 귀 대인이 어찌 이 이(理)를 모르겠습니까?[96]

---

96 且念貴國俗尚禮讓 素稱名邦 超出於各國之上 貴大人庶或明達事理 不作輕遠之行 今何遠涉滄溟 深入他國 縱云無相殺害 孰不疑怪乎 關防重地 不許外船輒入 各地規範 易地皆然 (…중략…) 天地之大 萬方群生 含弘覆載 咸遂其性 東方西國 各修其政 各安其民 熙熙雍雍 無相侵奪 是爲天地之心 苟或不然 上干天怒 不祥莫甚 貴大人豈

깍듯한 예접이 미국을 예양을 숭상하는 나라로, 예의지방과 같은 상태로까지 끌어올리고 있다. 상대방의 입장과 기분을 헤아리면서 예우하려는 가운데, 상대방의 태도와 감정이 자기자신과 견줄 만한 것으로 인정되고 있다. 그리고 그 끌어당겨진 닮음관계 안에서 자신의 옳음을 설득하고 타자의 행위를 비난한다. "중요한 요새지에 갑자기 외선이 들어오는 것을 허용하지 않는 것은 모든 나라의 일반적 규범으로서 처지를 바꾸어놓고 보아도 모두 그러할 것입니다"라고 말할 때 타자의 행동은 그가 상대하는 주체의 처지에서 드러나고 발견되며, 그렇게 주체는 타자의 처지를 자기자신 안에서 환기하고 있다. 그의 행동은 주체와의 관계 안에 배태되어 있고, 그 관계의 맥락 안에서, 그 사리(事理)에 어긋나는 것으로 비판된다. 즉 타자는 주체와의 관계에서 책임과 의무를 지고 있으며, 이는 주체가 이미 그 관계에 대해 책임과 의무를 지고 있음을 뜻할 것이다.

하지만 각기 책임과 의무를 지고 있다 해도 그들이 동일한 공동체 안에 소속되어 있는 것은 아니다. "넓은 천지에서 만방의 생명들이 그 안에서 살면서 다 각자 그 성(性)을 따르니 동방이나 서양 나라는 각기 자기의 정치를 잘하고 자기의 백성들을 안정시켜 화목하게 살아가면 서로 침략하고 약탈하는 일이 없도록 하니"라고 말할 때, 타자와의 차이와 거리는 폐기되지 않는다. 타자의 차이에 조응해서 행동함으로써 타자와 다른 자기도 유지하고 자기와 다른 타자도 유지하자는 것이다.

이 글이 전투의 와중에 전달된 우서(羽書)라는 점은 매우 중요하다. 이

不知此理哉(『고종실록』, 1871년 4월 17일) 이 편지는 『환재집』에 실려 있지 않음에도 불구하고 종종 박규수가 지은 글로 인정된다. 이는 原田環(1997)이 연세대 도서관 소장의 『洋政事實』이라는 책에서 朴珪壽製라 명기되어 있다고 쓰고부터인데, 김명호 (2005)는 연세대 도서관에서 이 책을 발견할 수 없었다고 쓰고 있다. 설사 이것이 박규수의 글이라 하더라도 미국에 예양을 투사하는 내용이 대원군 명의의 글에 수록되어 있다는 점에서 이것을 박규수만의 독창성으로 보기는 어려울 것이다.

는 근접한 타자를 떼어버리기 위해 임의적으로 예의의 가장을 취하고 있을 뿐이다. 주체가 아무리 예의를 차린다 해도 저들은 위험한 자들이다. 이렇게 될 때, 적과 나 사이에 맺어진 윤리적 관계는 서로의 '의중'을 괄호친 가면의 몸짓이다. 마치 서로 화호하고 인도로 대접하는 양 하여 서로의 동향을 살피고자 하는 것이다. 서양에게 예양을 투사하는 것은 서양과 적으로 대치해 있는 상황 속의 행동이며, 그러므로 서양을 오랑캐로 보고 서양과의 연결을 거부하는 태도와 양립 불가능하지 않다.

1871년 신미양요 전후로 박규수가 기초한 두 편의 자문에서도 비슷한 관계의 양상을 확인할 수 있다. 다만 이 글은 청의 예부에 보낸 자문이기 때문에 서양에 대한 극진한 예접의 표현들은 잘 보이지 않는다. 그렇다고 해서 서양과 주체가 상호 연동하는 형세 안에서 일정한 책임과 의무를 지게 되는 사정까지 지워지지는 않는다.

① 이번에 미국 사신의 편지에서 한 척은 구원되고 한 척은 해를 입었는데 그 이유를 알 수 없다고 한 것은 무슨 말입니까? 그들의 이른바 '돌봐주어야 할 상인과 선원들은 그렇게 심하게 하고 싶지 않았는데 그 나라에서 마음껏 멸시하고 학대하였다'고 한 것은 실로 사해(四海)의 모든 나라들이 마찬가지로 그러할 것입니다. 그 나라가 남의 멸시를 받고 싶지 않은 것이나 본국(本國)이 남의 멸시를 받고 싶지 않은 것이나 처지를 바꾸어 놓고 생각하면 실로 다름없습니다. 이로부터 평양의 강에서 배가 사라진 것으로 말하면 변론하지 않아도 그 연고가 분명합니다. 미국 상선이 만약 우리나라 사람들을 멸시하고 학대하지 않았다면 조선의 관리들과 백성들이 어찌 남에게 먼저 손을 대려고 하였겠습니까? 이번에 온 편지에서 서로 화목하게 지내자고 바라는데 바다 건너 멀리 떨어져 있는 나라로서 호의를 가지고 상관하자면 접대해서 보내는 도리가 없지 않을 것입니다. 그럼에도 저들이 의논해서 판명하고 교섭하자고 하는데 의논하여 판명할 것이 무슨

일이고 교섭하자는 것은 어떤 문제인지 알 수 없습니다. 조난당한 객선이 있으면 돌보아 주고 호송해 보내는 문제는 의논하여 판명하지 않아도 의심할 것이 없다는 것을 보장합니다. 혹시 호의를 품지 않고 와서 함부로 멸시하고 학대한다면 방어하고 소멸해버릴 것이니 미국 관리와 통역들은 그저 그들의 백성들이나 통제하고 도리에 어긋나게 행동하지 말도록 해야 할 것인데 교섭여부에 대해서야 다시 더 논할 여지가 있습니까?[97]

②이번에 미국배가 왔을 때 먼저 밀봉한 편지를 띄우고, 이어 글을 보내오면서 걸핏하면 '화목하게 지내려고 왔다', '의심하지 말라', '절대로 해칠 생각은 없다', '놀라지 말라'느니 하였는데 갖은 말로 가장하는 내용이 다 이러한 말들이고, 예로 대하자는 것이 특히 그들의 요구였습니다. 상대방이 호의를 가지고 대하면 내가 호의로 응하며, 상대방이 예로써 오면 내가 예접하는 것은 인정(人情)이 그러한 것이고 나라의 통례입니다. 그런데 화목을 명목으로 하면서 어찌하여 군사를 싣고 오며 예접을 요구하면서도 어찌하여 문정하는 것을 거절한단 말입니까? 그들의 생각에 벌써 요새지에는 반드시 방어가 심하리라는 것을 계산하고 '의심하지 말라', '절대로 해칠 뜻은 없다' 등의 갖은 말을 잔뜩 늘어놓음으로써 실로 우리의 방비를 완화시키고, 그 틈을 이용하여 감히 들어오자는 간사한 속임수에서 나온 것입니다. 만일 그렇지 않다면 남의 나라를 짓밟고 멸시하며 무인지경과 같이 보았다는 것을 더욱 알 수 있습니다. 화목하자는 것이 이러하며, 예로 사귀자는 것이 이렇겠습니까?[98]

---

[97] 今此美使函稱一救一害 莫曉其故者 何也 其稱體恤商民水手 甚不欲別國任意欺侮凌虐云者 此實四海萬國之所同然也 該國之不欲受人凌虐 本國之不欲受人凌虐 易地而思 實無異同 則於是乎平壤河船之自取滅沒 不待辨說而其故可曉矣 美國商船如不凌虐我人 朝鮮官民豈欲先加於人哉 今來信函 旣望和睦相待矣 絶海殊域 如欲好意相關 則接應以送 非無其道 而其云商辦交涉 未知商辦者何事 交涉者何件乎 其有遭難各船 慰恤護送 不待商辦而保無疑慮 其或不懷好意 來肆凌虐 則捍禦勦除 美國官弁只可檢制其民 勿令非理相干而已 交涉與否 更何足論乎(『고종실록』, 1871년 2월 21일)

첫 번째 자문에서도 제너럴 셔먼호를 소각한 것의 정당성을 호소한다. 그러나 관계 희박하기 때문에 서양에 대해 적대하지 않는다고 말하지는 않는다. 여기서도 주체의 위치를 정하고 태도를 취함에 있어 타자와 주체 간의 상관과 반향의 패턴이 중요하다는 점은 여전하다. 그러나 그것은 다음과 같이 나타난다. "그 나라가 남의 멸시를 받고 싶지 않은 것이나 본국(本國)이 남의 멸시를 받고 싶지 않은 것이나 처지를 바꾸어 놓고 생각하면 실로 다름없습니다. 이로부터 평양의 강에서 배가 사라진 것으로 말하면 변론하지 않아도 그 연고가 분명합니다. 미국 상선이 만약 우리나라 사람들을 멸시하고 학대하지 않았다면 조선의 관리들과 백성들이 어찌 남에게 먼저 손을 대려고 하였겠습니까?"

서양과 주체는 이미 밀접히 상응(相應)하고 있다. 주체의 행동은 인접한 타자의 유사 행동을 불러일으키며, 타자의 행동도 인접한 주체의 유사 행동을 불러일으킨다. 저쪽에서 호의로 나오면 이쪽에서도 호의로 나온다. 서로 맥락이 통하고 반향하는 위치에 있으므로, "그 나라가 남의 멸시를 받고 싶지 않은 것이나 본국(本國)이 남의 멸시를 받고 싶지 않은 것이나 처지를 바꾸어 놓고 생각하면 실로 다름없습니다"라고 판단할 때, 주체는 자기자신에 대한 타자의 감정과 행동을 예비적으로 자기자신 안에서 환기시키는 데 별다른 어려움이 없다. 이는 타자를 개별화하여 오랑캐 고유의 환경과 성향에 근거함으로써 그 심리(psyche)를 추론한 것은 아니다. 다만 모두 그러하다(同然)는 일반적 연관패턴에 기대어 타자의 상태를 연상한(suggesting) 것이다. 또 처지를 바꾸어놓고

---

98 今此美船之來 先之以封函 繼之以投文 動輒曰和睦而來 曰莫生疑慮 曰決無害意 曰勿得驚恐 滿口誇張 皆此等說 而以禮相待 尤其所求者也 彼以好來 我以好應 彼以禮來 我以禮接 卽人情之固然 而有國之通例也 和好爲名 而曷爲載兵而來 禮接見求 而何乃麾斥勞問 彼之智慮 已料關阨之必有防範 所以極口稱莫生疑意 決無害意等語 宣出於緩我備禦乘虛深入之詭計 如其不然 憑陵欺侮 視人國如無人之境 尤可見矣 和好者如是乎 禮交者如是乎(『고종실록』, 1871년 5월 17일;『환재집』권7「美國兵船滋擾咨」)

생각해보자는 것 외에 일반적 연관패턴을 제시하는 다른 방법도 없다. 자기자신과 타자가 놓여 있는 공동의 장 안에서 상호 유비해보자고 할 뿐이다. 이런 역지사지(易地思之)에 있어 상대하는 서양인이 먼 바다 건너 오랑캐라는 것도 별달리 장애가 되지 않는다. "바다 건너 멀리 떨어져 있는 나라로서 호의를 가지고 상관하자면 접대해서 보내는 도리가 없지 않을 것입니다." 양자는 멀리 떨어져 있지만 상호 공명하고 반향하는 관계를 이룬다.

이제 그 위치에 맞게 그 반향되는 것을 그대로 되돌려주는 것이 주체의 당연히 할 바로 설정된다. 이는 주체 자신에게도 그러할 뿐만 아니라, 서양인에게도 요구되는 태도이다. 그리고 그 반향하는 관계는 저쪽의 호의에 따라 이쪽의 호의도 나타내지는 주체의 유비적 실천 자체로부터 주어질 뿐 다른 우주론적 용어를 요청하지는 않고 있다.

그러나 이렇게 자연스럽게 상통하는 관계는 교섭을 막는 역할을 하고 있다. "혹시 호의를 품지 않고 와서 함부로 멸시하고 학대한다면 방어하고 소멸해버릴 것이니 미국 관리와 통역들은 그저 그들의 백성들이나 통제하고 도리에 어긋나게 행동하지 말도록 해야 할 것인데 교섭 여부에 대해서야 다시 더 논할 여지가 있습니까?" 타자의 기대를 자기 안으로 끌어와서 그와의 밀접한 닮음관계를 이루지만 그건 항구적인 관계의 초석이 되지는 않는다.

신미양요 직후에 보낸 자문에서 따온 두 번째 인용문에서도 비슷하다. 신미양요 시 미군과의 대전은 정당했다는 것인데, 그에 대한 설명은 다음과 같다. "상대방이 호의를 가지고 대하면 내가 호의로 응하며, 상대방이 예로써 오면 내가 예접하는 것은 인정(人情)이 그러한 것이고 나라의 통례입니다. 그런데 화목을 명목으로 하면서 어찌하여 군사를 싣고 오며 예접을 요구하면서도 어찌하여 문정하는 것을 거절한단 말입니까?" 미군과의 전투는 저쪽이 호의로 나오지 않은 데 대한 자연스런 반응일 뿐이며, 지극히 온당한 것이다. 만약 예접하게 된다면, 상호 일정한 의무를 지게 될 것이며, 이는 유사 반응을 서로 불러일으키는 관계를 제어하는 한 방법이 될 것이다.

신미양요 직후 박규수는 아우 박선수(朴瑄壽)에게 다음과 같은 편지를 보낸 것으로도 유명하다.

> 이른바 예의지방이 먼 오랑캐에게 모욕을 당함이 이 지경에 이르다니 이 무슨 일인가? 걸핏하면 예의지방이라 일컫는데, 이같은 주장을 나는 본래 고루하다고 본다. 천하 만고에 어찌 나라를 다스리면서 예의가 없는 경우가 있으랴! 이는 중국인들이 오랑캐 중에도 이것이 있음을 가상히 여기고 '예의지방'이라 칭찬한 것에 불과하다. 이는 본래 부끄럽게 여길 말이요, 천하에 대해 으스댈 것이 못된다.[99]

이 중 "천하 만고에 어찌 나라를 다스리면서 예의가 없는 경우가 있으랴"라는 구절이 중화와 이적을 나누는 세계관의 해체를 함축한다고 하여 주목받았다. 그러나 노론가계의 박규수가 존주론과 존명의식을 평생 견지했음을 염두에 두면, 중화와 이적을 나누는 세계관의 해체라는 평가는 과장되어 있다. 김명호(1990·2005)의 의견대로라면 이것은 오랑캐도 나름대로 예를 가질 수 있다는 관대한 발언일 따름이다.

그러나 이 '관대함'은 적으로 대치한 가운데 발휘된 것이다. 그리고 오랑캐에게도 예를 허용하는 '관대함'은 주체의 무력감 및 모욕의 경험과 함께 주어진다. 주체는 모욕당했고 부끄러운데, 이는 예의를 지키지 못했기 때문이 아니라, 타자와 적으로 접하면서 주체의 약소함과 심대한

---

99 所謂禮義之邦 見侮於遠夷 一至於此 此何事也 輒稱禮義之邦 此說吾本陋之 天下萬古 安有爲國而無禮義者哉 是不過中國人嘉其夷狄中 乃有此而嘉賞之曰禮義之邦也. 此本可羞可可恥之語也 不足自豪於天下也(『환재집』 권8, 書牘) .

고립감을 절감했기 때문이다. 그렇기 때문에 "이른바 예의지방이 먼 오랑캐에게 모욕을 당함이 이 지경에 이르다니 이 무슨 일인가?"라고 물을 수밖에 없었던 것이다. 그리고 서양에 대한 모욕의 경험은 예를 의미변환한다. 서양과의 적으로서의 대치가 밀접한 상응관계를 만들어 예의를 투사하게 하나, 그 예의는 중화와 이적을 나누는 맥락에서 튕겨나온 채, 오랑캐와 상응하고 유비하는 맥락 안에서 그 의미가 정해지고 있다.

제3장 관계있는 타자로서의 서양과 개화 주체성의 출현

제3장에서는 개항과 서양과의 화호가 토론되고 실행되는 자료들을 다루고자 한다. 시기는 대체로 1876년부터 1894년까지이며, 사건사적 계열체 ⓒ과 계열체 ⓔ이 다뤄질 것이다.

계열체 ⓒ은 개항 이후 '수교'와 관련된 사건들의 계열들이다. 대일 수교의 경우 1869년 이후의 서계 접수를 둘러싼 분쟁 및 일본의 무력침 공, 그리고 조정 내 관련 논란을 거치며 조약체결로 나아간다. 대미 수 교의 경우는 이홍장-이유원 편지, 1880년 2차 수신사 파견 및 『조선책 략』과 『이언』의 도입, 1880년 슈펠트 방문, 1881년 영선사 파견, 1882년 척화비를 철거하라는 교서, 1882년의 조약 체결로 이어진다. 수교의 사 건 계열에는 조약체결 이후 청과의 종속관계의 철폐를 주장하고 갑신 정변을 주도한 이른바 개화당과 같이 급진적 분파의 형성도 포함된다. 계열체 ⓔ은 1880년대 서양식 기물(器物) 및 제도의 도입과 관련된 사건 사적 계열이다. 서양식 기물 및 제도의 수용과 배척을 둘러싼 논쟁으로 점철된 이 계열에는, 1880년의 『조선책략』과 『이언』의 전래, 1881년의 신사척사운동, 1881년의 고종의 교서 발표와 개화상소의 등장, 1883년의『한성순보』발행과 서양식 문물에 대한 잇단 소개, 1886년『한성주보』발행과 서양식 문물에 대한 잇단 소개 등이 포함된다.

기존 연구에서 이 시기는 대체로 일련의 선구자에 의해 개화 '사상'이 태동되어 근대 국민국가의 제도와 규범의 창설을 주장하는 체계화된 사상들로 전개되고 성숙되어가는 과정으로 기술된다. 개화사는 선구적 '인물'들이 자율적으로 사고하고 결단해 국민국가의 제도를 건설해가려던 과정의 이야기이게 된다(강재언, 1981; 이광린, 1973b · 1973c · 1973e · 1979a · 1979b · 1979c · 1989e · 1998c; 신용하, 1980 · 1994 · 2001d · 2006; 하원호, 1998 등).

그러나 이 연구에서는 다양한 발화를 '사상'으로 종합하고 재구성하는 데 대한 비판을 염두에 두면서[1] 개화가 사상의 형태로 주체의 두뇌 속에서 일관되게 종합되어 있음을 상정하기보다는, 발화의 더미들 속에서 주체에게 타자에 대한 어떤 태도와 감정들이 처방되고 있는지를 묻고자 한다. 사상사가 주로 목적하는 대로 사상들을 일관되게 종합 · 분류하고, 개인들을 경쟁적인 사상들의 계보에 붙박여놓는 대신, 진위

---

1 과거에 행해진 다양한 발화들을 '사상' 체계로 종합 · 기술하는 사상사가 그 발화의 상황을 은폐한다는 사상사에 대한 유력한 방법론적 비판이 스키너(Skinner, 1999a · 1999b)에 의해 이미 제기되어 있다. 스키너에 따르면 역사적 발화는 역사적 상황 안에서의 말 건넴임에도 불구하고, 현재적으로 구획된 주제에 대하여 과거의 역사적 인물들이 현재 시점에서 일관되게 정리될 발화를 하리라는 기대를 역사가가 품게 될 때, 일관된 사상사라는 신화가 생겨난다. 스키너의 비판을 근거로, 모든 사상사를 부정하려는 것은 아니지만, 그의 비판이 사상사 고유의 맹점을 지적한다는 점, 그리고 역사적 발화를 당대의 사회적 맥락 안에서 이해하려는 사회학적 연구에 있어 새로운 방향을 설정한다는 점까지 부정하기는 어려울 듯하다. 게다가 개화사상의 경우에는 특히 '사상'이라는 명칭에 걸맞는 독창성과 체계성이 결여되어 있다는 주장이 또한 제기되어 있다(주진오, 1993 · 1995 · 2004 · 2006 참조). 개화기의 문헌들에서 개진된 주장들은 대개 너무나 모호하거나 소략(疏略)하여 어떤 사상이라고 특정화하기 힘들거나, 하나의 문헌 혹은 하나의 '사상가' 안에서조차 모순과 충돌이 많다. 더욱이 개화기 문헌에 포함된 근대적 사상들이라는 것도 내적으로 숙성 · 통합된 것이라기보다는 우발적으로 삽입된 피상적 지식이라는 함의를 지우기 힘들다.

와 옳고 그름을 판별하려는 말하는 행위 안에서 그들이 세계 및 자기 자신과 어떤 양태로 관계를 맺는지를 세세하게 살피고자 한다.

1. 지구적 범위에서 힘센 서양을 만나며 체면을 염려하다

1) 서양에 대한 주체의 무례를 묻기 위해,
서양과의 관계를 세 겹으로 만들기

조선 조정은 적어도 1867년경에는 청이나 일본이 서양과 교류하고 있고, 서양의 기계와 기술을 학습하고 있다는 사실을 인지하고 있었다. 1871년에는 청과 일본이 교역을 하는 약속[淸日修好條規]을 맺은 사실도 알려졌다(『일성록』, 1872년 4월 4일). 이런 가운데 1868년부터 1875년까지 무려 7년간 조선은 일본과 이른바 서계의 접수 문제로 논란을 벌였다. 메이지유신(1867년 12월) 이후의 새로운 왕정은 천황친정을 알리는 서계를 작성하여 발송하였으나, 서계 안에 천자만이 쓸 수 있는 황(皇), 칙(勅), 조(朝), 경(京) 같은 문자가 쓰이고, 조선이 준 도서(圖書)가 아닌 신인(新印)이 사용되었으며, 일본 관리들이 양복을 착용했다는 등의 이유로 서계 접수가 거부되었던 것이다. 교린의 예와 어긋난다는 것이었다. 1875년 11월까지 조선 조정의 공식 입장은 서계의 수정이 없으면 접수할 수 없다는 것이었다. 하지만 국왕과 모든 신료들이 강경한 접수 거부 주장을 편 것은 아니었다.

한편 1874년 6월 일본의 정한설(征韓說)을 알리는 청 예부의 자문[2]이 도착했을 때(『고종실록』, 1874년 6월 24일), 박규수는 청의 지인인 만청려(萬

靑藜)에게 다음과 같은 편지를 보내고 있다.

우리나라[東國]는 전쟁에 익숙하지 못합니다. 오랫동안 평화롭고 안정되어 이른바 군기를 수선하고 병사를 늘린다는 것은 뱃심 좋은 장담에 불과합니다. 벌모(伐謀)[3]와 소병(消兵)이 무슨 말인지도 모르면서 다만 용력을 자랑하고 자만하니 이 어찌 지피지기를 안다고 할 수 있겠습니까? 이것을 생각할 때마다 속마음이 탑니다. 그러나 걱정되는 것은 내가 힘쓸 수 없는 것이니 어찌해야 합니까? (…중략…) 오백 년 종사를 어떻게 해야 합니까? (…중략…) 재난을 없애주고 분규를 해결해주는 것[排難解紛]은 중국이라도 어찌할 수 없다는 것을 이미 알고 있습니다. 그러나 일찍이 일본은 조약을 맺어 중국의 속국을 침략하지 않는다는 말을 들은 적이 있습니다. 지금 그들이 북경에 공사관을 세우고 있는데, 그 일하는 것이 서양인이 하는 것과 똑같을 것입니다. 그 조약에 의거하여 힐책하고 권유하니 핑계거리가 없을까 걱정하지 않습니다[不患無辭]. 조정이 만약 생각이 이에 미친다면 실로 재난을 없애고 분규를 해결할 한 방도가 될 것입니다. (…중략…) 지금 천하대세를 보건대 지금처럼 위태롭고 험한 때가 없었습니다. 이것은 무엇 때문입니까? 소위 『중서문견록』이라는 책이 우리나라에까지 흘러들어왔는데, 이것은 중국인[華人]이 서양 문자를 번역한 것인지요? 아니면 서양인이 지금 모두 능히 한문에 능통하여 이렇게 할 수 있는지요? 아무래도 그렇지 않을 것 같습니다. 반드시 중국인이 번역한 것일 터입니다. 정교하고 새로운 것을 자랑하는 것이 갖가지로 풍성하여, 사람들로 하여금 몹시

---

2 일본이 대만에서 군대를 철수한 뒤에 ─ 일본은 1874년 대만 정벌대를 보냈다 ─ 조선을 침략하려 하고 이때 조선과 두 차례의 양요를 치른 프랑스와 미국이 일본을 도울 것인데, 미국·프랑스와 입약통상을 맺는다면 일본의 침략을 제어할 수 있을 것이라는 프랑스인의 말을 전하는 내용이었다. 이때 조선 조정은 미국·프랑스와의 통상 조약 체결을 거부하는 회자를 보냈다.
3 『손자』「모공」편에 나오는 용어. 적의 계책을 미리 알아 그것을 깨뜨리는 것을 일컫는다.

부러워하게 하지 않음이 없습니다. 저는 이것이 모두 허망한 것이라고는 하지 않겠습니다. 그러나 탄식하는 것은, 만일 중국인이 그들 수중으로 달려가 그 창도가 되어 그들을 위해 일하는 것이 아니라면 어찌 이런 종류의 글이 있을 수 있는가 하는 것입니다. 중국인이 이런 지경에 이른 것에 어찌 이유가 없겠습니까? 도술(道術)이 붕괴되고 찢겨져, 옛 현인들이 고심하여 부지런히 천리를 밝히고 인심을 바로잡으려던 것을 모두 진부한 것으로 치부하고 별개 문호를 열어 다투어 새롭고 기이한 것에만 힘쓰고 있으니, 유폐(流弊)가 이에 이르게 된 것입니다.[4]

박규수는 조신(朝臣)으로서 오백 년 종묘사직을 우려하고 있다. 서양이나 일본과 대적할 수 있으리라고 기대하지도 않는다. 서양과 한패가 되어버렸고, 조선을 침략할 기회를 노리고 있는 일본은 서양 오랑캐와 같은 적이지만, 그 적에게 근접하여 자기자신과 밀접히 연동시킬 형세를 구성할 수 없다. 즉 싸워야 하는 자이되, 싸움의 장소를 찾을 수 없는 적, 그의 상태를 헤아려 나의 행동을 정하며 나의 행동으로 그를 속여 넘기는 게임을 구사하도록 하는 그런 무대를 발견할 수 없는 적인 것이다. 제너럴 셔먼호를 물리친 바 있는 박규수는 이제 군사적으로 서양과 대적할 수 있으리라는 기대를 버린 것이다.

---

4 東國不嫻兵事 況昇平恬嬉其所云繕甲治兵 徒大言耳 都不識伐謀消兵爲何等語 只自賈勇誇勝 是豈知彼知己者耶 每一念之 中心如焚 而亦所謂所憂非我力也 無可柰何 (…중략…) 其於五百年宗社何哉 (…중략…) 俳難解紛 雖中朝亦無如何 固己知之 然曾聞日本約條有不侵中國屬國等語 今彼之來京立館者有之 則其必有管事人一如洋人之爲矣 據其約條而詰責之勸諭之 不患無辭 朝廷若念及於此 實俳難解紛之一道矣 (…중략…) 竊觀天下大勢 終古未有袞業如今日 此何故也 有所謂中西見聞錄者 流出東方 未知此爲華人之飜譯洋文字也 抑洋人今皆能通漢文而爲此歟 恐未必然 必華人之飜譯也 誇精巧矜新奇 種種津津 無非使人艶羨 吾非謂盡是虛誕 而所歎息者如非華人之日走彼中 爲其倀導爲其役使 則何以有此等文字耶 華人之所以至此 豈非由乎道術壞裂 昔賢之苦心矻矻明天理正人心者 都歸於陳腐而別開門戶 爭鶩新奇 此其流弊 乃至於此者耶(『환재집』권7, 서독 : 38~39)

이는 서양의 것들이 이미 천하를 점령한 때문이다. 『중서문견록』[5]
이라는 향후 개화기 인사들의 사고전환에 큰 영향을 미친 잡지를, 그
는 도덕과 학술이 붕괴되고 천리를 밝히며 인심을 바로잡는 일을 진부
한 것으로 치부하는 유폐의 한 사례로 간주한다. 서양과 서양화한 일
본, 그리고 그들의 눈부신 기물(器物)들과 그것에 대한 경박한 열광이
뒤덮은 무도(無道)한 천하에 대해 박규수는 탄식한다. 이는 '천하대세
(天下大勢)가 위태롭다(岌嶪)'고 집약된다. 서양인들이 몰려오고 그들의
경이로운 물건들에 인심이 쏠리는 것은 한두 사람의 처신이 아니라 천
하대세, 즉 천하의 전반적인 배치와 흐름이며, "거세게 흘러가는 물이
돌을 떠내려가게 하는 것"처럼 그것은 천하 내의 모든 인간들에게 불
가항력을 행사한다고 볼 수 있다.

하지만 대신 '조약'이라는 새로운 무대가 마련되고 있다. 1871년 맺어
진 청일수호조규 속의 한 조항, 즉 '일본은 청의 속국을 침략하지 않는
다'는 약속이 새로운 방편이 된다. 일본이 서양과 한패가 되었다면 그들
의 행동방식도 서양인들과 똑같을 터이므로, "조약에 의거하여 힐책하
고 권유하니 핑계거리가 없을까 걱정하지 않는다(不患無辭)"는 것이다.

1875년 4월 일본이 화륜선인 운양호(雲揚號)와 제이정묘호(第二丁卯
號)를 이끌고 와 부산항에서 함포사격을 하는 등 무력의 우세를 과시한
뒤에 열린 조정회의(1875년 5월 10일)에서 서계 접수와 거부를 두고 논쟁
이 벌어졌다. 이 차대에서 이최응(李最應)과 박규수가 서계 접수를 주
장하고, 김병학(金炳學), 김병국(金炳國), 김세균(金世均)이 접수에 반대

---

5 『中西聞見錄』(*Peking Magazine*)은 1872년 북경의 京都施醫院에 있던 미국 선교사들이
   편집하여 월간으로 창간하던 잡지이다. 세계 각국의 정세로부터 정치·경제·자연과
   학 등에 관한 외국인 및 중국인의 논설을 게재하고 신지식을 소개하는 데 힘썼다. 1876
   년 발행소를 상해의 강남제조국으로 옮기고 『格致彙編』(*Chinese Scientific Magazine*)이
   라고 개명하였다. 『격치휘편』은 미국선교사 John Fryer가 주필로 월간으로 간행하다가
   뒤에 계간으로 바뀌고 1890년에 정간된다.

한 반면, 이유원을 비롯한 대부분의 신료들은 국왕에게 유보할 뿐 분명한 의견을 제시하지 않고 있다(『승정원일기』, 1875년 5월 10일; 『일성록』, 1875년 5월 10일; 『고종실록』, 1875년 5월 10일). 『승정원일기』는 이례적으로 이때 모인 대신들의 답변을 모두 기록하고 있는데 유보적인 답변들을 몇가지 모아보면 다음과 같다.

① 현재의 방법은 오직 서계를 받느냐 받지 않느냐 하는 데 달려 있는데, 외간에서는 이 일로 논의가 한결같지 않습니다. 정도(正道)를 지키자는 논의를 따르자면 권의(權宜)의 정사가 물리쳐지고, 권의의 정사를 따르자면 정도를 지키자는 논의가 물리쳐지니, 변흔(邊釁)의 완급이 실로 이 문제에 달려 있습니다. 서계를 받는다면 당장에는 탈이 없는 방법이 될 수 있겠지만 장래의 무궁한 근심이 이루 말할 수 없을 것입니다. 이렇게 하든 저렇게 하든 매우 어렵고 신중히 해야 하는데, 신처럼 용렬한 사람은 이미 원대한 사려가 모자라므로 가까운 근심을 결단할 수가 없습니다. 오직 전하께서 충분히 헤아려 결단하여 재결하여 주소서(李裕元)[6]

② 서계의 일은 받느냐 받지 않느냐 하는 데 관한 설이 달라 질질 끌어온 지 이미 오래되었는데 아직도 결론이 나지 않았으니, 어렵고 조심스럽기가 이미 이와 같습니다. 받아야 한다는 논의는 '예로부터 중국(中國)이 오랑캐를 대하던 방법은 다스리지 않는 것으로 다스린 것이었는데, 트집거리를 만들지 않고자 해서였다. 이번의 이 일은 이웃 나라끼리 강화(講和)를 닦자는 것이니 포용하는 것이 마땅하지 굳이 우리가 먼저 트집을 만들 필요는 없다'는 것이고, 받지 말아야 한다는 논의는, '이 문자(文字)는 크게

---

[6] 今之道 惟在於書契之捧不捧矣 外間以此事其議不一 持正之論行 則權宜之政却 權宜之政行 則持正之論閣 邊釁之緩急 實係於此也 書契捧之 則雖有姑息之道 將來無窮之憂有 不可勝言 故其左其右 極爲難愼 如臣庸劣 旣無遠慮 無以斷近憂 惟願十分裁度 而處分矣(『승정원일기』, 1875년 5월 10일)

격식을 어겼으니 갑자기 받아들이기를 허락해서는 안 된다. 뿐만 아니라 또한 저들이 만든 조항에 구애되어 연향을 베풀 수 없었으니 실로 전례를 살펴 서계를 받을 수가 없다. 그런데 혹 서계를 받는다고 답한다면 다시 다른 일이 없을 줄을 어찌 알겠는가. 변정에 관계된 일이니 가볍게 하지 말고 신중히 해야 한다'는 것입니다. 신의 얕은 견해로는 감히 지적하여 말씀드릴 수가 없으니 오직 깊이 생각하여 재결하여 주소서(洪淳穆)[7]

③ 경법(經法)으로 말하자면 결코 갑자기 받아들이기를 허락하기 어려우나, 권의(權宜)의 방법을 쓴다면 향후의 일을 충분히 살핀 뒤에 행할 수 있을 것입니다. 신은 매우 어리석어 천 번을 생각해 보아도 실로 하나의 의견도 얻을 수 없으니, 오직 널리 물어 결단하시기를 바랄 뿐입니다(李承輔)[8]

④ 서계를 받느냐 받지 않느냐 하는 것은 곧 경법과 권의의 뜻인데, 저 왜인들의 정세는 매우 예측하기 어려우니 교린하는 데에는 성신(誠信)을 보이는 것이 옳겠습니다. 단지 사리(事理)를 따라 결정되도록 힘써야겠습니다만, 신의 얕은 견해로는 억측하여 아뢸 수 없으니 오직 널리 하문하여 처단하시기를 바랍니다(金炳湜)[9]

위 인용문들에서 주체는 서계를 받느냐 혹은 받지 않느냐 사이에서

---

7 書契事 捧與不捧之間 其說有異 延拖旣久 尙無歸一之論 其所難愼有如是矣 當捧之論則曰 自昔中國待夷狄之道 以不治治之爲 其不欲生事也 今於此事 講修隣好 包客得其宜 未必自我先爲生釁也 不當捧之論則曰 此文字大違格式 非徒不可遽然許納 且以渠冊條之拘碍 宴饗旣不得設 則固無以按例捧書 縱謂捧書而答之 安知無更有他事 事係邊政 非輕伊重 以臣淺見不敢指的立言 惟願深加裁處焉(『승정원일기』, 1875년 5월 10일)

8 以經法言之 決難遽許捧納 而若用權宜之道 則向後事十分審愼 然後可以行之 以臣至愚 雖千面思慮 實無一得之見 惟願博詢裁處焉(『승정원일기』, 1875년 5월 10일)

9 書契之受不受 則經權之義 而彼倭之情 極涉洄測 交隣之地 宜示誠信 只從事理務歸停當 而以臣淺見 無以臆對 惟願博詢裁處焉(『승정원일기』, 1875년 5월 10일)

진퇴양난(進退兩難)에 빠져 있다. 이유원의 말에 따르면, "정도(正道)를 지키자는 논의를 따르자면 권의(權宜)의 정사가 물리쳐지고, 권의의 정사를 따르자면 정도를 지키자는 논의가 물리쳐지"는 형편이다. 이것을 일종의 딜레마로 규정짓는다면, 정도(正道) 혹은 경법(經法)과 권의(權宜) 사이의 딜레마라고 할 수 있다. 권(權)과 대별되는 의미로 쓰이는 정도(正道)는 오랜 역사적 문서들을 통해 증험되고 고정된 실천적 준칙들을 뜻한다. 유교에서 올바른 삶의 방법은 초월적 존재로부터 도출되기보다는 인간사에서 시험되고 평가되고 고정되므로(Chan, 1966), 정도는 오랫동안 전승된 문서에 기록된 바이며, 그 문서들에 의해 인도된 장구한 시간의 무게가 담겨 있는 것이다. 경(經) 또한 인간생활의 표준 역할을 하는 항구적인 일정함(常, constant)을 뜻한다. 한편 권(權)은 변화에 대응하는 것이다. 동아시아 전통의 우주론에서 변화와 움직임(易)은 존재의 기본 속성이다. 만물은 끊임없이 서로 감응하며 생장소멸(生長消滅)을 반복하는 운동 안에 있다. 그러므로 도를 따르기 위해서는 변화 속에서 최적의 것을 찾고자, 저울질[稱錘]하는 것을 뜻하는 권(權)이 요구된다. 그러므로 권은 변화 속에서의 최적의 것, 즉 시의(時宜) 혹은 시중(時中)을 찾기 위한 것이다. 한번 정해진 중에 집착해 변(變)을 모르게 되면 오히려 경(經)에서 멀어지기 때문에 사물을 저울질하는 권은 도를 궁구하는 자세에서 필수불가결하게 된다.[10] 이렇게 보면 권과 경은 서로 배척하기는커녕 상호 보완적인 것이다.

이유원의 말, "정도(正道)를 지키자는 논의를 따르자면 권의(權宜)의 정사가 물리쳐지고, 권의의 정사를 따르자면 정도를 지키자는 논의가

---

10 주희는 권을 경(經)에서 벗어난 것으로 파악하는 널리 퍼진 견해를 부정하고, 중(中)을 취해 경을 얻고자 사물의 경중을 저울질하는 것(錘)으로 재정의했다. 權 稱錘也 所以稱物而知輕重者也 可與權 謂能權輕重 使合義也(『논어집주』「子罕」 29) 그리고 權 稱錘也 稱物輕重而往來以取中者也 權而得中 是乃禮也(『맹자집주』「離婁上」 17)

물리쳐"진다는 것도 정도와 권이 비슷한 정도로 중요하고 가치롭다는 것을 함축한다. 권의와 정도라는 용어를 사용하는 토론은 정도나 권의한쪽을 편드는 선택보다는 어떤 조화로운 지점, 즉 변화를 감안하면서도 의로운 행위를 할 가능성을 찾기를 요구한다고 할 수 있다. 시의와 무관한 정도는 효력이 없을 것이며, 도에서 벗어난 시의란 권모술수(權謀術數)에 그칠 것이다.

그러므로 주체가 처한 진퇴양난은 서계의 접수 문제에 관한 한 정도의 추구와 권의의 추구 사이에 균열이 발생하고 있다는 것이다. 서계의 접수든 거부든 정도와 권의의 조화를 이룰 수 없기 때문에, 서계를 받지 않는 것이 정도에, 서계를 받는 것이 권의에 대략적으로 연결되는 것이다. 정도와 권의 사이의 균열은 권이 조율해야 할 변화가 오랫동안 증험된 정도를 초과할 정도의 진폭을 갖고 있음을 드러낸다. 일본의 서계는 단순히 무리한 것이 아니라 이 초과한 진폭 때문에 문제되는 것이다.

그리고 이 균열은 변흔(邊釁)이 돌출하는 지점이다. 홍순목의 말에 의거하자면, 정도를 지켜 서계를 거부한다면 당장 일본의 침입을 초래할 것이 우려되므로 시의적절하지 않다. 그렇다고 서계를 받는다면 오랜 격식에 어긋날 뿐만 아니라, 나중에라도 변흔이 생길 수 있기 때문에 적절하지 않다. 이 차대에서 서계 접수를 반대한 김병학, 김병국 등은 바로 그런 입장을 내세우고 있다. 일본과 그것의 요구는 크게 변화한 기운을 타고 있는데, 그것을 거부하는 것이 폭력적 상황을 맞는 것일 뿐만 아니라, 그 변화한 것을 받아들이는 것마저 변화를 제어할 표준을 놓아버리는 것이므로 폭력적 상황을 맞을 것이다. 그러므로 주체는 변화를 감안하면서 마땅함[義]을 유지할 수 있는 적절한 관계의 형식을 찾는 데 어려움을 겪고 있다고 할 수 있다.

일본의 침략설을 알리는 청 예부의 자문이 도착한 1874년 6월 즈음부터 1875년 5월에 걸쳐 박규수는 일본의 서계를 받아들여야 한다는 의견을 담은 편지를 대원군에게 여러 차례 보냈다. 박규수가 대원군에 보낸 이 편지들은 박규수가 '개국(開國)'으로 입장을 전환한 시발점으로 간주되고 있다.[11]

① 대저 사람들의 편지란 화호하여 보내버리는 것입니다. 뜻밖에 거절하여 받지 않은 것이 몇 년간이니 저들이 화를 내는 것이 필연지세입니다. 하물며 저들이 양이와 한패라는 것을 분명히 들어 알고 있는데, 무슨 이유로 화호를 잃어 적국(敵國) 하나를 보태겠습니까?[12]

② 대저 처음부터 지금까지 각하가 깊이 걱정하는 것은 오로지 저들이 서양과 한 편을 이루고 있다는 것, 그리고 이 서계를 받는 것이 약함을 보일 뿐이라는 데 있습니다. 소생이 크게 걱정하는 것도 왜와 서양이 한편이라는 데 있어서, 우리가 변흔을 일으켜서는 안된다고 말하고 있습니다. 또 약함을 보이는 것이 걱정이라 서계를 받지 않으면 안된다고 말합니다. 저들이 이미 서양과 한편이므로 쌓인 분노를 폭발하면 반드시 군대를 일으킬 것입니다. 오랫동안 우리를 훔쳐본 서양이 어찌 합세하여 일어나지 않겠습니까? 우리가 서계를 거부하고 배척하는 것이 실로 따르기 힘든 청이며 잇따르는 근심이 된다면 그들이 어찌 이 뜻을 알아차리지 못하고 우리가 겁먹는 것을 비웃지 않겠습니까? 진실로 이러할 것이라면, 서계를 받지

---

11 『환재집』에는 서계 접수와 관련해 대원군에게 부치는 편지가 5편이 실려 있다(『환재집』권11 : 書牘). 「答上大院君」이라는 표제가 붙어 있는 것으로 보아 대원군의 편지에 대한 답장인 듯한데, 박규수에게 보낸 대원군의 편지는 현재 확인되지 않는다. 박규수에 대한 연구에서 이완재는 다음과 같이 말한다. "그리고 그(개국으로의 입장 전환―인용자) 시기를 보다 구체적으로 말하자면 박규수가 대일개국문제가 대두되었을 때 일본이 보내온 서계문제를 놓고 대원군과 문답하던 때라고 생각된다."(이완재, 1989)

12 大凡人之有書 本是和好過去之地 忽地拒而不受 積有年所 彼之慍怒 必然之勢 況分明 聞知其與洋一片 而何故又失和好 添一敵國耶(『환재집』권11 : 3; 1874년에 보낸 편지)

않는 것은 강함을 보이는 것이겠습니까, 약함을 보이는 것이겠습니까? 강약은 서계를 받고 안 받고에 달려 있지 않고, 족히 군사를 일으킬 명분을 만들려는 저들의 주장이 될 것입니다. 대저 강약의 세는 다만 사리의 곡직에 있을 뿐입니다. 우리의 일처리와 대접하는 것이 예의가 있고, 이치가 바르다면 비록 약해도 반드시 강할 것이며, 우리의 일처리와 접대가 무례하고 이치가 바르지 않다면 비록 강해도 약한 것입니다. 지금 만약 서계를 고쳐서 오라고 하고 또다시 배척하여 받지 않는다면 저들은 반드시 우리가 지나치다고 여길 것입니다. 어찌 모욕이 여기에 이를 수 있겠습니까? 이것이 어찌 우리가 격변을 자초하는 것이 아니겠습니까?[13]

③지금 저들이 화륜선에 군사들을 싣고 온 것을 보니 비록 그 사신을 보호하는 것이라고 말하나 공동(恐動)하는 뜻이 있음을 알겠으니, 공격할 기미가 이미 일어난 것입니다. 저들이 당분간 나쁜 말을 하지 않고 보호하려 왔다고 가탁하고 있으니 우리는 믿고 의심하지 않는 척하여 이 시기에 무사히 순조롭게 끝나 잃는 것이 없게 해야 합니다. 만약 그들의 한 발의 포성이라도 들린 이후에는 비록 서계를 받으려 해도 더할 나위 없이 나라를 욕되게 할 뿐입니다. 그런 날이 오면 단연코 서계를 받을 방법이 없습니다. 일의 기미가 이러한데, 지금 또 역관을 파견해 하나하나 바로잡아 회계(回啓)한다는 건 어떤 뜻입니까? 저들 역시 그 나라의 사신입니다. 사방에 나

---

13 大抵自初至今 閣下深憂遠慮 專在於彼方與洋打成一片也 專在於受此書契 便是示弱也 小生深憂遠慮 亦在於倭洋一片 故謂不宜自我啓釁也 亦在於便是示弱 故謂不宜不受書契也. 何以言之 彼旣與洋一片 則積慍之發 必動兵戈矣 積年窺我之洋 獨不合勢而起乎 我之拒斥書契 實爲難從之請 繼至之慮 則彼豈不猜得此意 而暗笑我之懷怯乎 苟其如此 則不受書契 其果爲示之以强耶 示之以弱也 强弱不係於書契之受與不受 而足爲彼之執言 以作兵名矣 大凡强弱之勢 只在於事理之曲直而已 我之處事接人 有禮而理直 則雖弱而必强 我之處事接人 無禮而理曲 則雖强而必弱 今若於書契之改修而來也 又復斥而不受 則彼必以爲吾則至矣盡矣 而何其侮辱之至此耶 此豈非自我激變之事乎(『환재집』 권11 : 3~4; 1875년 1월에 보낸 편지)

아가 군명(君命)을 욕되게 하지 않으려 합니다. 저들 역시 이러한 의리를 스스로 지키려 하는데, 지금 바꿀 리가 있겠습니까? 또 그 나라에 감히 더 말할 수가 있겠습니까? 저들의 사정도 극히 어렵습니다. 그러므로 그 나라 에 보고할 때는 조선이 무례하고 모욕을 했다고 할 것이고 수많은 말을 만 들어낼 것입니다. 그 나라의 신하들이 어찌 화내고 분해하지 않겠습니까? 이러하니 사변(事變)이 어떠할지 두말할 나위 없습니다. 진흙의 지렁이도 밟으면 꿈틀하는데, 하물며 나라가 있고 군대가 있어 바다 위를 횡행하는 자들은 더 어떠하겠습니까?[14]

1874년에 부친 편지의 인용되지 않은 부분에서 박규수는 황(皇)자 등의 문자나 새로운 직함의 표기, 신인(新印)의 사용이 격식에 어긋나 므로 접수할 수 없다는 주장을 반박한다. 황(皇)자 사용은 스스로를 분 에 넘치게 높여 모욕을 자취하는 것일 뿐, 조선에는 하등 관계가 없다. 그리고 구래의 도서(圖書)가 신복(臣僕)의 징표가 아닌 한 신인의 사용 또한 별 문제될 것이 없다.

그렇다면 서계 접수가 어떻게 일본에 대해 마땅한 처우가 될 수 있 는가? 어떻게 시의(時宜)에 맞는 처신이 될 수 있는가?

첫 번째 인용문과 두 번째 인용문을 보건대, 대원군과 박규수는 서 양과 일본이 한패라는 점은 공유하고 있다. 일본은 단순히 무도한 무 리가 아니라 천하를 위태롭게 하는 서양의 무리와 한편이라는 점에서

---

14 見今彼之火船載兵而來 雖自稱護其使价云爾 而恐動之意 的然可知 則此可謂兵機已 動矣 彼姑無惡言相加 而託辭於護行 我則佯若信之不疑 而迨此時無事妥帖 時不可 失 若到彼之發一砲聲以後 則雖欲受書 其爲辱國 更無餘地 其日則斷無受書之道矣 事機如此 而今又以別遣譯官 ——歸正之意回啓者 此何意味乎 彼亦其國之使臣也 使於四方 不辱君命 渠亦自守此等義理 則到今又 豈有變改之理 而又何敢發口於其 國哉 彼人事情 亦可謂窘悶之極也 然則其報告於其國 必以朝鮮之無禮凌侮 許多爲 說 其國臣子 豈不齊怒而共憤乎 如此則事變之何如 不待更論 泥中蚯蚓 踏之猶動 何 況有國有兵 橫行海上者乎(『환재집』 권11 : 5; 1875년 5월에 보낸 편지)

문제화된다. 박규수는 일본이 서양과 한 편이므로 합세하여 조선을 공격할 수 있으므로, 그 변혼을 피하려면 일본의 서계를 받아들여야 한다고 말하고 있다. 이 점에서 일본과의 화호는 대원군의 우려대로 조선의 약한 모습을 보이는 것일 수 있다. 그러나 박규수는 또한 서계를 배척할 수 없어 불가피하게 받아들이는 것이 약한 모습으로 비칠까 염려하여 받아들이지 않는 것이, 오히려 약한 모습을 보이는 것이라고 말하고 있다. 저들은 이것을 알아채고 서계를 받아들이지 않는 우리의 겁먹은 자세를 비웃을 것이다. 즉 "우리가 서계를 거부하고 배척하는 것이 실로 따르기 힘든 청이며 잇따르는 근심이 된다면 그들이 어찌 이 뜻을 알아차리지 못하고 우리가 겁먹는 것을 비웃지 않겠습니까?"

여기서 박규수는 서계 문제의 당사자인, 조선 조정과 일본 양쪽을 오가며 추체험하는 운동 속에 있다. 우선 일본과 서양이 한편이라는 것을 알고 대원군과 신료들은 무력함을 느끼지만, 그 무력함이 일본 및 서양에게 약한 모습을 보이는 것이 될까 두려워하여, 서계에 대해 지속적으로 수정 요구를 하고, 배척한다. 그러나 일본은 그 모습에서 오히려 조선의 약세를 보고 비웃는다. 박규수의 글에 따르면 대원군과 서계 배척을 요구하는 신료들은 전통적 교린관계에서 부여된 자신들과 조정의 체면에 붙들려 있다고 할 수 있다. 그들은 일본의 반응과 평가를 추체험하며 조선의 교린관계 내 위치, 즉 체면을 잃을까 염려하고 있다. 저들의 우세와 구체적 요구에 굴복하는 것은 교린관계에서 마땅한 행동을 할 수 없어, 사회적 위치를 잃은 수치스런 것이다. 그러나 박규수는 여기서 한발 더 나아간다. 무력을 앞세운 구체적 타자의 요구에 굴복하는 것이 수치스러운 행동이 될까 염려하는 것은 일본의 비웃음을 사는, 더욱더 욕된 행동이 될 뿐이다. 그는 적어도 이 장면에서는 교린관계 내 조선의 위치가 아니라 일본의 구체적 반응에, 일본이 볼 조선 조정의 모습에 매여 있다고 볼 수 있다. 그럼으로써 그는 교린관계가 아닌, 서양과 일본이 한편이 된 사태 자체의 관계의 논리로 이행하면서, 저들이 더이상 옛 교린의 격식에 매이지 않는다는 점을 체득하고 있고, 그러한 저들의 입장에서 조선 조정의 행동을 헤아려보고, 서계의 접수 거부를 약한 행동으로 평가하고 있다.

요컨대, "우리가 겁먹는 것을 비웃지 않겠습니까?"라고 묻고, 또 "진실로 이러할 것이라면, 서계를 받지 않는 것은 강함을 보이는 것이겠습니까, 약함을 보이는 것이겠습니까?"라고 물을 때, 문제되는 사태는 단순히 오랜 정도(正道) 안에서의 행동의 올바름 여부만을 따지는 것이 아니라, 혹은 적대하는 이기적 단위들 사이에서 위험의 회피만을 꾀하는 사태가 아니라, 연접해 있어 상응하는 관계 속에서 주체 자신의 체면이 정해지는 사태이다. 즉 이제 교린관계 내 조선의 위치가 아니라, 왜양일체의 세계 내 일본·서양의 평가 및 그 세계 내 조선의 위치를 경유하여 조선 조정의 체면을 헤아리는 것이다. 병력의 우세에 의지해 교린관계의 규범을 파괴해버린 일본의 입장에서, 일본이 받아들인 서양화된 세계의 관점에서 조선 조정의 체면을 파악하게 되는 것이다.

서양화된 일본은 교린의 예법에서 벗어나 있지만, 주체 자신을 평가할 수 있는 역량이 있고, 또 그 평가에 따라 나의 체면을 염려해야 하는 '중요한 타자'가 된다. 두 번째와 세 번째 인용문에서 박규수는 일본에 대해 거듭 서계 수정을 요청하고 또 접수를 거부하는 것은 일본에게 '지나친 것'으로 받아들여질 것이며, 결국 저들을 욕되게 하는 무례한 행동으로 여겨질 것이라고 말하고 있다. "그 나라의 신하들이 어찌 화내고 분해하지 않겠습니까?" 그들의 반응은 역시 주체 자신으로부터 유비되어 추정되며, 그럼으로써 이해할 만한 반응이 된다. 그들의 처지를 헤아려주어야 할 것이다. 즉 그는 서계 접수를 거부하는 것이 주체의 체면을 깎는 것일 뿐만 아니라, 그리고 저들에게 모욕을 주고 그들의 기분을 상하게 할 뿐만 아니라, 저들과의 관계에서 조선이 마땅치 않은 행동을 한 것이라고 말하는 것이다. 서계의 접수가 도에 어긋나는 것이 아니라, 오히려 서계의 거부가 도리에 맞지 않는다. 거듭된 서계의 거부가 일본인들에게 모멸감을 줄뿐더러, 인정에도 어긋난다는 요지의 주장은 대원군에게 부친 이 편지들 외에도 조정의 여러 회의에서 박규수가 거듭 표출하고 있다.[15]

아울러 박규수와 함께 서계 접수를 주장한 이최응도 조정 회의에서 이와 비슷한 주장을 펴고 있는데, 그의 발언은 일본인의 감정을 상하게 하는 것이 도리에도 어긋난다는 점을 더욱 잘 드러낸다.

①그밖의 말은 대략 고쳐왔는데 또 이렇게 서로 버티고 있으니 성실하고 미덥게 하는 도리가 아닌 만큼 말썽이 생길까 우려됩니다.[16]

②이 일로 여러 해 동안 거부하면서 버티는 것은 도리어 우리 스스로를 모멸하는 꼴이 되고 상호 신뢰에도 흠이 됩니다. 신이 비록 식견이 부족하지만 옛날 문서를 상고해 보아도 아직 이런 예(例)는 보지 못하였습니다. 뒷날 사람들이 지금의 일을 논한다면 무어라고 하겠습니까? 원본 서계를 해당 부사(府使)로 하여금 조정에 봉납(捧納)하게 하고, 답장을 보내거나 물리치는 것을 밝고 바르게 처리하는 것이 우리 쪽의 체면에 합당할 것으로 여겨집니다.[17]

---

15 예컨대 "격식을 어겼다고 해서 그 편지를 거절한 지 이제는 여러 해가 되었으나 끝이 없습니다. 해외가 풍속이 다르니 어찌 싫어하는 틈이 생기지 않겠습니까? 보통의 친구 사이라 해도 남이 보낸 편지를 거절하여 받지 않으면 당연히 화를 품을 것입니다. 하물며 이웃 나라끼리 사이좋게 지내자는 처지에서라면 어떻겠습니까?(謂以違式 遽却其書 至今多年 仍無究竟 海外異俗 安得不致生嫌隙乎 雖尋常朋友之間 人遺書札 拒之不納 必當含慍 而況交隣講好之地乎]"(『고종실록』, 1874년 6월 29일). "저들이 스스로 나라 제도를 변경하여 크게 이웃나라의 우호를 닦자고 말하는 것이 지금까지 저지당하니 반드시 한스럽게 여기는 바가 있을 것입니다[彼之自謂變更國制 大修隣好者, 于今見阻, 必有憾恨]."(『고종실록』, 1875년 5월 10일)

16 其他辭意 略有改來 又此相持 有非誠信之道 則生釁是慮(『고종실록』, 1875년 5월 10일)

이렇게 일본인들의 기분을 고려하고 조선이 무례하다고 평가하는 한, 이들은 왜양일체의 세계 및 그것과 조선 간의 관계에서 새로운 윤리적 의무를 재설정하고 있다고 할 것이다. 타자의 눈에 비친 자기자신의 모습을, 다시 말해 체면을 염려하는 것은 이제 다시 타자와의 관계에서 마땅히 해야 할 바가 있고, 주체 자신이 그것을 해야 한다는 의무감으로 이어진다. 앞서 보았듯이 체면에 대한 고려가 자기반성과 의무감으로 연결되는 것은 유교의 윤리적 에토스의 한 양상이다. 주체는 타자와의 관계 속에서 자신의 체면과 마땅한 행위가 무엇인지 문제삼게 되는 배치 안에 있다.

그러나 서양과 한편인 일본에게 윤리적 상대자의 위치를 부여하는 것은 주체가 놓인 배치의 일면일 뿐이다. 이렇게 서양과 결탁한 자에게까지 윤리적으로 배려하는 확장된 관계 역시 세 겹의 중층적 양상을 갖고 있다.

㉠먼저 일본에 접근하는 태도에 '예'라는 유교적 용어를 사용하는 것의 함의를 축소할 수는 없을 것이다. 그것은 '예'라는 용어가 가리키는 대로 전승되던 규범들을 가리키며 반향하고 있다. 이것은 주체가 자신의 변화를 숨기고, 전통과의 연속선 상에서 이해·정당화할 수 있게 한다.

㉡그러나 이 예는 주체의 유덕함을 고정시키기보다는 그의 무례함을 각인시키는 방향으로 나아간다. 격식에 어긋나는 세계의 접수 거부가 오히려 예에 합당하지 않다는 것이다. 예를 벗어난 타자의 반응으로부터 나의 체면을 돌아보고 나의 무례함을 인정한 뒤, 타자의 반응을 이해할 만한 것으로, 그리고 나의 행동을 무례한 것으로 만드는 관

17　積年相持 還涉自侮 亦欠誠信 臣雖蔑識 稽諸往牒而未之聞焉 後之論今 其將謂何 原書契, 令該府使, 捧納朝廷, 其咎其斥, 明正處分, 在我事體, 恐爲允當(『고종실록』, 1875년 11월 15일)

계의 맥락을 발견한다. 그럼으로써 타자를 자신의 체면을 고려하는 데 참조해야 할 중요한 상대자로 삼음과 동시에, 주체 자신에게 유비된 그에게 맞추어 주체 자신의 의무를 새로이 부과한다.

ⓒ 새로운 윤리적 관계의 차원을 획득한 자는 체면의 떳떳함을 끝까지 밀고 나아가기는커녕 어느 순간 그 윤리성을 스스로 철회한다. 주체는 일본에 대한 예우가 안전에의 고려와 연계된다는 점을 감지한다.

이 점은 박규수 편지의 세 번째 인용문에서 보다 잘 드러난다. 예의를 차리는 행동은 일본인들이 위협하고 있음을 알면서도 "믿고 의심하지 않는 척"하는 것이다. 더욱더 중요한 점은 이 두 가지가 예의를 수행하려는 과정 속에 일체화되기보다 어느 정도 구별된 채 거리를 유지하고 있다는 것이다. 체면을 차리려는 태도가 지배적인 듯 보이지만, 그 안에 두려움이 웅크리고 있음을 완전히 숨기지 못하는 것이다. 주체는 이처럼 자기자신을 둘로 쪼개어, 타자에 대해 이중화된 시선을 던진다고 할 수 있다. 일본과의 관계에서 세계 거부를 무례한 것으로 깨닫는 한 그는 분명 체면을 염려하는 윤리적 태도 안에 있고 여기서 타자는 윤리적 관계의 상대자가 된다. 그러면서도 그것을 '~인 척 하는' 행위로 바라볼 수 있게 하는 태도를 간직한다. 이를테면 그는 확장된 윤리적 관계에서 자신과 타자를 바라보더니, 돌연 한 발을 슬그머니 빼면서 스스로 '가장하는' 행위를 한다고 여기면서 타자에 대해 윤리적 상대자의 지위를 거절한다.

분명 윤리적 관계의 범위는 국지적 형세로 좁혀지기보다는 서양화된 일본과 관계하는 전반으로 확장되나, 그럼에도 불구하고 주체의 이중화된 시선은 그 윤리적 관계를 잠정적인 것으로 멈추게 한다. 주체는 서양과의 관계 안에 윤리적 관계를 흔드는 타자의 다른 모습이 있음을 알아채고 있는 것이다.

조정의 조약체결은 상당 부분, 이와 같은 세 겹의 배치 안에서 그리고 그 속의 확장된 윤리적 관계 안에서 결정되고 행해졌다. 주권국가 간의 적대관계를 조절하는 것으로서의 '조약'에 대한 이해는 없었던 것으로 보이고, 주로 일본에 대한 전투력의 열세가 분명한 가운데, 저들을 예의바르고 인정있게 대처한다는 자세 속에서 일본이 요구하는 바를 들어주고자 했던 것이다.

1875년 8월 운양호 사건이 벌어지고, 운양호 사건을 처리하기 위해 그 다음해인 1876년 1월부터 접견대관 신헌 등을 파견하여 강화협상을 벌이게 된다. 접견대관을 파견했을 당시까지도 조선 조정은 조약 체결을 예상하지 못했다. 박규수조차 1874~1875년 당시 서계 접수 이상을 주장하지도 않았고, 일본과의 화호가 조일수호조규라는 조약의 체결로 이어지리라는 것을 예상하지 못했다. 일본측 전권대신과 만나는 조선측 신헌도 조약 체결을 위한 전권대신의 자격이 아니라 일본측을 접견하고 그것을 보고하는 접견대관의 자격일 뿐이었다.[18] 조정과 국왕은 일본 군함의 동정을 주시하였지만,[19] 정작 일본이 접견대관 파견을 요청한 데 대해 응한 것은 "먼데 사람을 어루만지는[柔遠之誼] 뜻에서 그들의 소원대로 한번 만나서 말해보는 것이 마땅할 듯"하다는,[20] 매우 예의바른 견지에서 이루어졌다. 싸움을 걸어온 상대를 물리치는 것이 아니라 그들과 만나는 것이 예의바른 마땅한 행동이라는 것이다. 두려움과 위기감에서 자극받았지만, 화호하려는 몸짓은 전투를 포기하고 적들을 예의의 상대로 설정함으로써 이루어지고 있다는 점에서

---

18 大官曰 貴大臣奉命絶域 無以稟白施行 故有全權之職 至於敝邦 國內無全權之號 況於畿沿乎 我則只爲接見而來 當隨事稟達 以待處分矣(『고종실록』, 1876년 1월 19일)

19 1876년 1월 당시 『승정원일기』의 기사 중 가장 빈번하게 등장하는 내용이 한강 입구 양화진 등지의 안위에 대한 보고와 이양선 출현에 대한 등보를 지체시킨 지방관에 대해 추고를 시행하라는 내용의 기사였다.

20 連接日本軍艦問情辭緣 則期欲見我國大官云矣 其在柔遠之誼 依其願一番接話 恐爲允當 判府事申櫶 使之出去 而接見處所 徒便爲之何如(『고종실록』, 1876년 1월 5일)

위의 박규수의 태도와 연속적이라고 할 수 있다.

조선 조정 및 접견대관에게 일본 전권대신이 13개 항의 조약안의 타결을 요청했을 때도, 조선 조정은 조약체결에 대해 무방비 상태였다. 1876년 1월 20일자의 조선측의 기록에 따르면 회담장에서 구로다가 미리 준비해온 조약안 13개 항을 꺼내보였을 때 접견대관 신헌은 "조약이라고 하는 이것이 무엇입니까?(條約是何事)"라고 묻고 있고, 구로다는 상호 관(館)을 열고 통상하자는 것이라고 대답하고 있다. 신헌이 기존의 교린관계에서도 통상이 있었다고 주장하자, 구로다는 "지금 세계 각국에서 다 통행되고 있는 일이며, 일본에서도 또한 각국에 관을 이미 많이 열어놓고 있습니다"라고 대답하고 있다.[21]

이렇게 조약을 예비하지도 않았음에도 불구하고, 조선 조정은 단시일 안에 조약 체결을 결정하고(1876년 1월 24일), 어떠한 사전 지침도 없이 그리고 어떤 충분한 조정 내 토론도 없이, 조약의 내용을 접견대관에게 일임해버린다(1월 25일).[22] 2월 3일 조일수호조규가 강정된다.

다음의 의정부의 계를 보면, 조선 조정은 이와 같은 예의바른 태도로 조약체결에 접근하고 있다.

의정부가 아뢰었다. "방금 접견 부관(接見副官)의 등보(謄報)를 보니, 일본 사신이 수호하고 통상하는 일 때문에 조규(條規)를 베껴 올린 책자인데 묘당으로 하여금 품처(稟處)하기를 청하였습니다. 우리나라가 일본과 300

---

21 『고종실록』, 1876년 1월 20일 참조. 大官曰 條約是何事也 日本全權曰 開館於貴國地方 與之通商也 大官曰 三百年間 何時不通商 而今忽以此 別有所請 實所未解也 日本全權曰 今天下各國通行之事 而日本亦於各國 已多開館矣

22 『고종실록』, 『승정원일기』, 『일성록』 등의 관찬사료에서도 이 문제를 두고 조정에서 토론한 기록을 찾을 수 없다고 한다. 최덕수(2004)는 관련 회의기록의 부재를 들어, 고종과 의정부의 핵심인물들이 개항으로의 전환을 결정한 것으로 판단하고 있다. 박규수, 이최응, 이유원 등 소수의 개항론자들이 고종의 지지를 바탕으로 결정내린 듯하다는 것이다.

년 동안 사신을 보내어 친목을 닦고 왜관을 설치하여 교역하였는데, 연래로 서계(書契)의 일 때문에 서로 버티기는 하나, 이제 계속하여 수호할 처지에서 그 통상을 굳게 물리칠 것 없습니다마는, 수호약조 등의 절목으로 말하면 익히 상의하여 양편이 서로 편의하게 하지 않을 수 없으니, 먼저 이 뜻을 접견 대관(接見大官)에게 알리는 것이 어떻겠습니까?" 윤허한다고 전교하였다.[23]

싸우지 않고 화호하기로 한 이상, 일본은 예의의 상대로 자연스레 설정되고, 그들의 원하는 바를 들어주지 않을 수 없다는 것이다. 조약이 그들이 원하는 것이라면 들어줘야 한다는 것이다. 기존의 교린의 예와 어긋난 형식과 내용마저 화호하려는 상대방의 입장에서 거부해서는 안될 마땅한 행위로 이해된다. 이를테면 조선 조정은 조약에 대한 분명한 지식이 없는 채로, 윤리적 견지에서 일본에게 맞춰주고 있다. 그리고 조약체결이 상대방이 원하는 것을 들어주는 마땅한 행동으로 이해되는 한, 조선 조정과 국왕은 그들이 놓인 관계의 변환에 대해 눈감은채, 교린관계 연장의 틀에서 구호(舊好) 회복으로써 조일수호조규를 정당화할 수 있는 여지를 갖게 된다. 최익현을 필두로 한 재야 유림의 반대 상소에 대해 국왕과 조정은 이렇게 대응했던 것이다.[24]

---

23 議政府啓言 卽見副官謄報 則日本使臣修好通商事 謄上條規冊子 而令廟堂稟處矣 三百年 信使修睦設館互市 而年內雖以書契相持 然今在續好之地 不必牢拒 其通商條約等節 不容以爛加商確 兩相便宜此意 請知委於大官允之(『승정원일기』, 1876년 1월 24일; 『일성록』, 1876년 1월 24일)

24 "전교하기를 '일본을 제어하는 것은 일본을 제어하는 것이고 서양을 배척하는 것은 서양을 배척하는 것이다. 이번에 일본 사신이 온 것이 서양과 합동한 것이라고 어찌 그렇게 확실히 아는가? 가령 일본이 서양의 앞잡이라고 해도 또한 변란에 응하는 방도가 각기 있을 것이다敎曰 制日自制日 斥洋自斥洋 則今番日使之來 何以的知其與洋合同乎 藉曰日爲洋之前茅 亦各有應變之道矣."(『고종실록』, 1876년 1월 27일) 그리고 『고종실록』, 『승정원일기』, 1876년 1월 28일의 윤치현 상소 그리고 『승정원일기』, 1876년 2월 5일; 2월 9일 참조. 이런 기록에 근거하여 고종과 조정이 조일수호조규

물론 1876년 조일수호조규의 체결이 다만 오랜 교린관계의 회복으로만 이해되는 가운데 진행된 것은 아니다. 천하대세 및 일본과의 관계가 변화되었다는 점, 그리고 이제 주체의 처신과 태도가 달라져야 한다는 점은 분명했다. 이런 점은 다음 인용문에서 잘 보인다. 조일수호조규 체결 뒤 복명하는 자리에서 신헌과 국왕은 다음과 같은 말을 주고받는다.

신헌이 아뢰었다. "저들(일본인—인용자)은 '지금 천하의 각국이 군사를 쓰는 때를 당하여 귀국의 산천이 매우 험한 것으로는 싸우고 지키기에 넉넉하나 군비가 매우 허술하다'고 이르면서 부국강병의 방법을 누누이 말하였습니다."

임금이 말했다. "그 말은 교린하는 성심에서 나온 듯하다. 우리나라는 군사의 수효가 매우 모자란다."

신헌이 아뢰었다. "신은 이제 어영청을 맡았는데 정병이 많지 않고, 금위영도 그러하고 훈련도감은 조금 크기는 하나 정병을 낸다면 또한 얼마 많지 않으며, 외방은 또 절제하는 군사가 없으니, 이것으로 군사를 쓴다면 지혜로운 자가 있더라도 어떻게 장수 노릇을 하겠습니까? 병력이 떨치지 않는 것을 이미 오랑캐들이 알고 있는데 신은 무장이니 이미 근심스러운 것을 보고도 사실대로 아뢰지 않는다면 신의 죄는 만번 죽어 마땅할 것입니다. 지금 천하의 대세를 돌아보면 각국이 군사를 써서 전후에 모욕을 받은 것이 이미 여러 번이거니와 병력이 이러한 것이 혹 각국에 전파된다면 그 깔보는 것이 장차 어떠할는지 모르겠으니 신은 참으로 매우 근심합니다.

를 구호의 회복, 교린의 연장으로만 이해하고 있었다고 보는 것(예컨대 구선희, 1999)은, 조일수호조규를 독립국의 선언으로만 보는 것과 마찬가지로 피상적이다. 본문에서 충분히 다뤄지다시피, 고종과 조정신료들은 일본이 서양과 한편이라는 점, 그리고 그들의 무력위협으로 인해 교린의 격식에서 멀어졌다는 점을 알고 있었다. 조약 체결 후 신헌과 고종의 대화에서도 이 점은 드러난다.

병지에 '치기에 모자라나 지키기에는 넉넉하다' 하였습니다. 천하에 어찌 그 나라로 그 나라를 지키지 못하는 자가 있겠습니까? 등(滕), 설(薛) 같은 작은 나라로도 한편으로 사대교린하고 한편으로 방어하여 나라를 지켰기 때문에 전국 시절에도 온전히 지킬 수 있었습니다. 삼가 바라건대, 전하께서 삼천리 강토를 지키소서. 그러면 어찌 수어할 좋은 방책이 없겠습니까, 없다고 한다면 이는 하지 않은 것이지 할 수 없는 것은 아닙니다. 바라건대 전하께서 성지를 분발하시어 빨리 근심에 대비하는 처분을 내려주소서. 그렇다면 군국(軍國)의 다행이겠습니다. 신은 이미 늙고 어두워서 군사를 거느리는 줄에 들기에 넉넉하지 못하나 몸소 눈으로 보아 스스로 그만둘 수 없는 것이 있으므로, 감히 이렇게 두려움을 무릅쓰고 아룁니다."

임금이 말했다. "경의 말이 매우 마땅하다."[25]

『승정원일기』의 해당 기사를 보자면, 위 인용문에 앞서 고종과 신헌은 조약 비준 시 국왕의 이름을 넣자는 일본 측의 요구를 막아낸 경위나, 미야모토 쇼이치[宮本小一], 모리야마 시게루[森山茂] 같은 일본측 실무진에 대한 인물평, 수신사 파견, 그리고 일본의 병기와 농기의 우수성 등에 대해 이야기를 나눈 바 있다. 위 인용문은 이렇게 이어진 대화의 말미에 해당하며, 전권대관이었던 신헌이 조약체결 과정에서 체감한 바를 임금에게 진언하는 대목이다.

---

25 櫶曰 然矣 仍奏曰 彼人以爲 當今天下 各國用兵之時 以貴國山川之險阻 戰守有餘 而兵備甚疎虞 富國强兵之術 屢屢言之矣 予曰 此言似出交隣誠心也 我國軍數甚不敷矣 櫶曰 御營正兵無多 禁營亦如之 訓局雖稍大若出正兵 亦無幾多 外方則又無節制之兵 以此用兵雖有智者 何以爲將 兵力之不振已在虜目 中臣武將也 旣見可虞 不以實陳 臣罪萬死 顧今天下大勢 各國用兵 前後受侮亦已屢矣 兵力之如此 若或播之各國 臣未知其所謂受侮 又將如何 臣實甚憂 兵志攻則不足 守則有餘 天下寧有以其國不守其國者乎 所以滕薛之小 亦一事大交隣 一以備禦守國 亦能全保於戰國之世 伏祝殿下以三千里封疆 亦豈無守禦之良方乎 此所謂不爲也 非不能也 伏願殿下 奮發聖志 亟降備虞之處分 則軍國幸甚 臣已耄且昏 不足比數於將兵之列 躬覩目見有 不能自已者 敢此冒悚仰達矣 予曰 卿言甚當矣(『고종실록』, 1876년 2월 6일; 『승정원일기』, 1876년 2월 6일)

우선 일본과 수호조약을 맺은 뒤인데도, 고종과 신헌이 여전히 서양을 불신한다는 것을 확인할 수 있다. 서양은 성인의 도를 모르는 오랑캐일뿐더러 조선의 병력이 약소함을 알고 나면 곧 침입을 노릴 자들이다. 그러나 그들을 적으로서 상대하거나 물리치리라는 기대는 없으며, 나아가 그들이 병력이 약한 조선을 넘보고 침입하는 것을 천하의 대세(大勢)로 인정하고 있다. 서양은 매우 밀접하게 영향을 미치는 천하의 구성요소이다. "지금 천하의 대세를 돌아보면 각국이 군사를 써서 전후에 모욕을 받은 것이 이미 여러 번이거니와 병력이 이러한 것이 혹 각국에 전파된다면 그 깔보는 것이 장차 어떠할는지 모르겠으니 신은 참으로 매우 근심합니다." 서양이 침입한다면 그것은 천인공노할 것도 아니고 관계 희박한 자들이 난입하는 경악할 만한 것도 아니며, 자연스럽게 받아들여야 천하대세이다.

이렇게 되면서 서양 및 일본이 문제로 등장하는 전반적인 배치는 우세한 무력의 오랑캐들을 험준한 지형에 의지해 물리치는 국지적 반경을 훨씬 넘어서 있다. 일본인들도 이야기하듯이 험준한 지형은 침입해 오는 저들로부터 싸우고 지키는 데에는 충분할지도 모르나 이는 결코 궁극적인 대책이 되지 못한다고 생각된다. 말하자면 조선이 자기자신을 위치짓고 그 처신을 결정짓던 천하 자체가 변했음이 이미 전제되고 있다. 신헌이 "삼가 바라건대, 전하께서 삼천리 강토를 지키소서"라고 말할 때, 이는 내응자를 처단해 서양과 격절되라는 것도 아니고, 국지적 형세에서 몰아내는 것에 집중하라는 것도 아니다. 그 조언은 드넓은 천하를 배경으로 하여 말해진다. 천하대세 안에서 왕은 언제든지 서양으로부터 모욕을 받을 수 있는 천하의 작은 나라의 치자로 위치지어져 있다. 대대로 중국에 사대하던 조선은 그중에서도 전국시대의 등, 설과 같은 부용국의 위태로운 처지에 비교되고 있다. 그 작은 나라들이 강국에게 패망한다 한들 하등 이상하지 않을 것이다.

그러면 그 강력한 타자들을 어떻게 제어할 것인가? 등, 설과 같은 부용국들은 한편으로는 사대교린하는 예를 통해, 다른 한편으로는 군사적 방어를 통해 오랫동안 존속할 수 있었다. 그렇다면 신헌의 말 속에는 서양화된 일본과 맺은 조일수호조규가 무도한 천하에서 맺은 교린관계이며, 거기에는 예의 전승된 윤리적 요소들이 변형되어 적용될 것임이 이미 암시되어 있다고 할 수 있다. 고종의 표현에 따르면 일본인의 말은 '교린하는 성심에서 나온' 것이어서 신뢰할 만하다. 그러나 교린하는 성심을 가진 그 일본은 오랜 교린의 예에 어긋나 서계 접수가 상당 기간 거부되었던 그 일본이고, 또 우수한 병기와 화륜선을 가지고 있어서 교린관계를 맺지 않을 수 없는 그 일본이다.

천하대세가 달라졌음이 인지되었다 해도, 일본과의 조약은 '만국공법(萬國公法)'이라 불리는 서양 국제법에 대한 지식이 거의 없던 시기에 맺어졌다. 문서상으로 미국 선교사 마틴(W. A. P. Martin)이 한역한 『만국공법』[26]의 조선 전래는 수호조약 체결 다음해인 1877년으로 확인된다. 1877년 12월 일본 대리 공사 하나부사 요시모토(花房義質)가 『성초지장(星軺指掌)』과 『만국공법』을 기증하며 공사주재의 필요성을 역설했던 것이다(田保橋潔, 1940; 이광린, 1986e; 김용구, 1997 · 1999; 김세민, 2002).[27] 앞서 보았듯이 일본과의 조약체결에는 국제법에 대한 지식보다는 서양화한 자들과 윤리적으로 관계하는 주체의 태도 변화 및 그 변화가 유도될 담

---

26 『만국공법』은 마틴이 미국의 국제법학자 Henry Wheaton의 *Elements of International Law*의 1855년 판본을 한역한 것이다. 마틴은 Wheaton의 이 책 외에도 Charles de Martens의 *Guide diplomatique : Précis des droits et des fonctions des agents diplomatiques et consulaires*를 『星軺指掌』으로, Theodore Dwight Woolsey의 *Introduction to the Study of International Law*를 『公法便覽』으로, Johann Caspar Bluntschli의 *Das moderne Völkerrennt der civilisierten Staaten als Rechtsbuch dargestellt*를 『公法會通』으로 한역하였다. 이 책들은 모두 청, 조선, 일본 3국에서 국제법의 이해에 막대한 영향을 미쳤다(김용구, 1997; 김세민, 2002 참조).

27 이광린(1986e)은 청의 동문관(同文館)에서 1864년에 간행된 『만국공법』이 연행사절을 통해 1877년 이전에 조선에 전래되었을 것이라고 추정하지만, 1876년 조약체결 당시까지 만국공법을 잘 알지 못하는 상태에 있었음을 인정한다.

론적 배치가 더 긴요했다고 할 수 있다. 오랜 예(禮)나 도(道), 의(義)라는 용어를 운용하여, 서양화한 자들과의 윤리적 관계를 확장하고, 또 그러면서 그 윤리적 관계를 철회하는 중층적인 의미론적 역동은 바로 이런 배치 안에서 펼쳐진다.

조선에서『만국공법』은 서양 각국과 평등한 관계를 맺어 주권국으로 발돋움하기 위해 요청된 것은 아니었다. 러시아의 남하정책[28] 및 일본의 유구(琉球) 병합[29]에 위협을 느낀 청이 번국 조선을 보전하기 위해 서양 나라들과의 조약 체결을 조선에 권고하는 과정에서 만국공법을 끌어들였던 것이다.『만국공법』은 미국과의 수교가 제의되고 준비되는 과정에서 처음으로 영향을 미치게 된다(송병기, 1985; 김용구, 1997 · 1999; 김수암, 2005). 미국과의 수교는 속방에 대한 청의 영향력 속에서, 특히 이홍장(李鴻章)이 관할하는 가운데 진행되었다.

1879년 청의 이홍장은 영중추부사 이유원에게 조선이 서양 각국과 조약을 맺어 일본 및 러시아의 영토확장에 대비해야 한다는 편지를 띄우고 이유원은 거절하는 답신을 보낸다. 이홍장의 편지는 광서제(光緒帝)의 유지(諭旨)에 따라 보낸 것이었고, 조선에서도 고종은 물론 조정의 중신들이 돌려가며 읽어봤던 준공문서로서,[30] 조선인들의 사고와

---

28 1879년 이래 청은 러시아와 이리(伊犁) 분쟁을 겪고 있었다. 신장성의 이슬람 반란군과의 무역조약을 계기로 신장성에 진출한 러시아는 1879년 청의 전권대신 숭후(崇厚)와 맺은 조약으로 이권을 더욱 늘리게 된다. 청 조정이 이 조약의 비준을 거부하기로 함으로써 러시아 함대가 중국 연안에 파견되는 등 양군간에 긴장이 고조되었다. 1881년 상트페테르스부르크 조약이 체결됨으로써 이리분쟁은 종결된다(김용구, 2004 참조).

29 1871년 유구 어민들이 대만인들에게 살해당하는 대만사건이 발생한 것을 계기로, 일본은 유구국(琉球國)을 폐지하고 유구 번(琉球藩)을 설치한다. 1874년 대만원정 사후 교섭에서는 청에게 배상금을 물게 함으로써, 대만이 청의 영유권이 미치는 지역으로 확인되는 대신, 유구는 일본의 영토로 암묵적으로 인정받기에 이른다. 이후 일본은 유구가 오랫동안 유지해온 청과의 조공책봉관계를 정지시키고, 재판권과 경찰권을 접수하는 등의 조치를 취하다, 1879년 유구번을 폐지하고 오키나와현[沖縄縣]을 세우게 된다(강상규, 2007 참조).

30 이홍장이 1879년 7월 9일자로 보내온 이 편지는 이홍장의 수하인 설복성(薛福成)이

| **차이와 윤리**
개화 주체성의 형성

행동을 방향전환하는 기능을 수행했다고 할 수 있다. 서한에 대한 이유원의 답신 또한 이유원의 개인적 의견이 아니라 고종 이하 조선 조정의 공식적 의견을 담고 있다. 이홍장의 편지는 그에 대한 이유원의 답신과 함께 『고종실록』에 전문이 실려 있다. 먼저 이홍장의 편지를 보자.

만약 일본이 영국, 프랑스, 미국 등 여러 나라들과 은밀히 결탁하여 개항의 이득을 가지고 유혹하거나 혹은 북쪽으로 러시아와 결탁하여 영토 확장의 계책으로 유인한다면 귀국은 고립되는 형세가 될 것이니 은근히 걱정이 큽니다. 시무를 아는 중국인들은 모두 '일이 터진 후 뒤늦게 도와주는 것이 일이 벌어지기 전에 헤아리는 것만 못하다'고 논합니다. 말썽도 없게 하고 사람도 편안하게 하는 도리로써 과연 능히 시종일관 문을 닫고 자수(自守)할 수 있다면 어찌 매우 좋지 않겠습니까? 서양 사람들은 가볍고 편리하고 예리한 자신들의 무기를 믿고 지구상의 여러 나라를 왕래하지 않는 곳이 없으니, 사실 천지개벽 이래 없었던 국면이며, 자연의 기운이니 사람의 힘으로는 막아내지 못할 것입니다. 귀국이 이미 할 수 없이 일본과 조약을 체결하고 통상을 한다는 사실이 벌써 그 시초를 연 것이니, 여러 나라들도 반드시 이로부터 생각을 가지게 될 것이며, 일본도 도리어 이것을 좋은 기회

대필한 것이다. 종래 청은 조선과 외국과의 교섭에 대해 깊게 개입하려 하지 않았다. 조선이 비록 속방이기는 하나 정교나 금령에 대하여 자주한다는 조공관계의 오랜 통념 때문이었다. 서양과의 무력충돌이 우려되었을 때에도 중재하는 데 그치고 있고, 森有禮가 조일수호조규를 위해 청과 접촉했을 때도 이 통념으로 입장을 밝혔다. 그러나 1879년 7월 조선과 서양 각국의 조약체결이 청에 이롭다는 총리아문의 주문「擬勸朝鮮交聘各國片」이 올려지자 즉일로 광서제(光緖帝)의 재가가 떨어짐과 아울러 이홍장이 조선에 조약체결을 권고하라는 유지(諭旨)가 내려진다. 이홍장의 1879년 편지는 이 유지에 따라 이루어진 준공문서였다. 한편 이유원과 이홍장은 이유원이 세자책봉 주청사로 입경한 1875년부터 1881년까지 거의 매년 서신을 왕래했다. 1879년의 편지 외에도 많은 편지가 이홍장의 전집에 전한다. 이유원은 이홍장으로부터의 첫 서한부터 고종에게 보였고, 이유원의 회함(回函)은 모두 고종의 의견이 반영된 것이다.「上北洋大臣李鴻章書」,『김윤식전집』2;『음청사』상, 고종 18년 11월;『고종실록』, 1881년 윤7월 8일자 이유원의 상소; 송병기, 1985 참조.

로 삼을 것입니다. 지금 형편으로는 독으로 독을 치고 적을 끌어들여 적을 제압하는 계책을 써서 이 기회에 서양의 여러 나라와도 차례로 조약을 체결하고 이렇게 해서 일본을 견제해야 할 것입니다. 저 일본이 속이는 힘(詐力)을 믿어 경탄(鯨吞)하고 잠식하는 것을 꾀한다는 것은 유구(琉球)를 멸망시킨 하나의 사실에서 단서를 드러냈습니다. 귀국에서도 어떻게 진실로 대비하지 않을 수 없는데, 일본이 겁내는 것이 서양입니다. 조선의 힘만으로 일본을 제압하기에는 부족하겠지만, 서양과 연결되어 통상하면서 일본을 견제한다면 충분하고도 남음이 있습니다. 서양의 통례(通例)로는 이유 없이 남의 나라를 멸망시키지 못합니다. 대체로 각 나라들이 서로 통상을 하면 그 사이에 공법이 자연히 실행되게 됩니다. 작년에 터키가 러시아의 침범을 당하여 사태가 매우 위험하였을 때에 영국, 이탈리아와 같은 여러 나라에서 나서서 쟁론하자 비로소 러시아는 군사를 거느리고 물러났습니다. 저번에 터키가 고립무원이었다면 러시아인들이 벌써 제 욕심을 채우고 말았을 것입니다. 또 구라파의 벨기에와 덴마크도 다 아주 작은 나라이지만 자체로 여러 나라들과 조약을 체결하자 함부로 침략하는 자가 없습니다. 이것은 모두 강자와 약자가 서로 견제하면서 존재한다는 명백한 증거입니다. (…중략…) 만약 귀국에서 먼저 영국, 독일, 프랑스, 미국과 교통(交通)한다면 일본을 견제할 뿐만 아니라, 러시아인이 넘보는 것도 아울러 막아낼 수 있을 수 있습니다. 러시아도 반드시 뒤따라서 강화를 하고 통상을 할 것입니다. (…중략…) 더욱이 조약을 체결한 나라들에 때때로 관리들을 파견하여 서로 빙문(聘問)하고 정의(情誼)를 맺어둘 것입니다. 평상시에 연계를 맺어둔다면, 설사 한 나라에서 침략해오는 것과 맞닥뜨려도 조약을 체결한 나라들을 모두 요청하여 공동으로 그 나라의 잘못을 논의하여 공격하게 될 것입니다. 이렇게 되면 아마 일본도 감히 함부로 날뛰지 못할 것이며 귀국도 먼 데 사람과 교접하는 도로 보아 마땅할 것입니다.[31]

"만약 일본이 영국, 프랑스, 미국 등 여러 나라들과 은밀히 결탁하여 개항의 이득을 가지고 유혹하거나 혹은 북쪽으로 러시아와 결탁하여 영토 확장의 계책으로 유인한다면 귀국은 고립되는 형세가 될 것이니 은근히 걱정이 큽니다"라고 말할 때, 주체는 현재적으로도 낯설지 않은 국제정치적 현실 위에 서 있는 듯 보인다. 그러나 위 인용문은 그것을 고전적인 세(勢)라는 용어로써 가리킨다. 그러므로 국가들이 원자적으로 충돌하는 진공 상태보다는 천하를 관류하는 힘의 배치를 묘사하고 있다고 할 수 있다. 각기 힘을 소유한 개별자들의 충돌 공간이 아니라, 드넓은 힘의 파동 안에 서양이 있고, 그것에 밀려들어가는 주체가 있다.

서양 사람들이 "가볍고 편리하고 예리한 자신들의 무기를 믿고" 지구상 각국을 누비는 사태를 "자연의 기운(自然之氣運)"이라고 부를 때, 이 점은 더욱 명확해진다. 서양 사람들은 자국의 확대를 꾀하는 국민국가의 구성원으로 머물지 않고, 천하를 흐르는 새로운 기운(氣運)의 요소로서 자리매김된다. 서양인들의 움직임은 천하의 대세를 형성하고 기운을 바꾸고 있다. 기운은 원래 생장소멸의 순환적 운동을 하는 것이지만, 이홍장의 편지에서는 그 순환성보다는 '개벽 이래 없었던

---

31 萬一日本陰結英法美諸邦 誘以開阜之利 抑或北與俄羅斯句合 導以拓土之謀 則貴國 勢成孤注 隱憂方大 中國識時務者 僉議以爲 與其緩救於事後 不如代籌於事前 夫論 息事 寧人之道 果能始終閉關自守 豈不甚善 無如 西人恃其儇銳 地球諸國無不往來 實開闢以來 未有之局面 自然之氣運 非人力所能禁遏 貴國旣不得已而與日本 立約通 商之事 已開其端 各國必將從以生心 日本轉若視爲奇貨 爲今之計 似宜以毒攻毒 以 敵制敵之策 乘機 次第亦與泰西各國立約 藉以牽制日本 彼日本恃其詐力 以鯨呑蠶食 爲謀 廢滅琉球一事 顯露端倪 貴國固不可無以備之 然日本之所畏服者 泰西也 以朝 鮮之力 制日本 或慮其不足 以統與泰西通商 制日本 則綽乎有餘 泰西通例 不得無故 奪滅人國 蓋各國互相 通商而公法行乎其間 去歲土耳其歲俄所伐 勢幾岌岌 英奧諸國 出而爭論 俄始領兵而退 向使土國孤立無援 俄人已獨亨其利 又歐洲之比利時丹馬 皆 極小之國 自與各與立約 遂無敢妄肆侵陵者 此皆强弱相維之明證也 (…중략…) 若貴 國先與英德法美交通 不但牽制日本 並可杜俄人窺伺 (…중략…) 更隨時派員分往有 約之國 通聘問 聯情誼 平時旣休戚相關 倘遇一國有侵 佔無禮之事 儘可邀集有約各 國 公議其非 鳴鼓而攻之 庶日本不敢悍然無忌 貴國亦宜於交接遠人之道(『고종실록』, 1879년 7월 19일)

국면[開闢以來 未有之局面]'이라는 식의 사상초유의 격변으로서의 성격이
더 부각된다. 서양의 기운은 누구도 피해가지 못할 거대한 파동과 같
은 것으로, 그리고 천하만물의 자리를 뒤섞어놓는 혼란스런 소용돌이
와 같은 것으로 이해된다. 자체의 방향과 속도를 가지고 있는 이러한
자연의 기운 안에서 사람을 편안케 하는 도로써 문을 닫고 자수하는
것은 고립무원(孤立無援)을 자초할 뿐이다. 모든 사물과 사람들이 우주
의 이 기운 안에 빨려 들어가 있다면, 그리고 조선 또한 일본과 화약하
여 그 기운의 단초를 이미 열고 있다면, 그 기운과 자신을 떼어놓는 것
은 자기자신을 폐색시킬 따름인 것이다. 요컨대 천하로부터 고립되고
분리됨으로써, 소멸할 위험에 부딪혀 있는 것이다. 다만 서양은 곧바
로 조선을 공격하기보다는 서양화한 지적의 일본과 러시아의 위협이
라는 형태로 조선을 압박하고 있지만, 일본도 두려워하는 것이 천하의
거센 기운을 타고 있는 서양이다.

　서양의 기운 앞에서 주체는 극도로 민감하고 취약한 상태에 있다.
여기에는 적을 물리치리라는 기대가 사라져 있음은 물론, 도가 쇠퇴한
데 대한 분노도 거의 보이지 않으며, 자연스럽게 적응하고 받아들여야
한다는 순응의 자세가 있다. 이홍장이 권하는 서양 각국과의 조약은
서양이라는 자연적 기운 안으로 걸어들어가 그들과 연결되는 것이다.

　이는 무도한 천하에 참여하는 것이지만, 일본과 위험한 독과 적을
제어할 수 있는 유일한 방법, 즉 독으로 독을 치고 적으로 적을 제어하
는 계책[以毒攻毒 以敵制敵之策]이다. 왜냐하면 서양의 기운에 포위된 천
하 안에는 만국공법이라는 "통례(通例)"가 작동하기 때문이다. 만국공
법이란 동맹을 맺은 나라들이 상호 견제하여 일국의 절대적 우위를 막
는 세력균형[均勢]의 장치로 이해되고 있다. 서양 각국과 조약을 맺고
통상을 하게 되면 (만국)공법이 자연스럽게 실행된다. 약소국 조선은
강국간의 이 장치에 의존해 생명을 연장할 수 있다.

그럼에도 불구하고 만국공법은 '공(公)'법이다. 성리학적 맥락에서 규범은 천리(天理)에 정초될 때만 공적(公的)일 수 있다. 만국공법을 '공'법이라 부르고 그것을 신뢰할 만한 것으로 설정할 때, '공'이라는 어휘에 상당한 유연성과 의미변화가 가해져 있다. 만국 '공'법은 이미 성리학적 천리의 안정성으로부터 튕겨져 나와 있기 때문이다. 하지만 서양과 조약을 맺는 것은 '공'법에 의거하는 만큼, 유사교린의 예를 맺는 것으로 치부된다. 주체는 서양과 연결되어 상호 '빙문(聘問)'하고 정의(情誼)를 맺음'으로써 동맹에 호소하고, 만국공법을 작동시킬 수 있게 된다. 빙문이나 정의와 같은 용어를 사용하는 이홍장의 이런 권유는 '등, 설 같은 작은 나라들도 사대교린하여' 나라를 지켰다는 앞선 신헌의 권고와 통하는 바가 있다. 그러나 균세(均勢)의 임의성이 두드러지는 만국공법에 좌우되는 한 빙문하고 정의를 맺는다 해도, 자신이 마땅히 해야 할 의무는 최적화된 상태로 한정되지 못할 것이며, 체면의 떳떳함을 이룰 수 있을지 또한 불확실하고, 나아가 타자와의 관계 안에서 자기자신을 드러내고 단련하는 과정 전체가 불안정해질 것이다.

이홍장의 편지를 보건대, 만국공법에 따르는 주체가 서양과 관계하여 놓여 있는 배치도 세 겹을 띠고 있다. ㉠ 만국공법은 낯선 서양의 통례임이 명시되고 있으나 그 통례에 따른 서양과의 관계가 빙문(聘問)을 하고 정의를 쌓는 등의 기존의 교린의 용어로 설명되고 있다. 암시적으로나마 만국공법은 기존의 교린의 예에 유비되고 있다고 할 수 있다. 그러나 ㉡ 조약을 맺고 만국공법에 따르는 것은 두려움의 한가운데에서 자신의 안전을 구하고자 강한 타자의 반응에 구속되어 그가 원하는 바를 실현해주는 것이다. 타자가 원하는 것을 헤아리고 의무로 삼는 데 있어 준거해야 할 규범은 이제 막연한 교린의 예가 아니라 만국공법으로 나타난다. 이제 서양은 관계 희박한 타자가 아니라, 나에게 마땅히 해야 할 의무를 부과하는 윤리적 관계의 상대자이다.

그러나 ⓒ 조약을 맺고 만국공법을 준수할 때 주체는 그 최종 근거를 신뢰하지는 않는다. 서양 각국과 윤리적 관계를 맺고 빙문하고 정의를 쌓는다고 해도, 서양이 '자연의 기운'인 한, 그러한 자연의 기운은 윤리적 관계를 초월해 있다. 서양과 조약을 맺고 만국공법을 준수하는 것은 '독으로 독을 치는' 잠정적 방책일 따름이다. 윤리적 태도를 특징짓는 자발성이 만국공법을 따르는 태도 안에는 크게 축소되어 있다. 서양을 존중하고 그의 입장을 헤아리는 일련의 실천은 주체 자신을 조탁하여 빛나는 자가 되려는 기대보다는 천하에서 존속할 수 있는 가능성을 향한다.

이유원의 답신은 다음과 같은 내용을 담고 있다.

오늘날 서양 사람들의 국면은 사실상 자연적인 기운입니다. 우환을 막을 중요성을 가르쳐주고 또 독으로 독을 치고 적을 끌어들여 적을 제압하는 계책에 대해 찬찬히 보여주니 아무리 들은 바가 적고 우매하다고 해도 자세히 풀어주니 어찌 환하게 깨닫는 바가 없겠습니까? 서양 각국과 먼저 교통하면 일본은 스스로 견제될 것이며, 일본이 견제되면 러시아가 틈을 엿보는 것도 걱정할 만하지 않다는 것이 가르치는 기본 내용입니다. (…중략…) 다만 스스로 생각건대 우리나라는 한쪽 모퉁이에 외따로 있으면서 옛법을 지키고 문약(文弱)함에 편안히 거처하며 나라 안이나 스스로 다스렸지 외교할 겨를이 없었습니다. 더구나 서양의 예수교는 오도(吾道)와 달라 인륜을 그르치는 것이라서 타오르는 불길처럼 두려워하고 독화살처럼 피하고 귀신을 대하듯 조심하고 멀리합니다. (…중략…) 아편을 판다든지 예수교를 퍼뜨린다든지 해도 바로 약하고 순한 우리의 힘으로는 성난 짐승처럼 덤벼드는 저들을 당해내지 못하리라는 것을 밝게 알 수 있습니다. 옛날 나라를 다스리는 사람들은 '먼 나라와 교류하고 가까운 나라를 친다'라고 하였고, 또 '오랑캐를 끌어들여 오랑캐를 친다'고 하였으니 이것이 바로 적을 끌어 적을 막는 계책인 것입니다. (…중략…) 우리처럼 문약한 나라가 어찌 옛일을 본받을 수 있겠습니까? 이는 할 수 없는 것이지 하지 않는 것이 아닙니다. 신농씨는 백 가지 풀을 맛보다가 독을 만나 죽었다가 다시 살아났다고 하나 신농씨가 아닌 사람이 그대로 본받아 했다가는 한번 독을 만나 죽으면 그만이지 다시 살아날 사람은 드물 것입니다. 지금 우리는 적을 제어한다는 노릇이 먼저 적의 공격을 받게 되고 독을 치려는 노릇이 먼저 독에 중독될 것입니다. (…중략…) 그런데 서양의 공법은 이미 이유 없이 남의 나라를 빼앗거나 멸망시키지 못하도록 되어 있기 때문에 러시아와 같은 강국도 대국에서 군대를 철수하였으니, 혹시 우리나라가 무고히 남의 침략을 당하는 경우에도 여러 나라에서 공동으로 규탄하여 나서겠습니까? 한 가지 어리둥절하여 의심이 가면서도 석연치 않은 점이 있습니다. 일본 사람들이 유구(流球)왕을 폐하고 그 강토를 병탄한 것은 바로 못된 송(宋)나라 강왕(康王)의 행동이었습니다. 구라파의 다른 나라들 중에서는 응당 제(齊)나라의 환공(桓公)처럼 군사를 일으켜 형(邢)나라를 옮겨놓고 위(魏)나라를 보호하거나 혹은 일본을 의리로 타이르기를 정(鄭)나라 장공(莊公)이 허(許)나라의 임금을 그대로 두게 한 것처럼 하는 나라가 있음직한데 귀 기울여 들어봐도 들리는 말이 없는 것은 무슨 까닭입니까? 터키를 멸망의 위기에서 건져준 것으로 보아서는 공법이 믿을 만한데, 멸망한 유구국을 일으켜 세우는 데는 공법에 그 무슨 실행하기 어려운 점이 있는 것입니까? 우리나라는 기구하게도 지구의 맨 끄트머리에 놓여 있어 터키, 유구국, 벨기에, 덴마크와 같은 작은 나라들보다도 더 가난하고 약소합니다. 게다가 서양과의 거리도 아주 멀어 무력으로 대항한다는 것은 더욱 어림없는 일이고 옥백으로 주선하려고 하여도 자체로 감당하기 어렵습니다. 저 일본 사람들은 통상에 경험이 있고 영업에 재능이 있어서 부강하게 되는 방도를 다 알고 있지만, 오히려 저축이 거덜 나고 빚만 쌓이게 된 것을 탄식한답니다. 설령 우리나라가 정책을 고쳐서 항구를 널리 열어 가까운 나라들과 통상하고 기술을 다 배운다고 하더라도 틀림없이 그들과 교제하고 거래하다가 결국 창고를 몽땅 털리고 말 것입니다. 저축이 거덜 나고 빚이 쌓이는 것이 어찌 일본 사람의 정도에만 그치겠습니까? 하물며 우리나라는 토산물도 보잘것없고 물품의 질이 낮다는 것은 세상이 익히 아는 바입니다. 각국에서 멀리 무역하러 온다 하여도 몇 집끼리 운영하는 시장과 같아서 천 리 밖에서 온 큰 장사를 받아주기는 어려우니, 주인이나 손님이나 무슨 이득이 있겠습니까? 자체로 어떻게 하기가 어렵다는 것은 사실이 그러한 것입니다. 절름발이로서 먼 길을 갈 것을 생각하기보다는 차라리 외교란 말을 하지 말고 앉아서 제 나라나 지키는 것이 더 낫지 않겠습니까?[32]

이 인용문에서도 서양인들의 활동은 자연의 기운으로 인정되고 있다. 그래서 "아편을 판다든지 예수교를 퍼뜨린다든지 해도 바로 약하고 순한 우리의 힘으로는 성난 짐승처럼 덤벼드는 저들을 당해내지 못

---

[32] 今日西人之局面 寔由自然之氣運 旣是至訓 以防患之要 又有以毒攻毒 以敵制敵之策 縷縷下示者焉 雖以款啓昧晦 細細蘊繹 詎無瀝然而有省者乎 泰西各國先與交通 則日本自可牽制 日本旣已牢制 則俄國窺伺 亦無可憂 斯如勻敎綱領 (…중략…) 而第 自念弊邦 僻在一隅 謹守規度 恬居文弱 自治方內 未暇外交 而況泰西之學 有異吾道 實乖吾彛 則嘗畏之如烈火 避之如毒矢 駭而遠之如鬼神 (…중략…) 而販煙行敎 卽其 嬴家之孚 恐非貙牙之攸制 亦庶可以燭照矣 古昔謀國者 有曰 遠交而近攻 有曰 以蠻 而攻蠻 斯乃以敵制敵之術乎 (…중략…) 豈文弱如鄙邦者 而可以效古昔乎 寔不能也 非不爲也 神皇之嘗百草 遇毒而死 死而復起 非神皇效爲 則一遇毒而能起者鮮矣 今 要制敵而我先受敵 要攻毒而先中毒 竊恐一遇毒而不復起也 (…중략…) 且泰西公法 旣不復無故奪滅人國 以俄之强 亦斂兵於大國 則弊邦之無辜 或遇吞噬之毒 亦庶幾 諸國之所共禁乎 惟獨有憧憧懷疑 而不釋然者 日人之廢琉王 吞其疆卽桀宋之行耳 歐洲別邦 似宜有齊桓興師遷邢封衛之擧 或義喩日本 俾護置許君 如鄭莊之所爲 而 側耳 無聞何也 救土國於垂亡 則公法可仗 而興琉邦於已滅 則公法有難行歟 利時丹 馬以痕小之國 介於諸大國 賴以强弱相維 而琉王以累百年舊國 不能相維者 以其所 處孤旯 與各國隔絶 而公法有不及行而然歟 弊邦則崎嶇在乎地維盡處 其視土琉利丹 諸國 尤貧儉侉寙 距泰西 又踔遠 莫攀兵戎頡頏尙矣 勿論玉帛周旋 亦難自振 夫日人 之慣於通商巧於營造 盡得富强之道焉 尙致枵其藏累其債之歎 則設令弊邦改圖 廣置 港阜 畢通遐邇 悉學技巧 必於藉茅承筐 應酬之際 竟羸橐蕭然矣 奚翅藏枵債累踣 日 人之轍也 且況偏邦地産之蔑裂貨物之沽惡 四方所稔聞耳 各國之遠來交貿 恐如三家 之市 難容千里之商 不亦主客俱無利乎 其難於自振 實際然也 躄瘲而思行遠 無寧粵 交之坐守爲得歟(『고종실록』, 1879년 7월 19일)

하리라는 것을 밝게 알 수 있습니다"라고 말할 수밖에 없다. 이렇게 말하는 주체는 자연의 기운에 대해 취약하다. 천하의 곳곳을 점령하고 포괄한 그것을 천하의 대세로서 받아들여야 한다는 자세가 있다. 그는 이미 서양의 영향력 하에 있고 자신과 조선 조정의 위치가 불안해졌다는 것을 인정한다. 유구(流球)는 조선의 가까운 미래일 수 있다.

그러므로 서양과의 조약을 반대한다 해도, 서양의 기운을 거부하거나 혹은 그 일소(一掃)를 다짐하는 것은 아니다. 서양의 기운과 관련하여 주체는 두려움을 표출한다. 그것은 독성이 있다. "지금 우리는 적을 제어한다는 노릇이 먼저 적의 공격을 받게 되고 독을 치려는 노릇이 먼저 독에 중독될 것입니다." 기(氣)라는 것은 원래 천하 곳곳에 이르러 만물을 감응시키고 변화시키는 유체로서, 천하만물은 기로부터 응축됨으로써 생성되고 그 속에서 해체됨으로써 사멸하는 것으로 간주된다. 보고 듣고 호흡하고 생각하고 기억하고 판단하는 인간의 모든 활동도 기의 작용이다. 그러므로 서양은 인륜을 해칠 독한 기운이며 그들과의 교류는 그들과의 접합(接合)을 상정하기에 (마치 毒草를 먹는 것처럼), 그들의 독성에 오염되고 중독될 위험이 있다. 그래서 이홍장도 서양 나라와의 조약을 '독으로 독을 치는 계책'이라고 말했다. 서양과의 교류는 오염되고 중독되어 인륜적 질서를 비추는 신성한 도로부터 멀어질 위험을 동반하는 것이다. 지구를 가득 채운 서양의 기운으로부터의 오염과 중독을 염려하는 모습은 2차 수신사 이후 나온 위정척사 상소들에서도 찾아볼 수 있다.[33]

---

33 예컨대 홍재학의 상소 중 다음과 같은 구절이 있다. "대체로 서양의 학문이 원래 천리(天理)를 어지럽히고 인륜(人倫)을 멸하는 것이 심하다는 점은 두말할 나위 없습니다. 서양의 문물은 태반이 음탕한 것을 조장하고 욕심을 이끌며 윤리를 망치고 사람의 신명이 천지와 통하는 것을 어지럽히니 귀로 들으면 환장하고 배가 뒤집히며 눈으로 보면 창자가 뒤집히고 코로 냄새 맡거나 입술에 대면 마음이 바뀌어 실성합니다. 이것은 마치 그림자와 메아리가 서로 호응하고 전염병이 전염되는 것과도 같습니다 [蓋洋之學 固亂天理滅人倫之甚者 無容更言 洋之物太半 是長淫導慾 斁倫敗常 亂人

더욱이 만국공법은 약소국을 보호할 의리의 차원이 크지 않기 때문에 조선의 안전을 보장하지 못할 거라는 우려도 하고 있다. 공법은 제환공 같은 춘추 패자(覇者)의 의리도 확보하지 못하고 있다. 이유원도 예의와 도가 무너졌던 춘추전국의 은유를 가지고 당대의 천하를 빗대고 있다. 제환공이나 정장공 같은 춘추시대의 인물들에 빗대지는 한, 설사 서양이 춘추 패자만 못하다고 비난당한다 해도, 서양은 주체 자신에게 일정한 의무를 지는 의리있는 상대자인 동시에 그 의리로 포괄되지 못하는 천하대세의 한 요소로 설정되고 있다고 할 것이다. 그런데 만국공법을 준수하는 것은 윤리적 차원을 갖는 동시에 안전에의 고려로 연결되는 것인데, 만국공법이 패자의 의리도 확보하지 못한다면 서양과의 관계맺기는 주저되는 것이다. 조선의 유교적 관료에게 만국공법은 더이상 천리의 절문[天理之節文]은 아니겠지만, 또 자신이 춘추선국적 질서의 악사이므로 만국공법에 어느정도의 규범적 구속력을 요구하게 된다. 그러나 만국공법의 규범성은 이미 위태로운 상태이다. 하지만 주체 자신이 조약을 맺고 만국공법을 신뢰하는 것 외에 규범성의 별다른 원천도 없다고 할 수 있다.

이 편지에서 이유원이 서양과의 통상입약을 반대한다 해도, 그는 서양이라는 자연적 기운이 변화시킨 천하 안에 있고, 그것과 연루될 것임을 부정하지 못한다. 서양과의 조약을 반대하고 있으나, 서양과의 조약 체결도 결정내릴 수 있는 세계의 상태를 이미 전제하고 있다.[34] 근접한

神而通天地 所以耳得之而幻臟易肚 目寓之而翻腸倒胃 鼻嗅脣接而易心而失性 是則如影響之相應 癘疫之相染."(『고종실록』, 1881년 7월 6일 참조). 서양이라는 자연적 기운과 그것이 초래하는 중독의 위험에 대해서는 뒷부분에서 더 자세히 다뤄진다.

[34] 이 반대는 조선 국왕과 조정의 의견일 뿐만 아니라 이유원 자신의 의견이기도 하다. 이유원은 이 답장을 보내기 전에 비공식적으로 조정의 반대입장을 전한 바 있으며, 1880년 수신사 김홍집의 복명 이후에도 끈질기게 대미수교 반대입장을 고수했다(송병기, 1985 참조). 그러나 위 인용문에서 보듯이 이유원의 이름으로 전해진 답장에는 거부 의사를 분명히 함에도 불구하고, 일정한 신뢰와 동의가 엿보이며, 주진오(1993)

서양과의 관계에서 주체는 서양의 기운에 의해 자신의 몰락을 우려해 조약체결을 결정내릴 수도 있지만, 서양의 기운에 중독될 것을 두려워 하며, 힘의 배치를 조율할 뿐인 만국공법에 대한 불신에 시달릴 수도 있다. 전자가 이홍장의 편지에서 드러난 바라면, 후자는 이유원의 것이다.

이홍장과 이유원 대화의 구도는 1880년 2차 수신사로 파견된 김홍집(金弘集)과 하여장(何如璋) 사이의 대화에서도 재연된다. 김홍집은 약 1개월간 동경에 체류하면서[35] 주일청국공사 하여장, 주일청국공사관 참찬관(參贊官) 황준헌(黃遵憲) 및 일본의 조야 인사들과 접촉하면서 일본의 동정 및 동북아시아의 정세에 대해 정보를 얻고 토론할 수 있었다. 『조선책략(朝鮮策略)』과 『이언(易言)』은 바로 이때 전해졌으며, 김홍집 일행이 수집·정리한 정보들과 토론내용은 조정이 대미수교로 기울어지는 데 결정적 기여를 했다. 하여장을 비롯해 그가 접촉한 청측의 인사들은 일본보다는 러시아의 침략이 임박하였으며, 조선의 처지로 보아 특히 미국과의 수호 통상이 필요하다는 점을 설득하고자 애썼다.

하여장이 말했다. "근일 서양 각국에는 균세(均勢)의 법이 있어서 만약 한 나라가 강국과 더불어 이웃하여 후환의 두려움이 있으면 각국과 더불어 연합하고 견제를 도모하는데, 이것이 또한 급할 때 부득이 대응하는 한

는 이에 착안하여 왕실 및 집권세력의 내심은 입약통상의 권고를 수용하는 것이었다고 주장하기도 한다. 물론 김홍집의 복명 이전에 대미수교가 결정되었음을 보여주는 자료는 현재 없지만, 답서가 이홍장 서한의 용어와 표현들, 그리고 천하대세 규정을 상당히 수용한다는 점에서 이 조약체결 반대입장은 본문에서 표현된 바처럼, "조약체결도 결정내릴 수 있는 세계의 상태를 이미 전제하고 있다."

35 김홍집은 1880년 3월 23일에 수신사에 임명되어, 5월 28일에 사폐(辭陛)하고, 6월 26일에 부산을 출발해 7월 6일에 도착하였다. 그의 일행에는 강위, 이조연, 윤웅렬, 지석영, 이용숙 등이 있었다. 김홍집의 파견은 일본외무성 이사관 미야모토 쇼이치[宮本小一]와 공사 하나부사 요시모토[花房義質]의 수차의 방문에 대한 답례를 겸하여, 관세징수 및 미곡 금수, 인천 개항, 공사 주경 등의 문제에 대하여 협의하고, 문물을 시찰하기 위해서였지만, 해당 문제들에서는 성과를 볼 수 없었다.

가지 방법입니다."

김굉집(김홍집을 가리킴. 김홍집은 청 건륭제의 이름 弘曆을 피하고자
굉집이라는 이름을 사용했다—인용자)이 말했다. "'균세' 두 글자는 근래에
비로소 공법 중에 볼 수 있었습니다. 그러나 우리나라에서는 늠름히 구규
(舊規)를 지키어 외국 보기를 홍수나 맹수처럼 하는데, 옛부터 이교(異教)
를 배척함이 매우 준엄하였기 때문입니다. 그러나 가르치심이 이와 같으
니 다만 마땅히 돌아가 조정에 보고는 하겠습니다."[36]

이 대화에서도 하여장이 러시아의 위협을 강조하며 만국공법이 부
득이한 대응책임을 주장한다면, 김홍집은 구규를 존숭하고 서양을 멀
리한다는 것으로 대응한다. 이유원에게 서양이 자연의 사독한 기운이
라면, 김홍집에게 서양은 홍수나 맹수와 같이 사람들의 마음을 휩쓸어
버릴 거대한 물결이다. 한꺼번에 밀려와 사람들의 마음을 오염시키거
나 피폐하게 만든다는 점에서 서양의 의미작용은 이홍장·이유원의
편지에서와 대동소이하다. 그리고 급할 때 부득이 대응하는 균세의 방
법으로서의 만국공법에 대한 인식도 같다.

2) 의리로써 대해야 하는 서양, 잔인한 야수 같은 서양

윤리적 관계의 확장을 가져온 이러한 세 겹의 배치 속에서 서양의
의미작용을 좀더 명확히 해보자. 앞서 보았듯이 서양은 그에 비추어
체면을 염려해야 하는 윤리적 상대자인 동시에 윤리적 관계를 교란하

---

36 璋曰 近日西洋各國 有均勢之法 若一國與强國隣 惧有後患 則聯各國 以圖牽制 此亦
目前不得已應接之一法也 宏曰 均勢二字 近始從公法中見之 然本局 凜守舊規 視外
國如洪水猛獸 自來斥異教甚峻故也 大教如此 苐當歸告朝廷(「對清欽使筆談錄」; 송
병기 편역, 2000에 수록)

는 윤리적 관계 바깥의 타자이기도 하다. 이렇게 상반된 의미작용이 공존하면서 상호 연관되는 것이다.

앞서 인용했던, 서계 접수를 설득하며 박규수가 대원군에게 부친 편지를 다시 봄으로써, 이 양상을 좀더 자세히 살펴보자.

① 우리가 서계를 거부하고 배척하는 것이 실로 따르기 힘든 청이며 잇따르는 근심이 된다면 그들이 어찌 이 뜻을 알아차리지 못하고 우리가 겁먹는 것을 비웃지 않겠습니까? 진실로 이러할 것이라면, 서계를 받지 않는 것은 강함을 보이는 것이겠습니까, 약함을 보이는 것이겠습니까? 강약은 서계를 받고 안 받고에 달려 있지 않고, 족히 군사를 일으킬 명분을 만들려는 저들의 주장이 될 것입니다. 대저 강약의 세는 다만 사리의 곡직에 있을 뿐입니다. 우리의 일처리와 대접하는 것이 예의가 있고, 이치가 바르다면 비록 약해도 반드시 강할 것이며, 우리의 일처리와 접대가 무례하고 이치가 바르지 않다면 비록 강해도 약한 것입니다. 지금 만약 서계를 고쳐서 오라고 하고 또다시 배척하여 받지 않는다면 저들은 반드시 우리가 지나치다고 여길 것입니다. 어찌 모욕이 여기에 이를 수 있겠습니까? 이것이 어찌 우리가 격변을 자초하는 것이 아니겠습니까?[37]

② 지금 저들이 화륜선에 군사들을 싣고 온 것을 보니 비록 그 사신을 보호하는 것이라고 말하나 공동(恐動)하는 뜻이 있음을 알겠으니, 공격할 기미가 이미 일어난 것입니다. 저들이 당분간 나쁜 말을 하지 않고 보호하려

---

37 我之拒斥書契 實爲難從之請 繼至之慮 則彼豈不猜得此意 而暗笑我之懷怯乎 苟其如此 則不受書契 其果爲示之以强耶 示之以弱也 强弱不係於書契之受與不受 而足爲彼之執言 以作兵名矣 大凡强弱之勢 只在於事理之曲直而已 我之處事接人 有禮而理直 則雖弱而必强 我之處事接人 無禮而理曲 則雖强而必弱 今若於書契之改修而來也 又復斥而不受 則彼必以爲吾則至矣盡矣 而何其侮辱之至此耶 此豈非自我激變之事乎(『환재집』권11 : 3~4; 1875년 1월에 보낸 편지)

왔다고 가탁하고 있으니 우리는 믿고 의심하지 않는 척하여 이 시기에 무사히 순조롭게 끝나 잃는 것이 없게 해야 합니다. 만약 그들의 한 발의 포성이라도 들린 이후에는 비록 서계를 받으려 해도 더할 나위 없이 나라를 욕되게 할 뿐입니다. 그런 날이 오면 단연코 서계를 받을 방법이 없습니다. 일의 기미가 이러한데, 지금 또 역관을 파견해 하나하나 바로잡아 회계(回啓)한다는 건 어떤 뜻입니까? 저들 역시 그 나라의 사신입니다. 사방에 나아가 군명(君命)을 욕되게 하지 않으려 합니다. 저들 역시 이러한 의리를 스스로 지키려 하는데, 지금 바꿀 리가 있겠습니까? 또 그 나라에 감히 더 말할 수가 있겠습니까? 저들의 사정도 극히 어렵습니다. 그러므로 그 나라에 보고할 때는 조선이 무례하고 모욕을 했다고 할 것이고 수많은 말을 만들어낼 것입니다. 그 나라의 신하들이 어찌 화내고 분해하지 않겠습니까? 이러하니 사변(事變)이 어떠할지 두말할 나위 없습니다. 진흙의 지렁이도 밟으면 꿈틀하는데, 하물며 나라가 있고 군대가 있어 바다 위를 횡행하는 자들은 더 어떠하겠습니까?[38]

"저들 역시 그 나라의 사신입니다. 사방에 나아가 군명(君命)을 욕되게 하지 않으려 합니다"라고 말할 때, 주체는 당장 무도한 타자가 자신의 몫을 침해할 것을 우려하는 것이 아니라, 자신의 무례한 행동이 타자를 곤란에 빠뜨려 모욕감을 갖게 할 것을 우려한다. 저들은 망령된 오랑캐이기는 하나 새로운 윤리적 관계의 상대자로 들어서고 있다.

[38] 見今彼之火船載兵而來 雖自稱護其价云爾 而恐動之意 的然可知 則此可謂兵機已動矣 彼姑無惡言相加 而託辭於護行 我則佯若信之不疑 而迨此時無事安帖 時不可失 若到彼之發一砲聲以後 則雖欲受書 其爲辱國 更無餘地 其日則斷無受書之道矣 事機如此 而今又以別遣譯官 一一歸正之意回啓者 此何意味乎 彼亦其國之使臣也 使於四方 不辱君命 渠亦自守此等義理 則到今又豈有變改之理 而又何敢發口於其國哉 彼人事情 亦可謂窘悶之極也 然則其報告於其國 必以朝鮮之無禮凌侮 許多爲說 其國臣子 豈不齊怒而共憤乎 如此則事變之何如 不待更論 泥中蚯蚓 踏之猶動 何況有國有兵橫行海上者乎(『환재집』 권11 : 5; 1875년 5월에 보낸 편지)

새로운 윤리적 관계를 설립한다고는 하나, 주체는 공정성(fairness)을 추구하지는 않는다. 자기자신을 포함해 관계된 이들을 동등히 놓고 각자의 이익과 기분을 공평하게 고려하는 형식적 규범을 설정하는 것이 주체의 활동은 아니다. 그는 타자와의 어울림(symphony, association)의 상태를 창출하고자 한다. 세계에 오랑캐와의 어울림의 상태를 들여와서, 자기자신을 그 어울림의 관계 안에 두면서, 그 관계를 조율하고 책임지는 자로 자기자신을 설정한다. 바로 타자의 입장을 취해서 자기자신 안에서 헤아림으로써 그렇게 한다. 그는 타자의 감정을 자신의 것과 유사한 것으로 환기하고 있는데, 이 환기는 타자와 주체가 이미 밀접하게 상관하고 있어 주체의 행동이 즉각적으로 타자의 유사 행동을 불러일으킨다는 전제 안에서 이루어지고 있다. 주체는 자기자신을 잣대로 삼아 타자의 입장을 추체험하여 헤아리고, 타자가 원하는 바를 해주고자 한다. 그러므로 자신의 몫을 주장하거나 타자가 자기와 같은 몫을 가져야 한다고 주장하기에 앞서, 타자에 대한 의무를 수행하도록 스스로를 이끈다. 즉 타자의 반응으로부터 나의 체면을 돌아보고 나의 무례함을 인정한 뒤, 타자의 반응을 이해할 만한 것으로, 그리고 나의 행동을 무례한 것으로 만드는 관계의 맥락을 발견하고 그 안에서 자기자신의 위치와 의무를 할당하는 것이다.

이 어울림의 상태란 타자와 자기자신을 어떤 동일률에 맞추도록 하는 것이 아니라, 타자의 차이를 용인하는 것이다. 다시 말해 주체의 유비(analogy)가 창출하는 어울림은 타자의 차이를 소거하지 않는다. 주체가 자기자신을 제어하려는 틀이 이같은 어울림의 상태라는 것은 주체가 함께 하려는 자가 자기자신에게 공포를 불러일으키는 강한 타자라는 점에서 잘 드러난다. 주체는 만인을 동등히 대하는 공평한 규범을 마련하여 폭력을 일소하려들지 않는다. 주체는 타자의 위력(威力, might)을 감수하고 있다. 그러나 타자의 우위를 인정하되, 그 힘을 일정한 한계 안에 가둘 수 있으리라는 계산이 작동한다. 이쪽의 깍듯한 태도는 저들에게도 체면을 염려하게 하여, 예의바르게 행동하게 만든다고 기대된다. 우리도 저들의 반응에 맞추어 조율하게 될 뿐만 아니라, 저들도 우리의 행동을 보고 자신의 행동을 제어하지 않을 수 없다는 것이다. "대저 강약의 세는 다만 사리의 곡직에 있을 뿐입니다. 우리의 일처리와 대접하는 것이 예의가 있고, 이치가 바르다면 비록 약해도 반드시 강할 것이며, 우리의 일처리와 접대가 무례하고 이치가 바르지 않다면 비록 강해도 약한 것입니다"라는 말이 이것이다. 즉 '자기자신을 무례하게 보게 하는 새로운 예'는 관계의 양편을 모두 포섭하며, 각자는 상대방을 자신의 행동의 기준으로 삼지 않을 수 없게 한다고 기대된다.

요컨대 예를 포함한 과거의 모범 속에 들어 있는 도(道)가 아니라, 주체의 안전을 위협하는 타자가 그와의 윤리적 관계를 설립하게 한다고 할 수 있다. 주체의 처신은 하늘이 명한 것도 아니고, 또 전승된 예와 직결되는 것도 아니다. 일본과의 관계에 준용된 예는 위대한 과거에 실현되었던 그러한 예는 아니라고 할 수 있다. 주체는 전승되는 예가 처방하는 '자리'를 전제하지 않고서, 타자와의 관계에서 새로운 마땅함[義]을 찾고 아울러 자기자신의 자리마저 찾아야 하는 처지에 있다.

주체가 안전을 위협하는 타자와의 관계에서 자신의 체면을 헤아리려 하는 한, 그러면서도 그 행위에 예나 도리와 같은 용어를 사용하는 한, 예와 도리에 드리워진 신성(sacred)은 무력화된다고 볼 수 있다. 과거의 모범은 원용되기는 하나 현재의 행위를 직접 인도하는 것은 아니며, 현재의 행위가 예나 도라는 용어로 정당화된다 해도, 그리고 그 안에 축적된 관계적인 에토스가 펼쳐진다 해도, 그것은 과거의 모범들과 직결되지 않는다.

그러나 공포를 불러일으키는 타자에 의해 촉발되어 형성된 윤리적 관계 안에서 그 타자는 이제 윤리적 관계의 상대자가 된다. 차이나는 타자는 자기자신에게 비김으로써 자기자신의 행위가 타자에 대해 갖는 영향을 자신 속에 환기시키며, 자기자신에 대한 타자의 기대를 자기자신 안으로 끌어들여야 한다. 그는 타자에 대해 체면을 염려하며, 타자에 맞추어 자신의 행동을 조절하고자 한다. 타자에 대해 염려하는 그의 체면 안에는 타자의 시선이 투영되어 있고, 그것을 고려하여 마땅히 해야 할 바를 함으로써, 존중받을 만한 떳떳한 상태를 이루고자 한다. 타자는 이런 요구를 부여하고, 주체가 이런 방향으로 움직이게 촉발하는 윤리적 상대자인 것이다.

그럼에도 불구하고 이 윤리적 관계가 공포를 주는 타자의 성격을 완전히 불식시키지는 못한다. 윤리적 관계가 어울림을 창출하는 유비적 관계라는 점은 공포를 주는 타자의 성격을 남겨둔다. 주체가 체면을 염려하는 윤리적 태도 안에 있더라도 그것은 안전을 구하고자 하는 것이다. 그래서 체면을 차리려는 태도가 지배적인 듯 보이지만, 그 안에 두려움이 웅크리고 있음을 없애지 못한다. "저들이 당분간 나쁜 말을 하지 않고 보호하려 왔다고 가탁하고 있으니 우리는 믿고 의심하지 않는 척하여 이 시기에 무사히 순조롭게 끝나 잃는 것이 없게 해야 합니다." 두려움에 의한 것인 한, 주체는 스스로 '가장하는' 행위를 한다고 여기면서 타자에 대해 윤리적 상대자의 지위를 거절할 수 있다. 바꿔 말해, 서양과 서양화된 일본은 어떤 한 면에서는 주체의 윤리적 태도를 그저 가장으로만 멈추게 하고 그의 기분을 맞춰주는 것으로 폄하하게 할 만큼 윤리 바깥의 자들이다. 타자는 자기자신을 잣대로 유비되어 마땅히 배려해야 하는 윤리적 관계에 놓이더니, 곧 그 윤리적 관계로 포착되지 않는 장소로 옮아간다. 주체는 체면의 떳떳함을 끝까지 밀고나가기는커녕 어느 순간 그 윤리성을 스스로 철회하기 때문이다.

역시 박규수가 대원군에게 부친 또다른 편지의 한 구절을 보자.

춘추 240여 년간에 교빙(交聘)하고 회맹(會盟)하는 것이 열국(列國)의 큰 일이었습니다. 그러나 예로써 하지 않는 일이 없었으니, 예를 잃으면 전쟁이 일어났습니다. 무릇 교린이란 예로써 접대해야 할 뿐입니다. 지금 일본인과 우리가 이웃으로 이삼백 년을 보냈고, 저들이 이미 수호하자는 말을 한다면 설사 거짓이 있어도 우리는 예로써 접대하여 저들이 주장할 말이 없게 하고, 전혀 틈을 못 타게 해야 하며, 그 나중이 어떠할지 살펴보아야 가합니다.[39]

박규수는 오랑캐에 대해 예의를 차려야 하는 작금의 상황을 춘추의 혼란기에 빗대고 있다. 박규수는 그와 조선 조정이 처해 있는 상황이 이전과는 사뭇 달라졌음을 알아채고, 유학자의 교양을 이루는 문헌들을 통해 전승되어온 과거의 천하상을 끌어내고는, 그것을 그가 처해 있는 상황과 대처 자세를 이해·정당화하는 은유[40]로 이용하고 있다. 은유는 처한 현실을 은유의 형상이 가리키는 관념적 질서 안으로 끊임없이 포섭해가는 과정을 가동시킨다. 춘추든 전국이든, 천자를 정점으로 하는 서열적 질서와 일체화된 방대한 예의 체계가 흐트러짐으로써, 인간이 도로부터 멀어진, 천하무도의 혼란기이다. 그러나 나라의 흥망과 직결되는 전쟁이 끊이지 않는 춘추시대에도 예로써 하지 않는 일이 없었으니, 현재에도 예로써 대처해야 변흔의 가능성을 없앨 수 있다는 것이다.

춘추전국이라는 은유야말로, 타자가 윤리적 관계의 상대자인 동시

---

39 春秋二百四十餘年之間 交聘會盟 爲列國大事 而莫非以禮之事也 有失乎禮 則兵戈作焉 凡於交隣 只宜以禮接之而已 目今日人之與我爲隣二三百年 彼旣修好爲辭 則雖其中有詐 而我則以禮相接 使彼無辭可執 無隙可乘 以觀其來後之如何可矣(『환재집』권11 : 7)

40 아리스토텔레스의 『시학』은 은유를 "어떤 사물에다 다른 사물에 속하는 이름을 전용(轉用)하는 것"으로서 정의내리면서, 은유에 능한 것은 "서로 다른 사물들의 유사성을 재빨리 간파할 수 있다는 것을 뜻"하는 것으로서 천재의 표징이라고 평가했다(Aristoteles, 2002). 본문에서는 아리스토텔레스의 이 정의를 이용했다.

에 윤리적 관계 바깥의 두려움을 주는 존재라는 점을 압축적으로 드러낸다. 아울러 이런 상반된 태도가 양립불가능하기는커녕 주체와 서양이 놓인 세계 안에서 이율배반적으로 공존하는 것을 잘 보여준다. 천하무도한 시기인 만큼 주체와 그의 세계는 과거의 모범 및 그것에 깃들인 신성으로부터 튕겨져 나와 있다. 그럼에도 불구하고 교빙하고 회맹함으로써 서로 연결되고 배려하는 관계는 이어진다. 그러나 이는 각자를 타자에 맞춰 제어할 어울림의 상태를 만드는 것이면서 또한 그것을 생존을 위한 방략으로 격하하는 것이기도 하다. 우리는 앞서 신헌과 고종의 대화로부터도 천하를 '전국(戰國)'에 비유하고 조선을 부용국들에 비유하여, 한편으로는 사대교린하고 한편으로는 방어하여 나라를 지켰다는 지침을 끌어내는 모습을 살펴본 바 있다.

춘추전국의 은유는 미국을 비롯한 서양 각국과의 수교를 이끌어낸 만국공법의 이해와 수용의 틀이기도 했다. 한역된 『만국공법』에는 만국공법을 성리학적인 천리의 견지에서 이해시키려는 노력이 두드러짐에도 불구하고,[41] 중국과 조선의 지식인들은 세력균형을 위해 임의적으로 설립된, 춘추전국적인 합종연횡(合從連橫)의 책략으로 이해하는 경향이 농후했다(장인성, 2002·2006). 중국인 장사계(張斯桂)가 쓴 『만국공법』 서문마저 러시아를 진(秦)에, 영국과 프랑스를 각각 초(楚)와 진(晉)에, 미국을 제(齊)에, 오스트리아와 프로이센을 노(魯)와 위(衛)에 비유하면서, 각국이 자국 보존을 위해 지켜야 하는 법으로 만국공법을 소개한다.[42] 조선에서도 '주권'과 같은 개념을 통해 원리적으로 만국공

---

41 마틴이 한역한 『만국공법』에는 번역어로서 천(天), 이(理), 성(性), 공(公), 의(義)와 같은 성리학의 용어들의 사용이 두드러진다. 게다가 첫장에서는 일국의 군왕이 정하는 국내법과 달리 국제법은 "揆之於情 度之於理 深察公義之大道"하여 얻어진 것으로서, "천연지의법(天然之義法)"에 근거한다 함으로써, 그 자연법적 성격을 천리(天理)에 준하는 것으로 끌어올리고 있다. 천연지의법에 근거하며, 또 공의(公議)에 의해 정해지는 것으로서의 만국공법의 성격은 마틴의 번역서 전체에 걸쳐 강조되고 있다.

42 "通觀地球上版圖 大小不下數十國 其猶有存焉者 則特其先王之命 載在盟府 世世守

법을 이해하기보다는 춘추전국 은유 안에서 이해하는 모습이 자주 목격된다. 1876년 1차 수신사로 일본에 파견한 김기수의 『일동기유(日東記遊)』에서도 만국공법은 연횡의 법이다.[43]

연횡이란 합종과 함께 전국시대에 일어났던 열국간의 동맹을 일컫는다. 기원전 4세기 말의 중국대륙은 진(秦), 연(燕), 제(齊), 초(楚), 한(韓), 위(魏), 조(趙) 등 7국이 전국시대를 이루고 있었다. 서쪽으로 진나라가 강대한 세력을 유지하고 있었고, 동쪽으로 나머지 여섯 나라가 남북으로 줄지어 있었다. 소진(蘇秦)은 여섯 나라가 남북으로 합작해서 방위동맹을 맺어 진나라에 대항하는 것이 공존공영의 길이라고 주장하여 이를 '합종'이라 불렀고, 이에 맞서서 장의(張儀)는 약한 나라끼리 합종을 하는 것보다는 개별적으로 강한 진나라와 연합하여 불가침 조약을 맺는 것이 안전한 길이라고 하여 이를 '연횡'이라 불렀던 것이다. 이런 이해와 활용 안에서 만국공법은 천하 안에서 타국과의 연결을 지속하면서 일국으로서 존속하는 한으로서 의의가 있다.

앞서 본 이홍장과 이유원의 편지에서도 이와 같은 점이 발견된다.

① 서양의 통례(通例)로는 이유 없이 남의 나라를 멸망시키지 못합니다. 대체로 각 나라들이 서로 통상을 하면 그 사이에 공법이 자연히 실행되게 됩니다. 작년에 터키가 러시아의 침범을 당하여 사태가 매우 위험하였을 때에 영국, 이탈리아와 같은 여러 나라에서 나서서 쟁론하자 비로소 러시아는 군사를 거느리고 물러났습니다. 저번에 터키가 고립무원이었다면 러시아인들이 벌써 제 욕심을 채우고 말았을 것입니다. 또 구라파의 벨기에

之長享勿替 有淪此盟 神明殛之 卽此萬國律例一書也"(『만국공법』, 序 참조)

43 其所謂萬國公法者 諸國締盟 如六國連衡之法 而一國有艱 萬國救之 一國有失 萬國攻之 無偏愛憎 無偏攻繫 此西人之法 而方規規奉行 不敢有失(『日東記游』卷三「政法二十二則」)

와 덴마크도 다 아주 작은 나라이지만 자체로 여러 나라들과 조약을 체결하자 함부로 침략하는 자가 없습니다. 이것은 모두 강자와 약자가 서로 견제하면서 존재한다는 명백한 증거입니다.(…중략…) 만약 귀국에서 먼저 영국, 독일, 프랑스, 미국과 교통(交通)한다면 일본을 견제할 뿐만 아니라, 러시아인이 넘보는 것도 아울러 막아낼 수 있을 수 있습니다. 러시아도 반드시 뒤따라서 강화를 하고 통상을 할 것입니다.[44]

②그런데 서양의 공법은 이미 이유 없이 남의 나라를 빼앗거나 멸망시키지 못하도록 되어 있기 때문에 러시아와 같은 강국도 대국에서 군대를 철수하였으니, 혹시 우리나라가 무고히 남의 침략을 당하는 경우에도 여러 나라에서 공동으로 규탄하여 나서겠습니까? 한 가지 어리둥절하여 의심이 가면서도 석연치 않은 점이 있습니다. 일본 사람들이 유구(流球)왕을 폐하고 그 강토를 병탄한 것은 바로 못된 송(宋)나라 강왕(康王)의 행동이었습니다. 구라파의 다른 나라들 중에서는 응당 제(齊)나라의 환공(桓公)처럼 군사를 일으켜 형(邢)나라를 옮겨놓고 위(魏)나라를 보호하거나 혹은 일본을 의리로 타이르기를 정(鄭)나라 장공(莊公)이 허(許)나라의 임금을 그대로 두게 한 것처럼 하는 나라가 있음직한데 귀 기울여 들어봐도 들리는 말이 없는 것은 무슨 까닭입니까? 터키를 멸망의 위기에서 건져준 것으로 보아서는 공법이 믿을 만한데, 멸망한 유구국을 일으켜세우는 데는 공법에 그 무슨 실행하기 어려운 점이 있는 것입니까?[45]

---

44 泰西通例 不得無故 奪滅人國 蓋各國互相 通商而公法行乎其間 去歲土耳其爲俄所伐 勢幾岌岌 英奧諸國 出而爭論 俄始領兵而退 向使土國孤立無援 俄人已獨亨其利 又歐洲之比利時丹馬 皆極小之國 自與各與立約 遂無敢妄肆侵陵者 此皆强弱相維之明證也 (…중략…) 若貴國先與英德法美交通 不但牽制日本 並可杜俄人窺伺(『고종실록』, 1879년 7월 19일)

45 且泰西公法 旣不復無故奪滅人國 以俄之强 亦斂兵於大國 則弊邦之無辜 或遇呑噬之毒 亦庶幾諸國之所共禁乎 惟獨有憧憧懷疑 而不釋然者 日人之廢琉王 呑其疆卽桀宋之行耳 歐洲別邦 似宜有齊桓興師遷邢封衛之擧 或義喩日本 俾護置許君 如鄭莊之所

주체에게 만국공법은 만인을 공평히 규율하는 도덕법과 같은 것은 아니다. 약소국은 만국공법에 의존하여 존속하고 그것을 위반하려 하지 않을 테지만, 만국공법은 그 자체로 보편화되고 절대화될 만한 의의를 지니는 것은 아니다. 약자는 약자로서 강자는 강자로서 서로 견제하면서 존재케 한다는 점에서 만국공법은 부강(富強)하려는 사사로운 욕심과 질투어린 경쟁에 의해 유지되는 균세(均勢)의 규칙이다. 그것은 강약이 얽힌 세력관계를 즉 형세를 재편하는(reconstruct) 것이기보다는 조율하는(coordinate) 것이다. 형세를 재편하는 것은 서양의 기운이고 그것을 조율하는 것이 만국공법이라고 할 수 있겠다. 그러므로 만국공법은 새로운 기운에 뛰어든 주체에게 책략과 같은 것으로 운용된다. 이를테면 조선이 미국, 영국, 독일 등과 연결된다면, 일본과의 관계가 자연 조정되며, 러시아도 견제되는 식이다. 그러므로 만국공법은 만국이 합의하여 자율적으로 종속되는 약속과 같은 것도 아니다. 서양의 기운에 참여하고 상호 연결되면서 존속하고자 할 때 필수적으로 따르지 않을 수 없는, 저들의 법이다.

그러나 제환공이나 정장공 같은 춘추시대의 패자들에 빗대지는 한, 서양은 주체 자신에게 일정한 의무를 지는 의리있는 상대자로 설정되고 있다고 할 것이다. 약소국이 만국공법을 준수하는 만큼, 강국은 약소국이 약소국으로 존속할 수 있도록 배려하고 힘써 도와야 한다. 만국공법은 더이상 천리의 절문[天理之節文]은 아니겠지만, 춘추패자의 의리만큼의 규범적 구속력을 요구하게 된다.

만국공법에 의한 국제관계를 춘추전국의 합종·연횡에 빗대는 것은 미국과의 조약체결을 결정짓는 데 큰 영향을 준 『조선책략(朝鮮策略)』에

爲 而側耳 無聞何也 救土國於垂亡 則公法可仗 而興琉邦於已滅 則公法有難行歟 利時丹馬以痊小之國 介於諸大國 賴以强弱相維 而琉王以累百年舊國 不能相維者 以其所處孤另 與各國隔絶 而公法有不及行而然歟(『고종실록』, 1879년 7월 19일)

서도 나타난다. 김홍집의 수신사 활동 당시 만난 청측 인사들은 그들의 주장을 글로 작성하여 김홍집에게 전달하였는데, 황준헌의 『조선책략』이 그것이었다. 『조선책략』이 제시하는 정세와 그 대처방향은, 김홍집이 제출한 복명서와 수행 사절들의 문견사건(聞見事件), 청측 인사들과의 대화를 기록한 「대청흠사필담」와 함께, 고종과 그 지지자들에 의해 신뢰할 만한 것으로 간주되었다(『승정원일기』, 1880년 9월 8일 차대 참조). 『조선책략』은 춘추전국적 천하 및 합종연횡의 법으로서의 만국공법을 제시하고,[46] 진에 유비되는 러시아를 견제하기 위한 친중국(親中國), 결일본(結日本), 연미국(聯美國)을 계책으로 제시하였다. 여기에는 무엇보다도 안전에의 고려가 관건적이다. 이렇게 연결하지 않으면 고립무원이 불가피하다는 것이다. 그러나 고립무원으로부터의 탈피는 타자들과의 윤리적 관계를 충실히 함으로써 획득된다. 조선 조정은 중국과 사대·번속의 관계를 지속함으로써 친중국하고, "마땅히 삼가 충실히 조약을 지켜 저들(일본-인용자)이 도리에 따르는 것을 힘써 보호해"줌으로써 결일본하며, "신의가 두드러지는" 미국과 서로 이롭게 함으로써 연미국한다.

① 서양의 통례는 양국이 전쟁을 할 때 국외의 나라는 그 사이에서 중립하고 치우쳐 도울 수 없지만, 속국만은 이 규정에 있지 않다. 오늘날 조선은 중국을 섬기기를 마땅히 예전보다 더하여 천하의 사람들로 하여금 조선이 우리와 더불어 정의가 한 집안 같음을 깨닫게 한다면 대의가 밝혀지고 성원이 절로 씩씩해질 것이다. 러시아인들도 그 형세가 외롭지 않음을 알고 조금은 머뭇거리고 기피함이 있을 것이다.[47]

---

46 泰西公法 毋得剪滅人國 然苟非條約之國 有事不得與聞 此泰西諸國 所以欲與朝鮮結盟也 欲與朝鮮結盟者 欲取俄國一人欲佔之勢 與天下互均而維持之也(『朝鮮策略』; 송병기 편역, 2000에 수록)

②조선으로서는 다만 마땅히 삼가 충실히 조약을 지켜 저들이 도리에 따르는 것은 힘써 보호해주어야 할 것이며, 그런 뒤에 저들의 무례한 것은 엄히 처리할 것을 요청해야 할 것이다. 아마도 정의(情誼)가 서로 들어맞아 함께 의심이 풀릴 것이다.[48]

③오직 미국만이 스스로 신의가 두드러진다고 여기고 있으며, 오랫동안 중·일 양국이 신복하는 바 되어 옥백으로 맹약할지언정 병대와 수레로 하지 않기 때문에 그가 오는 것도 홀로 앞섰던 것이다. 그러므로 미국이 오는 것은 다만 우리를 해칠 마음이 없을 뿐만 아니라, 또한 우리를 이롭게 하려는 마음이 있다. 저들이 우리를 이롭게 하려는 마음으로 왔는데, 도리어 이익을 도모한다고 의심하거나 우리를 해친다고 의심하는 것은 곧 시무에 통달하지 못한 말이다.[49]

그럼에도 불구하고 혼란스런 전국(戰國)의 천하 안에서 정당화되므로 만국공법에 대한 불신은 흔한 의견이다. 이유원이나 고종뿐만 아니라, 강위나 김윤식, 박영효(朴泳孝)처럼 서양과의 입약통상에 적극 찬성한 이들이나 『한성순보(漢城旬報)』, 『한성주보(漢城周報)』의 기사들조차 만국공법을 비난한다.

①비록 맹약을 체결한 뒤라 할지라도 문득 작은 이해관계에 따라 움직

---

47 泰西通例 兩國戰爭 局外之國 中立其間 不得偏助 惟屬國則不在此例 今日朝鮮之事 中國 當益加於舊 務使天下之人曉然於朝鮮與我 誼同一家 大義已明 聲援自壯 俄人 知其勢之不孤 而稍存顧忌(『朝鮮策略』; 송병기 편역, 2000에 수록)
48 爲朝鮮者 但當恪修條約 於彼之循理者 力加保護 然彼後於彼之無禮者 嚴請究辦 庶 情誼相孚稱 俱無猜矣(『朝鮮策略』; 송병기 편역, 2000에 수록)
49 惟美國自以爲信義所著 久爲中東兩國所信服 欲以玉帛 不以兵戎 故其來獨先 然則 美國之來 非特無害我之心 且有利我之心 彼以利我之心來 反疑爲圖利 疑爲害我 是 不達時務之說也(『朝鮮策略』; 송병기 편역, 2000에 수록)

여서 만국이 일체라는 큰 도량은 염두에 두지 아니하고 작은 꼬투리를 잡고 군사를 일으켜서 몇 년씩이나 동원합니다. 그런데 기계는 더욱 정밀하고 이동하고 공격하는 것은 더욱 빨라지고 군사작전의 범위는 더욱 넓어졌기에 사람을 죽이는 것은 더욱 많아집니다. 또 성을 도륙하고 나라를 멸망시키면서도 전혀 불쌍하게 여기는 마음이 없습니다. 그리하여 이웃나라를 두려움에 떨게 만들고 천하의 기대를 저버리고 있는 것입니다. 힘만 있고 덕은 없으며, 작은 나라가 큰 나라를 부리고, 약했던 나라가 강했던 나라를 부리고 있으니 맹자가 이른 바 무도한 시대입니다. 대저 춘추 시대에 패자들이 거짓 명분을 내세우고 일으킨 군사라 할지라도 이 지경에 이르지는 아니하였을 것입니다.[50]

② 조약과 공법이란 다만 부강한 자들이 자기들의 잘못을 합리화하고, 남을 꾸짖는 도구일 뿐이며, 또 부강한 자들이 말을 빌려 저희들에게만 편리하게 하는 방편에 불과할 뿐이다. 아, 유럽인들이 동쪽으로 온 뒤 비록 조약을 체결하고, 공법을 준행한다고 하였으나 그 행위를 규명해보면 우리를 능멸하고, 압박하지 않음이 없으니 이러고서도 조약을 체결하여 천하에 신(信)을 세우고 공법을 신봉하여 천하의 공(公)을 행했다고 할 수 있겠는가.[51]

---

50 雖在盟約之後 輒動於小利害 而不顧萬國一體之大度 微言起釁 積年搆兵 器械益精 步伐益捷 韜略益廣 而殺人益衆 屠城夷國 而全無嘉矜之意 使隣壘寒心 而天下缺望 以力不以德 小役大 弱役强 孟氏所謂無道也 夫以春秋覇者之謫兵 不至於此(「復長崎縣令內海忠勝君」, 『古歡堂集』; 주승택, 1991에서 재인용)

51 公法也 適足爲富强者 恕己咎人之具 亦不過爲富强者 藉辭占便之方也 嗚呼 自歐人東渡以後 雖云結條約奉公法 而究所行 無非凌茂我 要挾我 是謂結條約而立天下之信 奉公法而行天下之公乎(『한성주보』 1886년 5월 24일, 「論西日條約政証案」) 비슷한 비판으로는 『한성주보』 1886년 3월 8일 「論天下時局」 참조. 『한성주보』보다 앞서 발간된 『한성순보』에도 당시 진행되고 있던 중국-프랑스의 전쟁과 관련해 만국공법 및 공법을 지키지 않는 폭력적인 서양 나라들에 대한 비판이 많다. 대표적으로 1883년 12월 20일 「銷兵議」; 1884년 1월 8일자 「防佛論」; 1884년 9월 29일자 「防俄助法論」 등 참조.

③지금 천하의 모든 나라는 옛날 전국시대 열강들과 같습니다. 한결같이 병세(兵勢)를 으뜸으로 삼아 강한 나라는 약한 나라를 병합하고 큰 나라는 작은 나라를 삼키고 있습니다. (…중략…) 비록 만국의 국제법과 균세(均勢), 공의(公義)가 있긴 하지만, 나라에 자립·자존의 힘이 없다면 반드시 영토의 삭탈과 분할을 초래하게 되어 나라를 유지할 수 없게 됩니다. 국제법과 공의는 본래 믿을 만한 것이 못되는 것입니다. 구라파의 개명하고 강대한 나라로서도 역시 패망을 맛보았는데, 하물며 아시아의 개명되지 못한 약소국이야 두말할 나위가 있겠습니까? 대체로 구라파인들은 입으로는 법과 도리를 일컫지만 마음속으로는 잔인한 짐승(虎狼)의 마음을 품고 있습니다.[52]

그러나 춘추전국의 은유를 가동하며 만국공법과 서양의 강국들을 비난할 수 있는 것은 서양이 잔인한 짐승에 비견될 만큼 윤리 바깥의 존재라는 것을 깨달음과 이울러 서양에게 그러한 비난을 가할 수 있을 만큼의 책임을 부여하고 있기 때문일 것이다. 비난을 가할 수 있을 만큼 서양은 윤리적 관계의 상대인 것이다. 비난을 가할 수 있다는 것은 옳음의 윤리적 기준이 작동한다는 것인데, 그 윤리적 기준은 만인을 똑같이 대하는 동일률로 드러나기보다는, "불쌍하게 여기는 마음", "덕", "신

---

52 方今宇內萬國 猶昔之戰國也 一以兵勢爲雄 强者并其弱 大者舌其小 (…중략…) 雖有 萬國公法 均勢公義 然國無自立自存之力 則必致削裂 不得維持 公法公義 素不足以 爲恃也 以歐洲文明强大之國 亦見敗亡 況亞洲未開弱小之邦乎 大凡歐人 口稱法義 心懷虎狼(『日本外交文書 : 韓國篇』, 4책, 220쪽) 인용된 이 구절을 사회진화론의 영향으로 파악하는 연구가 있다(전복희, 1996 참조). 그러나 1888년의 박영효가 사회진화론의 영향을 받았다는 것은 당시 일본에서 사회진화론이 유행했다는 막연한 영향관계 외에 적절한 증거가 없다. 그리고 사회진화론의 뉘앙스로 읽힐 수 있는 '약육강식(弱肉强食)'이라는 말은 이미 개항 이전부터 자주 쓰이던 상용구였을 뿐더러, 이 인용문에서는 '전국'이라는 은유와 짝을 이루며 의미를 얻고 있다. 서양이 주도하는 천하를 약육강식의 무도한 상태로 묘사하는 것은 1876년부터 상용된 춘추전국의 은유가 내포하던 것이다. 그러므로 박영효 자신이 당대의 천하를 전국시대에 비교하고 있듯이, 박규수 이래의 춘추전국의 은유가 전개하는 의미론으로 귀속시켜야 할 것이다. 한국에 사회진화론이 본격적으로 유입된 것은 주지하듯, 1905년 이후이다.

(信)"과 같은 관계 속에서의 배려의 태도로 나타난다. 이런 태도가 발휘
된다면 강자와 약자가 조율 속에 어울리는 상태가 만들어질 것이나, 강
자의 위력은 남겨진다. 여전히 서양은 유비되는 윤리적 관계의 상대자
인 동시에 그 위력이 제어되지 않는 윤리적 관계 바깥의 자들이다.

1882년 임오군란 후 내려진 고종의 교서[53]에서도 춘추전국의 은유
가 가동됨과 함께 서양에게 윤리적 관계의 상대자 못지않게 윤리 바깥
의 공포라는 두 가지 의미작용이 맡겨져 있음을 알 수 있다.

근년 이래로 천하의 대세는 옛날과 판이해졌다. 영국·프랑스·미국·
러시아 같은 구미 여러 나라에서는 정교하고 이로운 기계를 새로 만들고
나라를 부강하게 만드는 사업에 최선을 다하고 있다. 그들은 배나 수레를
타고 지구를 두루 돌아다니며 만국과 조약을 체결하여 병력으로 서로 견
제하고 공법으로 서로 대치하는 것이 마치 춘추열국의 시대를 방불케 한
다. 그러므로 천하에서 홀로 존귀하다는 중화도 오히려 평등한 입장에서
조약을 맺고, 척양에 엄격하던 일본도 결국 수호를 맺고 통상을 하고 있으
니, 어찌 까닭 없이 그렇게 하는 것이겠는가? 참으로 세(勢)로 보건대 부득
이하기 때문이다. 드디어 우리나라도 병자년 봄에 거듭 일본과 강화도조
약을 맺고 세 곳의 항구를 열었으며, 이번에 또 미국·영국·독일 등 여러
나라와 새로 화약을 맺었다. 이것은 처음 있는 일이니 너희 사민(士民)들
이 의심하고 비방하는 것도 이상할 것이 없다. 그러나 교제의 예는 똑같이
병능하게 하니 의리로 헤아려볼 때 장애될 것이 없고, 공사를 주둔하는 의
도는 본래 상업활동을 보호하는 데 있으니, 사세(事勢)를 놓고 참작하더라
도 또한 걱정할 것이 없다. 교린(交隣)에 도가 있음은 경전(經典)에 실려 있
는데, 우활하고 깨치지 못한 유자(儒者)들은 송(宋) 나라 조정에서 화의(和

53 이 교서는 김윤식이 대필한 것으로 알려져 있고, 『운양집』에 이것과 거의 같은 내용
의 교서가 실려 있다(『김윤식전집』 2, 「曉諭國內大小民人」 참조).

議)를 하였다가 나라를 망친 것만 보고 망령되이 끌어다 비유하면서 번번이 척화(斥和)의 논의에 부치고 있다. 상대쪽에서 화의를 가지고 왔는데 우리 쪽에서 싸움으로 대한다면 천하가 장차 우리를 어떤 나라라고 말할지를 어찌하여 생각지 않는단 말인가? 고립무원(孤立無援)하여 만국과 틈이 생겨 공격의 화살이 집중되면 패망할 것이다. 그러나 조금도 후회하지 않는다면 의(義)에 있어서도 과연 무엇에 의지한 것이겠는가? 의론하는 자들은 또 서양 나라들과 수호를 맺는 것을 가지고 점점 사교(邪敎)에 물들 것이라고 말하고 있다. 이는 진실로 사문(斯文)을 위해서나 세교(世敎)를 위해서나 깊이 우려되는 문제이다. 그러나 수호를 맺는 것은 수호를 맺는 것이고, 사교를 금하는 것은 사교를 금하는 것이다. 조약을 맺고 통상하는 것은 다만 공법에 의거할 뿐이고, 애초에 내지에 전교를 허락하지 않고 있으니, 너희들은 평소 공맹의 가르침을 익혀왔고, 오랫동안 예의의 풍속에 젖어왔는데, 어찌 하루아침에 정도를 버리고 사도(邪道)를 따를 수 있겠는가? (…중략…) 참으로 안으로 정교(政敎)를 닦고 밖으로 이웃과 수호를 맺어 우리나라의 예의를 지키면서 부강한 각 나라들과 대등하게 하여 너희 사민들과 함께 태평 성세를 누릴 수 있다면 어찌 아름답지 않겠는가? 지난번에 교화하기 어려운 자들을 익히 보고 백성들의 마음이 안정되지 않아 마침내 6월의 변고(임오군란—인용자)가 일어나 이웃 나라에 신의를 잃고 천하에 비웃음을 사게 되었다. 나라의 형세는 날로 위태로워지고 배상금은 거만(鉅萬)에 이르렀으니 어찌 한심하지 않겠는가? 일본 사람들이 우리나라에 들어와서 언제 우리를 학대하고 모욕하며 화의에 어긋난 일을 한 적이 있었는가? 그러나 다만 우리 군민들이 함부로 의심해서 멀리하고 오랫동안 분노를 품고서 이렇게 까닭없이 먼저 범하는 행동이 있게 되었다. 그 잘못이 누구에게 있는지를 너희들은 생각해보라.[54]

---

54 挽近以來 宇內大勢 逈異前古 歐米諸國 如英如法如美如俄 創其精利之器 極其富强
之業 舟車遍于地毬 條約聯于萬國 以兵力相衡 以公法相持 有似乎春秋列國之世 故

고종의 이 교서는 조선 조정과 국왕의 개화정책으로의 전환을 본격적으로 알리는 중요한 문헌으로 평가된다. 임오군란 뒤, 대원군이 보정부(保定府)로 압송되고, 청과 일본의 군대가 도성을 행진하는 가운데 고종은 이 교서를 발표하여 외국과의 수교와 교류의 필요성을 설득하고, 신미양요 이후 전국에 세웠던 척화비를 모두 뽑아버릴 것을 지시하였다. 이 교서에 호응하듯, 1882년 8월부터『이언(易言)』등의 책자에 영향받은 지석영(池錫永), 고영문(高穎聞), 윤선학(尹善學), 변옥(卞鋈) 등의 개화 상소들도 연이어 올려졌다.

많은 연구(이광린, 1989e; 권오영, 1990; 김문용, 1998; 김현식, 2006 등)에서 이 교서는 '서양의 교(敎)는 배척해야 하지만, 기(器)는 마땅히 수용해야 한다'는 이른바 동도서기론(東道西器論)의 요체가 들어 있는 것으로서 그 의의가 요약되기도 한다. 그러나 교서 전체를 놓고 볼 때 그런 내용은 일부분에 불과하고, 서양과 수교하는 것이 의리에 어긋나지 않으니, 그 관계의 규칙들을 준수하여 일본인들과 서양인들을 배척하지 말라는 것이 주된 내용이다. 이 점을 잘 드러내기 위해 위 인용문에서 '서양의 교(敎)는 배척해야 하지만, 기(器)는 마땅히 수용해야 한다'는 내용 부분[55]은 잠시 생략되었다. 위 인용문에서 잘 볼 수 있듯이 그 부분을

以中華之獨尊天下 而猶然平等立約 以日本之嚴於斥洋 而終亦交好通商 是豈無自而然哉 誠以勢不得已也 肆肆我國 亦於丙子之春 重講日本之好 許開三處之港 今又與美英德諸國 新定和約 事係創有 無怪乎爾士民之疑且謗也 然交際之禮 均係平等 則揆以義理 無所窒礙也 留駐之意 本在護商 則參以事勢 亦無虞也 交隣有道 揭在經典 而迂滯之儒 徒見宋朝和議之誤國 妄爲援譬 輒附斥和之論 何不思人以和來我以戰待 則天下其將謂何如國也 孤立無援 生釁萬國 致衆鏑之交集 自分敗亡 而不少悔恨 於義果何據也 議者又以聯好西國 謂將漸染邪敎 此固爲斯文爲世敎深長慮也 然聯好自聯好 禁敎自禁敎 立約通商 只據公法而已 初不許傳敎內地 則爾等素習孔孟之訓 久沐禮義之俗 豈或一朝捨正而趨邪乎 (…중략…) 誠能內修政敎 外結隣好 守我邦之禮義 侔各國之富强 與爾士民 共享昇平 則豈不休哉 乃者習見難化 民志靡定 逐有六月之變 失信隣國 貽笑天下 國勢日以委業 貽辱至於鉅萬 寧不寒心 日人之入我國 何曾虐我侮我 有乖和好 而特以軍民之妄生疑阻 積懷忿怒 有此無故而先犯 爾等思之 其失在誰(『고종실록』, 1882년 8월 5일;『승정원일기』, 1882년 8월 5일)

생략해도, 주된 내용은 별다른 손상을 입지 않는다. 즉 교서가 설득력을 발하려는 지점은 '서양의 교(敎)는 배척해야 하지만, 기(器)는 마땅히 수용해야 한다'는 내용과 별도로 추적될 필요가 있다.

위 교서에서 서양은 먼저 천하의 대세를 바꾼, 그리하여 그런 사대교린의 예와 그것에 근거한 주체의 자존감을 무력하게 하는 우월한 세력으로 간주되고 있다. 서양과의 수교는 세부득이(勢不得已)한 일로 받아들여진다. 서양 나라들이 "마치 춘추열국의 시대를 방불케 하는" 변화된 천하에서 그리고 만국이 평등하게 조약을 맺고 병력과 공법으로 대치하는 천하에서 중국마저 저들에게 무릎을 꿇고 화약을 맺었다.

하지만 사세(事勢)에 맞게 실행되는 서양 각국과의 수교가 '의리'에도 어긋나지 않는다고 말하는 것이 이 교서의 주된 내용이다. 서양과의 관계에 '의리'의 차원을 설정함에도 불구하고, 위 교서에서는 이같은 '의리'와 공맹의 가르침을 익히며 오랫동안 젖어온 '예의', '사문(斯文)'을 구별짓고 있다. 수호하는 의리는 사세에 맞는 것이지만, 예의와 사문은 오랫동안 지켜온 것이다. "수호를 맺는 것은 수호를 맺는 것이고, 사교를 금하는 것은 사교를 금하는 것"이며, 수호하는 의리가 오랜 공맹의 도 및 예의의 풍속까지 침해하지는 못한다고 주장한다. 공법에 의거해 조약을 맺고 통상을 한다고 해도, 공맹의 가르침과 예의를 벗어버리는 것은 아니라는 것이다. 교(敎)는 배척하되 기(器)는 받아들인다는 주장 못지않게 서양과의 수교가 의리에는 맞되, 공맹의 도와 오랜 예의의 풍속과는 구별된다는 이와 같은 발언들도 주목되어야 할 것

---

55 생략된 해당 내용은 다음과 같다. 且見器械製造之稍效西法 則輒以染邪目之 此又不諒之甚也 其敎則邪 當如淫聲美色而遠之 其器則利 苟可以利用厚生 則農桑醫藥甲兵舟車之製 何憚而不爲也 斥其敎而效其器 固可以竝行不悖也 況强弱之形 旣相懸絶 苟不效彼之器 何以禦彼之侮而防其覬覦乎. 이는 『고종실록』과 『승정원일기』, 1882년 8월 5일자에 실린 이 반교문 전체 836자 중의 108자에 불과하다. 나머지는 모두 서양과의 수교를 의리와 안전의 관점에서 수용하라는 내용이다.

이다. 그러나 유교경전상의 의미로 보자면, '의리'도 타자와의 구체적 관계 안에서 자신의 처신을 마땅하게 유지하는 것이고, '예의'도 타자와의 관계 안에서 마땅함을 헤아리고자 전승되는 예(禮)를 적용하는 것이다. 분명히 '의리'의 의로움은 옛 성인의 도와의 연결점을 간직하고 있다. 그러나 이 교서에서는 암묵적으로 서양과의 교제는 사세(事勢)에 맞는 의로운 것이지만, 공맹의 도는 정도(正道)이고 예의를 일러주기 때문에 고수되어야 할 것으로 나타난다.

주체는 물론 의(義)의 경전상의 의미를 가지고 이 구절을 정당화할 수 있다. 의(義)에는 유연한 상황적응성의 의미(sense)가 들어 있어서, '가한 것도 없고 불가한 것도 없는[無可無不可]'한 공자의 태도(『논어』「里仁」10장)가 의로운 것이기는 하다. 그러나 주체는 위 교서에서 화호의 의리가 춘추열국을 방불케 할 만큼 인륜상의 위치를 흐트러뜨리며 등장한 오랑캐와 관계하는 데 관철됨으로써 무도한 천하에 참여하고 있는 데 대해서는 눈감고 있다. 주체가 염려하고 있는 바는 그의 체면과 안전이다. 주체는 성인의 도가 무력해지는 천하에 참여하고 있고 거기에 일정한 윤리적 관계를 부여함으로써 자신의 운신의 폭을 보장하고 싶어한다. 적어도 주체는 서양 오랑캐와의 교제가 마땅하고 의롭다는 감각 속에서 존속하고자 한다.

요컨대 서양과의 관계는 윤리적 관계이기는 하나, 이를테면 언제나 괄호친 가위표(X)가 함께 따라오는 듯한 것이다. 서양이 중심이 된 새로운 세계의 수용은 낯선 타자에 대한 윤리적 주체의 행동을 열어줄 유사규범적 교량을 통해 이뤄지나, 이 교량은 만인을 동등히 대하는 공평한 입법이 아니라 차이를 유지한 채 어울림의 상태를 창출하는 데 맞춰져 있어 타자의 위력을 윤리 바깥에 남겨두기 때문이다. 더욱이 과거의 모범으로부터, 성인의 도로부터 벗어나 있어, 서양과의 윤리적 관계는 안전을 위해 수용해야 하는 것으로서 윤리성이 철회되거나 적어도 약화된다.

한편 윤리적 상대자인 동시에 안전을 위해 연결되어야 하는 자라는 서양의 의미작용 속에서 양자의 이율배반을 완화할 하나의 유토피아적 이미지, 즉 매우 강하지만 침략을 모르는 공평한 나라의 이미지가 떠오를 수 있다. 개화기의 많은 문헌에서 미국이 그런 이미지에 접근한다. 이런 통념은 1880년대와 90년대 내내 꽤 널리 퍼져 있었다. 『조선책략』에서도 미국은 "종횡으로 치고 물어뜯는" 천하의 서양 나라들 중 가장 의리 있는 나라로 추켜세워지며, 서양과 연결되는 첫 단계인 연미국은 순전한 인의의 관계인 양 다루어진다. 『윤치호 일기』, 김옥균의 글, 『한성순보』 등에서도 비슷한 내용을 발견할 수 있다.[56]

영선사로 활동하던 당시 이홍장에게 부친 김윤식의 편지에서도 이런 점을 살펴볼 수 있다. 1881년 윤7월에 임명된 영선사 김윤식은 그가 띤 특별한 임무에 따라 (1882년 윤7월 귀국하기까지) 이홍장과 보정(保定)과 천진에서 7차례 회담하여 수교과정을 진전시켰다. 이중 첫 번째 만남 뒤 이홍장에게 보낸 김윤식의 편지 중에는 미국에 대해 공(公), 화(和), 예공(禮恭)과 같은 유교적 가치가 부여되어 있는 곳이 있다. 해당 부분

---

[56] 『해국도지』 이후 각종 신서들에서 미국은 무력을 앞세워 지구 각지로 진출하는 다른 서양 나라들과 달리 비폭력적이고 평화적 교섭에 힘쓰는 나라로 묘사되었다. 또 대통령을 세습하지 않고 백성 중에 선출하는 모습은 중국 고대의 선양(禪讓)을 숭상하던 유자들에게 감탄을 자아냈다. 장사계(張斯桂)가 쓴 『만국공법』「序」에는 미국이 다음과 같이 설명되어 있다. "미국은 처음에는 영국에 속했으나 나중에 워싱턴이라는 사람이 있어 가혹한 정치를 근심하고 대의를 주창하여 8년간의 참혹한 전투를 치르고 나서 나라를 세웠다. 관천하는 일찍이 없었고 가천하는 엄연히 선의 유풍이었다. 관리는 민중에서 구하고 병사는 농사에 부치니 안으로 자금을 대고 백성을 어루만지는 데 다른 사람의 힘을 전혀 빌리지 않고, 밖으로 지키는 데 있어 남의 땅을 넘보지 않는다. 워싱턴은 백왕보다 뛰어나다(美利堅初爲英之屬地 嗣有華盛頓者 憫苛政倡大義 鏖戰八年 而國以立 而官天下未嘗家天下儼然 禪之遺風 且官則選於衆 兵則寓於農 內資鎭撫而不假人尺寸柄 外扞强禦 而不貪人尺寸土 華盛頓邁百王哉)."(『만국공법』「序」) 미국에 대한 우호적 평가를 담은 조선측 문헌으로는 『윤치호일기』, 1884년 3월 4일; 『김옥균 전집』, 「致沁留書第一函」; 『한성순보』, 1883년 10월 31일 등 참조.

을 보면 다음과 같다.

저희 나라는 오랫동안 약해져서 급히 떨쳐 일어나기 어렵습니다. 권해주신 통상, 연병은 바로 효과를 볼 수 있는 일이 아닙니다. 지금의 도는 오직 한 나라를 골라 좋게 수교하고 신(信)을 강구하며 화목을 닦는 것입니다. 뒤따라서 성글고 잃은 것을 미봉함으로써 만일의 사태에 대비하고, 바라건대 목하의 급무도 할 수 있게 됩니다. 태서제국 중 미국이 나라도 부유하고 군대도 강하나 마음이 공평(公)하고 본성이 조화롭다(和)고 오랫동안 들어왔습니다. 나라가 부유하니 탐욕이 적고, 군대가 강하니 믿을 만하며, 마음이 공평하니 일처리가 평안(平)하고 본성이 조화로우니 예의가 공손(禮恭)합니다. 또 근일에는 자못 중화의 풍속을 염모하여 경서를 구매한다고 들었습니다. 주공의 도가 서양에 미칠 이치가 반드시 없을 수만은 없습니다. 먼저 미국에 통교하여 공평한 조약을 세우고 나중에 찾아오는 자들로 하여금 형식을 좋게 하여 우리의 자주의 권에 무해하게 하는 것입니다. 이는 급무이며 가장 먼저 해야 하는 일입니다.[57]

김윤식의 어조는 매우 다급하다. 통상과 연병을 통해 국세(國勢)를

---

57 小邦積弱之餘 急難自振 縱云通商練兵 非可時月見效 爲今之道 惟有擇邦 善交講信 修睦 從以彌縫疏失以備陰雨 庶幾爲目下之急務 而泰西諸國中 久聞美邦 國富兵强 心公性和 國富則少貪 兵强則恃心 公則處事平 性和則集禮公 且聞近日頗艶慕華風 購買經籍 周孔之道 未必無西被之理 先通美國 公平立約 俾嗣後來款者 一遵成式 無害我自主之權 此又急務 最當先者也(『김윤식전집』 2, 「上北洋大臣李鴻章書」) 비슷한 이야기가 『속음청사』 6권의 「天津奉使緣起」에도 나온다. "미국은 구라파제국에 비교하면 가장 공평하고 순하며 착하다. 또한 재물이 풍족하니 남의 땅을 탐하는 욕심이 없다. 먼저 미국과 통상하고, 좋은 조약을 맺고 사후에 다른 나라와 입약하면 역시 이전의 소홀함을 다 비추고 장차의 걱정이 없을 것이다. 또 미국인들은 남의 분쟁을 풀어주는 것을 좋아하니 각국이 능멸하고 모욕을 가하는 것을 용납지 않을 것이다. 이것이 미국과 연결하는 것의 이익이다美國比歐洲諸國 最爲公平順善 又富於財 無貪人土地之欲 先與美國商立善約, 則嗣後他國立約 亦將悉照前藁 無見欺之患 又美人好排難解紛 必不容各國偏加凌侮 此聯美之利也."

강화하기에는 적약지구(積弱之久)가 너무나 심하다. 스스로 강해질 수 없다면, '좋은 나라'를 택해 수교를 하고 신(信)을 강구하고 화목을 다지는 것이 요구된다. 그런 좋은 나라로 선택된 것이 미국이다. 공(公)과 화(和), 예공(禮恭)은 이쪽에서 친해지고자 하는 상대를 칭찬하는 말, 다시 말해 전에는 친한 바 없었으나 다급하게 친해져야 하는 이를 칭찬하는 내용이다.

그러나 서양의 오랑캐일 뿐인 미국이 지극히 공평무사하다는 견해는 사실상 모순적이다. 김윤식의 이 글은 이 모순을 해소하기는커녕 이 모순을 유지하면서 모순이 나름의 역할을 하도록 놔두고 있다. 특히 이렇게 미화된 미국은 서양과의 관계맺기가 수반하는 온갖 곤란을 잠시 무마하는 역할을 하고 있다. 조선 조정은 춘추전국적 천하 안에서 윤리적 관계를 맺음으로써 자신의 안전을 구하고자 하나, 만국공법의 규범성은 그리 안정적이지 않으므로 자칫 월남과 마찬가지로 굴욕당하다가 마침내 병합당할 우려가 있다. 그렇다고 서양 나라들을 오랑캐로 배척할 수도 없는 노릇이다. 강하나 또한 더없이 의리있는 미국은 조선 조정의 안전과 체면을 동시에 구해줄 수 있다. 미국은 만국공법의 불안정성을 보완할 것이며, 그것에 비교적 안정적인 의리의 성격을 부가할 것이다. 그래서 조선 조정은 만국공법 및 서양에 대해 이타적 배려의 자세를 가지고 신의롭게 대할 수 있을 것이다.

공평한 나라 미국은 바로 안전을 위해 요청되는 서양과의 관계에서 주체가 윤리적으로 행동하기 위해 설정된 한계점, 일종의 유토피아라고 할 수 있다. 미국은 주공의 도를 따르지는 않지만 그 도 바로 옆에 있는 듯 보인다. 미국을 공평한 나라로 보고 예의있게 행동하는 한, 여기에는 안전의 고려 때문에 강한 오랑캐에게 고개를 숙인다는 굴욕감은 덮어진다. 공평한 미국과의 관계에서는 윤리적 공간이 확대되리라 기대된다.

3) 주체는 서양 앞에서 윤리적 의무를 지다가 그 의무를 책략으로 변환한다

윤리적 관계의 확장을 가져온 이러한 중층적 배치 속에서 주체의 태도 및 위치를 좀더 명확히 해보자. 주체는 자기자신을 잣대로 삼아 타자의 입장을 추체험하여 헤아리고, 타자가 원하는 바를 해주고자 한다. 유비를 통해 타자와의 어울림의 상태를 들여와서, 그 관계를 조율하고 책임지는 자로 자기자신을 설정한다. 그리하여 타자의 반응으로부터 주체 자신의 체면을 돌아보고 나의 무례함을 인정한 뒤, 타자의 반응을 이해할 만한 것으로, 그리고 자기자신의 행동을 무례한 것으로 만드는 관계의 맥락을 발견하고 그 안에서 의무를 할당하는 것이다. 그러나 이런 어울림은 공포를 불러일으키는 타자의 위력을 소거하지 않으며, 윤리적 배려를 안전을 위한 것으로 축소할 수 있다. 윤리적 관계를 설립하게 한 것은 무엇보다도 강한 타자를 수용하는 데 있기 때문이다.

이런 요점들을 염두에 두면서, 공포를 주는 타자에 대해 스스로의 안전을 고려하는 것이 윤리적 태도를 갖게 하는 것으로 이어지는 과정을 좀더 명료히 살펴보고자 한다. 특히, 공포 및 안전에의 고려가 윤리적인 것으로 번역되는 과정, 즉 자기자신을 새로이 발견하고 조형하며 옳음으로 지향시키는 과정, 다시 말해 체면을 차리게 되는 과정에 주의를 기울이고자 한다. 주체가 윤리적 자세일 때, 타자의 공세를 예방하고 자기자신을 보존케 하려는 것 못지않게 타자로부터 자기자신을 한정해내고 스스로에게 의무를 부과하며 스스로를 새로이 형성해내는 태도가 수반되리라 여겨지기 때문이다.

1880년 9월 8일, 수신사 김홍집의 복명 뒤 열린 조정 회의에서 국왕과 영의정 이최응은 수신사의 활동 및 러시아의 위협을 거론하며 다음과 같은 대화를 주고받는다.

임금이 말했다. "방비책은 어떠한가?"

최응이 말했다. "방비책을 우리 스스로가 어찌 강구하고 마련하는 바가 없겠습니까마는 청인의 책 속의 논설이 이와 같이 비진(備盡)하고 이미 남의 나라에 건네주었으니 심히 보는 바가 있어서 그렇게 한 것입니다. 그 가운데 믿을 만한 것은 믿어서 채용해야 할 것이나 우리나라 사람들은 반드시 이를 믿지 않아 장차 휴지가 될 따름입니다. 6월에 미국이 동래에 왔을 때 이는 본래 원수의 나라가 아니었습니다. 저들이 만약 서계를 동래부에 바쳤다면, 동래부에서 이를 받았더라도 불가할 것이 없었으며, 예조에 바쳤다면 예조에서 이를 받았어도 가(可)했습니다. 그런데 서양 나라라 일컬어 거절하여 받지 않았고, 이어 신문지에 전파되어 마침내 수치와 모욕을 당하였습니다. 만약 원수의 나라로 말한다면, 일본이 참으로 대대로 내려오는 원수의 나라입니다. 미국이 어떤 풍문이 있기에 원수 나라로 일컫습니까? 유원지의(柔遠之義)에 있어서도 아마도 흔단(釁端)을 일으키는 것은 불가합니다."

임금이 말했다. "미국을 어찌 원수의 나라라고 말할 수 있겠는가?"

최응이 말했다. "성교가 진실로 옳습니다. 우리나라 풍습이 본래 이와 같아 천하의 비웃음거리가 되고 있습니다. 비록 서양 나라로서 말할지라도 본래 은혜나 원수짐이 없었는데, 처음에 우리나라의 간사한 사람들로 말미암아 강화, 평양 사건과 같은 분쟁에 이르게 된 것입니다. 이는 곧 우리나라가 스스로 반성해야 할 것입니다. 몇 년 전 서양인을 압송할 때 중국의 자문으로 인하여 좋은 모습으로 두루 처리하였습니다. 대저 서양 배가 경내에 들어오면 번번히 사학으로서 입에 오르지만, 양인이 중국에 들어와 살고 있으나 아직 중국 사람이 모두 사학이 되었다고는 듣지 못했습니다. 이른바 사학이라는 것은 마땅히 배척할 따름이며, 분쟁이 생기는 데 이르는 것은 옳지 않습니다. (…하략…)"

(…중략…)

최응이 말했다. "(…중략…) 신의 계책으로는 마땅히 종사와 백성의 태평을 생각해야 합니다. 만약 하루아침에 러시아인들이 강을 건너온다면 생각건대 (대신들은—인용자) 반드시 말하기를 내수외양이라 할 것이나 내수외양은 하루아침 하루저녁에 할 수 있는 것이 아닙니다. 지금은 인기(人氣), 국규(國規), 기계(器械). 재용(財用)이 옛날과 같지 않습니다. 유원지의로써 급무를 삼아 종사를 편안히 하는 계책으로 하는 것만 같지 못합니다. (…하략…)" [58]

『조선책략』의 경고처럼 이최응과 고종은 러시아의 위협을 현실적인 것으로 받아들이고 두려워하고 있다. 옛날과 사정이 달라진 현재, 러시아와 대적하여 막아낼 수 있는 기대와 가능성은 이미 봉쇄되어 있다.[59] 이 인용문의 뒤쪽에서는 왕이 "하늘은 어찌하여 이런 무리(러시아—인용자)를 내서 천하에 횡행하게 하는지 진실로 통분할 만하다"라고 말하자 이최응이 "기수가 그러합니다"라고 답하기도 한다.[60] 고종이

---

58 上曰 防備之策何如乎 最應曰 防備之策 自我豈無所講磨 而淸人冊中論說 若是備盡 旣給於他國 則甚有所見而然也 其中可信者信之 而可以採用 然我國人必不信之 將 爲休紙而已 六月 米利堅來東萊 此本非讎國矣 彼若以書契 呈萊府 則自萊府受之 未 爲不可 呈禮曹 自禮曹受之亦可也 而謂之洋國 拒而不受 仍爲播傳於新聞紙 終爲羞 恥見侮矣 若言讎國 則日本眞世讎之國也 米利堅有何聲聞之名 而謂以讎國乎 其在 柔遠之義 恐不可生釁矣 上曰 米利堅 烏可謂讎國 最應曰 聖敎誠然矣 我國風習 本來 如此 爲天下嘲笑 雖以西洋國言之 本無恩怨 而初由我國險人輩之招引 以致江華平 壤事之釁隙 此是我國之自反處也 年前洋人之入送 因中原咨文 好樣周處矣 大抵洋 船入境 輒以邪學 爲藉口之說 則洋人之入住中原 未聞中原之人 皆爲邪學也 其所謂 邪學 當斥之而已 至於生 隙則不可矣 (…중략…) 最應曰 (…중략…) 臣之計 則宜思 宗社生靈之太平矣 若一朝俄人渡江而來 則想必曰 內修外攘 而修攘非一朝一夕之可 爲也 顧今人氣國規器械財用 不如古矣 莫如以柔遠之義爲急務 而爲安宗社之策也 (『승정원일기』, 1880년 9월 8일)

59 위 인용문 앞에서 이최응이 "러시아는 근래 꽤 강성해져서 중원 역시 제지하지 못합니다俄羅斯國 近頗强盛 中原亦不能制之矣"라고 말하자 국왕은 "중원이 그러한데 하물며 우리나라는 어떻겠는가中原猶如此 況我國乎"라고 말하고 있다(『승정원일기』, 1880년 9월 8일).

60 上曰 天何生此類 橫行天下 誠可痛忿矣 最應曰 氣數然矣(『승정원일기』, 1880년 9월 8일)

러시아에 대한 대비책을 묻자 이최응은 황준헌의 『조선책략』을 언급하는 한편, 동래부가 미국의 수교 요구를 거절했던 사실을 끄집어내면서 아쉬워하고 있다. 이최응은 그것을 1880년 6월의 일로 지적하지만, 실제로는 1880년 3월에 있었던 일이다. 미해군 제독 슈펠트(R. W. Schufeldt)는 1880년 3월 하순 부산에 입항하여 부산주재 일본영사를 통해 동래부사 심동신(沈東臣)에게 수교를 희망하는 서신을 조정에 전달하여 줄 것을 요청하였다. 그러나 동래부사는 '말도 통하지 않는 먼 나라'라는 이유로 요구를 거절했던 것이다.[61] 강한 러시아에 대한 대비책을 강구하면서 이 사건을 거론하는 한, 이최응의 뒤늦은 후회는 무엇보다도 강한 러시아를 제어할 수 있게 하는 안전에의 고려와 밀접히 연결되어 있다. 그는 천하로부터 고립되고 소멸할 두려움을 떨쳐버릴 가능성을 미국과의 수교에 걸어놓고 있다.

그런데 이 부분에서 이최응이 주로 말하는 것은 미국의 세계를 받아들이는 것이 불가하지 않다는 판단이다. 고전 한문에서 '가(可)하다'는 말은 '어떤 일이 실현될 수 있음(possible)'을 뜻하기보다는 대체로 '그 행동이나 사물이 상황과 맥락에 맞다(admissible, permissible)'는 뜻을 지닌다(Hansen, 1985). 가능성(possibility)을 주장하는 자는 아직 일어나지 않은 일을 예측하는 자로서, 증거를 조합하여 변수들간의 인과관계를 제시함으로써 논증한다. 그러나 그 행동이 상황과 맥락에 맞다는 것을 주장하는 자는 그 행동이 상황과 맥락의 패턴에 비추어 어울리고 마땅하다는 상황적 묘사와 윤리적·미적 기준들을 제시해야 한다. 그의 행동은 가능한 것이라기보다는 합당(合當)한 것이고, 행위자는 그 행동을 할 수

---

61 이때 슈펠트가 가져온 미국 국서 접수를 주선한 近藤眞鋤에게 동래부는 다음과 같이 거절한다. "我國之於亞米利加國 聲氣不通 風馬不及 則渠所云通和修書以來者 萬不近理 況日本人 亦知其洋人之在我 遇輒剿滅 而今以該國通和等說 如是來懇者, 有欠交隣厚誼 更勿煩聒"(『고종실록』, 1880년 4월 10일)

| 차이와 윤리
개화 주체성의 형성

있는 자격을 지님과 동시에 그러한 자격을 제공하는 하나의 윤리적 위치를 갖는 것이다. 미국의 서계를 받아들이는 것이 가했다는 판단이 옳다면, 조선 조정과 그 구성원들은 그 행동을 마땅한 것으로 용납하는 특정한 상황 안에서 하나의 관계적 위치를 갖는 것이다.

스스로에게 자리를 부여하는 이 판단은 "서양 나라라 일컬어 거절하여 받지 않았고, 이어 신문지에 전파되어 마침내 수치와 모욕을 당하였"다는 지각과 밀접히 연루된다. 이최응은 또 미국을 비롯한 서양 나라들을 불신하는 태도가 천하의 비웃음거리가 되고 있다고 말하기도 한다. 주체는 이질적인 타자, 즉 서양 나라들에 둘러싸여 있고, 그들로부터 주시당함으로써 그 자신이 불명예스럽게 노출되는 취약한 상태에 있음을 감지하고 있다. 자기자신 및 조선 조정을 서양 및 서양화된 청·일본을 포함하는 확장된 관계 속에 위치짓고, 그 안에서 마땅해해야 할 바를 하지 않은 것으로 동래부의 행동을 반성하고 있다고 할수 있다. 미국의 수교 요청을 거절한 것은 그가 처한 관계 안에서 마땅히 해야 할 바를 어긴 것, 즉 타자와의 관계에서 마땅히 해줘야 하는 것을 하지 않은 것이다. 이 대화 안에서 이최응과 고종은 신문 보도와 논평을 오랑캐의 시선으로 외부화하기보다는 자기자신을 되돌아보는 자기반성의 기준으로, 자기자신의 체면을 헤아리려 할 때 전제하게 되는 중요한 타자의 시선으로서 받아들이고 있다. 그렇기 때문에 부끄러운 것이고, 자제하게 되는 것이다.

대화 당사자인 이최응과 고종에게 이것은 억지로 된 것이 아니라 아주 자연스럽고 습관화된 반응처럼 보이며, 만국공법과 같은 확정된 규범체계를 원용하여 이루어지는 듯하지도 않다. 주체의 훈련된 윤리적 감각은 자신의 행동이 옳지 않은 것으로 현상하는 이 지점을 포착해내고 그것을 '부끄러움'을 경유한 자제의 태도로 구성해내고 있다고 볼수 있다.

그런데 여기에는 자기자신을 발견하는 계기가 포함되어 있다. 수치는 서양과의 관계를 감지하는 것 못지않게 주체 자신을 확인하는 것을 수행한다. 수치와 모욕을 당한다는 것은 바로, 자기자신의 손상과 상처를 감지하는 것이고, 또 그러한 손상과 상처의 방식으로 자기자신을 발견하고 확인한다는 것이다. 주체 자신이 돌보고 염려하지 않을 수 없는 자신의 자리와 상(相), 즉 체면을 확인한다는 것이다. 체면에 타자의 시선이 투영되어 있는 한 체면을 염려하는 자는 타자와 연결되어 있지만, 그 체면의 손상을 확인하고 염려하는 한 그는 타자와 분리되어 왜소해진 자기자신을 절감하고 있다. 체면은 자기자신의 전체적 형상이면서, 또한 타자의 시선과 동시에 자기자신의 완전성에 대한 기대가 투영되어 있는 것이다.

위 인용문을 자세히 읽다 보면, 타자와의 관계 속에서 자기자신을 발견하고 위치짓는 것에 두 단계가 있다고 할 수 있다. 주체는 서양 나라들에 대한 자신의 행동을 마땅치 않은 것으로 수치스러워하기 이전에, 우선 서양 나라들로부터 주시당함으로써 그 자신이 불명예스럽게 노출되는 취약한 상태에 있음을 감지하고 있다. "수치와 모욕을 당"한다는 것은 바로, 타자에게 노출되어 그 자신이 무력하고 왜소한 처지로 전화된다는 것을 감지한다는 것이다. 만약 기존의 교린의 예에 대한 준수를 자기존중감의 기초로 받아들인다면, 여기에 마땅치 못한 것도 부끄러움의 여지도 없다. 그런데도 주체는 타자 앞에서 취약성이 노출되고 자기존중감이 손상당한 나머지, "수치와 모욕을 당하였다"고 여긴다. 이것은 규범을 지키고 안 지키고의 문제를 넘어서서, 천하 속에서 홀로 떨어져 자기자신의 위치를 지킬 수 없는 불안으로서의 수치다. 이것은 규범에 뿌리내린 긍정적 자기이미지의 손상이라기보다는 배태된 사회적 관계로부터 분리되어 고립되고 취약해진 느낌이다. 그런데 이 수치는 곧바로 서양 나라들과의 관계 안에서 자기자신의 마땅한 의무와 체면을 헤아리려는 수치의 또다른 차원을 가동시킨다. 자기 자신의 존중감을 훼손시킨 타자의 시선을 자기자신의 체면을 평가하는 중요한 잣대로 간주함으로써, 즉 그들에게 윤리적 우월성을 부여함으로써 부끄러워지는 것이다.

다시 말해 주체의 수치는 두 가지 수준으로 나눠볼 수 있다. 타자 앞에 약하고 무가치하게 노출됨으로써, 그리하여 천하 내의 한 요소로서 자기자신이 분리되고 고립되며, 약소해지는 수치가 있고, 타자와의 관계에서 마땅한 것을 하지 못했다는 윤리적 반성의 형식으로서의 수치가 있다. 위 인용문에서 볼 때, 타자에 대한 두려움과 결부되어 윤리적 관계가 설정되는 가운데, 이 두 가지 수준의 수치는 구별되면서도 밀접히 연동된다. 타자 앞에서 취약성이 노출됨으로써 기존의 예의에 뿌리박은 자기존중감이 상실되고 아울러 천하 내 위치까지 위협을 당하는 수치는, 타자에 대해 윤리적 우월성을 부여하게 하는 윤리적 관계를 맺도록 추동하면서, 타자와의 관계 속에서 윤리적 의무를 해내지 못한 바에 대한 수치로 전화되는 것이다. 취약한 자신의 위치에 대한 발견으로서의 수치가 윤리적 반성으로서의 수치로 전화되는 것이다.

주체가 타자에 대해 갖는 두려움은 첫 번째 수준의 수치와 결부된다. 타자에 대한 주체의 취약성은 소멸에 대한 두려움이기도 하다. 약한 자로서의 두려움은 강한 타자 앞에서의 수치를 수반하게 된다고, 혹은 변화한 천하 안에서 주체가 감지하는 두려움은 타자에 대한 취약성의 경험으로 이어진다고 할 수 있다. 과거의 모범에 뿌리내린 자기존중감을 갉아먹고 타자와의 새로운 윤리적 관계로 옮겨가게 할 만큼, 타자는 강하고 두려움을 주는 존재이다. 한편 두 번째 수준의 수치는 타자와 윤리적 관계를 맺음으로써 주체 자신의 취약성을 해소하려는 것이라고 할 수 있다. 변화한 천하 속의 두려운 타자들은 이 두 번째 수준의 수치를 통해 적절히 행동할 수 있는, 상대할 만한 자로 전화된다.

그리고 타자와의 윤리적 관계를 통해 주체 자신도 새로운 천하 안에서 적절한 행동의 패턴을 가늠하게 된다.

상호 배려하고 존중하는 윤리적 관계로 끌어들인다 해도 타자에게는 윤리적 관계 바깥의 두려운 존재로서의 모습이 해소되지 않는다. 이는 타자에 대한 마땅함을 따지는 윤리적 실천이 "흔단을 일으키는 것"은 안된다거나 "유원지의로 급무를 삼아 종사를 편안히 하는 계책"과 같은 형태로 표현되고 있다는 점에서 확인된다.

임오군란 후 서울과 지방의 척화비를 철거할 것을 명한 고종의 교서에서도 이와 비슷한 면모가 보인다.

드디어 우리나라도 병자년 봄에 거듭 일본과 강화도조약을 맺고 세 곳의 항구를 열었으며, 이번에 또 미국·영국·독일 등 여러 나라와 새로 화약을 맺었다. 이것은 처음 있는 일이니 너희 사민(士民)들이 의심하고 비방하는 것도 이상할 것이 없다. 그러나 교제의 예는 똑같이 평등하게 하니 의리로 헤아려볼 때 장애될 것이 없고, 공사를 주둔하는 의도는 본래 상업활동을 보호하는 데 있으니, 사세(事勢)를 놓고 참작하더라도 또한 걱정할 것이 없다. 교린(交隣)에 도가 있음은 경전(經典)에 실려 있는데, 우활하고 깨치지 못한 유자(儒者)들은 송(宋)나라 조정에서 화의(和議)를 하였다가 나라를 망친 것만 보고 망령되이 끌어다 비유하면서 번번이 척화(斥和)의 논의에 부치고 있다. 상대쪽에서 화의를 가지고 왔는데 우리 쪽에서 싸움으로 대한다면 천하가 장차 우리를 어떤 나라라고 말할지를 어찌하여 생각지 않는단 말인가? 고립무원(孤立無援)하여 만국과 틈이 생겨 공격의 화살이 집중되면 패망할 것이다. 그러나 조금도 후회하지 않는다면 의(義)에 있어서도 과연 무엇에 의지한 것이겠는가? (…중략…) 지난번에 교화하기 어려운 자들을 익히 보고 백성들의 마음이 안정되지 않아 마침내 6월의 변고(임오군란—인용자)가 일어나 이웃 나라에 신의를 잃고 천하에 비웃음을 사게 되었다. 나라의 형세는 날로 위태로워지고 배상금은 거만(鉅萬)에 이르렀으니 어찌 한심하지 않겠는가? 일본 사람들이 우리나라에 들어와서 언제 우리를 학대하고 모욕하며 화의에 어긋난 일을 한 적이 있었는가? 그러나 다만 우리 군민들이 함부로 의심해서 멀리하고 오랫동안 분노를 품고서 이렇게 까닭없이 먼저 범하는 행동이 있게 되었다. 그 잘못이 누구에게 있는지를 너희들은 생각해보라.[62]

"상대쪽에서 화의를 가지고 왔는데 우리 쪽에서 싸움으로 대한다면 천하가 장차 우리를 어떤 나라라고 할지"를 우려하는 한, 주체는 서양이 주도하는 새로운 천하 안에서 자신의 '체면'을 염려하고 있다. 또 일본인에 대한 적대 행위가 벌어졌던 임오군란을 가리키며, 그것 때문에 조선이 천하에서 신의를 잃고 비웃음을 사게 되었다고 이야기한다. 타자의 의견은 자존감을 손상하는 것이며, 타자를 존중하는 가운데 자존감을 보존하려는 윤리적 주체는 타자들의 의견을, 더 정확히 말해 자기자신으로부터 유비된 타자의 관점을 자신의 행위를 제어하고 반성하는 기준으로 수용한다. 그러므로 이같은 체면에의 고려는 곧바로 '마땅한 행동'에 대한 고려로 넘어간다. 타자의 화호하려는 행동은 이쪽에서도 화호하려는 행동으로 응답되어야 한다. 교서에서 고종은 일본인이 '우리'를 학대하고 모욕하지 않았는데도 조선인이 일본인을 상해하는 행위를 한 것이 잘못이라고 주장하고 있다.

62　肆肆我國 亦於丙子之春 重講日本之好 許開三處之港 今又與美英德諸國 新定和約 事係創有 無怪乎爾士民之疑且謗也 然交際之禮 均係平等 則揆以義理 無所礙也 留駐之意 本在護商 則參以事勢 亦無虞也 交隣有道 揭在經典 而迂濶之儒 徒見宋朝和議之誤 國 妄爲援譽 輒附斥如之論 何不思人以和來我以戰待 則天下其將謂何如國也 孤立無援 生釁萬國 致衆鏃之交集 自分敗亡 而不少悔恨 於義果何據也 (…중략…) 乃者習見難化民志靡定 遂有六月之變 失信隣國 貽笑天下 國勢日以岌業 賠款至於鉅萬 寧不寒心 日人之入我國 何曾虐我侮我 有乖和好 而特以軍民之妄生疑阻 積懷忿怒 有此無故 而先犯 爾等思之 其失在誰(『고종실록』, 1882년 8월 5일; 『승정원일기』, 1882년 8월 5일)

역시 서양과의 윤리적 관계의 수립에는 주체에게 '서양이 주도하는 새로운 천하 안에서 소국 조선의 수치'라는 감정을 동반한다는 것이 드러난다. 그리고 여기서도 수치는 두 수준을 갖는다. 주체는 "이웃 나라에 신의를 잃고 천하의 비웃음을 사는 것"을 감지하고, "천하가 장차 우리를 어떤 나라라고 말할지" 염려한다. 그런데 타자 앞에서 처신의 부적절함을 가늠하게 하는 것은 공맹의 도에서 어긋났기 때문이 아니라, 천하 내 요소들과의 연결로부터 분리되어 고립되고 결국은 패망할 것이라는 점을 절감한 때문이다. 수치가 타자에게 취약성이 노출되어 사회적 관계로부터의 분리 불안이 재연되는 것이라 한다면, 주체는 이 지점에서 수치를 감각하고 있다. 타자의 시선을 경유하는 주체의 취약성이란 곧 타자들과의 연결이 끊어지는 것이다. 그리고 이 수치, 곧 자신이 배태된 천하로부터 고립되고 분리되는 데 대한 불안은, 타자에 대한 주체의 취약성을 피하고 자존감을 회복하기 위해 서양과 의리의 차원을 놓고, 그 안에서 자신의 부적절함을 가늠하는 것으로 전화되고 있다.

위 인용문에서 이 과정은 언뜻 그 연관성이 잘 이해되지 않을 법한, 연속된 세 문장으로 표현된다. "상대쪽에서 화의를 가지고 왔는데 우리 쪽에서 싸움으로 대한다면 천하가 장차 우리를 어떤 나라라고 말할지를 어찌하여 생각지 않는단 말인가? 고립무원(孤立無援)하여 만국과 틈이 생겨 공격의 화살이 집중되면 패망할 것이다. 그러나 조금도 후회하지 않는다면 의(義)에 있어서도 과연 무엇에 의지한 것이겠는가?"가 그것이다. 오늘날의 독자는 '고립무원과 패망의 위협에 대한 후회가 어떻게 올바른 의(義)의 근거를 설립하게 하는가'라고 의아해할 수 있다. '앞은 생존의 문제이고, 뒤는 윤리적 문제가 아닌가?' 하지만 수치가 두 수준으로 나뉘면서도 연동된다는 점에 착안한다면 다음과 같이 해석될 수 있다. 타자의 관점을 유비적으로 획득하여 자기자신을 바라보고자 할 때, 기존의 교린의 예의를 넘어서서 천하 내에서의 주체의 위치가 고립되고 소멸될지도 모른다는 불안이 감지되며, 이러한 분리 불안으로서의 수치는 서양과의 관계 안에서 마땅치 못한 처신, 즉 불의(不義)한 처신을 한 자로 자기자신을 반성하는 두 번째 수준의 수치로 전화되는 것이다. 이 전화를 통해 서양은 윤리적 상대자로서의 모습을 갖게 된다.

수치가 이처럼 두 수준에서 작동하는 것은 다음과 같은 문헌에서도 발견된다. 영선사로 천진에 파견된 김윤식이 이홍장과의 첫 번째 만남 뒤 미국과의 수교를 주선해줄 것을 요청하는 편지의 한 대목이다. 김윤식은 다음과 같이 정세를 바라보고 있다.

이후 서양 세력은 날로 왕성해져서 기가 움직여 큰 변화를 일으켰으며[氣運大變], 병사를 단련하고 상업을 보호하여 천하를 누비게 되었습니다. 관찰하건대 그 의취가 오로지 교를 행하는 한 가지에만 있는 것은 아닙니다. 저들은 조약을 맺고 사해(四海)를 망라합니다. 들어가는 자는 더불어 있고, 나오는 자는 고립되니 상호 연합함이 칠국의 때와 같습니다. 지금과 예전의 국면은 아주 다릅니다. 무릇 나라가 있고 땅이 있는 자는 오직 종사를 보존하고 생민을 편안히 하는 것을 임무로 삼습니다. 춘추 240년간 서로 고빙하고 회맹하지 않은 날이 거의 없었습니다. 다만 하(夏)의 예의있는 자들만 모인 것은 아닙니다. 즉 오랑캐 월이나 비늘 붙은 자들도 옥백을 들고 연이어 찾았습니다. 이 어찌 의리를 몰라서 한 것이겠습니까? 오직 저희 나라만 그렇지 못합니다. 시세가 어떠한지 묻지 않고 경(經)을 지키는 것만을 바른 도리로 삼으며 척화를 청의로 여깁니다. 더불어 서양과 통하여 지내는 것은 서양과 끊고 망하는 것만 못하다고 여깁니다. 교제를 언급하며 매번 사학을 세상에서 버려야 할 것이라고 봅니다. (…중략…) 논자들은 여전히 시끄럽습니다. 위로는 조정의 사대부부터 아래로는 초가집, 우물, 푸주간의 무리들까지 소견이 모두 교린할 필요 없다는 것입니다. 업신여김을 받는 것[納侮]을 두려워하면서 강무(講武)할 필요가 없다고 하고, 일이 생기는 것을 두려워하면서도 국경을 닫고 자수해야 한다면 우리는 어떻게 해야 합니까? 오직 저희 임금[寡君]만이 초연하게 멀리 내다보고 탁월하게 미혹되지 않으면서 홀로 약하게 있으면 오래 지탱할 수 없다고 생각하십니다. (…중략…) 우리나라는 바다 가운데 있지만 만국의 밖에 서 있은 지 오래여서 손가락질 당하고 있습니다. 그 성패를 보자면 북으로는 러시아, 동으로는 일본이 있어 형세가 서로 핍박하는 작은 장소입니다. 중당은 그 형세가 급박함을 깨우쳐주는 데 오히려 부족했습니다. 종전에는 늘 급박함을 완화시켜보면서 상국만을 바라보았습니다. 만약 지금 놀라운 일이 발생한다면 수륙으로 신속히 사면에서 적을 받게 되어 이른바 긴 채찍이 있어도 말 배에도 닿지 못할 것입니다. 중당이 누차 경고한 까닭이 이것입니다.[63]

김윤식도 서양 세력이 기운(氣運)과 함께 와서 큰 변화를 일으키는 것임을 인정한다. 이단시되는 사학의 유포와 정예한 병사를 앞세운 통상과 조약의 확대는 모두 이 기운이 불러일으킨 변화일 것이다. 그는 "들어가는 자는 더불어 있고, 나오는 자는 고립되니, 상호 연합함이 칠국의 때와 같"다고 만국공법의 성격을 요약한다. 즉 만국공법을 춘추전국의 은유 안에서 합종연횡과 같은 것으로 이해하고 있다. 또 춘추

---

63 伊後西勢日旺 氣運大變 治兵護商 殢洋天下 察其意趣 不專在於行敎一事 設爲條約 網羅四海 入者相與 出者孤立 互相連合如七國之時 此與往日局面 又大不同矣 夫有國有土者 惟以保存宗社尊安生民爲務 春秋二百四十年之間 通聘會盟 殆無虛日 不第諸夏衣裳之會 卽蠻越鱗价之國 玉帛相續 此豈不知義理而然哉 惟小邦則不然 不問時勢可否 惟以守經爲正理 斥和爲淸議 與其通洋而存 不如絶洋而凶 (…중략…) 而論者猶至今咻咻 上自朝廷縉紳下至巖穴草茅 以及市井屠販之流 所見皆同以爲不必交隣 恐納侮也 不必講武 恐滋事也 閉境自守 無如我何 惟我寡君 超然遠覽 卓然不惑 念孤弱之不可久支也 (…중략…) 小邦處環海之中 尙孑然特立於萬國之外久 爲衆手所指 觀其成敗 而北俄東日 形勢相逼 燕雀之處 堂猶未足以喩其急也 從前每有緩急 悉仰上國 若今日則駭機一發 水陸傳迅 四面受敵 所謂雖鞭之長 不及馬腹 所以中堂屢示警告(『김윤식전집』 2, 「上北洋大臣李鴻章書」)

전국의 천하에서는 경전들이 지시하는 성스러운 관계만 고집해서는, 천하 내의 요소들과 끊어짐으로써 고립무원이 초래될 수밖에 없다고 말한다. 역시 천하로부터의 분리와 고립의 불안이 드러나고 있다. 급박한 형세에 처한 조선과 같은 나라는 서양 나라와 좋게 수교하여 화목하게 지내지 않는 한 보존이 불가능하다.

김윤식은 두려움의 한가운데에서 강한 오랑캐들에게 윤리적 관계를 투사하는 것이 갖는 딜레마를 의식하고 있다. 기존의 유교 윤리에서 업신여김을 받지 않으려면 인의를 닦아야 할 뿐이지만, 인의를 모르는 오랑캐들과 평등한 관계를 맺는 것은 예의를 몰라서가 아니다. 춘추전국의 은유로 포섭된 현실에서는 오랑캐들처럼 조약을 맺고 부국강병에 힘쓰지 않으면 업신여김을 받게 되기 때문이다. 자수(自守)만 한다면 변란이 생겨 더한 굴욕을 받지 않을 수 없고, 서양 나라들과 연결되지 않은 채 만국 밖에 있다면 만국으로부터 손가락질당하는 것은 불가피하다. 요컨대 부국강병에 힘쓰며 의리를 모르는 서양 오랑캐와 조약관계에 들어가는 행위에는 수치가 수반되지만, 그것을 하지 않을 경우 더 큰 수치가 수반된다는 것이다.

이 딜레마는 "업신여김을 받는 것[納侮]을 두려워하면서 강무(講武)할 필요가 없다고 하고, 일이 생기는 것을 두려워하면서도 국경을 닫고 자수해야 한다면 우리는 어떻게 해야 합니까?"라는 말로 집약되고 있다. "업신여김을 받는 것을 두려워"하는 것이란 타자에게 불명예스럽고 취약하게 노출됨을 자각하는 것이며, 주체가 배태된 천하로부터 분리되고 고립되리라는 불안을 감지하는 것이다. 이것은 경(經)을 지키고 아니고의 수준을 넘어선 천하 속의 위치 불안이다. 하지만 상경(常經) 속에 뿌리박은 고고한 자기존중감은 오랑캐에 불과한 서양 나라들과 교제하거나 그들에게 대비하는 것을 용납할 수 없다. 김윤식이 권하는 바는 미혹되지 않은 임금처럼 "홀로 약하게 있으면 오래 지탱할 수 없다"는 것을 절감하는 것이고, "만국의 밖에 서 있"음으로써 받는 수치를 토대로 서양과 조약을 맺고 교제하는 것에 일정한 윤리적 올바름을 부여하는 것이다. 역시 위치 불안으로서의 수치를 윤리적 관계 속의 수치로 전화하는 것이다. 김윤식은 "오랑캐 월이나 비늘 붙은 자들"과도 고빙하고 회맹했던 춘추전국의 은유를 도입함으로써, 이것을 이루고자 한다.

김윤식의 글과 좋은 대조를 이루는 것은 다음과 같은 송근수(宋近洙)의 상소이다. 1882년 3월 송근수는 고종이 추진하던 군제 개혁, 별기군 훈련, 영선사 파견 등을 철파(撤罷)할 것을 요청하는 상소를 올렸다. 다음은 그 한 부분이다.

오늘날의 이른바 왜는 바로 하나의 양이(洋夷)입니다. 그런데 그들과 함께 뒤섞여 있는 것을 막지 않는다면 그자들에게 홀려 빠져들어가는 우환이 없을지 어떻게 알겠습니까? 이것은 온 나라 사람들이 한결같이 우려하는 문제입니다. 그런데 바로 이때에 건장한 우리 군사들로 하여금 그들의 기예를 배우게 하여 지목하여 왜별기(倭別技)라 하니, 그 명칭만 들어도 벌써 놀라운 일입니다. 그런데도 무인 집단의 자제들에게 번져가고 또 소년 유생들에게 번져가서 그들로 하여금 모두 어깨를 드러낸 무리들과 함께 뒤섞여 있으면서 누린내 나는 무리에게 머리를 숙이게 하고 있으니, 그것은 수치를 참게 하고 강요하지 말아야 할 것을 강요하는 것입니다. 이것은 사실 시행하려고 해도 시행할 수가 없고 해나갈 수가 없는 일이니, 전하께서는 무엇 때문에 이런 조치를 취하였는지 알 수 없습니다. 이른바 기예가 어떤 특별한 기술인지 알지 못하지만 가령 그 기술을 모두 배운다고 한들 적과 대적하여 이길 수 있으며, 그 기술을 믿고 두려울 것이 없으리라고 말할 수 있겠습니까? (…중략…) 각각 장령(將領)으로 하여금 달마다 계절마다 연습시키고, 성과에 따라서 혜택을 베풀어 우대하며, 규율을 세움으로써 군사의 마음으로 성(城)을 만들어 용감하게 앞으로 달려나가게 한다면,

설사 진(秦)과 초(楚)의 견고한 갑옷과 예리한 무기라 할지라도 두려워할
것이 없는 것이니, 자강(自强)의 방법이 이를 벗어나지 않습니다. 지금 기
예를 배운다는 것은 자신의 약점을 드러내 보이는 것일 뿐만 아니라 또한
모멸을 면치 못할 것입니다. (…중략…) 신은 지난 겨울에 영선사가 천진
으로 간다는 이야기를 들었으나 그 사유는 멀리에 나가 있어 자세히 알지
못하다가 서울에 돌아와서야 비로소 들었습니다. 먼저 표문(表文)과 자문
(咨文)이 있었고 뒤이어 전개(專价)가 갔으며 또 학도(學徒)와 공도(工徒)
를 몇 명씩 데리고 갔다 합니다. 돌아가는 이야기를 들은 것이 이와 같습니
다. 안팎으로 어떤 기밀이 있었는지 신이 자세히 알 수는 없으나 대체적으
로 들은 것에 의하면 가서 저들의 언어와 기술을 배운다고 하였습니다. 만
일 전적으로 이 일 때문이라 한다면 이 조치가 크게 지나치지 않겠습니까?
해당 일로 말하면 원래 하찮은 일인데 겉으로 보기에 일을 요란하게 벌여
저들에게 수치를 받고 사방에 웃음거리가 될까 걱정스럽습니다.[64]

　　김윤식과 전혀 다른 주장을 펴는 이 상소문에서도 수치는 새로운 타
자인 서양과의 관계를 절합하는 중요한 요소이다. 어떤 입장을 펴든
주체는 수치를 매개로 타자와 관계하면서 옳고 그름을 판별하고 있다
고 할 수 있다.

---

[64]　今所謂倭卽一洋也 而與之混處 不有隄防 安知無沈惑陷溺之患也 此擧國人所共憂歎
　　而乃於此際 使我軍卒之壯健者 學其技藝 目之以倭別技 其號名已是駭聽 而轉而及
　　於武家子弟 又轉而及於儒生少年 使之竝齒於袒裼之列 屈首於腥膻之類 包羞忍恥
　　强所不强 此 實行不得而做不去也 伏未知聖明 何爲而有是擧也 所謂技藝 未知爲何
　　等異術 而籍使學而盡其技 其能遇敵制勝 恃而無恐乎 (…중략…) 各使其將領 月習季
　　鍊 從以遇之以恩 束之以律 使之衆心成城 勇往直前 雖秦楚之堅甲利兵 有不足畏 自
　　强之術 不外乎此 今之學技藝者 適足以示弱 又未免取侮 (…중략…) 臣於昨冬 竊伏
　　聞有領選使往赴天津之行 而遠未詳事由 入京後始聞 先有表咨 繼以專价 又以學徒
　　工徒幾許名 領率而去 得於傳說者如此 其表裏之有何機密 臣無以詳知 而槪聞往學
　　彼言語技巧云 若專爲此事而止 則是擧豈不過當乎 本事則自屬冗瑣 外面則極涉張
　　大竊恐貽羞於彼中 傳笑於四方 (『고종실록』, 1882년 3월 29일) 이것은 송근수가 좌의정
　　에서 물러날 것을 청하는 사직상소의 일부이다.

다만, 이 상소문에서는 서양 오랑캐와 다를 바 없는 일본으로부터 장교를 초빙한 별기군의 훈련이 수치스러운 것이다. 양반가의 자제들이 예를 모르는 오랑캐들에게 기예를 배우고 아울러 그들에게 경례를 붙이고 존경을 표하는 것은 "수치를 참게 하"는 것일 따름이며, 절대 해서는 안될 일, 나아가 절대 이루어질 수 없는 일이다. 이 인용문의 주체는 오랑캐와의 분별을 통해 자신의 체면을 감지하고 있다. 그렇다고 하여 조선 조정과 국왕이 서양 나라들로부터 모멸과 수치를 당하는 것, 다시 말해 서양에게 취약성이 노출되고 천하 내의 위치가 불안해지는 것을 감지하지 못하는 것은 아니다. 그는 별기군의 훈련과 영선사의 파견이 서양 나라들에게 약점을 노출하여 모멸과 비웃음을 사고, 수치를 당할 거라고 주장한다. "지금 기예를 배운다는 것은 자신의 약점을 드러내 보이는 것일 뿐만 아니라 또한 모멸을 면치 못할 것입니다." 영선사 파견을 두고도 "원래 하찮은 일인데 겉으로 보기에 일을 요란하게 벌여 저들에게 수치를 받고 사방에 웃음거리가 될까 걱정스럽습니다"라고 말한다. 그에게 서양의 기예 습득은 "누린내 나는 무리에게 머리를 숙이"는 수치일 뿐만 아니라, 그들에게 약한 존재로 노출되는, 천하 속의 위치 불안으로서의 수치이기도 한 것이다. 양자의 수치를 씻기 위해서는 오랑캐에 대하여 예의지방 조선의 체면을 지키며 위엄을 보여야 할 뿐이다.

그러나 김윤식에 따르면, 송근수의 상소는 업신여기는 것을 두려워하면서 강무할 필요가 없다고 주장하는, 시세를 모르는 태도이다. 김윤식은 당대 행위자라면 으레 감지하는 수치를 다른 방식으로 조절함으로써 수교를 주장한다. 서세의 강력함을 두려워하는 한, 약점을 노출하고 체면을 잃어버리는 등의 수치는 감내하거나 무화되어야 할 것이다. 김윤식은 더 나아가 춘추전국의 은유를 통해, 오랑캐에 불과한 서양과의 수교에서도 유교적 예의의 차원을 놓치지 않으려 한다. 말하자면 안전을 고려하여 수치를 감내하는 듯하다가, 곧바로 체면을 잃지 않을 또다른 관계를 모색하는 것이다.

그러나 그 체면은 안정적이지 않다. 김윤식이 서양과의 관계에서, 특히 미국과의 관계에서 강조하는 신(信)의 면모를 다시 한번 살펴보면, 이것이 잘 드러난다. 영선사로 청에 머물며 미국과의 수교를 협의하던 당시(1882년 2월) 김윤식이 허수문(許涑文)과 나눈 대화를 살펴보자.

주인(主人, 허수문－인용자)이 말했다. "미국은 태서제국 중 병력도 가장 약하고, 또 사람됨이 화평하여 비록 귀국과 통상한다 해도 감히 일을 일으키지 않을 것입니다."

내(김윤식－인용자)가 답했다. "근래의 일은 다만 강약을 볼 뿐이지 공법에 있지 않습니다. 그러나 우리나라가 자수(自守)하는 도는 오직 공법을 근수하는 데 있을 뿐입니다. 타국으로부터 신(信)을 잃을 수는 없습니다. 그런데도 우리나라 사람들은 공법을 사학(邪學)과 같은 것으로 보고, 쳐다보지도 않습니다."

주인이 말했다. "만국공법도 여러 나라가 회의해서 정한 법이 아니라, 시세를 참량(參量)한 것입니다. 마치 육국시대의 합종설과 같습니다. 공맹이 다시 일어난다 해도, 시에 따라 마땅함을 제(制)할 수밖에 없습니다. 다만 법을 따지는 것은 소장(蘇張 : 전국시대 책사인 蘇秦과 張儀를 함께 이름－인용자)을 훨씬 능가할 따름입니다."

내가 답했다. "최근 일본인이 하는 것을 보면 마음에 들지 않는 점이 많습니다. 서양인의 도를 좋아하며 따라서 두발, 의관, 전장, 법제를 모조리 바꾸고 있습니다. 다만 한스럽게도 눈이 깊어지고 코가 높아지지 않는 것이지요. 백 년 이래 문풍을 자못 높이더니, 지금은 문자를 없애고 오로지 서양 글만을 배우니, 이는 진나라의 정치가 다시 일어나는 것입니다. 동양 산천은 신기(神祇)가 있는데 반드시 이 일을 좋게 보지 않을 것입니다."

(…중략…)

내가 말했다. "일본이 유구를 멸한 것은 천하에 공(公)이 없다는 것입니다."

주인이 말했다. "몇 년 전 미국 대통령이 유력(游歷)하다가 일본에 이르러 유구국의 왕이 다시 국사를 보는 것에 관해 말했으나 끝내 답을 얻지 못했습니다. 이로써 말하건대 일본은 미국도 꺼려하지 않는다는 것을 알 수 있습니다."

내가 답했다. "일본인이 사납게 유구를 멸한 것은 서양 나라에 아첨하여 섬긴 것을 믿는 것입니다. 이루 다 말할 수 없습니다. 그러나 만국공법 역시 말하기 부족합니다."

(…중략…)

주인이 말했다. "노나라와 위나라는 춘추 시대 가장 약소하다고 이야기되었지만, 제나라나 진나라보다 더 많은 복을 누렸습니다. 귀국은 비록 치우쳐 있는 작은 나라지만, 그 백성을 부지런히 돌보고, 병사를 훈련하며 농사에 힘쓰고, 공업을 두루 발전시키고 상업을 대우하면, 해를 입지 않고 오래 갈 수 있습니다. 맹자가 등문공에게 백성과 더불어 지키라고 일렀고, 또 부지런히 선을 행할 뿐이라고 말했습니다. 나라를 지키는 도리는 이것 외에 없습니다."

내가 답했다. "맹자의 말은 역시 어찌할 수 없다는 말에서 나왔을 뿐입니다. 비유컨대 약하게 태어난 인간이 절약하고 조심해서, 강하고 장대한 사람보다 더 오래 사는 것입니다. 이 이치는 신(信)입니다. 그러나 추위와 바람을 두려워하면, 언제 기를 펴고 머리를 들겠습니까?"[65]

---

[65] 主人曰 美國在泰西諸國 兵力最弱 且爲人和平 雖與貴國通商 此不致生事 答 近來事惟視强弱 不在公法 然小邦自守之道 惟在謹守公法 無失信於他邦可也 而敝邦人 視公法如邪學 不欲掛眼 主人曰 萬國公法 亦非諸國會議定法 乃參量時勢 如亦六國時合從之說 假使孔孟復起 不得不因時制宜 但辦法必遠勝蘇張耳 答 看來日人所爲 多不滿意悅洋人之道 盡化其鬚髮衣冠典章法制 但恨不能目深鼻高耳 且百年以來 頗尙文風今則掃除文字 專習洋文 是秦政復起也 東洋山川 亦有神祇 必不樂此擧措也 (…중략…) 日本滅琉之擧 天下尙無公是乎 主人曰 往年美國伯理璽天德 游歷至日本 語琉

김윤식은 시세를 참량한 것일 뿐인 만국공법을 근수하는 태도에 유교적인 신(信)을 개입시킨다. 유교에서 신은 친구들간의 신의나 혹은 위정자에 대한 백성의 신뢰를 가리키는 등, 주로 가족 바깥의 인간관계를 규율하는 데 적용되는 것이다. 경전에서 신은 충(忠)과 짝하여 쓰이는 경우가 많은 데 주희는 "자기의 마음을 다하는 것을 일러 충이라 하고, 그것을 실속있게 하는 것을 신이라 한다"[66]는 주석을 붙였다. 또 충신(忠信)이 없으면 일의 내실이 없고 선을 행하기 어렵다는 주,[67] 안색을 바르게 할 때 신에 가까우면 안색만 그럴듯하게 꾸미는 것이 아니라는 주[68]도 찾아볼 수 있다. 즉 배려의 마음을 가지고 적절한 격식을 취해 타인에 대해 행동하는 것이 바로 신이다. 신이 있을 때 일의 진행은 겉만 번드레한 허례를 벗어나, 서로 믿고 배려하는 명실상부한 윤리적 관계를 성립시킬 수 있게 된다. 서양 나라, 특히 화평한 미국과의 관계에서 신실하게 만국공법을 근수하는 것은, 서양의 기세에 순종하는 것일 뿐만 아니라, 만국공법을 진실된 마음으로 삼가 지켜[謹守] 서양 나라와의 관계에서 신뢰를 쌓는 것이기도 한 것이다. 신을 강조

君復國事 終不見答 由此言之 日人之不憚美國 亦可知矣 答 日人之悍然滅琉者 恃其詔事西國 彌縫多口也 然則萬國公法亦不足稱也 (…중략…) 主人曰 魯衛在春秋時 最稱弱小而享祚過於齊晉 貴國雖偏小惟勤撫其民 訓兵務農 通工惠商 無害於歷年之久遠 孟子之告滕文公曰 與民守之 又曰勤爲善而已 保邦之道 識不外是 答曰 孟子之言 亦出於無奈之辭耳 譬如稟賦羸弱之人 節省愼攝 其享年多於强壯之人 此理信有之 然畏寒怕風 何時當舒氣攘頭(『陰晴史』上, 1882년 2월 11일) 김윤식이 보국(保國)에 긴요한 것으로서 신(信)을 강조하는 모습은 이밖에도 여러 곳에서 볼 수 있다. 『속음청사』권5, 1891년 정월~8월, 추보음청사 등 참조. 그리고 특히 『김윤식전집』1, 「第十二講約」참조. "대저 신이란 나라의 보배다. 진실로 신을 지킬 수 있다면 비록 성곽과 갑병이 없어도 스스로 보전할 수 있다. 만약 신이 없다면 사해의 부와 금탕의 견고함이 있어도 믿지 못한다. 조약이란 교제의 큰 신이다夫信者國之寶也 苟能守信 雖無城郭甲兵 可以自保 如其無信 雖有四海之富 金湯之固 不足恃也 條約者交際之大信也]."

66 盡己之謂忠 以實之謂信(『논어집주』「學而」4; 『맹자집주』「梁惠王上」5)
67 人不忠信 則事皆無實 爲惡則易 爲善則難(『논어집주』「學而」8)
68 信實也 正顔色而近信 則非色莊也(『논어집주』「泰伯」4)

하는 한 김윤식은 서양과의 관계에서 마땅히 해줘야 할 바를 하는 것이라는 식의 성실한 의무감을 수반하고 있다.

그는 서양과의 관계에서 윤리성을 배제하는 것을 경계하며, 자신에게 마땅히 해야 할 바가 정해진다고 생각한다. 즉 서양을 주체의 의무의 원천으로 만들고자 한다. 그의 평가에 따르면 일본과 같이 두발·의복·법제까지 모조리 서양 흉내를 내는 것은 서양인의 비위를 맞추는 것일 뿐, 아무런 윤리적 기반도 남기지 않고 서양에게 굴종하는 행위이다. 일본이 "서양 나라에 아첨하고 섬긴 것"을 믿고서 유구를 병합한 것은, 김윤식이 주장하는 바 타국의 신을 얻어 나라를 지키는 것[自守]과 같지 않다. 신이란 타자의 믿음을 얻는 것이되, 타자의 기세에 눌린 흉내내기나 가장(假裝)이 아니기를 바라는 것이다. 말하자면 김윤식은 천하대세의 변화에 대해 체념하되, 윤리적 행위자로서 자기자신을 지지할 요소를 발견하고자 하는 것이며, 그렇게 선택된 것이 신(信)이다.[69]

---

69 개국 상황에서 사뭇 윤리적 자세를 가다듬고 있는 김윤식에 대해, 약육강식의 패도적인 세계를 비판하는 소국주의적 세계평화주의를 모색하는 것이라는 조경달(趙景達, 1985)의 연구가 있다. 이에 따르면 김윤식의 신(信)은 패도적 세계에 대항하는 도덕적 의지의 발출이다. 그러나 장인성(2006)은 김윤식이 패도한 세계에 대해 도덕적으로 저항하기보다는 소국 조선의 생존을 모색하며 공(公)이 사라진 천하의 질서에 대해 순응적이었다고 지적한다. 조경달의 과도한 의미부여에 대한 장인성의 비판은 정확하다. 그러나 장인성이 김윤식의 신(信)을 "대국의 패도(군사행동)적 행위, 즉 외환의 발생을 막으려는 피전(避戰)의식과 소국 조선의 고립무원화를 우려하는 대외심리의 소산인 것"이라고 주장하는 것은 과도한 축소라고 할 수 있다. 위 분석에서 지적했듯이 김윤식에게는 패도적 현실에 순응하면서도, 오히려 그 순응이 단순한 피전의 자세이기보다는 윤리적 자세를 수반해야 하는 복잡성이 있다. 단적으로 말해 그는 고립무원을 피하고자 해도, 패도적 현실에 흡수통합당하는 것을 바라지는 않는다. 물론 이 점은 유학자로서의 아비튀스의 표현이지, 일관된 사상적 표현으로 볼 수는 없다.
한편 유교적인 신을 강조하는 한 김윤식은 서양과는 구별되는 인의예지신의 유교적 규범에 대한 경외를 이어간다고 할 수 있다. 기존 연구는 유교적 규범에 대한 경외를 '동도서기론'이라는 개화사상의 분류 범주에 귀속시킨다(강재언, 1981; 강만길, 1985; 권오영, 1990; 김문용, 1998; 주진오, 1993·1995). 그러나 유교적 배경을 가진 윤리적 자세를 정련하는 모습은 이른바 온건개화파 및 동도서기론자에게만 해당되지는 않는다. 일례로 급진개화파로 분류되는 김옥균도 망명중 고종에게 띄운 상소문에서 "歐美各國과 信

⊙신은 유교의 덕이지만, ⓛ 강력한 기세를 타고 있는 서양의 것을 존중하라는 것에 다름아니다. 이렇게 되면 서양 각국과의 관계는 신의있게 되리라는 기대에 따라, 만국공법에 '마치' 성인의 도가 스며 있는 듯이, '마치' 성인의 도를 따르듯이, 그것을 삼가 지키는 것이 신인 것이다.

　그러나 이런 자세는 다음의 함의를 떨치기 어렵다. 아무리 신실한 태도를 수반하고자 해도, ⓒ 구미국과의 관계에서 신은 '가장(假裝)'의 의미를 끝내 벗어던지기 힘들다. 서양에 아첨하여 섬길 뿐인 일본이 득세하고 있고, 강하고 화평한 나라 미국의 권위는 미천한 일본에게조차 서지 못한다. 서양과의 관계 전체를 윤리화하지 못한다면, 신은 약자가 살아남기 위한 방책으로 격하된다. 맹자가 양혜왕하 13장에서 등문공에게 권한 선한 행동들은 김윤식에게는 그 자체로 가치를 지니기보다는 '어쩔 수 없는 것' 혹은 약자가 "절약하고 조심하여" 강자보다 오래 사는 것을 기도하는 방략일 따름으로 이해된다. 신은 윤리적 주체를 고양하려는 것이기는커녕 '기를 펴지 못하게 하고 머리를 숙이게 하는' 나약한 자의 처절한 생존의 몸짓과 겹쳐진다. 그렇기 때문에 신은 "언제 기를 펴고 머리를 들겠습니까?"라는 식의 자기비하의 씁쓸함을 남기고 있다.

　체면을 거머쥐려는 운동을 하다가 그만두는 주체에게는 돌이킬 수 없는 자존감의 상처가 있다. 그것은 서양과 같은 강자가 된다고 해서, 혹은 소중화의 옛 지위를 얻는다고 해서 아물 수 있는 상처가 아니다. 서양과의 확장된 윤리적 관계에서 행위자가 구하려 하는 체면은 강자의 힘으로 환원되는 것도, 옛 격식의 완벽한 수행으로도 얻어낼 수 있는 것도 아니기 때문이다. 서양과의 관계에서 체면의 떳떳함을 이룰 가능성은 현재적으로도 희미할뿐더러, 과거와 미래의 어느 쪽에서도 약속된 바 없다.

　義로써 親交"할 것을 권하고 있다(『김옥균전집』, 「池運永事件糾彈上疏文」 참조).

지금까지 제3장 1절에서 논해온바, 타자에 대해 확장된 윤리적 관계를 부여함과 동시에 윤리적 관계 바깥 존재로 분리하는 발화들을 조합해 하나의 담론형성체를 제시해볼 수 있다. 주체와 서양의 상호연관, 서양의 의미작용, 주체의 태도와 위치에 있어 전형성을 추출해볼 수 있다.

　　서양과 주체의 상호연관은 ⑤ 예나 도리 같은 전승되던 유교윤리의 요소들과 반향하지만, ⑥ 강한 타자의 행동을 이해할 만한 것으로 주체 자신의 행동을 무례한 것으로 만드는 관계의 맥락을 창출한다. 그렇기 때문에 서양은 오랑캐이기는 하나 윤리적 관계의 상대자로 나타난다. 주체는 서양 앞에서 자신의 행동을 수치스럽게 여기는데, 여기서 수치는 두 수준으로 나뉘면서도 연동된다. 먼저 타자에게 불명예스럽게 노출되는 수치를 통해 천하 내 자신의 취약성과 위치 불안을 감지하다가, 타자에게 마땅한 행동을 하지 못한 윤리적 반성의 메커니즘으로서의 수치로 전환하는 것이다. ⑥ 주체도 체면의 떳떳함을 끝까지 밀고 나아가기는커녕 어느 순간 그 윤리성을 스스로 철회한다. 서양과의 의리는 공맹의 도와는 다른 심급에 있는 것이고, 특히 시세(時勢)를 고려하는 임시적인 조치로 남는다. 여기서 주체는 서양에 대해 투사한 윤리적 관계를 걷어버리며, 서양은 윤리적 관계 바깥의 자로 의미작용한다.

　　이것을 근거로 하나의 담론형성체를 상정하고, '예의-춘추전국 담론'이라고 명명해보자. 주체와 서양이 놓여 있는 전체적 배치는 강한 타자에 촉발되어 윤리적 관계가 가동되는 세 겹의 양상으로 펼쳐진다. 이 '윤리적 관계'가 주체에게 공포를 불러일으키는 강한 타자를 전제로 할뿐더러, 타자와의 차이를 소거하지 않는 유비적 관계로 머문다는 점은 서양의 의미작용 안에 이율배반을 가져온다. 서양은 마땅히 그에 맞추어 주체 자신의 체면과 행동을 제어해야 하는 상대이지만, 그 윤리적 관계를 안전을 위한 고려로 멈추게 할 만큼의 공포스런 존재로서의 성격을 놓치지 않는다.

이 담론형성체에서도 역시 관계적 주체성(relational subjectivity)의 양식이 가동되고 있다. 서양과의 윤리적 관계는 서양에 대한 호의적인 평가로부터 도출된 것이 아니라, 그 근접성에 대한 감지로부터 찾아온다. 이제 주체는 좁은 형세 안에서가 아니라 드넓은 천하 안에서 자기 자신과 밀접히 연동되는 자로 타자를 발견한다.

서양의 근접을 감지하고 수용하는 자는 서양과의 관계 속에 자리잡은 자기자신의 상(相)이 곧 바뀐다는 것을 알게 된다. 그러므로 제대로 행동하려는 그의 관심은 타자에 비칠 자신의 체면을 염려하는 것으로 이어질 것이다. 그는 체면의 손상과 상처, 즉 수치를 갖지만 그 부끄러움 때문에 타자와의 관계 속에서 자기자신의 부분이 한정 가능해진다. 부끄러운 것으로 드러나는 자기자신이 확인되는 것이다. 수치는 자기자신의 확인이면서 자기자신이 배태된 관계로부터 분리될 수 있다는 불안이기도 하기 때문이다. 분리 불안을 느끼면서 체면을 구하고자 하는 주체에게 요구되는 것은 타자와의 관계 속에서 적절한 위치를 점하는 것이고, 타자와 분리된 독립성을 유지하는 것이 아니라, 상대하는 타자와 상관되도록 필요한 민감성(responsiveness)을 발휘하는 것이다. 그가 해내야 하는 의무 또한 근접한 서양과의 관계에 따른(relational) 수준에 있으므로, 유비의 놀이가 불가피해진다. 서양과의 유비적 연결은 체면을 구하고 수치를 피하고자 하는 등의 주체의 유비적 실천 자체를 통해 형성된다.

4) 주체는 부끄러워하며 서양을 모방한다

예의-춘추전국 담론에서 서양은 주체에게 부끄러움을 야기하고 체면을 염려하게 하는 윤리적 상대자로 의미화되나, 서양과 동일시한다거나 서양을 모방하는 것을 필수적으로 함축하고 있지는 않다. 차이나는 각자의 위치에서 타자의 원하는 바를 실현하는 적절한 처신이 필요할 뿐이다. 이 점에서 이 시기 비교적 과감한 서양화를 주장한 갑신정변 주도세력들을 점검해볼 필요가 있다. 이들은 실제로 당대인들에게서 서양을 흉내내는 데 몰두하여 윤상(倫常)을 잃어버리고 말았다는 비난을 들었기 때문이다. 김윤식이 대표적으로 이런 비난을 하는 논자이다. 그는 허수문과의 대화에서 일본이 서양에 아첨할 뿐 유교적 윤리가 권하는 '마땅함'에 대한 고려를 잊어버리고 말았다고 비난한 적이 있는데, 비슷한 비난이 갑신정변 주도세력에 대해서도 적용된 셈이다. 개화당에 대한 자세와 관련되어 자주 인용되는(강재언, 1981; 강만길, 1985; 주진오, 1993 · 1995) 김윤식의 글은 다음과 같은 것들이다.

나는 일찍이 개화의 설을 매우 괴이하게 여겼다. 무릇 개화란 변방의 미개한 자들이 유럽의 풍속을 듣고 미개한 풍속을 고쳐나가는 것인데, 우리 동토는 문명의 땅이니 어찌 또다시 개화하겠는가? 갑신의 여러 적들은 구라파를 높이고 요순을 깎아내리고 공자와 맹자를 폄하하여 떳떳한 윤리의 도를 일컬어 야만이라 하고, 그 도를 바꾸려 하면서 개화라 칭하니, 이것은 천리를 멸절하고 관과 신발이 바뀌는 것과 같으리라. 선비와 군자는 입에 올릴 수나 있겠는가?[70]

홍영식은 원래 준재(俊材)였다. 향학열과 착한 일을 하고 싶은 마음이 있어서 사람들이 모두 기대하는 바가 원대했다. 미국에 사신으로 갈 때 그 아버지 홍순목의 병이 위급했으나 영식은 돌아보지 않고 갔다. 사람들이 모

---

[70] 余嘗深怪開化之說 夫開化者 如阿塞諸變榛狂之俗 聞歐洲之風 而漸革其俗曰開化 東土文明之地 更有何可開之化乎 甲申諸賊 盛尊歐洲 薄堯舜貶孔孟 以彝倫之道 謂之野蠻 欲以其道易之 動稱開化 此可謂天理滅絶, 冠履倒置矣 士君子 尙可掛諸口頭乎(『속음청사』 권5, 1891년 2월)

두 괴이하게 여겼다. 돌아와서는 서양제도를 크게 연모하여 중국을 멸시하고 아울러 공맹과 윤상(倫常)의 도를 배척하는 데 방자하여 기탄이 없었다. 이때 그가 이미 다른 부류가 되어 있음을 알았다. 김옥균과 박영효, 박영교, 서광범은 일본에서 돌아오더니, 일본을 몹시 좋아하여 동양의 영국으로 여기고, 사사건건 부러워했다. 영식과 더불어 모두 중화를 배척하고 서양을 높이는 논의를 폈고, 하는 말마다 '자주'를 말했다. 임금은 멀리서 수고한 것을 위로하고 관대하게 대해주며 포용하였다. 네 사람은 총애를 업고 방자하게 굴면서 몰래 불궤한 마음을 품었다.[71]

애초 일본인 이노우에 가쿠고로[井上角五郎]는 견식이 공정했다. 그 나라에는 민권당(民權黨)이 있어 조정의 득실을 논의하기 좋아했는데, 두려워하고 기탄하는 바가 없었다. 가쿠고로는 민권당 사람이었다. 작년에 우리나라에 유람하러왔다. 박문국(博文局)을 신설해 신문을 냈다. 가쿠고로는 서양 및 일본 문자에 통달하고 또 우리나라 말을 잘해서 박문국에서 맞아들여, 번역 일을 관장하도록 했다. 사람됨이 바르고, 영식 등이 서양을 헛되이 연모하는 작태를 매우 싫어했다. 일찍이 몇 번 대면한 뒤 말했다. "공은 실용에 힘쓰지 않고 서양인의 껍데기만 배우려고 하니 일에 어떤 도움이 되겠소?" 영식은 부끄러워서 곧 갔다. 그(井上角五郞－인용자)는 나와 가장 잘 지냈다.[72]

---

71 英植 素有儁材 且有向學好善之心 人皆期遠大 及出使時 其父洪相淳穆 病痢危劇 英植不顧而去 人始怪之 及還 深慕洋制 奴視中國 竝斥孔孟倫常之道 肆然無忌 於是知其已化爲異類矣 玉均泳孝光範等 自日本還 欽艶日本 以爲東洋之英吉利 事事健羨 與英植 共述排華尊洋之論 言言輒稱自主 自上軫其遠役之勞 寬假而優容之 四人 恃寵專恣 陰懷不軌之心(『梅泉野史』「追補陰晴史」)

72 初 日本人井上角五郞 見識公正 其國有民權黨 好論朝廷得失 無所畏忌 角五郞 民權黨人也 往年爲游歷來我國 新設博文局 刊出新聞 角五郞通曉洋倭文字 又善我國語 故邀致局中 管繙譯之事 爲人性直 深嫉英植輩虛慕洋風 嘗面數之曰 公不務實用而欲學洋人之皮膚 何益於事 英植慙而去 與余最相善(『梅泉野史』「追補陰晴史」)

김윤식은 개화당의 일원들이 서양을 부러워하고 이상화하는 것을 요순의 도를 배척하는 것으로 파악하고 있다.[73] 서양을 높이고 '자주'를 말하는 것은 그 자신이 서 있는 유교 윤리의 기반을 무너뜨리는 것인 것이다. 단적으로 이들은 서양을 헛되이 연모하고 윤상을 버린 "다른 부류가 되어" 있다고 파악된다. 더욱이 그는 그런 부류들이 서양을 연모하는 것이 이노우에 가쿠고로[井上角五郞]와 같이 서양을 잘 알고 민권을 주창하는 자에게마저 신뢰를 얻지 못하고 있다고 조롱하고 있다. 그는 청을 상국으로 높이고 윤상을 고집하는 자신의 자세가 서양과의 관계맺기에서 오히려 더 적합한 자세라고 자랑하는 듯 보인다. 그러나 이노우에 가쿠고로는 그의 자전적 기록, 「한성에 두고 온 꿈[漢城之殘夢]」(한상일 역, 1993)으로 보건대, 김옥균 등과도 친밀한 관계를 맺었다.

　　김옥균(金玉均), 박영효, 서광범(徐光範), 홍영식(洪英植)과 같이 갑신정변 가담 인물들이 정계에 부상한 것은 임오군란 이후이다.[74] 이들은 1880년 이후 조사시찰단, 통리기무아문 등에서 경험을 쌓았고, 임오군란을 거쳐 대원군 세력이 도태되면서 힘을 얻었으며, 일본, 미국 등지에 파견되거나 일본인 및 서양인과 접촉하는 외교 분야에서 두각을 드러냈다(이광린, 1973a·1973b). 이 시기 이들은 메이지유신이 이룩한 성과를 직접 목격하면서 일본과 같은 정도의 서양화의 필요성을 절감했고, 특히 후쿠자와 유키치[福澤諭吉]와 교제하였으며, 미국과 유럽을 순방하기도 했다.[75] 물론 1884년 갑신정변이 실패로 돌아가자 관련 인물들

73　비슷한 내용으로는 또한 『음청사』 상 1882년 2월 21일 劉蘜林과의 담초 참조. "余曰 日本之人, 善變化 其國與敝邦慶尙道相鄰 其人文之開 由我嶠南儒林之風 嗣後購買 中華經籍 彬彬多文學之士 及聞洋夷之風 又突然盡變 可謂下喬木而入幽谷者也"

74　이광린(1973a·1973b)은 박영효의 회고 등을 인용하여 이들의 인맥적 연결이 1875년경 정계에서 은퇴한 박규수의 사랑방에서 그의 지도를 받으면서부터 시작되었고, 1879년 에는 이동인과 같은 다양한 신분들의 인물을 아울러 당(黨)을 이루었다고 주장한다.

75　임오군란 사후 일본과 체결하였던 제물포조약 6조에 의한 정부사절단은 박영효가 정사, 김만식이 부사, 서광범이 종사관, 그밖에 김옥균, 유혁로, 변수 등이 고문으로 참

은 죽거나 망명했고, 이들과 밀접했던 윤치호(尹致昊), 유길준(俞吉濬) 등도 국외로 떠나거나 가택연금되었다.

그러나 김윤식의 짐작과 달리, 갑신정변 주도세력이 남긴 문헌들은 유교에 대한 적대적 자세를 보여주고 있지는 않다. 서양의 부강을 부러워하고 문명국으로 이상화했을지언정 유교를 폄하한 흔적을 찾기 힘들다.[76] 오히려 박영효의 1888년 상소문은『논어』,『맹자』에 대한 인용으로 가득 차 있고, 박제경의『근세조선정감』도 유교적 성군의 관점에서 벗어나고 있지 않다. 김옥균도「치도약론(治道略論)」에서는 개혁의 근거를 전통에 두기도 했다. 또 종래 주장되던 것처럼(강재언, 1981; 이광린, 1973b · 1989e 등; 신용하, 2001b), 이들이 유교를 부정하는 연장선상에서 1880년대에 양반신분제를 완전히 타파한 국민국가 건설을 주장했다고 단정지을 수 없다는 연구가 최근 나오고 있다.[77] 부국강병의 강조나 입헌군

여하고 있었다. 박영효 일행은 동경에 체류하는 약 3개월 동안 그곳의 모든 외국 공관을 방문하고 그들과 전례없이 적극적으로 교유하였다. 이후 김옥균은 고종의 특명으로 일본에서 차관교섭을 협상하기도 했다. 1883년에 파견된 견미사절단에도 정사 민영익, 부사 홍영식, 종사관 서광범, 수행원에 변수, 유길준 등이 참여하였다. 이들은 미국을 순방하고 주요 기관을 시찰하였다. 이때 정사 민영익과 서광범, 변수는 유럽 제국을 돌아보고 귀국하였고, 유길준은 미국에 유학한다.

76 김옥균의 경우「지운영사건규탄상소문」에 외국의 종교도 인민 교화에 도움이 될 수 있겠다는 구절이 있으나, 이는 개종을 뜻하지도 않으며, 유교를 부정하는 의미로도 보기 힘들다. 갑신정변 참여자들이 반유교적 입장을 보이지 않는다는 점은 갑신정변에 대한 상세하고 치밀한 연구를 발표한 박은숙(2005)이 잘 밝혀주고 있다. 그러므로 규범적 원리로서 유교 긍정과 부정을 기준으로 동도서기론과 문명개화론, 혹은 온건개화파와 급진개화파, 혹은 시무개화파와 변법개화파를 나눈 기존의 연구들은 재고되어야 할 것이다. 특히 "김윤식의 유교 문화에 대한 집착은 결국 동도를 유지하는 선에서 서기의 수용으로 나타났고"(구선희, 1999; 하원호, 1998) 또는 개화당이 "유교를 부정해야 한다고 느끼고 있었다"(이광린, 1973b)와 같은 구절들은 재고를 요한다.

77 김옥균의『갑신일록』에 따르면, 갑신정변의 정령 2조는 "閉止門閥 以制人民平等之權 以人擇官 勿以官擇人事"라고 되어 있다(『갑신일록』, 1884년 12월 5일). 이 구절을 이광린(1973a), 신용하(2001b) 등은 양반신분제의 폐지와 전면적 인민평등권 제정에 의한 근대 국민국가 건설로 해석해왔다. 갑신정변 주도세력이 명실상부한 nationalist 였다는 것이다. 이에 대해 糟谷憲一(1990)이나 梶村秀樹(1985) 같은 일본인 연구자나 박은숙(2005)은 유보적이다. 비교적 꼼꼼히 정령분석을 하고 있는 박은숙(2005)에 따

주제에 대한 관심, 신분제에 대한 비판 등은 갑신정변에는 가담하지 않은 인사가 참여하고 조정에서 발간한 『한성순보』나 『한성주보』에서도 발견되는 바이다.[78] 갑신정변 주도세력이 다른 개화인사들과 달리 제기한 핵심 주장은 민씨척족 세력을 숙청해야 한다는 것과 함께 조선이 청으로부터 독립하여야 한다는 것이다. 이들이 활약한 임오군란 이후는 청과 조선 간의 다소 방임적인 속방관계가 실질적인 내정간섭으로 전환되기 시작한 무렵이기도 했다. 그리고 김윤식의 지적에서 알 수 있는 점은 일본과 서양에 대한 이들의 자세가 남달랐고, 그것이 김윤식 등에게 역겨움을 불러일으켰다는 정도이다.

1935년 서재필(徐載弼)은 김옥균으로부터 받은 가르침을 다음과 같이 요약하고 있다.

그(김옥균─인용자)는 조국이 청국의 종주권하에 있는 굴욕감을 참지 못하여 어찌하면 이 수치를 벗어나 조선도 세계 각국 중에 평등과 자유의 일원이 될까 밤낮으로 노심초사했던 것이다. 그는 현대적 교육을 받지는 못했으나 시대의 추이를 통찰하고 조선도 힘있는 현대적 국가로 만들려고

르면 폐지문벌(閉止門閥)의 '문벌'이란 "대대로 높은 사회적 신분과 지위를 누려온 집안이나 그에 속하는 사람들", 즉 소수 유력가문을 의미하고, 갑신정변 주도세력이 폐지하려던 문벌은 주로 민씨척족 세력이었다는 것이다. 그들은 문벌을 폐지하여 정권을 장악하고자 했다. 또 당시 『한성순보』 등을 통해 입헌민주주의와 인민평등에 대한 내용 등이 약간씩 소개되고 있기는 하지만 그 이해는 저급하며, 개화파 자신이 우민관(愚民觀)을 떨쳐버리지 못했고 사람에 따라 상하귀천이 나뉜다는 생각도 버리지 못했다. 인민평등권이란 결국, 주권자로서의 인민간의 평등이 아니라, 병역이나 세금의 균등부과, 보통교육 실시 정도의 의미밖에 지니지 못했다고 보여진다는 것인데, 이런 내용은 이미 『한성순보』 등에 나와 있는 정도라는 것이다.

78 「英國誌略」, 『한성순보』, 1883년 12월 20일; 「歐米立憲政體」, 『한성순보』, 1884년 1월 30일; 「미국대통령」, 『한성순보』, 1884년 7월 21일; 「譯民主與各國章程及公議堂解」, 『한성주보』, 1884년 2월 7일; 「禁奴婢世役說」, 『한성주보』, 1886년 2월 15일; 「亞米利加洲」, 『한성순보』, 1883년 11월 20일; 「泰西運輸論」, 『한성순보』, 1884년 2월 17일; 「富國說」, 『한성순보』, 1884년 6월 4일; 「亞細亞洲總論」, 『한성순보』, 1884년 3월 8일; 「學校」, 『한성순보』, 1884년 3월 18일 ; 「邊師興利」, 『한성주보』, 1887년 6월 20일.

절실히 바랐었다(서재필, 2006).

　서재필과 같이 사관생도로서 일본에 유학하였다가 갑신정변에 참여한 신중모(申重摸)는 정변 실패 후 국초를 받을 당시 다음과 같이 진술하였다. 여러 연구에서 이 진술은 갑신정변 당시 주모자들의 생각을 알아볼 수 있는 얼마 안되는 자료 중에서도 상당히 중요하게 취급되던 것이다(이광린, 1973a · 1973b; 박은숙, 2005 참조).

　　그때(1883년 5월－인용자) 들어간 20여명 중 나를 비롯한 14명이 사관공부(일본 陸軍戶山學校에 유학－인용자)를 1년 반 정도 한 후 김옥균이 (일본에－인용자) 들어왔다. 그래서 매 7일에 한 번 모임이 있는 날 가서 만나, 자주 상종(相從)했다. 상종할 때 "서양 각국은 모두 독립국이다. 어느 나라를 막론하고 독립한 연후에야 화친할 수 있다. 그러나 조선 혼자만이 중국의 속국이 되어 있으니 매우 부끄러워할 만하다. 조선도 어느 때에 독립국이 되어, 서양 여러 나라와 함께 동렬에 설 수 있겠는가?"라고 들었다.[79]

　김옥균 자신도 갑신정변 이전에 다음과 같이 썼다. 이 또한 자주 인용되는 중요한 자료이다.

　　이전부터 청국의 속국으로 여겨온 것은 참으로 부끄럽다. 나라가 진작의 희망이 없는 것은 역시 여기에 원인이 없지 않다. 이에 첫째로 해야 할 일은 굴레를 철퇴하고 특히 독립하여 완전 자주국을 수립하는 일이다. 독립하고자 하면 정치와 외교는 불가불 자수자강(自守自强)해야 한다.[80]

---

[79] 其時入去二十餘名之中 矣身等十四名 學士官工夫一年半 其後金玉均入來 故每於間七日一會之日 往見頻數相從 矣從而得聞云 西洋各國 皆是獨立國也 無論其國 獨立然後 可以和親 而朝鮮獨爲中國屬國 深可恥也 朝鮮亦於何時可爲獨立 而西洋諸國得與同列乎(『推案及鞫案』, 「大逆不道罪人喜貞等鞫案」)

위 세 인용문을 통해 보건대 김옥균은 '조선이 청국의 속국인 것은 수치스럽다'라고 말하고 있다. 단순히 부당하다거나, 혹은 만국간의 교류 및 서양과의 관계에 유해하다고 말하지 않고 '수치스럽다'고 표현하고 있다. 즉 완전자주국을 수립해야 한다는 판단은 '타자 앞에서 속국 조선은 수치스럽다'는 형식을 취하며, 옳고 그름을 판단하는 데 있어 서양이라는 타자는 관건적 역할을 하고 있다. 이 판단은 타자의 영향력이 배제된 순수한 내적 자각이라기보다는 타자를 경유한 자각의 형식이다. 말하자면 '조선이 청국의 속국인 것은 수치스럽다'라는 말은 타자가 관건적 역할을 하는 판단의 상황을 전제하고 창출하고 있다. 하지만 그렇다고 하여 이 판단이 강한 타자의 비위를 맞추거나 그의 눈치를 보는 것으로 폄하되어서는 곤란할 것이다. 말하는 주체는 타자를 경유하여 독립이 만국 교제의 규범임을 깨닫고 있으며, 속국 조선이 여기에서 어긋나는 것으로 반성하고 있다. 그렇기 때문에 '부끄러운 것'이다.

주체가 타자 앞에서 부끄러움을 느낄 때, 그는 이미 타자와 밀접히 연결되어 있다. 부끄러움 속에서 그는 타자를 대상화하여 그를 특성화하지 않고도 타자의 감정과 평가를 즉각적으로 자기자신 속에 환기할 수 있다. 앞서 보론에서 말했듯이 죄의식이 위반되는 행동에 대한 것이라면, 수치는 타자와의 관계에 놓인 자기자신의 전체와 관련되는 것이다. 그러므로 수치는 분리와 고립의 불안이면서 자기 확인이고 또 그 부적절한 드러남에 조응하여 자기자신의 상을 새로이 바꾸고 조탁하는 실천을 요구하게 되는 윤리적 계기가 된다.

김윤식 등이 서양과의 관계에 신 등을 투사하는 등 윤리적 관계 속에 위치해 있는 것과 마찬가지로, 김옥균 등도 서양과의 관계에서 체

80　自來淸國之自爲屬國 誠万無之恥 亦不無因此 而國無振作之望 此是 第一款 撤退羈絆 特立爲獨全自主之國 欲獨立 則政治外交不可不自修自强(『김옥균전집』, 「朝鮮改革意見書」)

면을 헤아리고 수치를 느끼는 등의 윤리적 관계 속에 위치해 있다. 그렇다면 후대에 다른 사상적 정파로 귀속되는 두 부류는 서양에 대해 체면을 헤아리고 수치를 느낀다는 점에서는 비슷한 주체위치와 서양의 의미작용을 갖는다고 할 수 있다. 그렇다면 청이나 서양에 대한 상이한 태도는 이 공통성을 기반으로 하여 이해되어야 할 것이다. 김윤식 등이 서양에 대해 확장된 윤리적 관계를 상정하면서도 청국을 상국으로 섬기는 데 대해 별다른 수치를 느끼지 못하는 반면, 김옥균 등이 수치심을 느끼는 이 현격한 격차는 이 확장된 윤리적 관계가 갖는 유동성에 귀속시킬 수 있다. 오래된 법식이 아니라 천하 내 존립을 위협하는 타자를 전제로 하는 한, 주체의 마땅함은 최적화된 상태로 한정되기 어려울 것이기 때문이다. 서양이 주도하는 천하에서 어떻게 처신해야 서양의 인정을 얻는 것이면서 자기자신의 떳떳함을 세우는 것이 될 수 있는지는 불투명하다. 김윤식 등에게는 어느 정도 만족스러운 처신이 다른 누군가에게는 부끄러운 것이 될 수 있다.

1884년 정변에 참여하지 않았지만 개화당 인사들과 밀접했던 윤치호의 일기(『윤치호일기』)에서 뽑은 다음의 인용문들을 보자.

① 밤에 예궐하여 묄렌도르프가 간행한 『조선략기』에 "조선왕은 청황제의 유명무실한 노복이다"라고 한 구절이 있음을 아뢰었다. (…중략…) 옛날에는 정성을 다하여 상국을 섬기어 오직 그 비호를 바랄 뿐이었으나 오늘에 와서는 감심하여 밑에 있으면 도리어 남으로부터 욕을 받게 된다. 모름지기 스스로 떨쳐 일어나는 데 힘을 써 독립을 기약하는 것만이 우리나라의 급무인 것이다. 또 사실 외국이 우리를 돕고자 하는 바는 외국인이 우리와 청국과의 관계를 모르기 때문에 그리하는 것이 아니다. 그러므로 무릇 외교상의 문자나 신문에는 각별히 우리나라의 독립권에 대해 발명하고 있는 것이다. 하물며 우리나라 신민이 되어 어찌 차마 스스로 '우리나라 왕

은 청황제의 노복이다'라는 말을 하고 이를 책에 적어 다른 사람들에게 전파할 수 있는가? 비유컨대 한 사람의 가복이 기회를 보아 속량하고자 의관을 정제하고 양민과 교유하고 있다. 그 친구도 또한 힘써 도와 평등히 교제하고 힘써 그 본래 가벌(家閥)의 단점을 감추어주는 것은 다른 사람들이 본래 그 집안내력을 알지 못한다고 하여 그리하는 것이 아니다. 이와 같이 하지 않으면 교우할 수 있는 근거가 없어지기 때문이다. 다른 사람들조차 그 본래 가벌의 단점을 가려주거늘 하물며 그 집 하인이 그 주인이 본래 아무 개집 노복이었다는 말을 전파할 수 있겠는가?[81]

②아침에 기무처로 일재장(一齋丈 : 어윤중—인용자)을 찾아가 가친의 서간을 전하고 이어 나라의 일 여러 가지를 이야기했다. 대화가 조선이 만이(蠻夷)냐, 아니냐 하는 데까지 미치게 되었다. 일재가 말하기를 "우리나라는 야만을 면한 지가 오래되었다"고 하였다. 내가 웃으면서 말했다. "대저 야만과 개화가 구별됨은 인의(仁義)와 잔혹함의 차이가 있기 때문입니다. 대저 야만이라고 일컫는 것은 서로 죽이고 잡아먹는 등 잔혹하고 어질지 못하기 때문입니다. 지금 우리나라는 법을 만들어 백성을 얽어매어 살육하고 도해(荼害)하고 있습니다. 살인하는 데 있어 몽둥이로 하는 것과 칼로 하는 것이 차이가 있는지 모르겠습니다." 일재가 웃으면서 말했다. "어째서 말이 그렇게 어리석으냐?"[82]

---

81 是夜, 詣闕 奏 穆麟德刊行 朝鮮略記 有朝鮮王卽淸帝有名無實之奴僕云云之事 (…중략…) 古則輪誠事上 惟望其庇 今則甘心居下 却受人辱 必須勉圖自振 以期獨立 當今我邦之急務 且實外國之所欲助成者 非外國人不知我與淸關係而然也 故凡外交上文字及新聞 各別發明我國有獨立之權 況其爲我國臣民 何忍自言我國王是帝之奴僕 等說 乃筆之於書 而傳播於人哉 比如有一人家僕 乘時將欲贖良 着衣冠而交遊良民 其友亦勉力助成 以爲平等之交 務藏其本來家閥之短 非以謂他人不知其家本而然也 不如此 無藉以交友之資故耳 以外他人 欲掩其本來家閥之短 況其家下人 而可傳播其主之本爲其家奴僕等說乎(『윤치호일기』, 1884년 1월 10일)

82 朝訪一齋丈於機務處 致家親書簡 因與語數條國事 語及朝鮮是否蠻夷之說 一齋曰我國免野蠻久矣 余笑而答曰 夫蠻夷開化之別 以有仁義殘酷之異 夫野蠻云者 以其

③ 임금께 아뢰었다. "(…중략…) 구미 각국에서는 청인을 노예처럼 여기고 있습니다. 그러함에도 오히려 괴롭고 시끄럽게 생각하여 마침내 미국과 같은 인정이 두터운 성품을 갖고 있는 나라에서도 청인을 축출하기에 이르렀습니다. 그러나 우리나라는 정부가 나약하여 청인 보기를 마치 윗사람처럼 여기고 있습니다. (…하략…) "[83]

첫 번째 인용문에서 윤치호는 사대(事大)하는 것이 종전에는 자연스러운 바였으나, 현재는 치욕을 얻을 뿐이라고 말한다. 사대를 잘못된 것으로 보는 외국인들이 없다면, 혹은 이들이 윤리적으로 중요한 타자가 아니라면 청에 대한 지성사대는 문제되지 않을 수 있다. 세 번째 인용문에서 보듯이 청에게 사대하는 것을 더더욱 참을 수 없는 것은 서양인들이 청을 노예처럼 야만시하기 때문이다.

위 인용문들에서 동아시아에서 국제관계의 위계가 역전된 점, 중국이 강등된 점을 주로 보고, 이러한 중국의 강등에 대한 인지가 원인이 되어, 주체로 하여금 태도를 바꾸게 한 결과를 낳았다고 해석할 수도 있을 것이다. 그러나 중국의 강등이라는 사태가 주체에게 변화하도록 동기화되는 방식을 살펴보면, 중국의 강등으로부터 옳고 그름을 괄호친 채 전략적 이익만을 도모한다기보다는 타자의 시선을 경유하여 체면을 되돌아봄으로써, 옳고 그름을 재정립하고 있음을 알 수 있다. 두 번째 인용문에서 보듯이 조선도 야만으로 강등당한다. 타자의 시선은 주체 자신의 체면을 바꾸며, 주체의 의무를 새로이 설정하고 있다. 서양은 단순히 변화하는 환경의 일부만이 아니라, 주체 자신의 체면 평

相殺互食 殘苛不仁故也 今我國設法罔民 而殺戮之茶害之 未知 以挺與刃 有以異乎 一齋笑曰 何其言之愚也(『윤치호일기』, 1884년 1월 2일)

83 奏 (…중략…) 歐美各國 視淸人若僕隷 而猶覺苦擾 竟至美國以其渾厚之性 追出淸人 況我國則政府弱懦 視淸人如上人者乎(『윤치호일기』, 1884년 8월 7일)

가에 투입되도록 유비되는 타자로서 들어서고 있다.

앞서 보아온바, 수치를 느끼고 타자의 입장을 취해보는 것은 타자와의 동일시가 아니라 타자의 요구와 자기자신의 행위를 조화시키는 유비이며, 유비란 어떤 동일률에 맞추는 것이 아니라 인접한 타자와 자신을 어울리게 하는 것, 다성적 화음을 유지하는 것이다. 그렇다면 윤치호의 글에서는 중대한 변형이 이루어졌음을 알아챌 수 있다. 즉 서양이라는 타자는 자신과 같아지기를 요구한다고 여겨지고 있기 때문이다. 중국과의 속방관계를 유지한 채 서양과 화호하는 것은 떳떳함을 세우는 것이 되지 못하고, 외려 주체의 취약성만을 노출시켜 모욕당하게 할 뿐이다. 서양의 입장 취하기를 통해 얻어진바, 서양이 원하는 것, 그리고 주체의 체면을 세우는 것은 서양과 같아지는 것이다.

서양인들이 조선의 독립에 대해 말하는 것은 조선의 처지를 몰라서 하는 무지의 소산이 아니라, 자기에게는 있으되 조선에게는 없는 무언가를 요구하는 것이며, 윤치호의 표현에 의한다면 그것은 '조선을 돕는' 행위이다. 미국공사관의 조선어통역관으로 근무할 당시 윤치호의 일기 곳곳에 미국 공사의 활동은 열등한 조선의 위치를 개선시키는 우호적인 행동으로 묘사되어 있음을 상기할 수 있다.[84] 서양인의 말과 행동은 조선이 가야 할 방향을 제시하고 있는 것이다. 말하자면 서양은 조선을 서양에게 못 미치는 열등한 위치로 드러나게 하는 동시에 열등한 위치로부터 끌어올리는 자이다. 첫 번째 인용문에서 서양에 대한 이같은 조선의 위치는 속량을 희망하는 노복에, 서양은 그의 집안 내력에 눈감고 평등히 교제하려는 양인(良人) 친구에 비유되고 있다.

서양이 표준으로서 들어선다 해도, 주체가 체면을 염려하고 부끄러움을 느끼는 한, 타자의 타자성은 불식되지 않는다고 볼 수 있다. 주체

---

84 예컨대 1883년 9월 21일; 1883년 9월 22일; 1883년 10월 8일; 1883년 12월 4일; 1884년 3월 4일; 1884년 3월 29일; 1884년 4월 30일; 1884년 7월 20일; 1884년 10월 2일 등의 일기 참조.

는 자신의 모습을 닮을 것을 요구하는 구체적 타자 앞에서 그와 어긋나는 모습을 발견하고는 자기자신을 부끄러워하는 것이다. 서양은 여전히 인접한 구체적 타자의 위치이며 초월적인 곳으로 도약하지 않는다. 초월적 존재와 구체적 사물 사이에 존재하는 원초적인 격절(隔絶), 다시 말해 초월적 존재가 현실 너머의 이데아라면 구체적 사물은 이데아에 대한 불완전한 모사물로 머물 수밖에 없는 절대적 거리도 없다. 속량을 희망하는 노복은 친구가 잘 돕고 그 자신이 잘 노력한다면 양인 친구와 같아지고 동등해질 수 있다. 표준으로서의 타자는 신과 같은 초월적 위치에 서 있기는커녕, 주체와 연결되어 있어 입장을 헤아리고 배려해야 할 구체적 타자에 불과하다. 서양과 닮는 것은 여전히 관계된 타자에 대한 (국지적) 충실성의 견지에 있다. 윤치호에게 서양은 배워야 할 점이 많은 강력한 친구인 셈인데, 여기에는 자신에 비추어 타자의 입장을 헤아리고 그렇게 헤아려진 타자에게 맞추어 자기자신을 변형시키려는 윤리적 활동이 개입해 있다.

그렇다면 서양이 같아질 것을 요구한다고 간주하는 것, 이것도 유비의 한 방식일 수 있다. 이를테면, 다성적 화음 대신에 같은 음을 낼 것을 요구하지만, 서양은 복종을 요구하는 추상적 음표가 아니라, 귀기울여 듣다보면 나오는 다른 목소리라는 것을 곧 알아챌 수 있는 옆자리의 훌륭한 가수와 같은 것이다. 주체는 동일음을 낼 것을 요구하는 그와 어우러져야 하는 의무를 갖는다. 그를 따라야 하지만, 그는 엄연한 다른 자이다. 그와 닮아지려는 노력은 차이나는 모방, 차이나는 베끼기로 머문다. 다시 말해 주체는 타자로서의 서양과 닮아질 뿐이다.

이런 관계에서 타자에 대한 선망과 자신의 처지에 대한 열등감은 있을지언정, 원초적인 박탈감은 없다. 서양과 같아지는 것, 혹은 서양과 동등해지는 것은 자신의 과거를 포기하고 타자와 동일시하는 것은 아니다. 두 번째 인용문에서 잘 확인되듯이 주체는 전통으로부터 분리되려고 들지 않기 때문이다. 윤치호는 조선이 야만에 속한다고 말하고 있지만, 개화와 야만의 구분은 친근한 인의(仁義)의 여부에 부치고 있다. 서양 및 일본이 개화라고 한다면 개화란 이질적인 어떤 것이 아니라, 성인이 누누이 일러준 인의를 실현한 상태일 것이다. 개화된 자와 주체 사이에는 공유의 지반이 있으며, 그것은 유교적 도리에 비견되고 있다. 서양이 주체를 열등한 위치로 드러나게 하면서 자기자신과 동화되는 방향으로 이끈다면, 그 동화는 주체에게 성인의 도의 실현이 된다. 주체는 자신의 전통적 자원을 부정하면서 타자의 것을 취하기보다는 타자와 닮아가는 과정에조차 전통의 교량을 활용하고 있다.

『윤치호일기』에서 발견한 바는 역시 정변에는 참여하지 않았으되 밀접히 교우한 유길준의 『서유견문(西遊見聞)』에서 뽑은 다음 인용문들에서도 그대로 확인된다. 이 글들은 후쿠자와 유키치[福澤諭吉]의 『서양사정(西洋事情)』 등의 서적을 모방했다는 평가를 듣는 어타 부분들과 달리 유길준만의 독창적 내용으로 평가받는(이광린, 1979c)「개화의 등급」에서 추린 것이다.

①大槩 開化라 ᄒᆞᄂᆞᆫ 者ᄂᆞᆫ 人間의 千事萬物이 至善極美ᄒᆞᆫ 境域에 抵ᄒᆞᆷ을 謂ᄒᆞᆷ이니 然ᄒᆞᆫ故로 開化ᄒᆞᄂᆞᆫ 境域은 限定ᄒᆞ기 不能ᄒᆞᆫ 者라 (…중략…) 五倫의 行實을 純篤히 ᄒᆞ야 人이 道理를 知ᄒᆞᆫ則 此ᄂᆞᆫ 行實의 開化며 人이 學術을 窮究ᄒᆞ야 萬物의 理致를 格ᄒᆞᆫ則 此ᄂᆞᆫ 學術의 開化며 (…중략…) 竊想ᄒᆞ건ᄃᆡ 行實의 開化ᄂᆞᆫ 天下萬國을 通ᄒᆞ야 其同一ᄒᆞᄂᆞᆫ 規模가 千萬年의 長久ᄒᆞᆷ을 閱歷ᄒᆞ야도 不變ᄒᆞᄂᆞᆫ 者어니와 政治以下의 諸開化ᄂᆞᆫ 時代를 隨ᄒᆞ야 變改ᄒᆞ기도 ᄒᆞ며 地方을 從ᄒᆞ야 殊異ᄒᆞ기도 ᄒᆞ리니 然ᄒᆞᆫ故로 古에 合ᄒᆞᆫ든 者가 今에ᄂᆞᆫ 不合ᄒᆞᄂᆞᆫ 者가 有ᄒᆞ며 彼에 善ᄒᆞᆫ 者가 此에ᄂᆞᆫ 不善ᄒᆞᆫ 者도 有ᄒᆞᆫ즉 古今의 形勢롤 斟酌ᄒᆞ며 彼此의 事情을 比較ᄒᆞ야 其長을 取ᄒᆞ고 其短을 捨ᄒᆞᆷ이 開化ᄒᆞᄂᆞᆫ 者의 大道라(『서유견문』「開化等級」)

②世級이 降홀스록 人의 開化ᄒᆞᄂᆞᆫ 道ᄂᆞᆫ 前進ᄒᆞᄂᆞ니 言者가 或曰호ᄃᆡ 後人이 前人을 不及ᄒᆞᆫ다 ᄒᆞ나 然ᄒᆞ나 此ᄂᆞᆫ 未達ᄒᆞᆫ 談論이라 人事가 無窮ᄒᆞᆫ 故로 時代ᄅᆞᆯ 隨ᄒᆞ야 變幻홈이 有ᄒᆞ거늘 後人이 應變ᄒᆞᄂᆞᆫ 道理ᄅᆞᆯ 不行ᄒᆞ고 舊規模ᄅᆞᆯ 株守ᄒᆞ야 事爲上에 施ᄒᆞ다가 不合ᄒᆞᄂᆞᆫ 者가 有ᄒᆞ면 輒曰 今人이 何敢古人과 同ᄒᆞ리오 ᄒᆞ나 此言이 豈然ᄒᆞ리오 萬若 人의 氣質과 局量이 代마다 減衰홀딘ᄃᆡ 祗今을 從ᄒᆞ야 幾千年을 經ᄒᆞ면 應當 人의 事爲가 絶홀디오 又幾千年을 再過ᄒᆞ면 人의 道理도 無ᄒᆞ리니 此ᄂᆞᆫ 理의 不然홈이 的實ᄒᆞᆫ지라 (…중략…) 抑 此新奇ᄒᆞ고 深妙ᄒᆞᆫ 理致는 舊世界에 不存ᄒᆞ고 今日에 始有ᄒᆞᆫ者 아니오 天地間의 其自然ᄒᆞᆫ 根本은 古今의 差異가 無호ᄃᆡ 古人은 窮格ᄒᆞ기 不盡ᄒᆞ고 今人은 窮究ᄒᆞ야 攄到ᄒᆞᆫ 者니 此ᄅᆞᆯ 由ᄒᆞ야 觀ᄒᆞ면 今人의 才識이 古人이 比ᄒᆞ야 越加ᄒᆞᆫ 듯ᄒᆞ나 然ᄒᆞ나 實狀은 古人의 草創ᄒᆞᆫ 者ᄅᆞᆯ 潤色홀 ᄯᅡ롬이라(『서유견문』 「開化等級」)

③開化ᄒᆞᄂᆞᆫ 事ᄅᆞᆯ 主張ᄒᆞ야 務行ᄒᆞᄂᆞᆫ 者ᄂᆞᆫ 開化의 主人이오 開化ᄒᆞᄂᆞᆫ 者ᄅᆞᆯ 歆羨ᄒᆞ야 學ᄒᆞ기ᄅᆞᆯ 喜ᄒᆞ고 取ᄒᆞ기ᄅᆞᆯ 樂ᄒᆞᄂᆞᆫ 者ᄂᆞᆫ 開化의 賓客이며, 開化ᄒᆞᄂᆞᆫ 者ᄅᆞᆯ 恐懼ᄒᆞ고 疾惡호ᄃᆡ 不得已ᄒᆞ야 從ᄒᆞᄂᆞᆫ 者ᄂᆞᆫ 開化의 奴隸니 主人의 地位ᄅᆞᆯ 居ᄒᆞ기 不得홀딘ᄃᆡ 賓客의 座ᄅᆞᆯ 取홀디언졍 奴隸의 列에ᄂᆞᆫ 立홈도 不可ᄒᆞ니 賓의 名이 有ᄒᆞ면 猶且主人의 禮遇나 有ᄒᆞ고 又 進取ᄒᆞᄂᆞᆫ 性氣가 奮發ᄒᆞ기에 至ᄒᆞᆫ則 主人의 一座ᄅᆞᆯ 占居ᄒᆞ야 客의 名位ᄅᆞᆯ 脫棄ᄒᆞ고 或且 舊日 主人으로 賓을 作ᄒᆞ기도 期必ᄒᆞ려니와 萬若 奴隸되ᄂᆞᆫ 時ᄂᆞᆫ 恒常 他人의 指揮ᄅᆞᆯ 隨ᄒᆞ야 羞恥되ᄂᆞᆫ 事端이 不少홀ᄲᅮᆫ더러 些少라도 先手ᄒᆞᄂᆞᆫ 境이 有ᄒᆞ면 其土地와 人民도 保全ᄒᆞ기 不能ᄒᆞ야 開化ᄒᆞᄂᆞᆫ 者의 附庸되기 容易ᄒᆞ니 可히 謹愼홀 者가 此에 莫過ᄒᆞᆫ지라. 大槩 人의 氣癖으로 議論ᄒᆞ면 開化ᄒᆞᄂᆞᆫ 事에 賓의 座ᄅᆞᆯ 處홈도 恥愧의 極ᄒᆞᆫ 者나 然ᄒᆞ나 市勢와 處地ᄂᆞᆫ 人力으로 如何ᄒᆞ기 不能ᄒᆞᆫ 者니 設令 出衆ᄒᆞᆫ 智慧와 非凡ᄒᆞᆫ 勇斷이 有ᄒᆞ야도 超脫ᄒᆞ기 不能ᄒᆞ고 但順行홀 ᄯᅡ롬이라. 故로 外國의 新開化ᄅᆞᆯ 初見ᄒᆞᄂᆞᆫ 者

가 其始에는 嫌懼ᄒ며 疾惡ᄒ야 不取ᄒ기 不能혼 者가 有혼則 已ᄒ기 不得
ᄒ야 取用ᄒ는 形貌가 開化의 奴隸를 不免ᄒ다가 及 其聞見이 廣博ᄒ며 知
覺이 高明혼 時를 當ᄒ면 始乃 開化賓客이 되ᄂ니 此를 因ᄒ야 勉行ᄒ기 不
已ᄒ면 主人의 堂戶에 入居ᄒ기도 成就홀디라(『서유견문』「開化等級」)

유길준에게 개화는 '천사만물(千事萬物)의 지선극미한 경역'으로 정
의되고 있다. 천사만물이 이미 갖추고 있는 잠재성을 지선극미하게 발
전시키는 것이 개화인 것이다. 이런 점에서 개화의 규준은 세계로부터
독립한 인간 내부로부터가 아니라 세계 그 자체로부터 주어지며, 여기
서 도(道) 관념의 영향력이 지속되고 있음을 알아챌 수 있다. 유길준의
개화에 대한 정의는 칸트의 계몽에 대한 정의, 즉 다른 이의 권위에 의
존적인 미성숙 상태에서 벗어나 인간 자신의 이성을 자유롭게 사용하
는 것과는 정반대에 있다. 칸트의 계몽이 자연의 인과필연성과 감성의
충동에서 벗어나 세계에 대해 입법하는, 세계로부터 급진적으로 단절
한 위치에 있는 인간을 상정하는 것과 달리, 유길준의 개화는 "人生의
道理를 守ᄒ며 事物의 理致를 窮究ᄒ"(『서유견문』, 396쪽)는 식의, 자연적
패턴을 따르는 인간, 그리고 도리를 자신에게서 실현하는 인간을 상정
하고 있다. 개화를 이야기하는 주체는 그 자신이 따를 수밖에 없는 도
리와 이치가 이미 존재하는 세계 위에 서 있는 것이다. 서양이 개화되
었다 해도, 주체에게 개화란 이식(移植)이 아니라, 도에 비견되는, 이미
있는 것들의 연속선상에 있을 따름이다. 주체는 인류를 지켜왔듯이,
혹은 정치와 기계 등에서 시세와 처지에 합당한 것을 추구해왔듯이,
이미 해왔던 것의 연속선상에서 개화를 추구한다.

기존 연구에서 지적하듯이(전복희, 1996; 이상익, 1997; 정용화, 2004) 유길
준의 개화에는 발전과 진보의 관념이 분명 있고 이는 후쿠자와 유키치
나 미국에서 그의 스승이었던 모스(E. S. Morse)의 영향을 받은 것으로

짐작된다. 하지만 "世級이 降홀스록 인의 開化ᄒᄂᆫ 道ᄂᆫ 前進ᄒᄂ니"라고 말하고 있기는 하나,[85] 위 인용문에서 보듯이, 오륜의 도리를 돈독히 하는 행실의 개화는 천만 년의 역사를 통해서도 불변하는 것으로 설정되고 있을뿐더러, 발전이라는 것도 급진적 파괴와 창조의 연속이 아니라, 있었던 것의 변형과 참작으로 이해된다. 그에 따르면 "天地間의 其自然ᄒᆫ 根本은 古今의 差異가 無ᄒᄃᆡ" "今人의 才識이 古人에 比ᄒ야 越加ᄒᆫ듯ᄒ나 實狀은 古人의 草創ᄒᆫ 者ᄅᆞᆯ 潤色홀 ᄯᆞᄅᆞᆷ이라"는 것이다. 그렇다면 개화로의 길, 그것은 있어왔던 것으로부터의 단절이 아니라 이미 존재하는 것들을 가지고 윤색(潤色)하고 일신우일신(日新又日新)하는 것이다. 그리고 유길준이 『서유견문』에 걸쳐 시종 강조하는 것은 진보의 목적론보다는 "古今의 形勢ᄅᆞᆯ 斟酌ᄒ며 彼此의 事情을 比較ᄒ야 其長을 取ᄒ고 其短을 捨홈"이 있는 중용이다. 역시 주체는 세계를 객관화하는 초월적 위치에 있지 않다.

그리고 세 번째 인용문에서 더 잘 나타나듯이, 개화는 주체가 주도적으로 걸어가는 것이 아니라, 타자와의 관계 안에서 추구되는 것으로 나타난다. 개화의 주인, 개화의 빈객(賓客), 개화의 노예는 단선적인 개화의 등급만은 아니다. 유길준이 특히 공들이고 있는 것은 개화의 빈

---

85 「개화의 등급」에서 시간이 지날수록 인간의 개화가 전진(前進)한다고 말하는 것을 들어, 유길준이 유교의 상고주의와 '결별'하고 사회진화론 혹은 서구식 자유주의적 진보관을 펼친 것이라고 보는 연구들이 많다(이광린, 1979d; 정용화, 2004; 전복희, 1996; 이상익, 1997). 물론 이런 영향관계를 무시할 수도 없지만, 유교 경선에서도 요순삼대의 상태는 끊임없이 나아가고[漸進] 날마다 새로워짐[日新]으로써 성취되는 것이지, 퇴보하거나 시의 변화에 둔감함으로써 성취되는 것이 아님을 우선 상기할 필요가 있다. 유교경전에서도 나아감[進]이나 새로움[新], 변통(變通)에는 대개 긍정적 의미가 부여되어 있다. 전진(前進)을 이야기한다는 것으로써 유교와의 결별을 성급히 선고하는 것은, 직진하는 시간을 전제하지 않는다면 오로지 앞으로 나아감[進]에 부정적이고 정체(停滯)에 긍정적일 것이라는 식의 근대주의적 예단일 뿐이다. 유길준이 평생에 걸쳐 학문과 종교로서의 유교에 대해 결코 부정적인 바 없었다는 점은, 유길준이 사용하는 용어인 전진(前進)과 일신(日新) 등이 유교 경전에서의 긍정적 의미를 전유하면서 변전(變轉)했을 가능성을 탐구하게 한다.

객과 개화의 노예 간의 구분이다. 유길준에 따르면 개화하자면, 개화의 빈객이 되어야지 개화의 노예가 되어서는 절대 안된다는 것이다. 위 인용문에서 볼 때 양자의 차이는 진보된 정도의 차이가 아니라, '개화'를 받아들이는 자세의 차이이다.

개화의 빈객은 개화의 주인은 아니되, 그를 부러워하고 배우기를 즐겨하는 자이고, 개화의 노예는 개화의 주인을 두려워하고 미워하면서 부득이하게 따르는 자이다. 개화의 주인과 개화의 빈객의 관계가 예의와 학습의 관계라면, 개화의 주인과 개화의 노예 간의 관계는 폭력과 강제의 관계이다. 이로써 볼 때 유길준 또한 김윤식 등과 마찬가지로 서양과의 관계가 윤리적 기반이 없는 폭력적 종속관계로 빠지는 것을 배제하려고 애쓴다고 할 수 있다. 이는 김윤식이 서양과의 관계에 '신' 등을 투사하려고 하는 것과 유사한 모습이라 할 만하다. 유길준에 따르면, 빈객이 된다면 주인의 예우를 받을 수 있고 나중에 주인이 될 것을 기약할 수도 있으나, 노예가 되면 "恒常 他人의 指揮를 隨ᄒ야 羞恥되는 事端이 不少홀쑨더러 些少라도 先手ᄒᄂ 境이 有ᄒ면 其土地와 人民도 保全ᄒ기 不能"하다. 곧 빈객이 되어야 예의와 염치를 차리고 나중을 기약하지만, 노예가 되면 체면을 차릴 수 없음은 물론 안전마저 위태롭다. 노예는 주인의 윤리적 우월성을 인정치 않으므로 노예가 느끼는 수치(羞恥)는 주인과의 관계에서 자신이 윤리적으로 적절히 처신하지 못한 데 따르는 반성의 감정이 아니라, 그의 천하 내 요소로서의 취약성과 고립을 절감하는 것이다. 주인과의 윤리적 관계가 없어 자기존중감을 증진하지 못하므로, 노예는 끝내 이 수치로부터 벗어나지 못할뿐더러 자칫 사단이 나면 파멸도 불가피하다는 것이다. 그러므로 개화의 첫걸음은 타자의 우월성을 인정하고 예의와 염치(廉恥)를 차리면서, 그에게 적절히 처신하는 것이다. 유길준이 말하는 개화의 빈객이란, 주인을 공경하고 그의 처지에 알맞은 합당한 처신을 하는 윤리적 관계를 설정하는 자인 동시에, 개화의 주인에게 천사만물의 선미한 경지에 나아간 자리를 설정하고 그에 대해 모방적 관계를 설정하는 자인 것이다. 그리고 여기에는 체면과 안전에 대한 고려가 중첩되어 있다.

개화의 주인과 빈객의 관계에서 빈객은 빈객다움만을 요구받지는 않는다. 빈객은 주인을 선망하며, 그가 주인이 되지 못한다는 점, 빈객에 불과하다는 점에 부끄러움을 느낀다. "開化ㅎᄂᆞᆫ 事에 賓의 座를 處홈도 恥愧의 極훈 者"인 것이다. 주체는 자신의 모습을 닮을 것을 요구하는 구체적 타자 앞에서 그와 어긋나는 모습을 발견하고는 자기자신을 부끄러워하고 있는 것이다.[86] 새로운 천하에서의 마땅한 행동은 차별화된 각자의 위치에서 상대방으로부터 요구되고 있는 바를 하는 것이라기보다는, 타자가 구현한 이상적인 상태를 모방하는 것이고, 이럴 때 체면의 떳떳함을 이루고 부끄러움을 물리칠 수 있다. 서양과의 확장된 윤리적 관계는 역설적이게도 이타적 관계가 아니라 모방적 관계가 된다.

그렇지만 주체가 체면을 염려하고 부끄러움을 느끼는 한, 주인으로 간주된 타자의 타자성은 불식되지 않는다. 서양과 닮는 것은 초월적·절대적 표준을 보면서 고독히 수행하는 것이기보다는 여전히 관계된 타자에 대한 배려의 견지에 있다. 주인의 우월성을 인정하고 그의 예우를 받으며, 염치와 체면을 차리면서 해야 하는 것이다. 모방해야 할 서양은 이데아와 같은 초월자가 아니라, 빈객이 주인으로서 마주보고

---

86 이렇게 타자에 대해 예의의 관계를 설정하고 타자와 어긋나는 것을 부끄러워하는 모습은 12편 「愛國하는 忠誠」에서 자주 발견할 수 있다. 예컨대, "我輩가 共有훈 朝鮮人이라 稱ㅎᄂᆞᆫ 公名의 職責을 欲守홀딘디 此名을 父母의 名ᄌᆞ치 恭敬ㅎᅣ 他人에게 不屈ㅎ고 又羞辱을 貽홈도 無ㅎᅣ 正道로써 保ㅎ며"(『서유견문』, 324쪽), "三尺童子와 閨中處女라도 自己의 國이 何事로든지 他國에 不及ㅎᄂᆞᆫ 傳說만 聽ㅎᅣ도 憤氣를 不勝ㅎ며 羞心이 自出하야"(325쪽) "商賈에 從事ㅎᄂᆞᆫ 者가 一身의 私慾으로 全邦의 大體를 損傷홈이 其職分의 大不可훈 者니 如此훈 道理를 背馳ㅎ고 愚昧훈 經綸을 縱恣ᄒᆞᆫ則 其事의 不成홈은 姑舍ㅎ고 惡名을 天下에 颺ㅎᅣ 汚穢훈 指目을 受홀뿐더러 其人의 政府되는 者도 天下를 向ㅎᅣ 愧板홈을 不勝ㅎ며 商物의 收稅權으로 利國ㅎ기는 勿論ㅎ고 外國의 慢侮가 至ㅎ나니"(327쪽) 등과 같은 구절을 찾아볼 수 있다.

있는 구체적 타자일 따름이다. 배우고 따라해야 하지만, 주인은 엄연한 다른 자이다.

비슷한 관계가 1888년 박영효의 상소에서도 보인다. 박영효는 갑신정변 이후 일본에 망명중이던 1888년 초 고종에게 국정 전반에 관해 논하는 상소문 양식의 글을 지어, 국정개혁에 대한 소신을 밝힌다. 이것이 이른바 박영효의 「개화상소(開化上疏)」 혹은 「건백서(建白書)」이다

또한 이웃에 한 나라가 있어서 우리 조선과 같은 부류의 사람들이며, 똑같이 비와 이슬의 혜택과 해와 달의 빛을 받고 있습니다. 우리나라와 비교해 보아도 땅덩어리의 넓이에 있어서 크고 작음의 차이가 심하지 않고, 생산되는 물화의 많고 적음의 차이도 심하지 않으나, 다만 일을 하는 것에 있어 차이가 있습니다. 그들은 이미 개명(開明)의 도를 취하여 문화와 기예를 닦고 무장을 갖추어 다른 부강한 국가들과 거의 어깨를 나란히 하게 되었습니다. 그러나 우리나라는 아직도 꿈에서 깨어나지 못하여 어리석고 우매하며 술에 취하고 미친 것과 같아서 천하의 사정을 헤아리지 못하여 온 천하로부터 모욕을 자초하고 있으니, 이것은 전혀 부끄러움을 모르는 행동입니다. 신이 비록 배우지 못하여 아는 바 없고 천하 사정에 어두우나 이러한 조선의 사정은 부끄럽고 근심되는 바입니다. 또 천하의 사람들에게 우리 조선이 어리석음과 우매함, 술취함과 광기의 나라라는 것을 보게 한다면, 진실로 뜻있는 자 중에 그 누가 부끄러워하지 않겠습니까? 그러나 사람이란 본래 어리석어서, 자신의 얼굴은 보지 못해도 남의 얼굴은 볼 수 있고, 자기의 소리는 알지 못해도 남의 소리는 알 수 있고, 자신의 단점은 헤아리지 못해도 남의 단점은 헤아릴 수 있는 까닭에 비록 자신이 괴상한 모습을 지녀도 자신의 추함을 알지 못하고 비록 자신이 도(道)를 어겨 악을 행하여도 자신의 포악함을 알지 못하며, 어리석게도 자기 삶을 즐겨 부끄러움을 모르니, 이것은 자기자신을 스스로 속이는 것입니다. (…중략…)

증자께서는 "하루에 세 가지씩 내 자신을 반성한다"고 말씀하셨고, 맹자께서는 "남을 사랑했는데도 그 사람들이 친하려 하지 않으면 자신의 인(仁)을 되돌아보고, 남을 다스리는데 그들이 다스려지지 못하면 자신의 지혜를 돌이켜보고, 예로써 남을 대우했는데 그들이 답하지 않으면 자신의 경을 돌이켜보고, 행함에 있어서 성과를 얻지 못하면 모두 자기자신에게 그 허물을 찾는 것이다"라고 말씀하셨습니다.[87]

박영효는 '조선 조정이 개명의 도를 취하지 못하는 것은 수치스럽다'는 형식으로 문명개화를 주장하고 있다. 좀더 정확히 표현해 문명개화를 직접 주장하기보다는 조선 조정을 부끄러워함으로써 새로운 개명의 도라는 기준을 설립하고 있다. '미개한 나라 조선의 부끄러움'이 타자를 경유한다는 점은 분명해 보인다. 그는 우선 이웃의 한 나라 — 일본이 개명의 도를 취하여 문화와 기예와 무장을 갖춤으로써 다른 부강한 나라들과 거의 어깨를 나란히 하고 있는 사실을 부각시킨다. 그리고 일본과 조선의 '차이'는 곧바로 조선이 개명의 도를 따르지 못했기 때문으로 파악되면서, 새로운 천하에서 조선이 부적절하게 행동했다는 주장으로 나아간다. 위 인용문에 따르면, 조선 조정이 개명의 도를 취하지 못한 것은 "천하의 사정을 헤아리지 못하여 온 천하로부터 모욕을 자초하고 있"는 바이며, 부끄러움을 모르는 행동으로 평가된다. 모욕을 당할 때 타자 앞에서 주체의 취약성이 노출되는바, 그 자존감의 상실을 알면서도 스

---

87 且鄰有一國 以同類之人 同沾雨露之澤 被日月之光 而比我邦 壞地 無甚大小之別 物産亦無豊少之異 而只行事有別 彼已就開明之道 修文藝 治武備 幾與富强之國 同馳 而我尚在蒙昧之中 如痴如愚 如醉如狂 不辨世界之事 而自取侮辱於天下 此無恥之甚也 臣雖不學無識 昧於世事 然恥之憂之者 以天下之人 目我朝鮮爲癡愚醉狂之國也 苟有心者 孰不恥 然人本癡愚 不能見己之顔 而能見人之顔 不能知己之音 而能知人之音 不能辨己之非 而能辨人之非 故雖異形怪像 而不知己之醜 雖違道爲惡 而不知己之暴 癡然樂生 而不知恥 此自欺於己也 (…중략…) 曾子曰 日三省吾身 孟子曰 愛人不親 反其仁 治人不治 反其智 禮人不答 反其敬 行有不得者 皆反求諸己(「박영효 건백서」, 219쪽)

스스로를 타자에 맞추어 제어하지 않는다면 부끄러움을 모르는 짓이라는 것이다. 역시 취약성의 노출과 천하 내 위치 불안으로서의 수치가 윤리적 반성으로서의 수치로 전화되고 있음을 확인할 수 있다. "조선이 어리석음과 우매함, 술취함과 광기의 나라라는 것"이 천하 사람들에게 주시됨을 알고 부끄러워하는 자는 이미, 서양과의 윤리적 관계 속으로 빠져들어가 있다. 여기서 주체는 자기자신을 옳지 못하다고 여긴다.

부끄러움이란 타자와의 관계 속에서 자기자신을 염려하는 주체를 전제한다. 인간이 어리석어서 자기자신의 단점을 알기 어렵다는 박영효의 말은 타자를 경유해서만 자기자신을 볼 수 있다는 말로 읽힌다. 박영효의 위 상소문의 경우, 경유한 타자는 일본 및 일본을 통해 알게 된 천하의 사람들이고, 이 천하는 분명히 서양인들 중심이다. 그러나 타자들을 경유하고 새로운 개명의 도를 알게 되어서 돌아가려는 것은 자기자신이다. 그리하여 "비록 자신이 도(道)를 어겨 악을 행하여도 자신의 포악함을 알지 못하며, 어리석게도 자기 삶을 즐겨 부끄러움을 모르니, 이것은 자기자신을 스스로 속이는 것입니다"라고 말하게 된다. 이것은 경전의 뒷받침을 받는다. 박영효는 자기반성을 강조하는 『논어』「學而」4장의 증자의 말과 『맹자』「離婁上」4장에서의 맹자의 말을 인용하고 있다. 그는 타자와의 관계를 통해 천하의 도로 나아가고, 또 그것을 통해 자기자신으로 되돌아오는 윤리적 운동을 서양이 중심이 된 천하 및 새로운 개명의 도에 적용하고 있다. 천하 안에서 나의 처지가 취약하거나 자신의 뜻을 펼 수 없다면 그건 타자들의 문제라기보다는 그들을 대하는 자기자신의 태도의 문제인 것이다. 타자와의 관계에서 의무로서 요구되는 것을 하면서 자기자신을 단련하고 가다듬는 인간이 상정되고 있다.

서양이 주도하는 새로운 천하를 확장된 윤리적 관계로 설정하는 것은 문명을 유교 경전의 용어로써 정당화하는 것과 관계가 깊다. 박영효의 상소문은 전체적으로 보아 조선의 문명화를 촉구하는 내용들인데, 문명국의 기준 혹은 문명화의 방향은 주로 유교 경전의 용어로써 기술되고 있다. 예를 들어 백성을 나라의 근본으로 중시하고 인의(仁義)로써 관대하게 다스리는 것이 문명국이며, 형벌로써 가혹하게 통치하여 풍속을 어지럽히는 것이 미개국이라거나, 백성을 공정한 법률로써 다스리고 인의예지(仁義禮智)로써 교화하면 예의와 '염치'를 알게 되어 다른 나라의 간섭으로부터 떨쳐 일어나게 될 것이라든가 하는 식이다. 상소문에서는 다음과 같은 구절들을 발견할 수 있다.

① 저 러시아는 비록 군주 독재의 나라이긴 하지만 그 나라의 정치와 법질서는 우리나라보다 나으므로, 우리나라의 인민이 일단 그러한 정치와 법질서의 편안함에 안주하게 된다면 다시는 우리 조선의 부흥을 달게 여기지 않을 것입니다. 인도는 아시아 각국 가운데에서도 국세가 번창하고 영토가 넓은 나라였지만, 국내의 혼란과 군비의 결여로 인하여 영국에게 점령당하였는데, 인민들이 영국 정부의 명령을 기꺼이 따르고 스스로의 정부를 세우고자 하지 않는 까닭은 다름이 아니오라 영국의 법률이 관대하고 정치가 바르므로 사람마다 자신의 삶을 편하다 생각하여 영국의 정치에서 벗어나 다시 혹독한 정치에 빠지는 것을 두려워하기 때문입니다. 신이 살펴보건대 아시아주는 천하의 영기가 모이는 곳입니다. 그런 까닭에 유교, 불교, 예수교 및 이슬람교의 교조들이 모두 여기서 출현하였던바, 옛적의 흥성했던 시기에는 문명이 없는 땅이 아니었지만, 근대에 이르러 도리어 구라파에게 양보하게 된 이유는 무엇이겠습니까? 생각건대 여러 나라의 정부가 백성을 노예와 같이 보아 인의예지로써 그들을 이끌고 문학(文學)과 기예로써 그들을 가르치지 않은 까닭에 인민이 어리석고 부끄러움을 모르게 되어, 남에게 점령을 당하더라도 치욕이 되는 줄을 모르고 재앙이 곧 닥치려 하여도 깨닫지 못하게 된 것입니다. 이것은 정부의 잘못이지 인민의 잘못이 아닙니다.[88]

②비록 법을 제정하고 형을 집행하더라도 반드시 인의신을 근본으로 여기는 것인바, 형벌을 혹독하게 하여 인을 해치고 처벌을 억지로 시행하여 의를 무너뜨리며, 법을 마음대로 쥐고 흔들어 신을 잃음으로써 인민의 마음이 지조 없이 나약하게 되거나 완고하고 포악하게 되거나, 또는 의심을 품고 동요하게 되는 지경에 이르도록 하는 것은 야만스런 나라의 미개한 정치인 것이며, 인으로써 법을 운용하며 인민의 마음이 안온한 경지에 이르게 하는 것은 문명국의 개명한 정치인 것입니다. 그러므로 인으로써 사람을 보살피고, 의로써 사람들을 다스리며, 신으로써 사람들을 안정시키는 이 세 가지 길을 밝혀 그르침이 없게 될 것 같으면, 은혜와 위엄을 병행하면서도 법도가 해이해지지 않을 것이고, 정치가 위에서 융성하면서 풍속이 아래에서 아름다워질 것입니다.[89]

③만약 정부가 인민을 벌하는 정치만을 행하고 인민을 교육하는 정치를 행하지 않는다면, 이것은 이른바 '백성을 몰아다가 우물에 빠뜨린다'라는 것입니다. (…중략…) 그러므로 개명한 나라에서는 비록 옥에 갇힌 죄수들이라 할지라도 옥중에서 설교함으로써 그들을 인도하여 허물을 고치고 선행으로 나아가게 하니, 이 어찌 훌륭한 일 중에서도 훌륭한 일이 아니겠습니까? 대체로 인간 문명으로 나아가면, 정부에 복종하는 도리와 정부에 복

---

88 夫魯雖君主獨裁之邦 然其政治法紀 勝於我邦 故我人民 一安其便 則更不樂我朝之興復也 印度雖亞洲中盛大之邦 亦因其內亂無備 爲英所領 其人民樂承英政府之命 不欲自立政府者 無他 英之法律寬 而政治正 人人各安其生 故恐離英政 而再陷苛政也 臣按亞洲 天下靈氣所藂之處也 故儒佛耶蘇及回回敎之祖 皆出於此土 古昔盛時 非不文明 然至于近代 却讓歐洲者何也 蓋諸邦之政府 視民如奴隷 不導之以仁義禮智 敎之以文學才藝 故人民蠢愚無恥 雖見領於他 而不知爲恥 禍亂將至 而不能覺 此政府之禍也 非人民之禍也(「박영효 건백서」, 221쪽)

89 是以雖立法行罰 然必以仁義信爲本 故酷刑而傷仁 勒罰而敗義 擅法而失信 乃致人民之心 斬而弱 頑而暴 疑而擾亂 蠻邦未開之政也 行刑以仁 行罰以義 行法以信 乃致人民之心 豪而健 和而平 信而安穩 文國開明之政也 故撫人以仁 治人以義 安人以信 明此三道而無失 則恩威幷行 而法不弛 治隆於上 而俗美於下矣(「박영효 건백서」, 221쪽)

종해서는 안되는 도리를 알게 되고, 또한 딴 나라에 복종해서는 안된다는 도리도 알게 됩니다. 이것은 다름이 아니라 예의와 염치를 알게 되기 때문입니다. 이 때문에 미개하고 무식한 백성들은 어리석고 게을러서 능히 압제의 폭정을 견뎌내고 그에 안주하지만, 개명하여 이치를 아는 백성들은 지혜롭고 강직하여 속박하는 정치에 복종하지 않고 그에 항거합니다.[90]

상소문에 따르면 문명국이란 인의예지가 극대화된 상태, 경전의 가르침이 가장 잘 실현된 상태로도 정의될 수 있다. 박영효의 상소문 전체로 놓고 볼 때, 조선의 야만미개의 정치[野蠻未開之政]에서 구미의 문명과 개명의 정치[文明開明之政]를 나누는 기준은 정부가 법을 제정하고 형을 집행하는 과정에서 유교적 인의신(仁義信)에 의거하여 백성을 보호하느냐의 여부에 달려 있다. 『서경』등의 경전에서 문명(文明)은 덕 있는 자의 화려하게 빛나는 상태를 표현한다.[91] 문명한 자는 드넓은 영역과 광범위한 백성들에 대한 교화의 영향력을 갖게 된다. 그러나 박영효가 가리키는 이른바 문명국이 중국이나 조선이 아니라 유럽과 미국을 가리키며, 그가 조선 왕에게 권하고 있는 각종 개혁안들이 유럽, 미국과 같은 상태를 지향한다는 것은 분명하다. 성인의 도를 서양에 대한 평가에 전이시키는 운동이 벌어지는 셈이다. 서양이 화려하게 빛나는 문명인 한 조선과 인도의 백성은 기꺼이 러시아와 영국의 바른 정치와 관대한 법률을 따르고야 말 것이다. 반면 왕년에 문명의 땅인 아시아에서는 인의신으로 백성을 교화하지 않은 까닭에 백성이 예의

---

90 若政府只有罰人之政 而無敎人之敎 則此所謂驅民入阱也 (…중략…) 故文明之邦 雖繫獄之囚徒 亦於獄中說敎而導之 使之改過遷善 豈非善之善哉 凡人進文明 則知服從於政府之義及不可服從之義 而亦知不可服從於他國之義 此無他 知禮義廉恥之故也 是故未開無識之民 蓋愚懶惰 故能忍壓制之暴政而安之 開明識理之民英慧剛毅 故不服束縛之政而動之(「박영효 건백서」, 229~230쪽)

91 曰若稽古帝舜 曰重華協于帝 濬哲文明 溫恭允塞 玄德升聞 乃命以位(『서경』「虞書」, 舜典 1장) 曰若稽古大禹 曰文命敷于四海 祗承于帝(『서경』「虞書」, 大禹謨 1장)

와 염치가 없는 지경에 이르렀다. 문명과 인의신은 유교 경전으로부터 나와 서양과의 관계로 전이되고 있다. 박영효는 서양과 조선 사이에 인의예지의 유교식 규범의 교량을 놓음으로써 서양을 이상화된 모범으로 올리고 있는 것이다.

그래서 서양이 중심이 된 세계에서 적절하게 행동하는 것이란 또는 새로운 천하에서 마땅한 행동을 하는 것이란, 인의예지를 실현한 서양과 같아지도록 행위하는 것, 서양을 문명적 모범으로 삼아 그와 닮아지도록 행위하는 것이 된다. 주체는 이 모방적 대상에 견주어 자신이 해야 할 마땅한 행위를 헤아리고, 자신의 체면을 돌보고 수치를 감당하게 되는 것이다. 주체의 마땅한 행위는 비교적 최적화된 상태로 접근한다. 그는 타자의 것을 따라하면 된다.

문명국과 견주어 자기 반성을 한다고 하여 모방적 대상이 내면화된 기준이 되었다고 이야기할 수도 없다. 주체가 수치를 자기반성의 동력으로 삼는 한, 모방적 대상의 타자성은 불식되지 않는다. 내가 본받아야 하는 문명은 여전히 내 것이 아닌 남, 다시 말해 내면 깊이 자리잡은 초월적 기준이 아니라 '내가 그 앞에서 수치를 느껴야 하는 남'이다.

한편 박영효가 서양을 마냥 문명화하고 있는 것은 아니다. 그는 서양인이 야수의 마음을 품고 아시아 각국을 침략하고 점령하려 한다는 사실을 직시한다.

지금 천하의 모든 나라는 옛날 전국시대 열강들과 같습니다. 한결같이 병세(兵勢)를 으뜸으로 삼아 강한 나라는 약한 나라를 병합하고 큰 나라는 작은 나라를 삼키고 있습니다. (…중략…) 비록 만국의 국제법과 균세(均勢), 공의(公義)가 있긴 하지만, 나라에 자립·자존의 힘이 없다면 반드시 영토의 삭탈과 분할을 초래하게 되어 나라를 유지할 수 없게 됩니다. 국제법과 공의는 본래 믿을 만한 것이 못되는 것입니다. 구라파의 개명하고 강대한 나라로서도 역시 패망을 맛보았는데, 하물며 아시아의 개명되지 못한 약소국이야 두말할 나위가 있겠습니까? 대체로 구라파인들은 입으로는 법과 도리를 일컫지만 마음속으로는 잔인한 짐승[虎狼]의 마음을 품고 있습니다.[92]

박영효는 하나의 글 안에서, 서양에 대해 인의예지를 실현한 문명의 지위를 부여하더니, 이제는 정반대로 잔인한 마음을 품은 짐승으로 치부하고 있다. 그렇다면 문명은 곧 야수라고 말하는 것인가? 그렇지는 않은 듯하다. 서양에게 모범적 문명의 지위가 부여될 때는 인의를 논하다가, 야수에 불과하다고 역설할 때는 그들이 지킨다는 도리를 허위로 돌리고 있기 때문이다. 즉 문명과 야수 각자의 속성이 서로 다른 만큼, 서양에 대해 두 가지로 분열시키고 있다는 것이 적절한 설명이 된다. 야수로서의 서양은 문명으로서의 서양에 흡수될 수 없어 분리된 모습이라고 할 수 있다. 야수로서의 서양을 분리해내고 문명으로서의 서양에 몰두하는 한 주체는 서양에 대해 부끄러움을 갖고 자기자신을 윤리적으로 반성하는 활동에 전념한다. 하지만 서양이 야수일 때는 도리는 내실 없는 허위로 그치며, 서양은 윤리 바깥의 존재가 된다. 여기서 그가 유교경전의 용어로 기술하는 각종 개혁안들은 윤리적으로 당연히 해야 할 조치라기보다는 강자에게 먹히지 않고 살아남으려는 방책으로 성격을 바꾼다.

서양을 모방하는 개혁안들을 약자가 살아남기 위한 방책으로 치부하는 것은 김옥균과 유길준에게도 마찬가지이다.

---

92 方今宇內萬國 猶昔之戰國也 一以兵勢爲雄 强者幷其弱 大者呑其小 (…중략…) 雖有萬國公法 均勢公義 然國無自立自存之力 則必致削裂 不得維持 公法公義 素不足以爲恃也 以歐洲文明强大之國 亦見敗亡 況亞洲未開弱小之邦乎 大凡歐人 口稱法義 心懷虎狼(「박영효 긴백시」, 220쪽)

①方今 世界가 商業을 主로 하여 서로 生業의 多를 競할 時에 當하여 兩班을 除하여 그 弊源을 芟盡할 事를 務치 아니하면 國家의 廢亡을 期待할 뿐이오니(『김옥균전집』, 「池運永事件糾彈上疏文」)

②聖上御極하신 十八年辛巳春에 余가 東으로 日本에 遊ᄒ야 其人民의 勤勵ᄒ 習俗과 事物의 繁殖ᄒ 景像을 見ᄒᆷ이 竊料ᄒᆮ 배 아니러니 (…중략…) 其事를 考ᄒ야 實境을 誘解ᄒ며 眞界를 披開ᄒᆫ則 其施措規矱이 泰西의 風을 摹倣ᄒ 者가 十의 八九를 是居ᄒ니 皆日本이 (…중략…) 爾來 歐美 諸邦의 約을 訂結ᄒ 後로부터 交誼의 敦密ᄒᆷ을 隨ᄒ며 時機의 變改ᄒᆷ을 察ᄒ야 彼의 長技를 是取ᄒ며 規製를 是襲ᄒᆷ으로 三十年間에 如斯히 其富强을 致ᄒᆷ이니 然則 紅毛碧眼의 才藝見識이 人에 過ᄒ 자가 必有ᄒᆷ이오 余의 舊日量度ᄒᆫ바 又치 純然ᄒ 蠻種에 不止ᄒᆷ이라(『서유견문』)

첫 번째 김옥균의 글에서 양반을 삼제(芟除)하는 것은 그것이 자유와 평등의 가치를 존중해서라기보다는 망국의 위기를 벗어나기 위해서이다. 김옥균은 군권을 부정하지도 않았고, 우민관(愚民觀)에서 벗어나지도 않았다는 점을 염두에 둘 필요가 있다. 두 번째 인용문은 『서유견문』의 첫머리에 나오는 것인데, 여기서 작자가 서양의 야만성에 대한 오랜 믿음을 철회한 것은 서양풍을 모방하기에 바쁜 일본이 눈부시게 부강해졌음을 목도하면서부터이다. 그런데 『서유견문』이 집필된 1880년대는 러시아 못지않게 일본의 침략 가능성이 우려되던 시기였고, 앞서 보았듯 서양 열강의 호전성은 익히 알려져 있었다. 부강하여 살아남을 수 있는 가능성이 문명으로, 새로운 도덕으로 설정되는 것이다. 문명으로 개화로 격상되는 것은 역설적으로 죽음과 붕괴의 막다른 골목을 가리키고 있는 서양이다. 문명은 성립하자마자 배면(背面)에서 철회된다고 할 수 있다.

2. 서양의 기운에 감응하여 그 문물을 수용하다

1) 서양의 움직임을 우주의 기운이 변화하는 것으로 통관하기

앞서 1절에서 보았다시피 서양은 전지구를 채운 압도적 기운(氣運) 혹은 기세(氣勢)로 정의되었다. 동아시아의 전통에서 기(氣)란 특정한 의도 없이 저 스스로 생성하고 조직해나가는 자연(自然)의 과정으로서, 만물을 낳고 변화시킨다. 인간도 산천초목이나 금수와 마찬가지로 기로부터 응축된 것이다. 특히 성리학에서 기(氣)는 이(理)와 불상잡(不相雜) 불상리(不相離), 즉 이로부터 완전히 떼어낼 수도 이와 완전히 일치시킬 수도 없는 관계에 있는 것으로 간주된다.

그런데 19세기 후반 문헌에서 서양의 기운은 성인의 도에 완전히 몽매한 혼탁한 기운일뿐더러, 왕조의 흥망성쇠와 같이 기운에 할당된 변화의 폭을 초과하는 것으로서 드러나고 있다. 앞서 보았듯이 만청려에게 보내는 편지에서 박규수는 "천하대세가 지금처럼 위태롭고 험한 때가 없었"다고 개탄한다.

> 지금 천하대세를 보건대 지금처럼 위태롭고 험한 때가 없었습니다. 이것은 무엇 때문입니까? 소위 『중서문견록』이라는 책이 우리나라에까지 흘러들어왔는데, 이것은 중국인[華人]이 서양 문자를 번역한 것인지요? 아니면 서양인이 지금 모두 능히 한문에 능통하여 이렇게 할 수 있는지요? 아무래도 그렇지 않을 것 같습니다. 반드시 중국인이 번역한 것일 터입니다. 정교하고 새로운 것을 자랑하는 것이 갖가지로 풍성하여, 사람들로 하여금 몹시 부러워하게 하지 않음이 없습니다. 저는 이것이 모두 허망한 것이라고는 하지 않겠습니다. 그러나 탄식하는 것은, 만일 중국인이 그들 수중

으로 달려가 그 창도가 되어 그들을 위해 일하는 것이 아니라면 어찌 이런 종류의 글이 있을 수 있는가 하는 것입니다. 중국인이 이런 지경에 이른 것에 어찌 이유가 없겠습니까? 도덕과 학술이 붕괴되고 찢겨져, 옛 현인들이 고심하여 부지런히 천리를 밝히고 인심을 바로잡으려던 것을 모두 진부한 것으로 치부하고 별개 문호를 열어 다투어 새롭고 기이한 것에만 힘쓰고 있으니, 나쁜 풍속이 이에 이르게 된 것입니다.[93]

서양이 주도하는 천하대세는 정교하고 새로운 기기음교(器機淫巧)를 몰고 와서, 중국인들마저 눈멀게 하여 성인의 도에 등 돌리게 만들었다는 것이다. 물론 박규수는 청의 양무운동에 대해 긍정적인 보고를 올린 적도 있고(『승정원일기』, 1872년 12월 26일), 서양화한 일본과의 수호를 주장하기도 했지만, 그렇다고 해서 도를 흐리는 서양 물품의 위험성마저 감지하지 못하는 것은 아니다.

서양의 기운이 몰고올 전례없는 위험성에 대한 경고는 최익현의 유명한 「지부복궐척화의소(持斧伏闕斥和議疏)」에서도 보인다. 그는 여기서 일본이 이미 한 무리가 되어 있는 서양의 위험성을 박규수와 마찬가지로 성인의 도와의 현격한 거리로 보고 있다.

이 말(일본과의 수교―인용자)을 주창하는 사람들이 걸핏하면 병자호란 때의 남한산성 일을 끌어다가 말하기를 '병자년에 강화한 뒤에 피차가 서로 좋게 지내어 삼천리 강토가 오늘에 이르도록 반석 같은 안정을 보존하

---

93 竊觀天下大勢 終古未有爲變如今日 此何故也 有所謂中西見聞錄者 流出東方 未知
此爲華人之飜譯洋文字也 抑洋人今皆能通漢文而爲此歟 恐未必然 必華人之飜譯也
誇精巧矜新奇 種種津津 無非使人艷羨 吾非謂盡是虛誕 而所歎息者 如非華人之日
走彼中 爲其倀導爲其役使 則何以有此等文字耶 華人之所以至此 豈非由乎 道術壞
裂 昔賢之苦心矻矻明天理正人心者 都歸於陳腐 而別開門戶 爭鶩新奇 此其流弊 乃
至於此者耶(『환재집』 권7, 書讀: 38~39)

였으니, 오늘날 그들과 강화를 맺어 우호하는 것이 어찌 유독 옳지 않다고 하는가 하는데, 신은 이들의 말이 아동들의 소견과 다름이 없다고 여깁니다. 병자년의 강화는 크게 의리를 해친 것입니다. 그러므로 예의를 아는 사람들은 천지 사이에 행세할 수가 없었습니다. (…중략…) 그러나 청나라 사람들의 뜻은 중국의 황제가 되어 사해(四海)를 무마하는 데 있었기 때문에 오히려 대략이라도 중국의 패주(覇主)들을 모방하고 인의에 근사한 짓을 가장하였으니, 이는 다만 이적일 뿐입니다. 이적들도 사람입니다. 그러므로 도리가 어떠한지 물을 것 없이 작은 것으로 큰 것을 섬기기만 하면 피차가 모두 사이가 좋아져서 지금까지 왔습니다. 비록 그들의 뜻에 맞지 않는 것이 있더라도 관대하게 받아들이는 아량이 있어 침해하거나 학대하는 염려가 없었습니다. 저 외적들로 말하면, 재화와 여색만 알고 다시 조금도 사람의 도리가 없으니 진실로 금수일 뿐입니다. 사람과 금수가 강화를 맺어 우호를 이루어 같이 떼지어 있으면서 근심과 염려가 없기를 보장한다는 것을 신은 무슨 말인지 알 수 없습니다. 이는 강화가 난리와 멸망을 부르는 까닭이 되는 다섯째 이유입니다.[94]

서양 오랑캐의 침입은 청의 만주족의 침입과는 성질을 달리한다는 것이다. 후자는 예의의 질서 최고 위치인 황제 자리를 차지하고자 했고, 그래서 인의를 가장하는 행동을 하고, 사대의 예를 행하기만 하면 천자처럼 아량을 보여 침해하지 않았지만, 서양 오랑캐는 황제 자리에는 관심도 없는, 천하의 인륜적 질서를 총체적으로 부정하는 세력일 따름이

94　倡爲此說者 動引丙子南漢事 曰丙子講和之後 彼此交歡 千里封疆 至今保盤石之安 今日與彼和好 何獨不然 臣以爲此與兒童之見無異 丙子之講和 害義大矣 衣裳之人 不可立於天地之間矣 (…중략…) 然淸人志在帝中國而撫四海 故猶能略效中國之伯 主 假借仁義之近似 則是止夷狄耳 夷狄人也 故卽不問道理如何 若能以小事大 則彼 此交好 式至于今 雖有不愜彼意者 有寬恕之量 而無侵虐之患 至若彼賊徒知貨色 而 無復毫分人理 則直是禽獸而已 人與禽獸 和好同輩 而保無憂慮者 臣不知其何說也 此和之所以致亂亡者五也(『면암집』 3권, 疏, 「持斧伏闕斥和議疏」)

다. 말하자면 만주족과 같은 이적이 천하의 인륜을 남겨두는 자라면, 서양 오랑캐는 그것마저 멸절시키는 자인 것이다. 그래서 최익현은 서양 오랑캐를 '금수'와 같은 것으로까지 전락시키고 있다. 물론 금수라는 표현에 대한 이해에서는 신중해야 한다. 성리학적 존재론에서 사람도 동물과 마찬가지로 기에 의해 생성된 만물 중의 일부로서, 정신-연장(延長)의 현격한 거리를 두고 동물과 분리된 존재는 아니며, 서양인이 인간이 아닌 금수라는 표현은 도리에 몽매함을 가리키기는 하지만 그들의 인간됨을 최종적으로 부정하지는 않는다. 인간과 금수가 기의 연속체 안에 자리잡고 있기에 도리를 구현하지 않으려는 인간은 '금수'라고 부를 수 있는 것이다.[95] 그러나 금수에 비견되는 자들이 몰려오는 사태는 성인의 도에 있어 절대절명의 위기라는 점은 분명하다. 서양의 기운은 역시 성스러운 과거로부터 현재를 절단해내는 성격을 갖게 된다.

1880년대에는 서양의 물품을 수용하는 것에 대한 반발이 적지 않았다. 영남유생들의 만인소(萬人疏)로부터 시작된 이른바 신사척사운동(辛巳斥邪運動)(송병기, 1985)은 고종 주변에서 제기되던, 서양 기술과 학문을 익혀야 한다는 주장에 반대하였다. 이들에게 그것은 유용한 것이기는커녕 성정(性情)을 어지럽히는 위험 요소일 뿐이었다. 홍재학의 상소는 신사척사운동의 절정인데, 관대한 처벌을 받은 여타 상소들과 달리 국왕과 조정을 강경하게 비난하는 내용을 포함함으로써 홍재학은 처형되었고 그의 가산(家産)도 적몰(籍沒)되었다.[96]

---

95 최익현 또한 1898년의 상소에서는 서양인들이 사람의 형상을 한 만큼, 한가닥 밝은 기운이 존재함을 부정하지 않았다 1898년 최익현의 상소(『면암집』 4권, 「辭議政府贊政再疏」) 중 "至於夷狄 (…중략…) 今試言其情狀 則雖有仁義禮智之性 而未能講明踐履擴充敷施 如華夏聖賢之廣大而精微也 (…중략…) 然亦具人形者也 不能無一點明處 如虎狼之人 蜂蟻之義者 而其技藝之精 則又不過如蠶之吐絲蜂之造蜜而已" 참조.

96 1880년 김홍집이 국왕에게 「조선책략」을 올리자 그것은 곧 등사되어 전국의 유생들에게 전해졌고, 1881년 1월 영남유생들에 의해 「만인소」가 작성되어 2월 26일에 입철(入徹)된다. 그러나 이만손을 소수(疏首)로 하는 만인소는 조정의 거듭된 회유로 수정되

홍재학이 1881년에 올린 상소문을 보면, 서양의 기운이 몰고올 위험성에 대한 경고가 넘쳐난다.

　대체로 갈아도 닳지 않고 검은 물을 들여도 검어지지 않는 것은 오직 성현(聖賢)이라야만 할 수 있습니다. 그렇지 못한 사람은 사물에 의하여 변천되지 않을 수 없습니다. 이렇기 때문에 성현들이 사람들을 가르칠 때에 반드시 말하기를, '눈으로는 정당하지 않은 글을 보지 말고 귀로는 예가 아닌 소리를 듣지 말라'라고 하였고, 반드시 말하기를, '차라리 한 해 동안 글을 읽지 않을지언정 하루라도 소인을 가까이해서는 안 된다'라고 하였습니다. 고 참판(故參判) 이항로(李恒老)의 말에, '사는 곳을 삼가야 하는 바 사는 곳에 따라 형체가 비슷해지기 때문이다. 가까이하는 것을 삼가야 하는 바 가까이하는 데 따라 기질이 닮아가기 때문이다. 지키는 일을 삼가야 하는 바 지키는 일에 따라 마음이 비슷해지기 때문이다. 형체가 비슷해진다는 것은 무엇인가? 물고기는 물에서 살기에 그 비늘이 물결모양 같고 사슴은 산에서 살기에 그 뿔이 삐죽해졌으며 거북과 자라는 바위 위에 살기에 그 등갑이 바위처럼 험해졌다. 기질이 닮는다는 것은 무엇인가? 철을 묻어두면 돌도 지남철로 되고 나무를 물에 담그면 나무도 미끄러워진다. 마음이 비슷해진다는 것은 무엇인가? 화살을 만드는 사람은 사람이 상하지 않을까 근심하고 갑옷을 만드는 사람은 사람이 상할까 봐 근심하게 된다'라고 하였으니, 이는 절실하고 지극한 말입니다. 오늘날 온 나라에서 입는 것은 서양 직물

어 약한 비판으로 머물렀고, 조정의 처벌도 강도가 약했다. 이후 3월부터 4월까지 이같은 수정에 항의하여 만인소를 다시 올리려는 시도가 있었고, 충청, 전라, 경기 지역의 상소들이 잇따랐으나, 조정은 관대한 처벌로 대응했다. 그러나 4월에 작성되어 윤7월에 입철된 홍재학의 상소에는 국왕을 강도높게 비난하는 다음과 같은 구절이 있다. "此聖主從諫之事乎 叔季拒諫之事乎 此謙然受善立事乎 傲然自聖之事乎 (…중략…) 殿下萬機以後 何曾一日有斥邪衛正之政令乎 邪學之黨 曾於何時現捉 而草薙之乎 如此批教書之史冊 天下後世當爲何如主也" 홍재학 상소 이후 조정은 위정척사운동에 대해 강경히 탄압하게 된다(송병기, 1985; 田保橋潔, 1940; 『매천야록』 상, 150쪽 참조).

이고 서양 물감을 들인 옷이며 온 나라에서 쓰는 것은 서양 물건입니다. 접견하는 사람도 서양 사람이고, 탐내어 침 흘리는 것도 서양의 기기음교(奇技淫巧)입니다. 사는 것과 가까이하는 것과 지키는 일이 다 서양의 것이니 형체와 기질과 마음(心神)이 어찌 다 서양 것으로 변화되지 않겠습니까?

대체로 서양의 학문이 원래 천리(天理)를 어지럽히고 인륜(人倫)을 멸하는 것이 심하다는 점은 두말할 나위 없습니다. 서양의 문물은 태반이 음탕한 것을 조장하고 욕심을 이끌며 윤리를 망치고 사람의 신명(人神)이 천지와 통하는 것을 어지럽히니, 귀로 들으면 환장하고 배가 뒤집히며 눈으로 보면 창자가 뒤집히고 코로 냄새 맡거나 입술에 대면 마음이 바뀌어 실성합니다. 이것은 마치 그림자와 메아리가 서로 호응하고 전염병이 전염되는 것과도 같습니다. 이른바 『중서문견(中西聞見)』, 『태서문견(泰西聞見)』, 『만국공법(萬國公法)』 등 허다한 그들의 요사스런 책들이 나라 안에 가득 차 있습니다. 그런데 이른바 명사(名士)와 석유(碩儒)들은 새 것을 좋아하고 기이한 것을 숭상하여 거기에 스며들어 즐기면서 돌아올 줄을 모르고 번갈아 찬미하자 이름 있고 지위 있는 사람도 하루가 못 되어 따릅니다. 혹시 힐난하는 사람이 있으면 따라서 변명하기를, '이것은 바로 저 나라의 사실을 기록한 책으로서 윤리를 망치는 가르침이 아니다. 이런 것을 알려고 하는 것은 문견을 넓히고 흉금을 틔우려는 것이므로 윤리를 망치는 학문이 아니다'라고 하니, 아! 이 한 마디 말은 이미 그 속에 푹 빠진 자의 말입니다.[97]

---

97 夫磨而不磷 涅而不緇 惟聖賢然後 可以能之 不然 不能不因物而遷 是以聖賢之敎人也 必曰目不觀不正之書 耳不聽非禮之聲 必曰 寧可終歲不讀書 不可一日近小人 故參判臣李恒老之言 當愼所居 所居者 形類之 當愼所近 所近者 氣類之 當愼所執 所執者 心類之 何謂形類 魚龍水居 其鱗波流 麋鹿山居 其角崢嶸 龜鼈石居 其甲嚴險 何謂氣類 藏鐵則石 亦能指南 沈木于水 亦能潤下 何謂心類 矢人猶恐不傷人 函人猶恐傷人 此切至之言也 今也擧國之所服者 洋也 洋染也 擧國之所用者 洋物也 所接者 洋人也 所津津而流涎者 洋之奇技淫巧也 是所居所近所執者 俱是洋也 形氣心神 安得不俱化而爲洋乎 蓋洋之學 固亂天理減人倫之甚者 無容更言 洋之物太半 是長淫導慾 斁倫敗常 亂人神而通天地 所以耳得之而幻臟易肚 目寓之而翻腸倒胃 鼻嗅唇接而易心而失性 是則如影響之相應 痲疫之相染 所謂中西聞見泰西聞見萬國公法等

홍재학의 상소문에서도 서양의 학문과 문물은 천리를 어지럽히고 인륜을 멸하며 윤상(倫常)을 망치는 것이 더없이 심한 사악한 것으로 주장되고 있다. 그러나 그는 안정복의 『천학문답(天學問答)』에서처럼 정교한 이단비판을 하는 듯 보이지는 않는다. 오늘날의 독자를 놀라게 하는 것은 이 글이 흡사 물질적 과정에 대한 묘사처럼 보인다는 점이다. 그는 서양을 이념적으로 적대시하기보다는 서양의 기운이 몰려올 때의 실제적 효과를 상관론적인 유사과학의 언어로 묘사하고 있다. 유비적 연합관계로 되어 있는 기(氣)에는 신비한 공명 작용이 있어, 만물은 상호 감응하고 영향을 주어 인접한 다른 요소들과 유사해지는 방식으로 조화된다. 홍재학의 표현에 따르면 '사는 곳에 따라 형체가 닮고' '가까이 있는 것에 따라 기질이 닮으며' '잡는 것에 따라 마음이 닮는다'. 그러므로 서양인과 서양 물품의 막대한 유입 및 접촉은 '형체와 기질과 마음'을 서양화할 것이다. 요컨대 서양과의 접촉은 또 그로 말미암은 것은 천하를 같은 빛깔과 형체로 물들이는 자연적인 과정, 즉 기운(氣運) 안에 있다. 그는 이것을 그림자와 메아리[影響]가 서로 호응하고 전염병이 전염되는 현상에 비유하고 있다. 『중서문견』이나 『만국공법』 등을 탐독하고 서양의 기이한 물품에 관심을 품는 것은 독한 기운(氣運)에 '스며들어' '푹 빠지는' 것으로 묘사될 수 있다. 요컨대 서양의 기운은 모든 사물과 인간을 끌어들이는 빠져들게 하는 거대한 흐름이나 바람, 소용돌이 같은 것이다. 그것은 막강한 위력으로 천하를 도로부터 멀어지게 하면서 동화한다.

"사는 것과 가까이하는 것과 지키는 일이 다 서양의 것이니 형체와

許多異類之邪書 充滿於國中 而所謂名士碩儒 好新尙奇之輩 淪胥而入 樂而忘返 更相稱美 而名與位祿不日而從 或有詰之者 從而爲之辭曰 此是彼國記事之書 未必是滅倫敗常之敎也 從事於此者 要以廣聞見而開胸襟 未必是滅倫敗常之學也 噫 只此一言 已是陷溺之甚者也(『고종실록』, 1881년 윤7월 6일)

기질과 마음(心神)이 어찌 다 서양 것으로 변화되지 않겠습니까?"라고 물을 때, 여기에는 서양의 것들과 격절될 수 없고 영향받지 않을 수 없는 주체의 위치설정이 있다. 이 물음에 자연스레 '예'라고 답하는 이는 그 자신을 이러한 물활론적 기화(氣化) 안에서 세부득이 변화하지 않을 수 없는 위치에 두고 있다. 서양의 기운에 상응(相應)하고, 물들고(染) 스며들고(渝), 빠져들고(陷溺) 결국은 닮게 된다는 진술, 그리고 서양의 기기음교가 음탕한 것을 조장하고 욕심을 이끌며 '사람의 신명이 천지와 통하는 것을 어지럽히고' 환장(換腸)하고 실성(失性)하게 한다는 진술을 참으로 받아들이는 자는 적어도 현상을 관찰하고 통제하고 조작하는 자리에 인간을 두지는 않는다.

홍재학이 성인이 아니고서야 서양을 닮아가는 과정에서 벗어날 길이 없다고 할 때, 마음이 형기의 사사로움에 혹하여 위태로워졌다고 주장하는 것일 터이다. 그러나 성인이라는 예외를 둔다 하더라도, 기운에 감응(感應)하는 마음이라는 요소를 통해 서양의 기운과 거리 없이 감응하는 주체의 위치를 매우 잘 드러낸다. 더욱이 유교를 포함한 동아시아의 전통에서 인간과 그 마음이야말로 가장 투명한 수용과 감응의 기체이다. 성리학적 주석에서 마음(心)은 기의 가장 순수한 것[精爽]으로써 비어 있고 수용적이며, 자발적으로 알고, 어떤 것에도 고착되지 않을 수 있다. 만물을 어떤 장애도 없이 받아들일 수 있다. 그런데 이제 그 우주의 기운이 기기음교로써 물들여져가고 있는 것이다.

과연, 고종과 조정의 많은 이들에게 성인의 도를 초과하는 서양의 기운은 강하고 정밀하고 날랜 면모로 각인되었다. 고종은 개항 이후 서양식 무기와 기계를 들여오는 데 관심을 보였고, 일본이나 청, 서양 제국에 파견된 조선 관리들은 서양식 군대와 기계, 제조물의 우수성에 감탄했다. 이들과 접촉한 일본과 청의 인사들, 그리고 이들이 전해준 도서들도 서양식 기술과 학문, 제도를 수용할 것을 권했다. 특히 김홍집이 들여온, 청의 정관응(鄭觀應)의 『이언(易言)』은 서양의 각종 제도를 자세히 소개함으로써 깊은 인상을 남겼다.[98] 『이언』은 중국에서보다 조선에서 더 많이 읽히고, 개화상소에 자주 거명되는 등, 임오군란 후 서양 문물을 도입해야 한다는 여론을 형성하는 데 가장 영향력이 큰 서적으로 알려져 있다(이광린, 1998a). 이들 견문과 도서에 나타난바, 서양의 무기는 예리하고 군대는 잘 훈련되어 있으며, 물건과 기계는 다채롭고 정밀하며, 화륜선 등을 통해 신속하게 오가고, 상거래를 통해 막대한 이득을 챙긴다. 서양 물건들은 신속하고 폭넓게 확산됨으로써 지구 곳곳을 바꾸고 있었다. 위기감과 경이감을 동시에 불러일으키는 서양식 기계와 제조품, 군대 · 통신 · 산업 · 의료 · 교육 제도 등을 익히고 수용하는 조치가 1880년대부터 지속적으로 추진되었다. 1880년의 통리기무아문(統理機務衙門) 설치, 1881년의 대규모 조사시찰단 파견, 별기군(別技軍) 설치, 유학생 파견, 영선사 파견, 그리고 임오군란 후의 통리군국사무아문(統理軍國事務衙門)과 통리교섭통상사무아문(統理交涉通商事務衙門) 설치, 『한성순보』발간, 군제 개편, 기기국(機器局) 설치, 혜상공국(惠商公局)의 설치, 교섭업무를 위한 외국인 고문의 고용, 우정국(郵征局) 설치 등이

---

98 정관응은 30여 년 동안 외국상사의 買辦으로 종사하여 얻은 경험과 지식에 기초해, 서양 문물의 이해 및 수용과 중국의 부강책을 다룬 『救世揭要』를 1862년에 출간한 이래 몇차례 개정증보판을 출판한다. 그 개정 · 증보판 가운데 하나인 『易言』은 1871년에 초간본이 나오고, 1880년에도 재간본이 나왔다. 김홍집은 1871년 초판본을 황준헌에게 얻어 귀국했는데, 조선 조정에서는 1883년 1880년 재간본을 그대로 복각하여 출간한데다, 언문 번역본(연도 불분명)까지 간행하였다.(이광린, 1998a 참조) 『이언』의 복각본은 서울대 중앙도서관에 소장되어 있고, 언문번역본은 민현식(2008)에 수록되어 있다. 저자 정관응의 「自序」를 통해 보건대 '易言'이라는 서명은 『시경』「小雅」편, 小旻之十 小弁의 한 구절인 "君子無易由言"에서 연원한 것으로 '쉬운 말'이라는 뜻의 '이언'으로 독음하는 것이 맞다.

『이언』의 「自序」는 저술의 동기와 주장을 다음과 같이 요약한다. "안으로는 작은 마음에 느낀 바가 쌓였고 밖으로는 대국에 대한 생각을 품게 되었다. 시국의 어려움을 목격했으니 방법이 없다. 한마디 말로 하자면 자강보다 우선되는 것은 없고, 자강의 도는 이곳의 몇가지 단서 외에는 없다."(內之積感於寸心 外之睠懷於大局 目擊時艱 無可下手 而一言以蔽之曰 莫如自强爲先 自强之道 不外乎此數大端而已)

이정표 격의 사건들일 것이다(연갑수, 2008; 구선희 1999 참조).

기운에 대한 마음의 수용과 감응은 홍재학에게 오염과 중독이다. 하지만 그것이 기운에 대한 수용과 감응이라는 점에서 혹은 천지와 통하는 한 방식이라는 점에서 우주적 개방과 확장의 과정일 수도 있다. 홍재학이 비판하는 어떤 사람의 말처럼 '문견을 넓히고 흉금을 틔워' 마음을 진작(振作)하는 과정일 수도 있는 것이다. 이렇게 말하는 주체는 "그 속에 푹 빠져 있다"는 홍재학의 묘사처럼 천하를 채운 이 기운을 받아들이고 감응하여 자신의 마음을 개방하고 확장한다고 할 수 있다. 감응하는 주체로서 그는 서양의 기운으로 물들고 있다.

이 시기에 서양식 학문과 제도, 기계 등을 소개하는 데 앞장 선 『한성순보』는 발간 서문을 통해 자연적 기운에 대해 그와 같이 개방하고 확장하는 주체를 요청한다.

우(禹)는 구정(九鼎)을 만들어 구주(九州)를 형상하였고 주관(周官)은 땅을 관리하지만 요복(要服)·황복(荒服) 밖으로는 미치지 못했다. 대개 산천이 막혔고 문자와 수레바퀴가 달라서 덕어 베풀어지거나 힘이 이르지 않기 때문에 선왕(先王)들이 먼 곳까지 경략하는 데 마음을 쓰지 않은 것이다. 그러나 지금은 풍기(風氣)가 점차 열리고 지교(智巧)도 날로 발전하여 선박이 바다를 누비고 전선(電線)이 사토를 잇는데다가 공법을 제정하여 빙문을 닦으며, 항만·포구를 축조하여 서로 교역하므로 불모지나 더운 곳, 북극·남극이 이웃 나라와 다름이 없으며, 사변(事變)과 물화의 종류가 온갖 형태로 나타나고 수레, 의복, 기용(器用)에 있어서도 그 기교가 일만 가지이니, 세무(世務)에 마음을 둔 사람이라면 몰라서는 안될 것이다.

그러므로 우리 조정에서도 박문국(博文局)을 설치하고 관리를 두어 외보(外報)를 폭넓게 번역하고 아울러 내사(內事)까지 기재하여 국중(國中)에 알리는 동시에 열국에까지 반포하기로 하고, 이름을 『순보(旬報)』라하여 문견을 넓히고, 여러 가지 의문점을 풀어주고, 상리(商利)에도 도움을 주고자 하였으니, 중국·서양의 관보, 신보(申報)를 우편으로 교신하는 것도 그런 뜻에서이다. 세계 속의 방위·진침(鎭浸)·정령(政令)·법도·부고(府庫)·기계·빈부·기아에서 인품의 선악, 물가의 고저까지를 사실대로 정확히 실어 밝게 알 수 있을 뿐만 아니라 그 사이 사이에 포폄권징(襃貶勸懲)의 뜻도 들어 있다. 그러나 독자들이 무조건 가까운 것만 좋아한다면 휩쓸려 걷다가 자기 걸음걸이마저 잃어버리는 격이 될 것이고, 새 것에는 어둡고 옛 것만을 고집한다면 우물에 앉아서 제 것만 크다고 하는 격이 될 것이니, 반드시 때와 형세를 살펴 무작정 남만 따르거나 자기 것만 고집하지 말고 취사와 가부를 반드시 도에 맞도록 하여 정도를 잃지 않은 뒤에야 거의 개국(開局)한 본래의 뜻에 맞을 것이다.[99]

「순보서(旬報序)」에서 서양과의 연결은 풍기(風氣)가 점차 열리는 자연적 과정 안에 있다. 서양의 아시아 침략이 포함된 기운은 우(禹)의 구주(九州) 경략[100]을 초과하는 드넓은 범위의 천하를 열어놓았을뿐더러,

---

99 禹鼎示象 周官辨土 要荒之外 槪不及焉 盖以山川限隔 書軌不同 匪可德孚 而力致此 先王所以不勤遠略也 今風氣開 智巧蒼長 輪舶馳駛環瀛 電線聯絡四土 至於定公法 修聘問 築港埠 通交易 而窮髮燋齒羊胛楸面無殊聯壤 事變物類幻詭百出 車服器用 技巧萬端 固留心世務者 所不可不知也 是以我朝廷開局設官 廣譯外報幷載內事 頒 示國中 泒分列國 名曰旬報 以之廣聞見 辨衆惑 裨商利 中西之官報 中報郵便交詢 其 義一也 宇內之方位鎭浸政令法度府庫器械貧富飢饒 與夫人品之藏否 物値之低昂 撫 實牳載 可以燭照鏡考 而襃貶勸懲之義 又未嘗不行乎其間也 雖然覽者 驚遠好近 則 是市步而失故也者 昧新廖舊 則是井觀而自大者也 其必度時審勢 勿流勿泥 取捨可 否 必求諸道 夫失其正 然後 庶乎開局之本旨也歟(『한성순보』, 1883년 10월 31일)

100 『서경』과 『사기』에 따르면 요(堯) 제위 때 홍수가 일어나 산을 에워싸고 하천이 역류하고 강물이 범람하는 일이 벌어졌는데, 요는 곤(鯀)으로 치수(治水)하게 했으나 실패하고, 이어 섭정으로 오른 순(舜)이 우(禹)에게 치수를 맡겼다. 우는 13년간 집에 들어가지 못할 만큼 매우 근면하게 노력한 끝에 홍수와 범람을 막는 데 성공한다. 치수를 위해 그는 전국 아홉 개의 산을 개간했고, 아홉 개의 호수를 통하게 하였으며, 아홉 개의 강의 물길을 통하게 함으로써, 전국 구주(九州)라는 드넓은 영역을 개척하여 천자의 덕이 사해(四海)에까지 뻗치게 한다. 동방은 바다에 인접하였고, 서방은 유사택

전복과 후복, 요복과 황복으로 차별화된 구역들을 철폐하고 연속된 단일 천하를 창출하고 있다. 예전의 천하가 구분되고 막힌 것이라면, 현재의 천하는 열대·한대 가릴 것이 없이 지구 곳곳이 연결되고 친해지고 통하는 것이다. 연속된 단일 천하에서 일의 변화와 물화의 종류, 기교는 풍부해지고 다양해졌다. 막힌 것을 뚫어 통하게 하고 연결하며, 친하게 하고 풍부하게 하는 것은 "문명을 사해에까지 펼친"(文命敷於四海, 『서경』 「虞書」) 우의 구주 경략에 비교되고 있다시피, 드넓은 영역에 문명을 펼친 성왕의 업적을 기리는 표현이었는데, 이제는 서양이 시작한 기운에 대용되고 있다.

또 이렇게 드넓게 연결된 천하에서는 기운에 감응하는 주체가 요구된다. 모든 것을 '밝고 환하게 아는' 주체, 문견이 넓은 주체여야 하는 것이다. 이러한 주체는 한 곳에 뿌리내린 자라기보다는 확장하고, 열리고, 통하는 천하와 더불어 확장하고, 열리고, 통하는 자이다. 열리고 있는 풍기에 대해 개방적인 자이며, 열리고 있는 풍기와 혼연일체가 되고자 하는 자이다. 그는 옛것이든 새것이든 어떤 것에도 고착되지 않을 만큼 허령(虛靈)할뿐더러, 변화에 휩쓸려 자신을 잃지 않을 만큼 사물의 이치를 재빨리 터득하는 신명(神明)한 자로 설정되어 있다.

물론 홍재학을 포함한 많은 이들에게 이것은 성인의 도에서 멀어지는 것을 뜻한다. 만물이 서양화되는 이런 천하를 최익현은 「지부복궐척화의소」에서 다음과 같이 『주역』의 박(剝)괘에 비유하고 있다.

더구나 다시 유유상종으로 해외의 오랑캐들이 기괴한 형상을 한 이상한 종족으로 모두 중국에 발을 들여놓았는데, 오래되니 예사로 여겨 이상하게 여기지 않았습니다. 그 결과 드디어 양호(洋胡)끼리 충돌하여 가는 곳

(流沙澤)까지 뻗었다. 이 공적으로 우는 제위에 오르며 하(夏)를 열게 된다.

마다 상대가 없게 되니, 온 사해 안팎의 사람들이 대부분 두려워하고 순종하여 창귀(倀鬼) 노릇을 하고 있습니다. 유독 우리나라 한 지역만이 조종들의 위엄과 영기에 힘입어 선을 좋아하고 악을 미워하는 바른 천성을 잃지 않았습니다. 비유하건대 박괘(剝卦) 상구효의 석과(碩果)의 형상과 같으니, 만약 이 한 지역의 백성들마저 금수의 지경에 들여보내, 순전한 곤괘의 양이 없는 세상이 된다면 이 어찌 백성을 사랑하는 군자가 차마 할 수 있는 것이겠습니까?[101]

중국을 점령한 서양의 폭풍에 모든 이들이 휩쓸리고 있으나 오직 조선만이 인륜적 질서를 보존하고 있는 형국이 박(剝)괘와 같다는 것이다. 박괘의 모양은 다음과 같다.

최익현의 설명대로 맨위의 상구효만이 양(一)이고 나머지 다섯 효는 모두 음(--)이다. 만약 상구효마저 음이 된다면 그것은 곤괘(坤卦 : ䷁)가 된다. 『주역전의(周易傳義)』는 "박(剝)은 여러 음이 장성하여 양을 사라지게 하는 때이니, 여러 소인이 군자를 박상(剝喪)한다. 그러므로 군자(君子)가 가는 바를 둠이 이롭지 않으며, 오직 말을 공손히 하고 자취를 숨겨서 때에 따라 소식(消息)하여 소인의 해를 면하여야 한다"고 풀고 있다.[102] 효사에서는 양(一)인 상구를 '큰 과일이 먹히지 않고 남아

101 況復以類相從 海外眞胡 奇形怪種 莫不交跡中國 又久恬然 不以爲異 其效遂使洋胡衝突 所向無敵 環海內外 圓顱方趾者 擧皆伈伈泄泄 爲之倀鬼 獨我箕封一區 憑藉祖宗之威靈 不失好惡之正性 譬則剝之上九 碩果之象也 若擧此一區之臣民 而納之禽獸之域 爲純坤無陽之世界 則是旣仁人君子之所忍爲乎(『면암집』 3권, 疏, 「持斧伏闕斥和議疏」)

102 이 전이 주석하는 괘사는 "剝 不利有攸往", 즉 "박(剝)은 가는 것이 이롭지 않다"는 내용이다. 즉 행동하는 것이 이롭지 않다는 것이다. 이에 대한 전은 "剝者 群陰長盛 消剝於陽之時 衆小人 剝喪於君子 故君子不利有所往 唯當巽言晦迹 隨時消息 以免小

있음[碩果不食]'으로 표현하고 있기도 하다. 음이 대부분의 양을 사라지게 하여 '온 천지를 자신의 기운으로 물들이고 있는' 상황이 바로 박괘인 것이며, 최익현은 서양이 주도하는 천하를 바로 이렇게 보고 있다. 서양의 기운이 세계를 자기 색깔로 물들이는 막강한 위력을 갖는다고 보는 점에서 홍재학과 최익현의 상소는 같다. 이 막강한 위력 앞에 이제는 늦가을 나뭇가지에 걸린 과일처럼 조선만이 한 가닥 양기를 보존하고 있는 셈이다.

더욱 흥미로운 것은 이런 상황에서 한 가닥 남은 양기는 메시아처럼 음기에 물들여진 세계를 향해 정도(正道)를 설파하는 식의, 적대적인 대결자세를 갖지는 않는다는 것이다. 그는 오히려 음기의 해를 피하고자, 말을 공손히 하고 자취를 숨길 뿐이며, 시(時)가 변하기만을 기다리고 있다. 역(易)은 순환적인 물극필반(物極必反)의 원리에 의해 움직이므로, 음기가 다하는 순간 그 반대인 양으로의 변화가 기세 좋게 이루어질 것이기 때문이다. 이후 20세기 초까지 계속되는 최익현의 잇단 상소에서 이 박괘의 비유는 몇번 더 등장한다.[103] 최익현의 이른바 위정척사론이 서양을 사악한 세력이라고 단언한다 해도, 이 단언 안에는 서양 기운을 천하 안에서 모조리 쓸어버리려는 자세가 포함되지는 않는다고 할 수 있다. 오히려 몰려오는 서양의 음기에 적응하며, 한 가닥 남은 양기마저 잡아먹히지 않으려는, 일견 소극적인 자기보존을 꾀한다. 서양 물건을 없애고 옛 제도를 회복할 것을 요구한다 해도, 그것은 조선이라는 한 가닥 양기를 보존하려는 노력일 뿐이다. 그리고 여기서 주체는 시세에 대한 적응과 관망, 막연한 기다림의 자세를 갖고 있다.

박괘의 비유는 홍재학의 상소문에서도 찾아볼 수 있다. 홍재학 역시

人之害也"이다.

103 「辭議政府贊政再疏」(1898년 10월 9일); 「辭議宮內府特進官再疏」(1898년 12월 19일) 참조.

박괘로 도상화되는 현재의 기운에 접하여 순응과 기다림의 자세를 보여주고 있다. 주체는 오랑캐를 절박하게 일소하려들기보다는 차라리 양기를 되돌아오게 만들 세계를 믿는다.

중국이 시궁창에 빠지자 온 세상에 짐승냄새가 풍긴 지 300년이나 되었습니다. 한 줄기 봄이 유독 우리나라에만 붙어 있는 것은 비유하면 천지에 숙살(肅殺)의 기운이 가득할 때 큰 과일 한 개가 높이 달려서 생기가 가지 끝에 남아 있는 것과 같으니 이것은 천지가 애호하는 것이고 사람들이 소중히 의지하는 것입니다. 어찌 차마 이것까지 없애버려서 음만 있고, 양이 없는 세상으로 만들겠습니까? 만물을 생산하는 천지의 마음이 결코 이렇듯 어둡지는 않을 것입니다.[104]

요컨대 일본 및 서양과의 수교에 어떤 입장을 갖고 있든, 서양을 막강한 기운으로 언급하는 한, 세계는 그것에 물들어가고 있고, 그것은 불가항력적인 것으로 나타난다. 서양의 기운이란 바람과 같은 것, 모든 것을 끌어들이는 소용돌이 같은 것이며, 도를 흐리게 하고 과거로부터 현재를 분리해내는 것이다. 그리고 주체는 이것에 대해 거리를 두고 떨어져 있을 수 없고 감응하는 입장에 있으며, 이 감응의 과정은 제어하기 어려운 자연적 과정이다. 그래서 주체는 결코 이 기운에 대해 대항적인 자세를 취하고 있지 않다. 그 기운으로부터 해(害)를 입지 않으려면 관망하고 몸을 숨기면서 세가 바뀌기를 기대해야 한다. 그 기운과 더불어 확장하려면, 그것에 적극적으로 감응해야 한다. 여하튼 '서양의 기운에 대한 언급'은 변화하는 세계로부터 자신을 적극적으로

---

104 神州陸沈 四海腥羶 三百年於此矣 王春一脈 獨寄吾東 譬則天地肅殺立際 碩果高懸 而生意有待於結梢矣 此天地之所愛護人物之所倚重 豈忍並此剝蝕以爲純坤無陽之 世乎 天地生物之心 決不如是之昧然也.

분리해내려 하기보다는, 천하 안의 한 요소로서 자신의 위치에 충실한 주체를 공통적으로 전제한다.

물론 서양 문물에 대한 수용을 주장하는 문헌들에서 중독의 위험을 경고하는 것은 드물고, 박패의 비유는 잘 보이지 않는다. 그러나『한성 순보』의 서문에서 이미 보았듯이, 자연적 기화(氣化)에 의해 상호 연결되어 커지고 넓어지고 밀접해진 세계에 대한 묘사들은 아주 많다. 서양의 기운이 야기하는 이같은 드넓은 운동은 1880년 이래 개화파 관료 및 조정의 문서에서 흔히 서두를 장식한다.

① 삼가 살펴보건대,『서경』「주서(周書)」에 '어지럽기 전에 다스림을 만들고 위태롭기 전에 나라를 보호한다'고 했으니, 이것이 제왕의 수성(守成)하는 대요(大要)입니다. 그러므로 밝은 자는 기미를 살펴 미연(未然)에 방비합니다. (…중략…) 우리나라는 수백 년 동안 태평스러워 백성들은 전쟁을 겪지 않아, 늘 하던 것을 편안히 여기고 옛것만을 지키면서 즐기는 생활이 습성이 되었습니다. 이는 일의 형세가 진실로 그러한 것이니, 지난날과 같이 무사한 경우라면 괜찮습니다. 그러나 오늘날은 우주의 기운이 크게 변하고 다른 지역의 다른 부류로서『산해경』에도 실려 있지 않고 왕회도(王會圖 : 천자가 제후들을 회견하는 모습을 그린 그림 – 인용자)에도 그려져 있지 않은 종족이 하나가 아닙니다. 각각 군사를 양성하고 선박을 움직여 합종연횡하는데, 그 병력으로 서로 겨루고 그 법률로 서로 대항함이 더욱 천하에 가득하여 바다와 육지가 점점 가까워지고 있습니다. 이는 기미가 나타난 것이 아니라 형적도 크게 드러난 것입니다. 이러한 때를 당해 오히려 문호(門戶)를 닫고 보지 않고서 베개를 높이 베고 편안히 누워 있고자 한들 그것이 가능하겠습니까? 전하께서는 이것을 근심하시고 분발하여 일을 도모하셨습니다. 외적을 막으려면 반드시 먼저 군사를 훈련시켜야 하고, 군사를 훈련시키면 날카로운 무기의 도움을 받아야 한다고 생각했기

때문에 공도들을 널리 선발해서 멀리 천진(天津)에 보내되 자금과 식량이 드는 것을 아까워하지 않고 무기를 만드는 방법을 얻기만을 바랐으니, 이것은 참으로 종묘사직(宗廟社稷)을 위하고 백성들을 위해 깊이 고심하여 나라가 위태롭고 어지럽혀지기 전에 보전하려는 것입니다.[105]

②우리 동방(東方 : 조선을 가리킴—인용자)은 바다 한쪽 구석에 치우쳐 있어[僻在海隅] 일찍이 외국과 교섭한 적이 없으므로 견문이 넓지 못한 채 삼가고 스스로 단속하여 지키면서 500년을 내려왔다. 근년 이래로 천하의 대세는 옛날과 판이하게 되었다. 영국·프랑스·미국·러시아 같은 구미(歐美) 여러 나라에서는 정교하고 이로운 기계를 새로 만들고 나라를 부강하게 만드는 사업에 최선을 다하고 있다. 그들은 배나 수레를 타고 지구를 두루 돌아다니며 만국과 조약을 체결하여 병력으로 서로 견제하고 공법으로 서로 대치하는 것이 마치 춘추열국 시대를 방불케 한다. 그러므로 천하에서 홀로 존귀하다는 중화도 오히려 평등한 입장에서 조약을 맺고, 척양에 엄격하던 일본도 결국 수호를 맺고 통상을 하고 있으니 어찌 까닭없이 그렇게 하는 것이겠는가? 참으로 세부득이(勢不得已)하기 때문이다.[106]

---

105 謹按周書曰 制治于未亂 保邦于未危 此帝王守成之大要也 故明者察乎幾微 防於未然 (…중략…) 我國昇平數百年 民不見兵 安常守舊 恬嬉成習 此事勢之固然 若在往日無事之時 則可 方今宇內氣運大變 異域殊類海經之所不著 王會之所不圖者 其種不一 各治兵駛船 合從連衡 以兵力相雄 以法律相持 彌滿天下 水陸漸逼 此非特幾微之見 而形跡已大著矣 當此之時 猶欲閉戶不見 高枕而安臥 其可得乎 殿下爲是之憂 奮發有爲 思惟禦侮 必先練兵 苟欲練兵 宜資利器 故廣選工徒 遠赴天津 不惜資粮之費 冀獲製造之用 此誠爲宗社爲生民斷斷苦心 而欲保之於危亂之前也(『김윤식전집』 2,「以領選使渡灣時疏」;『승정원일기』, 1881년 11월 4일)

106 惟我東方 僻在海隅 未曾與外國交涉 故見聞不廣 謹約自守 垂五百年挽近以來 宇內大勢 逈異前古 歐米諸國 如英如法如美如俄 創其精利之器 極其富强之業 舟車遍于地毬 條約聯于萬國 以兵力相衡 以公法相持 有似乎春秋列國之世 故以中華之獨尊天下 而猶然平等立約 以日本之嚴於斥洋 而終亦交好通商 是豈無自而然哉 誠以勢不得已也(『고종실록』, 1882년 8월 5일;『승정원일기』, 1882년 8월 5일)

③ 오늘날 우주 안의 기운이 크게 변하여 만국이 교통하여 화륜선이 바다에 오가며 전선(電線)이 전 지구에 설치되었고 그밖에 금·은·석탄·철광을 캐어 기계 등을 만들어 민생의 일용에 편리한 것을 이루 다 헤아릴 수 없다.[107]

④ 지금의 사세로 논하자면 기미와 때를 놓쳐서는 안됩니다. (…중략…) 이제 육지에는 기차가 다니고 바다에는 고래 같은 큰 배가 다니며, 또 산꼭대기와 물 밑까지 전기가 뻗어나가지 않은 곳이 없어 아무리 먼 구미(歐美) 지역이라도 지척에 있는 곳보다 가까울 뿐만 아닙니다. 저 영국, 프랑스, 미국, 러시아, 독일, 이탈리아, 오스트리아 같은 여러 나라는 모두 때와 기미를 잘 탄 나라들입니다. 그러므로 동서양에 국위를 떨쳐 부강해질 수 있었고, 낙후한 인도, 혼란스러운 안남(安南), 몽매한 유구는 모두 때와 기미를 잘못 탄 나라들입니다. 그러므로 사직이 기울어 수모를 당하고 망한 것입니다.[108]

첫 번째 인용문은 1881년 11월 영선사로 떠나면서 고종에게 올린 김윤식의 상소문의 서두이다. 여기서도 서양 각국이 군사를 움직이고 선박을 움직여 병력으로 겨루고 공법으로 대항하는 일들이 천하를 메우는 것은 우주(宇宙) 내 기운대변(氣運大變)의 양상으로서 묘사되고 있다. 천하를 메우는 이런 움직임의 주인공들은 『산해경』이나 '왕회도'에서도 보지 못한 부류들인데, 이들의 움직임 안에서 "바다와 육지가 점점

---

107 當今宇內氣運丕變 萬國交通 輪舶教駛洋面 電線織羅全球 他如開採金銀煤鐵 工作器械等一切 民生日用便利之事 殆指不勝屈(『김옥균전집』, 「治道略論」; 『한성순보』, 1884년 7월 3일)

108 以當今之事勢論之 機不可捨時不可失 (…중략…) 今陸有龍車 海有鯨船 又有電機山巔水底 無不蔓連 而雖歐美之遠 不啻近於咫尺也 彼如英法米魯獨伊奧諸國 皆線於時機者也 故國威振於東西洋 而富且强爲 若印度之爲 賤安南之爲 亂琉球之爲民 皆不善於時機者也 故傾其社稷而辱且亡(『승정원일기』, 1884년 7월 24일)

가까워지"고 있다. 이 점은 고종의 1882년 교서인 두 번째 인용문에서는 천하대세가 크게 달라졌다고 표현되고, 김옥균이 쓴 세 번째 인용문에서는 역시 우주 안의 기운이 크게 변했다고 진단된다.

고전적 용어로서 우주(宇宙)란 동서남북 사방으로 확장되는 공간을 뜻하는 우(宇)와 끊임없는 생장쇄멸의 과정인 주(宙)가 합쳐진 말로서, 천하(天下)보다 생성적 내포가 더 강한 용어이다.[109] 물론 기운(氣運)이나 우주(宇宙)라는 용어가 내포한 생성이란, 해와 달, 별들의 규칙적인 운행 및 계절의 순환, 동식물의 생장쇄멸과 같은 순환적이고 조화로운 리듬이 실려 있는, 자체의 에너지로 스스로 생성하고 조직하는 자연적 운동이다. 위 인용문이 묘사하는 변화는 분명히 기계적이고 역학적인 이미지가 아니다. 『산해경』에서도 보지 못한 낯선 부류가 종횡사해(縱橫四海)하는 움직임은 자체 에너지로 충만한 우주적 역동이다. 그러므로 선형적 시간과 3차원 공간 안에서 변화를 일으킨 원인을 찾으려는 시도는 생각하기 힘든 반면, 기운(氣運)의 전체 패턴을 펼쳐놓고 현재의 변화를 그 안에 위치시킴으로써 이해 가능하게 만들려는 주체의 태도가 더욱 두드러진다. "오늘날 우주 안의 기운이 크게 변하여 만국이

---

109 『장자』 잡편 庚桑楚에 "有實而無乎處者宇也 有長而無乎本剽者宙也"라는 말이 있다. 우주라는 용어에는 우주적 생성변화의 공간적·시간적 무한성, 그리고 만물을 화육하는 우주적 생명력이 내포되어 있다. "우주란 공간의 광연성(廣延性)과 시간의 지속성의 복합이다. 거듭 말하거니와 하늘은 위에서 만물을 덮어주고 땅은 아래서 만물을 실어준다. 하늘과 땅은 어울려 커다란 공간을 형성하고 만물은 그 공간 속에서 천의 창조력과 지의 잉육력(孕育力)에 의해, 하염없이 생성변화해간다고 본 것이다."(김충렬, 1988) 한편 『맹자』 이래 자주 쓰인 천하(天下)라는 말에는 이와 같은 우주생성적 의미 외에 천자가 이같은 생성변화를 총괄하고 총회(統會)한다는 의미가 추가되어 있다. 하늘에 해가 하나이듯이 천하에도 천자가 하나여야 한다는 대일통(大一統) 관념에 핵심적인 요소는 온 천하 사람들이 하나의 역수(曆數), 하나의 달력을 써야 한다는 것이다. "중국천하는 사실상 진시황의 통일 이후 비로소 하나의 정치하에 놓여져, 사상의 통일을 위시해, 문자의 통일, 도량형기의 통일, 거궤(車軌), 풍속의 통일, 그리고 이를 집총하는 연호, 역법(曆法)의 통일을 기하게 되었으므로, 천하사상은 바로 세계정치질서의 중국적 통회라 이해하면 될 것 같다."(김충렬, 1988)

교통하여 화륜선이 바다에 오가며 전선(電線)이 전 지구에 설치되었고"
의 문장에서 보이는 바가 바로 그것이다. 이 발화는 현상 하나하나를
개별화하는 것이라기보다는 눈에 보이는 현상들을 기운이라는 전체
패턴 안에 위치시키는 것이다. 또 단일한 혹은 소수의 원인을 판별하
기보다는, 또 분석을 통해 인과관계를 밝힘으로써 사태를 통제하기보
다는 변화에 밀착한 순간적인 지각과 유비적 기대를 통해 인접한 다음
의 변화를 예측하고 대응하고자 한다. 첫 번째 인용문의 '기미(幾微)를
살펴 미연에 방지한다'라거나 오감(吳鑑)이 쓴 네 번째 인용문의 '때와
기미를 놓쳐서는 안된다'는 구절이 함축하는 주체의 태도가 바로 그것
이다. 변화의 사태와 분석적 거리를 두기보다는 밀착·감응하여 변화
의 본체와 상합(相合)하려는 주체의 감응적 태도를 엿볼 수 있다.

  기(幾, 機)란 일(事)이 온전히 나타난 것이 아니라 미미(微微)하게 드러
나는 것을 일컫는다. 기미를 살피는 것은 변화의 시공간, 그것도 비교
적 조화롭고 규칙적으로 운행하는 순환적 우주를 전제한 예견의 방법
이다. 변화가 아예 일어나지 않거나 혹은 너무나 급격한 변화나 단절이
일어난다면 일의 기미(幾微)를 살피는 것조차 불필요하거나 불가능할
것이다. 기미를 살피는 것이 변화의 순간적이고 섬세한 지각을 갖고 변
화의 전체 패턴과 유비하여 연결시킬 수 있는 숙련된 기능의 소산임을
고려한다면 이는 분명하다. 기운을 전제하고 기미를 살피는 주체에게
기미로 드러나는 사물이나 현상들은 각각 독자적 개체라기보다는 이
전체 운동을 나타내는 제유법적 형상(synecdoche figure)이라고 할 수 있
다. 기미를 살피는 자는 개별 현상들을 정확히 지시하고 명명하기보다
는 그 현상들의 '유비적 연쇄를 통해' 눈에 보이지 않고 귀에 들리지 않
는 전체 과정을 불러와 그 자신을 그것의 연결된 일부로 만들고자 한
다. 그런데 기미로부터 그 전체 유(類)를 불러오자면, 그 유에 대한 전체
이미지가 어느 정도 정해져 있어야 한다. 기(幾) 혹은 기미(幾微)을 살피

고 유념하라는 구절이 자주 나오는『주역』은 우주적 생성변화의 순환적 성격이 가장 잘 드러난 경전으로서 여기서 기미를 살피는 것은 변화의 패턴인 도에 능통한 성인과 군자의 신묘한 역량으로 나타난다.[110]

그런데 위 인용문들에서 주체가 감응하여 기미를 알아내려는 기운 대변은 역사적으로 축적된 변화의 패턴을 상회하는 것으로 드러나고 있다. 천하를 메우는 기운의 탑승자들은『산해경』이나 '왕회도'에서도 보지 못한 부류들인데, 이들의 움직임 안에서 "바다와 육지의 거리가 점점 가까워지"고 있을 정도로 변화는 극적이다. 김윤식은 '기미만 드러난 것이 아니라 형적도 크게 드러났다'고 이야기하지만, 또 네 번째 인용문은 영국, 미국, 프랑스, 독일 등의 나라가 때와 기미를 잘 탔다고 말하지만, 그 드러난 형적이나 서양 나라들의 행동을 맞춰볼 과거의 모범들의 적용력은 감축되어 있다. 만국이 교통하고 화륜선과 전선이 지구를 촘촘히 연결하고 이로운 기계와 물품이 이루 헤아릴 수 없이 쏟아져나오는 것은 전례없는 천하대세이다. 세 번째 인용문의 김옥균이 '만국이 교통한다'고 말할 때, 교통(交通)은 아직 공간적 이동을 뜻하는 transportation의 의미를 갖지 않으며,『장자』등에서의 고전적 용법대로 기운 안에서 요소들이 서로 접하여[交] 통하는[通] 것을 의미한다.[111]

---

110 예컨대 乾, 屯, 豫 괘 및 계사상 10장, 계사하 5장 참조. "子曰 知幾其神乎 君子上交不諂下交不瀆 其知幾乎 幾者 動之微 吉之先見者也 君子見幾而作 不俟終日 易曰 介于石 不終日 貞吉 介如石焉 寧用終日 斷可識矣 君子知微知彰知柔知剛 萬夫之望"(『주역』계사하 5장) 시시때때로 기를 살펴 삼가고 조심할 것을 알리는 구절이 적지 않은『서경』도 다스림과 난이 교차하는 왕조사의 맥락에서 그런 구절이 사용되고 있다. 대표적으로『서경』「虞書」益稷 11장 "帝庸作歌曰 勅天之命 惟時惟幾" 채침주: "幾 事之微也 惟時者 無時而不戒勅也 惟幾者 無事而不戒勅也 蓋天命無常 理亂安危 相爲倚伏 今雖治定功成 禮備樂和 然頃刻謹畏之不存 則怠荒之所自起 毫髮幾微之不察 則禍患之所自生 不可不戒也"

111 『장자』외편 田子方 4장의 "至陰肅肅, 至陽赫赫., 肅肅出乎天, 赫赫發乎地., 兩者交通 成和而物生焉";『관자』外言 八觀 13장의 "閭閈無闔 外內交通 則男女無別";『관자』雜篇 度地 57장의 "春三月 天地乾燥 水糾列之時也 山川涸落 天氣下 地氣上 萬物交通"와 같은 구절에서 남녀나 음양 등이 접하여 상통함을 나타내는 交通의 고전적 용법을

즉 한 요소가 원거리를 이동하는 것을 나타내는 게 아니라 기운에 따라 격절된 요소'들'이 가까이 접하고 통하고 감응하는 과정인 것이다. 그렇기 때문에 그동안 격절되었던 것들이 서로 접하고 통하여 '유례없이' 광대하고 밀접하고 풍부한 천하가 형성되는 과정이다. 고종의 교서의 일부인 두 번째 인용문, 그리고 김옥균의 「치도약론」에서 뽑은 세 번째 인용문, 갑신정변 참여자인 오감의 상소문인 네 번째 인용문도 모두 이 점을 묘사하고 있다.

주체는 자신을 기운의 자연스런 일부로 변환함으로써 그것에 적응하고 참여하려고 한다. 서양이 다가오는 것, 그것은 누구도 빠져나갈 수 없는 거대한 기운의 변화이며, 의도하든 의도하지 않든, 주체는 이미 거기에 빨려 들어가는 자기자신을 상정하고 있다. 첫 번째 인용문에서 "바다와 육지가 점차 가까워지"도록 기운이 변한 가운데 주체는 옛것에만 의지하거나, '베개를 높이 베고 편안히 누워 있'을 수 없음을 느끼고 있다. 그러므로 무기 만드는 법을 배우는 것은 전지구를 잇는 우주의 기운에 동참하는 활동이 된다. 두 번째 인용문에서도 주체는 세부득이함을 알아채고 있다. 그러므로 외교하고 통상하는 것, 무비를 닦고 부국강병을 꾀하는 것, 그것은 만고불변의 진리라기보다는 기운 대변에 따른 유연한 적응으로 생각되고 있다.

확인할 수 있다. 交通이 원거리 이동 및 수송을 뜻하는 transportation을 뜻하게 된 것은 메이지[明治]시대의 일본에서 이루어졌고, 중국에서는 梁啓超의 『飮氷室文庫』의 1896년 글에서 용례가 보인다(Masini, 2005). 조선의 경우 交通이 언제부터 transportation의 의미를 갖게 되었는지는 분명치 않다. 1897년의 『韓英ᄌ뎐』에서도 交通이 여전히 'intercourse'로 옮겨지고 있을 정도로 고전적 용법이 지속되고 있음을 알 수 있다. 『한성순보』에서 transport나 transportation에 해당하는 어의는 흔히 동사·명사 양쪽으로 운용되는 舟車로 표현되며, 그래서 transportation이 편리해지고 신속해지는 것은 "舟車便捷"(「地球養民關係 續前卷 歐羅巴州」, 1884년 9월 10일)으로, transportation이 증가하는 것은 舟車相望(「條約諸國疆界人口政治事務輸出入等一覽表」, 1884년 9월 10일)으로 표현된다. 다만 『한성주보』, 1887년 7월 25일자 「伊國遠略」에 "交通之路"라는 표현이 보인다.

그러므로 저들의 문물을 본받아 이익을 취하려는 것은 세부득이한 행위이지, 세계를 주체의 목적에 맞게 자의적으로 배치하는 전략적 행위, 혹은 도구적 행위로 포착할 수 없다. 저들과 같이 빨라지고 강해지는 것은 객관적 세계에 대해 자기자신을 관철해나가려는 목적합리적 행위라기보다는 차라리 주변에 동화되는 미메시스적 역량의 발휘이다.[112] 서양 문물에 대한 관심과 학습은 거리 없이 대상을 수용하고 감각하고, 그것과 닮고자 하는 미메시스적 능력 안에서 가능하다고 할 수 있다. 그러므로 위 인용문들의 주장을 '과학기술에 대한 수용'이라고 묘사하는 것은 얼마간 부적절하다. 서양 기물을 수용하는 데 있어 '과학기술'이라는 용어에 집약되어 있는 자연에 대한 객관화·도구화하는 자세가 뚜렷하지 않기 때문이다.

기운에 대한 감응의 배치 안에 주체와 서양이 위치한다 해도, 서양의 기운이 몰고온 변화가 유례없는 것인 한, 주체와 서양이 상호연관되는 배치 안에는 특이성이 드러날 것이다. 위 인용문들에서 보자면, 서양의 기운에 대해 공통적으로 이물감과 위기감이 드러난다는 것을 알 수 있다. 김윤식의 상소에서 뽑은 첫 번째 인용문에서 보자면, 천하 전체를 바꾸어놓았지만 서양의 기운은 분명 낯선 것이며, 종묘사직과 백성을 위태롭게 하는 것으로 나타난다. 두 번째 인용문인 고종의 교서에서도 천하대세는 낯설고 위험하다. 네 번째 인용문에서도 기미를 잘 타지 못할 때 사직이 기운다고 예견된다. 기운에 합류하여 밀착 감

---

112 주지하듯 베버(Weber, 1997a)는 합리화의 정도에 따라 사회적 행위를 네 가지로 나눈다. 가장 합리화의 정도가 높은 목적합리적 행위의 경우 개인은 주어진 행위의 가능한 결과들을 자신이 선택한 목적을 위한 수단의 계산이라는 관계에서 평가한다. 그러나 아도르노와 호르크하이머(Adorno & Horkheimer, 2001)에 따르면 목적합리성이란 세계를 순전히 자의적으로 분할하고 통일하여 주체의 동일성에 복무시키려는 도구적 합리성일 따름이다. 인간이 세계에 관계하는 방식이 도구적 합리성으로 한정되는 것도 아니다. 『계몽의 변증법』의 용어대로라면, 거리 없이 대상을 수용하고 감각하고, 그것과 닮고자 하는 미메시스적 능력은 도구적 합리성과 대조적이다.

응하는 모습이 묘사되되, 이물감과 위기감을 떨쳐버리지 못하는 것이다. '이물감과 위기감이 드는 서양의 기운에 세부득이 감응한다'는 것의 성격을 좀더 면밀히 보자.

1880년 제2차 수신사로 일본에 파견된 김홍집이 주일 청국 공사 하여장(何如璋)의 참모인 황준헌과 주고받은 다음과 같은 대화로부터 이 특이성들을 좀더 자세히 관찰해볼 수 있다. 주지하듯 황준헌은 『조선책략』의 저자이다.

> 헌(황준헌의 줄임 – 인용자)이 말했다. "조정(청 조정 – 인용자)은 귀국(조선 – 인용자)과 기쁨과 걱정을 나누고 근심과 즐거움을 같이 하여 왔습니다. 근래 시세는 서양 여러 나라들이 날로 넘겨보고 위협하니 우리 두 나라는 더욱 마땅히 친밀해져야 할 것입니다. 저희들이 일본에 머문 지 3년 동안에 날마다 이류(異類)와 수작하였습니다. 이제 고헌(高軒)이 오시니 진실로 아닌 게 아니라 타향에서 옛 친구를 만나는 것이어서 기쁘고 위로됨을 이루 다 말할 수 없습니다.
>
> 굉(김홍집을 가리킴. 김홍집은 청 건륭제의 이름 弘曆을 피하고자 굉집이라는 이름을 사용했다 – 인용자)이 말했다. "우리는 중국에 내복(內服)하고 있는데, 요사이 바깥 일이 어지러워 바라는 바가 더욱 간절합니다. 타향의 옛 친구라는 말씀은 실로 우리의 생각과 같습니다."
>
> 헌이 말했다. "저의 생각으로는 만약 각하가 동경에 상주하실 수 있다면 반드시 국사에 큰 도움이 될 것입니다. 지금 우내대세는 실로 사천 년 동안 있지 않았던 바요, 요, 순, 우, 탕이 헤아리지 못했던 바입니다. 옛 사람의 약방문을 가지고 오늘의 질병을 치료한다는 것은 옳다고 볼 수 없습니다. 각하의 총명으로 문견을 날로 넓히어 장차 국시를 주재하신다면 반드시 아시아를 위하여 복을 지을 수 있을 것입니다."
>
> 굉이 말했다. "이번 길은 수십 일간으로 정해져 있어 일을 마치는 대로

곧 돌아가야 하며 상주할 수 없습니다. 우내대세는 고견 그대로입니다. 우리나라는 한모퉁이에 치우쳐 있어 예부터 외국과 더불어 교섭하지 않았는데 지금은 선박들이 잇달아 와서 응접하기가 여의치 않습니다. 그리고 나라는 작고 힘은 약하여 저들로 하여금 두려움을 알아서 물러가도록 하기는 쉽지 않으니 심히 걱정스럽습니다. 그러므로 믿는 바는 중국 조정이 비호하는 힘뿐입니다."

헌이 말했다. "이 몇 마디를 읽으니 족히 충애하는 정성이 언표에 넘쳐흐름을 볼 수 있습니다. 조정의 귀국에 대한 은의가 매우 단단한 것은 천하 만국에 그 예가 없는 바입니다. 그러나 이 은의를 만세에 끝없이 보존할 바를 생각한다면 오늘의 급무는 힘써 자강(自强)을 도모하는 데 있을 뿐입니다."

굉이 말했다. "'자강' 두 글자는 지극하고 극진합니다. 어찌 감히 경복(敬服)하지 않겠습니까?"[113]

황준헌과 김홍집은 그들이 예전과는 전혀 다른 우내대세(宇內大勢) 안에 놓여 있다는 데 동의하고 있다. 앞에서 잠시 언급했듯이, 고전적 용어인 세(勢)는 정태적인 힘의 배치가 아니라 시공간에 따라 달라지는 유동적인 힘관계, 혹은 힘들의 흐름을 가리킨다. 특정한 세는 그것이 포괄하는 사람과 물건, 사건들을 일정한 방향으로 몰고가는 역동적

---

113 憲曰 朝廷之於貴國 休戚相關 憂樂與共 近來時勢 泰西諸國 日見凌逼 我兩國 尤宜益加親密 僕輩居東三年 日與異流相酬酌 今得高軒之來 眞不啻他鄕遇故人 快慰莫可言 宏曰 敝邦於中朝 蒙同內服 近日外事紛紜 薪望更切 他鄕故人之喩 實獲我心 憲曰 以僕鄙意 若得閣下常住東京 必於國事 大有神益 方今宇內大勢 實爲四千年來之所未有 堯舜禹湯之所未料 執古人之方 以醫今日之病 未見其可 以閣下聰明 聞見日拓 將來主指國是 必能爲亞細亞造福也 宏曰 此行 若於數旬間 竣事卽還 不可常住 宇內大勢 高論誠然 敝國僻在一隅 從古不與外國毗連 今則海舶迭來 應接憂憂 而國少力弱 未易使彼知畏而退 甚切憂悶 所恃者 惟中朝庇護之之力 憲曰 讀此數語 足見忠愛之忱 溢於言表 朝廷之於貴國 恩義甚固 爲天下萬國之所無 然思所以保此恩蒙 使萬世無疆者 今日之急務 在力圖自强而已 宏曰 自强二子 至矣盡矣 敢不敬服(「大淸欽使筆談錄」; 송병기 편역, 2000에서 재인용)

인 흐름이므로 주체에게는 응변적(應變的)인 자세가 요구된다. 세는 주체와 거리를 둔 객체라기보다는 주체의 위치 및 행동마저 포함하고 있는 주객관적 배치이기 때문이다.

하지만 이 둘은 모두 이 우내대세에 대해 이물감을 토로하고 있다. 그들의 표현에 따른다면, 황준헌과 김홍집은 타향에서 고향 사람과 조우한 듯한 친밀한 분위기에서 대화하고 있다. 청과 조선의 사대자소 관계가 '기쁨과 걱정' '근심과 즐거움'을 나누는 관계인 반면, 그 바깥에서는 서양 나라들이 침범하여 핍박한다[凌逼]. 황준헌은 사대자소 바깥의 관계가 이류(異類)와 수작하는 것이라고 일축하고 있고, 김홍집은 조선이 중국에 내복하는 관계 저편의 세계는 어지럽다고 일갈한다.

김홍집과 황준헌 두 사람이 시세(時勢) 혹은 우내대세(宇內大勢)로 가리키려는 것은 이처럼 친밀한 사대자소 관계가 아니라, 그 바깥이다. 우내를 관찰하고 시세를 헤아리는 시선은 친밀한 시공간으로부터 원심력적으로 멀어지고 있다. 김홍집과 황준헌은 청과 조선이 한층 친밀해져야 한다고 강조하지만, 두 사람은 모두 사대자소 관계 저편을 바라보고 있다. 변화의 원천은 서양에 있고, 그것은 중국과 조선을 향해 밀려들어온다. 서양의 기운은 밀려들어오면서 천하의 범위를 지구적으로 확장할뿐더러, 조선 조정을 지구적으로 확장된 천하 안에 위치시키는 강력한 물결인 것이다. 서양은 지구 저편에서 연달아 오는 선박이며, 새롭게 응접하고 교섭해야 할 외국이다. 여기서 외교는 불가항력으로 하지 않을 수 없는 것이 된다. 이류가 분운(紛紜)하는 것이 시세혹은 우내대세의 중심인 한, 서양은 우내 혹은 천하를 지구적으로 확장함과 동시에 수백 년간 이어져 내려온 사대자소 관계를 지구적 범위에서 축소하고 상대화시킨다고 할 수 있다. 서양 기운은 먼 데서 밀려들어와 우주 전반을 변화시키고는 조선을 익숙한 시공간으로부터 멀리 떼어놓는 것이다.

이류나 분운(紛紜)이라는 용어가 잘 드러내듯, 그 이물감이 사라지지 않음에도 불구하고 황준헌은 김홍집에게 이 이질적인 기류에 뛰어들 것을 권하고 있다. 황준헌에 따르면 우내대세가 변했기에 옛 처방을 가지고는 오늘의 질병을 치료할 수 없으며, 이질적인 기류에 뛰어들면 문견을 넓히고 능히 국사를 주재할 수 있는 역량을 지니게 될 것이다. 기류에 따른 주체의 적응과 더불어 확장을 도모하고 있다고 할 수 있다. 서양 기운은 천하를 확장하고 통합하는 것이므로, 그것에 감응하여 서양과 연결되는 것은 그 변화를 포괄할 만큼 크고 넓고 강하고 활발한 마음을 요구할 것이기 때문이다.

이물감이 드는 낯선 기류와 접하여 감응함으로써 그것의 불가분한 일부가 되는 이 과정에 대해, 황준헌은 자강(自強)이라는 이름을 붙인다. 기존 연구(이광린, 1998c; 原田環, 1997)에서 자강(自強)은 서양의 제도와 기술을 받아들여 부국강병을 꾀하려는 것으로서 개화와 동일한 개념으로 사용되었다고 보기도 한다. 그러나 자강이 개화와 지시(reference)하는 것이 같다고 해도, 뜻(sense)까지 같다고 할 수는 없을 것이다.[114] 개화가 개물성무(開物成務) 화민성속(化民成俗)의 축어로서 열고 변화시켜 변화하고 세련된 문명을 이룬다는 뜻을 갖고 있다면, 자강(自強)은 주로 내정을 바로잡고 군비(軍備)를 늘리는 등 적에 대해 우위를 점할 형세를 만드는 활동을 묘사하는 데 쓰인다.[115] 양무파 관료였던 황준헌이 말하는 자강은 바로 이런 의미에 기대고 있으면서도, 전투의 형세는 국지적 전장

---

[114] 프레게 이후 의미(meaning)를 뜻(sense)과 지시(reference)의 합으로 생각하는 것은 언어학적 상식이 되었다. 이에 따르면 샛별과 개밥바라기는 의미가 같지 않다. 그것이 같은 지시를 갖는다 해도, 즉 태양계의 행성인 금성을 똑같이 가리킨다 해도, 그것의 뜻이 다르기 때문이다. 샛별이 새벽에 동쪽 하늘에 빛나는 별을 뜻한다면, 개밥바라기는 저녁에 동쪽 하늘에 빛나는 별을 뜻한다.

[115] 『조선왕조실록』에는 예컨대 다음과 같은 말을 찾을 수 있다. "如諸葛亮之屯田積穀訓習武藝 以圖自強之計 然後兵强食敷 不待臨陣決戰 而必勝之形可見矣"(『선조실록』, 1593년 9월 16일)

이 아니라 만국이 교통하는 드넓은 우내대세 전체로 확대되어 있다.

한편으로 자강은 자강불식(自强不息)이라는 형태로 유교경전에도 나온다. 만물을 낳고 길러, 만물이 각기 형체와 본성을 갖게 하고 조화롭게 하는 하늘의 운행을 찬양하는 『주역』 건(乾)괘에, "하늘의 운행이 굳세니 군자(君子)가 보고서 스스로 힘쓰고 쉬지 않는다(天行健, 君子以自强不息)"는 구절이 있다. 다시 말해 자강불식이란 쉼없는 우주의 생성을 본받아서 군자도 그것과 일체가 되고자 끊임없이 노력해야 한다는 것이다. 하늘의 끊임없는 운행이란 순환적인 리듬이 실려 있는 자연적 운동이지만, 그것에 감응하여 자강불식하는 군자의 수양에는 윤리적 지향이 있다.[116] 『주역』의 자강에는 인간의 윤리성과 우주생성적 의미가 고도로 응집되어 있다. 그러나 드넓게 확대된 천하를 전제하는 황준헌의 '자강'은 우주적 생성 움직임에 동참하는 것이기는 하되, 천지의 덕을 본받아 군자의 덕을 쌓는 것이라고 보기는 힘들다. 말 그대로 우주적 기운에 감응해 자기자신을 강하게 만드는 것이다.

김홍집의 말 또한 그러한 주체를 함축한다. 특히 이 장면에서 황준헌이 자강으로써 권하고 있는 것은 김홍집에게 동경에 상주하여 외교를 하고 이류들과 수작하는 것인데, 이는 청공사 하여장과 일본 외무경인 이노우에 가오루(井上馨)도 권한 바 있다. 김홍집이 고종에게 올린 문견사건에서 그는 이러한 권고를 다음과 같이 이해함으로써 황준헌과 같은 자강의 의미론을 보여주고 있다.

---

116 사서집주의 주희의 주에서는 이 점을 분명히 해주는 방식으로 自强不息이 사용된 예가 많다. 『논어집주』 「公冶長」 9; 『논어집주』 「雍也」 18; 『논어집주』 「子罕」 16; 『논어집주』 「子罕」 18; 『중용장구』 20 참조. 특히 「子罕」 16장의 주 "此道體也 天運而不已 日往則月來 寒往而暑來 水流而不息 物生而不窮 皆與道爲體 運乎晝夜 未嘗已也 是以 君子法之 自强不息 及其至也 純亦不已焉"는 이 점을 잘 보여준다. 쉬지 않고 규칙적으로 운행하는 하늘을 본받아 군자도 스스로 힘쓰고 쉬지 않는다는 것이다."

일본은 공사를 각국에 파견하여 상주시키고 있으며, 또한 조관으로 공사와 관계없이 유람하면서 그 동정을 살피는 자도 있기 때문에 우내의 형세 말하기를 마치 이웃집 일을 하듯 합니다. 에토오에 근래 어학을 설립하여 널리 각국의 언어와 문자를 가르치는데 이미 조선학교도 있습니다. 그것은 사기를 알지 못하고 언어를 통하지 못하면 변화에 응하여 스스로 보전하지 못하기 때문이라고 합니다. (…중략…) 외무성 공사의 날에 정상형이 말하기를 '지금의 우내 정세를 보건대 날이면 날마다 변하고 있으니 귀국은 속히 공사를 이곳으로 파견하고 또한 사람을 보내어 언어를 배우되 이 두 가지 일에 대해 반드시 돌아가 정부에 품의하라'고 간절하고 간절하여 마지 않았습니다. 청 공사 또한 불가불 사신을 파견하여 오랫동안 머물게 해야 한다고 말하였습니다.[117]

「문견사건」을 통해 볼 때 김홍집은 황준헌 및 하여장과의 문답에서는 거절하였지만, 외교 및 공사 주차의 필요성을 절감하고 있다. 각국에 공사를 파견하고 외국 나가기를 즐겨하는 일본은 우내의 형세를 이웃집 알듯이 하고 있는데, 이는 각국을 점차 가까이 연결시키는 서양의 기운과 같은 방식의 움직임이다. 황준헌과 김홍집, 하여장, 그리고 일본의 관료들은 "사기(事機)를 알지 못하고 언어를 통하지 못하면 변화에 응하여 스스로 보전하지 못"한다는 데 공감한다. 천하의 변화는 그 전체 변화의 패턴과 어울리지 못하는 요소들을 소멸시킬 수 있다. 그러므로 예전과 확연히 그리고 급속히 달라지고 있는 우내 정형에 응변적(應變的)으로 대응하는 자세는 천하에 흐르는 성인의 도(道)를 체현

---

117 日本公使 派往各國常住 亦有朝官 非公使而往遊 而察其動靜者 故言宇內形勢 如此 隣事 江戶 近設語學 廣教各國言語文字 已有朝鮮學校 蓋以不識事機 不通言語 則無 以應變以自保云 (…중략…) 外務省公幹之日 井上馨曰 見今宇內情形 日變一日 貴國 速派公使來此 亦遣人學言語 此兩事 必歸稟政府 懇懇不已 淸公使 亦以不可不遣使 久住爲言是白齊(「修信使金弘集聞見事件別單」;송병기 편역, 2000에서 재인용)

하기 위해서라기보다는 변화하는 천하 안에서 한 부분으로서 살아남기 위해서이다.

그러므로 자강을 통해 펼쳐질 것은 인의예지신(仁義禮智信)의 이타적 관계가 아니라 타자의 강함을 제어하고 모방하는 경쟁적 관계가 될 것이다. 기운대변을 감지하고 감응적 위치에 서면서 자강(自强)을 주장할 때, 그 우주적 기운은 타인 및 만물에 배려하는 성스러운 인간의 길(道)을 가리키지 않는다. 이는 서양의 기운이 지배하는 천하대세를 인정하고 수용하되, 그것이 예전의 천하하고는 도무지 무관함을 아는 자의 태도이다. 서양의 기운은 성인의 전장문물을 매개로 천하를 드넓게 열고 있는 것이 아니라, 그들의 강한 기계들로써 그렇게 하고 있다.

이는 예의-춘추전국 담론하고는 다른 주체이다. 서양과의 관계 안에서 모순을 감당하면서까지 타자를 의무의 원천으로 삼는 윤리적 관계를 설립한 주체와 달리, 자강에 힘쓰는 자는 타자와 관계하기는 하지만, 타자를 배려하고 그가 원하는 바를 실현시켜주기보다는 '서양 기운과의 조우에서 필요한 것은 힘(力)이다'라고 선언하는 셈이다. 물론 이 주체에게 윤리적 면모가 완전히 사라졌다고 말할 수는 없을 것이다. 기운에 뛰어든 것을 두려워하지 않는 것에는 타자에 대한 감응성을 자신의 본분으로 삼는 윤리적 주체의 습관이 반영되어 있기 때문이다. 주체는 타자 및 우주와 연결되어 감응할 잠재력을 끊지 않으려 한다. 그러나 타자와의 연결을 끊지 않으려는 윤리성은 타자와 대치하고 경쟁하는 비윤리성으로 모습을 바꾸고 있다.

서양의 기운과 감응하는 주체가 놓여 있는 전반적인 배치는 다음과 같이 요약될 수 있다. 여기서도 서양과 주체 간의 상호연관은 세 겹을 띠고 있다. 전통의 자원을 활용한 실천이 오히려 신성의 차원을 삭제하는 유사한 패턴을 보여주고 있다.

㉠ 주체는 우주의 기운(氣運)에 대해 감응적 위치에 있다.

ⓛ 서양이 우주를 채운 압도적 기운(氣運)으로 설정되며, 아울러 주체 자신은 그것에 감응하고 수용하지 않을 수 없는 위치에 설정된다. 화륜선과 기차가 오가고, 전선이 만국을 잇고, 조약과 통상이 확대되는 등의 당대의 격변이 서양에서 유래한 것임을 인정하면서 그것을 천지가 열리고 만물을 화육하고 인간을 개명시키는 천지의 기운에 연결한다. 주체는 분석적 거리를 두고 이 운동들의 원인을 찾기보다는 전체 기운대변에 밀착하고 감응하여 상합하려는 태도를 보인다. 주체는 커지고 밀접해지는 천하와 더불어 '확장되고 열리고 통해야' 즉 커지는 우주와 더불어 자강해야 한다. 하지만 주체는 서양의 기운으로부터 위기감과 이물감을 떨쳐버리지는 못한다. 또 옛 성왕의 전장(典章)이 아니라 화륜선과 기차, 전보와 같은 유의 기계를 타고 전개되는 우주의 기운이므로, 서양인의 기기음교가 기운대변의 매체가 되고 있음도 인정되고 있다.

ⓒ 그리고 서양의 기운 및 기운에의 감응에는 이타적인 고려가 사라진다. 자강은 우주적 기운에 감응하는 것이되, 타자를 배려하는 성인의 도를 배제함으로써, 우주적 생성과 인간의 윤리적 실천을 하나로 연결했던 것이 사라진다. 자강은 우주와 더불어 커지고 강해지는 마음을 요구하지만, 그것은 성인의 전장문물을 확대하려는 과정과 연속적이지 않다.

2) 우주의 변화하는 기운이면서 모방하고 경쟁할 상대이기도 한 서양

'서양의 기운에 세부득이 감응한다'고 할 때, 주체는 변화의 패턴이 알려주는 전체 기운의 파동에 밀려들어가 깊숙이 교감하고자 한다. 변화의 현상 하나하나를 분석하기보다는 그리고 서양식 무기를 만들거나 통상을 하는 등의 서로 다른 행위들을 각기 개별화하기보다는, 서양의 기운 및 기운에의 합류·감응으로 포괄한다. 더욱이 화륜선이 드나들고 통상을 하며, 외교를 하는 등의 변화들은 주체에게는 매우 낯설고 이질적인데도, 그것과 연결되어 변화의 본체와 상합(相合)하고자 한다. 두려움을 주는 이질적인 것들과 상합하는 이 긴장어린 과정은 흔히 적에 대해 우위를 가지려는 노력들을 뜻하는 '자강'으로 명명되었다. 서양은 기운인 동시에 자강이 겨냥해야 하는 경쟁 상대라는 이중적 의미가 출현한다고 할 수 있다. 자강정책에 큰 영향을 주었다고 알려져 있는 『이언』과 『조선책략』을 통해 이질적인 것들과 상합하는 과정이 서양의 의미작용을 어떻게 복합화하는지 살펴보자.

『이언』의 내용은 서양이 미친 전지구적 변화에 대응하기 위한 각종 자강책을 구체적으로 설명하는 것으로 되어 있다.[118] 『이언』 전체의 서론격이라 할 수 있는 「논공법(論公法)」 장에는 다음과 같은 구절들이 있다.

최근 100년 동안 화륜선은 여러 겹의 바다로 나아가고 화거(火車)는 육로를 달리며, 전선은 수만 리 밖까지 접해 곧바로 소리를 통할 수 있다. 농사짓고 직물을 짜며, 광산을 열고, 창과 대포를 만드는 등의 일은 모두 기계를 빌려 이용하니 흡사 귀신의 도움이 있는 듯하고 조화의 기이함이 있다. 이것은 그들이 믿는 바로서, 이것을 가지고 해외로 웅기하여 천하를 호시탐탐 엿보게 된 것이다. 그러나 모두 100여 년의 연구의 공이 쌓여 비로소 하루아침에 그 배움을 얻은 것이니, "신묘하게 그것을 밝힌 것은 사람에게 있지"(神而明之 存乎其人, 주역 계사상 12장 ─ 인용자) 우연이 아니다. 유럽 각국은 중국 한나라 때에 비로소 홍황(洪荒)을 벗었는데, 지금까지

---

118 『이언』의 목차는 다음과 같다. 上卷: 論公法, 論稅務, 論阿片, 論商務, 論開鑛, 論火車, 論電報, 論開墾, 論治旱, 論機器, 論船政, 論鑄銀, 論郵政, 論鹽務, 論游歷, 論議政, 論考試(附 論洋學), 論吏治 下卷: 論邊防, 論交涉, 論傳敎, 論出使, 論水師, 論火器, 論練兵, 論民團, 論治河(附謀君議), 論虛費, 論廉俸, 論書吏, 論招工, 論醫道, 論犯人, 論棲流, 論借款, 論裹足

이천 년에 미치지 못했다. 그러므로 그 풍기는 도탑고 크며, 인심은 견정(堅定)하니 중국과 비교하면 여전히 춘추적 세상이다. 대저 천도는 수백 년간은 작게 변하지만, 수천 년간은 크게 변한다. 상고부터 생각하건대 수천 년 이래를 생각하면 여러 성인이 경영하고 얽어 만들어(締造) 문명이 열렸고, 봉건이 형성되었다. 당우부터 하상주열까지 이천 년간 달라진 점이 없다가 진이 6국을 병합하여, 제후를 폐하고 정전을 고치고, 선왕의 법에 의하지 않게 되니, 드디어 크게 한번 변화하여 군현의 천하가 된 것이다. 진 이후 비록 성쇠가 누차 변하고 나뉘고 합치는 것이 한결같지 않았지만 이른바 외환이란 것은 흉노, 거란, 서북의 변방(塞外)에 불과하였다. 지금에 이르러 유럽 각국은 군사가 날로 강해지고 기교가 날로 교묘해져서 병탄하고 잠식하는 것이 호랑이가 노닐고 이리가 탐하는 것과 같다. 지구 구만 리 중에 주유(周遊)하고 판운(販運)하지 않는 곳이 없다. 중국 역시 널리 해금을 열어, 그들과 입약통상(立約通商)하니 또 한 번 크게 변한 것이며, 화이가 연속된 천하[華夷聯屬之天下]가 되었다.

물이 극으로 치달으면 변하고 변함이 오래되면 통한다. 비록 성인이 이어지고 흥왕할지라도 역시 변하지 않을 수 없는 것이 있다. 실로 천도(天道), 세운(世運), 인사(人事)는 그것에 제약된다. 더욱이 유럽 각국은 걸핏하면 지혜와 용기로 서로 다투고 부강을 서로 숭상한다. 우리 중국이 그들과 병립하려면 빨리 제어(控制)할 것을 생각하고, 변함을 인하여 권도에 통달해야[因變達權] 한다. 그러므로 공법의 약장(約章)을 마땅히 닦아야 하는데, 닦지 않으면 저들은 합하고 우리는 고립된다. 병법과 진법을 정련하지 않을 수 없는데, 정련하지 않으면 저들은 강하고 우리는 약하다. 총포와 기계도 정련해야 하는데, 정련하지 않으면 저들은 예리해지고 우리는 둔해진다. 화륜선과 화차, 전보 역시 일으켜야 하는데, 일으키지 않으면 저들은 빠르고 우리는 느리다. 천문지리와 격치지학(格致之學), 측산(測算) 등은 배워서 통해야 하는데, 통하지 않으면 저들은 교묘해지고 우리는 졸렬해진다. 광무(鑛務), 통상, 경직(耕織) 등의 일도 일으켜야 하는데, 일으키지 않으면 저들은 강해지고, 우리는 가난해진다. 세상은 변하고 한결같은 것은 없다. 부강에는 도가 있는데, 오직 지금을 기준하여 옛것을 참작하는 것이다. 옛말[陳言]을 고집하지 말고, 시에 인하여 마땅함을 만들어야[因時制宜] 한다. 성례에 구속되지 말고, 역행(力行)함을 오래하면, 자연 효과를 거둘 수 있다.[119]

역시 서양인이 발동하고 있는 놀라운 움직임에 대해 감탄하고 있다. 증기기관으로 움직이는 화륜선과 화거(火車), 그리고 전기로 통신하는 전선(電線), 기계(機械)는 구체적 사물들을 지시하는 이름이라기보다는 이 전체적 움직임을 나타내기 위한 제유법적 형상이라고 할 수 있다. 빠르고 강하게 먼 곳을 넘나들거나, 다양한 물품들을 엄청나게 빨리 풍부하고 성밀하게 만들어내는 이 사물들은 그 사물들 자체보다는 그것들이 포함된 전체적인 변화 과정, 즉 광범위한 공간을 빠르고 강하게 연결하면서 무수한 기기음교들을 생성해내는 전체 과정을 하나로 통관(通觀)해

---

119 近百年來 輪船駛於重洋 火車馳於陸路 而電線邀接於數萬里外 傾角通音 以至耕織開鑛及製造槍礮等事 悉假器機爲用 疑有鬼神之助 以洩造化之奇 此彼所恃以雄岐海外 虎視宇內者也 然皆積百年研究之功 始得一朝貫通其學 神而明之 乎乎其人 非偶然矣 惟歐洲各國 當中國漢時 始闢洪荒 至今未及二千年 故其風氣敦寵 人心堅定 較之中國 尙在春秋之世 夫天道數百年小變 數千年大變 考諸上古 歷數千年以降 積羣聖人之經營 締造而文明以啓 封建以成 自唐虞迄夏商周閱二千年 莫之或易 泊秦始倂六國 廢諸侯開共田 不因先王之法 逐一變而爲郡縣之天下矣 秦以後 雖盛衰屢變分合不常 然所謂外患者 不過匈奴契丹西北之塞外耳 至於今則歐洲各國 兵日强技日巧 鯨呑蠶食 虎踞狼貪 環地球九萬里之中 無不舟遊販運 中國亦廣開解禁 與之立約通商 又一變而爲華夷聯屬之天下矣 是知 物極則變 變久則通 雖以聖繼聖而興 亦不能不變 不得不變者 實天道世運人事有以限之也 況歐洲各國 動以智勇相傾 富强相尙 我中國與之竝立 不得不亟思控制 因變達權 故公法約章宜修也 不修則彼合而我孤 兵制陳法宜練也 不練則彼强而我弱 槍礮器械宜精也 不精則彼利而我屯 輪船火車報宜興也 不興則彼速而我遲 天球地輿格致測算等學宜通也 不通則彼巧而我拙 礦務通商耕織諸事宜擧也 不擧則彼富而我貧 噫世變無常 富强有道 惟準今酌古 勿狃於陳言 因時制宜 勿拘於成例力行 旣久成效自徵(『易言』,「論公法」)

내는 주체의 운동을 함축하고 있다. '귀신의 도움'과 '조화의 기이함'을 말하지 않을 수 없는 것은 개개 물건이 아니라 이 전체 과정이다.

　전체 변화를 통관해내는 주체에게 요구되는 것은 서양이 몰고온 이 기운을 타고 그것에 뛰어들어 감응하는 것이다. 다시 말해 변함으로써 통해야 한다(變久則通).[120] 그리고 인변달권(因變達權), 즉 변하는 것에 인하여 권도에 통달해야 한다. 권(權)이란 변화하는 시세(時勢)에서 경중을 재어 가장 적절한(宜) 것을 취할 줄 아는 행위능력이다. 변통(變通)하고 달권(達權)하게 되면 주체는 변화하는 그것과 분리불가능하다. 그럼으로써 인시제의(因時制宜)할 수 있다. 즉 때에 맞춰 마땅함을 만들 수 있다. 인시제의의 시(時)는 추상적인 기계시간이 아니라 생성[易]의 한 국면을 가리킨다. 변화하는 국면 안에서 마땅한 것을, 가장 적절한 것을 행함으로써 그 변화하는 과정들의 불가분의 일부가 되어야 한다는 것이다. 인시제의의 의(宜)에는 변화에 밀착·감응하여 변화하는 것들과 불가분한 연결을 맺어야 한다는 의미가 강하다.

　그러나 주체는 서양의 움직임을 천지개벽 이후의 기운 안에 귀속시킴으로써 천하의 확장을 성취해내지만, 동시에 그 자신이 원래 서 있던 지평은 축소하고 있다. 현재의 천하의 확대는 머나먼 옛적 문명을 연 성인의 공능이 아니라, 홍황(洪荒)을 벗어난 지 채 2000년도 안되어, 흡사 춘추적 세상처럼 보이는 서양의 기운의 움직임 때문이다. 홍황을 벗어난 지 얼마 안되는 그들에게는 중국에게는 이미 소진된 세찬 기세가 있다. 풍기는 더 도탑고, 인심은 더 견정하고 사납다. 새로운 기운에 의한 천하의 확대를 받아들이는 한, 있어왔던 것의 영향력은 축소된다. 위 인용문은 세운과 인사뿐만 아니라 천도마저도 변한다고 단정한다.

---

120 이 구절은 『주역』 계사하 2장의 "神農氏沒 黃帝堯舜氏作 通其變 使民不倦 神而化之 使民宜之 易 窮則變 變則通 通則久 是以自天祐之 吉无不利 黃帝堯舜 垂衣裳而天下 治 蓋取諸乾坤"에서 온 것이다.

화이연속지천하(華夷聯屬之天下)의 창출이 상고 이래의 문명을 무로 돌리는 급진적 파괴와 창조가 아니라 해도, 참작(參酌)의 기준은 현재에, 이질적인 기운이 들어온 지금에 있다. 주체는 옛 성인이 아니라, 이제 막 들어온, 그리고 아직도 사나움을 탈피하지 못한 서양의 새로운 기운을 바라봄으로써 고금의 참작을 기도하고 있다.

그러므로 옛 성인의 도가 축소된 가운데 서양의 기운과 감응한다고 할 때, 주체는 서양을 기준으로 자신을 바라보고 비교하며 경쟁하게 된다. 기운을 저들이 주도하고 있다면, 기운에의 감응은 저들과의 비교와 경쟁, 그리고 저들에 대한 모방이게 된다. 서양처럼 공법을 닦고, 병법을 정련하고, 날랜 총포와 기계를 만들고, 화륜선과 화거, 전보를 일으키고, 격치지학을 연마하지 않으며, '우리'는 드넓게 펼쳐지고 강하고 날래고 예리하고 기묘하고 부유한 현재의 기운에 따르지 못하게 된다. 뿐만 아니라, 강한 저들에 비해 '우리'가 좁게 고립되고 약하고 느리고 둔하고 졸렬하고 가난한 상태로 남게 되는 것이다. '저들은 합하고 우리는 고립되며, 저들은 예리해지고 우리는 둔해지며, 저들은 빠르고 우리는 느리며, 저들은 교묘해지고 우리는 졸렬해지며, 저들은 부유해지고 우리는 가난해진다'고 외치는 단호한 어투는 맹렬한 경쟁관계를 보여준다. 저들과 같이 되어야 할 것이며, 강하고 예리하고 신속하고 부유한 것을 두고 저들과 경쟁해야 할 것이다.

다시 말해 서양은 주체가 뛰어들어 동화해야 할 기운이자 경쟁자라는 양면을 갖게 된다. 서양은 경쟁자이지만, 또한 천하를 변화시킨 기운이기 때문에 경쟁관계에 수반되게 마련인 대칭적 독립성보다는 서양에 대한 수동성이 있다. 천하를 바꾼 서양의 움직임, 그들이 내놓은 기계들은 주체가 감수(感受 혹은 甘受)해야 하는 우주생성적 의미가 있다. 이 점에서 주체는 그것과 경계를 긋기보다는 그것과 혼연일체가 되어야 할 것이다. 하지만 서양이 모방하고 경쟁하는 자로 위치가 설정되는 한, 주체는 늘 서양과의 거리감을 느끼고 있다. 자강하지 못하는 것, 다시 말해 서양을 따라잡지 못하는 것은 강한 타자에게 잠식당하는 것일 뿐만 아니라, 타자가 불러온 세운으로부터의 고립과 폐쇄이기도 하다. 서양은 거리 없이 감응하고 또 거리를 두고 경쟁해야 하는 복잡한 운동을 주체에게 시키고 있다.

조선에 특정화하여 자강을 권고하는 『조선책략』에서도 이런 구도를 살펴볼 수 있다.

① 지금 천하 만국은 서로 왕래하고 있으며, 가까이는 일본과 중국, 멀리는 구라파와 미국에까지 무릇 연해의 암초를 엮어 도지(圖志)를 만들어 천하에 반포함으로써 항해에 편하게 하고 있다. 그리고 멀리는 바닷가에 가까이는 국도(國都)에 모두 외국 사절을 두어 일년 내내 주차하는 것이 통례이다. 대개 힘이 부족하면 비록 문밖에서 막더라도, 프랑스가 월남의 변두리를 빼앗고 영국이 미얀마의 국정에 간여하듯이 또한 스스로 지킬 수 없다. 힘이 자강하기에 넉넉하면 비록 침상으로 맞아들이더라도, 영국 백성이 페테르부르크에 섞여 살고 러시아 백성이 런던에 섞여 살듯, 또한 해가 될 것이 없다. 자강의 길은 실력(實力)에 있지 허식(虛飾)에 있지 않다.[121]

② 또 학생을 보내어 경사(京師) 동문관으로 가 서양말을 익히게 하고, 직예성의 회군으로 가 군사를 익히고 상해 제조국으로 가 기계 만드는 것을 배우고 복주(福州) 선정국으로 가 배 만드는 것을 배우게 해야 할 것이다. 무릇 일본의 선창, 총포국, 군영에도 모두 가서 배우고, 서양 사람들의 천문, 산법, 화학, 광학 지학도 모두 가서 배워야 할 것이다. 혹은 부산 등지에 학교를 설

---

121 今天下萬國 互相往來 近而東中 遠而歐美 凡沿海暗礁 皆編爲圖志 布之天下 以便航海 而遠則海濱 近則國都 皆有外使 終年駐箚 此通例也 皆力不足 雖拒之戶外 法取越南之邊 鄙 英與緬甸之國政 亦不克自保 力足以自强 雖延之臥榻 英之民 偏居彼得 俄之民 偏居 倫敦 亦無足爲害也 自强之道 在實力 不在虛飾(「朝鮮策略」; 송병기 편역, 2000에 수록)

립하여 서양 사람을 맞아 교습시킴으로써 무비를 널리 닦아야 할 것이다. 참으로 이같이 하면 조선 자강의 기틀은 이로부터 기초하게 될 것이다.[122]

③ 진실로 서학에 종사하여 재정에 힘을 다하고, 농사 권장에 힘을 다하고, 또 공업 육성에 힘을 다하며, 있는 것은 널리 심고, 없는 것은 옮겨 심으면, 장래에 또한 부국이 될 수 있을 것이다. 더구나 땅에서 금은이 나옴이 사람들이 다 아는 바인데, 만약 서양인의 개광법을 배워서 땅에 따라 찾아보고, 때에 따라 채굴하면 땅은 보물을 아끼지 않고, 백성은 노는 사람이 없어져서 이익이 더욱 끝이 없을 것이다. 이 또한 자강의 기틀이 되는 것이다.[123]

④ 중국 성인의 도는 무(武)를 숭상하지 않고, 교(巧)도 숭상하지 않으며, 진실로 그 나라를 스스로 다스리게 하되, 오직 글을 닦고 바탕을 지켜 안정을 기약하기 바라며, 사나운 습관과 기계의 무기로써 백성을 전쟁으로 인도하지 않는다. 다만 다른 사람들이 그 장기(長技)를 숨겨 가지고 뽐내지 않는다면, 나도 또한 옛것을 지켜서 변함이 없었다. 그러나 지금 강한 이웃 나라가 교대로 핍박하여 날로 우리를 강제하고 날로 우리를 업신여기고 있다. 같은 배를 타는데도 옛날에는 범선이었는데, 지금은 화륜선이다. 같은 수레로 가는데도 옛날에는 노새나 말이었는데 지금은 철도다. 같은 우체(郵遞)인데도 옛날에는 역전이었는데, 지금은 전선이다. 같은 병기인데도 옛날에는 활과 화살이었는데 지금은 총과 대포다. 양쪽 군대 간에 일이 있을 때 저들은 가졌는데 우리는 없고, 저들은 정교한데 우리는 거칠기 때

---

122 又遣學生 王京師同文館 習西語 往直隷淮軍 習兵 往上海製造局 學造器 往福州船政局 學造船 凡日本之船廠炮局軍營 皆可往學 凡西人之天文算法化學鑛學之學 皆可往學 或以釜山等處 開學校 延西人敎習 以廣修武備 誠如是 朝鮮自强之基 基此矣(「朝鮮策略」; 송병기 편역, 2000에 수록)

123 苟使從事於西學 盡力以務財 盡力於訓農 盡力而惠工 所有者廣植之 所無者移種之 將來亦可爲富國 又況地産金銀 人所共知 若得西人開鑛之法 隨地摧覓 隨時採掘 地不愛寶 民無遊手 利益更無窮也 此于自强之基也(「朝鮮策略」; 송병기 편역, 2000에 수록)

문에 군사를 훈련시키기 이전에 승부와 이둔의 형세는 이미 판정이 나는 셈이다. 조선이 외교를 좋아하게 되어 그 기풍이 날로 열리고 견문이 날로 넓어져, 갑옷과 창이 믿을 것이 못되고, 돛대나 노가 쓸데없음을 알게 되면, 무비(武備)를 강구하고 신법(新法)을 고구함을 알게 되어 변방을 튼튼히 하고 울타리를 단단히 할 수 있을 것이다. 이 또한 자강의 기틀이 되는 것이다.[124]

역시 서양에 원천을 둔 장대한 전지구적 움직임을 그리고 있음을 확인할 수 있다. 사람과 물품을 실은 수많은 선박들이 오고가고, 각국의 지형을 그대로 드러낸 지도가 제작되며, 각국의 수도에는 외교사절이 상주하고, 학생·상인·기술자들이 끊임없이 오고간다. 더욱이 이런 움직임은 무(武)와 교(巧)를 높이치지 않은 성인의 도를 축소하면서 이루어지고 있음이 분명하다.

그런데 이런 움직임에 대한 묘사는 곧바로 주체가 해야 할 바에 대한 명령이 된다. 지금 천하만국이 왕래하고 있다면 주체도 해금을 폐지하고 세계 각지를 왕래해야 한다. 서양인들이 화륜선을 타고 오간다면 주체도 화륜선을 이용하고 건조해야 한다. 또 청이나 일본에 학생을 보내어 서양 말과 서양 군사기술, 서양 기계 만드는 것을 익혀야 한다. 서양식 천문, 산법, 화학, 광학 등 서학도 열심히 익혀서 응용할 줄 알아야 한다. 또 서양식 농업기술, 공업기술, 광산기술도 익혀 부국에 힘써야 한다. 힘을 길러 자강하는 길, 그것은 서양 기운에 개방하는 것이며, 서

---

124 中國聖人之道 不尙武 不尙巧 誠以自治其國 但求守文守質 以期安靜 不欲以囂凌之 習 器械之器 導民以啓爭 然但使他人不狹其所長 我亦可守舊而不變 今强隣交逼 日 要狹我 日侮慢我 同一乘舟 昔以風帆 今以火輪 同一行車 昔以驟馬 今以鐵金道 同一 郵遞 昔以驛傳 今以電線 同一兵器 昔以弓矢 今以鎗礮 使兩軍有事 彼有而我無 彼精 而我粗 不及交綏 而勝負利鈍之勢 旣判然矣 朝鮮旣喜外交 風氣日開 見聞日廣 旣知 甲胄戈矛之不可恃 帆檣槳櫓之無可用 則知講修武備 考求新法 可以固疆圉壯屛藩 此又自强之基也(「朝鮮策略」; 송병기 편역, 2000에 수록)

양을 기준으로 한 모방과 경쟁 관계에 들어서는 것이다. "저들은 가졌는데, 우리는 없는" 것이 있다면, 승부와 이둔의 형세는 이미 결정된다. 저들만큼 가지고 정교해지고 신속해진다면 실력을 가진 게 된다.

그런데 주체의 이런 활동은 소소한 부분에서 경쟁 우위를 다투는 치졸한 것이 아니라 "기풍이 날로 열리고 견문이 날로 넓어지는" 것으로 간주된다. 서양을 따라잡는 것은 서양 기운에 의해 드넓어진 천하에 동화됨으로써 자신을 '열고' '넓히는'것이다.

주체가 서양과 거리 없이 감응하고 또 거리를 두고 경쟁해야 하는 복잡한 운동을 한다고 할 때, 서양의 학문과 기계와 기술을 모방하여 부강해야 한다는 주장에, 선형적인 진화의 도식을 대입시키는 데 조심스러워야 한다. 주체는 서양이 우월하고 그 자신은 그것을 따라잡아야 한다고는 여기나, 그것은 지금 접해 있고 면해 있는 세운에 대한 감응(感應)의 견지에 있지, 통역사적인 문명의 발달 노선을 걸어간다는 앎은 희박하다. 모방과 경쟁의 전제는 인류사의 보편적 발전도식에 대한 확신이라기보다는, 서양과 접해 영향받지 않을 수 없는 세의 형성에 있다.

이는 다음에 인용하는 유길준의 「경쟁론」에서 분명히 드러난다.

世道人心의 前進步驟에 競爭의 緊要됨이 如此ᄒ나 그러ᄒ나 競爭이라 ᄒᄂ 者ᄂ 必竟 人人交際間에 生ᄒᄂ 者이니 今次 競爭으로 ᄒ야곰 益强且高ᄒ게 ᄒ고ᄌ홀則 其交際로 ᄒ야곰 益廣且大ᄒ게 홈이 可ᄒ니 其交際가 狹且少ᄒ則 競爭氣力이 益卑且弱ᄒ고 其交際ᄒᄂ 바가 廣且大ᄒ則 競爭氣力이 愈强且高ᄒᄂ지라 譬諭ᄒ건디 村學究가튼자가 其學術이 甚賤且陋ᄒ되 其賤陋을 不自知ᄒ고 村巷中에 揚揚自得ᄒ야 飛鳥업ᄂ 山林에 蝙蝠이며 猛虎업ᄂ 洞壑에 狐兎갓치 自謂文章이라ᄒ야 其小成에 安ᄒ고 恒常大進홀 氣力이 업ᄂ 者ᄂ 必竟 其交際ᄒᄂ 者가 僅僅一鄕의 田夫野人과 樵童牧亞에 過치 못ᄒ야 其競爭이 甚賤且陋ᄒ 曲折이나 그러ᄒ나 萬一 村學究로 ᄒ야

곰 大都會에 出遊ᄒ야 一國中 學士大夫와 從遊接對ᄒ야 其學術의 高遠과 智見의 深廣홈을 見ᄒ則 비로소 自己學術의 賤陋홈을 知ᄒ고 羞愧不堪ᄒ야 望洋ᄒᄂ 嘆息이 有ᄒ리니 氣力이 有ᄒ則 奮發勉强ᄒ야써 其學術을 硏磨ᄒ야 高遠ᄒ 城上에 進步ᄒ고ᄌ ᄒ기에 至홈미 可홀지나 今此奮發勉强 홀 心棒을 惹起ᄒ 者ᄂ 必竟 其交際境域이 漸大漸廣ᄒ야 其競爭을 經界가 高遠ᄒ 緣故가 아니리요 (…중략…) 今次人의 其所爲가 前後不同홈이 如此히 大小高卑에 分別이 有홈은 何爲其然고 此ᄂ 必竟 其交際區域이 廣狹이 有ᄒ며 其競爭經界가 大小가 有홈 曲折이니 大槩 百般事物이 無所不然ᄒ니 交際가 益廣且大ᄒ면 競爭이 益高且强이라 競爭이 高强ᄒ 地境에 至ᄒ則 人生의 福祉가 益增且崇ᄒᄂ니라 (…중략…) 謹按 我朝鮮國이 久來鎖國ᄒ 야 外國의 交通을 謝絶ᄒ고 其所競爭이 僅僅一國內同胞兄弟에 至ᄒ얏더니 現今時勢의 變遷을 察ᄒ야 外國과 交際하ᄂ 道을 漸開ᄒ則 今後로 我國兄 弟ᄂ 日日 外國의 新事物을 接ᄒ야 其間에 風俗異同에 怪異ᄒ며 事物奇巧 에 驚嘆홀 者가 必多ᄒ나 그러ᄒ나 此ᄂ 我兄弟의 競爭區域을 擴張ᄒ고 文 明富强홀 編緖을 開ᄒᄂ 者니 其氣力을 旺盛히 ᄒ야 競爭眼目을 遠大히 ᄒ 고 上下同心ᄒ야 競爭精神을 活潑ᄒ게 ᄒ고(『유길준전집』4, 「경쟁론」)

이 글이 1883년경에 씌어진 것임을 생각하면, 감히 '세도인심의 진보에 경쟁이 긴요하다'고 단언하는 유길준의 '근대성'에 감탄할 수도 있다. 하지만 반복해서 읽다보면, 이 글이 서양식 진보사관을 표현하고 있다는 기존의 연구(예컨대 전복희, 1996; 정용화, 2004)에 선뜻 동의하기 힘들거나 적어도 매우 유보적이게 된다. 진보(progress) 관념에 핵심적인, 세계 내 모든 요소들을 통합하고 인도하는 단일한 이성이 부여된 역사적 시간 관념 혹은 필연적 발전 법칙을 내장한 단일한 역사적 시간이라는 관념을 이 글 전편에 걸쳐 찾기 어렵다. 오히려 '경쟁과 진보가 교제구역의 광협(廣狹)과 관계한다'고 피력하는 이 글에서 진보는 시간의 함수라기보다는 공간의 함수라 할 만하며, 특히 그 공간에서 만나는 타자에 연동된다고 할 수 있다. 진보와 경쟁의 그 공간은 '타자와의 조우'에 따른 타자성과 우연성이 부하된 불균질한 공간이다. 유길준이 알레고리적으로 묘사하는바, 밭가는 농부나 꼴 베는 아이만 만나는 시골의 학자는 자신의 학술의 천루함을 자각하지 못하므로 경쟁도 없고 진보도 없으나, 큰 도회에 나와서 고원한 학자들과 만날 때에야 경쟁기력이 발동하여 진보하게 된다는 것이다.

시골 학자가 대도회의 학자를 만날 때 수치를 느낀다는 점도 서술되어 있으나, 시골학자의 경쟁은 주로 경쟁기력의 분발이라는 면에서 설명되고 있다. 유길준도 쓰고 있듯이 "其 交際가 狹且少ᄒ則 競爭氣力이 益卑且弱ᄒ고 其交際ᄒᄂ 바가 廣且大ᄒ則 競爭氣力이 愈强且高ᄒᄂ" 것이어서 주체의 기력은 주체가 교제하는 범위에 결부되는 것이므로, 경쟁의 기력에 있어 주체는 대도회로 비유되는, 타자와 만나는 타자의 영역에 감응적이다. 시골 학자는 대도회에 접하자 곧 사리를 알게 된다. 그리고 유길준이 빼놓지 않고 설명하듯이 만국과의 교제는 "現今時勢의 變遷을 察ᄒ야" 열린 것이다. 이처럼 교제범위의 확장이 시세에 감응한 것인 만큼, 새로운 타자의 영역에서 만난 괴이한 사물과 풍속과 인물에도 감응적으로 행동하여 경쟁의 기력을 왕성히 해야 할 뿐이다. 요컨대 남과 비교하여 뛰어넘으려는 경쟁은 타자와 닮아가는 감응의 양식, 확장된 천하의 조화로운 일부가 되려는 행동양식이다.

그러므로 엄격한 의미에서, 유길준이 묘사한바 경쟁과 진보라는 것은 추상적인 선형적 시간축을 질주하는 진보라기보다는 생성의 국면으로서의 시(時)에 맞추어 변하고 국면적 마땅함을 얻고자 하는 수시변통, 인시제의에 가깝다. 그러므로 유길준에게 진보는 선형적 시간축에서의 고독한 질주가 아니라 타자와 조우하는 확장된 천하에서 타자를 따라잡는 것이다. 유길준의 위 글은 서양과 감응적으로 관계하는 주체의 활동 안에 진보와 경쟁을 설정하고 있기 때문이다.

서양식 상회(商會) 설립을 권유하는 다음의 『한성주보』의 기사에서도 서양에 우위를 두고 따라잡기를 하되 따라잡기의 운동이 천하를 뒤덮은 전체 세운에 대한 감응으로 보이는 구도를 찾을 수 있다.

지금 조사하건대, 해외 각 국에는 모두 상회(商會)가 있다. 이른바 상회라는 것은 여러 사람들의 자금을 모아서 다 같이 한 가지 일을 판리(辦理)하는 것을 말한다. 우리나라에서 혼자 사서 혼자 팔러 다니는 것에 견주어보면 그 이익의 득실이 하늘과 땅의 차이인 것이다. 더구나 그 규모의 엄함과 절목(節目)의 자세함도 또한 채취하여 모범으로 삼을 만한 것이 있다. 그러므로 저들은 강하고 우리는 약하며 저들은 부유하고 우리는 가난한 것이 세(勢)로 보아 필연적이다. 그렇다면 우리나라의 오늘날 급무는 상회를 흥기시키는 것보다 더 급한 일이 없다. 그러나 우리나라의 상가(商家)는 거개가 구습에 젖어 변통(變通)할 줄을 모른다. 선비의 경우에는 일생에 뜻하는 것이 사환(仕宦)하여 성세(聖世)를 흉내내는 데 불과하다. 따라서 그들과 이야기하다가 상업을 언급하게 되면 황당무계한 말로 여겨 듣기조차 수치스럽게 여긴다. 아, 이 또한 너무도 생각하지 못한 소치인 것이다. 사환에 뜻을 두고 성세에 충성을 다하려 한다면 그 일이 진실로 아름다운 것이기는 하다. 그러나 우리나라의 지금 세로 말하건대, 선비가 된 사람들도 스스로 상무(商務)를 판리(辦理)한 다음에야 구습이 타파되고 통쾌하게 진흥되는 세(勢)를 만들 수 있다.[125]

125 今査海外各國 蓋有商會 所謂商會者 群衆合衆資與共辦一専也 較諸我國之獨貿獨賣 則其利之得失不啻天壤 況其規模之嚴 節目之祥 亦有可採以爲則者乎 故彼强而我弱 彼富而我貧 勢所必然 則我國今日之急務 莫急於興起商會 然我國商家概紐舊慣 不知 變通 如爲士者 一生而志不過仕宦以效響於聖世 或與之談及商業 則視以無稽之言 恥 於入耳 吁亦不思之甚也 有志於仕宦效忠於聖世 則其事誠美矣 然以我國今日之勢 言 之爲士者 自□□工亦辦商務 然後一蹴舊習快彈振興之勢(「論商會」, 『한성주보』, 1886 년 3월 1일)

위 인용문에서 서양과 연결된 천하대세에 대한 묘사는 찾을 수 없다. 그러나 서양은 이미 모방적·경쟁적 관계로서 연결된 타자로 드러나고 있고, 그들의 제도는 본받아야 할 모범으로 설정되어 있다. 그러한 관계 속에서 서양의 상회(商會)는 모방하여 설립하여야 할 것인데, 왜냐하면 서양식 상회가 없다면 저들은 강하고 우리는 약하며, 저들은 부유하고 우리는 가난할 것이 '세(勢)'로 보아 필연적이기 때문이다.

즉 주체가 서양과 비교 및 경쟁 관계에 들어선 것은 기운인 '세'의 매트릭스 속에서이다. 지금 서양과 조선은 종전과 다른 세 안에서 얽혀 있고, 그 세 안에서 구습을 벗고 서양의 것을 모방한 연후에야 통쾌하게 진흥하는 세를 만들 수 있다. 그는 모방·경쟁관계의 서양 못지않게 서양과 얽혀 있는 세의 모양새에 주의를 기울이고 있는 것이다. 주체에게 서양은 이러한 얽힘을 가져온 세 자체이자 또 그 세 속의 경쟁자이기도 한 것이다. 앞서의 인용문들에서도 보았듯이, 세(勢)라는 용어는 일상의 관용구에 그치지 않고 그 세에 연동하는 감응적 주체의 위치설정을 포함하는 중요한 수사학적·담론적 장치이다. 주체는 그가 감응하고 적응해야 할 세에 대해 이물감을 느끼고 있으나, 그것에의 적응을 수시변통으로 간주하고, 그러면서 선비들이 으레 성세(聖世)를 추구하는 것을 변통하지 못한 처세로 돌리고 있다. 역시 주체 자신은 변화하는 세(勢)에 응하여 변형하지 않을 없는, 다시 말해 세로부터 변화의 압력을 받고 있는 수용적 처지에 있다.

3) 주체는 서양의 기운에 대해 감응하되 거리를 두고 조율한다

주체가 추구하는 마땅함은 기운에 감응하여 수시변통하는 것인데, 그러한 변통과 감응은 또한 시세로서 그리고 경쟁상대로서 병탄과 잠

식을 노리는 서양과 같이 되어야 한다는 것이다. 상회를 권하는 앞의
인용문에서도 보았듯이, 상호 연결된 세계에서 서양은 이미 모방적·
경쟁적 관계 속에 있다. 그러므로 서양의 어떤 제도에 대한 설명은 신
기한 외국의 일을 소개한다는 데 머무는 것이 아니라, 천하 전체가 어
떻게 움직이고 있는지에 대한 묘사가 되며, 또한 그것을 받아들이고
모방하라는 명령이 된다.

『한성주보』에서 따온 다음 인용문에서 보듯이 서양의 학제 또한 이
점에서는 마찬가지이다.

> 현재 구주(歐洲)의 여러 나라들이 유독 부강을 과시하고 있는 것은 교화
> (教化)를 나라 다스리는 요점으로 삼은 때문이 아니라고 할 수 없다. 구주
> 의 여러 나라들은 반드시 학교를 3등으로 나누어 설립한다. 소학교는 여항
> 사이에 설립한다. (…중략…) 중학교는 부현(府縣)에 각각 2~3개 학교를
> 설립한다. (…중략…) 대학교는 국도(國都)에 설립한다. (…중략…) 학교
> 가 점점 증가하고 생도가 많아짐으로써 길에는 책을 가지고 다니지 않는
> 아동이 없고 집에는 글을 읽지 않은 남녀가 없게 된다. 학교에 들어가서 기
> 예(技藝)를 익히는 사람들은 모두 자기가 타고 난 재분(才分)과 직분상 의
> 당 해야 될 것이 무엇인가를 알아서 각각 노력하고, 자신의 힘을 끝까지 다
> 기울인다. 때문에 농상(農桑)에 종사시키면 농상이 날로 성대해지고, 무역
> 을 시키면 무역이 날로 진기되고, 제조에 종사시키면 제조가 날로 정밀해
> 져서 더욱 발전하게 되므로 할 수 있는 일을 다 하게 된다. 이것이 유럽의
> 여러 나라들이 유독 부강함을 과시하게 된 이유이다.

삼가 생각하건대 우리 조선은 기자가 동쪽으로 건너와서 8조목을 설치
하고 백성에게 교화를 실시한 이래 안으로 경도(京都)로부터 밖으로 궁벽
한 고을에 이르기까지 학교가 없는 곳이 없었다. 그런데 근세에 와서는 전
혀 공령(功令)만 숭상할 뿐 격치(格致)의 학문은 방치한 채 강론하지 않고

있으니, 탄식을 금할 수 없다. 여항의 보통 백성들은 학교가 생리(生利)에 아무런 도움을 줄 수 없다고 여겨 기꺼이 취학시키는 사람이 매우 드물다. 그리하여 강제로 닥달하여 취학시키려 해도 오히려 취학하려 하지 않는다. 이른바 취학은 사류(士類) 이상의 일로만 여기고 있을 뿐이다. 만약 오늘날 학교를 확장시키지 않는다면 앞으로 어떻게 이 백성들을 교화시킬 수 있겠는가.

생각하건대 우리 주상께서는 예성(睿聖)하시고 문무를 겸비하셨으며 군사(君師)의 덕을 지니셨고, 신하들도 모두 적격자들이어서 보필에 미진한 점이 없다. 그러므로 사민(士民) 가운데 시무에 마음 둔 사람들은 날마다 학교를 더욱 확장시켜 격치의 도를 강구(講明)하기를 바라고 있다. 그리하여 모두들 서구의 제도를 모방하여 학교를 설립함으로써 세상에서 필요한 인재를 길러내고 또한 자생(資生)의 기본이 되게 하는 것이 제일이라고 한다. 그렇게 된다면 지극히 어리석은 하민(下民)이라도 모두 기꺼이 달려가 취학하게 될 것이니, 이 아니 성대한 일인가. 그리고 우리나라는 이미 해외 각국과 조약을 체결하여 화친을 맺고 있다. 따라서 화친하면 서로 상리(商利)를 다투게 되고 전쟁이 나면 병리(兵利)를 다투게 되는 것인데, 우리나라가 이렇게 가르치지 않은 백성을 데리고 그들과 경쟁하여 승부를 다투기는 참으로 곤란한 것이다. 아, 학정(學政)이 1개월 신장(伸張)되지 않으면 우리나라의 국운이 한 걸음 물러나게 되고 5개월간 신장되지 않으면 다섯 걸음 퇴보하게 되는 것이다. 1년~2년이 지나도록 끝내 신장되지 않는다면 어떻게 우리나라를 보존할 수 있겠는가. 그렇다면 우리나라가 오늘날 해야 할 급무는 학정을 신장시키는 것보다 더 급한 것이 없다.[126]

---

[126] 現査歐洲各國之獨擅富强者 亦未必不由專以教化爲治國之要也 歐洲各國必設學校 分爲三等 曰小學校設於閭巷之間 (…중략…) 曰中學校則府縣各設二三處 (…중략…) 曰大學校設於國都之中 (…중략…) 學校漸增 生徒漸增 無不挾冊童幼 戶罕不讀書男女 而其入學遊藝者 皆有以知其才分之所固有 職分之所當爲 而各勉勵 而竭其力 故使之農桑而農桑日盛 使之貿易而貿易日振 使之製造而製造日精 引伸觸長 能務畢矣

차이와 윤리
개화 주체성의 형성

서양과 마찬가지로 학교를 확장하고 전 국민을 입학시켜서 교육시켜야 한다는 위 주장에는 급박하다는 느낌, 다시 말해 시무(時務)이자 급무(急務)를 알린다는 촉박함이 있다. 그것은 하나의 기운 안에 있지만, 늘 새롭게 진작되고 부강해져서 격차가 벌어지는 세계의 중심부를 보여준다. 그러므로 서양에 대한 묘사는 세계의 이질적인 한 부분에 대한 묘사가 아니라 조선이 이미 그 부분과 얽혀 들어가 있는 전체 운동 패턴에 대한 묘사이며, 여기서 서양은 경이와 부러움, 두려움에 젖게 하는, 그래서 동화하고 모방하지 않을 수 없는 자연의 과정을 대표한다. 조선은 이 자연을 모방하고 그것과 경쟁하고 승부를 내야 하는 가혹한 조건 안에 있다.

그럼에도 불구하고, 주체가 서양의 것 모두를 본받고 모방해야 한다는 주장은 거의 찾아볼 수 없다. 서양의 기운은 낯선 것일 뿐만 아니라, 성인의 전장문물에서 멀어진 것이라는 점은 기운에 대한 감응, 그리고 모방에 있어 어떤 완전히 같아질 수 없는 여지를 남겨둔다. 서양의 것을 본받고 모방해야 하되, 그것과 완전히 같아질 수 없는 주체 자신의 자리를 만들고자 한다.

아래의 인용문들에서 주체는 서양의 기운에 탑승하고자 하면서 그 속에서 고유한 위치를 찾고자 한다. 시무(時務)나 참작(參酌)과 같은 용어가 주체의 이런 태도를 잘 드러낸다.

此所以歐洲各國之獨擅富強者也 竊惟我國朝鮮 自股師東渡 設八條而施民教化 內有京都以至邊陬僻邑 莫不有學校之設 然近時專尙功令而至於格致之學 措而不講 可勝歎哉 如閭巷常民 以學校爲無補於生利 喜就之者甚稀 雖欲殿之而就學 尙且不肯 所謂就學者 獨爲士以上之業矣 若使學校不張於今日 則將何以教化斯民乎 洪惟我主上 叡聖文武而有軍師之德 臣下有其人 輔弼無所不及 故士民之留心時務者 日望學校之益長 講明格致之道 皆曰 莫若倣西制設學校 使之爲需世之器 亦以爲資生之本 則雖至愚下民 皆樂赴而就學焉 豈不盛歟 且我國業與海外各國 締約而款和 和則競商利 戰則競兵利 然而我國將此不教之民 欲與競爭輪贏難矣 噫 學政一月不張 則我國既輪一步也 五月不張則我國既輪五步也 一年二年而終不張 則何以保我國乎 然則我國今日之務 莫急於張學政(「論學政第一」, 『한성주보』, 1886년 1월 25일)

① 이른바 나라의 정사를 맡은 자는 때에 따라 알맞게 조처하는 일에 중점을 둡니다. 그러므로 삼대가 숭상하는 것이 각각 달랐고 오패의 도가 같지 않았습니다. 성인이 성인에게 전하고 지혜로운 자가 지혜로운 자에게 응한 것인데도 삼대와 오패가 숭상하는 것이 각각 다르고 도가 같지 않은 것은 어째서입니까? 이유는 때와 기미를 따르면 흥하고 때와 기미를 거스르면 망하는 데에 있습니다. (…중략…) 신은 하토의 천한 몸으로서 감히 경세제민의 정책에 뜻을 두어 약관의 나이부터 외국을 다니며 관찰해서 시무의 요체에 대해 대략 살펴보았는데 수천수만 가지가 서로 달라 그 제도는 섣불리 우리나라에서 시행할 수가 없었습니다. 다만 재판과 경찰 두 가지 법은 나라를 다스리는 가장 급한 일로 증세를 보고 약을 짓는 일이니, 먼저 확립하지 않아서는 안됩니다.[127]

② 이른바 시무란 무엇인가? 즉 시(時)에 당하여 당연히 해야 할 일이다. 비유컨대 병자에게는 당연한 처방전이 있으니, 비록 신이(神異)한 처방이 있어도 모든 사람이 먹을 수는 없다. (…중략…) 지금의 논자들은 태서의 정치제도를 모방하는 것을 일러 시무라고 하는데, 자기의 힘을 헤아리지 않고 다만 다른 사람들을 좋게 여기는 것이다. 이는 기품과 병증을 논하지 않고 타인이 경험한 약을 복용하면서 빠른 효과를 바라는 것과 같다. 매우 어려울 것이다. 대개 각국은 그 시(時)에 따라 해야 할 일이 있다. 한 사람의 사사로움을 깨뜨리고 공업과 상업의 길을 넓히며, 사람들로 하여금 그 힘을 길러 그 능력을 다하게 하고 그 권(權)을 지키게 하여 나라를 부강케 하는 것은 태서의 시무이다. 경(經)에 입각하여 기강을 세워 사람을 잘 택해 관리로

---

127 夫所謂有國之爲政者 貴在乎時措之宜 故三代之尙各異 而五覇之道不同 盖聖以傳聖 智以応智 而三代五覇尙各異道不同者 何也 在於順其時機則興焉 逆其時機則亡焉 (…중략…) 伏念臣以下土賤蹤 敢有志於經濟之策 迺自弱冠 遊觀外國 略覽 時務之要 則千樣萬緖各殊 其制不可猝行於我國 惟裁判警察二法 最爲治國之急務 而如待症投 劑 不可不先立者(『승정원일기』, 1884년 7월 24일)

임용하고 군사를 훈련하고, 기계를 예리하게 하여 사방으로부터 모욕을 막는 것이 청국의 시무이다. 염치를 받들며, 탐욕을 물리치고 백성을 가르치고 구휼하며, 조약을 근수(謹守)하고, 우방과 분쟁을 일으키지 않는 것, 이것이 우리나라의 시무이다. 만약 우리나라가 급히 청국의 일을 모방하여 병기계에 전력을 다한다면 백성이 궁핍해지고 재산이 고갈될 것이며, 반드시 나라가 무너져내리는 우환(土崩之患)이 있을 것이다. (…중략…) 이로써 보건대 비록 좋은 법이 있어도 지구상에 하루아침에 통행시킬 수 없다는 것은 분명하다. (…중략…) 때문에 나라를 위해서는 인시제의하여야 한다. 힘을 헤아려 이에 처하며, 재산을 손상하지 않고 백성을 해치지 않아야 한다. 진실로 근본에 힘쓴다면 나뭇가지와 꽃, 잎은 장차 나중에 무성해질 것이다. 지금 이른바 시무란 모두 태서의 나뭇가지와 꽃, 잎이다. 그 근본을 견고히 하지 않고 먼저 타인의 말단부터 배운다면 안다고 할 수 있겠는가?[128]

③ 時勢를 量ᄒ며 處地를 審ᄒ야 輕重과 利害를 判斷ᄒ 然後에 前後를 分辨ᄒ야 次序로 施行홈이 可ᄒ거늘 過ᄒ쟈ᄂ 毫末의 分別도 無ᄒ고 外國이면 盡善ᄒ다 ᄒ야 自己의 國에ᄂ 如何ᄒ 事物이든지 不美ᄒ다 ᄒ며 已甚ᄒ기에 至ᄒ야ᄂ 外國의 景況을 稱道ᄒ야 自己의 國을 慢侮ᄒᄂ 弊俗도 有ᄒ니 此를 開化黨이라 謂ᄒ나 此豈開化黨이리오 其實은 開化의 罪人이며 (…중략…) 聖人의 言이 有ᄒᄃ 過홈과 不及홈이 同ᄒ다 ᄒ나 然ᄒ나 開化ᄒ

---

128 夫所謂時務者何也 卽當時所當行之務也 猶病者之於藥 皆有當劑 雖有神異之方 不可人人服之也 (…중략…) 今之論者 以倣效泰西之政治制度 謂之時務 不量己力 惟人是視 是猶不論氣稟病症而服他人經驗之藥 以求其霍然之效 蓋甚難矣 夫遇各有時 國各有務 破一人之私 擴工商之路 使人各食其力 盡其能保其權而國以富强 此泰西之時務也 立經陳紀 擇人任官 鍊兵治械 以禦四裔之侮 此淸國之時務也 崇廉黜貪 勤恤斯民 謹守條約 無啓釁於友邦 此我國之時務也 若我國遽效淸國之事 專力於兵械 則民窮財匱 必有土崩之患 (…중략…) 由是觀之 雖有善法 不可一朝通行於地球之上 明矣 (…중략…) 是以善爲國者 因時制宜 度力而處之 不傷財不害民 務固其根本 則枝條花葉 將次第榮茂 今之所謂時務 皆泰西之枝條花葉也 不固其本而先學他人之末可謂知乎(『김윤식전집』2, 「時務說:送陸生鍾倫遊天津」)

는 道에 至ㅎ야는 過ㅎ 者의 弊害가 不及ㅎ 者에셔 甚ㅎ니 其故는 無他라 過ㅎ 者는 其國을 危케 홈이 速ㅎ고 不及ㅎ 者는 其國을 危케홈이 遲홈이라 然ㅎ故로 必然히 得中ㅎ 者가 有ㅎ야 過ㅎ 者를 調制ㅎ며 不及ㅎ 者를 勸勉 ㅎ야 他의 長技를 取ㅎ고 自己의 美事를 守ㅎ야 處地와 時勢를 應ㅎ 然後에 民國을 保全ㅎ야 開化의 大功을 奏ㅎ리니 若其口中에 外國卷烟을 含ㅎ고 胸前에 外國時標를 佩ㅎ며 其身이 抶凳이나 交椅애 踞坐ㅎ야 外國의 風俗 을 閒話ㅎ야 其言語를 略解ㅎ는 者가 豈曰開化人이리오 此는 開化의 罪人 도 아니오 開化의 讎敵도 아니라 開化의 虛風에 吹ㅎ야 心中에 主見업시 一 箇 開化의 病身이라(『서유견문』, 401~402쪽)

갑신정변에 참여한 오감의 상소문 일부인 첫 번째 인용문은 때[時]와 기미[時機]를 살피는 주체가 서법(西法)을 채택할 것을 요구하는 모습을 보여주고 있다. 때와 기미를 살핀다면 똑같은 정령과 법제를 사용하는 것은 옳지 못한데, 삼대와 오패의 제도는 그래서 모두 달랐던 것이고, 서양의 기운이 지배적인 현재에는 서법을 택해야 한다는 것이다. 하지만 때에 맞는 일, 즉 시무(時務)를 살핀다면, 수천수만 가지가 서로 다르므로 모든 서법을 창졸간에 실시할 수는 없다는 것을 알게 된다. 서양은 기운을 변화시켜 주체의 방침을 바꾸게 하고, 또 서양 자신을 모범으로 격상시킨다. 하지만 주체에게 서양과의 거리감은 해소되지 못한다. 주체는 서양으로부터 기미를 살피고 거리 없이 감지해야 하면서도, 또 그것과의 거리를 확인하면서 조율하고 있다.

그러므로 시무를 촉구하는 문헌에는 서양을 모범으로 밀어올림과 동시에 그것과의 거리를 강조하는 것이 동시에 나타나게 된다. 김윤식이 쓴 두 번째 인용문과 유길준이 쓴 세 번째 인용문은 이 방향에서 일치한다. 자신의 처지와 힘을 헤아리지 않고 타자를 이상화하고 맹목적으로 따라하는 경향이 양자가 부정적으로 겨냥하는 대상이다. 두 인용문은 시세를 측정하며, 처지를 관찰해서 경중과 이해를 판단하는 태도를 설파한다.

동시대 서양에 대한 소개는 때에 맞춰 해야 하는 일, 즉 시무가 무엇인지 알려주는데, 서양은 조선과 같은 기운 속에 있어 동시대적이지만, 생성의 전체 패턴 아래서 서로 다른 위치를 점하고 있는 타자임이 드러난다. "대개 각국은 그 시(時)에 따라 해야 할 일이 있다." 기운의 의미론에서 시는 선형적 기계시간의 한 점(點)이 아니라, 각자가 처한 변화의 국면이다. 시에 따라 달리해야 한다면 각국은 그 변화의 국면이 다르다는 것이다. 이는 서양과 중국, 조선이 단선적인 역사발전의 축에서 서로 다른 위치가 점하기 — 예컨대 선진국과 후진국이 나뉘는 방식으로 — 때문이라기보다는 기운의 전체 안에서 각기 서로 다른 위치와 질을 갖기 때문이다. 각국은 서로 다른 기품(氣稟)을 가진 환자에 비유된다. "자기의 힘을 헤아리지 않고 다만 다른 사람들을 좋게 여기는 것"은 "기품과 병증을 논하지 않고 타인이 경험한 약을 복용하면서 빠른 효과를 바라는 것과 같다." 좋은 법이 있어도 한꺼번에 통용시킬 수는 없고, 자신의 시(時)에 맞춰 참작해야 한다. 서양의 것에 취해 모방하기에 급급한, 당대의 '이른바 시무'들은 "모두 태서의 나뭇가지와 꽃, 잎"을 취하는 것일 뿐, 변화의 전체 패턴인 서양 기운의 본체를 취하는 것이 아니다.

요컨대 서양을 따라하고 모방한다 해도, 그것이 공통된 매트릭스 안의 타자라는 점은 지워질 수 없다. 왜냐하면 기운은 추상적 규칙으로 일원화되는 물리적 사태가 아니라, 서로 다른 것들이 어울리는 유비적 연쇄로 남기 때문이다. 서양은 기운대변을 주도하되, 하나의 기운 안에서 다른 장소를 점하는 것이다. 그것과 주체 사이에는 유사성만큼 차이가 있고, 타자와 닮고 동화하는 행위는 이 유사성과 차이를 전제로 하며 가동된다.

유길준은 서양을 무조건 따라하는 이들을 개화의 죄인, 혹은 개화의 병신으로 부른다. 김윤식이 권하듯이 태서의 지엽만 좇기보다는 기운 대변의 그 근본을 헤아려야 한다면, 유길준에게 근본을 헤아리는 것이란 변화하는 시세 안에서 득중(得中)하는 것이다. 그러므로 시세와 처지에 영향을 준 서양이라는 기운 자체, 그리고 그 안에서 서양이 모범적 기준으로 떠오르는 것 자체는 인정하고 있다. 서양을 모방하는 운동을 긍정하면서도 서양과의 거리감을 감지하는 것의 중요성에 대해 쓰는 것이다. 서양의 제도와 기물을 본뜨는 행위는 거리를 둔 차이나는 모방, 차이나는 베끼기로 머무는 것이다.

서양의 제도와 문물을 본뜨는 것을 긍정하면서도 서양과의 거리감을 강조하는 모습은 동도서기(東道西器)라고 불리는 이분화된 틀짜기에서도 보인다. 동도서기를 급진개화파와 구별되는 사상집단만의 독특한 논리로 보기보다는 서구 문물 수용의 수사학적 장치로 보는 접근(민회수, 2007)을 받아들이고자 한다.[129] 동도서기와 구별함으로써 애써 보존하려는 급진개화파의 반(反) 유교적 성격이 그다지 분명치 못하기 때문이다(박은숙, 2005). 동도서기의 틀짜기에서는 서양의 기운이 성인의 도로부터 멀어졌다는 것과 연관하여, 기운에의 감응 및 모방을 주

---

[129] 동도서기론의 경우 바꾸지 못한다는 도(道)와 바꿀 수 있다는 기(器)의 범주가 이른바 동도서기론자들 사이에서도 다양하게 차이가 난다는 점은 이미 지적되고 있다(하원호, 1998; 김문용, 1998; 민회수, 2007 등). 이른바 급진개화파 혹은 변법개화파가 유교청산을 주장한 바가 없고 또 동도서기의 기의 범주에 제도나 법과 같은 요소가 포함될 수 있다면, 동도서기론을 급진개화파와 구별되는 사상의 분류 범주로 이용하는 것은 문제가 많다고 할 수 있다. "동도서기론의 본질은 신기선 등이 구사하는 현란한 형이상학적 수사와는 거리가 먼 일종의 레토릭인 것이다. 이를 감안한다면 동도서기론의 논리구조를 도기론(道器論)의 철학적 입장에서 세밀히 분석하여 그 결과 원래 내재적인 한계를 지니고 있었다는 식의 결론을 내리는 것은 (…중략…) 옳고 그름을 지나 그다지 큰 의미를 지니는 작업이라고 볼 수 없다"(민회수, 2007)거나 "오늘날 역사학계가 이들(문명개화론—인용자)의 사상적·정치적 태도를 일목요연하게 정리하려고 시도하려는 것 자체가 무리일지도 모른다"(주진오, 2006)와 같은 논평이 훨씬 더 경청할 만한 의견이라고 생각된다.

장하면서도 그런 활동과 거리를 두려는 모습이 나타난다고 할 수 있다. 서양의 기운을 성인의 도와는 구별되고 분리되는 기(器)에만 할당하려는 것이다.

임오군란 뒤 발표한 고종의 교서에서는 교(敎)와 기(器)를 구분하고 있다.

기계를 제조하는 데 조금이라도 서양 것을 본받는 것을 보기만 하면 대뜸 사교에 물든 것으로 지목하는데, 이것도 전혀 이해하지 못한 탓이다. 저들의 교(敎)는 사교이므로 마땅히 음탕한 음악이나 미색(美色)처럼 여겨서 멀리해야겠지만, 그들의 기(器)는 이로워서 진실로 이용후생(利用厚生)할 수 있으니 농기구·의약·병기·배·수레 같은 것을 제조하는데 무엇을 꺼려하며 하지 않겠는가? 그들의 교는 배척하고 기를 본받는[效] 것은 진실로 병행하여도 사리에 어그러지지 않는다. 더구나 강약(强弱)의 형세가 이미 현저한데 만일 저들의 기를 본받지 않는다면 무슨 수로 저들의 침략을 막고 저들이 넘보는 것을 막을 수 있겠는가?[130]

여기서의 주장은 저들의 기(器)를 본받지 않을 수 없다는 것이다. 저들의 기를 본받는다는 것은 저들의 기계, 무기, 배, 수레 등을 본으로 삼아 흉내낸다는 것이다. 동화의 압력은 강약의 형세, 즉 지구를 점령해버린 기운 자체로부터 온다.

위 인용문에서 흥미로운 것은 동화의 움직임에 일정한 한계를 긋고 있다는 것이다. 주체는 그가 감응하려는 기류가 성인의 전장문물이 아님을 알고 있고, 분명 기운에 대한 감응이 침해할지도 모를 무엇인가

---

[130] 且見器械製造之稍效西法 則輒以染邪目之 此又不諒之甚也 其敎則邪 當如淫聲美色而遠之 其器則利 苟可以利用厚生 則農桑醫藥甲兵舟車之製 何憚而不爲也 斥其敎而效其器 固可以竝行不悖也 況强弱之形 旣相懸絶 苟不效彼之器 何以禦彼之侮而防其覬覦乎(『고종실록』, 1882년 8월 5일)

에 대해 우려하고 있다. 그래서 성인의 도에서 어긋난(邪) 저들의 교는 배척해야 하지만, 그들의 기(器)는 본받을 수 있고, 본받아야 한다는 것이다. 기를 본받지 않을 수 없는 것은 그것이 성인의 도를 담고 있어서가 아니라, 기운의 불가항력 때문이다. 그러나 저들의 기의 본받음은 저들의 교를 배척함으로 인해 사리에 어그러지지(悖) 않는다. 어쩌면 우리는 여기서 서양에 대한 부분적 개방성, 혹은 서양의 기독교는 결코 수용할 수 없는 제약된 개방성만 볼 수도 있다.

하지만 서양의 교에 대한 배척은 그 기(器)의 수용을 정당화하기 위해 요청된다고도 볼 수 있다. 그렇다면 교의 배척은 기에 대한 모방을 사리에 맞게 하는 어떤 영역을 열고 있는 것이다. 그 영역은 성인의 도와는 상관없지만, 인시제의(因時制宜)하도록 구획된 새 공간이다. 그곳에서 주체는 성인의 도에 구애받지 않고도 사리에 어그러지지 않은 채, 서양의 것을 모방하고 경쟁할 수 있다. 한쪽에서는 성인의 도를 고수하고 다른 쪽에서는 그것과 무관할 수 있다면, 이는 서양 기운에의 감응에 이타적인 윤리적 고려가 삭제되어 있음을 은연중 인정하고 있다는 것이다.

위와 같은 고종의 윤음이 내려진 데 호응하여 출신(出身) 윤선학(尹善學)도 다음과 같은 상소를 올리고 있다.

신이 중국인이 편찬한 『이언』이라는 책을 보았는데, 그 내용은 세상을 다스리는 비결이고 그 작자는 권도(權道)에 통달하여 변화를 아는 선비라고 말할 수 있습니다. 신은 처음으로 천하의 일이 진한이나 당송의 세상과는 같지 않으며, 오늘날에 이르러서는 변화를 받음이 지극하다는 것을 알았습니다. 임금은 세상을 구제하는 권(權)을 맡고 세상을 구제하는 대책을 헤아려, 멀게는 기수(氣數)의 성쇠를 보고, 가까이는 시무(時務)의 변천을 살펴야 합니다. 과거의 논의를 융통성 없이 고집하지 않고, 눈에 보이지 않고 귀에 들리지 않는 경지에 마음을 두고 완미해야 합니다. 그리하여 그 강약이둔(强弱利鈍)과 흥망비태(興亡否泰)의 사이에 스스로 참작하고 손익하여 지당한 결론을 추구하고 힘써서 만세의 기업을 영원히 지속시켜나가야 합니다. 지금 우리나라가 세 가지의 큰 정책을 시행한 지 오백 년이 되었는데, 폐단 위에 폐단이 생겼건만 이를 신격화하고 또 신격화했습니다. 만약 현존의 상태를 그대로 두고 치세를 이룩하려 한다면 아무리 지혜가 있는 사람이라 할지라도 능히 어떻게 할 수 없을 것입니다. 아, 서법이 나오매, 기계의 정밀함과 국가를 부유하게 하는 방법에 있어서, 비록 주(周)나라를 흥성시킨 여상(呂尙)이나 촉(蜀)나라를 다스렸던 제갈공명(諸葛孔明)이라 하더라도 다시 그 사이에 참여하여 논하지 못하게 되었습니다. 군신, 부자, 부부, 붕우, 장유의 윤리는 하늘이 만들어낸 성품에 부여한 것으로 온 천지에 영원히 변할 수 없는 이치로 위에 있어서 도(道)가 됩니다. 백성을 변하게 하고 국가를 이롭게 하는, 배, 수레, 병기, 농기는 밖에 나타나 기(器)가 됩니다. 신이 변화시키고자 하는 것은 바로 이 '기'이지 '도'는 아닙니다. 예전에는 돛단배를 사용했는데 지금은 기선을 사용하니 이는 배의 제도에 고금의 차이가 있는 것입니다. 예전에는 우마(牛馬)로 수레를 끌었는데 지금은 기관(汽罐)과 풍륜(風輪)을 사용하니, 이는 수레의 제도에 고금의 차이가 있는 것입니다. 예전에는 칼과 창을 사용했는데 지금은 총과 대포를 사용하니, 이는 군기(軍器)에 고금의 차이가 있는 것입니다. 예전에는 우전(郵傳)을 사용했는데, 지금은 전선(電線)으로 소식을 전달하여 순식간에 주고받아 문득 얼굴을 마주 보고 말하는 것과 같으니, 이는 역전(驛傳)에 고금의 차이가 있는 것입니다. [131]

---

131 臣看中國人所編易言冊子 可謂治世之要訣 而達權知變之士矣 始知天下事 不同於秦漢唐宋之世 而至今日而受變之極也 人主當濟世之權 揆濟世之策 而遠觀氣數之盛衰 近察時務之變遷 不爲膠守前論 而遊心觀玩於不睹不聞之地 而其於强弱利鈍 興亡否泰之間 自有參酌損益之節 以求務至當之歸 以壽萬世之基業也 今我國之三大政 行之五百年 弊上生弊 神之又神 若因自致治 則雖有智者 能無爲也 嗚呼 西法出 而其於器械之精 富國之術 則雖有與周之呂尙 治蜀之諸葛 不復與論於其間矣 君臣父子朋友長幼之倫 此得於天而賦於性 通天地亘萬古所不變之理 而在於上而爲道也 舟車軍

윤선학의 이 상소는 '변화시키는 것은 기이지 도가 아님'을 직접 명
시함으로써 동도서기론의 대표작처럼 거론되는 것이다(권오영, 1990 참
조). 주지하듯 성리학의 이(理)와 기(氣)는 형이상의 도(道)와 형이하의
기(器)의 관계에 있고, 그는 이 도식을 이용하고 있다. 그러나 이 명제
를 포함하고 있는, "군신, 부자, 부부, 붕우, 장유의 윤리"부터 인용문의
마지막 문장까지의 단락은 왕도(王韜)가 쓴『이언』의 발문 내용을 발췌
하여 조금 수정하고 재록(再錄)한 것일 뿐이지 윤선학만의 독창적인 것
은 아니다.『이언』의 발문의 해당 단락은 다음과 같다.[132]

대저 형이상자는 도(道)이고 형이하자는 기(器)이다. 기우생(杞憂生)이
변화시키고자 하는 것은 기이지 도가 아니다. 바다에서 배타는 것과 마찬
가지이다. 옛날에는 바람과 돛으로써 했으나 오늘날은 화륜으로써 하니,
주즙(舟楫)의 제도가 같지 않은 것이다. 마찬가지로 땅 위에서 갈 때도 옛
날에는 말과 노새로써 수레를 매더니, 오늘날은 화관(火琯)과 풍륜(風輪)
으로 경각에 천리를 가니, 이것은 거제(車制)가 같지 않은 것이다. 행군(行
軍)의 경우도 옛날에는 칼과 창으로써 했으나 오늘날은 양창과 대포를 쓰
니, 양창과 대포를 쓰는 제도가 또 날로 새롭고 매월 달라지고, 해마다 같
지 아니한 것이다. 마찬가지로 우체(郵遞)도 옛날에는 역참으로 전하게 했
으나, 오늘날에는 전선과 통표(通票)로 순식간에 갔다 오니, 마치 얼굴을

農機械之便民利國者 形於外而爲國也 臣之欲變者 是器也 非道也 昔以風帆 今以火
輪 是舟楫有古今之異也 昔以牛馬駕車 今以火管風輪 是車制有古今之異也 昔以刀
矛 今以槍礮 是軍器有古今之異也 昔以郵傳 今以電線通票 瞬息往來 惚如見面 是驛
傳有古今之異也(『승정원일기』, 1882년 12월 22일)

132 『이언』의 이 단락은 황준헌의『조선책략』에서도 반복되고 있다. "같은 배를 타는데
도 옛날에는 범선이었으나 지금은 기선이다. 같은 수레로 가는데 옛날에는 노새나 말
이었는데, 지금은 철도다. 같은 우체(郵遞)인데도 옛날에는 역전이었는데, 지금은 전
선이다. 같은 병기인데도 옛날에는 활과 화살이었는데, 지금은 총과 대포다(同一乘舟
昔以風帆 今以火輪 同一行車 昔以驟馬 今以鐵金道 同一郵遞 昔以驛傳 今以電線 同
一兵器 昔以弓矢 今以鎗礮."(「朝鮮策略」; 송병기 편역, 2000에 수록)

마주보는 것 같다[覩面].[133]

위 인용문에서 '기우생'은 『이언』의 저자 정관응을 가리킨다. 왕도의 발문과 윤선학의 상소는 변화시키고자 하는 것이 기이지 도가 아니라는 내용을 포함하여, 들고 있는 사례들도 거의 똑같다. 동도서기론의 요체로 불리는 구절은 실은 왕도의 문장을 조금 바꿔 되쓰기한 것이다. 더욱이 윤선학의 상소 전체가 『이언』에 대한 독후감의 형식이다. 형이상자와 형이하자, 도와 기 같은 용어를 능란하게 구사하는 윤선학은 왕도의 말을 자기가 처한 상황을 표현하는 데 능숙하게 차용한다. 혹은 윤선학은 당대에 평이하게 이용할 수 있었을, 성리학적 용어들을 사용하여 변화하는 세계에서 활동할 수 있는 운신의 여지를 얻고자 한다고 하겠다.

위에 인용된 윤선학의 상소도 앞서 본 인용문들과 같이, '천하가 크게 변했음'을 강조한다. "천하의 일이 진한이나 당송의 세상과는 같지 않"고, 변화가 하도 극적이라 권도(權道)의 귀재인 강태공(姜太公)[134]이나 제갈량도 감당하지 못할 지경이다. 변화는 기운으로 이해되고, 그것은 서양이 추동한 것으로 서술되어 있다. 타자가 추동한 이 변화에 주체는 맞춰가야 할 것이다. 권(權)을 맡고 있는 임금은 "멀게는 기수의 성쇠를 보고, 가까이는 시무의 변천을 살펴야" 한다. 기수의 성쇠란 전우주적인 변화이므로, 주체는 자신을 둘러싼 세계 전체가 변했음을 인정해야 한다. 그리고 그 세계는 여전히 유비적 연결망을 갖춘 전체론적(holistic)인

---

133 夫形而上者 道也 形而下者 器也 杞憂生之所欲變者 器也 而非道也 同一航海也 昔以風帆 今以火輪 舟楫之制不同矣 同一行地也 昔以騾馬駕車 今則火璭風輪 頃刻千里 是車制不同矣 同一行軍也 昔以刀矛 今以槍礮而槍礮之制 又復日新月異而歲不同 同一郵便也 昔以傳驛 今以電線通票 瞬息往還 恍如覩面(『易言』「跋」)

134 윤선학의 상소문에서 '呂尙'이란 주 무왕이 군사(軍師)로 삼은 태공망, 즉 강태공을 가리킨다.

우주이다. 윤선학은 고종에게 기수의 성쇠를 확인하고 음미하고자, '눈에 보이지 않고 귀에 들리지 않는 경지에 마음을 둘 것'을 권하고 있다. 기수의 성쇠로 표현되는 전우주적인 변화는 감각적으로 즉각 확인되는 것이 아니라, 감각으로 받아들인 미미한 것을 가지고 주체가 우주 전체와 감응함으로써 확인된다고 할 수 있다. 적응하는 주체는 세세한 변화를 살핌과 동시에 그것을 가지고 우주 전체의 변화 패턴을 예감해야 한다. 그러므로 마냥 변화에 발맞추는 것이 아니라, 마땅한 것을 구하려는 노력, 즉 우주적 변화의 본체에 상합하려는 태도를 요구한다고 할 수 있다. "눈에 보이지 않고 귀에 들리지 않는 경지에 마음을 두고 완미해야" 하며, "그 강약이둔(强弱利鈍)과 흥망비태(興亡否泰)의 사이에 스스로 참작하고 손익하여 지당한 결론을 추구"하여야 한다.

기수의 변화를 감지하게 하는 것은 배, 수레, 병기, 농기, 통신 수단들의 극적인 변화이다. 이것은 모두 서양에서 온 것으로서, 각기 극적으로 신속해지고, 강력해지는 방향으로 변화하면서 기운을 바꾸고 있다. 변화하는 것들을 손익참작하여 마땅한 것을 구하고자 하는 것은 이 우주적 감응을 위해서라고 할 수 있다.

그러나 『이언』의 발문을 따라 윤선학은 "신이 변화시키고자 하는 것은 바로 이 기이지 도가 아닙니다"라고 말한다. 변화 자체를 인정하면서도 성인의 도를 끝내 놓지 않으려는 유학자의 고집 같은 것이 엿보인다. 하지만 더욱더 주목할 것은, 이 말에는 변화하는 기운을 따라 신성한 도의 주재가 실현되리라는 확신이 결여되어 있다는 점이다. 이 확신이 있다면, 변화에의 투신은 어떠한 여지도 남기지 않을 것이다. 변화 속에서 손익 참작하여 최적의 것을 구한다면 그것이 바로 도일 것이지, '변화시키려는 것은 기이지 도가 아니'라는 식의 언급을 남길 리 없다. 수시변통(隨時變通)을 강조한 이이(李珥)의 경장론(更張論)이나, 각종 치인지술을 강조한 이른바 실학파의 사고에서는 시의(時宜)를 구하는 데에서 도와 기의 통일성이 강조될 따름이다(금장태, 2006 참조). 도가 의착하는 기가 생장쇠멸을 반복하기 때문에 도를 지키고 실현하기 위해서는 수시변역(隨時變易)해야 한다는 것이다. 이러한 성리학적 경장론의 논리에 따른다면, 시무(時務)는 시세 안에서 도를 구하려는 것이지, 윤선학의 주장처럼 도는 그대로 두고 기(器)만 변화시킨다는 것일 수 없다.

상소문 속 주체는 옛 경전에 실린 모범과 성인의 도가 더이상 통하지 않는 새로운 영역이 열리고 있음을 감지하고 있다. '도와 기 사이의 구별'에는 바로 그 개방에 대한 감지가 함축되어 있다. 이 영역은 서양의 기세에 우주적 기운대변을 할당함으로써 나타난 예기치 못한 결과이다. 기수의 성쇠를 보고 시무의 변천을 살피면서, 손익 참작하여 지당한 것을 구해야 하는 주체의 행동은 바로 성인의 도와는 무관한 이 영역에서 펼쳐진다. 그곳에서 주체는 성인의 도에 구애받지 않고도 시세의 마땅함을 좇는 채, 서양의 것을 모방하고 경쟁할 수 있다. 물론 서법을 사용하여 부국강병을 이루고자 하지만, 그것이 해치지 못하도록 보존하려는 어떤 것이 있는 이 위태위태한 줄다리기는 실상 도가 미치지 않는 영역을 설정하는 것이다. 도와 기를 나누어 보는 것은 도를 보존하는 노력이면서, 또한 기를 변화시킬 때는 도를 잠시 잊고 유보하겠다는 것이기도 하다. 그러한 주체가 시무에 종사할 때, 그는 기운에 감응하되 성인의 도로는 연결되지 않는다.

이런 의미에서 동도서기라는 이분화된 틀짜기는 윤선학과 같은 특정한 인물들이 갖는 고유한 사상적 내용이기보다는, 서양 기운에 감응하려는 주체가 상황을 포착하고 그 속에서 그 자신의 자리를 만들기 위한 절차인 셈이다. 요컨대 기미를 살피고 기운에 감응하려는 주체는 신묘한 연결망을 갖춘 전체론적인 우주를 전제하지만, 곧 다시 이 전체론적인 우주에 균열을 가하고 있는 것이다. 기운의 연결된 일부가 된다고 해도, 감응하는 주체 자신이 기운과의 거리를 유지하려 하기 때문이다. 그러므로 주체는 서양의 기운과 상합하고 서양의 것들을 모방하는 과정을 지속한다 해도, 그것이 전부가 아니라는 식의 태도를 취하게 된다. 감응되고 모방되는 서양과 다른 위치를 잃지 않으려 한다고 할 수 있다.

서양의 기운과 감응하는 주체를 다루고 있는 발화들을 '기운-자강 담론'이라는 이름 아래 모으고자 한다. 이 담론형성체도 세 겹을 띠고 있다. 이 담론형성체에서 주체는 ㉠ 우주의 기운에 대해 감응적 위치에 서면서, ㉡ 서양을 우주를 채운 압도적 기수(氣數) 혹은 기운(氣運)으로 그리고 자기자신을 감응적 위치에 설정하고, 우주의 기운 혹은 천하대세가 바뀌었다고 감지하면서 천하와 더불어 '확장되고 열리고 통'하고자 한다. 다시 말해 자강(自强)하고자, 서양과 경쟁·모방 관계 속으로 들어가게 된다. 이런 가운데 천인합일의 신성이 배제된다. 주체는 통상을 하고, 외교관을 각국에 파견하며, 외국어를 배우고, 서양 기술과 학문을 배우는 등 자기변형을 이루어내고자 호소하고 애쓰는데, 이런 호소는 변화하는 기운에 감응한다는 구도 안에서 이루어진다. 그러므로 인시제의(因時制宜), 수시변통(隨時變通), 손익참작(損益參酌), 시무(時務), 경장(更張)과 같은 용어들이 자주 발견된다. 변화하는 시에 맞춰 기미를 살피고 시무(時務)를 처리하는 것이 필요하며, 이는 결국 수시변통(隨時便通)하여 인시제의(因時制宜)하는 것이다. ㉢ 서양의 기운에 감응하는 것은 성인의 도와는 연결되지 않는다. 주체의 자강은 우주의 강력한 흐름에 편승하려는 것이지만, 그것은 고립과 폐색을 면하려는 안전에의 고려와 연결되어 있다.

이 담론형성체에도 관계적 주체성의 양식이 가동되고 있다. 서양은 천하대세를 바꾼 강하고 크고 풍부한 기운으로서, 주체는 이런 우주생성의 기운에 감응되는 위치에 자기자신을 설정한다. 그러므로 변화의 인과론적 연쇄를 찾으려는 시도는 드문 반면, 순환하는 기의 전체 패턴을 펼쳐놓고 현재의 변화를 그 안에 위치시킴으로써 이해 가능하게 만들려는 주체의 태도가 더욱 두드러진다. 그러므로 주체가 서양의 기운과 관계하는 방식은 유비적(analogical)이다. 주체가 감지하는 서양의 문물들은 우주생성적인 의의를 지니는 전체의 유비적 패턴 속의 불가분의 일부가 될 뿐만 아니라, 주체 또한 그것에 감응함으로써 그 과정과 상합하는 요소가 되고자 한다. 그리고 상합이란 똑같이 되는 것이 아니라 변화의 전체 국면 안에서 자기자신만의 위치를 찾아서 손익참작하는 것이다. 인시제의(因時制宜)해야 하는 것이다. 즉 주체는 서양과 공존하는 세계를 '기운'이라는 유비적 연쇄로 포괄하고 그것이 서양에서 유래한 것임을 인정함과 아울러, 그 기운 안에서 스스로에게 서양과는 다른 위치를 할당하는 것이다. 그러므로 주체가 해야 할 일은 관계 속에 위치하는 것, 즉 서양의 기운에 합류하되 거기서 서양과 다른 위치를 점하는 것이다.

이렇게 기운에 대한 감응의 구도에 섬으로써 낯선 힘과 내재적인 관계를 맺게 된다. 이렇게 공통된 장이 형성되는 한 서양은 마냥 낯선 힘은 아니게 된다. 기운과 절연된다면 그 결과는 고립과 폐색에 의한 사멸이다. 기운에 끌려들어가 동화하는 데로 나아가서 그것과 더불어 열리고, 통하고, 확대되고, 강력해지는 것, 그것이 자강인 것이다.

제4장 서양에 대한 모방관계의 본격화 및 개화 공동체의 구성

제4장에서는 사건사적 계열체 ㉢을 다룬다. ㉢은 1890년대 후반부터 1905년 을사늑약에 이르기까지 민간의 개화운동과 관련된 계열이다. 청일전쟁에서 청의 패배로 인해 중국을 종주국으로 삼는 사대관계가 철폐되고, 열강의 이권 침탈이 가시화된 이후, 일본 및 서양 각국을 모범으로 삼아 변화를 촉구하는 주장들이 민간 신문과 집회에서 펼쳐졌던 것이다. 주요 자료는 『독립신문』, 『황성신문』, 『뎨국신문』의 논설들이 될 것이다.

갑오경장 이후 서양은 더 이상 양요나 수교 같은 특정 사건과 주제를 통해서만 문제를 던져주는 타자는 아니게 된다. 서양을 준거로 하는 개혁 문제들의 양이 증가했을 뿐만 아니라, 그러한 문제들을 대규모로 생산하고 소통하는 공론의 장이 출현했기 때문이다. 민간신문과 집회가 그것이다. 이제 개화 문제의 제기와 토론은 특정한 인물, 특정한 결정과 관련된 삽화적인 맥락에서 상대적으로 분리되고 아울러, 논의 자체도 긴급한 결정의 부담으로부터 벗어난다. 대신 대중에 대한 영향력을 다투는 경쟁의 압박을 받는다고 할 수 있다. 개화 문제의 토론은 대규모 사람들에게 관심을 끌 만하게 문제를 제기하고, 해결책을 모색하고, 행동을 촉구하는 것을 통해서 그 영향력이 시험된다.

이 상시적인 문제화의 공명판을 거치며 서양의 의미작용과 주체의 위치가 어떻게 변형되는가를 보는 것이 제4장의 목표 가운데 하나이다. 대규모 공중을 조직하도록 비교적 일관된 수사학이 구사됨으로써 서양의 의미작용 및 개화 주체의 위치는 상대적으로 안정화되면서, 결정화(結晶化)될 것으로 예상된다. 또 이 시기를 특징짓는바, 오랜 문명이 붕괴된 데 따르는 무력감과 분노, 환멸, 그리고 서양이 열어젖힌 크고 새로운 세계에 합류한다는 당당한 보무(步武) 같은 상충되는 색조들이 어떤 주체성을 주조하는지도 관심있게 보고자 한다.

4장에서는 '공동체'가 형성되는 과정에도 주목한다. 논설이 다루는 신교육과 위생, 부국(富國) 등은 개인적 쟁점이 아닌 만큼, 특정한 집합적 단위 및 그에 대한 이해의 틀을 수반하면서 논의될 것이다. 그러므로 무엇이 주장되는가를 고찰하는 것이 아니라, 즉 민족주의적 주장과 목표들이 무엇인가를 기술하는 것이 아니라, 그런 주장이 제기될 수 있도록 전제되는 것으로서, 공동체의 가상(virtuality)이 형성되는 과정을 짚고자 한다. 집합적 목표를 주장하는 이는, 그 목표를 추진하는 집합체의 단위가 어떤 형상인지를 전제하지 않고서는 그 주장을 촉구할 수 없기 때문이다. 그런 점에서 신문이나 지도, 역사기술 등을 고찰하여 민족적 지식이 축적되는 과정을 짚는 연구들(Schmid, 2002; Pai, 2000 등)이나, 동포, 민족과 같은 용어의 출현과 그 어의(sense)의 변화를 개괄하는 개념사적 연구하고는 거리를 둔다.

이번 장에서 먼저 당시 신문 논설 특유의 관용구 안에서 서양의 의미작용과 주체의 구성을 살핀다. 다음으로 대규모 공중을 상대로 특징적 관용구들을 구사하는 가운데 공중을 하나로 엮는 공동체가 형상화되는 과정을 살핀다. 그 다음, 형상화된 공동체의 가상 안에서 집합적 연대가 설정되는 과정을 살핀다.

1. 부끄러워하고 분해하는 가운데
서양을 모범으로 끌어올리다

1) 서양과의 차이 속에 수치와 분을 할당하고 조합하기

주지하듯 『독립신문』, 『황성신문』, 『뎨국신문』, 『대한매일신보』 같이 국문 혹은 국한문으로 간행된 최초의 민간신문들이, 개화가 소수 양반 관료 중심에서 대중적인 현상으로 전화되는 데 핵심적인 역할을 했다는 데 많은 연구가 동의한다(강재언, 1981・1982; 이광린, 1979b・1979e・1986d・1989a・1998c; 신용하, 2001g; 정진석, 1987; 김민환, 1988; 유영렬, 1985 등). 『독립신문』은 1896년 4월 7일에 창간되었고, 1898년에 일간지로 전환되었다. 1898년은 독립협회 및 만민공동회 운동이 절정에 이른 때인데, 이 해에 『미일신문』, 『뎨국신문』, 『황성신문(皇城新聞)』이 일간지로 창간되었다. 이후 1904년에는 『대한매일신보(大韓每日申報)』가 창간되었다. 이들 신문은 개화의 대의로 대중을 이끄는 것을 직접적인 목표로 내세웠고, 실제로도 신문의 배포와 판매 및 신문 읽기의 대중화에 있어 상당히 전진했다. 『황성신문』의 경우 창간된 1898년부터 1910년 폐간까지 평균 대략 3천 부 정도를 발행했고, 『뎨국신문』과 『독립신문』은 2천 부에서 3천 부 사이를 발행했으며, 『대한매일신보』가 창간호 4천 부를 발행했다. 그러나 신문 한 부를 여럿이 돌려 읽는 경우나 공개된 장소에서 한 신문을 다수 청중들을 향해 읽어주는 연행이 흔했다는 점에서 수용자수는 발행 부수를 훨씬 초과한다.

이들 신문에서는 탐관오리의 폐해, 백성의 권리와 직분, 위생과 도로의 정비, 신교육과 신학문의 필요성, 부국(富國), 조혼과 축첩의 폐해, 여성 교육, 자립과 자조, 일본과 서양 각국의 이권 침탈 등과 같은 수많은 주제들이 논의되었지만, 대중에 대한 설득을 목표로 하는 신문들답게 천편일률적으로 반복되다시피 하는 관용구(clichés)의 사용 및 전형적인 내용 구성이 두드러진다. 대체로 조선 혹은 대한이 서양 각국과 비교·대조되는 방식으로 내용이 전개되며, 그런 서양과 대조적인 조선의 상태가 아주 수치스럽고 조롱거리가 된다는 식의 표현들이 동반된다.[1] 신문 논설들이 반복되는 전형성을 가진 틀이 있으며, 서양과의 비교 및 수치(羞恥)와 분(憤)에 호소하는 것을 주된 수사학으로 운용한다는 것은 기존 연구에서도 지적되고 있다(Schmid, 2002; 류준필, 2004; 길진숙, 2006 등).

1　슈미드(Schmid, 2002)는 논설의 전형적인 구성방식을 다음과 같이 서술한다. "문명화된 세계의 모습을 칭찬하는 묘사로 글이 시작된다. 이러한 글은 보통 절망에 찬 외침, '아이고'와 같은 표현을 동반한다. 이 외침은 암흑과 무지에 휩싸여 있어 문명화가 되려면 갈 길이 한참 먼 한국의 상태에 대한 탄식을 표현하는 것이다. 곧이어 이 비문명화의 상태가 얼마나 수치스러운가에 대한 언급, 또는 한국의 비문명화된 상태가 세계적인 조롱거리가 되고 있다는 식의 서술이 이어진다. 그러고 나서는 문명과 비문명 사이의 틈을 메우기 위해 어떠한 다양하고 구체적인 개혁안이 필요한지를 설명하는 것이다." 이렇게 본다면 다음 면에 인용된 『독립신문』, 1896년 8월 1일자 논설이 전형적인 유형에 속한다는 점은 분명하다.
　　그러나 슈미드의 위와 같은 요약은 영어권 학자가 영어로 쓴 연구답게 이와 같은 전형적인 구성을 갖는 데 긴요하게 이용되는 관용구들 및 관용적 단어에 충분히 주의를 기울이지 않는 한계가 있다. 물론 슈미드의 연구는 훌륭한 것이기는 하지만, 이와 같이 한국어의 수사학에 있어서의 한계로 인해 개화 담론이 주체구성의 과정임을 인지하면서도 그 과정을 섬세히 천착하지 못하는 연구상의 약점이 생기게 된다. 언어학적 전회의 통찰을 따르는 연구를 하자면, 다시 말해 수사학적 장치들이 분식(粉飾)하는 기능에 머물지 않고 주체의 구성에 긴밀히 관여한다는 통찰을 따르자면, 자료들에 구사된 수사학에 좀더 민감해질 필요가 있다.

관용구들이 적절히 사용된 논설은 『독립신문』의 경우 전형적으로 다음과 같은 형태를 띤다.

죠션 사룸이 남의게 눌녀만 지내 버릇ᄒᆞᆫ 씨둙에 싱각들 ᄒᆞ기를 남의 나라 사룸만 지죠던지 힘이 못ᄒᆞᆯ줄노 알고 남이 잘ᄒᆞ는 일을 보아도 당쵸에 그거슬 본밧을 싱각도 아니 ᄒᆞ고 남이 죠션 사룸들이 못 ᄒᆞ는 일을 ᄒᆡᆼᄒᆞ는 거슬 듯고 보아도 당쵸에 그 사룸들이 엇지 ᄒᆞ야 그 일을 능히 ᄒᆞ고 엇지 ᄒᆞ야 그런 지죠를 가지고 엇지 ᄒᆞ야 그런 학문이 잇는 연고를 물어 그 사룸들과 ᄀᆞ치 이런 지죠와 학문과 지식이 잇게 될 싱각들을 아니하고 (…중략…) 우리는 죠션 사룸이니ᄭᅡ 그런거슬 못ᄒᆞᆯ줄노 알고 당쵸에 알냐고도 아니ᄒᆞ고 본밧으랴고 아니 ᄒᆞ고 공부 ᄒᆞᆯ 싱각들도 아니 ᄒᆞ며 밤낫 남의게 치쇼를 밧고 업수히 녁임을 밧고 약ᄒᆞ고 가난ᄒᆞ고 무식ᄒᆞ고 어리셕고 병신구실들을 ᄒᆞ면셔도 그리도 그거슬 즐겁게 녁여 남이 업수히 녁여야 분히 녁이는 싱각도 업고 남이 욕을 ᄒᆞ고 야만으로 디졉을 ᄒᆞ여도 그거슬 극락으로 알고 빅셩들이 못된 권력 잇는 사룸들의게 무리ᄒᆞ게 곤란을 밧으되 그 곤란 밧은 사룸이 만일 권력이 잇슬 것 ᄀᆞᆺᄒᆞ면 ᄯᅩ 자긔보다 약ᄒᆞ 사룸을 무리ᄒᆞ게 압졔ᄒᆞ고 ᄯᅩ 즈긔는 즈긔보다 더 강ᄒᆞᆫ 사룸의게 ᄯᅩ 압졔를 밧으니 만일 사룸들이 지혜가 잇슬 것 ᄀᆞᆺᄒᆞ면 이 못된 풍쇽을 온통 곳쳐 권력은 유무간에 공평ᄒᆞ고 뎡직ᄒᆞᆫ 도리만 가지고 빈부귀쳔이 서로 교졔를 ᄒᆞ게 ᄆᆞᆫ들터이어눌 오날 남의게 무리ᄒᆞ게 압졔를 밧고 욕을 보거드면 당쟝은 분히 녁이고 그 풍쇽이 국민의게 ᄒᆡ롤줄을 알아 그러ᄒᆞ되 만일 요힝이 즈긔가 권력이 죠곰만 싱기면 즈긔를 무리ᄒᆞ게 디졉ᄒᆞ던 사룸과 ᄀᆞ치 ᄯᅩ 협잡ᄒᆞᆯ 싱각이 잇고 밤낫 싱각ᄒᆞ는거시 벼슬이나 도모ᄒᆞ야 동포 형뎨의 피를 ᄲᆞ라먹을 싱각들이나 ᄒᆞ고 외국의게 슈치를 여러번 보이고 젼국 관민이 외국 사룸들의게 동등디졉을 못 밧것마는 그 열니고 강ᄒᆞᆫ 나라의 풍쇽과 규모와 뎡치를 본밧아 아모쏘록 죠션도 ᄒᆞᆫ번 그 나라들과 ᄀᆞ치 되야 보고 죠션 빅셩들도 셰계 각국 인민과 ᄀᆞᆺ치 되야 볼 싱각들을 아니ᄒᆞ고 당쟝에 욕보고 업슈이 넉임 밧을 ᄯᆡ에는 분히 넉이다가도 ᄒᆞᆫ시 동안만 지내거드면 그분ᄒᆞᆫ ᄆᆞ음도 다 업셔지고 그 곤란을 당ᄒᆞ던 일도 싱각지 아니ᄒᆞ며 도로 ᄯᅩ 이왕에 ᄒᆞ던 힝실과 풍쇽과 지각을 가지고 일을 ᄒᆞ니 이거슬 싱각ᄒᆞ면 엇지 어리셕지 안ᄒᆞ리요(『독립신문』, 1896년 8월 1일)

　관용구는 화자와 청자 간에 공유된 의미론을 되살리기 위해 끊임없이 반복하는 주문과 같다. 수많은 청중들과 교감하고, 그들을 열광시키자면 청중이 익히 알고 있는 익숙한 테마를 이용하고 활성화해야 한다. 관용구들은 압축된 익숙한 테마를 다양한 화제와 상황에 맞게 변주함으로써, 말하는 자와 듣는 자 모두를 관용구가 전달하는 테마 안으로 비끄러맨다. 그래서 논설의 관용구들은 명확히 이해되기 이전에 눈에 익게 하고 귀에 익게 해서 쉽게 기억될 수 있게 하고 그래서 곧 자신의 발화에 자연스럽게 사용될 수 있게 한다. 관용구에 젖은 이들은 연설을 하거나 글을 쓸 때 관용구를 사용하거나 혹은 관용구에 내포된 사고를 떨쳐버릴 수 없게 된다. 관용구는 사고의 장치를 넘어 주체구성의 장치인 것이다.

　위 인용문에 눈에 띄는 관용구는 우선 "남만 못ᄒᆞ다"는 것 그리고 "남과 ᄀᆞᆺ치 되야 ᄒᆞᆫ다"는 것인데, 이는 위 논설의 핵심 요지이기도 하다. 남과 같이 되어야 한다고 호소하는 주체는 그 남과 그 자신, 혹은 그 남과 자신의 동료들을 비교하면서 남과 '우리' 간의 차이에 직면해 있다. 말하는 주체가 활동하는 공간은 바로 남과 우리 사이의 차이가 끊임없이 드러나는 장이며, 이 차이는 말하는 주체가 활동하기 위한 조건에 속한다. 나를 보고 평가하는 나의 눈은 내 안에 있지 않다. 타자와 끊임없이 견주고 차이를 확인하며, 자기와 다른 타자가 자신을 보는 방식을 알아내려 하는 활동 안에, 이렇게 왔다갔다 하는 운동 안에 주체가 있다. 이렇게 운동하는 주체의 관심은 타자의 인정을 받는 것, 타자와의 관계 속에서의 주체의 체면이다. 나와 다른 타자를 알고자 하므로, 타자의 입장을 헤아리고 그렇게 헤아려진 타자의 입장에 맞추어 자기자신을 변형하고자 하는 것이다. 그런데 주체가 타자와의 차이 위에 서 있음에도 불구하고 이 차이는 자신의 체면을 위협하는 것으로서 드러나며, 타자 앞에 떳떳한 모습으로 서고자 한다면 자기자신은 "남과 ᄀᆞ치 되야" 한다. 타자와의 차이는 "남만 못혼 것"이 되며, 그러므로 내가 그와 같아질 때 결코 부끄럽지 않은 떳떳한 체면이 획득될 수 있다고 여겨지고 있다.

그러므로 '남만 못홈'을 확인하고 체면의 떳떳치 못한 상태에 괴로워하는 주체는 '수치'를 느낀다. 수치는 남만 못하다는 느낌, 단순한 열등감의 표현만은 아니다. 내가 나 자신을 수치스러워하는 한, 나는 타자를 경유하여 내 행동을 반성하고 있으며, 그런 반성을 통해 마땅히 해야 할 윤리적 의무를 설정하고 있다. 타자는 나의 의무의 근거인 것이며, 나의 의무는 이렇게 관계적으로 주어진다. 나는 남과 같이 되도록 학문을 닦고 좋은 재주와 지식을 가지며, 못된 풍속을 고치고 좋은 행실을 하도록 애써야 한다. 이는 단순히 열등감을 씻기 위한 수단적 가치만을 갖는 것이 아니라 타자와의 관계 속에 마땅히 해야 하는 의무들로서 주어지는 것이다. 주체는 "당쵸에 그 사롬들이 엇지 ᄒᆞ야 그 일을 능히 ᄒᆞ고 엇지 ᄒᆞ야 그런 지죠를 가지고 엇지 ᄒᆞ야 그런 학문이 잇는 연고를 물어 그 사롬들과 ᄀᆞ치 이런 지죠와 학문과 지식이 잇게 될 싱각들을" 하게 되는데, 이런 생각 안에서 그 사람들이 능히 할 수 있는 그 일은 주체 자신에게도 능히 할 수 있는 일이 되어야 하고, 그들이 가진 학문과 재주는 주체도 가져야 하는 학문과 재주가 되며, 나아가 저들이 그러한 능력과 학문과 지식과 재주를 가질 수 있게 되는 연고(緣故)를 헤아려, 그 자신도 그러한 연고를 가질 수 있도록 해야 하는 것이다.

그런데 내가 본받아야 하고, 나에게 의무를 부과하는 타자는 언제나 선을 행한다고 알려진 초월적 타자가 아니다. 단적으로 말해 그는 나에게 치소(嗤笑)를 하고 욕을 하는 이방인이다. 내가 그와 나를 비교하고 그와의 차이를 늘 확인할 수 있는 한, 그리고 그 차이를 가로질러 그의 입장을 나의 것으로 포괄하려고 하는 한, 타자는 이와 같은 비교와 유비의 범위 내에 있는 구체적 타자로서의 성질을 잃어버리지 않는다. 그는 곧 베껴질 수 있는 옆자리의 상대이다. '수치'는 구체적 타자에 직면해서 그와 관계맺고 있는 이와 같은 위치성과 관계성의 감각을 동반하는 것이다. 주체는 이렇게 타자에게 근접해서, 그와 끊임없이 견주고 차이를 확인하며, 나아가 타자와 같아지도록 본받고자 하는 활동을 하면서 그와의 관계적 위치로 자기자신을 확인한다.

이렇게만 본다면 위 논설에서 전개되고 있는 타자와의 관계는 앞서 살펴본 예의-춘추전국 담론에서 멀리 떨어져 있지 않다. 나를 위협하고 모욕하는 타자의 행동을 정당한 것으로, 그리고 나의 행동을 무례하고 온당치 않은 것을 바라볼 수 있게 하는 관계의 맥락을 획득하도록 타자와 자기자신을 유비하는 운동 안에 주체가 있다. 그리고 이러한 관계의 맥락은 강한 타자에 대한 공포를 전제로 하고 있다. 그리고 타자와의 관계에서 마땅히 해야 할 의무는 타자와 다성적 화음을 유지하는 것이라기보다는 타자와 같아지도록 하는 것이다. 타자와 같아지는 것이 나의 의무이며, 그러므로 주체는 그와의 차이를 주체의 옳지 못한 점으로 반성한다. 김옥균, 박영효, 유길준 등의 글에서 익히 본 것처럼 위 인용문에서도, 수치를 유발하는 타자는 '본 밧아야 홀' 모범이다.

그러나 이 논설에는 타자에 대해 수치를 느끼고 타자의 인정을 받도록 애쓰는 윤리적 주체의 활동을 초과하는 강렬한 요소들을 담고 있다. 그것은 바로 남이 나를 '업수히 넉이고' 있으며, 나는 그것을 '분히 넉여야' 한다는 관용구 속에 내포되어 있다. 나는 타자의 반응으로부터 나의 잘못을 돌아보는 수치만 느끼는 것이 아니라, 나를 압제하고 모욕하는 타자로부터 부끄러움을 초과하는 분(憤)을 느끼고 있다. 위 인용문에서 보자면, 주체와 그의 동료들은 "밤낮 남의게 치쇼를 밧고 업수히 넉임을 밧고 약ᄒ고 가난ᄒ고 무식ᄒ고 어리셕고 병신 구실들을 ᄒ"고 있기 때문이다. 타자에 의해 그들은 가장 약하고 어리석고 가난한, 천하디 천한 상태로 떨어져버린 것이다. 그러니 남은 나를 "업수이 넉이고" 있다. 이런 상태에 처한 자신과 그 동료들에게 주체는 '분한 마음'을 불어넣어주고자 애쓴다. 논설에서 보건대 말하는 이의 가장 큰 고통은 남만 같지 못한 데 있다기보다는 남만 같지 못함을 알면서도 "분히 넉이는 싱각도 업다"는 데 있다. 남이 욕을 하고 야만으로 대접을 해도 그것을 극락으로 여기고, 자기들끼리 압제하고 괴롭히면서 맘 편히 살아가고 있다는 것이다. 극적으로 고양된 마음으로서 분(憤)이 자신을 업신여기는 '타자를 향한 적극적 행동'을 촉발한다면, 분이 없는 마음은 타자의 업신여김에 대해 아무런 적극적 행위도 할 수 없는 상태를 불러일으킨다. 그러므로 논설에서 보자면 주체가 갖는 분한 마음은 강력한 행동을 준비시키고 불러일으키는 발동기(發動機)와 같은 역할을 한다고 할 수 있다. 역으로 보자면 타자에 대한 행동에 있어 분한 마음의 상태를 처방할 때 그는 타자 및 주체 자신과 독특한 관계 설정을 하고 있다. 다시 말해 분은 '수치'하고는 조금 다른 타자와의 관계 및 주체의 자기관계를 응축하고 있는 중요한 사회적 사태이다.

『맹자』에서 보자면, 수치(羞恥)는 인의예지의 성을 실현할 수 있는 정서적 단초인 사단(四端)의 하나, 즉 수오지심(羞惡之心)에 속하는 반면, 분(憤)은 사단의 어디에도 속하지 않는다. 그리고 올바른 처신을 판단하고 실행할 수 있는 윤리적 인간의 자격으로 수치의 감각을 갖는 것, 즉 지치(知恥)를 강조한 구절들이 경전 및 그 주석들에 종종 보이지만,[2] 분(憤)에 그런 역할을 할당한 것은 보기 힘들다. 감정적 절제와 중용을 강조하는 유교적 수양론의 견지에서 따져도, 감정이 극도로 고양된 상태인 분(憤)은 허령신명한 마음의 자유를 얻지 못한 고착되고 고통스런 상태로 보아야 한다. 인간의 감정과 지각마저도 기의 작동으로 설명하는 이러한 방식에 따르면, 분(憤)은 기의 흐름이 원활치 못해서 마음 안에 뭉쳐 있는 상태이다. 한자자전에서 憤은 '무엇인가 마음속을 뛰어돌아다닌다' '화를 내다'의 뜻을 지닌다고 풀이되어 있다. 이제 주체 구성적 의의를 지니는 분(憤)의 의미론을 고찰해보자.

『회남자』에는 "사람의 본성은 마음에 근심과 상실이 있으면 비(悲)하고 비(悲)하면 애(哀)하고, 애(哀)하면 분(憤)하며 분(憤)하면 노(怒)하고, 노(怒)하면 움직이고(動), 움직이면 손발이 조용하지 않다. 사람의 본성은 침범을 받으면 노(怒)하고 노하면 피가 몰리고, 피가 몰리면 기가 격해지고, 기가 격해지면 성을 내고, 성을 내면 막힌 것을 풀게 된다"[3]는 구절이 있다. 여기서 보자면 분(憤)은 근심과 상실 혹은 타자의 침범으로부터 촉발된 것으로서, 슬픔(哀)과 성냄(怒) 사이에 있는 꽉 막힌 상태지만 성을 내는 방출적 방향을 지향한다고 할 수 있다. 비분(悲憤), 분울(憤鬱), 분통(憤痛), 분만(憤懣)과 같은 단어에서는 쌓인 것이 방출되지 않은 답답함과 고통이 두드러지지만(박희병, 2006 참조), 분노(憤怒), 분격(憤激), 발분(發憤)과 같이 외부로 성을 내는 방향으로 움직일 때, 막힌 것을 한꺼번에 풀려는 폭발적 에너지를 낸다는 것을 알 수 있다. 곧 분은 한편으로는 닫힘과 막힘의 이미지를 갖는 비(悲), 울(鬱), 통(痛) 등과 다른 한편으로는 폭발적 분출의 이미지를 갖는 노(怒), 격(激), 발(發) 등과 연결되는 단어인 것이다.

분의 표출은 목표물에 대해 집요히 몰두하는 경향이 있다. 분이 나

2　『중용』20장; 『논어집주』「顔淵」18장; 『맹자집주』「盡心下」37장; 『중용』20장 참조.
3　人之性 心有憂喪則悲 悲則哀 哀斯憤 憤斯怒 怒則動 動則手足不靜 人之性 有侵犯則怒 怒則血充 血充則氣激 氣激則發怒 發怒則有所釋憾矣(『회남자』8, 本經訓)

면 먹고 자는 것마저 잊게 된다. 흥미롭게도 『논어』에도 배움의 촉진에 분의 이런 에너지를 이용하려는 구절이 있다.[4] 그리고 분은 그 답답한 상태를 촉발한 원인물 자체로 향하기도 하지만 — 예를 들어 욕을 한 당사자에게 주먹질을 하는 것처럼 — '분풀이'라는 말에서 잘 알 수 있듯이 목표물을 바꾸어 방출될 수도 있다(홍이섭, 2003). 분의 표출에는 가변성이 크다. 그리고 그 방출의 과정은 자신의 신체와 마음을 적극적으로 그리고 공격적으로 움직이는[動] 것이므로 주변 상황을 변화시키는 효과를 낳는다. 또한 분은 그것을 가진 사람에게도 영향을 미친다. 기가 매우 격해진 상태이므로, 내경의학에서는 분이 그것을 품은 사람을 지극히 고통스럽게 하고 상하게 하며 심지어 죽일 수도 있고, 또 폭발적 에너지를 가동해 막힌 것을 뚫어 소통시키는 극적인 치료적 효과를 기대할 수도 있다고 본다(加納喜光, 1999). 분은 우주와 소통할 수 있는 에너지를 담은 약(藥)이면서 또한 개체 자체를 사멸시켜 우주 안으로 융해시키는 독(毒)일 수도 있는 것이다. 흔히 비분과 울분의 고통은 죽음에 비견되며, 울분을 풀려는 자는 죽음을 무릅쓰게 된다.

이렇게 볼 때 분(憤)은 천하에 통하지 않는 것이 없는[無不通] 성인(聖人)의 상태가 아니다. 그것은 대체로 천하에서 타자에게 침범당해 억눌려서 자기자신의 위치를 지키지 못한, 약자들의 상태이다. 연나라 태자 단(丹)을 위해 진시황을 죽이려고 했던 형가(荊軻)와 같은 자객들은 비분강개(悲憤慷慨)의 원형과도 같다. 박지원과 같은 조선 후기의 유학자들은 종종 만주족의 강압 아래서 복식을 바꾸고 변발을 하고 있는 한인(漢人) 유학자들에게서 비분(悲憤)을 고대했다.[5] 1895년 명성왕후

---

4 "不憤 不啓"(『논어』「述而」 8); "發憤忘食"(『논어』「述而」 18)

5 『熱河日記』關內程史,「虎叱後識」 같은 글에 이런 점이 잘 드러난다. 이 글에 "燕巖氏曰 篇雖無作者姓名 而蓋近世華人悲憤之作也 世運入於長夜 而夷狄之禍甚於猛獸"라는 표현이 있다.

가 시해당했을 때, 조정의 관리들은 살해자들을 처단할 수 없는 자신들의 상태를 충분(忠憤)으로 표현했고, 한 관서(關西) 출신의 관료는 오랫동안 이어진 관서인에 대한 차별로 인해 비분에 차서 죽고 싶을 지경[悲憤欲死]이라면서 억울(抑鬱)을 풀어줄 것을 호소하기도 했다.[6] 물론 앞서 보았듯이 서양에 대해 수치를 느끼는 것에도 고립무원의 위험에 빠진 약자로서의 위치 불안이 있다. 그러나 수치에서 약자로서의 위치 불안은 타자와 연결되어 그의 인정을 받으려는 지향성으로 전화되지만, 분에서 약자로서의 억눌림은 세계와 고립되어 꽉 막힌 답답함과 결합되어 있다. 주체는 울분에 차 있을지언정 부끄럽지는 않을 수 있다. 분을 느끼는 한, 주체는 자기자신을 펼칠 수 없는 약자로 위치지어지며, 서양은 자기자신을 침범한 가해자로 의미화된다.

그러므로 위 논설에서처럼 자신의 처지를 분하다고 표현할 때, 혹은 당연히 분한 마음을 품어야 한다고 이야기할 때, 그는 자신을 타자에게 침범당해 억눌려 있는 약자의 처지에 설정한다. 자기자신은 타자로부터 침범을 받았고, 욕먹고 업신여김을 받으며, 그로 인해 눌려 있고 가로막혀 있다. "밤낮 남의게 치쇼를 밧고 업수히 넉임을 밧고 약ᄒ고 가난ᄒ고 무식ᄒ고 어리셕고 병신 구실들을 ᄒ"느라 타자와 세계로 나아가는 자기실현이 가로막혀 있다. 그러나 이런 약자의 처지에 있다 해도 분한 자는 타자에 대한 원한에 젖어 강한 자를 한꺼번에 억누를 초월적인 구세주를 요청하기보다는 자신의 구체적 활동을 통해 분울로 뭉친 에너지의 방출을 모색한다. 억눌린 자이지만 그는 현세 밖에서 올 구세주를 기다리기보다는 자신의 행동을 통해 자신을 펼칠 기회를 엿본다.

분은 약자의 것이지만, 고통스러워 죽고 싶을 정도의 자기 강화 효과를 수반하기 때문이다. 분한 사람은 피가 몰리고 열이 오르며 기가 솟

---

6 『고종실록』, 1896년 10월 19일(양력)자 김익로 상소 및 같은 날 이용석 상소 참조.

구칠 듯한 느낌이 든다. 그는 장차의 어떤 행동을 위해 기(氣)로 이해되는 우주적 물질을 발산하지 않고 비축해두는 것이다. 열이 오르고 피가 몰리는 것은 바로 그런 폭발 직전의 분기충천(憤氣沖天)이다. 주체는 타자에게 침범당한 약자이지만 분출되지 못한 기 때문에 강해지고 있음을 자각하는 자인 것이다. 위 논설이 잘 보여주듯, 진정으로 분한 사람은 곤란을 당하던 기억을 굳게 지켜서, 분한 마음을 쉽게 방출하지 않고 다음의 행동을 위해 보존해둔다. 분하다는 것은 일시적이든 장기적이든 타자에 대해 동원할 수 있는 최대한의 에너지를 동원하여 비축해야 한다는 것이고, 그것을 어떤 행동 속에서 방출해야 한다는 것이다.

그리고 분은 어떤 경험에 단단히 고착된 것이며, 목표물을 향해 집요하게 나아가는 공세적 행위를 잠재하고 있다. 분을 촉구하는 논설의 필자는 그리고 그것에 설득되는 독자는 외국에게 욕보이고 업신여김을 당하는 경험에 단단히 매달려 있다. 그는 그것을 깊이 새겨둔다. 욕보이고 업신여김을 당한 것을 '극락으로 여기는 것'은 더더욱 안될 일이려니와 분한 마음을 품고도 쉽게 잊어 요행을 바라며 작은 권력이나마 얻으려고 하는 것을 경계한다. 그리고 무엇보다도 분한 사람은 그 분한 마음이 일시적이고 맹목적인 것이 되지 않도록 방향을 단단히 정해야 한다.

그런데 위 인용문의 분한 자는 가해자에게 당한 것을 잊지 않으면서도, 분한 마음은 타자인 가해자가 아니라 피해자인 자기자신에게로 향하게 한다. 그는 서양을 함부로 공격하지 않고, "그 열니고 강혼 나라의 풍쇽과 규모와 뎡치를 본밧아 아모쏘록 죠션도 혼번 그 나라들과 ㅈㅊ치 되야" 보도록 조선인 자신의 노력을 촉구한다. 어떻게 보면 가해자는 방출되려는 피해자 자신의 분기(憤氣)로부터 신중히 보호되고 있다. 타자의 행동을 정당한 것으로, 그리고 나의 행동을 무례하고 온당치 않은 것을 바라볼 수 있게 하는 관계의 맥락을 획득하도록 타자와 자기자신을 유비하는 운동을 펼치는 주체의 윤리적 자세는 가해자를 직접 능욕하려는 분기의 표출을 조정하고 우회하게 한다. 왜냐하면 수치에 의하자면, 자존감의 상처는 타자와의 윤리적 관계를 설정하여 마땅한 행동을 하지 못하는 자기자신을 반성하고 조율함으로써 다스려져야 하기 때문이다. 그러므로 분기가 요구하는 행동은 타자를 직접 겨냥하기보다는 자기자신을 겨냥하도록 우회되어야 한다. 타자를 공격하는 대신에 자기자신을 책망하고, 힘듦과 고통을 무릅쓰고 그 자신을 타자에게 인정을 받을 수 있는 모습으로 변형하는 식으로 분의 에너지를 이용해야 한다. 수치는 분의 신중한 조정자로서 역할을 하게 되고, 결국 분은 타자를 닮도록 분(憤)한 자기자신을 공격한다. 수치와 분이 결합될 때 주체는 압제자로서 타자에 대한 우회적 공세로서, 자기자신을 표적으로 삼는 운동 안에 있게 된다.

그러나 수치와 분의 결합 안에는 모순이 있다. 앞서 보았듯이 타자와 끊임없이 견주고 차이를 확인하며, 자기와 다른 타자가 자신을 보는 방식을 알아내려 하는 활동 안에, 이렇게 왔다갔다하는 운동 안에서 주체는 수치를 느낀다. 말하자면 수치의 주체는 자기자신과 타자 사이에 있다. 반면 분을 느끼는 한 주체는 터져나가지 못하는 답답함으로 인해 자기자신 안에 갇혀 있다. 분기충천할 듯한 에너지는 자기자신 안에서 소용돌이치고 있으며, 주체는 상대편 타자가 누구든 상관없이 자기 안에 갇힌 그것에 고통스러워한다. 수치의 주체의 유연한 연결성과 분울한 주체의 답답한 고립성이 모순적으로 함께 붙어 있는 것이다.

물론 수치의 주체는 분의 에너지가 타자를 향해 방출되기보다는 자기자신을 변형하는 힘으로 쓰이도록, 다시 말해 하늘을 찌를 듯한 분의 에너지가 오로지 자기자신을 길들이는 데 쓰이도록 더욱 단단히 조여맨다. 그런데도 분은 수치의 제약을 뚫고 분출할 가능성이 적지 않다. 수치의 주체 안에서도 서양에 대한 의무감은 강한 서양에 대한 공포를 전제로 성립하기 때문이다. 수치의 주체가 서양을 의무의 원천으로 삼는 것은 천하의 형세 안에서 서양이 강한 자가 된 것과 깊은 관계가 있다. 그러므로 서양이 강한 타자임을 전제하는 수치의 주체에게는 돌이킬 수 없는 자존감의 상처가 있다. 그런데 분을 느끼는 주체는 바로 강한 서양에 대한 열패감 속에서 태어난다. 강한 타자와의 관계 안에서 수치의 주체가 자존감의 상처를 감내하면서도 옳고 그름을 묻는다면, 분울한 주체는 그저 강한 타자로부터 당한 모욕을 씻을 수 있는지에 고착되어 있다. 그러므로 분이 수치와 착종될 때, 타자에 대한 공세는 일단 우회되지만 수치의 주체의 이 상처를 거치면서 더욱 강화된다고도 할 수 있다. 타자에 대한 분노는 우회되더라도 결코 사라지지는 않는다. 그러므로 분한 주체는 자기자신을 변형시켜 윤리적 의무감을 충족시킴과 동시에 타자를 능가하여 그에게 힘을 행사할 수 있는 처지가 되기를 희망한다. 요컨대 분은 자기 내부에만 머물도록 완전히 순치되지는 않는다고 할 수 있다.

이런 점들은 위 인용문에 이어진 다음의 구절에 알레고리적으로 잘 드러난다.

종시도 몸이 약ᄒ고 기운이 업서 힝동거지를 림의로 못ᄒ고 아모가 와셔 욕을 ᄒ고 ᄭ리고 가졋든 물건을 ᄲ셔가도 감히 자긔의 몸을 닐희켜 욕ᄒ던 쟈를 꾸진넌다던지 ᄭ리는 쟈를 몰아낸다던지 물건을 가져가는 사롬을 죄인으로 다스린다던지 홀 근력이 업는 ᄋ희가 아모쏘록 몸을 츙실히 ᄒ야 음식을 가려 먹고 의복을 맛당ᄒ게 닙으며 몸을 졍ᄒ게 가지고 기운을 졈졈 느려 만일 요담에 다시 엇던 사롬이 욕을 ᄒ다던지 ᄭ린다던지 내 물건을 가져간다던지 ᄒ면 그째는 나도 남만ᄒ 사롬이라 내가 능히 그 사롬을 호령ᄒ고 법률노 다스려 그런 사롬들이 감히 나를 ᄃ하야 이런 무리ᄒ고 무례ᄒ 일을 힝치 못ᄒ게 ᄒ는 거시 지혜가 잇고 쟝취셩이 잇는 ᄋ희라. 그러치미는 그 ᄋ희가 어져끠 먹은 욕과 분홈을 오날 당장에 밧지 안는다

고 그 분훈 무음이 다 업셔지고 쏘 익지 안훈 실과를 이왕에 먹던거시라고
쏘 먹으면 그 우희는 필경 광란을 쏘 훈다던지 죽년다던지 홀터이니 이거
슬 싱각훈면 죠선 사람들이 엇지 젼에 훈던 일을 곳쳐 문명 진보 훈야 세계
에 머리를 놉히 들고 나도 너만훈 사롬이다 훈고 단닐 싱각이 엇지 나지 안
훈리요(『독립신문』, 1896년 8월 1일)

이 인용문에서 조선 사람들은 힘이 약한 어린아이에 빗대지고 있다.
이 아이는 몸이 약하고 기운이 없어서 "힝동거지를 림의로 못훈고 아
모가 와셔 욕을 훈고 쎄리고 가졋든 물건을 쎄셔가도 감히 자긔의 몸
을 닐히켜 욕훈던 쟈를 꾸진넌다던지 쎄리는 쟈를 몰아낸다던지 물건
을 가져가는 사롬을 죄인으로 다스린다던지 홀 근력이 업"다. 이 아이
가 지금껏 받은 모욕에 대처하는 법은 분한 마음을 간직하여 몸을 충
실히 하고 기운을 점점 증강하여 "남만훈 사롬"이 되는 것이다. 그렇게
되면 타인이 욕을 하고 때리고 내 물건을 가져가고자 할 때, "그 사롬을
호령훈고 법률노 다스려 그런 사람들이 감히 나를 드하야 이런 무리훈
고 무례훈 일을 힝치 못훈게" 할 수 있다.

그러므로 조선 사람들도 어제 먹은 욕과 분함을 오늘 당장 받지 않는
다고 분한 마음을 소소한 일에 다 분출해 없애버려서는 안되고, 분한
마음을 모으고 모아 비축해두고서 "문명 진보 훈야 세계에 머리를 놉히
들고 나도 너만훈 사롬이다 훈고 단닐 싱각"을 하고 자기자신을 바꾸고
자 애써야 한다. 이렇게 주장할 때, 문명진보는 옳은 것이기도 하려니
와 무례한 타자들에게 힘을 행사할 수 있는 가능성으로 비쳐지고 있다.
주체는 타자와 관계하여 옳은 일을 하고자 할 뿐만 아니라, 그를 제압
하고자 한다. 울분의 에너지는 바로 이런 가능성을 노리고 있다.

분은 이렇게 타자와의 차이 속에 존속하면서도 타자와 비교하여 그
와의 차이를 없애려는 활동에 복무하는 주체의 모순 속에 들어온다고

할 수 있다. 주체는 '남과 나 사이에' 끊임없이 차이가 드러나는 가운데 있지만, 그 차이는 타자와의 관계 속에서 평가되는 그 자신의 체면을 손상하는 것이다. 그러므로 서양과의 차이는 주체의 성립 조건이자 주체가 처한 위치이면서도, 서양과의 관계 속에서의 마땅한 위치를 얻지 못하게 하는 장애물로서 드러나게 된다. 다시 말해 관계적 주체성에 있어 타자와의 차이는 필수불가결한 것이지만, 타자와 같아지려는 데 의무가 설정되는 한 그 차이는 말소되어야 한다는 역설이 벌어지는 것이다. 서양과의 차이에 직면할 때마다 주체는 떳떳한 자리를 차지하지 못한 듯한 위치 불안에 사로잡힌다. 차이 속에 존재하지만, 그 차이가 있는 한 마땅한 위치를 얻지 못하다고 여기는 주체의 불안에 분이 부착되는 것이다. 윤리적 주체가 가진 자존감의 상처에 강한 서양에 대한 열패감 속에서 태어난 분이 부착되는 것이다. 그러므로 수치스럽고 분한 주체는 자기자신을 변형시켜 윤리적 의무감을 충족시킴과 동시에 타자를 능가하여 그에게 힘을 행사할 수 있는 처지가 되기를 희망한다. 타자를 윤리적 상대자로 끌어올리는 한층 아래에 자신을 열등한 자로 만드는 타자에 대한 분(憤)이 이글거리는 것이다. 요컨대 수치와 분이 결합될 때, 서양은 모범인 동시에 그의 침해를 되갚아주어야 할 공세의 대상이기도 한 것이다. 그러나 분한 주체가 서양을 능가하기 위해 우선 제압하고 단련해야 할 것은 주체 자기자신이며, 타자와의 차이를 비교하고 차이 속에서 수치를 느끼며 차이를 없애고자 해야 한다.

2) 가해한 자이지만 부끄러워하며 모방해야 하는 서양

이와 같은 분의 동원은 청일전쟁 이래의 서양의 압도적 우위와 주체의 전락(轉落)을 반영한다고 할 수 있다. 1880년대의 문헌들에는 서양과 관계되는 한 '분'이 체계적으로 동원되는 경우는 별로 없다.

①然홈으로 三尺童子와 閨中處女라도 自己의 國이 何事로든지 他國에 不及ᄒᆞᄂᆞ 傳說만 聽ᄒᆞᅣ도 憤氣롤 不勝ᄒᆞ며 羞心이 自出ᄒᆞᅣ(「愛國ᄒᆞᄂᆞ 忠誠」, 『서유견문』, 325쪽)

②시험삼아 조약으로서 말해보더라도 조약에 공정하지 못한 것이 많다. 오늘날 동양 각국에 와서 사는 구미인들의 징벌사항은 모두 저들 나라의 형송(刑訟)관리가 심리를 하고 이쪽 나라의 법률의 예로써 다스리지 못하게 되어 있다. 그러고서도 이런 불공평한 것을 법권이라고 한다. 그러므로 이곳에 사는 저 사람들이 비록 우리나라의 법을 범했어도 우리가 다스릴 수가 없다. 심지어 저들 백성과 우리 백성이 서로 소송을 할 경우에도 모두 저들 나라의 관리가 판결하니, 이것이 어찌 칼날을 잡고 자루는 남에게 주는 격이 아니겠는가. 또 해관세(海關稅)는 무역에 일대 관건이 되는 것이다. 만약 수입물품에 중한 세금을 부가하여 타국물품이 들어오지 못하게 하면 국내물산이 날로 진작하고 국가의 재정도 따라서 풍부해질 것이다. 그러나 구주 사람들이 우리와 조약을 체결할 적에, 세액에 대한 항목을 별도로 정하여 우리가 마음대로 고칠 수 없게 하고 전체를 감세 수입하게 하고 국내의 물산을 억제하였다. 그러고서도 이런 불공평한 조약을 세관(稅關)이라고 하니, 이것이 어찌 남의 살을 깎아내어 자기에게 살찌우려는 것이 아니겠는가, 또한 서양 나라에 사는 우리나라 사람들이 소송사건이 있으면 모두 자기 나라 법률을 다스리고 해관세 역시 자기 나라에서 마음대로 결정하니, 어쩌면 이렇게 이곳에 와서 사는 서인(西人)들은 중(重)한 것을 파하고 경(輕)한 대로 나아가는데, 저곳에 가서 사는 동양인은 유독 저들에게 굽혀 스스로 펼칠 수 없게 되는가 (…중략…) 만약 강약이 서로 비슷하고 빈부가 서로 균등하다면 비록 조약이 없고 공법이 없더라도 누가

감히 우리를 업신여기겠는가. 이리저리 이야기해본다면, 치국의 도(道)는 인순하지 말고, 구차하지 말고, 외식(外飾)을 버리고, 허황되게 으스대지 않고, 실속 없는 문장을 버리고, 영사(營私)를 없애고, 치우침을 버리고, 얽매임을 버리고, 속임수를 없애고, 처음에는 부지런하다가 뒤에 게으르지 말고, 세월만 보내지 말고, 실이 없는 명분만 따르지 말고, 서양제도를 본받되 껍데기만 모방하지 말아야 하는 것이다.[7]

첫 번째 인용문은 유길준의 『서유견문』에서 분(憤)이 나오는 유일한 구절이다. 그런데 여기서 분은 약한 여자나 어린아이들의 감정으로 나타난다. 위 인용문이 나오는 「애국(愛國)ᄒᆞ는 충성(忠誠)」에서 조선이 남만 같지 못함을 알아채거나 서양인 앞에서 적절히 처신하지 못한 상인이나 학자들은 그저 부끄러움을 느낄 뿐이다. 『한성순보』에서도 분(憤)은 대개 베트남을 둘러싼 중국과 프랑스의 전쟁에서 전쟁경과에 대한 전쟁당사국의 반응을 보이고자 할 때나 쓰이지,[8] 서양인에 대한 조선인의 대응으로 나타나는 경우는 거의 찾을 수 없다.

『한성주보』에서 따온 두 번째 인용문은 조약의 불공평한 조항들에 대한 동양인의 스스로 펼칠 수 없는(不能自伸) 처지를 호소하고 있고 서

7 　且試以條約言之 亦不得其正者多矣 今如歐人之在東洋國者 控告之案均出 彼國形訟
之員審理 不歸此國律例審斷 名云法權 是以彼人之在此者 雖犯我國禁 而我不能擧之
至有彼我民之相訟 皆請決于彼國官吏 豈非倒持泰阿授人其柄者乎 又如海關稅 最爲
貿易之一大關鍵 若加重稅于輸入物品 使之不能進口 則國內物産以之日振 國之帑藏
亦必隨而日富 然歐人之與我結約 另定稅額 令我不能操縱 一以減稅關所入 一以抑國
內物産 名云稅權 豈非割人之肉以圖自肥者乎 又我人之在西國者 遇有訟案 均歸本國
律例審辦 至海關稅額 亦自本國擬定 是彼人之在此 專破避重就輕 我人之在彼 獨被
其枉而不能自伸乎 (…중략…) 若强弱相敵 貧富相均則 雖無條約無公法 今此各國孰
敢侮予哉 請得以縱言之曰 治國之道 無因循也 無苟且也 無外飾也 無虛橋也 無具文也
無營私也 無偏循也 無拘泥也 無欺詐也 無始勤而終怠也 無玩時而歇日也 無洵各而鮮
實也 倣效西法無徒模皮毛也(「論西日條約政証案」,『한성주보』, 1886년 5월 24일)

8 　「法人不和」,『한성순보』, 1883년 12월 29일; 「思患預防」,『한성순보』, 1884년 1월 8일; 「失和
事情」,『한성순보』, 1884년 7월 22일; 「西友述雞籠失守」,『한성순보』, 1884년 8월 11일.

양을 본받을 것을 강조하나, 울분을 갖지 못하는 자를 질책하거나 울분을 고조시키려는 수사학을 구사하지는 않는다. 말하자면 스스로 펼칠 수 없는 사정을 토로할지언정 듣는 이에게 분(憤)을 가르치려들지는 않는다. 다만 무도한 서양과의 관계 속에서 수치의 주체가 분이나 억울을 산출할 수 있는 메커니즘을 이미 내장하고 있음을 보이고 있다. 주체는 서양인의 평등한 만국공법을 규범적 질서로 전제하고 그 안에서 적절히 처신하려 하면서도, 그 규범적 질서에 대한 불신에 시달리고 있다. 공법 안에서 적절히 처신한다 해도 떳떳한 위치를 얻을 수 있을지 불투명할뿐더러 나아가 '자기자신을 제대로 펼 수 없다不能自伸'. 주체는 자신은 "칼날을 잡고 자루는 남에게 주"며 제 살을 깎아 남을 살찌우는 식의 불공평한 처사를 약하기 때문에 받는 업신여김으로 이해하면서 서양을 본받아 강하게 될 날을 기약하고 있다. 이는 앞서 인용한 『독립신문』 논설과 같은 분의 수사학을 예고한다.

그러나 1890년대 이후의 신문 논설들에서는 서양과의 윤리적 관계를 지속함과 동시에 분을 느끼는 모습은 일일이 열거하기에는 너무나 자주 발견된다.[9] 특히 열강의 이권침탈에 대한 비판이 본격화된 1898

---

9 필자가 읽고 확인한바, 『독립신문』과 『황성신문』의 경우 수치와 분이 직접 표현되고 있는 논설들만 열거해보아도 상당히 많다.
『독립신문』, 1896년 4월 9일; 1896년 4월 23일; 1896년 4월 25일; 1896년 4월 30일; 1896년 5월 9일; 1896년 5월 12일; 1896년 5월 16일; 1896년 5월 30일; 1896년 6월 4일; 1896년 6월 11일; 1896년 6월 20일; 1896년 6월 30일; 1896년 7월 2일; 1896년 7월 4일; 1896년 7월 14일; 1896년 8월 1일; 1896년 8월 4일; 1896년 8월 6일; 1896년 8월 14일; 1896년 8월 22일; 1896년 8월 25일; 1896년 8월 27일; 1896년 9월 5일; 1896년 9월 12일; 1896년 9월 15일; 1896년 9월 29일; 1896년 10월 6일; 1896년 10월 8일; 1896년 10월 10일; 1896년 10월 13일; 1896년 10월 24일; 1896년 10월 29일; 1896년 11월 10일; 1896년 11월 14일; 1896년 11월 24일; 1896년 11월 26일; 1896년 12월 1일; 1896년 12월 8일; 1896년 12월 12일; 1896년 12월 19일; 1897년 1월 5일; 1897년 1월 9일; 1897년 1월 16일; 1897년 1월 30일; 1897년 2월 2일; 1897년 2월 4일; 1897년 2월 6일; 1897년 2월 13일; 1897년 2월 20일; 1897년 2월 23일; 1897년 3월 6일; 1897년 3월 9일; 1897년 3월 16일; 1897년 4월 3일; 4월 15일; 1897년 4월 29일; 1897년 5월 1일; 1897년 5월 18일; 1897년 5월 20일; 1897년 5월 25일; 1897년 5월 29일; 1897년 6월 3일; 1897년 6월 8일; 1897년 7월 24일; 1897년 7

월 27일; 1897년 8월 5일; 1897년 8월 14일; 1897년 8월 24일; 1897년 9월 2일; 1897년 9월 18일; 1897년 9월 20일; 1897년 10월 16일; 1897년 11월 11일; 1897년 12월 18일; 1898년 1월 4일; 1898년 1월 8일; 1898년 1월 20일; 1898년 2월 5일; 1898년 2월 17일; 1898년 2월 19일; 1898년 2월 26일; 1898년 3월 3일; 1898년 3월 5일; 1898년 3월 17일; 1898년 3월 26일; 1898년 4월 5일; 1898년 5월 7일; 1898년 7월 7일; 1898년 7월 18일; 1898년 9월 16일; 1898년 9월 23일; 1898년 11월 11일; 1899년 3월 31일; 1899년 1월 28일; 1899년 4월 1일; 1899년 4월 25일; 1899년 7월 6일; 1899년 8월 1일; 1899년 8월 7일 등

『황성신문』, 1898년 9월 16일 ; 1898년 10월 3일; 1898년 10월 17일; 1898년 12월 7일; 1898년 12월 26일; 1899년 2월 24일; 1899년 3월 18일; 1899년 3월 27일; 1899년 3월 29일; 1899년 4월 4일; 1899년 4월 5일; 1899년 5월 5일; 1899년 5월 10일; 1899년 5월 17일; 1899년 5월 23일; 1899년 6월 2일; 1899년 6월 9일; 1899년 6월 21일; 1899년 8월 1일; 1899년 8월 15일; 1899년 8월 17일; 1899년 9월 13일; 1899년 9월 19일; 1899년 9월 26일; 1899년 10월 11일 ; 1899년 10월 24일; 1899년 10월 25일; 1899년 10월 31일; 1899년 11월 8일; 1899년 11월 10일; 1899년 11월 11일; 1899년 11월 18일; 1899년 11월 30일; 1899년 12월 4일; 1899년 12월 11일; 1899년 12월 12일; 1899년 12월 14일; 1899년 12월 22일; 1900년 1월 10일; 1900년 1월 15일; 1900년 1월 26일; 1900년 2월 12일; 1900년 2월 13일; 1900년 3월 5일; 1900년 4월 6일; 1900년 4월 7일; 1900년 4월 18일; 1900년 4월 28일; 1900년 5월 18일; 1900년 6월 5일; 1900년 6월 11일; 1900년 6월 13일; 1900년 6월 23일; 1900년 6월 26일; 1900년 6월 28일; 1900년 7월 10일; 1900년 7월 11일; 1900년 7월 16일; 1900년 7월 17일; 1900년 7월 23일; 1900년 7월 26일; 1900년 8월 16일; 1900년 10월 25일; 1900년 11월 1일; 1900년 11월 6일; 1900년 11월 24일; 1901년 1월 12일; 1901년 1월 24일; 1901년 2월 28일; 1901년 3월 12일; 1901년 4월 19일; 1901년 4월 29일; 1901년 5월 1일; 1901년 5월 15일; 1901년 5월 22일; 1901년 6월 15일; 1901년 6월 29일; 1901년 7월 15일; 1901년 7월 25일; 1901년 9월 11일; 1901년 9월 13일; 1901년 9월 14일; 1901년 10월 16일; 1901년 12월 5일; 1901년 12월 23일; 1901년 12월 28일; 1902년 1월 13일; 1902년 1월 14일; 1902년 1월 17일; 1902년 1월 24일; 1902년 2월 1일; 1902년 2월 4일; 1902년 3월 14일; 1902년 3월 31일; 1902년 4월 7일; 1902년 4월 23일; 1902년 5월 1일; 1902년 6월 3일; 1902년 6월 24일; 1902년 6월 28일; 1902년 7월 18일; 1902년 7월 19일; 1902 8월 2일; 1902년 8월 7일; 1902년 11월 26일; 1902년 12월 06일; 1902년 12월 22일; 1902년 12월 24일; 1902년 12월 27일; 1903년 2월 5일; 1903년 2월 19일; 1903년 2월 21일; 1903년 2월 26일; 1903년 3월 4일; 1903년 3월 9일; 1903년 3월 23일; 1903년 5월 11일; 1903년 6월 5일; 1903년 6월 6일; 1903년 6월 8일; 1903년 6월 9일; 1903년 6월 11일; 1903년 7월 3일; 1903년 7월 6일; 1903년 7월 21일; 1903년 7월 31일; 1903년 9월 10일; 1903년 9월 25일; 1903년 10월 6일; 1903년 10월 12일; 1903년 11월 6일; 1904년 2월 29일; 1904년 3월 1일; 1904년 3월 3일; 1904년 3월 29일; 1904년 6월 7일; 1904년 6월 24일; 1904년 6월 29일; 1904년 7월 8일; 1904년 7월 19일; 1904년 7월 22일; 1904년 8월 3일; 1904년 9월 16일; 1904년 11월 3일; 1904년 11월 18일; 1904년 11월 29일; 1905년 1월 23일; 1905년 2월 16일; 1905년 3월 9일; 1905년 3월 23일; 1905년 4월 27일; 1905년 7월 25일; 1905년 8월 2일; 1905년 8월 9일; 1905년 9월 5일; 1905년 9월 13일; 1905년 9월 15일; 1905년 10월 4일; 1905년 10

년 이후[10] 외국에게 빼앗기고 수탈당함을 뜻하는 특징적인 표현들과 함께 분(憤)이 자주 토로되고 있다.

월 5일; 1905년 10월 6일; 1905년 10월 7일; 1905년 10월 13일; 1905년 10월 28일; 1905년 11월 20일; 1906년 5월 28일; 1906년 6월 6일; 1906년 6월 11일; 1906년 6월 16일; 1906년 6월 26일; 1906년 6월 28일; 1906년 7월 7일; 1906년 7월 24일; 1906년 7월 28일; 1906년 7월 31일; 1906년 8월 6일; 1906년 8월 9일; 1906년 8월 14일; 1906년 8월 16일; 1906년 8월 17일; 1906년 8월 18일; 1906년 8월 20일; 1906년 8월 24일; 1906년 8월 28일; 1906년 8월 29일; 1906 9월 1일; 1906년 9월 3일; 1906년 9월 5일; 1906 9월 8일; 1906년 9월 11일; 1906년 9월 14일; 1906년 9월 15일; 1906년 9월 21일; 1906년 9월 24일; 1906년 10월 16일; 1906년 10월 18일; 1906년 11월 1일; 1906년 11월 2일; 1906년 11월 10일; 1906년 11월 20일; 1906년 11월 22일; 1906년 12월 3일; 1906년 12월 24일; 1906년 12월 25일; 1906년 12월 27일; 1907년 1월 11일; 1907년 1월 16일; 1907년 1월 17일; 1907년 1월 21일; 1907년 1월 28일; 1907년 1월 31일; 1907년 2월 5일; 1907년 2월 7일; 1907년 2월 9일; 1907년 3월 16일; 1907년 3월 30일; 1907년 4월 2일; 1907년 4월 4일; 1907년 4월 15일; 1907년 4월 17일; 1907년 4월 24일; 1907년 5월 1일; 1907년 5월 4일; 1907년 5월 9일; 1907년 5월 10일; 1907년 5월 14일; 1907년 5월 20일; 1907년 5월 21일; 1907년 5월 28일; 1907년 5월 29일; 1907년 6월 1일; 1907년 6월 15일; 1907년 6월 21일; 1907년 6월 28일; 1907년 7월 1일; 1907년 7월 2일; 1907년 7월 5일; 1907년 7월 6일; 1907년 7월 10일; 1907년 7월 11일; 1907년 7월 16일; 1907년 7월 17일; 1907년 7월 18일; 1907년 7월 22일; 1907년 7월 23일; 1907년 7월 24일; 1907년 7월 25일; 1907년 7월 27일; 1907년 7월 29일; 1907년 7월 30일; 1907년 8월 1일; 1907년 8월 3일; 1907년 8월 7일; 1907년 8월 12일; 1907년 8월 13일; 1907년 8월 22일; 1907년 8월 31일; 1907년 9월 17일; 1907년 10월 9일; 1907년 10월 15일; 1907년 10월 22일; 1907년 10월 23일; 1907년 10월 30일; 1907년 11월 10일; 1907년 11월 16일; 1907년 12월 1일; 1908년 1월 5일; 1908년 1월 18일; 1908년 1월 19일; 1908년 1월 24일; 1908년 1월 25일; 1908년 1월 28일; 1908년 2월 7일; 1908년 2월 14일; 1908년 2월 23일; 1908년 2월 25일; 1908년 3월 20일; 1908년 3월 31일; 1908년 4월 2일; 1908년 4월 7일; 1908년 4월 11일; 1908년 4월 24일; 1908년 5월 2일; 1908년 6월 2일; 1908년 7월 5일; 1908년 7월 8일; 1908년 8월 13일; 1908년 9월 1일; 1908년 9월 13일; 1908년 11월 6일; 1908년 11월 21일; 1909년 6월 19일; 1909년 7월 1일; 1909년 7월 2일; 1909년 7월 8일; 1909년 7월 13일; 1909년 7월 22일; 1909년 8월 20일; 1909년 9월 24일; 1909년 10월 9일; 1909년 10월 24일; 1909년 11월 20일; 1909년 12월 1일; 1909년 12월 8일; 1909년 12월 9일; 1909년 12월 15일; 1909년 12월 16일; 1909년 12월 17일; 1909년 12월 18일; 1909년 12월 19일; 1909년 12월 25일; 1910년 1월 9일; 1910년 2월 3일; 1910년 4월 10일; 1910년 6월 4일; 1910년 6월 30일; 1910년 7월 23일; 1910년 8월 12일; 1910년 8월 20일 등

10 독립협회는 1898년 2월 21일 안경수(安駉壽)를 소수(疏首)로 하는 상소를 올려 열강에 대한 이권 양도를 비판했다. 이상재 등이 작성하고 독립협회 회원 135명이 서명한 이 상소문은 『독립신문』, 1898년 2월 24일자 논설에 실려 있다. 이어 1898년 3월 10일에는 독립협회 주최로 종로에서 약 1만 명의 시민이 참여하는 최초의 만민공동회가 개최된다. 이 대회에서는 당시 러시아의 침략정책(목포와 진남포 토지 매입, 부산 절

① 大凡 天下에 有道의 國은 刑賞이 行호고 無道의 國은 刑賞이 不行호야 上下가 紀律이 未立함으로 國權이 自然衰敗호야 動靜云爲를 다 他人의 操縱을 受호느니 故로 他人이 兵威로써 抑脅호며 覇術로써 凌侮호며 公法으로써 範限호며 約章으로써 論責호야 其土地를 犯호며 其疆宇를 謀호며 其口岸을 索호며 其權利를 奪할지니 近日淸國之於英俄法德이 是라 (…중략…) 然호나 日本은 自守自固호야 陰雨의 備는 猶足혼 故로 外侮를 不受호거니와 大韓에 至호야는 外에 寸兵의 禦가 無호고 內에 一年의 積이 無호되 政府人民이 自由의 權을 不保호야 礦山 鐵道 森林 等 要利를 다 他人에게 讓與호비 되얏슨즉 目今 景況의 危急함이 淸國과 殆同호거늘 政府에셔는 刑賞을 明施치 아니호며 政令을 信布치 아니호야 國事가 日非호고 外侮가 日滋호니 甚히 憤歎호도다 此時를 當한 上下臣民은 맛당이 發憤忘食호야 國事를 專力홀지어다(『황성신문』, 1899년 5월 17일)

② 萬國이 虎視호며 六洲가 鶩張혼 時를 當호되 要個處 緊個處에 一手를 不着호야 彼眼明手快호 者ㅣ 睥睨先着호니 其明證은 雲山金礦은 美人이 先着호고 堂峴金礦은 德人이 先着호고 東海捕鯨址와 茂山 等地 森林은 俄人이 先着호고 京仁 京釜 等 鐵道는 日人이 先着호야 甚至港口租界와 不通商岸에 漸漬浸染호야 來頭蚕食이 何境에 至홀 쥴을 不知호니 此는 我手를 不先着혼 緣由에 在홈이라 寧不慨然이리오 到今호야 悔雖晚矣나 猶有可爲之

영도 조차 요구, 한러은행 개설)을 규탄하는 성토연설이 이루어졌는데, 이는 대한제국 정부의 러시아 고문단 철수와 한러은행의 철폐조치에 일정한 영향을 끼쳤다. 첫 만민공동회의 성공 이후 거리에서 다수의 대중이 참여한 만민공동회를 열어, 열강의 이권획득 반대, 의회 설립, 민권 신장, 신내각 수립 등을 토론하는 것이 잇따르게 된다. 만민공동회 운동의 절정은 1898년 10월 29일부터 약 6일간에 걸쳐 열린 관민공동회였다. 백정 박성춘이 개막 연설을 한 것으로도 유명한 이 관민공동회에서는 헌의육조(獻議六條)를 결의하여 정부에 강력히 요구했다. 헌의육조는 전제황권을 공고히 하고, 각종 이권을 비롯한 외국과의 조약은 정부와 중추원 의장이 합동하여 서명하고 시행하며, 재정을 일원화하고, 공정한 재판을 실시하며, 홍범14조 및 장정을 준행할 것을 요구한 것이었다(신용하, 2006 참조).

道ㅎ니 彼姑未着手處를 我先明覘豫揣ㅎ야(『황성신문』, 1899년 11월 3일)

③ 오날날 당ㅎ야 세계 만국이 다 눔의 토디도 쎄앗기로 죵스ㅎ눈디 내 빅셩을 두고 관할ㅎ야 긔쳑ㅎ고 다스리지 못ㅎ야 여러만 명 인구와 여러 쳔리 강토를 눔의게 쎄앗기게 되얏스니 엇지 분ㅎ고 한심ㅎ지 아니리오 넷젹에 과륜포라 ㅎ눈 사름은 만 리 챵히에 풍랑을 무릅쓰고 여러번 죽을 경계를 당ㅎ야 가면셔 셰계에 처음으로 아메리까를 찻져 너여 지금 셔양 사름의 짜이 되엿거늘 흐믈며 살히 연ㅎ야 계견이 샹문ㅎ눈 리웃과 우리 동포에 류리ㅎ야 모힌 촌락을 그디로 두고 모로눈 쳬 ㅎ눈거슬 진실노 내 일이 말이 못될 쑨만 아니라 만국과 동등흔 당당뎨국으로 엇지 남붓그럽 지 아니하리오 아모죠록 발분망식ㅎ고 권리를 회복ㅎ기에 겨를치 못홀 터 이어늘(『뎨국신문』, 1901년 5월 25일)

첫 번째 인용문에서 주체는 한국의 광산, 철도, 삼림 등 중요한 이익을 모두 외국에게 양여하는 등 밖으로부터의 모욕이 매우 심하여 "甚히 憤歎"하다. 논설이 권하는 바는 먹고 자는 것마저 잊고 골몰하게 만드는 분의 폭발적 에너지를 발휘하여 형상(刑賞)을 바르게 하는 등, 국사(國事)가 온전히 되는 활동에 전념하는 것, 곧 발분망식(發憤忘食)하는 것이다. "맛당이 發憤忘食ㅎ야 國事를 專力흘지어다." 요컨대 타자로부터 받는 침해와 모욕을 지시하면서, 마땅히 할 의무를 제시하는 주체의 상태는 분(憤)이다. 분해하는 주체는 발분망식하여 스스로를 변형해야 하는데, 이 변형의 활동에는 세계에 존립하려는 의지 못지않게 윤리적 의무감이 수반되어 있다. 주체는 천하의 유도한 나라와 같이 되고자 하는데, 기율이 없는 천하의 무도(無道)한 나라는 "國權이 自然衰敗ㅎ야 動靜云爲를 다 他人의 操縱을 受ㅎ느니 故로 他人이 兵威로써 抑脅ㅎ며 覇術로써 凌侮ㅎ며 公法으로써 範限ㅎ며 約章으로써 論責ㅎ야 其

土地를 犯ᄒ며 其疆宇를 謀ᄒ며 其口岸을 索ᄒ며 其權利를 奪"당한다고 할 만큼 모욕을 씻고 존립하고자 하는 태도가 취해지는 한편으로, '유도(有道)'라는 언표가 알리는 대로 의무감이 수반되어 있다. 즉 타자로부터의 모욕과 침탈의 여부는 주체 자신의 잘못으로 귀인하며, 그래서 발분(發憤)하자면 그런 모욕을 불러일으킨 그 자신의 잘못을 고쳐 남과 같이 되는 것이 온당한 것이다. 주체는 늘 타자의 공격을 받을 위험이 있되, 그 침해로 인한 분은 타자가 아니라 그 자신에게로 향함으로써, 타자의 인정을 받을 수 있도록 타자의 기준을 수용하는 것으로 귀결된다. 이렇듯 분기의 방출이 자기자신에게로 우회되는 것은, 타자에 대한 분노를 제약하는, 타자를 의무의 원천으로 삼는 수치의 윤리가 작동하고 있음을 알려준다. 즉 주체는 광산, 철도, 삼림 등의 이권이 양여되는 사태에서 분해함과 동시에, 서양과 함께 하는 새로운 천하에서 유도(有道)하지 못한 상태에 이른 자책감을 수치의 형태로 느끼고 있다.

두 번째 인용문에서는 외국에게 양도된 각종 이권들이 좀더 구체적인 형태로 나열되고 있음을 볼 수 있다. 운산의 금광은 미국인에게, 당현의 금광은 독일인에게, 동해의 포경지와 무산 등지의 삼림 채벌권은 러시아인에게, 경인과 경부 철도 부설권은 일본인에게 넘어갔다는 것이다. 1899년 이래 각종 이권침탈 사례를 나열하며 각성을 호소하는 수사학이 종종 보이는데(예컨대 『황성신문』, 1899년 11월 3일; 1903년 3월 17일; 1903년 6월 8일; 1904년 12월 21일 등 참조), 이 논설도 그 한 사례이다. 여기에서는 분(憤)이라는 단어는 나타나지 않지만, 분개(憤慨)라는 형태로 분과 연관되고 분과 거의 유사한 의미를 갖는 개(慨)가 표현되고 있다. 서양이 언제나 침탈할 태세가 되어 있는 침략자라는 점은 "만국(萬國)이 호시(虎視)"한다는 표현 속에 집약되어 있다.

『뎨국신문』에서 인용한 세 번째 인용문에서는 "여러만 명 인구와 여러쳔리 강토를 눔의게 쌔앗기게 되얏스니 엇지 분ᄒ고 한심ᄒ지 아니리오"라는 구절로써 빼앗김과 분(憤)의 연관이 구체화되어 있다. 주체가 분해하는 데 관계하는 타자는 곧 빼앗는 자인데, "오날날 당호야 세계 만국이 다 눔의 토디도 쎄앗기로 종스호는디"에서 알 수 있는 바와 같이 서로 뺏고 빼앗김은 세계 만국의 일상적 활동으로 자리매김되어 있다. 그렇지만 빼앗김에 대한 분노는 주체 자신이 잘못하고 있다는 자기반성의 부끄러움과 결합되어 있다. "만국과 동등호 당당데국으로 엇지 남붓그럽지 아니하리오"라고 토로하는 것이다. 그러므로 "발분망식"하는 주체의 윤리적 노력이 요구되는 것이다.

위 인용문들에서도 드러나듯이, 서양 및 서양과 연결된 세계가 주체를 침해한 자라고는 해도, 그들을 본받고 따라해야 한다는 사정마저 가려지지는 않는다. 타자에게는 힘의 우위뿐만 아니라 윤리적 우위마저 부여되어 있다. 저들이 더 탁월하고 훌륭하다. 그들로부터 침해받기에 오히려 그들을 모방하고 따라잡아야 하는 필요성은 더욱 절박해진다. 서양은 가해자이자 모방되는 타자라는 복합적 의미작용을 갖는다.

3) 주체는 부끄러워하고 분해한다

주체는 타자와 끊임없이 견주고 차이를 확인하며, 그 차이를 가로질러 그의 입장을 나의 것으로 포괄하여 그것에 맞춰 자기자신을 변형하려는 활동 안에 존재한다. 주체는 타자와 자기자신을 왔다갔다하는 운동 안에 있다. 이렇게 왔다갔다할 수 있는 것은 타자와 자기자신 사이에 차이가 있기 때문이며, 그러므로 타자와의 차이는 타자와의 관계를 조형하고 아울러 그 속에서의 주체의 활동 영역을 새기는 중요한 구성적 조건이다. 그럼에도 불구하고 타자와의 차이 속에 살아 있는 주체는 그 차이를 없앰으로써 타자와의 관계 안에서 자기자신의 마땅한 위치를 찾고자 한다. 그는 타자와의 차이 속에서 수치와 분을 느끼며, 그 차이가 부적절하다고 여긴다. 차이가 없다면 주체의 위치도 타자와의 관계도 불가능함에도 불구하고, 그 차이는 주체에게 타자와의 관계에서 자신의 마땅한 위치를 부여하지 못하는 것으로 여겨지는 역설적인 상황인 것이다. 수치를 느낀다는 것은 바로 이렇게 타자와의 차이를 감지하고 아울러 그것을 주체 자신의 잘못으로 감지하면서, 같아지는 것을 자신의 의무로 설정한다는 것이다.

수치는 타자와의 관계에서 고립될 수 있다는 불안의 느낌이고, 분은 타자 및 세계와 통할 수 없어 고립되고 분리되어 답답하되 그것을 해소하려는 에너지가 비등한 상태이다. 자기자신의 마땅한 위치를 찾고자 차이를 없애도록 집요하게 노력하게 하는 동력이 수치와 분의 결합을 통해 주어진다. '남과 같이 되는 것'을 추구하는 주체는 남들의 비웃음, 침탈에 따른 분(憤)을 해소하도록 자기단련에 매진하는 것이다. 앞서 살펴본바, 수치와 분의 특징적인 관용구가 쓰인 많은 인용문들은 바로 이와 같은 주체를 잘 보여준다.

다음 인용문에서는 이처럼 주체가 서양으로부터의 침해로 인해 싹튼 분이 서양과의 차이를 없애는 윤리적 활동의 동력으로 치환되는 모습이 잘 보인다.

① 말을 낡어보면 죠션 학도들도 분흔 무움이 나셔 죠션을 문명 진보ᄒ게 ᄒ랴는 무음도 잇는 것 갓고 ᄌ긔 님군을 ᄉ랑ᄒ고 도탄에 든 동포형데를 구완히 줄 싱각도 잇는 것 ᄀᆺ흔지라 (…중략…) 본국이나 외국에 잇는 죠션 학도들은 이왕 죠션에 찌든 학문은 다 내여 버리고 무음을 졍직ᄒ고 굿셰게 먹어 태셔 각국 사름들과 ᄀᆺ치 되기를 힘쓰되 다만 외양만 ᄀᆺ흘쑨이 아니라 학문과 지식과 힝신ᄒ는 법이 그 사름네들과 ᄀᆺ치 되거드면 죠션은 ᄌ연히 아세아 쇽 영길리나 불란셔나 독일이 될터이니 이러케 되기를 죠이는 사름

들이야 엇지 우리 말을 듯지 안ᄒᆞ리요(『독립신문』, 1896년 10월 8일)

②오늘날 죠션 사ᄅᆞᆷ들은 의긔란거시 업고 셩낼 ᄯᅢ에 셩도 아니 내며 붓그러워홀 ᄯᅢ에 붓그러워도 아니ᄒᆞ며 태셔각국 긔화를 듯고 보아도 이상히 넉이는 것도 업고 그러케 ᄒᆡ보고스푼 싱각도 업스며 큰 제죠쟝과 죠션쇼를 보드리도 죠곰치라도 비ᄒᆞ고 스푼 싱각을 보이지 안코 제몸을 졈잔히 가질줄을 몰나 셔령 외국 사ᄅᆞᆷ이 막ᄃᆡ기로 ᄯᅥ린다던지 발길노 찻ᄃᆡ도 셩내는 법도 업고 분히 ᄒᆞ지도 아니ᄒᆞ며 만일 그즁에 엇던 사ᄅᆞᆷ이 혹 말마ᄃᆡ나 ᄒᆞ거드면 그 외국 사ᄅᆞᆷ이 빅통 돈 ᄒᆞᆫ푼만 주면 그만 분ᄒᆞᆫ 것 다 니져ᄇᆞ리고 돈 밧은 것만 감샤히 넉이며(『독립신문』, 1897년 1월 9일)

③大凡 人이 侮辱을 當ᄒᆞ야 名譽를 大傷ᄒᆞ면 반다시 憤怒를 發ᄒᆞ야 爭舌瞋目으로 罰金을 猛討ᄒᆞ다가 辱이 極한데 至한즉 按劍相視ᄒᆞ기를 忌憚치 아니ᄒᆞᄂᆞ니 此ᄂᆞᆫ 性情의 自然이라 一身도 猶然ᄒᆞ거던 況一國乎아 我韓이 自開港以來로 外國과 交涉한지 近二十年에 其侮辱을 受함이 如干 名譽를 傷ᄒᆞᄂᆞ데 止치 아니ᄒᆞ야 鐵道를 任設ᄒᆞ며 礦山을 任採ᄒᆞ며 森林을 任伐ᄒᆞ며 漁基를 任占ᄒᆞ며 港場外에도 商業을 任開ᄒᆞ며 內地에 軍隊를 任駐ᄒᆞ며 沿路에 電線을 任架ᄒᆞ야 國家의 利益과 權力을 盡奪ᄒᆞ되 政府와 人民이 此를 自侮에 所取인 쥴은 乃知치 못ᄒᆞ고 强弱의 勢가 奈何치 못흠으로 歸ᄒᆞ야 彼의 慾ᄒᆞᄂᆞ 바는 再請ᄒᆞ기를 待치 아니ᄒᆞ고 必許ᄒᆞ며 彼의 責ᄒᆞᄂᆞ 바는 所失이 無ᄒᆞ야도 必謝ᄒᆞ며 彼가 唾ᄒᆞᆫ즉 面을 正히ᄒᆞ고 必延ᄒᆞ며 彼가 打ᄒᆞᆫ즉 首를 俯ᄒᆞ고 必受ᄒᆞ야 外國人을 對ᄒᆞ면 비록 雇役小民이 不義의 事를 行ᄒᆞ더라도 敢히 誰何치 못ᄒᆞ고 도로혀 敬而待之ᄒᆞ니 此或 交際ᄒᆞᄂᆞ 禮를 益修ᄒᆞ녀라고 然흠인지 可知치 못ᄒᆞ나 國事를 思ᄒᆞ건디 可히 痛哭ᄒᆞ깃도다 嗚乎라 만일 我의 弱흠을 度ᄒᆞ야 敢怒而不敢言ᄒᆞᄂᆞ 境遇가 有할진딘 我가 반다시 弱을 轉ᄒᆞ야 强을 復할 方策을 深思할지니 政府와 人民이 此憤怒의 心

을 緊抱ᄒᆞ고 政法과 事業을 益勤히 ᄒᆞ야 今日에 一事가 就ᄒᆞ고 明日에 一事를 就ᄒᆞ며 又明日에 一事를 就ᄒᆞ야 上下가 一心으로 誓ᄒᆞ기를 何年何月에나 此憤을 解ᄒᆞ며 此辱을 雪할고 ᄒᆞ야 此心이 不變ᄒᆞ면 幾年을 不過ᄒᆞ야 我의 國步ᄂᆞᆫ 漸漸 開進ᄒᆞ고 彼의 侵侮ᄂᆞᆫ 漸漸 退去ᄒᆞ야 人民은 人民의 權利를 能執ᄒᆞ고 政府ᄂᆞᆫ 政府의 權利를 能執ᄒᆞ리니 뉘 敢히 侮辱함이 有ᄒᆞ리오 俗語에 曰 衝目之杖은 人皆有之라 ᄒᆞ니 權利를 謂홈이라 我國의 人도 此一枝의 杖이 本無홈은 아니언마는 人에게 讓與ᄒᆞ고 赤手로 空立ᄒᆞ야 人의 目을 衝ᄒᆞ기ᄂᆞᆫ 姑舍ᄒᆞ고 能히 仰視치도 못ᄒᆞ니 此時를 當ᄒᆞ야 人性이 苟有홀진던 憤怒의 心이 自發홈을 不覺할지라 此憤怒가 一發ᄒᆞ면 爭舌睨目과 按劒相視롤 不待ᄒᆞ고도 大韓은 富强에 自在홀지라 政府와 人民은 今日 憤心이 何如할지오(『황성신문』, 1899년 9월 19일)

④ 夫反乎榮者을 謂之辱이라ᄒᆞ며 反乎貴者를 謂之賤이라ᄒᆞᄂᆞ니 喜榮而怒辱ᄒᆞ며 愛貴而惡賤은 人情之常也로딘 欲求榮貴而不反辱賤之本이면 猶適越而北轅ᄒᆞ며 圓柄而方鑿이니 惡可以求得哉아 然而其所謂榮貴者ㅣ 非市童之榮과 軒冕之貴라. 乃文明自得之榮貴也니 試言其槩컨딘 其人之學術이 蒙陋ᄒᆞ며 智識이 庸駿ᄒᆞ면 此ᄂᆞᆫ 辱賤之本이니 亟宜奮力學術ᄒᆞ야 開發智識이면 人不敢加之以慢侮之辱ᄒᆞ며 待之以貌蔑之賤ᄒᆞ리니 此卽使其身分으로 進步文明ᄒᆞ야 自然餉尊貴榮耀之福者오 又不但其身也라 其國之政治昧野ᄒᆞ며 敎化萎靡ᄒᆞ면 是ᄂᆞᆫ 全國辱賤之本이니 亟宜改良政治ᄒᆞ며 刷新敎化然後에 外國之加辱待賤을 可以反之오 便其國級으로 進步開明ᄒᆞ야 自然致尊貴榮耀之域矣라니 其國級이 旣貴ᄒᆞ고 身分이 旣榮이면 雖敎人而使之加辱이라도 執敢加之以慢侮哉아 噫라 近日外國人之報章上에 對我國民ᄒᆞ야 肆然詆斥以未開野蠻劣等之人ᄒᆞ고 至於日本人移民政策ᄒᆞ야ᄂᆞᆫ 謂之曰 皇城記者一派之誤解오 非韓人全體之誤解라 ᄒᆞ니 是ᄂᆞᆫ 隱然 以我韓全國人으로 歸之於憎陋不省之科也니 其所慢蔑者ㅣ 誠爲憤歎이나 豈非我韓人自取之辱乎아 現今

無形之戰이 烈於有形ᄒ야 禍患之來ㅣ朝夕是迫이어ᄂᆞᆯ 上下國民이 駒駒然做
南柯一場ᄒ니 惡得免全體未解之譏乎리오(『황성신문』, 1902년 2월 1일)

『독립신문』에서 옮긴 첫 번째 인용문에서 조선을 문명진보하게 하
여 남과 같이 되게 하는 데는 분한 마음이 수반된다. 분한 마음이 나서
침해당하고 고립되며 답답한 처지를 벗어나고자 할 때, 주체는 "다만
외양만 ᄀᆞᆺ흘ᄲᅮᆫ이 아니라 학문과 지식과 힝신ᄒᄂᆞᆫ 법이 그 사름네들과
ᄀᆞᆺ치" 되어야 함을 의무로 삼게 된다. 즉 주체가 해야 할 의무는 자신과
크게 다른 남과 같이 되는 것이며, 그러한 윤리적 의무를 지는 주체에
게 분이 수반되는 것이다. 두 번째 인용문에서도 조선인이 서양의 개
화된 모습을 보아도 "그러케 희보고스푼 싱각도 업스며" 동등히 서보
려 하지도 않는 것은 부끄러움이 없는 것일 뿐만 아니라, 분하고 성내
는[憤怒] 마음이 없는 것이기도 하다. 이 글의 필자는 조선인이 분을 쉽
게 풀어버리기보다는 오래도록 비축해두도록 권하고 있다.
　『황성신문』에서 따온 세 번째 인용문에 따르면, 개항 이래 한국은 여
러 차례 명예를 손상당했을 뿐만 아니라, 철도·광산·삼림·어장·
상업·군대·전선 등의 사업권을 임대하는 등 많은 권리와 이익을 침
해받아왔는데도, 한국인들은 그것을 강약의 세(勢)로 돌릴 뿐 분을 발
현하여 약한 것을 강하게 하지 않는다. 밖으로부터의 모욕을 씻고 개진
(開進)하는 것을 옳다고 여기고, 여기에 매진하려는 자는 타자로부터 침
해받은 것에 연유한바 분한 마음을 발동하여야 한다. 그런데 이런 분을
동력으로 하여 매진하는 것은 서양의 기준에 따라 문명진보하여 정부
와 인민의 권리를 신장하는 것, 서양을 더욱 닮는 것이 된다. 타자의 침
해에 따른 분은 타자와의 관계에서 타자의 인정을 받기 위한 에너지로
전화된다.
　네 번째 인용문에서 외국인으로부터 야만인으로 멸시받는 것은 '우

리 한국인이 자취한 모욕[我韓人自取之辱]'이다. 학술과 지식이 비루하여 모욕을 받는다면 그럴 만하다고 여겨진다. 즉 업신여기는 타자의 행동이 못마땅한 것이라고 해도, 그것은 타자와 맺고 있는 윤리적 관계, 혹은 타자에게 적절히 처신하도록 자기자신을 단련하게 만드는 윤리적 관계의 틀 안에서 용인할 만한 것으로 보고자 하는 주체의 활동을 통해 개연적인 사태가 된다.

주체는 그만큼 타자의 인정을 받을 수 있도록 자신을 변형하는 과정에, 타자와의 관계 안에서 체면의 떳떳함을 얻고자 하는 과정에 구속되어 있다고 할 수 있다. 그러므로 설혹 타자가 침해한다 해도 공평한 심판관의 위치에 멈춰서서 타자를 책하지 않는다. 서양을 더더욱 따라야 할 뿐이다. 윤리적 우위는 여전히 타자에게 있고, 주체는 그것을 통해 자기자신을 변형하고 단련하고자 한다.

그러나 앞서 말했듯이, 강한 서양에 대한 열패감 속에서 기능하는 분은 자기자신을 타자에게 맞추어 변형하는 에너지로 동원될 수 있지만, 또한 주체로 하여금 윤리적 관계에 무감각한 태도를 갖게 할 수 있다. 다음 인용문들에서 그런 점들이 엿보인다.

① 均霑利益 四字는 大韓各國 約章의 訂成한 條目이니 此는 强者ㅣ 寧施於弱이언졍 弱不敢施於强이오 强亦不能施於强이니 所謂 弱的肉을 强的食이라 思之及此면 不覺憤淚盈襟이로다 由是四字하야 美人이 先霑一礦利益하고 德人이 次霑一礦利益하니 英人이 姑未霑하야 方請利益이어늘 日人은 有何意見하야 今請五個礦利益하니 其霑也는 何其太霑고 抑或用諸實力하야 飽此利益인지 出何政略하야 求他利益인지 吾所未解어니와 旣霑之礦利益도 熱血所沸이어던 況使日本으로 獨霑五礦利益이면 一之者ㅣ 豈不欲益霑其四하야 以均之乎아 今外國之利益均霑이 卽我國之害損獨當이니 豈非履霜堅氷之可懼哉아 政府措處는 第當如何할는지(『황성신문』, 1899년 12월 12일)

②대한 사름들이 용밍과 무긔가 업셔 어려온 일을 담당ᄒᆞ여 가지고 큰 ᄉᆞ업을 ᄒᆞ여 보기를 쥬져ᄒᆞᄂᆞᆫ 것이니 그것은 다름이 아니라 멋빅년을 한나라 당나라 명나라 스긔ᄆᆞᆫ 보고 의긔와 용밍과 혈긔ᄂᆞᆫ 다 눌녀 업셰바리고 다ᄆᆞᆫ 붓긋 가지고 큰 쇼릭 ᄒᆞ난 학문에 져져 (…중략…) 압뎨와 허ᄒᆞᆫ 문ᄌᆞ에 눌녀 본릭 가졋던 용밍을 다 이져 버리고 ᄯᅩ 용밍 잇ᄂᆞᆫ 것을 도로혀 쳔히 넉혀 누구던지 의긔 잇고 용밍 잇ᄂᆞᆫ 일을 힝ᄒᆞᆫ 사름은 업수히 넉히게 사름을 ᄀᆞᆯ아첫슨즉 (…중략…) 구미각국은 다ᄆᆞᆫ 글만 슝샹ᄒᆞᄂᆞᆫ 것이 아니라 혈긔를 도아 주며 용밍을 칭찬ᄒᆞ야 글과 용밍이 ᄀᆞᆺ치 가ᄂᆞᆫ 고로 글 잘ᄒᆞᄂᆞᆫ 사름일쇼록 대개 학문이 잇ᄂᆞᆫ 사름들이라 (…중략…) 대한에 익국 익민ᄒᆞ고 나라를 즁흥ᄒᆞ야 셰계 각국에 넉넉히 대졉을 밧기십흔 셩각을 아니ᄒᆞᄂᆞᆫ 사름이 업ᄂᆞᆫ 건 아니여 그러ᄒᆞ되 용밍이 업셔 그 ᄆᆞ음을 힝실노 낫하낼 근력이 업ᄂᆞᆫ 것은 멋빅년을 한당 학문에 눌녀 그러ᄒᆞᆫ 것이라 (…중략…) 쳥인 쇽에도 분히 넉히ᄂᆞᆫ ᄌᆞ이 업ᄂᆞᆫ 건 아니여 그러ᄒᆞ되 다ᄆᆞᆫ 말노 분ᄒᆞ다던지 글노ᄆᆞᆫ 분ᄒᆞ다고 ᄒᆞᄂᆞᆫ것은 죠곰치도 일에ᄂᆞᆫ 샹관이 업ᄂᆞᆫ 것이라 이것을 대한 사름들이 거울 ᄀᆞᆺ치 들여다 보면셔(『독립신문』, 1898년 3월 8일)

③或이 問曰 我國의 便戰이란 風俗이 創自何時던지 無所考徵이어니와 歲初를 每値홈이 閭散民人이 成羣分黨ᄒᆞ야 渾然酗鬪ᄒᆞ기로 日以爲癖ᄒᆞ다가 頭骨이 破碎ᄒᆞ며 肢體가 折傷ᄒᆞ야도 奮然不顧ᄒᆞ고 限死當前ᄒᆞ니 何處에 堪用할 血氣之勇인지 不知ᄒᆞ깃고 椎手를 善使ᄒᆞ야 一場을 撕殺ᄒᆞ면 曰善鬪者라ᄒᆞ야 左右喝采함을 自負ᄒᆞ고 意氣騰騰ᄒᆞ니 其勝其負가 無益有害ᄒᆞ거ᄂᆞᆯ 何物에 堪比홀 蚩蠢之性인지 不知ᄒᆞ깃고 此非公戰이오 卽是私鬪어ᄂᆞᆯ 禁令을 不願ᄒᆞ고 看作技癢ᄒᆞ니 何法에 堪置홀 傷敗之俗인지 不知ᄒᆞ깃스니 此三者ᄂᆞᆫ 民風의 駭乖홈이오 國法의 解弛홈이라 我의 所見으로ᄂᆞᆫ 另立法令ᄒᆞ야 一切痛禁홈이 適當홀가ᄒᆞ노라 余聞之ᄒᆞ고 嘖嘖嘆曰 不然不然ᄒᆞ다 是何言也오 我國이 文治를 是尙ᄒᆞ고 武氣가 不足ᄒᆞ기로 士民이 萎靡ᄒᆞ고 邦國이

柔弱ᄒ야 一点血勇을 無地可見이로디 猶獨便戰一事에 我國民人의 剛悍ᄒ 風氣와 剽勇ᄒ 性格을 可見ᄒ지라 大抵戰鬪의 法은 將軍이 下令ᄒ야 三軍 을 坐作進退ᄒ야도 軍心이 一合키 極難ᄒ야 或走或潰어ᄂ 此ᄂ 無將ᄒ 卒徒 가 鍊習도 未經ᄒ고 號令도 且無ᄒ되 挺身沽勇ᄒ고 敗潰爲恥ᄒ야 衆力이 一 時團結ᄒ야 對敵直衝ᄒ야 一場塵戰ᄒ 時에ᄂ 萬人一心이 可謂義也오 大抵 愛生惡死ᄂ 人之常情이어ᄂ 飛石이 雨下ᄒ고 亂椎가 星馳ᄒ야 風塵이 蔽目 ᄒ고 霹靂이 當頭ᄒ되 自己의 便勢가 不利함을 見ᄒ면 衣冠을 整齊한 人도 憤氣를 不勝ᄒ야 流星也似突入ᄒ야 二角을 打倒ᄒ고 萬人을 逐北ᄒ니 權花 生色이라 此ᄂ 千萬人이라도 吾一往矣라함이 可謂勇也니 此ᄂ 尋常游戲 에 出ᄒ이로디 其義其勇이 俱存ᄒ거ᄂ 曰何處에 堪用고ᄒ며 蚩蠢이니 傷敗 니ᄒ이 豈可ᄒ리오 或이 又曰 此를 義勇ᄒ 民風이라 謂ᄒ진딘 現今家國에 羞恥도 有ᄒ며 外侮도 多ᄒ되 義勇所發로써 湔羞禦侮ᄒ은 未之聞也ᄒ니 此 種義勇은 縱然滿腔이나 將焉用之ᄒ리오(『황성신문』, 1900년 2월 13일)

④ 奈此錮閉俗習이 無論法之良否ᄒ고 不惟不欲思究라 一切利害可否에 欲掩耳而不願聞ᄒ니 非先下針砭於其耳孔이면 豈不類對鳥獸之前而張雲門 大樂者歟아 今帝國記者之言은 槪人民之野昧無知ᄒ야 務欲開發之主義故로 其言也ㅣ如此어니와 前聖이 不云乎아 不憤이면 不悱오 不悱면 不發이라 ᄒ니 今之執筆者ᄂ 必先鼓動其憤悱之想然後에야 可以奏實際開發之功矣라 譬如欲治羸瘵之人인딘 必先攻其受病之源ᄒ야 祛其沴邪ᄒ며 養其胃經然後 에 乃可下了蔘附補元之藥矣니 如不治其源而遽下補劑則 未有不虛費心力者 矣리라 帝國記者ㅣ曰 今有法而不能實施者ᄂ 非他焉이라 不知其法之爲良 故也니 若人人이 皆有利國便民之道ᄒ야 由此而行則明知其必成인딘 豈有 不爲之人哉리오 ᄒ니 此ᄂ 理則固然也로디 抑有未解者ᄒ니 近日政府官吏 ㅣ等 棄章程而不能實施者ㅣ果皆不知新法之爲良而不行者歟아 實不外知之 而故不行者니 豈有眞實不知之理哉아(『황성신문』, 1902년 7월 18일)

『황성신문』에서 따온 첫 번째 인용문에서는 균점이익(均霑利益)을 내걸고 대한에서 각축하고 있는 열강들의 실태를 언급하면서 '분한 눈물이 옷깃을 적신다[慎淚盈襟]'고 토로하고 있다. 균점이익은 조약의 조목이지만, 그것을 지키는 것의 신의 혹은 의리보다는 '약자는 고기가되고 강자는 그것을 먹는[弱的肉 強的食]' 무도(無道)한 현실만이 문제되고 있다. 사회진화론의 영향을 짐작할 수도 있겠으나, 약육강식(弱肉強食)과 같은 용어는 사회진화론의 도입 이전에도 이미 쓰이던 한자어이다.[11] 여기서 글쓴이가 흘리는 분한 눈물에는 타자에게 침해당하면서도 어떠한 대응도 펼 수 없는 주체의 답답함이 들어 있을 뿐, 타자의 인정을 받도록 자기자신을 맞추고 그것에 온당함을 부여하는 윤리성은 찾기 힘들다. 약육강식이라는 말이 이미 서양과의 관계의 윤리성에 의문부호를 붙이고 있다. 또 서양과의 윤리적 관계에 수반되는 신의(信義) 같은 태도도 거의 취하지 않는다. 오직 타자에게 침해받아 어찌할바 모르는 답답함의 고통, 모욕감 등만이 두드러질 따름이다. 이렇게극한 분 안에서 타자는 윤리적 우위를 누리는 윤리적 관계의 상대자라기보다는 그저 주체를 침해하여 분한 상태에 놓이게 하는 가해자의 특성만이 두드러지며, 주체는 그에게 신의를 다하여 행동함으로써 그의인정을 받기보다는 또는 강자의 처신을 공정한 심판자의 위치에서 가치판단하기보다는 강자에게 대들 수 없는 자기자신의 처지에 분루(慎淚)만을 삼키고 있다. 주체는 타자와의 윤리적 관계에는 무감각한 채강자가 될 가능성만을 엿보고 있다고도 할 수 있다.

두 번째 인용문에 따르면 서양과의 관계에서 제대로 행위하기 위해

---

11 예컨대 『정조실록』, 1788년 2월 29일자에는 "旣非弱肉强食之比 又無熊魚取舍之難 緣何致此"와 같은 표현이 『순조실록』, 1812년 2월 4일자에는 "閭里之間 剽掠四起 弱肉强食"과 같은 표현이 나온다. 모두 역모나 민란으로 인한 무도한 상태를 묘사하는 말로 쓰이고 있다.

차이와 윤리
개화 주체성의 형성

필요한 것은 용맹과 무기(武氣), 혈기, 의기이다. 그리고 이런 자질들은 옛 경전들은 물론이고 일반적인 학문과는 다른 원천에서 나온 것임이 암시되고 있다. 한족 왕조인 한당명(漢唐明)의 글들은 "의긔와 용밍과 혈긔는 다 눌녀 업세바리"는 성격을 이미 띠고 있으므로 저 문장들만을 숭상해온 조선 사람들은 "본릭 가졋던 용밍을 다 이져 버리고 쏘 용밍 잇는 것을 도로혀 쳔히 넉"이게 될 지경에 이르렀다는 것이다. 게다가 구미 각국조차 "다믄 글만 슝샹ᄒᆞ는 것이 아니라 혈긔를 도아 주며 용밍을 칭찬ᄒᆞ야 글과 용밍이 ᄀᆞᆺ치" 간다고 한다. 다시 말해 구미 각국에서도 혈기와 용맹은 글과는 별도의 계열로 인정되고 있는 것이다.

혈기와 용맹은 서양과의 닮음의 내용일 뿐만 아니라, 서양과 상대하는 주체의 주요 자질로 인정되고 있다. 세계 각국에서 넉넉히 대접을 받기 위해 필요한 자질, 즉 타자의 인정을 받을 수 있도록 자기자신을 단련하고 변형하는 과정에 필요한 것이 혈기와 용맹이다. 그리고 이는 분과 연결된다. "청인 속에도 분히 넉히는 ᄌᆞ이 업는 건 아니여 그러ᄒᆞ되 다믄 말노 분ᄒᆞ다던지 글노믄 분ᄒᆞ다고 ᄒᆞ는 것은" 혈기와 용기가 뒷받침되지 못한 것이다. 역시 분의 표출에는, 타자로부터 대접받을 수 있도록 자기자신을 단련하는 데는 혈기와 용기가 필요하되, 혈기와 용맹을 발휘하는 동안 주체는 타자와의 윤리적 관계보다는 자기자신을 강화하는 데 매달려 있다.

세 번째 인용문은 분의 능력, 즉 혈기와 용맹을 기르기 위해 패싸움[便戰]을 장려하는 모습마저 보인다. 서사적 논설을 취하는 이 인용문에서 혹자는 패싸움이 백해무익함을 보인다. 머리와 뼈가 부서지고 사지가 골절되도록 죽기를 작정하고 달려들지만, 그것은 공전(公戰)이 아니라 사사로운 싸움이며, 비루하고 어리석은 풍속일 따름이다. 그가 패싸움 벌이는 자들을 치준지성(蚩蠢之性)이라고 비웃을 때, 패싸움이 옳고 그름을 분별하는 자질과 배치된다고 여기고 있다. 그런데 혹자를 비판하는 나[余]에게는 이런 패싸움하는 자질이 오히려 서양과의 관계에서 떳떳이 행동할 역량을 부여해준다고 생각되고 있다. 한국 사람들은 오랫동안 문치를 숭상해서 무기(武氣)와 혈용(血勇)이 부족한 상태에 있지만, "猶獨 便戰一事에 我國民人의 剛悍흔 風氣와 慓勇흔 性格을 可見홀" 만하다는 것이다. 전혀 훈련되지 않은 채 싸움을 하는데도 이들은 지는 것을 수치로 알고 일심단결하여 '죽기를 각오하고' 싸운다는 것이다. 그리고 죽기를 각오하고 싸우는 자들의 자세는 분기(憤氣)와 용기로 이해되고 있다. 의관을 정제한 자도 분기를 못 참으면, 유성처럼 돌입하여 마구잡이로 두들겨 패는 용기를 낸다. 이것은 치준한 것이 아니라 서양으로부터의 수치와 모욕을 씻을 수 있는 가능성을 제공해주는 "義勇흔 民風"으로 인정받는다. 이렇게 패싸움을 추켜올리는 것이 어떤 자세를 처방하고 있는가? 유교경전을 통해 수양된 품성, 혹은 타자와의 조화를 꾀하는 성격보다는 패싸움이나 승벽있는 장난을 통해 길러진 자질이 서양과의 관계에 요구된다는 것이다. 타자가 한번 때리면 분기충천하여 머리가 부서져라 달려들어 더 많이 두들겨패는 그런 마음가짐이 필요하다. 이런 의미에서 서양은 윤리적 상대자라기보다는 패싸움의 상대와 같으며, 주체는 윤리적 행위자라기보다는 패싸움의 당사자와 같다.

네 번째 인용문에서 글쓴이는 개화하지 못한 것을 인민의 우매성으로 돌리는 데 반대한다. 그에 따르면 나라를 이롭게 하고 백성을 편리하게 하는 신법이 좋은지 몰라서 실행하지 않는 관리는 거의 없다. 신법이 실시되지 못하는 것은 분한 마음을 일으켜 깨우지 못했기 때문이다. 서양과의 관계에서 옳고 그름을 판별하는 앎보다 오히려 타자에게 침해받은 답답함의 고통을 해소하려는 마음이 더 필요하다는 것이다. 그러면서 "不憤 不啓 不悱 不發"이라는 『논어』「述而」 8장의 문장을 변형하여 인용한다. "不憤이면 不悱오 不悱면 不發이라"는 것이다.

위 인용문들은 서양과의 윤리적 관계에 회의하고 그것을 무화하려는 주체를 내포한다. 여기서 서양은 흡사 패싸움의 상대자와 같은 분격의 대상일지언정, 배려하고 예의와 염치를 발휘해야 할 윤리적 상대자로서의 성격이 엷어진다. 우리가 잘 알고 있듯, 서양 나라들을 모범으로 상정하는, 수치와 분을 동원한 혁신의 노력은 망국을 목전에 둔 최악의 상황을 마주해야 했다. 치열하고 고단한 노력의 뒤끝이 참담한 실패일 때, 그 실패는 주체에게 수치를 통해 우회시키려고 했던 분의 폭발로, 즉 자신을 억눌러 멸하려는 세계에 대한 분의 폭발로 나타나게 된다. 이 점을 살펴보기 위해 장지연이 집필한 유명한 「시일야방성대곡(是日也放聲大哭)」의 뒷부분을 보자.

> 噫 彼豚犬不若ᄒ 所謂 我政府大臣者가 榮利를 希覬ᄒ고 假嚇를 恇劫ᄒ야 逡巡然觳觫然 賣國의 賊을 甘作ᄒ야 四千年疆土와 五百年宗社를 他人에게 奉獻ᄒ고 二千萬生靈으로 他人의 奴隷를 敺作ᄒ니 彼等 豚犬不若ᄒ 外大朴齊純 及各大臣은 足히 深責홀 것이 無ᄒ거니와 名爲參政大臣者ᄂ 政府의 首揆라 但 以否字로 塞責ᄒ야 要名의 資를 圖ᄒ얏던가 金淸陰의 裂書哭도 不能ᄒ고 鄭桐溪의 刃割腹도 不能ᄒ고 偃然生存ᄒ야 世上에 更立ᄒ니 何面目으로 强硬ᄒ신 皇上陛下를 更對ᄒ며 何面目으로 二千萬同胞를 更對ᄒ리오 嗚乎痛矣며 嗚乎憤矣라 我二千萬爲人奴隷之同胞여 生乎아 死乎아 檀箕 以來四千年國民精神이 一夜之間에 猝然滅亡而止乎아 痛哉痛哉라 同胞아 同胞아(『황성신문』, 1905년 11월 20일)

1905년의 을사늑약은 "四千年疆土와 五百年宗社를 他人에게 奉獻ᄒ고 二千萬生靈으로 他人의 奴隷를 敺作"한 사태로 요약되어 있고, 그러한 빼앗김과 노예됨의 상태는 곧바로 원통하고 분한 주체의 상태를 불러일으킨다. 즉 분을 느끼는 주체와 관계하는 타자는 빼앗고 자기자신을 노예로 전락시키는 자이며, 그런 자 앞에서 주체는 세계로부터 분리되고 고립되며, 자기자신의 위치를 잃어버린 상태에 처하여 분을 느끼고 있다. 나라를 빼앗긴 자의 아픔(痛)은 그러므로, 천하 내에서 분리되고 고립되어 통하지 못하는 답답함, 즉 분(憤)이게 된다. 분해하는 주체는 고립과 불통의 답답함, 그리고 폭발적으로 분출하려는 분기 충천 속에서 사멸(死滅)에 직면하고 있다. 그래서 논설은 다음과 같이 마무리된다. "嗚乎痛矣며 嗚乎憤矣라 我二千萬爲人奴隷之同胞여 生乎아 死乎아 檀箕以來四千年國民精神이 一夜之間에 猝然滅亡而止乎아 痛哉痛哉라 同胞아 同胞아"

2. 서양과의 차이를 짚는 가운데
'우리나라'가 형상화되다

1) 현재 차이나지만 장래 같아져야 할 요소들이 서로 대응되다

앞서 인용한 『독립신문』 논설을 다시 한번 살펴보자.

조션 사룸이 남의게 눌녀만 지내 버릇ᄒ 신둙에 싱각들 ᄒ기를 남의 나라 사룸만 지죠던지 힘이 못ᄒ줄노 알고 남이 잘ᄒᄂ 일을 보아도 당쵸에 그거슬 본밧을 싱각도 아니 ᄒ고 남이 조션 사룸들이 못 ᄒᄂ 일을 힝ᄒᄂ 거슬 듯고 보아도 당쵸에 그 사룸들이 엇지 ᄒ야 그 일을 능히 ᄒ고 엇지 ᄒ야 그런 지죠를 가지고 엇지 ᄒ야 그런 학문이 잇는 연고를 물어 그 사룸들과 ᄀᆺ치 이런 지죠와 학문과 지식이 잇게 될 싱각들을 아니하고 (…중략…) 우리는 죠션 사롬이니〃 그런거슬 못홀줄노 알고 당쵸에 알냐고도 아니ᄒ고 본밧으랴고 아니 ᄒ고 공부 홀 싱각들도 아니 ᄒ며 밤낫 남의게 치쇼를 밧고 업수히 넉임을 밧고 약ᄒ고 가난ᄒ고 무식ᄒ고 어리셕고 병신구실들을 ᄒ면셔도 그리도 그거슬 즐겁게 넉여 남이 업수히 넉여야 분히 넉이는 싱각도 업고 남이 욕을 ᄒ고 야만으로 디졉을 ᄒ여도 그거슬 극락으로 알고 빅셩들이 못된 권력 잇는 사롬들의게 무리ᄒ게 곤란을 밧으되 그 곤란 밧은 사롬이 만일 권력이 잇슬 것 ᄀᆞᆺᄒ면 쏘 자긔보다 약ᄒᆫ 사롬을 무리ᄒ게 압졔ᄒ고 쏘 즈긔는 즈긔보다 더 강ᄒᆫ 사롬의게 쏘 압졔를 밧으니 만일 사롬들이 지혜가 잇슬 것 ᄀᆞᆺᄒ면 이 못된 풍쇽을 온통 곳쳐 권력은 유무간에 공평ᄒ고 졍직ᄒᆫ 도리만 가지고 빈부귀쳔이 셔로 교졔를 ᄒ게 ᄆᆞᆫ들터이어늘 오날 남의게 무리ᄒ게 압졔를 밧고 욕을 보거드면 당쟝은 분히 넉이고 그 풍쇽이 국민의게 히롤줄을 알아 그러ᄒ되 만일 요힝이 즈긔가 권력이 죠곰만 싱기면 즈긔를 무리ᄒ게 디졉ᄒ던 사롬과 ᄀᆞᆺ치 쏘 협잡홀 싱각이 잇고 밤낫 싱각ᄒᆞᆫ거시 벼슬이나 도모ᄒᆞ야 동포 형뎨의 피를 ᄲᅡ라먹을 싱각들이나 ᄒ고 외국의게 슈치를 여러번 보이고 젼국 관민이 외국 사롬들의게 동등디졉을 못 밧것마는 그 열니고 강ᄒᆫ 나라의 풍쇽과 규모와 졍치를 본밧아 아모쪼록 죠션도 ᄒᆞᆫ번 그 나라들과 ᄀᆞᆺ치 되야 보고 죠션 빅셩들도 셰계 각국 인민과 ᄀᆞᆺ치 되야 볼 싱각들을 아니ᄒ고 당쟝에 욕보고 업슈이 넉임 밧을 ᄯᅢ에는 분히 넉이다가도 ᄒᆞᆫ시 동안만 지내거드면 그분ᄒᆫ ᄆᆞ음도 다 업서지고 그 곤란을 당ᄒ던 일도 싱각지 아니ᄒ며 도로 쏘 이왕에 ᄒ던 힝실과 풍쇽과 지각을 가지고 일을 ᄒ니 이거슬 싱각ᄒ면 엇지 어리셕지 안ᄒ리요(『독립신문』, 1896년 8월 1일)

앞서도 여러 번 설명했듯이, 주체가 타자 앞에 떳떳한 모습으로 서고자 한다면 그 자신은 남과 같아져야 하며, 그렇게 같기 위해서는 다름이 감지되고 확인되어야 한다. 주체는 "당쵸에 그 사롬들이 엇지 ᄒ

야 그 일을 능히 ᄒᆞ고 엇지 ᄒᆞ야 그런 지죠를 가지고 엇지 ᄒᆞ야 그런 학문이 잇ᄂᆞᆫ 연고를 물어 그 사ᄅᆞᆷ들과 ᄀᆞᆺ치 이런 지죠와 학문과 지식이 잇게 될 ᄉᆞᆼ각들을" 하게 되는데, 이런 생각 안에서 그 사람들이 능히 할 수 있는 그 일은 주체 자신에게도 능히 할 수 있는 일이 되어야 하고, 그들이 가진 학문과 재주는 주체도 가져야 하는 학문과 재주가 되며, 나아가 저들이 그러한 능력과 학문과 지식과 재주를 가질 수 있게 되는 연고(緣故)를 헤아려, 그 자신도 그러한 연고를 가질 수 있도록 해야 하는 것이다.

차이를 확인하고 없애려는 주체의 활동은 세밀하고 집요하다. 주체는 서양이 자기자신에 비해 우월하다고 여길 뿐만 아니라 그 우월함의 특정 요소들을 일일이 지적한다. 위 인용문에서 보자면 서양인들은 일을 잘하고 재주가 있고, 학문과 지식이 있다. 이제 세세하게 식별된 이런 요소들은 조선 사람들의 차이나는 사항과 형상으로 대응된다. 서양인들이 재주가 있다면, 그것은 조선인의 차이나는 요소, 재주 없는 모습으로 대응되어 비춰지며, 서양인들의 학문은 조선인들의 학문 없음으로 대응되고, 서양인들의 일 잘함은 조선인들의 무능함으로 되비춰진다.

재주 있고 학문 있는 등의 포착된 서양인의 모습은 그대로 조선인의 대응되는 모습을 포착하고 묶게 하는 일종의 범주(範疇)와 같은 구실을 하고 있다고 할 수 있다. 서양인의 재주 있음 아래 조선인의 재주 없는 모습들이 정렬되는 것이다. 서양과 조선 간의 무수한 차이는 이렇게 확인되고 정립된 차이점들에 의해 포착되고 묶이고 정리되는 것이다. 서양이 일종의 범주의 역할을 한다는 것은 적어도 대응되는 서양의 현상들과 조선의 현상들이 같은 술어를 통해 비교된다는 것이다. 한쪽에 학문이 있다면 다른 쪽은 학문이 있는 정도가 한참 덜한 것이다.

하지만 유의해야 할 것은, 확인된 차이점들이 그것에 대응되는 현실들을 동일한 것으로 묶기보다는, 차이나는 것으로 묶고 정리한다는 것이다. 범주와 그것에 포괄되는 현상 간의 관계는 동일률에 의한 포섭 관계라고 할 수는 없다. 단적으로 서양의 재주 있음과 대응되어 묶이는 것은 조선의 재주 없음을 가리키는 무수한 현상들일 것이다. 이렇게 짝지어진 대응관계는 차이화하는 관계이며, 장차 같아지는 방향으로 나아갈 것이 요청되는 관계이다. 같아지는 것은 이뤄져야 할 미래의 일이고, 다른 것이 현재적이다. 같아질 수 있는 가능성을 잠재한 다름의 상태로 대응된다는 점에서, 혹은 차이나는 것들이 대응되어 장래 같아질 것이 의무로 정해진다는 점에서 이 대응관계는 현재로부터 미래로 나아가는 시간축을 갖는다.

서양과의 차이를 통해 한국의 현실들이 포착되고 정리되어 재배열되는 것은 단순히 세계에 대한 전망을 만드는 인식론적인 활동으로 취급될 수 없다. 이런 활동을 하는 주체는 인식론적인 목적에 복무하기보다는 자신의 마땅한 모습을 구현하려는 윤리적 목적에 복무하고 있다. 그는 타자의 입장을 취득하여 자신을 체면을 바라보려 하고, 수치를 느끼며, 자기자신을 타자에 맞추어 변형하고자 한다.

서양과 조선 간에 차이를 짚으며 비교하는 관계는 1890년대 들어 비로소 시작된 것은 아니다. 서양에 대한 모방을 시도하는 박영효, 유길준 등의 글에서 그리고 서양 기운에 대한 감응 관계 안에서 서양과 같은 상공업, 기술, 학교교육 등을 촉구하는 『한성순보』, 『한성주보』의 기사들에서도 그렇게 대응하는 관계의 맹아들은 보인다. 그러나 그 문헌들에는 1890년대 이후 문헌들이 보이는 절박함과 집요함이 한결 덜하다. 서양과 주체를 나라의 단위에서 비교하고 닮게 하는 과정을 진행하지 않는다면 세계에서 곧 소멸되고 말리라는 절박감은 수치에 더해진 분(憤) 때문이라 할 수 있다.

1896년 이후의 신문 논설들을 자세히 살펴보자면, 관련 쟁점에 맞게 서양과 한국을 세밀하게 비교하고, 차이점들을 하나하나 대응시키는 정교한 작업은 상대적으로 많지 않다. 신문 논설이라는 짧은 글의 속성상, 차이를 자세하게 열거하고 논하기보다는 나라의 수준에서 서양에 대해 수치와 분을 느끼도록 촉구하는 글들이 훨씬 많다. 수치와 분이야말로 서양을 우월한 것으로 상정하고 그것과 비교하여 차이점을 분명히 하고, 서양을 닮아가려는 노력을 개시하게 하는 주체의 태도의 핵심이기 때문이다. 윤리적 주체는 타자의 인정을 바라는 자이며, 그런 만큼 타자의 입장과 가치들을 자기자신에게 결부시키게 된다. 그러므로 일종의 범주 역할을 하는, 확인되는 타자의 차이점들은 주체의 활동과 상관없이 존재하는 것이 아니라, 서양과 차이나는 '자기자신'의 위치로부터 바라보고 비교되고 유비되는 차이점들이다.

2) 차이들의 대응관계가 끊임없이 이어짐으로써 나라의 윤곽이 그려지다

적어도 1896년 이후의 많은 신문 논설들이 매우 구체적인 쟁점들에 대해 서양과의 차이를 확인하고 그것을 없앨 것을 촉구하는 식으로 구성되어 있다. 그리고 이 비교는 부국강병이나 독립과 같은 거시적 목표와 크게 관련 없어 보이는 점들에까지 연장된다.[12] 한국의 차이나는 사실들은 서양과의 정립된 차이점들에 의해 포착되고 묶이고 정리된다. 한국인의 야만적인 형상은 전체적인 모습으로 한번에 주어지기보다는 이처럼 하나하나 열거하고 비교하고 대조하는 활동에 의해 대응되고

---

12 『독립신문』의 1897년 1월 16일자 논설에서는, 심지어 쇠[牛] 잡는 법과 관련해 서양과 비교한 한국의 잔인성을 지적하는 것을 볼 수 있다. 『독립신문』, 1896년 12월 12일자 논설은 사람들이 입을 벌리고 다녀서 '남이 보기에 미우' 천해 보인다고 비판하고 있을 정도이다. 『황성신문』의 한 논설은 외국인 가게에서 물건은 안 사고 구경만 하는 사람들마저 부끄럽다고 지적한다. 이 비교점들은 부국강병이나 독립과 같은 그 궁극적 목표물에서보다는 '타자 앞에서의 수치와 분을 매개로 한다는 점에서 공통적이라고 하겠다.

연결되는 양상으로 주어지는 것이다. 차이에 의한 대응은 단번에 끝나는 것이 아니라 계기적(繼起的)이다. 나아가 주체가 타자의 우월한 모습들에 대해 "엇지 ᄒ야"를 집요하게 묻는다면, 그 일련의 사태를 낳은 연고까지 캐어묻는다는 점에서 대응과 연결의 양상은 더더욱 복합화된다. 서양과 조선을 비교하여 세세히 요소들마다 들어맞추는(matching) 과정을 요구한다고 할 수 있다.

이렇게 본다면, 서양은 한국인의 자기 성찰이 가능하도록, 대상의 윤곽과 얼개를 비추는 차이점들의 저장고가 된다고 할 수 있다. 그리고 이 저장고에서는 한번에 모든 범주들이 유출되기보다는 하나하나 점진적으로 유출됨으로써, 주체가 끊임없이, 그리고 세밀한 지점에 이르기까지 서양과의 비교작업에 매달릴 수 있게 해준다. 서양과의 비교작업은 서양의 모습이 범주의 역할을 함으로써 주체가 속한 '우리나라'에 비교적 일관된 형상을 부여하는 것이기도 하지만, 또한 이 일관된 형상화는 완결되지 않는 작업이기도 한 것이다.[13] 더욱이 이렇게 대응되는 차이에 대해 연고까지 캐어물을 수 있다면, 세세한 개별 사항들이 계기적으로 배열되며, 일련의 인과 연쇄를 묶을 수 있는 입체적인 양상이 펼쳐질 것이다. 이렇듯 포착된 일련의 차이점들은 그 궁극적 연고를 헤아리는 활동을 통해 계기적으로 배열됨으로써, 조선의 내부 얼개를 만들어가게 된다.

다음의 인용문들은 이 점을 보여준다.

---

13 서양과의 비교가 여러 사항들에 걸쳐 무한히 지속된다는 것은 『독립신문』의 다음 구절에서도 확인된다. "사롬마다 엇더케 ᄒ여야 부국강병되는 거슬 뭇되 이 딕답을 ᄒ자거드면 여러날을 말ᄒ여도 뭇칠슈가 업슨즉 ᄒ번에 다 말홀슈 업는 고로 조곰식 날마다 말ᄒ야 죠션 인민이 우리 날마다 비호거드면 얼마 아니 되야 말을 더 잘 알아 들을 터이요 (…하략…)"(『독립신문』, 1896년 4월 30일) 법률의 공평한 집행, 관리 선발, 백성에 대한 처우, 의술, 위생, 의복, 두발, 건물 모양, 풍속, 몸가짐, 교제의 예법 등 다루는 쟁점들은 매우 다양하다.

① 눔의 나라는 사롬이 셋만 모화셔 훈 동리에 살아도 첫지 흐는 일이 치도를 흐는 법인디 그 리는 무엇신고 흐니 길이 죠커드면 동리가 졍흐게 되니 인민이 병이 젹게 날 터이요 길이 평평흐면 사롬과 우마가 쉽게 다닐 터이니 물건 운젼 흐기가 힘이 덜 드느지라 힘이 덜든즉 태가가 젹어지니 물가도 젹어질지라 물가가 젹으면 사는 사롬이 더 잇는 법이니 물건을 만히 판즉 쟝스흐는 사롬의게 리가 더 잇는 법이요 우션 물가가 싼즉 가난혼 빅셩이 살기가 나흘터이요 농스흐는 빅셩들이 쏠과 나물과 실과를 가지고 쟝에 가던지 셔울로 오드리도 일ᄌ가 만히 되지 안흐니 부비가 젹게 들 터이라 그런즉 길 고치는 거시 부국흐는 근본이 되고 또 빅셩의게 병이 업셔지는 방칙이니 눈에 보기 죠흔 거슨 둘지라도 샹민과 농민의게 유죠흐고 젼국 남녀 노쇼가 모도 이 효험을 볼 터인즉 나라히 춤 기혁을 흐야 기화혼 나라히 되라면 치도브틈 흐는 거시 올흐니 죠션도 경향간에 길을 몬져 닷가야 할터인디 눔의 나라 모양으로 아즉 돈을 만히 드려 샹등 길을 몬들 슈는 업스나 길이 넓게나 흐고 졍 흐게나 흐며 기쳔이나 졍히 쳐 더러온 물건이 씻겨 가게 흐고 길가온대 집이나 짓지 말며 대쇼변이나 길에셔 누지 못흐게 흐고 더러온 물건을 길에 내브리지 못흐게 흐면 아즉은 인민이 그런디로 견디련마는 길 우회 가가 짓는 거시 근일에는 풍쇽이 되야 죠션 녯젹 풍쇽이라도 금법인 줄을 모로고 어지간혼 길에는 가가와 집을 길가에다 모도 지여 젼국 빅셩의게 미흔 길을 무리흐게 쎄셔 집터들을 몬드러스니 실샹을 싱각흐면 다만 나라 법을 범흔 것쑨 아니라 곳 눔의 물건을 탈취흔 거시요 자긔 몸만 싱각흐엿지 다른 인민 싱각은 안흔 일이라 여러 사롬이 훈 동리에 모화 살거드면 여러 사롬의게 유죠혼 일을 흐여야 여러 사롬들이 내게 유죠혼 일도 흐는 거시어늘 죠션 사롬들은 눔은 엇지 되얏든지 내게만 당쟝에 유죠흐면 그일을 흐는 고로 눔이 그 사롬을 쏘흔 ᄀᆺ치 디졉흔즉 서로 위흐고 보아줄 싱각은 업고 다만 각ᄌ 도싱흐랴고 흐니 엇지 젼국이 약흐고 외국 사롬들의게 업수히 넉임을 아니 밧으리요(『독립신문』, 1896년 5월 9일)

②夫人民을 保護ᄒᆞᄂᆞᆫ 道ᄂᆞᆫ 法律에 在ᄒᆞ고 法律을 公平히 ᄒᆞᄂᆞᆫ 道ᄂᆞᆫ 審理에 在ᄒᆞ니 만일 審理홈이 其宜를 得지 못ᄒᆞ면 民이 其手足을 措치 못ᄒᆞ려든 況産業을 營ᄒᆞ리오 故로 歐美諸國의 法律은 반다시 審理大綱四字를 大書로 特書ᄒᆞ야 비록 宰相의 尊으로도 敢히 其權을 左右ᄒᆞ야 審判ᄒᆞᄂᆞᆫ디 容喙치 못홀쑨더러 ᄯᅩ 民律商律工律을 設ᄒᆞ야 其人民을 保護홀시 一人이라도 其律을 違혼 者ㅣ 有ᄒᆞ면 立卽審判ᄒᆞ야 一毫도 假貸홈이 無ᄒᆞ고 ᄯᅩ 公辨裁判이 有ᄒᆞ야 民으로 ᄒᆞ야곰 獄訟을 與聽케 ᄒᆞ야 官吏가 枉法邀賄ᄒᆞ기를 得지 못ᄒᆞ고 人民이 食言背約ᄒᆞᄂᆞᆫ 者ㅣ 少혼 故로 國中이다 其業을 安執ᄒᆞ야 農商工務에 暢旺홈을 致홈이 大抵 審理의 得宜홈을 由홈이라 至我大韓ᄒᆞ야ᄂᆞᆫ 官吏가 擅自捕人ᄒᆞ야 其証據의 有無ᄂᆞᆫ 不問ᄒᆞ고 一切 訟獄을 다 略로써 成ᄒᆞ야 訟師가 上下에 媒孼ᄒᆞ고 胥吏가 中間에 呑蝕ᄒᆞ니 債給을 與혼 者ㅣ 其金의 必償홈을 得지 못ᄒᆞ고 誣告를 被혼 者ㅣ 其冤의 必伸홈을 得지 못ᄒᆞ니 是國에 托生혼 者ㅣ 其性命의 危홈이 風前의 夜燭이오 草末의 朝露라 奚暇에 其業을 保ᄒᆞ며 其産을 安ᄒᆞ리오 況近日에ᄂᆞᆫ 前에 比ᄒᆞ야 尤甚ᄒᆞ니 司法의 權을 執혼 者ㅣ 原告被告의 辨質은 不待ᄒᆞ고 有力無力의 嗾囑을 暗想ᄒᆞ야 曰曲曰直을 不審理而能判ᄒᆞ야 誰勝誰負를 登文具而永決이라 有冤者ㅣ 更訴를 不許ᄒᆞ니 痛入骨而落淚ᄒᆞ고 有罪者ㅣ 幸免이 常多ᄒᆞ니 易於心而微笑라 是以로 人輕犯法ᄒᆞ야 窩堀中設技騙財ᄒᆞᄂᆞᆫ 者와 街路上被酒詬辱ᄒᆞᄂᆞᆫ 者ㅣ 比比有之ᄒᆞ되 朝捉暮放을 例事로 歸ᄒᆞ니 挽近 城內城外 竊發의 患이 다 法律의 公明치 아니홈을 因홈이오 且郡獄의 數三年未決혼 案이 或多ᄒᆞ며 鄕民의 四五朔未判혼 狀이 尙積ᄒᆞ야 冤牒을 抱혼 者ㅣ 京鄕에 栖屑ᄒᆞ니 身勢를 自顧홈이 食債가 如山ᄒᆞ고 家事를 回想함이 農業이 失時라 其冤도 未雪ᄒᆞ고 財産만 蕩敗ᄒᆞ니 此를 推鑑ᄒᆞᄂᆞᆫ 者ㅣ 愼冤을 寧忍홀지언뎡 告訴를 相戒한다니 此를 必也使無訟이라 謂홀ᄂᆞᆫ지 知치 못ᄒᆞ거니와 人民保護ᄒᆞᄂᆞᆫ 道에ᄂᆞᆫ 其職責을 盡ᄒᆞ엿다 謂치 못ᄒᆞ리로다 만일 法官들이 此弊를 深諒ᄒᆞ야 勤一字로 職務를 擔ᄒᆞ고 公平二字로 心法을 定ᄒᆞ면 法律이

正明ᄒ고 生靈이 安保ᄒ려니와 不然이면 不過幾年에 民怨이 一國에 朋起ᄒ야 方向을 定치 못ᄒ리니 我國이 其前閉關自守ᄒ을 時와 異ᄒ야 各國人의 耳目이 森列ᄒ온지라 만일 民怨이 朋起ᄒ음을 見ᄒ고 時機를 伺乘ᄒ야 一言을 據執ᄒ면 此ᄂ 法官의 不明ᄒ음을 緣ᄒ야 國家의 大禍를 招ᄒ리니 엇지 詳審公正ᄒ을 빅 아니리오 今에 或 法官이 言曰 吾ㅣ 獨히 公正ᄒ다고 一國의 法律이 明行ᄒ을가 ᄒᄂ니 此ᄂ 未察ᄒ온 言이라 本來 法官이란 거슨 一國에 一人이 猶足ᄒ온 것이 昔에 帝堯가 天下를 治ᄒ음이 皐陶一人이 有ᄒ음은 知ᄒ고 其他ᄂ 未聞ᄒ엿스니 今에 我國도 公正ᄒ 一法官만 有ᄒ면 其他 法官들도 見善如不及ᄒᄂ 心을 發ᄒ야 日로 公正에 趍ᄒ리니 然則 西人의 法律이 我國에 專美치 못ᄒ을 것이오 皐陶의 法律이 我國에 復行ᄒ올지라 國富民强이 엇지 此法에 基치 아님이리오(『황성신문』, 1899년 4월 5일)

첫 번째 인용문에서 초점이 되고 있는 타자와의 차이점은 치도(治道)이다. "눔의 나라는 사ᄅᆞᆷ이 셋만 모화셔 ᄒᆞᆫ 동리에 살아도 첫지 ᄒᆞᄂᆞᆫ 일이 치도를 ᄒᆞᄂᆞᆫ 법"인데, 죠선의 길은 좁고 오물로 뒤덮인 채 더럽고 심지어는 길 위에 집을 짓기까지 한다는 것이다. 이 논설은 서양의 치도한 모습과 조선의 그렇지 못한 모습을 대조하며 서양과 같아지도록 조선인들의 변화를 촉구한다. "죠선도 경향간에 길을 몬져 닷가야 할터인딘 눔의 나라 모양으로 아즉 돈을 만히 드려 샹등 길을 몬들 슈는 업스나 길이 넓게나 ᄒᆞ고 졍 ᄒᆞ게나 ᄒᆞ며 기쳔이나 졍히 쳐 더러온 물건이 씻겨 가게 ᄒᆞ고 길가온대 집이나 짓지 말며 대쇼변이나 길에셔 누지 못ᄒᆞ게 ᄒᆞ고 더러온 물건을 길에 ᄂᆡᄇᆞ리지 못ᄒᆞ게 ᄒᆞ면" 좋을 것이라고 한다. 즉 서양의 우월함과 조선의 미개함은 이 지점에서 치도 여부의 차이점으로 세분화되어 검토되고 있다. 서양의 치도된 모습은 조선의 지저분하고 좁은 길거리 모습을 되비추어 포착하게 하고, 문제점들을 일일이 지적하게 한다.

더더욱 중요한 것은 치도가 그 외의 다른 요소들과 인과관계로 묶일 뿐더러 그것들을 상호 연쇄시킨는 것이다. 위 인용문에서 보자면 치도는 위생(衛生)과 인민의 질병, 그리고 운수의 편리와 비용의 감소, 물가의 하락, 백성의 복지와 연관이 있다. 그러므로 문명의 여타 요소들과 인과적 연관을 맺고 있는 치도는 "부국ᄒᆞᄂᆞᆫ 근본이 되고 ᄯᅩ 빅셩의게 병이 업셔지ᄂᆞᆫ 방칙"이 되는 것이다. 논설에 따르자면 치도를 하게 되면 조선인들은 이런 인과적 관계를 자기 내부에 형성시킬 단초를 얻게 되는 것이고, 그런 만큼 치도라는 차이점은 그런 인과관계에 따라 조선인 자신의 상태를 바라보고 측정하고 반성하게 되는 범주들의 격자를 마련하게 된다고 할 수 있다. 단순히 치도 한 가지의 차이만이 반성되는 것이 아니라 치도의 여부와 연관되는 수많은 차이들도 아울러 성찰의 반경에 포함되어 그것들을 매개로 조선의 내부가 포착되고 측정될 수 있게 되는 것이다. 그러나 신문논설들에서는 치도보다는 보통 교육과 실업(實業)이 서양과 조선을 대비시키면서 아울러 연관된 문제들을 지적하는 역할을 수행한다.[14]

두 번째 인용문은 법률의 공평함에 초점을 맞추어 구미제국과 한국을 비교한다. 구미제국에서는 공정히 심리하여 법률을 집행할 뿐 관리

---

[14] 다음 논설들을 참조하라. 『독립신문』, 1896년 4월 25일; 1896년 4월 30일; 1896년 5월 12일; 1896년 5월 30일; 1896년 8월 13일; 1896년 9월 5일; 1896년 9월 15일; 1896년 10월 10일; 1896년 12월 8일; 1897년 1월 21일; 1897년 2월 13일; 1897년 5월 18일; 1897년 6월 3일; 1897년 7월 24일; 1898년 1월 6일; 1898년 1월 30일; 1898년 6월 14일. 『뎨국신문』, 1898년 9월 24일; 1898년 10월 22일; 1900년 2월 21일; 1900년 3월 1일; 1900년 3월 24일; 1901년 5월 19일; 1901년 5월 28일; 1901년 7월 26일; 1905년 4월 13일; 1905년 5월 27일; 1905년 6월 14일; 1905년 12월 22일; 1905년 12월 23일; 1906년 1월 15일; 1906년 5월 11일; 1906년 5월 12일; 1906년 7월 2일; 1906년 11월 1일; 1906년 12월 8일 『황성신문』, 1898년 9월 16일; 1898년 11월 19일; 1899년 4월 4일; 1899년 4월 15일; 1899년 5월 5일; 1899년 6월 26일; 1899년 7월 5일; 1899년 7월 6일; 1900년 1월 15일; 1900년 2월 22일; 1900년 5월 18일; 1900년 10월 25일; 1903년 6월 5일; 1906년 3월 29일; 1906년 5월 7일; 1906년 7월 28일; 1907년 12월 3일; 1908년 1월 30일.

들이 자의로 개입하지 못하며, 누구든 범법을 하면 재판을 거쳐 처벌되며, 소송과정을 민(民)이 공청할 수 있고, 관리들이 법을 어기거나 뇌물을 줄 수 없으므로, 범법 사실이 적어 산업활동이 안정되어 있는 모습이 그려지는 반면, 한국은 정반대의 모습이 펼쳐진다. 관리는 그 증거의 유무와도 관계없이 맘대로 체포하여 구금하는데다가 소송과정 역시 뇌물이 만연하여 죄가 엉뚱한 곳으로 전가되기도 하고 부채를 상환받지도 못하며, 무고자가 속출하므로, 인민이 생명의 위협을 받을 정도이고, 생업이 안정되지 못한다. 여기서 법률의 공평함이란 신분에 따른 차등적 시행을 뜻하는 것이 아니라, 모든 인민에게 무차별적으로 실행되며 합당한 증거와 원고-피고의 심문이 포함된 공개 재판을 수반하는 서구적 의미의 공평함이다. 그리고 그 공평함이 부재함에 따라 한국에는 백성의 원통과 울분이 가득하게 된다.

위 인용문들을 통해 중요하나 간과되기 쉬운 점을 확인하게 된다. 세세하게 서양과 비교하며 차이를 확인하고 대응되는 모습을 되짚는 작업을 통해 주체가 형상화하는 것은 그의 개인성이라기보다는 그가 속해 있는 공동체이다. 위의 인용문들에서 바로 알 수 있듯이, 비교의 단위는 나라(國)이다.

원래 유교의 윤리적 주체는 타자나 세계로부터 단절된 위치에서 그것들을 대상화하는 독립적 개인이 아니다. 타자들의 세계로부터 분리된 내밀한 사밀성을 향유하는 사적 개인도 되지 못한다. 그는 천하만물 중의 일물이고, 그가 연루된 다양한 관계들을 연결하는 지점이다. 그러므로 자신자신의 마땅함을 헤아리려는 주체의 윤리적 활동이 우선 개인적 영역에 펼쳐진 뒤 공동체의 문제에 관여한다고 기대한다면, 현대의 오도된 예단에 불과하다. 더욱이 제2장과 제3장에서부터 확인했듯이 '서양과의 조우'는 서양 오랑캐에 대응하는 조선 조정과 관련 지식인[士]들의 활동을 통해 시작되었으며, 그러므로 서양과 상대하여 윤리적 주체가 연루되어 있는 관계의 단위는 애초부터 국(國)이었다. 서양은 개인적 탐구가 설정한 호기심의 대상이 아니라, 조선 조정의 체면과 생존에 관련되어 윤리적 문제를 제기하는 상대였다. 서양을 문명의 지위에 올려놓는 개화 담론에서 '근대적 의미의 독립적 개인'을 거의 살펴볼 수 없다는 선행 연구(정용화, 2004; 류준필, 2004; 길진숙, 2006 등)들의 지적은 이런 점에서 조명되어야 한다. 이기적 개인을 기초적 원리로 삼아 나라를 재구성하는 것이 아니라, 서양과의 관계 속에서 나라의 면모가 재조명됨으로써 그 구성원들의 바람직한 자세가 처방되는 것이다.

그런데 서양과의 조우가 진행되는 관계의 단위인 국(國)이 서양과의 차이에 의해 그 윤곽과 얼개가 만들어짐에 따라, 가족을 원초적 유대로 하고 거기서 획득된 것들이 점차 더 넓은 사회적 맥락에서 발현되는 식의 유교윤리의 점진적 확장의 모델을 더이상 기대하기 어렵게 되었다는 점이 주목할 만하다. 방향은 오히려 역전된다. 주체는 가족과 가족 내 위치를 출발점으로 삼아 국(國)으로 나아가기보다는, 서양과의 관계 속에서 윤곽과 얼개가 잡힌 국(國)으로부터 다시 가족의 내부로 되돌아오게 된다. 다음을 보자.

① 남녀간에 혼인히라 ㅎ는 것은 평싱에 큰 관계가 잇는 일이요 다믄 혼인 ㅎ는 당즈의게만 관계가 잇는 것이 아니라 젼국에 미우 쇼즁흔 일이 혼인으로 ㅎ야 싱기며 후싱에 리히가 잇는 일이며 그 인죵에 흥망이 돌닌 일이라 그런 고로 나라믜다 혼인을 법률노 ㅁ련ㅎ야 젼국 인민이 혼인을 ㅎ랴면 졍부와 교즁 허락을 밧아야 남녀간에 부부가 되는 것인즉 셰계 각국들이 오날 늘 빅셩들이 즈쥬독립흔 ㅁ옴이 잇고 인죵이 강셩ㅎ며 신톄 골격이 츙실흔 것은 얼ㅁ큼 혼인ㅎ는 법률이 엄히 션 ㅆ닭이라 외국셔는 혼인을 허락ㅎ는 법이 첫지 남녀의 나히 ㅁ당 ㅎ여야 흘터인딕 사나히는 이십일셰 이샹이요 녀인은 십구셰 이샹이라 당쵸에 혼인ㅎ는 법이 쳥국과 대한과 곳치 몰으는

계집 아히와 몰으는 사나 아히를 다른 사롬이 즁미ㅎ야 쌱을 짓는 것이 아니라 사나히와 계집이 쟝셩ᄒᆫ 후에 뎌의 ᄌᆞ유 권으로 ᄌᆞ원ᄒᆞ야 셔로 언약ᄒᆞ고 부부가 되ᄌᆞᄒᆫ 뒤에 관정과 교당에 허락을 밧아 례법을 가쵸아 부부 되는 뎨졀을 친쳑 붕우 압헤셔 ᄒᆡᆼᄒᆞ고 그날 브터 두 몸이 ᄒᆞᆫ몸이 되야 셩샤 흥망을 ᄀᆞ치 난우는 것이라 외국은 사나히 쳐ᄂᆞ코 쟝가든 이후에 쳐ᄌᆞ를 능히 버러 먹이지 못ᄒᆞᆯ만 ᄒᆫ 사롬이 남의 쳐녀를 다려다가 ᄀᆞ치 살ᄌᆞ고 ᄒᆞ는 법은 업는 고로 대개 누구던지 혼인ᄒᆞ는 사롬은 뎨가 넉넉히 그 안히와 만일 ᄌᆞ식을 낫커드면 ᄌᆞ식을 능히 의식을 쥰비ᄒᆞ여 줄 만 ᄒᆫ 쳐디라야 혼인을 ᄒᆞ는 법이라 셜령 사롬이 지물이 업드러도 학문과 지식과 지죠와 힘이 잇셔 무론 무슴 버리를 ᄒᆞ던지 돈을 버러 그 쳐ᄌᆞ를 먹여살릴 만 ᄒᆫ 가량이 잇셔야 남의 녀ᄌᆞ더러 안히가 되야 돌나고 감히 말을 ᄒᆞ며 ᄯᅩ 누구던지 신병이 잇다던지 형셰가 업다던지 힘이 업셔 쳐ᄌᆞ를 버러먹일 쳐디가 못되면 안히 엇는 법도 업고 안히될 녀편네도 업는지라 대한은 만ᄉᆞ를 압졔로 무리ᄒᆞ게 ᄒᆞ는 것이 풍쇽이 되야 심지어 ᄌᆞ녀의 혼인ᄭᅡ지도 압졔로 식히는 고로 어린 아히들을 억지로 쌱을 지여 부부로 살나ᄒᆞ니 엇지 ᄌᆞ녀를 ᄉᆞ랑ᄒᆞ면셔 그 ᄌᆞ녀의 평셩에 크게 관계되는 일을 당ᄌᆞ의게 물어 보지도 안코 ᄒᆞ니 엇지 인졍이라 ᄒᆞ며 ᄯᅩ 그럿케 ᄒᆫ 혼인이 피챠간에 무슴 길거움이 잇스리요 그뿐이 아니라 쇼학교에셔 반졀이나 비호고 잇슬 아히들을 안히를 거나리고 남편을 다리고 살나 ᄒᆞ니 그 아히들이 무슴 지각이 잇셔 남편 노릇을 홀줄 알며 안히 노릇을 홀줄 알니요 그 아히들이 아즉 긔혈도 쟈라지 못ᄒᆞᆫ것들이 합ᄒᆞ야 아히들을 나으니 이것은 어린 아히들안테 몹쓸 학졍이요 ᄯᅩ 그 어린 아히안테셔 난 어린 아히가 무슴 쒸여난 지죠와 강ᄒᆞᆫ 톄골이 싱기리요. 그러 ᄒᆞᆫ즉 젼국 인죵이 ᄌᆞ연히 졸아져 못싱긴 인물이 만히 나는 것이 싱물학 리치에 ᄌᆞ연한 일이라 그뿐이 아니라 쇼위 사나히가 뎨몸을 쥬쳐 홀줄 몰으고 뎨 의식을 쥰비홀 셰력이 업는 터에 안히를 엇으니 이런 사롬의 쳐디는 혼인인 안락ᄒᆞᆫ 일이 아니라 셰샹에 몹쓸 고싱이 되는 일이요 (『독립신문』, 1898년 2월 12일)

②이제 우리 이천만동포 형뎨가 셩의를 효슌하야 젼일허터호 힝습은 영영 ᄇ리고 각각 기명호 신식을 쥰힝홀시 ᄉ々이 취셔되여 일신 우일신홈을 사름마다 힘쓸거시여늘 엇지하야 일향 귀먹고 눈먼병신 모양으로 구습에만 ᄲ져 잇ᄂ뇨 이거시 한심헌 일이로다 혹쟈 이목구비와 ᄉ지오관 륙톄가 남녀가 다름이 잇ᄂ가 엇지하야 병신 모양으로 사나희의 버러쥬는것만 안져먹고 평생을 심규에 쳐하야 ᄂ의 졀졔만 밧으리오 이왕에 우리보다 몬져 문명긔화헌 나라들을 보면 남녀가 동등권이 잇ᄂ지라 어려셔브터 각각학교에 ᄃ니며 각종학문을 다빅호아 이목을 널펴 중셩헌 후에 사나희와 부부지의을 결허여 평생을 살더리도 그사나희의게 일호도 압졔를 밧지 아니허고 후대홈을 밧음은 다름아니라 그학문과 지식이 사나희와 못지아니헌고로 권리도 일반이니 잇지 아름답지 아니허리오 슬프도다 젼일을 생각허면 사나희가 위력으로 녀편네를 압졔허랴고 한갓 녯글을 빙쟈하야 말허되 녀ᄌ는 안에 잇셔 밧글 말허지 말며 술과 밥을 지음이 맛당허다 허는지라 엇지허여 ᄉ지륙톄가 사나희와 일반이여늘 이ᄀᄀ흔 압졔를밧어 셰샹 형편을 알지못하고 죽은사름 모양이되리오 이져는 녯풍규를 젼폐ᄒ고 기명진보ᄒ야 우리나라도 타국과 ᄀᄀ치 녀학교를 셜립ᄒ고 각각녀아들을 보니 여각항지조를 빅호아 일후에 녀즁군ᄌ들이되게 ᄒ올ᄎ로 방즁 녀학교를 창셜허오니 유지허신 우리동포형뎨여러 녀즁영웅호걸님네들은 각각 분발지심을 내여 귀호 녀아들을 우리녀학교에 드려보닉시랴 허시거든곳 착명ᄒ시기를 ᄇ라나이다(『황셩신문』, 1898년 9월 8일)

첫 번째 인용문에서 조혼의 현실을 문제적인 것으로 비추는 것은 "사나히와 계집이 쟝셩호 후에 뎌의 ᄌ유 권으로 ᄌ원ᄒ야 셔로 언약ᄒ고 부부가 되ᄌ 호 뒤에 관졍과 교당에 허락을 밧아 례법을 가쵸아 부부 되는 뎨졀을 친척 붕우 압헤셔 힝ᄒ고 그눌 브터 두 몸이 홈몸이 되야 싱샤 흥망을 ᄀᄎ치 난우는" 외국의 혼인제도이다. 이는 서로 잘 알지도 못하는 사내아이와 계집아이를 다른 사람이 중매하여 짝을 짓는 한국의 혼인 풍습을 대조적인 것으로, 즉 야만적인 것으로 포착하게 한다. 외국의 혼인이 성인 남녀의 자유권으로 자원하는 것이라면 한국의 혼인은 "만亽를 압졔로 무리ㅎ게 ㅎ눈 것이 풍쇽이 되야 심지어 ㅈ녀의 혼인신지도 압졔로 식히눈" 일종의 학정(虐政)이다. 즉 조혼이라는 현실은 한국에 만연한 무리한 압제와 학정에 귀속되는 부분적 요소가 된다. 게다가 조혼의 풍습은 "젼국 인죵이 ㅈ연히 졸아져 못싱긴 인물이 만히 나눈 것"과도 인과관계가 있다.

두 번째 인용문 또한 문명개화한 나라들의 남녀동등권이라는 하나의 차이점은 남성에 의한 여성 압제라는 하나의 한국 현실을 비추고 있다. 한국의 여성들은 "병신 모양으로 사나희의 버러쥬눈것만 안져먹고 평생을 심규에쳐하야 눔의 졀졔만" 받는, "이ㅈ혼 압졔를 밧어 세샹 형편을 알지 못허고 죽은 사룸 모양"으로 살고 있다. 여성들이 남성들과 분리된 채 집안에서만 머물며 가사에만 전념하는 것은 예법에 맞는 마땅한 행동이기는커녕 압제받는 현실로 포착되는 것이다. 그러므로 옛 풍습을 전폐하고 타국과 같이 남녀동등권을 실현하도록 여성교육을 실시하는 것이 윤리적 의무가 된다.

이제 혼인은 가부장의 권위에 따르는 가족 내부의 문제로 머물기보다는, 나라의 문명개화의 문제에 직접 종속된다. 외국처럼 문명개화하자면, 열등한 인종을 양산할 수 있는 조혼은 절대 안될 일이며, 어린아이들을 혼인시키는 가부장은 압제를 행하는 것으로 비난받는다. 조혼은 서양과의 관계가 성립하는 나라의 수준에서 윤리적으로 배척되는 행위로 규정된다. 여성교육을 논할 때에도 여성의 지위는 가족 내부의 위치로 유폐되지 않는다. 남자는 남자대로 할 일이 있고, 여자는 여자대로 할 일이 있는 것이 도에 부합하는 아름다운 삶이라는 판단은 "병신 모양으로 사나희의 버러쥬눈것만 안져먹고 평생을 심규에 쳐하야

늠의 절제만 밧"는 것이라는 판단으로 바뀐다. 남녀가 유별한 것이 아름다운 것이 아니라, "남녀가 동등권이 잇"어 여성도 "어려셔브터 각각 학교에 드니며 각종 학문을 다빅호아" "그 학문과 지식이 사나희와 못지아니" 하고 "이목을 널펴 중성헌 후에 사나희와 부부지의을 결허여 평생을 살더리도 그사나희의게 일호도 압제를 밧지 아니허고 후대흡을 밧"는 것이야말로 아름다운 것이다. 그렇게 되어야만 한국이 서양 각국과 동등대열에 서게 될 수 있기 때문이다. 여성조차 이제 나라(國)의 단위에서 그 일차적인 지위가 규정되고 그 윤리적 의무가 할당되는 것이다. 여성은 독립적 개인은 아니되, 그렇다고 가족 안에서 그 일차적 지위와 의무가 규정되는 존재도 아닌 것이다.[15]

조선 혹은 한국의 모습이 서양과 차이나는 구체적인 세세한 요소들로써 포착되고, 정리되고 배열됨에 따라, 국(國) 내부의 작은 단위의 현실들이 그것에 맞춰 재포착되고, 재정리되고, 재배열되기 때문이다. 더욱이 그 차이들을 없애는 것이 윤리적 의무로 할당되는 한, 국(國)은 그것이 포괄하는 그 내부 관계들의 마땅함마저 다시 처방하게 된다. 서양과의 관계가 성립하는 수준인 나라(國)는 주체에게 있어 절대적으로 특권적인 단위가 된다. 나라에의 소속이야말로 주체의 의무를 규정하는 데 있어 일차적일 뿐만 아니라, 최종적인 권위를 휘두르는 단위가 된다. 개별 행위자를 우선적으로 그리고 최종적으로 나라(國)의 수준에 묶어두는 것이 이로부터 발생하게 된다.

---

15 서양과의 대응관계 하에서 조혼, 축첩을 비난하고 여성교육을 촉구하는 논설들로는 다음과 같은 것들을 살펴볼 수 있다. 『독립신문』, 1896년 4월 20일; 1896년 6월 6일; 1896년 9월 5일; 1897년 5월 18일; 1898년 1월 4일; 1898년 9월 13일. 『뎨국신문』, 1905년 4월 22일; 1907년 5월 29일 등. 『황성신문』, 1898년 9월 8일; 1898년 11월 3일; 1899년 5월 12일; 1905년 8월 14일 등.

3) 조절 가능한 차이를 만드는 데 전통이 소용되다

타자와 자기 사이에는 차이가 있고 그 차이가 있기 때문에 연결될 수 있다. 하지만 그 차이들은 정리되고 재배열되어, '장차 같아질 수 있는 잠재성을 가진 다름'으로 현상해야 한다. 현격한 차이는 윤리적 노력 여하에 따라 같아질 수도 있는, 말하자면 '조절 가능한 차이'로 변화해야 한다. 그러므로 딱 맞지는 않지만 친근한 수많은 경구들, 고사들이 차이로 연결되는 이와 같은 과정에 함께 하게 된다. 수많은 전통적 요소들이 바로 조절 가능한 차이로 만드는 도구로 소용된다. 타자와 그의 요구는 주체 자신과는 다른 것이지만, 그 자신의 것을 통해 이해되고 헤아려져야 할 대상이기 때문이다.

다음 인용문들을 보자.

① 죠션 사나희들이 쳡 엇는 거시 그르다고 이와 신문에도 여러번 말ᄒ 엿거니와 근일에 쇼문을 들은즉 사롬이 가난ᄒ고 곤궁ᄒᆯ 째에는 즈긔에 안히의 덕으로 옷도 엇어 닙고 죠석도 엇어 먹고 지내더니 조곰치라도 낫게 되야 돈푼이나 싱기거드면 그 돈을 가지고 ᄀᆞ치 고싱ᄒ던 안히ᄒ고 즐겁게 지내는 거시 인졍에도 맛당ᄒ고 의리상에도 올커눌 돈 곳 싱기거드면 ᄀᆞ치 고싱ᄒ던 안히ᄂᆞᆫ 니져 ᄇ리고 모로던 계집을 엇어 그 돈을 가지고 ᄀᆞ치 쓰고 그 안히ᄂᆞᆫ 그져 고싱만 ᄒᆞᆯ 뿐 아니라 남편이 잘 되얏다고 집안에 쳡이 ᄒᆞ나 싱겟슨즉 (…중략…) 엇지 원통ᄒ ᄆᆞ음이 업스며 말은 안니ᄒᆞ드 리도 도로혀 잘된거슬 후회ᄒᆞᆯ ᄆᆞ음이 업스리요 나라히 잘되랴면 빅셩의 집들이 화목ᄒᆞ여야 ᄒᆞᆯ터인ᄃᆡ 죠션 셔울은 안만 보드릭도 녀편네들이 은근이 눈물을 흘니는 이가 만히 잇스니 열 번에 여듧 번은 남편이 박ᄃᆡ를 흔다 든지 남편이 다른 계집을 샹관ᄒᆞᆫᄂᆞᆫ ᄭᅡᄃᆞᆰ이라 집안에 우는 녀편네가 잇고ᄂᆞᆫ 집안 일도 잘 안되ᄂᆞᆫ 법이요 그 사나희ᄂᆞᆫ 필경 하늘 지앙을 닙을 터이라

그른 일ᄒ고 ᄎᆺᄎᆺ리 잘되ᄂᆫ 일은 세계에 업스니 집안을 다스리ᄂᆫ디 그른 일을 ᄒᆡᆼᄒᄂᆫ 사ᄅᆷ은 다른 일을 맛게도 쪼 그른 일을 홀 터이요 ᄌᆞ긔의 안ᄒᆡ를 박디ᄒ고 인졍 업시 ᄒᄂᆫ 사ᄅᆷ은 ᄂᆷ의 안ᄒᆡ와 ᄂᆷ의 부인들을 박디할 계계를 당ᄒᆞ거드면 의레이 박디를 홀 터이니 이런 사ᄅᆷ들을 엇지 공과 사 간에 쓰리요 이왕에 쳥국 셩현들이 말ᄒ기도 몸을 닷가야 집을 다스린다 ᄒ고 집을 잘 다스려야 텬하를 평ᄒᆞᆫ단 말이 잇스니 문명긔화ᄒᆞᆫ 셔양 풍속은 죠션 사ᄅᆷ들이 아직 ᄌᆞ셔히 모로거니와 이런 말은 쳥국 칙에셔들 보이슬 터인디 시ᄒᆡᆼ치들 아니ᄒ니 엇지 큰 일들을 ᄒᆞ여 보리요 (…중략…) 이왕에ᄂᆫ 죠션 사ᄅᆷ들이 이 경계를 몰나스니ᄭᅡ 혹 올ᄒᆞᆫ 사나희와 겸쟌ᄒᆞᆫ 녀편네들이 쳡을 엇기도 ᄒ고 쳡 되기도 ᄒᆞ엿거니와 아마 이런 사ᄅᆷ들은 우리 말을 듯고 이왕에 ᄒᆞᆫ 일을 후회홀듯 ᄒ노라(『독립신문』, 1896년 6월 16일)

②休休子ㅣ 問曰 公의 國俗은 何如한가 一聞하기를 願하노라 答曰 吾俗을 略言之하리라 朝過를 夕改하며 昨非를 今覺하야 一善一能을 見하면 是崇是尙하며 一惡一汚를 知하면 乃洗乃滌하야 日新又新하며 日進又進함오로 人이 自强하며 國이 自强하야 開明이라 進步라 하는 浮名虛譽만 徒取함이 不是라 實地眞情에 確據가 固有하야 福利를 共享하노라 休休子ㅣ 怒曰 風氣가 各自不同하며 物理가 原有逈殊하니 秦楚의 强과 齊魯의 文을 豈可渾成이리오 答曰 否라 不然하다 先生이 支那文과 支那語를 好習하니 吾ㅣ 聞한바로 言하리라 孔子文에 不憚改라 하얏고 陸機語에 都人이 冶容하디 西施의 影은 不悅ᄒ고 乘馬班如하야 泰山의 陰을 不輟한다 하니 今에 貴國이 改하기를 憚하고 改코저 하되 改키 不能하니 此ᄂᆫ 貴國의 病이 自强의 風이 無한데 在함이라 竊爲不取하노라(『황셩신문』, 1899년 12월 9일)

③고금 동셔양 물론ᄒ고 션비 일홈ᄒᆞᆫ 사람이면 격물치지로 슈신졔가 치국평텬하ᄒᆞ난 도롤 비와 벼살에 잇던지 마던지 민국ᄉᆞ에 유익ᄒᆞᆫ 일을 힘

쓰는 바인더 우리나라 션비 위명훈쟈 — 당초에 격물치지가 무엇인지 물은즉 더구나 크고큰 치국평텬하 등수를 엇지 의론ᄒᆞ깃난가 여간 글ᄌᆞ 빈온거슨 탐학 평민ᄒᆞᄂᆞᆫ 협잡룡ᄉᆞ밧게 쓸디업고 벼살을 ᄒᆞ나 안이ᄒᆞ나 나라에 희롭고 인만압제ᄒᆞᄂᆞᆫ 일밧게 업고 평ᄉᆞᆼ쥬의ᄒᆞ고 도모ᄒᆞᄂᆞᆫ 일이 탕건쓰기가 급션무오 탕건을 쓸ᄉᆞ록 샤회상 ᄉᆞ위에 히만 깃치나니 션비라 일홈 훌 수 과연 업소 남의 나라 션비를 보시오 정치학이라 법률학이라 농상학이라 상공학이라 긔계 화학 텰학 등 허다 학문을 각기 쟝기디로 투텰이 그리치룰 알아 몰으는 거시 업게 되면 정부에서 박ᄉᆞ라 학ᄉᆞ라 ᄒᆞᄂᆞᆫ 텹지를 쥬나니 그 일홈을 가진 사롬은 벼사을 ᄒᆞ던지 못ᄒᆞ던지 민국간에 일호라도 유익훈 일 ᄒᆞ지 온ᄂᆞᆫ이가 업고 희로온 일ᄒᆞ난 사롬은 업나니 그거시 가위 션비라 ᄒᆞ깃고(『뎨국신문』, 1905년 6월 14일)

첫 번째로 인용된 『독립신문』의 논설은 축첩(蓄妾)을 비난한다. 조강지처를 놔두고 새로이 첩을 얻는 것은 인정상 마땅하지 않고 의리상 옳지도 않은 일이다. 그런데 축첩이 옳지 않다는 점을 이 논설은 『대학』의 "수신제가치국평천하(修身齊家治國平天下)"를 끌어다가 추론한다. 하지만 이러한 추론은 고식적(姑息的)인 것이다. "이왕에 쳥국 셩현들이 말ᄒᆞ기도 몸을 닷가야 집을 다ᄉᆞ린다 ᄒᆞ고 집을 잘 다ᄉᆞ려야 텬하를 평ᄒᆞᆫ단 말이 잇스니 문명 긔화훈 셔양 풍쇽은 죠션 사롬들이 아직 자셔히 모로거니와 이런 말은 쳥국 칙에셔들 보아슬 터인디 시힝치들 아니ᄒᆞ니 엇지 큰 일들을 ᄒᆞ여 보리요"라고 말하고 있기 때문이다. 축첩의 불의(不義)함은 궁극적으로 서양과의 비교에 의해 주어지지만, 수신제가치국평천하라는 익숙한 구절은 멀리 떨어져 있는 그 궁극적 기준을 가까이 끌어당겨 친근하게 만드는 역할을 하게 된다. 알기 어려운 서양 풍속을 자세히 논하지 않고 친근한 구절인 『대학』의 수신제가치국평천하만으로도 축첩이 옳지 않은 것은 손쉽게 알 수 있다는 것이다. 서양 풍속을 자세히 알기 어렵다는 데서 확인되듯, 전통과 타자 간의 거리가 분명하다면, 수신제가치국평천하는 서양이라는 기준을 옛 성현의 말씀과 같은 것으로 끌어올리는 일종의 비유(比喩)이기도 한 것이다.

『황성신문』에서 따온 두 번째 인용문은 가공의 내러티브를 구사하는 것으로서, 국문학계에서 이름지은바 '서사적 논설'(정선태, 1999)의 양식을 취하고 있다. 한국인 휴휴자(休休子)가 서양의 유명한 학사(學士)에게 서양의 풍속을 묻자, 서양인 학자는 좋은 것을 숭상하고 나쁜 것을 바꾸고 고쳐 쉼없이 진보하고 자강한다고 대답한다. 휴휴자가 풍기가 서로 달라 모방할 수 없다고 말하자, 이 서양인 학자는 휴휴자가 중국 글과 말만 좋아하니 그것을 인용하겠다면서 "孔子文에 不憚改라"고 말한다. 그런데『논어』「學而」8장과「子罕」24장에 나오는 문구는 '不憚改'가 아니라 '過則勿憚改'이다. 서양인 학자는 서양 풍속의 일신우일신(日新又日新)을 가리키는 데 있어 공자의 말이 딱 들어맞지 않음을 알고 있을뿐더러 잘못 인용하는 것으로 보아 공자의 말을 신성히 여기지도 않는다. 그래도 딱 들어맞지도 않고 깊이 숭상하지도 않지만 공자의 말은 서양의 풍속이 어떠한 것인지를 친근하게 만들고 또한 성인의 도의 반열에 올리는 유비적 도구로서의 역할을 하고 있는 것이다. 첫 번째 인용문의 수신제가치국평천하와 역할이 같다.

세 번째 인용문에서는 선비(士)가 바로 그러한 역할을 한다. 서양의 정치학, 법률학 등 각종 학문들은 "남의 나라 션비"들이 "격물치지로 슈신제가 치국평텬하ᄒ난 도"를 궁구한 것이다. 서양의 학문은 '선비'라는 단어로써 가까이 끌어당겨짐으로써, 비록 차이가 있지만 언젠가는 접근할 수도 있는 것이 된다. 물론 주체는 서양의 학자와 전통적 선비 간의 거리를 감지한다. "벼슬을 ᄒ던지 못ᄒ던지 민국간에 일호라도 유익ᄒᆫ 일 ᄒ지 ᄋ녀는이가 업고 히로온 일ᄒ난 사름은 업"는 서양의 학자들은 "가위 션비라 ᄒ깃"다고 말하고 있기 때문이다. 서양의 학자들은 가위(可謂) 선비라 할 만하거나, 혹은 선비라는 말은 딱 들어맞지는 않지만 서양 학자들의 활동을 가리키는 용어로써 전용될 수 있다는 것이다. 서양의 학자를 선비로 지칭하고 서양의 학문을 일종의 격물치지로 보는 것은 이 시기에 종종 보이는 이해방법이다.[16]

이 시기 『황성신문』에는 변통(變通)이나 신구참작(新舊參酌)의 수사로 서양식 기계와 제도 도입을 정당화하는 논의들이 눈에 띈다. 그러나 변통이나 신구참작은 서양식 문물 도입을 정당화하는 이론적 출발점이라기보다는 서양과의 대응관계가 성립하도록 압도적인 차이를 조절 가능한 수준으로 들어맞추기 위한 도구로 기능한다. 이들 논설에서 변통은 신성한 도와 부합하도록 변화하는 기수에 맞춰 기물을 변화시킨다는 경전상의 의미로부터 후퇴해 있다. 예컨대 다음 논설을 보라.

本記者난 於舊學新法에 俱極鹵莽하야 未免夏虫井蛙之譏로더 近日敝風이 頑固之人은 錮性於舊習하야 欲以蒼蒼古古之詩云禮云으로 措諸今日之政治事業하니 是可謂學孔孟之道者歟아 如此之人은 雖畢生讀書하며 皓首窮經이라도 不過腐儒曲士의 迂踈癎陋而已라 實與孔孟之道로난 相去天淵也니 惡足曰有體有用之學而能知隨時之義者哉며 又或粗識外國之人은 見腐儒曲士之如彼癎陋하고 便謂孔孟之道난 實不外此라하야 毫不屑意하고 只知西術之爲貴하니 嗚乎라 是二者ㅣ 俱不足以知聖人之達道오 亦不足以語學問之眞理也니 聖人之道ㅣ 豈若死物而不活動哉며 聖人之學이 豈若空花而無實用哉아 夫膠守舊習에 不知變通하야 以前儒之訓詁와 先賢之糟粕으로 孜孜繼晷하며 兀兀窮年者난 以其精神心力으로 無端虛費於無用之箋註하고 浪擲光陰於白駒之隙하야 倐忽泯滅□ 寧不可哀而可悶哉아 莫若移此心力하야 講究於格致理化之學而體用兼備하며 新舊互資라야 乃可曰 善學孔孟者

也오 其從事於新學之人이라도 毋論何等學術하고 必先培養其道德心하야
使仁義道德으로 爲之根本然後에 方可成就有用之器니 近日 各學校之生徒ㅣ
或能解外國言語하며 或能通外國文字하야 雖其卒業成材之人이라도 若不以
義理道德으로 爲其培養之根柢 則畢竟은 成就了一個浮薄少年而已오 不識
仁義禮智와 孝悌忠信이 爲何件物事 則愛國之誠이 從何而生乎며 道德之心
이 從何而發乎아 由是로 外國之人은 各隨其國所尙之宗敎하야 必先培養其
根本者ㅣ 此也어늘 我國은 其存尙者ㅣ 雖曰孔孟之敎나 夷考其行爲則實違背
於孔孟之道하야 六經之旨난 歸之文具하고 仁義之說은 視若茶飯이니 豈國
家所以敎育人才之義務歟아 盖六經之書난 其文義深奧하야 多有難解之患하
고 又有章句註脚之頻紛複雜하야 若要窮微極蘊인딘 果非二三年可盡之事나
然而非必若白首窮經者之爲라 只就其簡單旨義하야 讀誦而服膺然後에 可以
成就其德器矣오 不歸於輕薄者之誚矣리니 嗚乎敎敎者난 宜用力而勉之也夫
인저(『황성신문』, 1904년 4월 30일)

위 글은 공맹의 도가 구습에 얽매여 변통(變通)을 모르는 것이 아니
며, 당대에도 여전히 살아 있는 것이라고 말한다. "聖人之道ㅣ 豈若死
物而不活動哉며 聖人之學이 豈若空花而無實用哉아"라고 일갈하는 것이
다. 나아가 이 논설은 신구참작(新舊參酌)을 주장하고 있다. 신학을
배우는 사람도 먼저 그 의리와 도덕으로 그 근본을 배양해야지만 애국
할 수 있는 유용한 그릇[有用之器]으로 성장할 수 있다는 것이다. 여기서
신구참작은 경전을 세밀하게 독해하여 서양의 제도와의 연결점을 심
오하게 궁구함을 요청하지는 않는다. 경전의 자구들을 세밀하게 독해
하는 것이 소견 좁은 부유(腐儒)들의 거동으로 비난될 때,[17] 논설의 화

---

17 유교적 변통론과 신구참작을 소리높여 주장하는 『황성신문』의 논설들은 경전을 자구
대로 적용하는 것을 겉만 번드레한 문구(文具)를 숭상하는 행동으로 비난하고 있다.
문(文)을 극도로 추구하면 문약(文弱)으로 흘러 멸국의 원인이 되니, 무실(務實)에 신
경써야 한다는 요지의 장지연의 「文弱之弊」는 대표적이다. "盖文也者난 政治制度之

자는 경전이 자구대로 적용될 수 없음을 이미 감지하고 있다. 더욱이 경전의 의미는 너무나 심오하고 어려워서 2~3년 안에 다 해독할 만한 것이 아니라고 한다. 다만 그 취지를 간단하게 취해서 덕을 쌓는 것이 필요할 따름이다. "盖六經之書난 其文義深奧하야 多有難解之患하고 又有章句註脚之頻紛複雜하야 若要窮微極蘊인된 果非二三年可盡之事나 然而非必若白首窮經者之爲라 只就其簡單旨義하야 讀誦而服膺然後에 可以成就其德器矣오"

요컨대 주체는 공맹의 도에 확고히 입각해서 새것을 받아들이기보다는 새것을 수용하는 것을 의무로 삼는 가운데, 공맹의 도의 간단 취지를 전용하여 이해한다. 이 논설에서의 신구참작이란 유교의 인의예지(仁義禮智)와 효제충신(孝悌忠信)을 애국심을 배양할 수 있는 기본적인 '수양(修養)'의 기술로 사용하는 것이고, 그것은 서양인들도 종교를 가지고 도덕심을 배양하기 때문에 온당한 것으로 여겨지는 것이다. 다시 말해 이 논설의 화자가 아무리 변통론을 능란하게 구사하고 신구참작을 소리 높여 주장한다 해도,[18] 공맹의 도는 수신으로부터 평천하에 이르기까지 천하만물의 당연한 도리를 알려준다기보다는, 서양에서 종교가 하는 역할에 상응하는 도구로 사용되고 있다.

그러므로 유교에 대해 배척하는 견해를 내보이고 있는 다음 논설과

具也라 文化之盛에 煥乎其章ᄒ며 郁乎其明ᄒ야 光輝燦爛에 發越炫耀故로 稱政治邦隆之跡을 必曰文明이라ᄒ고 讚風化休美之效를 必曰文化라ᄒ느니 邦國之大와 社會之衆과 以至一家一身之私히 非此면 無以維持成立ᄒ리ᄂ 夫文也者난 誠不可斯須去之者也로다 雖然이나 尙文之極則其幣也ᅵ 亦足以亡國滅種ᄒ느니 其故曷哉오 盖文勝則禮繁ᄒ고 禮繁則詐僞興ᄒ고 詐僞興則其國이 亂ᄒ리니 亂者난 亡之本也오 文盛則俗淪ᄒ고 俗淪則民志懦ᄒ고 民志懦則其國弱하리니 弱者난 滅之源也라 故로 曰國之隆興도 必由於文治니 國之亡滅도 亦由於文弊라하노니 嗚乎라 是豈文之罪哉아마난 亦不得不歸罪於文也로다 (…중략…) 皆由於文弱之爲弊而終歸於消磨鑠盡也 是以로 孔子ᅵ 有文質寧野之訓而禮貴務實者也로다('『황성신문』, 1904년 12월 2일)

18 그밖에 『황성신문』, 1899년 4월 27일; 1899년 7월 1일; 1899년 8월 16일; 1904년 4월 29일 등 참조.

유교와 기독교를 차이나게 대응시켜 공동체의 윤곽을 그리고 나아갈 바를 제시하고자 한다는 점에서는 사실상 같다.

> 죠선과 청국셔 공ᄌ교가 잇스나 공ᄌ교는 교라 닐홀거시 아닌거시 다만 정치학과 슈신 제가 ᄒ는 법과 치국 ᄒ는 법과 힝동 거지를 말훈 학문이라 공ᄌ의 교 ᄒ는 사룸들은 공ᄌ님을 큰 션셩으로는 대졉을 홀지언졍 공ᄌ님을 밋고 공ᄌ님끠 긔도 ᄒ야 공ᄌ님의 덕턱으로 하ᄂ님끠 보호를 밧으면 텬당에를 죽은 후에 간다는 말은 업슨즉 후셩 일은 도모지 공ᄌ님이 ᄒ신 일이 업고 다만 금셩에셔 엇디케 살나는 학문만 말ᄒ얏스니 교라 닐홀거시 아니요 셰샹 사룸의게 닐녀 준 학문이라 공ᄌ교 ᄒ는 나라에셔들은 모하메든 교 ᄒ는 사룸들과 ᄀᆺ치 훈 사내히가 여러 계집을 음란히 ᄒ는 거슬 허락 ᄒ얏고 공ᄌ교 ᄒ는 나라들은 다만 청국과 죠션인디 지금 셰계에 그리 부강훈 나라히 아니요 열니기를 다만 반만 열녀 셰계 샹에 반기화국 자리에 잇더라 (…중략…) 구미 각국에셔는 모도 크리씨도 교를 ᄒ는디 그중에 혹 구교ᄒ는 이도 잇고 신교 ᄒ는 이도 잇는디(『독립신문』, 1897년 1월 26일)

유교는 서양의 종교인 기독교와의 비교 속에서 이야기된다. 위『황성신문』의 논설과 다른 것은 서양의 종교와 유교 간의 거리를 훨씬 더 넓게 벌리고 있다는 점이다. 유교는 공자교라 일컬을 만큼 종교 비슷한 것이되 현세만 신경쓰는 한 실상 '교'라고 일컬을 것이 못된다는 것이다. 역시 전통적 요소들은 서양과의 유비적 대응관계 속에서 기능할 수 있도록 정렬되고 있는 것이다.

이상 앞에서 살펴본바, 수치와 분의 표현들이 두드러지고 유비적 대응관계를 전개하고 있는 일련의 논설들을 하나의 담론형성체로 분류하고자 한다. 이 담론형성체를 편의적으로 '수치-분 담론'이라고 부르도록 하자. 이 담론형성체의 내부 구조를 징리하사면 다음과 같다.

⊙ 서양과의 관계에서 수치스러워하고 분해하는 주체는 서양과의 차이를 감지하고 그 차이를 없애려는 활동에 복무한다. 차이 속에 존재하지만 그 차이를 온당치 못한 것으로 간주하여 없애고자 하므로 주체의 자세는 기본적으로 윤리적이다. 그러나 수치와 결합한 분은 그 윤리성을 무화할 동력을 갖고 있다. ⓒ 이런 활동 속에서 서양과 주체는 국(國)의 수준에서 대응관계를 이루게 된다. 차이점들을 확인하고 초점화하며, 그런 차이점들이 일종의 범주 역할을 함으로써 한국의 현실들을 정렬하고 재배치하여 새로이 형상화한다. 이에 따라 나라의 윤곽과 얼개가 다시 짜이고, 나라 아래의 작은 단위들이 그에 맞춰 재포착되고 재배열됨으로써, 나라는 주체의 의무를 규정하는 데 있어 대단히 특권적인 단위가 된다. 차이 속에 존재하지만 그 차이를 온당치 못한 것으로 간주하는 주체에게 나라의 윤곽과 얼개가 다시 그려지는 이런 형상화는 자신의 의무를 정하는 윤리적 활동의 일환이다. 그리고 ⓒ 차이들을 정렬하여 대응관계를 형성하는 과정에 전통의 요소들이 차이를 조절 가능하게 하는 도구들로 이용된다. 경전의 문구와 같은 전통은 그 자체로 긍정되기보다는 서양과의 대응관계가 성립될 수 있도록 차이들을 어느정도 감쇄(減殺)하는 역할을 통해 긍정되는 것이다. 애초 서양과의 윤리적 관계가 전통적 요소의 활용을 통해 가능해졌다면, 이제 서양과의 관계는 전통적 요소들에게 새로운 자리를 지정해주고 있는 것이다. 그것은 서양과의 관계에서 주체의 의무를 제시하고 인도해주는 그 효력에 의해 의의를 부여받는다.

이 담론형성체에서도 역시 관계적 주체성의 양식이 가동되고 있다. 주체는 서양과 차이나는 위치에서 존속하며, 서양의 평가를 자기자신 속에 받아들이고 환기함으로써 자신의 상(相), 그리고 자신이 속한 공동체의 상을 본다. 주체는 독립적이기보다는 관계적이며, 주체의 위치와 그의 자아는 언제나 타자의 것과 연루되어 있다는 인정을 수반하면서 구성된다. 타자와 거리 혹은 차이를 두고 있지만, 그 자신이 분별력을 가진 자로 존립하는 데 있어 차이나는 타자의 관계는 필요불가결하다. 그래서 타자들과 무관한 공평한 심판관의 위치에서 서양을 평가하기보다는 서양의 인정을 받을 수 있도록 자기자신을 단련하는 데에 자신의 의무를 설정한다. 그리고 서양은 근접해서 공존하는 구체적인 타자성을 잃지 않는다.

하지만 타자와의 차이 속에 있으면서 그 차이를 무화하려는 주체의 위치는 그의 자존감을 상시적으로 충족 불능의 상태로 만들어놓는다. 주체는 항상 서양에게 수치를 당하고 침해를 당한다. 그리고 이 상시적인 체면 손상은 주체에게 그가 자리잡은 서양과의 윤리적 관계 전반을 무화할 동력을 갖고 있다.

3. 백성의 분을 토대로
백성과 하나의 단위로 묶이려고 하다

서양과 연결되려는 주체에게는 그가 속할 공동체의 윤곽과 얼개 또한 서양과의 유비적 연결 속에 형성된다고 할 수 있다. 서양과의 차이를 짚고 비교하는 가운데 나라 수준에서 대응관계가 형성됨으로써, 공동체의 윤곽은 가상된다. 그러나 이런 공동체의 가상이 있다고 해서 주체와 그의 동료 백성들이 하나의 공동체로 자동 묶이는 것은 아니다. 주체가 나라 수준에서 서양과 대응되는 것은 그의 동료 백성들과의 관계를 잠시 젖혀두고도 이루어질 수 있다. 하지만 서양에 비교될 만한 나라를 이루기 위해서는 서양과의 연결축 외에 주체 자신과 그의 동포들과의 연결축이 필요하다. 주체는 나라의 같은 구성원인 그의 동포들을 발견하고 불러내야 할 뿐만 아니라, 또 그 자신도 그들과 함께 하나의 단위에 속한다는 것을 스스로에게도 확신시킬 수 있어야 한다. 이 과정은 어떻게 이루어지는가?

백성과의 연대 과정의 요소들은 복잡다양할 수 있다. 이 책에서는 그 중에서도 수치와 분이라는 요소가 활용되는 장면에 집중한다. 수치와 분의 요소를 가지고 서양과의 관계가 성립되었다면, 주체와 그의 동료 백성들 간의 관계도 그 요소들과의 연관 아래서 해명될 수 있다. 서양과의 차이를 지시하고 닮아갈 것을 스스로에게 요구하는 주체의 주요 요소였던 수치와 분이, 주체가 다른 동포들을 호명하고 그들과 연대하여 동질적 단위로 묶이는 과정에 어떻게 기여하는가를 살펴보고자 한다.

1) 백성과의 격절과 불통을 문제 삼다

1880년대 이래 서양이 윤리적 상대자이자 모방 대상으로 떠오르는 한, 그리고 그 서양 나라들이 백성을 충분히 동원하고 있는 한, 조선도 서양과 같이 백성과의 밀접한 관계를 유지해야 한다는 것은 분명했다. 서양 백성들은 총명해서 나라 일을 자기 일과 같이 생각한다는 것이다. 하지만 백성에게 붙여진 오래된 무지몽매의 꼬리표를 생각한다면 조선 백성들이 예의와 염치를 아는 선비와 같이 나라 일을 생각한다는 것은 조선에서는 상상하기 힘든 것이었다. 조선의 백성들이 이렇게 되기 위해서는 뭔가 변형의 조처가 필요하다. 교육은 이 변형의 마술이다. 박영효의 「건백서」[19]나 『한성순보』, 『한성주보』에서는 백성을 교화·

---

19 예컨대 다음 구절을 보라 "若政府 只有罰人之政 而無教人之政 則此所謂 驅民入阱也 (…중략…) 凡人進文明 則知服從於政府之義及不可服從之義 而亦知不可服從於他

교육시켜 만국간 경쟁에 동원하려고 한다. 하지만 최초의 민간신문인 『독립신문』 간행 당시에도 백성은 교육받은 대상으로 나타나지 않았다. 『독립신문』을 비롯한 민간신문들은 관료들조차 무식하다고 비판했다.[20] 주체는 서양과의 대조 속에 마땅히 변화되어야 할 나라의 모습들을 지적하는데, 이중 백성의 무지는 흔히 지적된다. 백성의 무지, 무례, 가난, 불결 모든 것이 문제가 된다. 더욱 큰 문제는 이것이다. 논설의 화자는 수치와 분을 통해 서양과 차이나는 점들이 잘못이고 고쳐져야 할 것임을 깨닫고 있지만, 백성들은 그것이 수치스럽고 분한 것임을 모른다. 그 무지와 불통의 벽을 어떻게 넘는가? 앞에서도 보았지만, 논설들은 한국인들이 서양인들의 부강하고 번성한 모습들을 보면서도 수치스러워하거나 분해할 줄 모른다고 끊임없이 개탄한다.

　　① 무론 어늬 나라 사름이든지 죠션 와셔 사는 이는 즉 죠션 인민의 손님이라 쥬인 되여셔 집에 오신 손님을 박디ᄒ든지 희하든지 ᄒᄂᆞᆫ 거슨 야만에 일이요 쏘 손님이 죠션 인민을 졈잔흔 쥬인으로 디졉 아니ᄒ고 무례흔 일을 홀터이니 죠션 젼국이 그 희를 닙을 터이라 시방 죠션이 강치도 못ᄒ

國之義 此無他 知禮義廉恥之故也 是故未開無識之民 蠢愚懶惰 故能忍壓制之暴政而安之 開明識理之民英慧剛毅 故不服束縛之政而動之 是故 若欲固君權之無限 則不如使人民至癡愚 癡愚則殘弱 可以固君之專權 然民愚而弱 則國亦隨而弱 故天下萬國同愚弱 然後可以保其國安其位 然此空言 豈有其實"(「박영효 건백서」, 229~230쪽)

20　다음과 같은 구설에서 이 점이 잘 확인된다. "죠션이 이러흔거슨 다름아니라 관인과 빅셩이 무식흔고로 몰나셔 훌일도 아니ᄒ고 안홀 일도 ᄒᄂᆞᆫ거시니 실샹을 싱각ᄒ면 잘못ᄒ다고 쵝망ᄒ기가 무리흔지라 (…중략…) 죠션 사름들은 겨우 비호ᄂᆞᆫ거시 한문만 조곰 비화 가지고 그것만 밋고 춍리대신 노릇도 ᄒ랴고 ᄒ고 각젼 시정 노릇도 ᄒ랴고 ᄒ며 륙군 대쟝 노릇도 ᄒ랴고 ᄒ고 빅셩 다스리는 법관 노릇도 ᄒ랴고 ᄒ즉 그 한문 학문만 가지고는 이 셰샹에 아모일도 ᄒ기 어려운 거시(…하략…)"(『독립신문』, 1896년 4월 25일) 그밖에 『독립신문』, 1896년 9월 5일; 1896년 10월 20일; 1896년 11월 28일; 1897년 2월 13일; 1897년 2월 20일; 1897년 2월 23일; 『황성신문』, 1898년 9월 12일; 1898년 9월 15일; 1898년 9월 30일; 1899년 4월 15일; 1899년 4월 27일; 1899년 4월 28일; 1899년 9월 13일 등 다수의 논설에 이와 같은 내용이 피력되어 있다.

고 부요치도 못ᄒ며 인민이 도탄중에 잇ᄂ거슨 다름아니라 죠션 사름들이 나라를 위ᄒᄂ 모음이 업고 다만 졔몸에 당장 유익ᄒ 거슬 취ᄒ여 뎌희 동국 인민을 히ᄒ랴 ᄒ며 서로 뎌희끼리 싸호니 필경은 져ᄭᅵ 희를 닙고 쏘 나라는 어언간에 졈졈 약ᄒ고 취리ᄒ일과 싱지ᄒ 방칙은 히마다 젹어지니 이게 엇지 한심치 아니리요 시방 이ᄯᅢ는 동국 인민끼리 서로 싸홈ᄒ 째가 아니라 서로 돕고 서로 보호ᄒ고 서로 ᄉ랑ᄒ야 죠션이 외국 인민의게 강ᄒ게도 뵈일 터이니 그런 고로 죠션 인민이 눔의게 대졉도 바들터이홈(『독립신문』, 1896년 4월 9일)

② 기화가 되여 녯법을 너버리고 눔의 문명ᄒ 학문을 싸라 실상 유죠ᄒ 일을 힝ᄒ엿스면 빅셩이 편안ᄒ고 군ᄉ가 강ᄒ여 셰계에 상등국이 될거슬 알면셔도 못되는 거시 쏘ᄒ 나 ᄒ나 ᄶᅥ문이오 나라에 벼슬 ᄒᄂ 이가 올흔 일을 알고도 짐짓 그른 일을 힝ᄒ야 내 나라에 슈치를 끼치고 셰계에 우슴 거리가 되게 ᄒᄂ 것도 나 ᄒ나 ᄶᅥ문이오 (…중략…) 지금 셔양 형셰가 졈 졈 동으로 벗어 나와 나라에 위퇴홈이 죠셕에 잇스되 걱졍ᄒᄂ 사름이 멋 치 못되는 것도 나 ᄒ나 ᄶᅥ문이라(『뎨국신문』, 1898년 8월 24일)

③ 외국 친구들이 흔히 말ᄒ기를 죠션 사름은 분ᄒ고 붓그러운 쥴을 모 른다고 ᄒ거늘 (…중략…) 그러ᄒ나 신문샤에 날마다 드러오는 편지를 보 면 무비 분ᄒ고 원통ᄒ다 ᄒ야 눔을 시비ᄒᄂ 것ᄲᅵᆫ즉 이거슬 보면 분ᄒ 쥴 아는 모음이 업ᄂ 거슨 아니나 엇던 일이 참 분ᄒ 거신지를 모로는 ᄶᅥ문 에 길에서 외국 무리ᄒ 사름이 내 나라 동포를 무단히 욕보이ᄂ 거슬 보면 그런디는 분히 넉일 쥴 모르고 다만 즈긔 몸에 닷치ᄂ 일이 잇셔야 비로소 분ᄒ고 원통하다 ᄒ니(『뎨국신문』, 1898년 8월 31일)

위 인용문들에 따르면 조선 사람들은 나라를 위하는 마음이 없고 다만 자기에게 당장 유익한 것을 찾아 서로 침해하기에 여념이 없다. 그리고 자기가 당한 일에는 분하고 원통한 마음이 있으나 동포가 외국인에게 욕보이는 일을 당하면 분하게 여길 줄을 모른다. 그래서 두 번째 인용문은 문명한 학문을 안해서 개진하지 못하는 것, 관리가 부정한 것, 나라 사정이 위태로운 것 모두가 '나 하나 때문'이라고 생각해보자고 권유한다.

이른바 근대적 의미의 민족적 정체성(national identity)이 가족적·신분적 관계를 넘어 어떤 나라의 백성이라는 추상적인 공동체에 직접 귀속되는 것이라면(酒井直樹, 2003), 이런 의미의 국민적 정체성이 미비함을 질타하는 것이다. 소속된 나라의 공통성이, 혹은 그 나라가 겪고 있는 고통이 백성간의 유대를 자동으로 낳지는 않는다. 조선 혹은 한국이라는 나라가 만국 사이에 존재하고 그 안의 사건들을 매일 하나의 신문지면 안에서 보도하며, 백성이 조선 백성임을 인지시키는 것만으로, 다시 말해 조선이나 한국이라는 사회적 유기체가 존재한다는 것만으로 그 구성원들 사이에 운명적 연대가 창출된다고 볼 수 없다는 것이다.

신문은 교육의 매체이고, 계몽의 말투를 구사한다. 논설의 화자와 청자 사이에는 아는 자와 모르는 자, 각성된 자와 몽매한 자의 관계가 성립한다. 새로운 교육의 매체인, 신문을 보게 하기 위해서는 무지한 그들이 알아들을 수 있는 말로 알려주는 것이 필요하다. 국문 및 국한문 사용은 그 획기적 조처라고 할 수 있다. 국문 사용을 알리는 『독립신문』의 창립 논설은 이 점을 분명히 인지하고 있다.

> 우리 신문이 한문은 아니쓰고 다만 국문으로만 쓰는 거슨 샹하귀쳔이 다 보게 홈이라 쏘 국문을 이러케 귀졀을 쎄여쓴즉 아모라도 이 신문 보기가 쉽고 신문 속에 잇는 말을 자셰이 알어보게 홈이라 각국에셔는 사름들이 남녀 무론ᄒ고 본국 국문을 몬져 빅화 능통ᄒ후에야 외국 글을 빅오는 법

인딕 죠션셔는 죠션 국문은 아니 비오드리도 한문만 공부 하는 싸닭에 국문을 잘 아는 사름이 드물미라 죠션 국문 하고 한문 하고 비교 하여 보면 죠션국문이 한문보다 얼마나 나흔거시 무어신고 하니 첫지는 비호기가 쉬흔이 됴흔 글이요 둘지는 이 글이 죠션 글이니 죠션 인민들이 알어셔 빅소을 한문딕신 국문으로 써야 상하귀쳔이 모도 보고 알어보기가 쉬흘터이라 (『독립신문』, 1896년 4월 7일)

하지만 그 이상의 것도 필요하다. 쉽게 읽을 수 있는 문자를 써서 알려준다는 것만으로 그들을 초대할 수는 없다. 그러므로 글을 읽을 수 있다 해도, 나라의 수치와 분을 감지하고 국(國)의 단위에서 자신의 의무와 정체성을 수립하는 것은 보장되지 않는다. 다음 인용문들을 보건대 논설의 화자들은 백성들이 손쉽게 불러낼 수 있는 대상이 아님을 인지하고 있다. 백성들에게 이야기를 건네기에는 그 사이의 격절이 너무나 크다.

① 관찰스와 원이라 하는것슨 님군이 빅셩의게 보내신 소신이요 법 직히는 빅셩의게 죵이요 무법한 빅셩의게 법관이라 소신의 직무는 무엇신고 하니 소신 보낸 이와 소신 밧는 이 소이에 교제를 친밀히 하자는 거시요 양편 소졍을 통귀 하야 서로 알게 하는 거신딕 관찰소나 원이 되거드면 님군이 빅셩의게 보내신 소신인즉 군민간에 교제가 친밀히 되는거슬 힘쓸터이요 정부에 빅셩의게 자셰히 젼 하고 빅셩의 사졍을 정부에 자셰히 긔별 하야 정부에셔는 빅셩의 일을 알게 하고 빅셩은 정부에 일을 알게 하야 정부와 빅셩이 서로 통졍 하거드면 정부에셔는 빅셩을 도와줄 싱각이 스스로 싱길거시요 (『독립신문』, 1896년 4월 16일)

② 정부와 빅셩 소이에 졍이 통치 못 하면 아모리 정부에셔 올흔 일을 하

고 빅성을 정돈케 하랴도 일이 되지 못홀 터이요 빅성이 아모리 원통훈 일이 잇드리도 정부에셔 알 길이 업슬 터이니 엇지 정부와 빅성이 화목히 지내리요(『독립신문』, 1896년 5월 26일)

③ 쪼훈 관인된 쟈가 빅성의 고혈을 글게 된 ᄭᆞ닭이 잇스니 (…중략…) 즈긔가 어려셔브터 비훈 학문이 업슨즉 벼슬 아니 ᄒᆞ면 다른 버리 홀 것이 업슬 쑨 아니라 요힝이 즈긔가 벼슬을 홀진더 스스로 싱각ᄒᆞ되 내가 이 벼슬을 쟝구히 가지기가 쉽지 못한즉 만일 벼슬이 쩌러진즉 무슴 버리 홀 것이 업스니 아모죠록 이 긔회를 일치 말고 엇더케 돈을 글거 모아 가지고 이 벼슬 같으면 즈긔 집안 식구와 ᄀᆞ치 먹고살 경영이라 이 몃몃 가지가 잇는 ᄭᆞ닭에 대한 사룸들은 흔이 디방관 가기를 원ᄒᆞᄂᆞᆫ 비라 인민이 그 희를 밧음으로 원망이 잇셔셔 국닉가 향상 분울ᄒᆞ니 이 폐막을 막기 전에는 나라이 틱평ᄒᆞ기를 볼ᄋᆞ지 못홀터이니 이 폐막을 교구홀 방칙이 어더 잇는지 싱각홀지어다(『독립신문』, 1899년 3월 31일)

④ 盖奸黨之蠹國病民하야 致令人心憤鬱者를 一一摘發勘罪하야 肅淸朝網이면 一邊則爽快也어니와 我政府ㅣ 平日所爲가 不服人心을 胡至此極이완디 至使萬姓離心하야 反喜外兵之入城乎(『황성신문』, 1904년 2월 29일)

첫 번째 인용문에서 관찰사와 원 같은 지방관은 임금과 백성 사이를 중재하는 사신(使臣)과 같은 역할을 한다. 다른 풍습과 언어를 가진 외국과 교제하고자 할 때 외교관이라는 매개가 필요한 것처럼 백성과 임금의 교제에 그 매개자의 역할이 중요한 법이라면, 군민간의 거리는 그리 가깝지 않다. 군민간의 거리는 흡사 외국과 조선 사이의 외교적 거리만큼 먼 것이다. 그러므로 정부와 백성의 결합은 그들 사이의 통정(通情)이라는 용어로써 표현된다. 고전 한문에서 정(情)이란 외물에 감촉하여 일어나는 마음의 작용이다. 성리학에서 정은 천부된 마음의 바탕을 뜻하는 성(性)과는 대별되는 말이다. 통정은 주로 남녀와 같이 이질적인 양자가 접촉하여 마음이 감응하고 통하는 역동적인 과정을 가리키게 된다. 그런데 군민간에 통정이 필요하다고 말할 만큼, 정부와 백성은 통정이 되지 않고 격절되어 있는 상태다. 두 번째 인용문에 따르면, 군민간에 통정이 되지 않으면 정부는 백성의 사정을 모르고 백성은 정부의 선한 정책을 알지 못한다.

세 번째, 네 번째 인용문에 따르면, 군민간에 사신 노릇을 해야 할 관인이 백성의 고혈을 빨아 사리사욕을 채우기에 여념이 없을 때 그 해를 받는 백성에게는 원통(冤痛)한 일이 쌓이고 나라 안은 항상 분울(憤鬱)한 폐막(弊瘼)이 있게 된다. 네 번째 인용문에서 간당(奸黨)은 나라를 좀먹고 백성을 병들게 하며[蠱國病民] 사람의 마음을 꽉 막히고 답답한 분울의 상태로 몰아넣는[致令人心憤鬱] 자로 묘사되고 있다. 그래서 저들을 일일이 적발하여 숙청(肅淸)할 수 있을 때, 백성들은 오랜 울분을 방출하여 해소함으로써 상쾌(爽快)함을 맛볼 수 있게 된다. 여기서도 백성의 분울은 통정의 반대항으로 드러나고, 분의 해소를 위한 충동은 매우 크다. 분은 간당과 부패한 관리를 집요하게 겨냥하며, 그런 방식으로의 방출을 향해 정력적으로 달려가고 있다. 논설의 필자는 이런 방출 방향이 너무나 강력하기 때문에 인심의 향배가 러일전쟁 중 출병한 일본인을 보고 기뻐할 정도라고 한탄한다. 말하자면 통정이 되지 않아 막혀 있을 때, 백성에게는 원통이, 나라 전체에는 분울의 병이 생기는 것이다. 탐관오리의 패악을 공격하는 이 논설들을 읽는 자가 여기에 공감한다면, 그는 또한 이 분울의 질병이라는 사실 속에 있다.

다음 인용문에 따르면 한국 내 모든 사람들이 꽉 막힌 울(鬱)의 질병을 앓고 있다. 울분으로 표현되는, 소통되지 않는 공통성이 한국이라는 나라와 그 사람들 전체를 특징짓는다는 역설적 면모가 그려지고 있다.

鬱之字義가 有五ᄒ니 弸而不□ᄒ며 積而不散ᄒ며 滯而不通ᄒ며 塞而不流
ᄒ며 幽而不暢이 是也라 故로 於天에 有風雷之鬱ᄒ고 於地에 有草木之鬱ᄒ
고 於人에 有心氣之鬱이라 不必枚論이오 但 擧其心氣之鬱而論之컨니 其目
이 有四ᄒ니 曰憤鬱 曰膈鬱 曰抑鬱 曰湮鬱이니 方今 擧世之人이 莫不有是
病이라 何以然之오 大抵 內勢岌業ᄒ고 外虞鴛張이라도 非不有自保自强之策
이언마는 擧皆越視ᄒ야 不能奮勵ᄒ니 是曰 憤鬱이오 上聰이 未及下究ᄒ며
下情이 不能上達ᄒ야 官吏椎剝에 不堪支保로더 天壤相隔ᄒ야 無告無訴ᄒ
니 是曰 膈鬱이오 法律不公ᄒ고 審理不平ᄒ야 無理者ㅣ 藉勢權而得勝ᄒ고
有理者ㅣ 被壓制而落科ᄒ야 甚至 賄賂公行에 囑托私熾ᄒ야 一無公平ᄒ니
是曰 抑鬱이오 有才者ᄂᆫ 貧困而不得用ᄒ며 無財者ᄂᆫ 飢餓而不能生ᄒ고 營
業者ᄂᆫ 失利於他而不能殖ᄒ며 工業者ᄂᆫ 被侵漁而不能進其巧ᄒ고 官民相渾
ᄒ며 上下相濁ᄒ야 挾雜而賴生者ㅣ 十居八九오 化良而爲莠者ㅣ 十居二三
ᄒ야 白晝爭奪ᄒ며 黑夜票略ᄒ야 不能奠居로더 若棄而相忘ᄒ니 是曰 湮鬱
이라 一國之民이 無人不有心氣之鬱而無可發可散可通可流可暢之道ᄒ니 是
亦何哉오 古語에 云川壅而決이면 必至潰堤라 ᄒ니 若至潰堤則無可着手라
何不宣而導之ᄒ며 和而平之ᄒ고 戢而淸之ᄒ며 勵而振之ᄒ야 使人人一朝而
洞然無餘其心氣之鬱耶아 是術이 非高遠難行이로더 尙不一試키로 憫之恫之
ᄒ야 還添一病ᄒ니 是曰 眞鬱이라 ᄒ노라(『황성신문』, 1901년 9월 13일)

이에 따르면 위태로운 내정과 외환의 위협에 맞서 자강지책을 실행
하지 못해 분울(憤鬱)하며, 상하가 격절된 채 불통함으로써 격울(隔鬱)
하고, 법률의 집행이 불공평하고 압제와 부패가 자행되고 있어 억울(抑
鬱)하며, 혼탁하여 협잡과 비행을 하지 않고는 생계가 불가능하므로 인
울(湮鬱)하다. 이렇고 막히고 답답한 상태가 지속되므로, 그것이 터져
나올 때는, 즉 폭발적인 분노의 순간에는 둑을 무너뜨리고 아무것도
남기지 않을 기세이다.

백성들과의 소통이란 울분과 통정이라는 도식 안에 놓여 있다. 이처럼 통정이 요구될 때, 백성의 분울과 억울을 푸는 것은 그래서 신문의 역할과 개화의 사명에 대한 설명이 되기도 한다.

① 今日 我國으로 觀할진딘 其人民의 向背를 可知하깃도다 幾百年來로 人民들이 官長의 虐政을 受하야 其切冤함이 心腸에 充滿하야도 其壓制를 畏하야 敢히 發說치 못하더니 新聞紙를 見하고 其心中積鬱함을 十分의 一이나 解코져 하야 紙面을 對하면 此等事만 先摘하야 覽過한 後에 因而口實을 作하야 逢人必說하야 曰 某新聞紙에 記載는 可謂 大手筆端이라 하느니 政府大臣이나 各郡守가 此民人의 向背롤 見하고야 엇지 一事인들 審愼치 아니하리오 쏘 聞혼즉 官人들이 新聞紙를 斥言하야 曰 新聞이란 거슨 局外의 論을 執하야 公是公非홈과 勸善懲惡홈이 偏僻이 無하거놀 我國新聞紙는 官長만 論駁하기로 能事를 作하니 誰ㅣ 能히 信從하리오 한다니 此는 自己의 行한바 事를 審思치 못하고 新聞社만 非斥함이로다(『황성신문』, 1899년 3월 15일)

② 기화란 말은 아모것도 모로는 쇼견이 열녀 리치를 가지고 일을 싱각하야 실샹디로 만스를 힝하자는 뜻시라 실샹을 가지고 일을 하거드면 헛되고 실샹업는 외식은 아니 힝하고 춤된 것만 가지고 공평하고 졍직하게 싱각도 하고 힝신도 그러케 하는 거시라 만스가 공평졍직하게 힝하담에야 그늘진 일이 업슬터이요 그늘진 일이 업슨즉 나 하는 일을 남이 알아도 붓그럽잘것이 업슬터인즉 문을 열어 놋코 일을 하야도 방히론 일이 업는 법이요 그늘진 디셔 하는 일은 미양 남이 알싸 두려워하는 일이니 (…중략…) 당쵸에 빅셩이 졍부와 샹관이 업스면 자미 날 묘리도 업고 졍부와 빅셩이 각각 되야 흥망간에 남의 일 보덧기 홀터인즉 그럿코야 엇지 나라히 강하며 국민이 공화하야 서로 돕고 서로 스랑홀 무옵이 싱기리오. 그런 고로 죠션 사람들이 지금 힘 쓸거시 무슴 일이든지 공사간에 문열어놋코 무옵 열

어 놋코 서로 의론ᄒ야 만ᄉ를 쟉뎡ᄒ고 컴컴ᄒ 것과 그늘진거슨 업시 ᄇ
리고 실샹과 리치와 도리를 가지고 힝빗 잇ᄂ 더셔 말도 ᄒ고 일도 ᄒᄂ거
시 나라에 즁흥ᄒᄂ 근본인줄노 우리ᄂ 싱각ᄒ노라 (…중략…) 죠션이 잘
되랴면 볏빗슬 죠하ᄒᄂ 사ᄅᆷ이 만히 잇셔야 나라히 잘 될 터이요 음일 이
밀 ᄒᄂ 것이 업서질쇼록 나라히 강ᄒ여질터이요 빅셩이 원통한 일이 업
슬터이라 이거시 긔화니 긔화를 ᄒ거드면 나라히 잘될거슨 다시 말 아니
ᄒ여도 가히 알터이요 문구와 외식은 스ᄉ로 업서질터인즉 사ᄅᆷ들이 실샹
일들을 싱각할터이요(『독립신문』, 1896년 6월 30일)

『황성신문』에서 따온 첫 번째 인용문은 정부 관리들을 공박하는 신
문 기사가 인민들의 오랫동안 쌓인 분울心中積鬱을 조금이나마 해소
하는 구실을 하고 있다고 본다. 신문이 있기 전에는 '그 원통함이 심장
에 충만해도 압제를 두려워해서 감히 발설하지 못하다' 이제는 신문
기사를 매개로 사람마다 정부 관리의 학정을 성토하기에 여념이 없게
되었다는 것이다. 그리고 이 기사를 보고 이야기하는 것만으로도 오랫
동안 쌓인 분울이 10분의 1쯤은 해소되고 있다고 한다. 요컨대 신문을
통해 조선 백성이 또다른 조선 백성에게 말거는 것은 이제 저마다 쌓
인 분울을 공유하고 해소하는 과정이 된다. 울분의 공동성이 백성 상
호간에 이야기가 진행되도록 만들 뿐만 아니라, 민간신문의 발행자 또
한 백성들의 울분에 호소함으로써 정부 관리를 성토할 수 있고, 공평
한 정치를 역설하게 된다. 분울은 소통되지 못하는 상태로 정의되지
만, 그 소통되지 않는다는 공통점이 오히려 열렬히 소통하려는 활동의
전제가 되고 기폭제가 되는 것이다. 마음에 갇힌 분이 분출할 때는 막
힌 것을 급속히 해소하려는 폭발적 에너지를 내기 때문이다. 분을 매
개로 한 의사소통은 가속도가 붙지 않을 수 없다. 그러므로 분울의 병
에 걸린 백성에게 호소하는 신문의 언어는 백성들에게는 분(憤)해하고

성내는, 분노(憤怒)의 언어가 된다.

백성의 원통함이 없어지고 오랜 분울이 사라지게 되면, 다시 말해 두 번째 인용문의 표현처럼 "무슴 일이든지 공사간에 문 열어놋코 ᄆ 읍 열어 놋코 서로 의론ᄒ야 만ᄉ를 쟉뎡ᄒ고 컴컴ᄒ 것과 그늘진거슨 업시 ᄇ리고" 나라와 백성 간에 서로 사랑하는 마음이 날 것이며, 그래 야지 개화하게, 즉 서양이 주도하는 세계에서 중흥하게 된다.[21]

위 인용된 신문논설들은 그 독자들에게 나라에 대한 추상적이고 수 직적인 귀속을 확언하는 데 어려움을 겪는다. 단적으로 말해 나라의 백성들은 나라의 일이 아무리 위태롭다고 이야기해도 그것을 자기 일 로 받아들이지 못한다는 것이다. 백성과 정부 사이에는 격절이 크다. 그러므로 백성과 나라 간의 소통 불능을 주제화함으로써 그 격절을 넘 으려는 모습들이 보인다. 격절된 모습이 드러나야 하고, 또 그 격절이 온당치 못한 것으로 간주되어야 할 것인데, 이 과정에서 유용하게 쓰 이는 것이 분울(憤鬱)과 통정(通情)이다. 소통되지 못하고 꽉 막힌 분울 을 묘사하고, 통정을 주장함으로써 공동체를 '상상'하고 있다. 구성원 들이 분울에 차서 서로 이어지고 연관될 수 없도록 각기 고립된 불통 상태로 공동체가 드러나고 그것을 해소하는 통정 과정을 통해 공동체 가 활성화되는 것이다. 사회적 유기체의 형상이 아니라 그러한 유기체 를 이루지 못한 불통된 형상과 그것으로부터 기대되는 시원한 통정이 제시되는 방식으로 공동체가 상상된다고 할 수 있다.

---

21 인용된 것 외에 분과 통정의 도식으로 백성을 포착하는 논설들로는 다음을 참조하라. 『독립신문』, 1896년 5월 26일; 1896년 9월 26일; 1896년 11월 20일; 1898년 12월 17일. 『뎨 국신문』, 1898년 8월 17일; 1898년 9월 8일; 1899년 4월 28일; 1906년 6월 6일; 1906년 8 월 27일. 『황성신문』, 1898년 10월 21일; 1898년 10월 26일; 1899년 3월 15일; 1899년 8 월 10일; 1899년 8월 14일; 1899년 11월 4일; 1900년 6월 28일; 1900년 7월 11일.

2) 백성과의 거리 없애기 ① - 백성을 압제하는 것은 서양에 대한 부끄러운 처신이다

서양과의 관계에서 그와 그의 동료의 위치는 당연히 같아야 한다. 하지만 현실적으로 같지 않다는 점이 또한 부단히 노출되어 있다. 계몽의 어투는 화자 자신과 당연히 같아야 함에도 불구하고 같지 않은 청자의 상태를 전제한다. 그것은 좁히고자 하지만, 좁혀지지 않는 차이에 대한 불안과 조급증을 나타내 보인다. 호통을 치고 탄식을 하는 말투가 자주 등장하는 것은 이 때문이다. 주체는 서양과의 차이 속에 자리잡으면서 그 차이를 확인하고 소거하고자 하는 과정 속에 있었듯이, 이제는 그와 그의 동포들 간의 현실적 차이를 지적하고 문제화하면서 그 차이를 없애보려는 운동 속에 자리잡고 있는 것이다.

지금 죠션 병은 죠션 안에 잇는 인민이 학문이 업고 교육이 업셔 외국 사름들과 만스에 결어 볼슈가 업는 고로 죠션을 아모 나라라도 와셔 임의 디로 흐게 되얏고 인민이 잔약흐고 어리셕은 싸닭에 학문 잇고 강흔 사름들이 외국셔 와셔 나라를 쎄앗고 습흐면 쎗고 흐고 습푼 일이 잇스면 흐는 거시 그 사름들이 글너 그런 거시 아니라 죠션 사름들이 그 사름만 못흔 싸닭이니 그 사름들만 못흔 싸닭은 학문이 업는 싸닭이라 그러흔즉 죠션 병을 곳치랴면 인민이 아모조록 외국 사름 모양으로 학문을 빈호고 외국 사름 모양으로 싱각을 흐며 외국 모양으로 힝실흐야 죠션 사름들이 외국 사름들과 ㄱ치 되기를 쥬쟝흐야 일을 흘터인디 종시도 말노는 죠션이 약흐고 간란흐고 학문이 업셔 남만 못흐니 분흐다고는 흐면셔 흐는 일과 ㅁ임 먹기는 종시 이왕 경계를 가지고 싱각을 흐야 강흔 사름이 약흔 사름을 무리흐게 디졉흐고 협잡을 죠하흐는 사름들이 그져 잇고 남을 히흐야리를 보려 흐며 구습을 가지고 힝동거지와 말과 싱각과 일을 흐니 이 사름들이 분흐다 흐는 거슨 다만 말쑨이오 실샹을 곳칠 싱각이 업는 거시라(『독립신문』, 1897년 2월 13일)

주체는 조선의 인민들을 서양과의 관계 속에 위치시키고자 애쓴다. 조선병을 염려하고 조선 사람들이 서양 사람들만 못함을 비난하는 주체가 서양과의 관계 속에 있는 것처럼 그가 염려하는 조선 사람들도 자기자신을 서양과의 관계 속에 두고서 사고하고 행동해야 하는 것이다. 그러므로 "죠션 병을 곳치랴면 인민이 아모조록 외국 사룸 모양으로 학문을 비호고 외국 사룸 모양으로 싱각을 ᄒᆞ며 외국 모양으로 힝실ᄒᆞ야 죠션 사룸들이 외국 사룸들과 ᄀᆞᆺ치 되기를 쥬쟝ᄒᆞ"며 일을 해야 한다. 그리고 당연히 서양과의 차이를 발견할 때는 수치스러워하고 분해할 줄 알아야 한다. 하지만 이들은 "말노는 죠션이 약ᄒᆞ고 간란ᄒᆞ고 학문이 업셔 남만 못ᄒᆞ니 분ᄒᆞ다고는 ᄒᆞ면셔" 사실상 고칠 마음이 없으니 분해하지 않는 듯하다는 것이다.

하지만 신문 논설들에 따르면 백성이 무지와 무치(無恥)의 그늘 아래 있는 것은 그들을 오랫동안 압제했기 때문이며, 그래서 백성들은 염치와 인정도리를 알기 이전에 자신들만의 원통과 분울 속에 갇혀 있다. 백성들의 분울은 비참한 것일뿐더러, 옳지 못한 것이고, 외국인에게 천대받을 만한 것이다.

① 나라히 기화되고 안된거슬 알야거드면 우회 사룸이 아래 사룸을 디졉 ᄒᆞᆫ는 것과 강ᄒᆞᆫ 사룸이 약ᄒᆞᆫ 사룸을 디졉ᄒᆞᆫ는 것과 사내희가 녀편네를 디졉 ᄒᆞᆫ는 것과 어룬이 ᄋᆞ희를 디졉ᄒᆞᆫ는 거슬 가지고 그 나라히 ᄀᆞ화가 되얏는지 안되얏는지 기화가 되얏스면 얼마큼 되얏는지 아는지라 (…중략…) 만일 그 나라 사룸이 그 나라 빅셩을 쳔디를 ᄒᆞ고 압졔를 홀 디경이면 홈을며 외국 사룸이야 엇지 그 나라 사룸을 디졉ᄒᆞ고 동등으로 알아주리요 그리ᄒᆞ기 에 내가 내 디쳬를 놉히랴면 내 아래 사룸의 디쳬를 놉혀 주어야 ᄒᆞᆫ는 법이요 내가 남의게 디졉을 밧으랴면 내 아래 잇는 빅셩들을 외국 사룸의게 디 졉을 밧게 ᄒᆞ여 주어야 홀터이요 내 나라히 외국에 공평ᄒᆞ고 졍직ᄒᆞᆫ 디졉을

밧으랴면 내 빅셩을 몬져 공평ᄒ고 졍직ᄒ게 다스려야 홀지라 (…중략…)
죠션 졍부 관원들과 그외 웃 사름 되는 이들은 이 리치를 알아 아모쏘록 내
아래 잇는 사름들을 놉혀 주고 스랑ᄒ는 거시 곳 내가 내 몸을 놉히고 남을
스랑ᄒ는 거스로 알기를 ᄇ라노라(『독립신문』, 1896년 9월 29일)

② 근일에 죵죵 말을 드르면 외국 하등인이라도 (城門−인용자) 츌입 홀
쩌에는 파슈 슌검이 시각을 머무르지 못하고 닷친문을 여러주되 만일 우
리나라 사름이 문 여는 쩌를 타셔 외국인을 싸라 들어오려ᄒ면 긔어히 막
고 아니 드리며 문압헤 갓가히 오지도 못ᄒ게 ᄒ미 (…중략…) 분긔잇는
사름이면 엇지 이 나라 빅셩 노릇ᄒ기를 원통이 넉이지 안으리오 찰하리
외국 사름의 죵노릇 ᄒ기를 달게 넉일지라 실상을 싱각ᄒ고 보면 진셩 눈
물이 나고 간담이 샹홀 일이라 여보시오 우리동포들은 다른 싱각들 말고
오날븟허 빅셩 노릇들 죰 ᄒ여 빅셩 디졉을 죰 밧읍셰다 우리는 아모리 쳔
ᄒ고 못된 인성이듯 ᄒ나 대한 황뎨국 보호ᄒ는 직칙을 얼마식 질머진 사
름이니 우리가 우리 졍부에 외국 빅셩들과 동등 디졉을 밧어야 우리 졍부
가 ᄯ한 셰계에 외국 졍부와 갓치 디졉을 밧는 리치니 이런 일을 춤 분이
넉이고 놈과 갓한 사름 노릇들을 ᄒ여 보시오(『뎨국신문』, 1898년 9월 8일)

③ 長連郡民人들은 官長에게 積年法外受壓홈을 憤痛히 넉이어 法規類編
과 大明律과 大典會通을 購去ᄒ야 今方 晝夜誦讀혼다는디 官吏의 苟虐을
當ᄒ거던 據法抗拒홀 計라 ᄒ고 三和府民들은 從前 詩曰賦曰의 學堂을 廢
止ᄒ고 千餘金을 鳩集ᄒ야 算術歷史地誌小學讀本等冊을 上京購去ᄒ얏다
니 우리는 該民人等의 厭苟踐實홈은 깁히 歎賞ᄒ거니와 挽近 西道人民들
이 此等驚異혼 事를 種種 實行ᄒ니 我國十三道에 先覺者는 아마 西北人일
듯(『황성신문』, 1899년 4월 7일)

④ 此時는 仲夏天氣라 虐炎이 熾盛함이 川漑는 蒸鬱ㅎ야 惡臭를 釀成ㅎ고 道路는 旱乾ㅎ야 狂塵을 吹起ㅎ니 洪爐中來往人生들이 眼鼻를 莫開ㅎ고 喘狂을 不已ㅎ더니 翻然一霈雨가 平地數尺水를 湊ㅎ야 惡臭狂塵이 泛泛東流水에 一洗無餘한지라 於是에 觀物子라는 老人이 北窓淸風에 白羽扇을 手弄ㅎ고 世上理致를 窮究ㅎ다가 怳然히 所得한 者ㅣ 有ㅎ야 隣朋을 對ㅎ야 曰 君의 夜來暑症이 何如오 曰 快爽이로라 曰 何故오 曰 雨의 賜홈이로라 曰 誠然ㅎ다 마는 君이 治國ㅎ는 道를 知ㅎ느야 (…중략…) 今日歐亞世界를 論ㅎ건디 西洋은 雨順ㅎ야 膏澤所及에 民物이 繁衍ㅎ야 樂歲를 已占ㅎ고 東洋은 旱劇ㅎ야 虐炎所及에 民物이 焦殘ㅎ야 歉年을 將判홈이 川漑와 道路에 汚穢가 行人의 眼鼻를 能開치 못홀지라 其間에 雨澤이 全乾홈은 아니로디 乍雨旋霽ㅎ야 沾汚浥塵ㅎ이 將來에 無限旱症을 釀成ㅎ니 此痼瘼의 疾을 受혼 人民들이 엇지 ㅎ면 一洗塵埃山更好홀 淸暑之材를 得ㅎ야 東洋全局으로 ㅎ야곰 爽新世界를 作홀고 ㅎ얏더니 雨兮雨兮여 蒼天이 在彼ㅎ샤 昨日一霈로 東洋大豊을 將占케 ㅎ신 듯ㅎ니라 客이 默然히 退ㅎ더라 (『황성신문』, 1899년 6월 30일)

첫 번째 인용문에 따르면 백성을 압제하는 것은 '개화'가 아니며 도리에 맞는 것이 아니다. 그래서 논설의 화자는 "만일 그 나라 사룸이 그 나라 빅셩을 쳔디를 ㅎ고 압계를 홀 디경이면 훔을며 외국 사룸이야 엇지 그 나라 사룸을 디졉ㅎ고 동등으로 알아주리요"라고 말한다. 내가 같은 나라에 소속된 백성을 압제하는 것은 다만 내 아랫사람에 대한 행위만이 아니다. 그것은 또한 외국에 대한 행위이기도 해서, 외국인은 백성에 대한 나의 행동을 보고 나를 좋지 않게 여기고 멸시하게 된다. 서양 앞에서 올바르게 처신하려면, 서양의 평가를 유의미한 것으로 고려하지 않을 수 없고, 주체는 백성에게 압제하는 것이 마땅한 행동이 아님을 알아채게 된다. 백성이 원통해하고 울분에 찬 것은 나와 나라의 수치인 것이므로, 나는 그들을 공평하게 대접해야 한다. 그러므로 내가 내 체면을 높이자면, 즉 "내가 내 디체를 높히랴면 내 아래 사롬의 디체를 높혀 주어야 ᄒᆞᄂᆞᆫ 법이요 내가 남의게 디졉을 밧으랴면 내 아래 잇ᄂᆞᆫ 빅셩들을 외국 사롬의게 디졉을 밧게 ᄒᆞ여 주어야 홀 터"이다.

두 번째 인용문을 보자. 이 논설은 외국인은 밤에도 맘대로 성문을 출입하나 한국인들만 출입을 막는 정황을 묘사하고 있는데,[22] 그것을 정부의 인민에 대한 불의(不義)한 처우로 간주한다. 그래서 백성들은 '백성 노릇 하기가 매우 원통하'면서 분기가 충천하여 차라리 외국의 종 노릇 하기를 바라기까지 한다. 참담하고 간담이 서늘할 지경의 이 사태를 맞아 논설은 "여보시오 우리 동포들"이라고 백성들에게 호소하여, 백성 노릇을 제대로 하여 정부로부터 백성 대우를 제대로 받아보자고 권한다. "우리가 우리 정부에 외국 빅셩들과 동등 디졉을 밧어야 우리 정부가 쏘한 세계에 외국 정부와 갓치 디졉을 밧는 리치"이기 때문이다. 남과 같아지려면 백성이 스스로 이 원통함을 벗을 수 있도록 제 권리를 찾아야 하는 것이다. 백성의 이 제 권리 찾기는 불의한 정부에 대한 행동일뿐더러, 최종적으로는 외국으로부터 동등한 대접을 받지 못하는 나라의 모욕에 대한 수치와 분기로부터 나오는 것이다. 그리고 여기에는 "우리는 아모리 쳔ᄒᆞ고 못된 인셩이듯 ᄒᆞ나 대한 황뎨국 보호ᄒᆞᄂᆞᆫ 직쳑을 얼마식 질머진 사롬이니"라는 나라에 대한 책임감

---

22 『황성신문』에도 이 성문출입 문제를 비슷한 방식으로 다룬 논설이 있다. "韓國風俗이 本國人民은 極賤極卑히 待ᄒᆞ고 外國人을 待ᄒᆞ기는 禮로써 讓ᄒᆞ다 ᄒᆞ나 其實은 柔弱의 所致가 多ᄒᆞᆷ이라 自國民을 待ᄒᆞᆷ에 無些人情ᄒᆞ야 如彼ᄒᆞᆫ 人들도 關門에셔 暴客으로 待ᄒᆞ니 此一事만 觀ᄒᆞ야도 其民을 如何히 待ᄒᆞᆷ을 知ᄒᆞᆯ깃고 且日前 幸行時에도 外國人은 陣上에 無碍通行ᄒᆞ되 韓民은 傍路曲巷에도 敢立지 못ᄒᆞ게 ᄒᆞ니 韓國의 民을 對ᄒᆞᆷ이 原來若是ᄒᆞᆷ인즉 門에 入ᄒᆞ기 不得ᄒᆞᄂᆞᆫ 人들은 暴客이 決非라 ᄒᆞ더라 ᄒᆞ니 我ᄂᆞᆫ 此言을 聞ᄒᆞ고 深恥ᄒᆞᆷ을 不勝ᄒᆞᆯ 것이 城門에 宵行을 禁ᄒᆞᆷ은 我國國禁에 章章ᄒᆞ니 此를 聲明ᄒᆞ면 彼外國人이 故爲ᄒᆞ기 不喜ᄒᆞᆯ 것이오 其禁을 旣弛ᄒᆞ야 外國人을 啓納ᄒᆞᆯ 境遇에는 本國人도 一切 通行ᄒᆞ야 暴客의 待遇로 自歸ᄒᆞᆷ이 無케 ᄒᆞ면 此恥를 能免ᄒᆞᆯ너라"(『황성신문』, 1899년 10월 24일)

이 작용하고 있다.

세 번째 인용문에서는 백성의 통분을 푸는 법률적 저항이 열렬히 환영되기까지 한다. "長連郡民人들은 官長에게 積年法外受壓홈을 憤痛히 넉이어" "官吏의 苛虐을 當ㅎ거던 據法抗拒홀" 계책인데, 신문발행자인 "우리는 該民人等의 厭苛踐實홈은 깁히 歡賞"하고 있다. 오랜 학대 때문이라고 간주되는 백성의 누적된 분이 백성에게 권리 관념을 도입하여 서양과 닮아가게 하는 데 중요한 매개가 되는 것이다.

비교적 세련된 알레고리를 구사하는 네 번째 인용문에서는 피폐한 민정(民情)을 한여름 학염(虐炎)으로 인한 증울(蒸鬱)의 상태로 빗대면서, 그 답답함과 악취, 오염물을 한번에 해소하여 상쾌하게 해줄 시원한 비를 고대하고 있다. 조선이 바람 한 점 없는 증울로 비치는 것은 "雨順ㅎ야 膏澤所及에 民物이 繁衍"한 서양이라는 모방적 대상이 설정되어 있기 때문이다. 서양과 같아지려면, 그리하여 서양과 대등하게 서는 떳떳하고 원만한 관계를 맺자면, 비가 한여름의 증울과 악취를 없애는 것처럼 백성의 누적된 분을 해소하여, 그들을 답답한 고립성 속에서 구출해내야 하는 것이다.

주체와 동포 사이에는 거리가 있는데, 이는 다름아닌 오랜 압제로 인해 백성들이 무지와 무치 상태에 있기 때문이다. 위 인용문들은 서양과의 윤리적 관계가 백성이라는 또다른 타자에 대한 윤리적 태도를 동반해야 한다고 말하고 있다. 백성에 대한 행동은 서양에 대한 행동이기도 하며, 그만큼 서양 앞에서의 나라의 안위와 체면에 대한 고려와 밀접히 관련되어 있다. 그리하여 서양에 대한 조선의 체면을 염려하는 자는 백성에게까지 윤리적 처신을 요구받게 되는 것이다. 여기서 주체의 윤리적 활동은 서양과 자기자신 그리고 백성의 세 항 사이에서 펼쳐진다고 할 수 있다. 백성은 처음부터 주체와 하나의 공동성 안에 있지는 않다. 백성은 무매개적으로 바로 우리로 우대되기는커녕, 오히려 서양이라는 타자와 관련하여 그 마땅한 처우가 고민되는 상대로서, 윤리적 관계가 맺어지는 것이다. 그래서 백성과의 거리를 확인하고 그 거리를 문제화하는 주체는 백성들의 분을 초점화하며, 그들에 대한 오랜 압제를 해소해주고자 한다.

3) 백성과의 거리 없애기 ② – 백성의 분을 나라의 분으로 관류(灌流)시키다

　수치–분 담론에서 주체는 자신과 그의 공동체를 언제나 부적절하고 온전치 못한 상태로 인지한다. 그러므로 수치와 분을 느낀다. 그런데 그가 서양과의 관계에서 온전치 못한 것처럼 그의 동포들도 오랜 압제로 말미암아 온전치 못하다고 할 수 있다. 그래서 그 온전치 못하다는 유사점을 디딤돌로 삼아 백성과의 연대를 성취하려는 움직임도 나타날 수 있다. 서양과의 관계에서 형성되는 과제들이 그의 동포들과의 공동성을 요구한다면, 그래서 그 동포를 자신과 같은 주체로 불러냄과 동시에, 그 자신 또한 그 동포들과의 연대로 호명해야 한다면, 그 연대는 그 온전치 못함의 공동성에 기반한 연대일 수 있다.

　그리하여 이렇게 백성의 누적된 분을 한번에 해소하기보다는 다른 쪽으로 전용하려는 흐름 또한 보인다. 개화하는 것, 즉 마땅히 해야 할 도리를 밝히는 것은 서양을 윤리적 상대자로 삼는 운동에 걸려 있고, 그 윤리적 관계는 분의 방향을 타자에 대한 공세에서 자기 안으로 돌리고 윤리적 개선의 동력으로 사용한다. 그런데 그 분은 서양과의 관계가 아닌 다른 원천으로부터 흘러들어올 수도 있다. 분이란 본래 원통한 일이 누적된 약자들의 것이며, 특히 백성들의 것일 수 있다. 그런데 분하고 원통하다는 점에서 백성들의 처지는 주체 및 주체가 속해 있는 나라의 처지와 유사하다. 양자는 모두 타자로부터 침범을 받아

꽉 막힌 상태에 있다. 그래서 백성의 분을 나라의 분과 이어붙여 상통하려는 흐름이 나타나게 된다. 백성의 분은 나라의 분의 자원이 되며, 서양을 닮아가는 과정의 동력이 된다.

다음 인용문들에서 백성의 오랜 불통 상태로 인한 분을 서양과의 관계로 전용하려는 모습들이 보인다.

①근일에 종종 말을 드르면 외국 하등인이라도 (城門－인용자) 츌입 홀 써에눈 파슈 슌검이 시각을 머무르지 못호고 닷친문을 여러주되 만일 우리나라 사룸이 문 여눈 써를 타셔 외국인을 싸라 들어오려호면 긔어히 막고 아니 드리며 문압혜 갓가히 오지도 못호게 호미 (…즁략…) 분긔잇눈 사룸이면 엇지 이 나라 빅셩 노릇호기를 원통이 넉이지 안으리오 찰하리 외국 사룸의 죵노릇 호기를 달게 넉일지라 실상을 싱각호고 보면 진셩 눈물이 나고 간담이 샹홀 일이라 여보시오 우리동포들은 다른 싱각들 말고 오날붓허 빅셩 노릇들 좀 호여 빅셩 디졉을 좀 밧읍셰다 우리는 아모리 쳔호고 못된 인싱이듯 호나 대한 황뎨국 보호호눈 직췩을 얼마식 질머진 사룸이니 우리가 우리 졍부에 외국 빅셩들과 동등 디졉을 밧어야 우리 졍부가 쏘한 세계에 외국 졍부와 갓치 디졉을 밧눈 리치니 이런 일을 좀 분이 넉이고 눔과 ᄀᆞᆺ한 사룸 노릇들을 호여 보시오 (『뎨국신문』, 1898년 9월 8일)

②셔양 빅셩은 유세가에 학뒤를 밧음이 이갓치 심호나 그 빅셩들이 동심 합력호야 즈긔 졍부룰 도와 졍치룰 긔뎡호고 차차 민간의 폐막을 혁파호야 국부민강 호게 호고 아라스눈 지금까지 구습이 샹존호야 답쥬의 혹뒤를 여젼히 밧으되 그 빅셩들이 즈긔 나라룰 일심으로 도아 셔흐로 태셔 각국을 엿보고 동으로 아세아룰 침범호야 압흐로 나아갈 싱각만 잇고 뒤흐로 물너갈 ᄆᆞ음은 업거눌 우리 대한 빅셩들은 긔국 이후로 오늘날까지 여슌세계에 싱쟝호야 락만 잇고 고싱은 모르기로 눔의 토디룰 엇어 롱ᄉᆞ

로 위업ᄒᆞᄂᆞᆫ 쟈들도 그 답쥬ᄅᆞᆯ ᄃᆡ졉홈이던지 답쥬가 작인을 ᄃᆡ졉ᄒᆞ미 일실지인 갓치 다졍ᄒᆞ고 다만 ᄆᆡ년 토디 소츌노 병작ᄒᆞᆯ ᄯᅡ름인즉 이ᄂᆞᆫ 다 국가의 셩덕으로 롱민을 젹자갓치 보사 흉년이라 슈한이나 로약들이 동아지폐가 잇게드면 창곡으로 구휼ᄒᆞ시ᄂᆞᆫ고로 뎐토 쥬인들도 작인의 ᄉᆞ폐ᄅᆞᆯ 보와셔 도죠도 감ᄒᆞᆫ다 혹 롱량을 취ᄒᆞ여 준다 ᄒᆞᆯ지언뎡 작인의게 무삼 토식ᄒᆞᄂᆞᆫ 폐막은 업스니 몃ᄇᆡᆨ여 년 나라 은혜가 엇덧타 ᄒᆞ리오 ᄇᆡᆨ셩된 쟈들이 맛당히 ᄲᅧ가 가로가 되더ᄅᆡ도 나라일에 죽기ᄅᆞᆯ 쟉뎡ᄒᆞ고 타국의 압제를 밧지 안키로 힘을 쓰다가 만일 어ᄂᆞ 나라이 무례ᄒᆞᆫ 일을 힝하거던 졍부와 일심ᄒᆞ야 그 슈치를 면ᄒᆞ여 텬ᄒᆞ 각국이 우리 대한을 참 례의잇ᄂᆞᆫ 셩인지국이오 ᄇᆡᆨ셩도 참 은혜입은 셩인지민인 줄노 알게 홈이 국운을 만분일이나 보답ᄒᆞᄂᆞᆫ 바어늘 도로혀 뎌갓치 학ᄃᆡ을 밧던 ᄇᆡᆨ셩들은 ᄇᆡᆨ셩의 직분을 다ᄒᆞ야 나라에 빗치 잇게 ᄒᆞ되 례의 동방 덕화즁에 ᄉᆡᆼ쟝ᄒᆞᆫ ᄇᆡᆨ셩은 나라를 엇더커 ᄉᆞ랑ᄒᆞᄂᆞᆫ지 졍부를 엇더커 ᄉᆞ랑ᄒᆞᄂᆞᆫ지 졍부를 엇더케 돕ᄂᆞᆫ지 ᄉᆡᆼ각지도 못ᄒᆞ니 엇지 앗갑지 아니리오 슯흐다 텬하 만물이 눈과 거리의 치위를 만히 지난후에 ᄌᆡ목을 일우고 사ᄅᆞᆷ은 환란을 지나야 지혜가 ᄇᆞᆰ아지나니 ᄐᆡ셔 ᄇᆡᆨ셩은 긔왕에 학ᄃᆡᄅᆞᆯ 만히 밧은고로 뎌펏타시 몬저 ᄭᆡ고 우리나라 ᄇᆡᆨ셩은 지금ᄭᆞ지 은혜만 닙고 편ᄒᆞ야 이럿타시 ᄌᆞᆷ이 곤ᄒᆞᆫ지 알슈 업스니 병법에 죽을 ᄯᅡ헤 ᄲᅡ진 후에 산다 ᄒᆞ엿ᄉᆞ니 우리나 ᄇᆡᆨ셩도 어셔 어셔 혹ᄃᆡ를 만히 밧아 답쥬의 죵노릇도 ᄒᆞ고 돈도 만히 ᄲᅢ앗겨서 의지ᄒᆞᆯ 곳이 업시면 뎡령히 ᄭᆡ여 ᄌᆞ쥬지권을 ᄎᆞᆺ고 ᄇᆡᆨ셩의 직분을 다ᄒᆞᆯ 뜻ᄒᆞ니 뎐토가진 쥬인들은 ᄇᆡᆨ셩 ᄭᆡ우기ᄅᆞᆯ 위ᄒᆞ야 아라ᄉᆞ 부강ᄒᆞᆫ 쟈의 ᄎᆔ리ᄒᆞᄂᆞᆫ 법으로 작인을 혹ᄃᆡᄒᆞ야 ᄒᆞ여곰 ᄭᆡ게 ᄒᆞ면 몃ᄒᆡ가 못되야 우리나라도 태셔 각국과 갓치 ᄀᆡ명ᄒᆞᆯ 뜻(『뎨국신문』, 1900년 4월 6일)

첫 번째 인용문은 바로 앞에서 검토되었던 것인데, 다른 각도에서도 살펴볼 수 있다. 정부의 불의한 처우에 매우 원통해하며 차라리 외국의 종 노릇 하기를 바랄 만큼, 백성의 분기는 강력하다. 백성의 분은 나라의 수준에서 서양과 비교해서 얻어진 것이 아니라 압제를 오래 받아 생겨난 것이고, 시대착오적인 도성(都城)처럼 오랫동안 이어져온 것이다. 이런 분기 안에서 백성들은 나라의 수치를 염려하기는커녕 오히려 나라의 멸망을 기도한다. 백성의 원통과 분을 무도하다고 비난하기보다는 이해할 만하다고 간주할 때, 여기에는 '민권'이라는 서양의 기준이 들어서 있다. 백성의 제 권리 찾기는 최종적으로는 외국으로부터 동등한 대접을 받지 못하는 나라의 모욕에 대한 수치와 분기로부터 나와야 할 것이다. 그리고 이 분은 오랜 세월 누적된 백성의 분과 연결될 수 있을 것이다. "여보시오 우리 동포들"이라고 호소할 때, 논설의 화자는 백성의 이 위험한 분기를 서양과의 관계 속으로 전용하고자 시도한다. 제대로 백성 대접을 받자면, 백성은 자신의 오랜 억울을 풀면서 또한 나라의 수모를 함께 해소하려는 노력을 해야 한다. "이런 일을 참 분이 넉이고 늠과 ㅈ한 사룸 노릇들을 ㅎ여"보자고 할 때 '분'은 정부의 압제로 인한 원통과 또 그렇게 압제하는 정부가 외국으로부터 받는 모욕, 양자를 모두 지시한다. 그러면서 전자를 후자로 전용하고자 시도한다고 할 수 있다.

요컨대 나라의 수모에 대한 감지가 서양과의 윤리적 관계를 통해서 국가나 백성의 권리와 자유에 대한 앎을 경유하여, 백성의 분을 이끌어내고 있으며, 또 그것을 나라의 수치와 분에 접속시키고 있다. 서양과의 관계에서 수치를 느끼고 분한 마음을 감내하는 주체가 자신이 처해 있는 관계를 지속하도록 백성의 분이라는 또다른 위험할 만치 강력한 원천을 발견해냈다고 할 수 있다.

『뎨국신문』에서 따온 두 번째 인용문은 백성의 분을 촉발시키기 위해 오히려 혹독한 압제를 요구하는 역설을 보여주고 있다. 러시아를 비롯한 태서 각국의 백성들은 기왕에 학대를 많이 받아 먼저 깨어나서 타국의 압제를 받지 않고 자주지권을 찾았지만, 군왕이 성덕으로 보살핀 대한 백성들은 나라 일에 통 관심이 없으며, 부끄러움도 모르고 수치를 씻을 줄도 모른다는 것이다. 앞의 인용문들이 백성에 대한 오랜 압제가 백성의 분을 마비시켰다고 불평한다면, 이 인용문은 백성에 대한 호혜적 조치가 오히려 백성의 분을 마비시켰다고 불평한다. 즉 "우리 대한 빅성들은 기국 이후로 오늘날짜지 여슌셰계에 싱쟝ᄒᆞ야 락만 잇고 고싱은 모르기" 때문에 "빅성된 쟈들이 맛당히 쎠가 가로가 되더리도 나라일에 죽기롤 쟉뎡ᄒᆞ고 타국의 압제를 밧지 안키로 힘을 쓰다가 만일 어ᄂᆞ 나라이 무례ᄒᆞᆫ 일을 힝ᄒᆞ거던 정부와 일심ᄒᆞ야 그 슈치를 면ᄒᆞ여 텬ᄒᆞ 각국이 우리 대한을 춤 례의잇는 셩인지국이오 빅셩도 춤 은혜입은 셩인지민인 쥴노 알게 홈이" 전혀 없다는 것이다. 그러므로 대한이 태서 각국과 같이 개명하려면 전토 가진 주인들이 러시아의 전주(田主)들처럼 작인들을 학대하여 깨게 해야 한다는 것이다. 학대를 받아 백성의 마음에 자라나는 것은 위의 인용문들에서 보았듯이 백성의 분이며, 그 깨어남은 발분(發憤)하는 것이다. 여기서도 백성의 분을 나라의 분으로 연결하려는 태도가 잘 드러난다. 『뎨국신문』에서 옮긴 이 인용문은 백성의 누적된 분을 나라의 수치를 씻을 동력으로 삼으려는 경향을 역설적으로 잘 보여준다.

위 인용문들에서 주체는 압제로 인한 백성의 분을 이해 가능한 사태로 볼 뿐만 아니라, 그것을 서양과의 윤리적 관계 안으로 끌어들이고 있다. 나라의 수치에 관심이 없었던 백성 쪽에서 보자면, 서양과의 관계에서 얻어진 권리를 자각하여 양반이나 관리들에게 받은 학정에 따른 분을 상기하고 그것을 다시 서양과의 관계 속의 나라의 수치와 분으로 전용해야 하는 것이다. 백성의 누적된 분은 서양과의 관계에서 백성들이 윤리적 주체로 거듭나기 위한 기초 자원이 된다.[23] 주체가

---

23 분기를 서양과의 관계 안에서 윤리적 주체로 서기 위한 자원으로 삼는 것은 광범위하게 발견되는 패턴이다. 이는 앞서 검토한 바 있는 인용문에서 보았듯이 패싸움을 높

나라의 구성원으로서 외국과의 관계에서 체면이 손상당할 때, 다른 타자인 백성의 분, 즉 관리나 전주와의 관계에서 쌓인 분을 끌어내어 중첩시키고 있다. 주체의 이런 움직임에서 백성의 분은 나라의 분과 연결되어 함께 감응하고 상통하고 있다. 백성과 나라 사이에 서로 오가는 통로가 마련되고 있는 것이다.

백성과 나라가 수치와 분이라는 면에서 유사한 처지에 놓여 있다면, 백성은 나라의 처지와 나아갈 바를 비유적으로 제시하는 형상으로 기능할 수 있다. 다시 말해 백성과 나라 사이에 닮음의 관계가 성립하며, 백성은 나라의 상태를 이해하는 모델이 된다. 이런 점을 잘 보여주는 것이 다음의 인용문들이다.

① 余ㅣ嘗過一家러니 見其主人이 捽曳一奴之髮ㅎ고 以杖毆打ㅎ더 其奴ㅣ不敢叫痛ㅎ고 僕僕然伏地乞憐曰 死罪死罪라ㅎ야놀 余ㅣ見之慘然曰 彼亦具人形也어늘 奚爲若是受杖於人而甘心也오 是其爲奴之故也니 寧不可哀哉아ㅎ얏더니 又過一處러니 見外國一人이 捽曳韓人之髮ㅎ고 以杖毆打ㅎ며 拳踢互加ㅎ더 韓人은 不敢發一聲ㅎ고 踽踽然甘心受辱ㅎ니 韓民之環聚而觀者ᄂᆞᆫ 但默然慘容而已어늘 余仍謂客曰 彼奴丁之受杖於主人은 爲國法之拘束ㅎ야 甘受主人之杖도 已是不平之甚者어니와 至於彼人ㅎ야ᄂᆞᆫ 未嘗有法律之拘束而何故甘受其辱也오 ㅎ더 客曰 應有是事라 我弱彼强ㅎ니

이 평가거거나, 무인들의 무기(武氣)를 높이 치는 논설들에서도 확인된다. 또 선비들의 비분강개한 기질, 즉 사기(士氣)의 진작을 거듭 요구한 『황성신문』에서도 발견된다. 대표적으로 『황성신문』, 1899년 10월 31일자 논설 참조. 사기의 진작이란 주제는 유학자들을 주로 겨냥한 호소이겠지만 『황성신문』, 1899년 10월 31일자 논설에 깊이 감동한 독자의 투고가 『황성신문』, 1899년 11월 11일자 논설로 실려 있다). '사기'로 강조되는 것은 가족 내의 효제(孝悌)의 공손함과 유연한 중용(中庸)의 처신이라기보다는, 임금과의 관계 속에서의 충이며, 특히 옳은 것을 향해 앞뒤 돌아보지 않고 돌진하는 다소 경직되고 강퍅한 처신이다. 그리고 여기에 깊숙이 작용하는 것은 "慚愧欲死"하고 "大勢에 勇往直前ㅎ야 至死不避"하는 발분(發憤)의 태세이다.

惡得不受其侮辱也리오 호야놀 余ㅣ曰 韓民은 環聚而觀者 數十人이오 彼는 不過一個身而已則我衆彼寡호니 衆者ㅣ反弱호고 寡者ㅣ反强이 豈非顚倒之 言乎아 客曰 否라 强弱之勢는 在國而不在民이로다 余乃奮然曰 未知國之强 弱이 由人乎아 由國乎아 抑國不以人而能成其强者乎아 盖爲人而生出乎世 則 其耳目口鼻와 心肝脾肺의 位置形狀이未有彼此之殊어놀 何人은 能毆打 拳踢호며 凌侮壓制호고 何人은 受其毆打壓制而不敢發一聲호니 是亦曰 國 之勢力歟아 客曰然호다 彼는 不曾束縛其民而任其自由호며 其監督官吏도 亦愛護其民而不加不法故로 其民이 能自由其權而馴致其强也어니와 我民은 束縛之壓制之호고 官吏者ㅣ只加不法而未嘗有愛護之心호니 其民이 消磨挫 折호야 未有一分氣力이라 焉得不弱也리오 余ㅣ曰 子言이差矣로다 彼國도 亦有法律裁制之限호니 豈監督之不嚴哉아마는 但 其民性이 人人有千萬人 吾往之氣호야 雖萬乘之威로도 不能以奪其氣호며 湯火白刃으로도 不足以 摧其志故로 所以能成其强也어니와 韓人은 目擊其受侮受辱호고도 甘心自 屈曰彼强我弱호니 應有是事也라호고 毫無憤激恨怒之想호니 其受侮受辱이 豈不宜哉아 大抵侮辱之來는 皆吾人民之自取而乃反歸咎於國之勢力호니 嗚 乎라 國之勢力은 皆由人民而成立者니 其人民이 皆有勇往直前之氣然後에 야能成其强也어놀 其人民이 柔懦如此호면 國安得不萎靡也哉아 嗚乎子言 之誤世也여(『황성신문』, 1902년 6월 28일)

②永登浦 停車場에 到호니 蓬頭鬼面에 衣褐이 襤褸한 韓民一群이 車頭 에 雜遝호야 荷擔키를 爭先호거놀 車手의 亂棒猛打홈이 犬豕를 毆逐홈과 如호며 輕便鐵路에 到하니 曳車하는 苦役은 無非韓人인디 駑馬의 力을 代 하야 汗出如雨하고 龍山津頭에 到하니 津船도 滊車租界에 所管이라하야 船金은 每人白銅貨一枚式査收하고 韓人을 估傭하야 來往搖櫓만 하고 韓人 沙工은 附近處에 生涯키 不敢하니 一區權利를 他手에 讓與함도 憤懣키 不 勝호거니와 哀我韓人은 一錢二錢에 生命을 係着호야 得則生호고 不得則死

ᄒᆞᆼ깃기로 禽獸와 如한 虐待를 甘受ᄒᆞ면셔 彷徨號泣ᄒᆞᄂᆞᆫ 可憐한 情狀은 目不忍見이라(『황성신문』, 1900년 4월 7일)

『황성신문』에서 따온 다음 첫 번째 인용문에서, 서사적 논설의 작중 화자인 나(余)는 어느날 주인이 한 노비의 머리채를 잡아 마구 매질하는 장면을 목격한다. 노비는 아프다고 말도 못하고, 엎드려 사죄한다고 애걸하고 있다. 내가 그 매질을 말리자 노예일 뿐이므로 슬퍼할 필요 없다는 말만 되돌아온다. 또 다른 곳을 지날 때는 한 외국인이 한인(韓人)의 머리채를 잡아 매질을 하고 있다. 여기서 대한(大韓)은 주인에게 매를 맞는 노예의 처지에 비유되고 있다. 둘은 모두 타자에게 매를 맞으면서도 감히 분해하지도 반발하지도 못한다. 매를 때리는 주인은 국법에 구속이 되지만, 매질하는 외국인은 국법의 적용을 받지 않는다는 점에서 나라의 처지는 노비보다 더 비참하다.

그런데도 그것을 지켜보는 다른 한인들도 물끄러미 바라만 볼 뿐 감히 항의하거나 말리지 않는다. 외국인의 수모를 분하게 여기거나 반발하지 않는 것이 마땅하지 않다는 점은 외국과의 차이로부터 얻어진다. 역시 주체가 자기자신을 보는 눈은 서양과 자기 사이에 있다. 저들은 백성을 속박치 않고 자유로이 두는 등 애민(愛民)하였지만, 우리 백성은 노예가 그러하듯이 속박과 압제를 오랫동안 받아서 모욕을 받아도 감심(甘心)할 뿐이라는 것이다. 더 나아가, 작중 화자는 '분격하고 한스럽게 여기고 화내는 생각이 조금도 없으니 모욕을 받는 것이 어찌 마땅하지 않겠는가[毫無憤激恨怒之想ᄒᆞ니 其受侮受辱이 豈不宜哉아]'라고 외치고 있다. 모욕은 자취한 것이지 타자 탓으로 돌릴 것이 못된다는 것이다. 백성을 압제하여 분을 갖지 못하게 한 것은 타자와의 관계에서 적절히 처신하지 못하는 윤리적 실책처럼 묘사되고 있다. '저들과 같이' 백성을 사랑했더라면 백성이 이처럼 무력하게 감심하고 있지는 않았을 것이다. 매 맞는 노비와 매 맞는 한인(韓人)을 병치하는 이 글의 수사학에 따르면, 무력하게 감심하는 백성은 노예의 처지에 연결된다. 노예와 같지 않으려면, 분격하고 한스럽게 여기고 화낼 생각을 해야 하는 것이다. 그러므로 화자는 오랫동안 압제당한 백성의 분을 촉구하여 나라의 문제로 전용하려 한다고 볼 수 있다.

역시 서사적 논설인 두 번째 인용문에서도 일군의 한민(韓民)들은 외국인 거수(車手)에게 짐승과 같이 매질을 당하고 있다. 작중 화자는 분을 참지 못한다. 그것은 압제받는 백성의 분이면서 압제받는 나라의 분이다. 즉 나라의 상태는 학대받는 백성의 상태로 가장 잘 표현되고 압축되는 것이며, 이런 의미에서 나라를 상징적으로 대표하는 자는 낮은 위치의 백성이 된다. 그러므로 압제당하는 백성의 위치에 설 때에야 나라의 수치를 씻기 위해 분발하게 된다. 그러나 그 분은 그를 가해한 자로 향하기보다는 자기자신으로 향해진다. 타자를 공격하는 대신에 그 자신을 타자에게 인정을 받을 수 있는 모습으로 변형시켜야 하는 식으로 비축된 분을 이용하고자 한다.

다음 인용문들에서는 닮음관계를 극적으로 형상화하지는 않지만, 나라의 부강을 닦기 위해 약하고 가난한 자의 분에 호소하는 공통점이 있다.

①가란ᄒ다 업슈히 넉여 부챠 사름 힝악을 당ᄒ니 가란이 원슈로다 남의 집 무인 디경 ᄀᆺ치 남의 부모도 모로는 톄 남의 ᄌᆡ식도 못본 톄 이만스름 당ᄒ얏스니 남과 ᄀᆺ치 못홀손냐 이것 져것 그만 두고 이스름 뎌 분ᄒ 싱각 갑ᄒ 보셰 이젼에 편ᄒ던 몸 괴롭게 가지고 이젼에 노던 날 일숨아 쥬야로 뎌 부챠 사름 지물 모고 몸 닥든디로 나도 ᄒ면 못될리가 잇스리오 문허진 집 다시 곳치고 묵은 밧 다시 긔경 ᄒ고 못비혼 직죠 다시 비호고 슈족을 놀니지 말며 이 목을 발키며 뎌 부챠 사름보다 갑졀이나 더ᄒ여 보면 못될이 어딘 잇스리오 (…중략…) 이와 ᄀᆺ치 우리나라 셰계상 사름들이 ᄭᅢ다

르면 나라는 부강되고 빅성은 편안ᄒᆞ야 억만 년 영구히 됨이 엇지 깃부지
아니 ᄒᆞ리오(『독립신문』, 1896년 11월 26일)

②富貴ᄒᆞ 者ᄂᆞᆫ 其多銀多穀홈을 恃ᄒᆞ고 子弟가 工業에 勤苦홈을 愛惜히
넉이어 挽而止之ᄒᆞ야 曰 吾家에 汝平生衣食之資ᄂᆞᆫ 足裕ᄒᆞ니 何必若是勞惱
ᄒᆞ리오 ᄒᆞ야 遊逸放達로 敎育上事業을 勉ᄒᆞ다가 必乃에ᄂᆞᆫ 花費博債가 日
로 其家에 集ᄒᆞ야 豐饒財産을 一朝에 蕩盡ᄒᆞ니 其父兄인즉 年齒가 旣暮ᄒᆞᆫ
지라 千金을 更致코져 ᄒᆞ나 其策이 全沒ᄒᆞ고 其子弟인즉 學識이 素昧ᄒᆞᆫ지
라 一身을 僅資코져 ᄒᆞ나 何業을 敢做ᄒᆞ리오 此頭에 至ᄒᆞ야ᄂᆞᆫ 當初 其父兄
이 子弟를 愛홈이 아니라 其子弟를 極憎히 넉임이라 故로 古人이 云ᄒᆞ되 遺
子黃金萬鎰이 不如敎子一經이라 ᄒᆞ니라 貧寒ᄒᆞᆫ 者ᄂᆞᆫ 或其父兄의 勞苦홈을
深思ᄒᆞ고 家業의 倒懸홈을 切憤ᄒᆞ야 勤孜의 效로 學術을 精通ᄒᆞᆫ 者ㅣ 有ᄒᆞ
고 其外에ᄂᆞᆫ 或 誠力의 不及홈으로 南畝에 歸ᄒᆞ야 農業을 勤務ᄒᆞ야 一身의
資ᄂᆞᆫ 足供ᄒᆞᄂᆞ니 此를 敗産無業ᄒᆞᆫ 富貴子弟에 比ᄒᆞ면 丕ᄒᆞᆫ 猶愈치 아니ᄒᆞ
리오(『황성신문』, 1899년 4월 4일)

③父詔其子ᄒᆞ며 兄勉其弟ᄒᆞ며 妻勸其夫ᄒᆞ며 友告其朋ᄒᆞ며 官語其屬ᄒᆞ
며 師訓其徒ᄒᆞ야 終日所營營逐逐者ㅣ 不過曰 身也요 家也요 利與名也라 於
廣坐之中에 若有談國事者 則指而目之曰 是狂人也오 是癡人也라 ᄒᆞᄂᆞ니 其
人이 習而久之則 亦且哂然自笑ᄒᆞ고 爽然自失ᄒᆞ야 自覺其可恥ᄒᆞ고 箝口結
舌而已라 不恥言利ᄒᆞ며 不恥奔競ᄒᆞ며 不恥媒瀆ᄒᆞ며 不恥愚鄙而惟言國事
之爲恥ᄒᆞ야 習爲成風에 恬不爲怪ᄒᆞ야 遂使四萬萬人之國으로 與無一人等
이로다 今에 試執一人而語之曰 汝之性은 奴隸性也오 汝之行은 奴隸行也라
ᄒᆞ면 未有不色然而怒者나 然이나 以今日吾國民의 如此之人心과 如此之習
俗과 如此之言論과 如此之擧動으로 不謂之爲奴隸性奴隸行이나 不得也라
夫使吾君으로 以奴隸로 視我而以奴隸自居ᄂᆞᆫ 猶可言也어니와 今에 吾君은

以子弟로 視我而我는 仍以奴隷로 自居는 不可言也라 泰西人이 曰 支那人은 無愛國之性質이라 ᄒᆞ니 我四萬萬同胞之民은 其重念此言哉며 其一雪此言哉어다(『황성신문』, 1899년 3월 18일)

먼저 첫 번째 인용문에서 부자에게 숱하게 업신여김을 당한 가난한 사람은 "이만스롬 당ᄒᆞ얏스니 남과 ᄀᆞᆺ치 못ᄒᆞᆯ손냐 이것 져것 그만 두고 이스름 뎌 분ᄒᆞᆫ 싱각 갑하 보셰"라고 마음먹고, 부자 사람이 재물 모으고 몸 닥던 대로 해볼 것을 다짐한다. 가난한 사람의 노력은 단지 열등감을 씻으려는 것이 아니라 부자 사람과의 윤리적 관계 안에서 마땅한 바를 하려는 것이다. "문허진 집 다시 곳치고 묵은 밧 다시 긔경 ᄒᆞ고 못비혼 지죠 다시 비호고 슈쳑을 놀니지 말며 이목을 발키"는 것은 의당 해야 할 일인 것이다. 그러나 가난하여 체면을 유지하지 못하는 수치를 씻는 길은 "이만스롬 당ᄒᆞ야" 생긴 분을 동력으로 하고 있다. 그리고 이런 가난한 사람의 태도는 곧바로 나라의 변형을 촉구하는 말이 된다. 논설에 제시된, 가난한 사람과 같이 모든 사람이 마음을 먹으면, 나라는 부강하고 백성은 편하게 되리라는 것이다. 여기서 가난한 사람은 나라가 어떠하고 또 어떻게 해야 하는지를 일러주는 모델이 된다. 두 번째 인용문에서는 가난한 사람이야말로 절분(切憤)하여 근면하고 집요하게 노력한다고 씌어 있다. 가난하고 약한 자는 백성이며, 또한 비유적으로 현재 수모를 받는 나라이기도 하다.

세 번째 인용문에서도 비슷한 구도가 보인다. 한인들은 부자간, 형제간, 사제간, 부부간 서로 깨우쳐주고 격려하는 것이 오로지 자기 몸과 가족의 일뿐이고, 나라 일에 대해 이야기하는 것은 미친 사람 취급을 받는다. 그들은 가족이나 혈연관계에만 연연한다. 그런 이들을 나라의 문제로 이끌려면 '너의 성질은 노예의 성질이고, 너의 행동은 노예의 행동'이라고 말하여 분노케 해야 한다. 나라의 일에 관여하지 않은 채 목전의 이익만 좇는 '오늘날 우리[今之吾國民]'의 마음과 습관과 거동은 노예의 것이라고 단언되고 있다. "如此之人心과 如此之習俗과 如此之言論과 如此之擧動으로 不謂之爲奴隷性奴隷行"이라는 것이다. 이들은 자신의 행동을 노예와 같은 것으로 이해해야, 나라의 문제에 떨쳐일어날 수 있다. 즉 애국심은 노예와 같은 낮은 백성의 위치에 자기자신을 유비하여 둘 때, 그래서 노예로서의 분노를 나라의 수치를 씻는 동력으로 이용할 때에야 주어진다. 서양과의 윤리적 관계는 역시 오랜 백성의 분을 이용하는 것이다.

위 인용문들에서 낮은 백성의 분하고 원통한 상태를 드러내는 것은 곧 나라의 분하고 억울한 상태를 드러내는 것이다. 그리고 압제로 인한 분을 쌓아두었다가 분출하는 것이 백성에게든 나라를 다스리는 이에게든 그 분한 상태를 해소하는 길이 된다. 공동체와 그 바깥의 관계는 공동체 내부의 관계 안으로 투사된다. 공동체 내부의 자들은 나라 안에서 당하는 자신들의 문제를 유비하여 나라와 그 바깥의 문제를 이해한다. 고통당하여 원통한 백성은 나라가 어떠한 것인지를 보여주는 대표적 형상이 된다. 그러므로 분울의 병에 걸린 백성에게 호소하는 말들은 백성들에게는 분(憤)해하고 성내는, 분노(憤怒)의 언어가 된다.

백성과 나라 사이의 닮음관계가 백성과 나라 사이의 동등성 혹은 백성의 권리 확장까지 의미하는 것이라고 볼 수는 없을 것이다. 앞서도 말했듯이 유비가 등가관계는 아니다. 유비되는 두 항은 매우 상관적일지언정 동등하거나 동일하지는 않다. 혹은 유비에 의한 상관관계는 두 항이 전혀 다른 영역에 속해 있어도 가능하다. 백성과 나라 사이에 유비적 관계가 성립한다면, 원통하고 억울한 백성의 형상이 나라의 상태를 일러주고 이해시키는 데 끊임없이 소용된다는 것을 가리킬 뿐이다. 나라의 일은 고통받는 백성 자신의 일처럼 여겨지고, 백성 자신의 문제는 침체한 나라의 문제로 연장된다는 점에서 이것은 분명 연대이다.

그러나 이것은 하나의 주권에 참여함으로써 평등해지는 시민들, 혹은 하나의 혈통적·언어적 속성을 함께 나눠갖고 있음으로써 동등해지는 민족 구성원들의 연대와는 다른 수준이라는 점을 일러둔다.

제5장 결론

1. 연구 결과의 요약

이 책은 서양이라는 타자와의 조우 속에서 적절히 말하고 처신하려는 누적된 행위에 의해 이전과는 사뭇 다른 주체성, 서양을 중요한 타자로 삼는 개화 주체성이 형성되는 과정을 짚고자 했다. 좀더 구체적으로는 개화 담론 안에서 서양의 의미작용과 개화 주체의 위치·태도를 밝혀봄으로써 이 과정을 설명해보고자 했다. 윤리적 에토스가 말하고 행동하는 자들의 습속화된 자원이 됨으로써, 특정한 의미작용을 펴는 타자와 그와 관계하는 주체의 위치(positon of subject)를 처방한다는 관점 아래, 서양의 의미작용과 주체의 위치가 밀접히 연관된 몇 개의 담론형성체를 재구성하여 분별하고 변형의 과정을 살폈다. 지금까지 전개된 본문의 논지를 정리하면 다음과 같다.

① 통상 '쇄국(鎖國)'으로 평가되는 시기에, 이양선에 대한 외면과 양요로 점철된 사건들에서 서양과의 조우는 적대적 자세 속에 전개되지 않았다. 대표적으로 서양에서 온 선교사들을 학살하였지만 '서양 나라들과는 은혜도 원한도 없다'는 조선 조정의 단언들이 반복적으로 나타난다. 대단히 관계적인 주체성을 보게 된다. 주체가 타자에 대한 의무를 아는 데 있어 그 타자가 무엇인가, 그가 올바른 자인가 아닌가를 아는 것 이상으로 그와 나 사이의 관계가 어떠한가를 감지하는 것이 관건적이다. 일련의 발화들에서 ㉠ 선교사를 보낸 서양은 오랑캐이지만 주체의 행동과 감정을 촉발할 수 없는 관계 희박한 타자로 남으며, ㉡ 서양의 침입은 사교에 물든 내응자의 준동으로 파악되고, ㉢ 주체는 반성하여 수양과 내치에 힘씀으로서 사교를 물리치고 내응자로 인한 소동을 가라앉힐 수 있다고 기대된다. 이를 '관계 희박-내응자 담론'이라고 명명한다. 이 담론형성체는 양요 시기에도 지속된다.

그러나 양이와의 전투는 국지적 형세 안에서 적으로서 서양과 밀접히 연동하는 상황을 가져오고, 이로 인해 역설적으로 주체 자신과 밀접히 연동되는 타자로 서양이 의미작용하게 된다. 이러한 밀접한 관계로 인해 서양에게는 주체 자신이 체면을 염려하는 데 있어 참조하지 않을 수 없을 뿐만 아니라, 일정한 책임과 의무가 부과되는 윤리적 관계의 상대자의 역할이 맡겨진다. 그러나 형세 안에서 맺어짐으로써 이 윤리적 관계는 임시적이게 된다. 이러한 발화들에서 주체 위치와 서양의 의미작용이 놓여 있는 배치는 세 겹의 중층성을 띠고 있다. 주체는 ㉠ 형세 밖에서는 도나 예의 같은 오래된 대의로써 자기자신을 정당화하지만, ㉡ 적으로 맞서 있는 서양에게는 임시적으로나마 윤리적 상대자의 위치를 부여하며, 유비를 통해 그들의 입장을 취해 그들을 배려하고, 그들로부터 위신과 체면을 인정받고자 한다. ㉢ 하지만 이 윤리적 관계는 전투의 승패에 대한 영향력으로 그 위상이 축소된다. 이러한 발화들을 '형세-예의 담론'이라고 명명하였다.

② 유교적 요소와 밀접한 관계적 주체성은 개화 담론에서도 구성적인 역할을 맡는다. 타자 앞에서 체면을 고려하고 예의있고 이치 바른 대응을 주장하는 박규수의 편지, 고종의 1881년 교서, 김윤식과 김옥균, 박영효 등의 글은 그런 주체성의 양식과 연관지을 때 온전히 해독되며, 개화의 주체가 타자 및 자기자신과 어떤 관계를 전개하는 자인지, 서양의 의미작용이 어떠한지를 밝혀준다. 1896년 이후의 신문논설들에서 빈발하는 수치와 분, 같은 용어들이 내포하는 주체의 타자관계와 자기관계도 관계적인 성격이 두드러진다.

먼저 개화 주체의 위치와 서양의 의미작용을 정합적으로 제시하기 위해 1894년 이전의 개화 담론은 '예의-춘추전국 담론'과 '기운-자강 담론'으로 분별되었다. 이 두 담론형성체에서도 주체 위치와 서양의 의미작용은 세 겹으로 중첩되는 배치 안에 있다.

'예의-춘추전국 담론'에서 주체는 우선 ㉠ 예의나 도리를 준수하는 자로 구성된다. ㉡ 그런데 교린의 예를 벗어난 타자의 반응으로부터 오히려 자신의 체면을 돌아보고 자신의 무례함을 인정함으로써, 타자의 반응을 이해할 만한 것으로 그리고 자신의 행동을 무례한 것으로 만드는 관계의 맥락을 형성하고 있다. 도리의 마땅함과 무례함을 역전시킨 이 새로운 관계적 맥락의 형성은 과거의 모범 속에 들어 있는 도(道)가 아닌, 공포를 불러일으키는, 압도적 우세의 타자를 전제로 한다. 이제 서양은 주체가 체면을 염려하고 수치를 느끼고, 마땅한 행동을 찾아야 하는 윤리적 관계의 상대자가 된다. 그러나 ㉢ 새로운 윤리적 관계 안에 놓인 주체는 체면의 떳떳함을 끝까지 밀고 나가기는커녕, 그 윤리성을 철회한다. 윤리적 관계 속의 서양은 윤리를 초월한 자연적 기세나 야수로 탈바꿈하며, 서양과의 윤리적 관계는 세부득이한 임시적인 것으로 머무르고, 주체가 구하려 한 체면의 떳떳함에는 의문부호가 따라붙는다. 이 담론형성체는 서양에 대해 신의를 다하되 청과의 번속관계를 유지하자는 김윤식 등 이른바 온건개화파뿐만 아니라, 청으로부터의 완전독립을 이루자는 김옥균 등의 이른바 급진개화파의 발화까지도 포괄한다.

'기운-자강 담론'에서 주체는 ㉠ 우주의 기운에 대해 감응적 위치에 서면서, ㉡ 서양을 우주를 채운 압도적 기수(氣數) 혹은 기운(氣運)으로 설정하며, 우주의 기운이 바뀌었다고 감지하면서, 기운과 더불어 감응하여 '확장되고 열리고 통하고자' 한다. 그러나 그 기운이 서양에서 온 낯선 것인 한, 기운에 대한 감응은 그 낯선 움직임을 척도로 하여 비교하고 모방하고 따라잡고자 애쓰는 것이 된다. 서양은 우주의 거대한 기운일 뿐만 아니라, 거리를 둔 모방·경쟁의 상대자이게 된다. ㉢ 서양의 기운 및 기운에의 감응에는 스스로 강해지고자 할 뿐 이타적인 윤리적 고려가 삭제되어 있다. 우주적 생성과 인간의 윤리적 실천은 하나의 과정으로 연결되지 못한다. 주체는 신묘한 연결망을 갖춘 전체론적 우주에 의존하다가, 이질적인 기류를 우주 안에 받아들임과 함께 성인의 도로부터 멀어졌음을 인정하게 된다.

1890년대 중후반 이래의 개화 담론은 '수치-분 담론'으로 재구성되었다. ㉠ 서양과의 관계에서 수치스러워하고 분해하는 주체는 서양과의 차이를 감지하고 그 차이를 없애려는 활동에 복무한다. 차이 속에 존재하지만 그 차이를 온당치 못한 것으로 간주하여 없애고자 하므로 주체의 자세는 기본적으로 윤리적이다. ㉡ 이런 활동 속에서 서양과 주체는 국(國)의 수준에서 대응관계를 이루게 된다. 차이점들을 확인하고 초점화하며, 그런 차이점들이 일종의 범주 역할을 함으로써 한국의 현실들을 정렬하고 재배치하여 새로이 형상화한다. 이런 과정에 따라 나라의 윤곽과 얼개가 다시 짜이고, 나라 아래의 작은 단위들이 그에 맞춰 재포착되고 재배열됨으로써, 나라는 주체의 의무를 규정하는 데 있어 대단히 특권적인 단위가 된다. 그리고 ⓒ 차이들을 정렬하는 이 과정에는 전통의 요소들이 유비의 도구들로 이용된다. 경전의 문구와 같은 전통적 요소는 그 자체로 긍정되기보다는 서양과의 대응관계가 성립될 수 있도록 차이들을 어느정도 조절하고 감쇄(減殺)하는 역할을 통해 긍정된다. 애초 서양과의 윤리적 관계가 전통에의 안착을 통해 가능해졌다면, 이제 서양과의 관계는 전통적 요소들에 새로운 자리를 지정해주고 있다.

③ '수치-분 담론'에서 서양과의 차이를 수치스러워하고 분하게 여기는 주체는 백성의 분이라는 또다른 오래된 원천을 발견하고, 그것을 서양과의 관계 안으로 끌어들이게 된다. 서양과의 관계에서 분해하고 수치스러워하는 백성이라야 개화의 주체가 된다면, 그는 오랜 학정에 따른 분을 부끄러워하면서 없애고자 할 수도 있다. 그러나 또한 자신의 오랜 분을 상기하고 그것을 다시 서양과의 관계 속의 나라의 처지를 개선하기 위해 전용하게 될 수도 있다. 수치와 분이라는 면모에서 나라와 백성 사이에는 닮음관계가 성립하며, 이제 개화 공동체는 분이 소통되고 감응하는 '분의 연대'가 된다.

④ 이런 담론형성체의 명명화는 분명히 매우 낯설다. 그러나 주체성에 관한 서구의 이론을 적용하는 문제로 해소되지 않는 개화 주체성의 고유성을 이론화할 가능성을 추구한다는 점에서 이 낯섦은 새로운 시도로서 존중될 수 있다고 생각된다. 개화 '주체성'에 대한 물음은 주체성의 일반이론 속에서 해소될 수 있는 바가 아니다. 어떤 이론도 역사적인 맥락에서 초연할 수 없다면, 주체성이 의존하는 역사적·관습적 자원들을 적절히 포착하여 그것을 주체성의 중요 요소들로 재구성해 개념화할

필요가 있다. 이 책에서 개화 주체성의 고유성을 보이기 위해 마련된 거점은 사회생활을 영위하는 데 가동되는 실천적 태도이자 익명적 자원으로서의 유교적 에토스였다. 그래서 전통적 요소들이 교란 속에 재배열되면서 질서를 만들어가는 과정을 특정화하여 담론형성체를 명명하고 개념화하였다.

⑤ 또한 이로부터 담론형성체마다 서양의 의미작용 및 주체의 위치·태도들이 서로 다르지만, 유교적 요소가 일정한 역할을 하는 '관계적 주체성(relational subjectivity)'의 양식이 가동되고 있음을 보일 수 있었다. 여기서 사용하고 있는 '관계적 주체성'은 타자와 주체 자신의 연관패턴을 따짐으로써 그 자신의 위치와 경계를 구획하고 마땅히 해야 할 의무를 제시받는 양식으로 정의될 수 있다.

관계적 주체성은 여러 가지 방식으로 나타날 수 있다. 상리(常理)나 기운(氣運)과 같은 천하의 유비적 연쇄의 패턴을 펼쳐 서양과 주체 자신을 각각 위치시키고 그 관계에 적합한 행동을 의무로 제공받는 방식이 있는가 하면, 수치를 느끼고 체면을 구하는 등의 주체의 유비적 실천을 통해 서양과 주체를 밀접히 연동하고 상응하게 하여 그것에 어울리는 행동을 의무로 제공받는 방식도 가능하다. 또는 서양과 주체 사이에 같지 않은 바를 비교하고 확인하면서도 그 차이들을 수치스러워함으로써 서양과 같아지는 것을 의무로 설정하는 극히 단순하면서도 모순적인 방식도 있다.

이 방식들을 모두 관계적 주체성이라고 부르는 것은, 주체가 자신의 의무로 인도되는 데 있어 서양과의 관계의 패턴 및 그 속에서의 자신의 위치를 헤아리는 것이 가장 관건적이기 때문이다. 서양과 주체 자신, 혹은 다른 이들을 동일하게 규정하는 공정한 입법을 하거나 정언명령과 같은 초월적 원리에 호소하는 모습은 거의 찾아볼 수 없었다.

개화 주체성을 관계적 주체성의 양식으로 해명할 수 있었던 것은 개화 담론에서 많은 유교적 용어들이 구사되었을 뿐더러 특히 유교윤리 특유의 유비(analogy)가 유연히 가동되었기 때문이다. 특수자들이 동일화되지 않는다는 것을 인정하면서도 상관관계를 허용하는 것이 유비라면, 유비적 관계는 전적으로 대응(correspondence)의 수준으로 남는다. 특수자들끼리 연결되어 얼마간 닮거나 영향(影響)을 주고받는 것으로서, 유비적 관계는 수량화되거나 어떤 동일률로 흡수되지 않는, 관계적인 것 자체를 보존한다고 할 수 있다. 유비적 관계에서 관계의 패턴을 알기 위해서는 추상적 법칙을 계산하거나 찾기보다 구체적으로 연결되어 대응되고 영향을 주고받는 독특한 양상에 주의를 기울이는 수밖에 없다. 그래서 분석된 발화들에서 주체는 서양 오랑캐를 보편적 법칙 아래 대상화하여 그 본질을 규정하는 방식으로보다는 구체적 상황 속에서 서로 어울려 있는 관계의 패턴을 포착하여 자신의 의무를 헤아리고 수행하고자 했던 것이다. 그러므로 오랑캐이지만 적대하지 않고 소원한 타자로 취급하거나, 혹은 예의의 상대로 추켜올리는 행동도 할 수 있었고, 천하무도를 몰고온 야수라고 보면서도 신의를 보이며 체면을 차리고자 하는 등의 행동도 할 수 있었다.

2. 개화 주체성의 특성—서양과의 연결, 신성 해체, 중층성

　담론형성체들을 재구성하면서 획득된 새로운 해석들을 제시하면서, 개화 주체성에 대한 포괄적인 설명을 다음과 같이 제시해볼 수 있을 것이다. 유교적 요소가 관건적 역할을 하는 윤리적 에토스의 가동을 통해서 '개화 주체성'이 구성된다는 논지로부터 개화 주체성의 여러 특성들이 조명된다.

1) 서양과의 연결

개화 주체성의 가장 큰 특징은 서양이라는 타자와 연결되려는 지향성을 갖는다는 것이다. 머나먼 타자이다가 갑자기 가까워진 서양은 주체의 실천이 의문시되는 지점으로 기능한다. 주체는 변화한 천하만물 사이에서 적절한 위치를 찾지 못하며, 세계 내 배태성이 흔들린다. 그러나 자신이 살아가는 세계를 혼란에 빠뜨리고, 불안과 공포를 느끼게 하는 서양이라는 타자를 부정하고 거절하지 않는다는 데 개화 주체의 중요한 특징이 있다. 서양과 연결되려는 것은 주체 자신의 무력감, 취약성을 완화하고, 서양과의 관계 속에서 자기자신의 처신을 가늠하고 조정할 수 있을 여지를 열려는 것이다. 연결된 관계 안에서 그는 비교적 일정한 행위 패턴을 얻게 된다. 그것은 타자에 대한 배려인 만큼, 자기자신에 대한 배려이고, 자기자신의 행동을 제어하는 것인 만큼 타자를 일정한 반경 속에서 질서화하는 것이다.

주체의 자기관계 및 서양과의 관계 설정에 있어서 관계적 주체성의 양식이 작동한다. 그리고 이 양식은 친숙한 유교적 요소들을 활용함으로써 가동된다. 주체는 천하의 수준에서 서양과의 근접을 감지하고 있다. 주체는 자신의 행동을 통해 자신의 자리를 확인하고 서양과의 관계를 조율하고자 한다. 서양과의 연관패턴을 감지하고 그것에 마땅하게, 사세(事勢)에 맞게 행동하고자 한다. 그러므로 서양과 그 세계에 대한 주체의 주된 질문은 '저들이 무엇인가'가 아니라, '저들과 어떻게 함께 할 수 있을 것인가'가 된다. 저들이 다가오는데, 과연 어떻게 행동해야 그들 앞에서의 이 모욕과 부끄러움을 씻을 수 있을 것인가, 어떻게 행동해야 고립무원을 피하고 존속할 수 있을 것인가? 서양과 상대하는 적절한 행위를 통해 서양이라는 타자는 상대할 만하고 대처할 만한 존재로 전화되어야 한다. 아울러 그 자신도 새로운 사태에 적절한 처신을 해야 한다.

주체의 위치와 서양의 의미작용은 실천적 활동 밖에서의 인식론적·사상적 숙고를 통해 정해지기보다는, 관습적으로 누적된 주체의 행위성 안에 있다고 할 수 있다. 주체는 체득되고 습관화된 행위에 힘입어 세계 안에 자기자신을 거주케 하며, 타자를 일정한 의미작용으로 묶는다. 그러므로 개화란 서구적 지식을 습득하고 소화하는 것 이상으로, 낯선 자와 맞닥뜨려 습관화된 행동을 통해 타자 앞에서 주체 자신의 위치를 등록하고, 또 주체를 그렇게 위치시키는 서양의 의미작용을 설정하는 실천들인 것이다.

예의-춘추전국 담론에서 서양은 유비될 수 있는 윤리적 상대자로, 주체는 윤리적 주체로 설정된다. 타자와의 공속성과 아울러 천하로부터의 분리 불안을 느끼면서 체면을 구하고자 하는 주체에게 타자와의 관계 속에서 적절한 위치를 점하는 것이 중요해진다. 기운-자강 담론에서 서양은 천하를 잠식한 자연적인 기운으로 의미작용하고, 주체는 감응적 위치를 갖게 된다. 주체는 개별 현상들을 표상하여 인과론적으로 분석하기보다는 그 현상들의 유비적 연쇄를 통해 천하 전체의 과정을 통관(通觀)해 내, 자기자신을 그것의 연결된 일부로 만들고자 한다. 수치-분 담론에서 주체는 서양과 끊임없이 비교하고 차이를 확인하며, 그 차이를 없애고자 자기자신을 변형하고자 한다. 타자와의 차이는 주체 자신에게는 부정적인 것으로 감지된다고 해도, 타자와의 관계를 조형하고 아울러 그 속에서 주체의 활동 영역을 새기는 중요한 성립 조건이다.

주체로 하여금 자기자신을 취약한 상태로 감지하고 서양과 윤리적으로 그리고 감응적으로 연결하려는 과정이 가동되는 데 혹은 서양과의 차이 속에 자리잡으며 서양과의 격차를 없애려는 과정이 가동되는 데 있어, 서양의 지배가 관철되고 있다고 할 수 있다. 하지만 서양에 대해 주체 자신의 의무를 가늠하고 반성하기도 하며, 또 서양을 모방하는 과정에 들어선다 해도, 관계적 주체성이 가동되는 한, 주체에게 서양은 초월적 권위를 누리지 않고, 주체도 초월적 위치로 고양된 서양과의 동일시 속에서 자기자신을 반성하는 초월적 주체가 아니다.

그러므로 서양의 의미작용을 정신분석적 모델 속에서 오이디푸스적 단계를 거치며 형성된 초자아, 혹은 라캉적 의미의 대타자로 규정할 수 없다. 잘 알려져 있듯, 정신분석적 모델에서 사내아이는 '거세'의 위협을 받아 어머니와의 관계를 포기하고, 아버지와 동일시하여 그의 금지의 목소리를 내면화함으로써 주체가 된다. 동일시된 아버지의 목소리는 어떤 특수성도 부인하는 초월적 가상이다. 즉 반성적 주체는 '포기 → 동일시 → 금지의 내면화'를 통해 형성되는 것으로 이해된다. 하지만 예의, 도, 혹은 천하와 같은 것들을 전제하거나 유교윤리 특유의 유비적 관계를 이용하는 주체는 전통을 포기하고 단절한다고 보기 어렵다. 무엇보다도 중요한 것은 유교윤리가 제공해주는 관계적 주체성의 양식이 서양과의 동일시(identification)를 막는다는 점이다. 예의-춘추전국 담론에서 서양은 그 입장을 고려해 그의 소망을 실현해주어야 하고, 그 앞에서 부끄러움을 느끼며 주체 자신의 체면을 염려해야 하는 구체적 타자로 남는다. 기운-자강 담론의 주체에게도 서양은 기운대변을 주도하되 하나의 기운 안에서 다른 장소를 점하는 것이다. 수치-분 담론에서도 서양은 늘 비교하고 차이를 확인해야 하는 구체적 타자로서의 성격을 잃지 않는다.

즉 서양이란 하나의 세계 안에서 다른 위치를 점하는 타자이다. 서양은 구체성이 소거된 일반화된 타자나 내면화된 신과 같은 위치에 있지 않다. 그러므로 타자와 주체 사이에는 유사성만큼 차이가 있고, 타자와 닮고 동화하는 행위는 유사성과 차이를 전제로 하게 된다. 관계적 주체성에 특유한 유비는 차이 없는 동일화가 아니라, 닮음의 관계를 구성하는 연결과 통합의 양식이자 반성과 판단의 양식이다. 유비는 차이를 유지하는 것이면서 차이를 포함하여 스스로를 확장하는 방식이다.

2) 신성 해체

개화 주체성은 유교윤리의 궁극적 지평인 천인합일의 문제틀이 무화되면서 출현한다. 주체는 우선 ㉠ 예의나 도리를 준수하는 자로, 혹은 상관적 우주론이 제시하는 기운(氣運) 안의 연결된 요소로서 구성되다가 ㉡'타자를 의무의 원천으로 삼는 수치의 윤리'나 기운에 대한 감응과 공명의 과정에 따라 서양과 연결된다. 주체는 타자의 반응을 이해할 만한 것으로 그리고 자신의 행동을 반성할 만한 것으로 만드는 관계의 맥락을 발견하거나, 확장되고 밀접해진 천하에서 서양의 기운과 합류하는 자연적 과정을 감지한다. 그러나 ㉢ 서양과의 윤리적 관계가 성인의 도에서 어긋난 서양에 대한 공포를 전제하는 한, 서양과의 관계에서 마땅한 바를 하려 해도 신성한 하늘괴의 합일로 나아가지 못한다. 또 서양의 기운이 성인의 전장문물을 무너뜨리는 것인 만큼 서양의 문물과 제도를 수용하는 과정에는 윤리적 고려를 넣지 못한다. 수치-분담론에서도 전통적 요소들은 서양과의 차이를 감쇄하여 서양과의 대응관계가 성립할 수 있게 하는 역할을 통해 긍정성이 인정된다.

여기서 주안해야 할 것은, 주체가 서양이라는 낯선 타자와 접하자마자 전통과의 모든 연결을 부정당하고 신성의 차원을 단번에 잃어버리지는 않는다는 것이다. 오히려 전통의 윤리적 자원이 가동되는 가운데 구성되기에, 주체는 천인합일의 문제틀이 파열되는 과정을 겪을 수 있다. 이러한 주체는 전통적 요소의 활용을 통해 서양과 연결되려는 주체일뿐더러, 서양과 연결되는 이 과정에서 경전이 가지는 신성의 차원을 해체하는 주체이기도 하다.

주체에게 서양이 주도하는 천하는 분명 혼란스럽고, 천하만물 사이에서 적절한 위치를 찾지 못하는 위태로운 느낌을 갖게 한다. 그는 과거와의 연속선 상에서 미래를 예상할 수 있는 역량을 어느 정도 상실했다고 할 수 있다. 하지만 타자와 연결되려는 주체의 움직임에는 천하가 그런 자를 포함하고 있고, 또 그들이 근접케 하도록 변화했으며, 자기자신은 그 천하의 일부로서 그 대세에 따를 수밖에 없다는, 도와 천하에 대한 긍정이 있다. 그러므로 그는 전통의 부재 속에서 현재를 맞기보다는 여전히 전통의 작동 속에서 자신의 현재와 미래를 예상한다. 그는 오래 전 춘추전국 시대를 떠올리며 그때의 교린의 예법을 상고한다든지, 교린의 예에 벗어난 오랑캐와의 교제를 위해 옛 문서들을 뒤적거린다. 미국이 공평하고 조화롭다(公和)고 생각하는가 하면, 서양 나라들에 문명의 지위를 부여하면서 인의(仁義)라든지 인의신(仁義信)의 가치를 투사한다. 또 서양의 제도와 기물을 모방하는 과정을 시무(時務)나 궁변통구(窮變通久)로 기술하게 된다. 혹은 서양의 제도를 설명하는 데 있어 경전상의 문구들을 이용한다.

개화의 주체는 이식(移植)된 자, 혹은 자신의 역사 전체를 부정당한 채 새로운 주인의 명령만을 듣는 노예와 같은 자로 규정될 수 없다. 또 라캉주의 정신분석학에서 전제되듯이, 그 전사(前史)가 주체로서의 자기자신에 대한 경험에서 배척되는(foreclosed) 이른바 '빗금 쳐진 주체'로도 보기 힘들다. 과거의 요소들은 언제나 주체 가까이에서 주체를 구성하는 의미있는 요소로서 작용하고 있다. 서양은 과거로부터 주체를 단번에 분리해내 전혀 다른 기반에 세우는 정초적(定礎的) 폭력으로 이해되기 힘들다. 그러므로 주체 또한 서양과 접하자마자 그것의 핵심을 소화해 일사불란하게 서구화의 도정으로 달려가는 자로도 이해될 수 없다.

주체에게 변화는 서양이 명령한 것이 아닌 만큼, 전통에 대한 그 스스로의 단절로부터 찾아온 것도 아니다. 자신이 처신해야 하는 세계가 변했고, 서양은 변화하는 세계의 중요한 부분이다. 변화를 그 자신이 배태된 우주적 움직임으로 이해하므로, 주체는 그것과 단절될 수 없다. 그런데 자신이 배태된 천하 안에서 그리고 지금 놀랄 만치 변화하고 있는 천하 안에서 올바로 사는 규칙들은 전통 안에 있다. 그러므로 주체는 세계와 분리되지 못하는 만큼, 전통과도 공속적이게 된다. 차이를 협상하고 관계를 확장하는 운동을 하면서 타자를 의무의 원천으로 삼거나 만물과 감응함으로써 자존감과 더불어 세계와의 깊은 공속성을 향유하려는 자원들을 활용하지 않을 수 없다. 그리하여 타자의 출현은 오히려 예전의 상징적 그물망을 연장하여 통합하려는 작업을 개시하게 한다.

개화 주체는 전통이 의문시되는 한계 상황(limit situation)에서 출현하였지만, 전통의 진공 상태에 놓여 있는 자는 아니라고 할 수 있다. 정상적 연속성이 어려운 한계 상황은 오히려 사회생활의 규칙들이 역동적으로 가동되는 장이라는 사회학적 통찰들이 친절한 안내자가 될 수도 있을 것이다. 사회이론에서도 근대성은 종종 전통적 에토스의 파열이나 교란으로 이해되나, 그 파열과 교란은 공백(空白)이 아니라 전통의 요소들이 파편적으로 재배열되는 장이다(벤야민). 사회생활의 규칙은 습속화된 자원으로 가동되므로, 한계 상황이야말로 규칙이 어떤 것인지를 잘 보여준다(고프만).

하지만 전통을 작동시키자마자 역설적이게도 전통은 충족되지 못하는 기대들로 인해 조각나게 된다. 주체의 자존감, 천하에의 안착, 만물에 대한 감화력과 함께 하는 우주적 신성은 빛을 잃는다. 전통이 처방해준 타자에 대한 의무를 다함으로써 자기자신을 빛나게 할 가능성을 향해 움직이지만, 타자와의 관계 속에서 자기자신의 존엄성을 신장시켜 만물에 대한 신묘한 감화력을 가지기를 기대할 수 있기는커녕, 그 존엄성과 배태성을 근저로부터 위협당한다. 그는 윤리적 공간 안으로 흡수할 수 없는 서양이 야수의 모습으로 버티고 서 있다는 것을 안다. 또 그는 기운의 흐름에 연결하고자 하지만, 그 과정은 성인의 도의 실현과정이 아니다. 천하 안에서 떳떳한 자리를 얻지 못한 주체의 깊은 자존감의 상처는 분(憤)으로 압축되기도 한다. 그러므로 불식되지 않는 서양의 타자성 때문에 관계적 주체성의 양식은 내적으로 교란되고 변형된다. 서양을 윤리적 상대자로 설정하는 운동 뒤편에는 야수로서의 서양이 버티고 있고, 기운의 감응적 운동에 대한 동참은 서양의 기운에 대한 이물감을 남겨놓는다.

　개화 주체성에 대한 이와 같은 묘사와 설명은 서구적인 근대인의 이념형적 기술들과는 매우 다르다는 것을 알 수 있다. 이념형적 서술에서 근대인은 자신을 천하만물 중의 일물 또는 단순한 피조물로만 인식하지는 않는다. 일단 세계의 질서가 신에 의해 부여된 것이 아니게 되면, 인간을 세계의 다른 존재들과 함께 잇는 연속적 관계는 부서져버린다. 그래서 근대인은 스스로 세계나 전통과 단절된 위치에 서서 다른 사물들 및 자기자신을 대상으로 이해하고자 한다는 것이다. 그는 우상을 파괴해야 하며, 권위의 속박에서 벗어나 순수한 자기자신의 역량으로 사물을 파악하고 의미를 부여해야 한다. 즉 사물의 질서의 근원으로서, 초월적 주체로서 등장하게 된다는 것이다. 근대인은 또 끊임없이 전승될 전통의 한 단계라기보다는 역사의 구성자로서 등장하게 된다. 과거는 결코 그의 현재를 통합하는 전제가 못될 뿐만 아니라, 극복의 대상이 된다. 탈전통화된 인간에게 유일한 희망은 미래에 있고, 먼 미래의 기대지평을 통해서만 자기자신을 자유롭고 평등한 존재로 인지할 수 있으며, 역사를 억압을 물리치는 해방의 과정으로 묘사할 수 있다.

그런데 개화 주체의 출발점은 성스러운 연결망을 갖춘 천하와 그 안에 깃든 전통이다. 그는 타자와의 관계, 우주의 생성적 흐름에 동참함으로써 과거가 늘 갱신될 수 있다는 전제를 갖고 있다. 그런데 그 전제를 가동시켜 타자와 연결되다가 그 전제에 파열을 내는 것이다.

3) 중층성

전통으로부터 단절되지 않으면서도 낯선 타자와 연결되고, 그 가운데 전통의 핵심을 파괴하고 마는 이 과정은 출발점을 스스로 배신하는, 자기전복적 운동이다. 개화 주체성의 중층성은 주체가 이처럼 자기전복적인 운동을 하는 데 따른 당연한 귀결이다.

예의-춘추전국 담론과 기운-자강 담론에서 주체 위치와 서양의 의미작용의 상호연관은 세 겹으로 겹쳐 있다. '세 국면'이라 하지 않고 '세 겹'라고 표현한 것은 '국면'이라는 표현에서 암시되는 것처럼 주체 구성이 연속된 세 단계를 지나 특정한 지점에 도달하는 것이 아니라, 셋으로 구분될 수 있는 주체의 운동이 실상 동시적으로 겹쳐 있기 때문이다. 예의-춘추전국 담론에서는 예의나 도리와 같은 요소를 활용하여, 주체 자신의 존립을 위협하는 타자와의 윤리적 관계를 설립하나, 그 다른 면에서 윤리적 관계 속의 타자는 윤리를 초월한 자연적 기세나 야수로 탈바꿈하며, 서양과의 윤리적 관계는 세부득이한 임시적인 것으로 머무른다. 기운-자강 담론에서도 서양은 기운(氣運)으로, 주체는 그것에 대한 감응적 위치에 설정되고, 주체는 우주의 기운이 바뀌었다고 감지하면서, 기운과 더불어 '확장되고 열리고 통하고자' 하지만, 그것은 윤리적 고려가 삭제된 자강으로 머문다.

수치-분 담론에서도 주체는 서양과의 윤리적 관계를 지속하다가 서양을 능가해서 제압하는 것을 지향함으로써 서양과의 윤리적 관계를 무화하는 동요를 보인다. 여기서 주체성의 중층성은 서로 다른 타자관계와 주체 내 자기관계를 갖는 수치와 분이 결합되는 양상으로 나타난다. 수치의 주체가 강한 타자와의 관계 안에서 옳고 그름을 분별하며 타자와의 차이를 없애고자 한다면, 분해하는 주체는 강한 타자로부터 침해당한 데 따르는 고립과 답답함을 벗어나고자 타자에게 공세를 취하려고 한다. 분의 에너지는 우회되어 자기자신을 단련하는 동력으로 가동되기도 하지만, 타자와의 윤리적 관계를 무화할 가능성을 잠재하고 있다.

예의-춘추전국 담론이나 기운-자강 담론에서 전형적으로 나타난 세 겹의 상호연관은 전통적 에토스가 ㉠지속되고, ㉡연장되며 변형되다가, ㉢중지되는 과정의 반복으로도 분석될 수 있다. 타자에 의해 전통이 활성화되고 연장되는 과정은 ㉠과 ㉡에 집약되어 있다. 물론 전통을 가동한다 해도 그것은 과거의 모범에서 벗어나 있다. 예의를 지키고 체면을 염려한다 해도 그것은 전통적 교린의 법식이 아니며, 서양의 기운은 경전에 묘사된 기운의 패턴을 벗어나 있다. 그러나 전통이 연장·가동됨으로써, 개화 주체성은 유교적 에토스가 부여하는 양식 속에서 움직이고 있다. 그러나 ㉢에 오게 되면, 한껏 연장·가동된 에토스는 그 효력을 스스로 중지한다. 체면을 차리려는 노력은 약자의 생존의 방책이며, 기운에의 감응은 기운 안에서 고립되어 사멸하지 않기 위함이다. 수치-분 담론에서도 분에는 윤리적 관계를 무화하려는 움직임이 집약되어 있다. 말하자면 전통적 에토스는 지나치게 늘어나다가 곧 움츠러든다. 오직 한시적으로 그 의미와 타당성을 주장하고 마는 것이다. 옛것은 지속되는 듯하더니 어느 지점에서 멈춘다.

이것은 개화라는 시간성(temporality)의 한 차원을 설명한다. 개화는 중대한 이행(transition)이다. 이행은 주체에게 어떤 시간성인가? 어떤 전지적 시점에서 'A → B'로 변화하는 모습을 통시하는 것이 역사적 주체의 체험일 리 없다. 그는 그 자신이 알고 살아온 전통 속에, 에토스 속에 배태되어 있다. 그러나 전통적 에토스가 문제없이 가동된다면 그에게 있어 과거와 현재는 동일성으로 묶여 있다. 전통 혹은 관습은 그것에 의거하는 실천에게 '오늘은 어제와 같다'는 신호를 보낸다. 또한 '어제가 오늘과 같다면 내일도 같을 것이다'라고 신호한다. 전통적 에토스의 가동 가운데 저들이 옳고 내가 잘못했다면, 그 주장은 그리고 그 주장을 하는 주체로서의 나는 과거 못지않게 미래에도 유효하게 지속되리라 약속된다. 현재 행동의 타당성은 미래의 기대에도 반향되기 때문이다.

그런데 ⓒ의 국면이 나타내는 바는 이 미래의 기대가 스스로 좌절된다는 것이다. 전통적 에토스는 타자와의 조우의 매체가 되고자 과하게 연장되다가 스스로 움츠러 들기 때문이다. 규범적 내용을 넘어 연장되다가 효력을 스스로 중지함으로써 타자와의 조우의 매체가 되는 것이 개화 주체성에 개입하는 유교적 에토스의 한 면모이다.

개화라는 이행의 시간성은 현전화되는 과거가 미래로 연장되기를 멈추는 것이라고 할 수 있다. 그것은 미래의 소멸을 의미하는 것이라기보다는 현전화되는 과거 밖에 혹은 현재의 가능성의 지평 밖에 미래가 놓이는 사태라고 할 수 있다. 전통적 에토스가 연장된다 해도 그것은 미래의 기대를 포괄하는 데 미치지는 못하며, 결국 미래는 현재 바깥에서 그야말로 '아직 없음' '아직 아님'의 미래(未來)로 남게 된다. 그것은 현재 속에서 미래의 기대가 사라지는 만큼 현재 바깥에서 가늠할 수 없는 미래가 열리는 시간성인 것이다.

참고문헌

1. 자료

1) 경전

성백효 역주,『논어집주』,『맹자집주』,『대학집주』,『중용집주』(http://www.koreaa2z.com)

_____,『시경집전』,『서경집전』,『주역전의』(http://www.koreaa2z.com)

한국사사료연구소 편,『諸子集成』,「論語」,「孟子」,「荀子」,「老子」,「莊子」,「列子」,「墨
子」,「晏子春秋」,「管子」,「商君書」,「愼子」,「韓非子」,「孫子」,「吳子」,「尹文
子」,「呂氏春秋」,「新語」,「淮南子」,「鹽鐵論」,「法言」,「論衡」,「潛夫論」,「申
鑒」,「抱朴子」,「世說新語」,「公孫龍子」,「鄧析子」,「燕丹子」(http://web.ibook
pia.com/book_index.asp?s_id=jeja)

2) 관찬사료 및 공문서

국사편찬위원회 편,『조선왕조실록』(http://sillok.history.go.kr/main/main.jsp)

규장각한국학연구원 편,『일성록』(http://sillok.history.go.kr/main/main.jsp)

_____,『승정원일기』(http://e-kyujanggak.snu.ac.kr/sub_index.jsp?ID=SJW)

민족문화추진회 역,『승정원일기』(http://www.minchu.or.kr/index.jsp?bizName=MS)

송병기 편역,『개방과 예속-대미수교관련 수신사기록(1880)초』, 단국대 출판부, 2000.

日本 外務省 편,『일본외교문서-한국편』(영인본), 경인문화사, 1990.

박은숙 역,『(추안급국안(推案及鞫案) 중)갑신정변 관련자 심문・진술 기록』, 아세아문화
사, 2009.

3) 신문 및 잡지

『제국신문』,『만세보』(http://www.dlibrary.go.kr/WONMUN/)

『한성순보』,『한성주보』(http://www.koreaa2z.com/index.cgi)

『황성신문』(http://www.mediagaon.or.kr/jsp/search/SearchGoMain.jsp?go_code=B)

국사편찬위원회 편, 『대한자강회월보』, 『대한협회보』, 『서우』, 『서북학회월보』, 『기호흥학회월보』, 『대조선독립협회회보』, 『태극학보』, 『호남학보』, 『대한학회월보』, 『대한유학생회회보』, 『대한흥학보』, 『대동학회월보』(http://db.history.go.kr/url.jsp?ID=ma_01_001)

독립신문 영인간행회, 『독립신문』 1~9, 갑을출판사, 1981.

서울대 정치학과 독립신문강독회 편역, 『독립신문, 다시 읽기－독립신문 사설선집』, 푸른역사, 2004.

한국신문연구소 편, 『대한매일신보』 1~6(영인본), 경인문화사, 1977.

한국역사연구회 대한제국기연구반, 『황성신문기사색인집』 1・2, 경인문화사, 1998.

4) 개인문집 및 저작물

강 위, 한국학문헌연구소 편, 『姜瑋全集』上・下, 亞細亞文化社, 1978.

김규락, 이우성 편, 『雲下見聞錄』, 亞細亞文化社, 1990.

김기수, 민족문화추진회 역, 『日東記游』, 1974(http://www.minchu.or.kr/index.jsp?biz
　　　Name=MK&url=/MK/MK_BOOKLIST.jsp%3Fseojiid=kc_mk_h033%26setid=1042
　　　176%26sectionname=total%26pos=1%26tc=7%26cp=1)

김옥균, 한국학문헌연구소 편, 『김옥균전집』, 아세아문화사, 1979.

_____ 외, 조일문・신복룡 편역, 『갑신정변 회고록』, 건국대 출판부, 2006.

김윤식, 국사편찬위원회 편, 『陰晴史』, 1958.(http://db.history.go.kr/url.jsp?ID=sa_006b)

_____, 국사편찬위원회 편, 『續陰晴史』, 1960.(http://db.history.go.kr/url.jsp?ID=sa_011)

_____, 한국학문헌연구소 편, 『김윤식전집』 1・2, 아세아문화사, 1980.

김정희, 한국고전번역원 역, 『阮堂集』, 1995.(http://www.itkc.or.kr/index.jsp?bizName=
　　　MK&url=/MK/MK_BOOKLIST.jsp%3Fdbname=MK_BOOKLIST%26set_id=%26sta
　　　rt=%26count=%26disp_cnt=%26tot_cnt=%26qry=%26keyword=%26sortsection=B
　　　OOKNAME%26order=ASC%26type=BOOKNAME%26seojiid=kc_mk_h011%26gun
　　　chaid=%26muncheid=)

량치차오, 신채호 번역, 류준범・장문석 재역, 『이태리 건국 삼걸전』, 지식의풍경, 2001.

민영환, 국사편찬위원회 편, 『閔忠正公遺稿』, 1972.(http://db.history.go.kr/front/dirserv
　　　ice/dirFrameSet.jsp)

박규수, 『瓛齋集』(http://www.itkc.or.kr/index.jsp?bizName=MM&url=/MM/MM_BOOK
　　　LIST.jsp%3Fdbname=MM_BOOKLIST%26set_id=%26start=%26count=%26disp_cn
　　　t=%26tot_cnt=%26qry=%26keyword=%26sortsection=BOOKNAME%26order=AS
　　　C%26type=BOOKNAME%26seojiid=kc_mm_a632%26gunchaid=%26muncheid=)

박영효, 김갑천 역, 「박영효의 건백서 – 내정개혁에 대한 1888년 상소문」, 『한국정치연구』 2, 1990.

_____, 민족문화추진회 역, 『使和記略』, 1974. (http://www.minchu.or.kr/index.jsp?biz Name=MK&url=/MK/MK_BOOKLIST.jsp%3Fseojiid=kc_mk_g025%26setid= 1200 92%26sectionname=total%26pos=1%26tc=3%26cp=1)

박은식, 이만열 편역, 『박은식』, 한길사, 1980.

_____, 백암박은식선생전집편찬위원회 편, 『白巖朴殷植全集』, 동방미디어, 2002.

박제형, 이익성 역, 『近世 朝鮮政鑑』, 探求堂, 1975.

송근수(추정), 국사편찬위원회 편, 『龍湖閑錄』, 1980. (http://db.history.go.kr/front/dirse rvice/dirFrameSet.jsp)

신복룡 외역주, 『한말 외국인 기록』 1~22, 집문당, 1999~2000.

신채호, 단재신채호선생기념사업회 편, 『단재 신채호 전집』 상·중·하·별집, 형설출판사, 1972.

_____, 안병직 편역, 『신채호』, 한길사, 1979.

신 헌, 김종학 역, 『심행일기』, 푸른역사, 2010.

안정복, 민족문화추진회 역, 『順菴集』, 1996~1997. (http://www.itkc.or.kr/index.jsp?biz Name=MK&url=/MK/MK_BOOKLIST.jsp%3Fdbname=MK_BOOKLIST%26set_id= %26start=%26count=%26disp_cnt=%26tot_cnt=%26qry=%26keyword=%26sortsec tion=BOOKNAME%26order=ASC%26type=BOOKNAME%26seojiid=kc_mk_g01 1%26gunchaid=%26muncheid=)

어윤중, 국사편찬위원회 편, 『從政年表』, 1955. (http://db.history.go.kr/url.jsp?ID= sa_00 6a_0010)

유길준, 유길준전서편찬위원회 편, 『유길준전서』 1~5, 일조각, 1971.

_____, 허동현 역, 『유길준 논소선』, 일조각, 1987.

_____, 허경진 역, 『서유견문 – 조선 지식인 유길준, 서양을 번역하다』, 서해문집, 2004.

유인석, 『毅菴集』(http://www.itkc.or.kr/index.jsp?bizName=MM&url=/MM/MM_BOOK LIST.jsp%3Fdbname=MM_BOOKLIST%26set_id=%26start=%26count=%26disp_cn t=%26tot_cnt=%26qry=%26keyword=%26sortsection=BOOKNAME%26order=AS C%26type=BOOKNAME%26seojiid=kc_mm_a654%26gunchaid=%26muncheid=)

_____, 서준섭 외역, 『유인석의 20세기 문명충돌 이야기 – 宇宙問答』, 의암유인석선생기념 사업회, 2002.

윤치호, 국사편찬위원회 편, 『윤치호일기』, 1968. (http://db.history.go.kr/url.jsp?ID=sa_019a)

_____, 송병기 역, 『국역 윤치호 일기』 1, 연세대 출판부, 2001.

_____, 박정신 역,『국역 윤치호 일기』2, 연세대 출판부, 2003.

이수광, 남만성 역주,『芝峰類說』, 을유문화사, 1994.(http://www.krpia.co.kr/pcontent /?svcid=KR&proid=9)

이유원, 민족문화추진회 역,『林下筆記』, 1999.(http://www.itkc.or.kr/index.jsp?bizNam e =MK&url=/MK/MK_BOOKLIST.jsp%3Fdbname=MK_BOOKLIST%26set_id =%2 6start=%26count=%26disp_cnt=%26tot_cnt=%26qry=%26keyword=%26sortsectio n= BOOKNAME%26order=ASC%26type=BOOKNAME%26seojiid=kc_mk_h018%2 6gunchaid=%26muncheid=)

이 익,『星湖先生全集』(http://db.itkc.or.kr/index.jsp?bizName=MM&url=/itkcdb/text/ bookListIframe.jsp?bizName=MM&seojiId=kc_mm_a489&gunchaId= av001&Nod eId=&setid=1832362)

이항로,『華西集』(http://www.itkc.or.kr/index.jsp?bizName=MM&url=/MM/MM_BOOK LIST.jsp%3Fdbname=MM_BOOKLIST%26set_id=%26start=%26count=%26disp_cn t=%26tot_cnt=%26qry=%26keyword=%26sortsection=BOOKNAME%26order=AS C%26type=BOOKNAME%26seojiid=kc_mm_a621%26gunchaid=%26muncheid=)

이헌영, 민족문화추진회 역,『日槎集略』, 1974.(http://www.minchu.or.kr/index.jsp?biz Name=MK&url=/MK/MK_BOOKLIST.jsp%3Fseojiid=kc_mk_h036%26setid= 1044 005%26sectionname=total%26pos=1%26tc=4%26cp=1)

장지연, 국사편찬위원회 편,『韋庵文稿』, 1956.(http://db.history.go.kr/front/dirservice/d irFrameSet.jsp)

정 교, 조광 편,『대한계년사』1~10, 소명출판, 2004.

최익현, 민족문화추진회 역,『勉菴集』, 1978.(http://www.minchu.or.kr/ index.jsp?bizNa me=MK&url=/MK/MK_BOOKLIST.jsp%3Fseojiid=kc_mk_e002%26setid= 910277% 26sectionname=total%26pos=1%26tc=3%26cp=1)

_____ 외, 최창규 편역,『한말위국명상소문』, 서문당, 1986.

황 현, 김봉익 역,『번역 오하기문』, 역사비평사, 1995.

_____, 임형택 외역,『역주 매천야록』상・하, 문학과지성사, 2005.

杞憂生,『易言』卷1~2, 1880.

魏 源 편,『海國圖志』, 古微堂, 1847.(http://library.snu.ac.kr/DetailView.jsp?uid=11&ci d= 577431)

鄭觀應, 이화승 역,『盛世危言』, 책세상, 2003.

黃遵憲, 조일문 역주,『朝鮮策略』, 건국대 출판부, 2001.

Charles Dallet, 安應烈·崔奭祐 역,『韓國 天主敎會史』上·下, 한국교회사연구소, 1980~ 1987.

Henry Wheaton, William A. P. Martin 역, 한국학문헌연구소 편,『萬國公法』, 아세아문화 사, 1981.

5) 소설 및 가사

권영민·김종욱·배경열 편,『한국신소설선집』1~10, 서울대 출판부, 2003.

조남현 편,『開化歌辭』, 螢雪出版社, 1978.

6) 기타 편집물

국사편찬위원회 편,『고종시대사』1~6, 국사편찬위원회, 1967~1972.(http://db.history.g o.kr/front/srchservice /srcFrameSet.jsp?pSearchWord=ACE0C885C2DCB300C0A C&pSearchWordList =ACE0C885C2DCB300C0AC&pSetID=-1&pTotalCount=0&pS earchType=1&pMainSearchType=2&pQuery=002800420049003A0028ACE0C885C 2DCB300C0AC00290029&pSearchClassName=&oid=&url=&method=&lang=&cod e=&searchword=&return=)

이광린·신용하 편,『사료로 본 한국문화사―근대편』, 일지사, 1984.

2. 논문

강내희,「한국 근대성의 문제와 탈근대화」,『문화과학』22호, 2000.

_____,「근대성의 충격과 한국 근대성 논의의 문제」,『문화과학』25호, 2001.

_____,「한국의 식민지 근대성과 충격의 번역」,『문화과학』31호, 2002.

강상규,「일본의 유구병합과 동아시아 질서의 변동―한반도와의 정치적 관계를 중심으로」, 『지방사와 지방문화』10집 1호, 2007.

고병익,「유교사상에서의 진보관」, 민두기 편,『중국의 역사인식』상, 창작과비평사, 1985.

_____,「동아시아 나라들의 상호 소원과 통합」,『동아시아, 문제와 시각』, 문학과지성사, 1995.

권보드래,「한국 근대의 '소설' 범주 형성에 관한 연구」, 서울대 박사논문, 2000.

_____,「동포의 역사적 경험과 정치성―『독립신문』의 기사분석을 중심으로」, 이화여대 한국문화연구원 편,『근대계몽기 지식 개념의 수용과 변용』, 소명출판, 2004.

_____,「동포의 역사적 감각―1900~1904년 '동포' 개념의 추이」, 이화여대 한국문화연 구원 편『근대계몽기 지식의 발견과 사유 지평의 확대』, 소명출판, 2006.

권오영,「동도서기론의 구조와 그 전개」,『한국사시민강좌』제7집, 1990.

권용기, 「'독립신문'에 나타난 '동포'의 검토」, 『한국사상사학』 12집, 1999.

금장태, 「순암 안정복의 서학비판이론」, 『철학사상』 16권 6호, 2003.

금장태・이용주, 「고대 유교의 예론과 국가 제사」, 『동아문화』 38집, 2000.

길진숙, 「『독립신문』『매일신문』에 수용된 '문명 / 야만' 담론의 의미 층위」, 이화여대 한국
　　　문화연구원 편, 『근대계몽기 지식 개념의 수용과 변용』, 소명출판, 2004.

_____, 「문명의 재구성 그리고 동양 전통·담론의 재해석」, 이화여대 한국문화연구원 편 『근
　　　대계몽기 지식의 발견과 사유 지평의 확대』, 소명출판, 2006.

김경태, 「한국근대사의 기점과 시기구분문제」, 『국사관논총』 50집, 1993.

김광억, 「동아시아 담론의 실체―그 분석과 해석」, 정재서 편, 『동아시아 연구, 글쓰기에서
　　　담론까지』, 살림, 1999.

김교빈, 「주희의 격물치지론을 통해 본 동양적 과학정신의 특성」, 『계간 과학사상』, 1997 가을.

김기정, 「19세기 후반기 제국주의와 동아시아」, 『1894년 농민전쟁 연구』 3, 역사비평사, 1993.

김기혁, 「개항을 둘러싼 국제정치」, 『한국사시민강좌』 7집, 1990.

김도형, 「대한제국 초기 문명개화론의 발전」, 연세대 국학연구원 편, 『서구문화의 수용과 근
　　　대개혁』, 태학사, 2004.

김동노, 「대한제국기 황성신문에 나타난 근대적 개혁관」, 『사회와역사』 69집, 2006.

김동춘, 「사회과학 세우기」, 『한국사회과학의 새로운 모색』, 창작과비평사, 1997.

김무경, 「상상력과 문화」, 『문화와 사회』 1권, 2006.

김문식, 「조선후기 지식인의 자아인식과 타자인식―대청교섭을 중심으로」, 『대동문화연
　　　구』 39집, 2001.

_____, 「조선후기 경학관의 변화」, 『조선시대사학보』 29집, 2004.

_____, 「18세기 서명응의 세계지리 인식」, 『한국실학연구』 11집, 2006a.

_____, 「고종의 황제 등극식에 나타난 상징적 함의」, 『조선시대사학보』 37권, 2006b.

_____, 「근대 한국의 탈중화주의」, 『오늘의 동양사상』 15호, 2006c.

김문용, 「동도서기론의 논리와 전개」, 한국근현대사연구회 편, 『한국근대 개화사상과 개화
　　　운동』, 신서원, 1998.

김미정, 「의사소통 이성의 한계에 대한 화용론적 비판―언어의 바깥을 넘어서 '삶의 형식'으
　　　로」, 『사회와 이론』 11집, 2007.

_____, 「문화사회학의 이론적 전개와 '수행성' 개념의 발전」, 서울대 사회학과 전공연구논
　　　문, 2008.

_____, 「'사회적인 것'의 문제설정에 대한 한 설명―선험적인 것-경험적인 것-실천적인 것
　　　의 삼각구도를 중심으로」, 『사회와 이론』 22집, 2013.

김백영, 「일제하 서울에서의 식민권력의 지배전략과 도시공간의 정치학」, 서울대 박사논문,

2005.

김상기, 「갑오경장과 갑오·을미의병」, 『국사관논총』 36집, 1992.

김상준, 「중층근대성 – 대안적 근대성 이론의 개요」, 『한국사회학』 41집 4호, 2007.

김석근, 「주변부 지식인의 '허위의식'과 '자기정체성' '한국정치사상'을 위한 마지막 진술」, 한국정치학회 편, 『한국의 정치학 – 현황과 전망』, 법문사, 1997.

김성기 외, 「권두좌담 – 한국 지식인, 무엇을 생각하는가」, 『지식인 리포트 – 현대사상 특별증간호』, 민음사, 1998.

_____, 「인디 포럼 – 다시, 모더니티를 묻는다」, 『현대사상』 8호, 1999.

_____, 「지금 우리에게 공부란 무엇인가」, 『현대사상』 9호, 1999.

김수암, 「조선의 '만국공법' 수용과 1880년대 국제관계」, 하영선 외편, 『한국외교사와 국제정치학』, 성신여대 출판부, 2005.

김수진, 「1920~30년대 신여성담론과 상징의 구성」, 서울대 박사논문, 2005.

김연숙, 「레비나스 타자윤리의 선진유가적 이해」, 『유학사상연구』 제14집, 2000.

김외곤, 「임화의 '신문학사'와 오리엔탈리즘」, 김외곤 편, 『임화전집』 2(문학사), 도서출판박이정, 2001.

김용구, 「조선에 있어서 만국공법의 수용과 적용」, 『세계정치』 23집 1호, 1999.

_____, 「새로운 외교사 연구를 위하여」, 『국제정치학회소식』 104권, 2002.

김용섭, 「근대화과정에서의 농업개혁의 두 방향」, 『한국자본주의성격논쟁』, 대왕사, 1988.

김정기, 「갑오경장기 일본의 대조선 경제정책」, 『한국사연구』 47, 1984.

_____, 「청의 조선정책(1876~1894)」, 『1894년 농민전쟁 연구』 3, 역사비평사, 1993.

김준석, 「조선후기 국가재조론의 대두와 그 전개」, 연세대 박사논문, 1990.

김충렬, 「중국 천하사상의 철학적 기조와 역사전통의 형성」, 전해종 외, 『중국의 천하사상』, 민음사, 1988.

김한규, 「한대의 천하사상과 羈縻之義」, 전해종 외, 『중국의 천하사상』, 민음사, 1988.

김현식, 「동도서기론과 개화자강운동」, 강광식 외편, 『한국정치사상사 문헌자료 연구』 III, 한국학중앙연구원, 2006.

김현철, 「박영효의 '근대국가' 구상에 관한 연구」, 서울대 박사논문, 1999.

나병철, 「애국계몽기의 민족인식과 탈식민주의」, 『비평문학』 13호, 1999.

노대환, 「조선 후기 서양세력의 접근과 해양관의 변화」, 『한국사연구』 123권, 2003.

도면회, 「근대=자본주의사회 기점으로서의 갑오개혁」, 『역사와현실』 9, 1993.

류준필, 「19세기 말 '독립'의 개념과 정치적 동원의 용법 – 『독립신문』 논설을 중심으로」, 이화여대 한국문화연구원, 『근대계몽기 지식 개념의 수용과 변용』, 소명출판, 2004.

문병도, 「유가사상에 있어서 초월성과 내재성의 문제 – 모종삼과 홀–에임즈의 담론과 관련하어」, 『동양철학연구』 39집, 2004.

민두기, 「중국에서의 역사인식의 전개」, 민두기 편, 『중국의 역사인식』 상, 창작과비평사, 1985.

_____, 「19세기 후반 조선왕조의 대외 위기의식 ─ 제1·2차 중영전쟁과 이양선 출몰에의 대응」, 『동방학지』 52집, 1986.

민회수, 「동도서기론의 성격에 대한 재검토」, 정옥자 외, 『조선시대 문화사』 하, 일지사, 2007.

박명규, 「한국과 일본의 근대국가형성에 관한 비교사적 연구」, 서울대 박사논문, 1991.

_____, 「복합적 정치공동체와 변혁의 논리」, 『창작과비평』 107호, 2000a.

_____, 「한말 '사회' 개념의 수용과 그 의미체계에 대한 연구」, 『사회와 역사』 58호, 2000b.

_____, 「식민지 역사사회학의 시공간성에 대하여」, 석현호·유석춘 편, 『현대 한국사회 성격논쟁 ─ 식민지, 계급, 인격윤리』, 전통과현대, 2001.

_____, 「근대 사회과학 개념구성의 역사성 ─ 한말 국가-사회-개인의 상호연관을 중심으로」, 『문화과학』 34호, 2003.

_____, 「한국 사회사연구의 최근 동향과 이론적 쟁점」, 『역사비평』 통권 75호, 2006 여름.

박종성, 「갑오농민봉기의 혁명성 연구」, 한국정치외교사학회 편 『갑오동학농민혁명의 쟁점』, 집문당, 1994.

박찬승, 「한국에서 '민족' 개념의 형성」, 『개념과 소통』 창간호, 2008.

박태호, 「'독립신문'에서 근대적 시간 ─ 기계의 작동양상」, 이화여대 한국문화연구원, 『근대계몽기 지식 개념의 수용과 변용』, 소명출판, 2004.

박현모, 「세도정치기(1800~1863) 조선의 대외정책 연구」, 『국제정치논총』 44집 4호, 2004a.

_____, 「세도정치기 조선 지식인의 정체성 위기 ─ 황사영백서를 중심으로」, 『동방학지』 123권, 2004b.

백동현, 「러일전쟁 전후 '민족' 용어의 등장과 민족인식」, 『한국사학보』 10, 2001.

서영희, 「개항기 봉건재정의 위기와 민중수탈의 강화」, 『1894년 농민전쟁 연구』 1, 역사비평사, 1991.

_____, 「대한제국의 빛과 그림자」, 『한국사시민강좌』 40, 2007.

성대경, 「대원군정권의 정책」, 『대동문화연구』 18집, 1984.

송규진, 「문호개방 이후 대 서양무역이 조선경제에 끼친 영향」, 『사학연구』 81호, 2006.

송병기, 「위정척사운동」, 『한국사시민강좌』 제7집, 1990.

신용하, 「19세기 개화파의 자주적 근대화사상의 구조」, 『갑오개혁과 독립협회운동의 사회사』, 서울대 출판부, 2001a.

_____, 「갑신정변의 개혁사상」, 『갑오개혁과 독립협회운동의 사회사』, 서울대 출판부, 2001b.

_____, 「갑신정변의 사회사적 성격」, 『갑오개혁과 독립협회운동의 사회사』, 서울대 출판부,

2001c.

_____, 「개국론의 대두와 개화사상의 형성」, 『갑오개혁과 독립협회운동의 사회사』, 서울대 출판부, 2001d.

_____, 「독립협회·만민공동회운동의 사회사적 의의」, 『갑오개혁과 독립협회운동의 사회사』, 서울대 출판부, 2001e.

_____, 「독립협회의 참정권운동과 국정개혁운동」, 『갑오개혁과 독립협회운동의 사회사』, 서울대 출판부, 2001f.

_____, 「독립신문의 계몽운동」, 『갑오개혁과 독립협회운동의 사회사』, 서울대 출판부, 2001g.

_____, 「갑오개혁의 사회사」, 『갑오개혁과 독립협회운동의 사회사』, 서울대 출판부, 2001h.

_____, 「1895년 을미개혁의 사회사」, 『갑오개혁과 독립협회운동의 사회사』, 서울대 출판부, 2001i.

_____, 「갑오개혁과 사회신분제의 폐지」, 『갑오개혁과 독립협회운동의 사회사』, 서울대 출판부, 2001j.

안외순, 「고종의 초기(1864~1873) 대외인식 변화와 친정」, 『한국정치학회보』 30집 2호, 1996.

안호룡, 「조선시대 가족 형태의 변화」, 『사회와 역사』 제50권, 1996.

연갑수, 「대원군과 서양」, 『역사비평』 통권 50호, 2000 봄.

오상학, 「조선시대의 세계지도와 세계인식」, 서울대 박사논문, 2001.

오영섭, 「갑오개혁 및 개혁주체세력에 대한 보수파 인사들의 비판적 반응」, 『국사관논총』 36집, 1992.

_____, 「개항 후 만국공법 인식의 추이」, 연세대 국학연구원 편, 『서구문화의 수용과 근대개혁』, 태학사, 2004.

왕현종, 「광무개혁을 둘러싼 논쟁」, 역사비평 편집위원회 편, 『역사용어 바로쓰기』, 역사비평사, 2006.

유영익, 「갑오·을미년간(1894~1895) 박영효의 개혁활동」, 『국사관논총』 36집, 1992.

_____, 「갑오농민봉기의 보수적 성격」, 한국정치외교사학회 편, 『갑오동학농민혁명의 쟁점』, 집문당, 1994.

_____, 「동학농민운동의 기본 성격」, 『한국사시민강좌』 40, 2007.

유원동, 「한국사에 있어서의 근대의 기점」, 한국경제사학회 편, 『한국사시대구분론』, 을유문화사, 1970.

윤내현, 「천하사상의 시원」, 전해종 외, 『중국의 천하사상』, 민음사, 1988.

이광린, 「갑신정변에 대한 일고찰」, 『개화당 연구』, 일조각, 1973a.

_____, 「개화당의 형성」, 『개화당 연구』, 일조각, 1973b.

_____, 「개화승 이동인」, 『개화당 연구』, 일조각, 1973c.

_____, 「김옥균의 갑신일록에 대하여」, 『개화당 연구』, 일조각, 1973d.

_____, 「숨은 개화사상가 유대치」, 『개화당 연구』, 일조각, 1973e.

_____, 「강위의 인물과 사상―실학에서 개화사상으로의 전환의 일단면」, 『한국개화사상연구』, 일조각, 1979a.

_____, 「서재필의 개화사상」, 『한국개화사상연구』, 일조각, 1979b.

_____, 「유길준의 개화사상―'서유견문'을 중심으로」, 『한국개화사상연구』, 일조각, 1979c.

_____, 「구한말 진화론의 수용과 그 영향」, 『한국개화사상연구』, 일조각, 1979d.

_____, 「서재필의 '독립신문' 간행에 대하여」, 『한국개화사상연구』, 일조각, 1979e.

_____, 「개화승 이동인에 대한 새 사료」, 『한국 개화사의 제문제』, 일조각, 1986a.

_____, 「구한말 신학과 구학과의 논쟁」, 『한국 개화사의 제문제』, 일조각, 1986b.

_____, 「김옥균의 동남제도개척사 겸 관포경사 임명에 대하여」, 『한국 개화사의 제문제』, 일조각, 1986c.

_____, 「대한매일신보 간행에 대한 일고찰」, 『한국 개화사의 제문제』, 일조각, 1986d.

_____, 「한국에 있어서 만국공법의 수용과 그 영향」, 『한국 개화사의 제문제』, 일조각, 1986e.

_____, 「'황성신문' 연구」, 『개화파와 개화사상 연구』, 일조각, 1989a.

_____, 「개화기 지식인의 실학관」, 『개화파와 개화사상 연구』, 일조각, 1989b.

_____, 「개화기 한국인의 아시아연대론」, 『개화파와 개화사상 연구』, 일조각, 1989c.

_____, 「개화당의 대원군관」, 『개화파와 개화사상 연구』, 일조각, 1989d.

_____, 「개화사상의 형성과 그 발전」, 『개화파와 개화사상 연구』, 일조각, 1989e.

_____, 「윤치호의 일본유학」, 『개화파와 개화사상 연구』, 일조각, 1989f.

_____, 「통리기무아문의 조직과 기능」, 『개화파와 개화사상 연구』, 일조각, 1989g.

_____, 「갑신정변 '정강'에 대한 재검토」, 『개화기연구』, 일조각, 1994a.

_____, 「홍영식 연구」, 『개화기연구』, 일조각, 1994b.

_____, 「'이언'과 한국의 개화사상」, 『한국개화사연구』, 일조각, 1998a.

_____, 「'해국도지'의 한국 전래와 그 영향」, 『한국개화사연구』, 일조각, 1998b.

_____, 「개화사상연구」, 『한국개화사연구』, 일조각, 1998c.

_____, 「외아문의 설치와 그 기능」, 『한국개화사연구』, 일조각, 1998d.

이기백, 「한국사의 시대구분 문제」, 한국경제사학회 편, 『한국사시대구분론』, 을유문화사, 1970.

이만열, 「개화론의 전개와 그 의미」, 『근대문명과 한국근대사』, 한국학중앙연구원, 1996.

이민원, 「대한제국의 역사적 성격」, 『동양학』 30, 2000.

이숙인, 「개화기(1894~1910) 유학자들의 활동과 시대인식」, 『동양철학연구』 37집, 2004.

이윤상, 「한말, 개항기, 개화기, 애국계몽기」, 역사비평 편집위원회 편, 『역사용어 바로쓰기』,

역사비평사, 2006.

이이화, 「전봉준과 동학농민전쟁 2 ― 반봉건 변혁운동과 집강소」, 『역사비평』 통권 8호, 1990 봄.

이재열, 「의리인가, 계약인가? ― 인격주의와 개인주의의 갈등적 공존과 한국사회의 제문제」, 석현호·유석춘 편, 『현대 한국사회 성격논쟁 ― 식민지, 계급, 인격윤리』, 전통과현대, 2001.

이헌주, 「강위의 대일개국론과 그 성격」, 『한국근대사연구』, 2001 겨울.

_____, 「병인양요 직전 강위의 어양책」, 『한국사연구』 124집, 2004.

이헌창, 「한국사 파악에서 내재적 발전론의 문제점」, 『한국사시민강좌』 40, 2007.

임 화, 「개설조선신문학사」, 김외곤 편, 『임화전집』 2(문학사), 도서출판박이정, 2001a.

_____, 「조선신문학사론서설 ― 이인직으로부터 최서해까지」, 김외곤 편, 『임화전집』 2(문학사), 도서출판박이정, 2001b.

장경섭, 「압축적 근대성과 복합위험사회」, 『비교사회』 통권 제2호, 1998.

장규식, 「개항기 개화 지식인의 서구체험과 근대 인식」, 연세대 국학연구원 편, 『서구문화의 수용과 근대개혁』, 태학사, 2004.

장석만, 「개항기의 한국사회와 근대성의 형성」, 김성기 편, 『모더니티란 무엇인가』, 민음사, 1994.

장인성, 「자기로서의 아시아, 타자로서의 아시아」, 『신아세아』, 1998 겨울.

전태국, 「막스 베버의 유교테제와 한국사회」, 『사회와이론』 3집 2호, 2003.

전해종, 「통리기무아문 설치의 경위에 대하여」, 『역사학보』 17·18, 1962.

_____, 「중국인의 천하관과 그 명실」, 전해종 외, 『중국의 천하사상』, 민음사, 1988.

정근식, 「한국의 근대적 시간체제의 형성과 일상 생활의 변화 I ― 대한제국기를 중심으로」, 『사회와 역사』 58, 2000.

정숭교, 「한말 민권론의 전개와 국수론의 대두」, 서울대 박사논문, 2004.

정여울, 「꿈 ― 서사의 민족담론과 계몽의 수사학」, 이승원 외, 『국가의 정치적 상상력 ― 근대 계몽기의 신체·전쟁·민족담론』, 소명출판, 2003.

정옥자, 「개화파와 갑신정변」, 『국사관논총』 14집, 1990.

정용환, 「유가 가치론의 다양성에 대한 범주적 담론」, 『철학연구』 103집, 2007.

정일균, 「다산 정약용의 세계관에 대한 사회학적 연구 ― 『논어고금주』와 『논어집주』의 비교를 중심으로」, 서울대 박사논문, 1996.

_____, 「유교사회의 문화체 연구와 경학 ― 한국 사회사 연구를 위한 방법론 일고」, 『사회와 역사』 51집, 1997.

정재걸, 「동도서기론 연구 I」, 『교육사학연구』 4, 1992.

_____, 「동도서기론 연구 II」, 『교육사학연구』 5, 1994.

_____, 「동도서기론 연구 III」, 『교육사학연구』 8, 1998.

정재서, 「동아시아 문화, 그 보편가치화의 문제」, 정재서 편, 『동아시아 연구, 글쓰기에서 담론까지』, 살림, 1999a.

_____, 「동양학, 글쓰기의 기원과 행로」, 정재서 편, 『동아시아 연구, 글쓰기에서 담론까지』, 살림, 1999b.

조경란, 「중국 지식인의 현대성 담론과 아시아 구상」, 『역사비평』 통권 72호, 2005 가을.

조 광, 「개항 이후 유학계의 변화와 근대적응 노력」, 『국학연구』 5집, 2004.

조기준, 「한국사에 있어서의 근대의 성격」, 한국경제사학회 편, 『한국사시대구분론』, 을유문화사, 1970.

_____, 「경제사에서 보는 한국근현대사문제」, 『국사관논총』 50집, 1993.

조동걸, 「독립운동사연구의 회고와 과제」, 『정신문화연구』 25호, 1985 여름.

조병한, 「동아시아의 역사서술과 당면과제」, 정재서 편, 『동아시아 연구, 글쓰기에서 담론까지』, 살림, 1999.

조재곤, 「김옥균 ― 혁명가인가? 친일파인가?」, 『역사비평』 통권 22호, 1993.

_____, 「한말 조선 지식인의 동아시아 삼국제휴 인식과 논리」, 『역사와현실』 37집, 2000.

조형근, 「한국의 식민지 근대성 연구의 흐름」, 공제욱・정근식 편, 『식민지의 일상, 지배와 균열』, 문화과학사, 2006.

주승택, 「강위의 개화사상과 외교활동」, 『한국문화』 12, 1991.

주진오, 「개화파의 성립과정과 정치・사상적 동향」, 『1894년 농민전쟁연구』 3, 역사비평사, 1993.

_____, 「19세기 후반 개화개혁론의 구조와 전개 ― 독립협회를 중심으로」, 연세대 박사논문, 1995.

_____, 「1884년 정변의 정치구조 개편구상」, 『역사와현실』 47, 2003a.

_____, 「한국 근대국민국가 수립과정에서 왕권의 역할(1880~1894)」, 『역사와현실』 50권, 2003b.

_____, 「19세기 후반 문명개화론의 형성과 전개」, 연세대 국학연구원 편, 『서구문화의 수용과 근대개혁』, 태학사, 2004.

_____, 「기존 개화파 용어에 대한 비판」, 역사비평 편집위원회 편, 『역사용어 바로쓰기』, 역사비평사, 2006.

채 백, 「근대 민족국가관의 형성과 개화기 한국신문」, 『언론과 사회』 13권 4호, 2005.

천관우, 「한국사상의 중세・근대의 계선」, 한국경제사학회 편, 『한국사시대구분론』, 을유문화사, 1970.

최기영, 「『황성신문』의 역사관련기사에 대한 검토」, 『한국근현대사연구』 제2집, 1995.

최석완, 「근대 일본과 동아시아의 조공체제」, 하정식 · 유장근 편, 『근대 동아시아 국제관계의 변모』, 혜안, 2002.

최연식, 「조공체제의 변동과 조선시대 중화–사대 관념의 굴절–변화 속의 지속」, 『한국정치학회보』 41집 1호, 2007.

최원식, 「한국문학의 근대성을 다시 생각한다」, 『생산적 대화를 위하여』, 창작과비평사, 1997.

최정운, 「새로운 부르주아의 탄생–로빈슨 크루소의 고독의 근대사상적 의미」, 『정치사상연구』 창간호, 1999.

최정운, 「미국과의 조우(遭遇)가 한반도에 남긴 흔적」, 『세계정치』 제25집 1호, 2004.

최진덕, 「근대 인문학과 전통 인문학」, 『인문학, 철학, 유학』, 청계, 2004a.

_____, 「수양으로서의 학문과 체계로서의 학문」, 『인문학, 철학, 유학』, 청계, 2004b.

_____, 「삶의 질의 유가윤리적 의미」, 『인문학, 철학, 유학』, 청계, 2004c

_____, 「몸의 자연학과 윤리학」, 『인문학, 철학, 유학』, 청계, 2004d.

_____, 「리일분수의 철학적 반성」, 『인문학, 철학, 유학』, 청계, 2004e.

하영선, 「문명의 국제정치학–근대 한국의 문명 개념 도입사」, 『세계정치』 24집 1호, 2002.

_____, 「변화하는 개념사」, 『세계정치』 25집 2호, 2004.

하원호, 「개화사상과 개화운동의 역사적 변화」, 한국근현대사연구회 편, 『한국근대 개화사상과 개화운동』, 신서원, 1998.

하정식, 「태평천국에 대한 조선정부의 인식」, 『역사학보』 107, 1985.

_____, 「구미열강의 중국침략과 조선의 반응」, 『동양학』 28집, 1998.

한규무, 「19세기 청 · 조선간의 종속관계의 변화와 그 성격」, 하정식 · 유장근 편, 『근대 동아시아 국제관계의 변모』, 혜안, 2002.

한명기, 「조선과 명의 사대관계」, 『역사비평』 통권 50호, 2000 봄.

한우근, 「개항당시의 위기의식과 개화사상」, 『한국사연구』 20, 1968.

한자경, 「18세기 조선 유학자들의 『천주실의』 비판–성호 이익, 하빈 신후담, 순암 안정복을 중심으로」, 『철학연구』 69집, 2005.

한철호, 「갑오경장 중(1894~1896) 정동파의 개혁활동과 그 의의」, 『국사관논총』 36집, 1992.

_____, 「시무개화파의 개혁구상과 정치활동」, 한국근현대사연구회 편, 『한국근대 개화사상과 개화운동』, 신서원, 1998b.

홍이섭, 「이씨조 사회의 '분'」, 『홍이섭전집』 9, 연세대 출판부, 2003.

戴君仁, 박한제 역, 「음양오행설과 역사」, 민두기 편, 『중국의 역사인식』 상, 창작과비평사, 1985.

Althusser, L., 김동수 역, 「이데올로기와 이데올로기적 국가기구」, 『아미엥에서의 주장』, 솔출판사, 1991.

Benjamin, W., 반성완 편역, 「기술복제시대의 예술작품」, 『발터 벤야민의 문예이론』, 민음사, 1983a.

_____, 반성완 편역, 「역사철학테제」, 『발터 벤야민의 문예이론』, 민음사, 1983b.

_____, 반성완 편역, 「언어의 모방적 성격」, 『발터 벤야민의 문예이론』, 민음사, 1983c.

Benveniste, É, 황경자 역, 『일반언어학의 제문제』 1・2, 민음사, 1992.

Bocock, R., 전효관 외역, 「현대사회의 문화적 형성」, 『현대성과 현대문화』, 현실문화연구, 2001.

Braudel, F., 신용하 외 편역, 「역사학과 사회학」, 『사회사와 사회학』, 창작과비평사, 1982.

Chakrabarty, D., 김은실・문금영 역, 「인도 역사의 한 문제로서의 유럽」, 『흔적』 1, 2001.

Derrida, J., 남수인 역, 「인문과학 담론에서의 구조, 기호, 게임」, 『글쓰기와 차이』, 동문선, 2001a.

_____, 남수인 역, 「프로이트와 글쓰기 무대」, 『글쓰기와 차이』, 동문선, 2001b.

Fairbank, J. K., 정성일 역, 「조약체제의 성립」, 『중국사연구』 3집, 1998.

Freud, S., 이윤기 역, 「강박행동과 종교 행위」, 『종교의 기원』, 열린책들, 1997a.

_____, 이윤기 역, 「토템과 터부」, 『종교의 기원』, 열린책들, 1997b.

Hall, D., 김동식 역, 「새로운 유학(儒學)과 새로운 실용주의－비교론」, 『철학연구』, 1997.

Hall, S., 임영호 편역, 『스튜어트 홀의 문화이론』, 한나래, 1996.

Jacobson, R., 신문수 편역, 「언어학과 시학」, 『문학 속의 언어학』, 문학과지성사, 1989a.

_____, 신문수 편역, 「언어의 두 양상과 실어증의 유형」, 『문학 속의 언어학』, 문학과지성사, 1989b.

Marx, K., 김대웅 역, 「포이에르바하에 관한 테제」, 『독일이데올로기』, 두레, 1989a.

_____, 「정치경제학 비판을 위하여, 서문」, 박종철출판사 편집부 편, 『칼 맑스・프리드리히 엥겔스 저작선집』 2, 박종철출판사, 1997.

_____ & F. Engels, 김대웅 역, 「공산주의당 선언」, 박종철출판사 편집부 편, 『칼 맑스・프리드리히 엥겔스 저작선집』 1, 박종철출판사, 1991.

Needam, J., 윤혜영 역, 「중국과 서구에서의 시간과 역사」, 민두기 편, 『중국의 역사인식』 상, 창작과비평사, 1985.

Nietzsche, F., 김정현 역, 「선악의 저편」, 『선악의 저편・도덕의 계보』, 책세상, 2002a.

_____, 김정현 역, 「도덕의 계보」, 『선악의 저편・도덕의 계보』, 책세상, 2002b.

Said, E. W., 안지현 역, 「문명의 충돌인가, 정의의 충돌인가?」, 『외국문학』 가을호(제44호), 1995.

Satochi Ukai, 박성관 역, 「어떤 감정의 미래―'부끄러움[恥]'의 역사성」, 『흔적―서구의 유령과 번역의 정치』, 문화과학사, 2001.

Schmitt, C., 김효전 역, 「정치신학」, 『정치신학 외』, 법문사, 1988.

Skinner, Q., 유종선 역, 「사상사에서의 의미와 이해」, 『의미와 콘텍스트―퀜틴 스키너의 정치사상사 방법론과 비판』, 아르케, 1999a.

_____, 유종선 역, 「'사회적 의미'와 사회적 행위의 설명」, 『의미와 콘텍스트―퀜틴 스키너의 정치사상사 방법론과 비판』, 아르케, 1999b.

Tu Wei-ming, 정용환 역, 「어른이 되는 과정」, 『뚜 웨이밍의 유학 강의』, 청계, 1999a.

_____, 정용환 역, 「유학의 성인―인격적 지식의 모범」, 『뚜 웨이밍의 유학 강의』, 청계, 1999b.

_____, 정용환 역, 「자기 수양의 아픔과 고난」, 『뚜 웨이밍의 유학 강의』, 청계, 1999c.

_____, 정용환 역, 「仁과 禮의 창조적 긴장」, 『뚜 웨이밍의 유학 강의』, 청계, 1999d.

_____, 정용환 역, 「禮―인간화의 과정」, 『뚜 웨이밍의 유학 강의』, 청계, 1999e.

_____, 정용환 역, 「중용 강의」, 『뚜 웨이밍의 유학 강의』, 청계, 1999f.

Van der Loon, P., 최희재 역, 「중국 고대 사학이론의 성장」, 민두기 편, 『중국의 역사인식』 상, 창작과비평사, 1985.

Weber, M., 전성우 역, 「사회학 및 경제학에서 가치중립의 의미」, 『막스 베버의 사회과학 방법론』 1, 사회비평사, 1997b.

_____, 전성우 역, 「직업으로서의 학문」, 『'탈주술화'과정과 근대―학문, 종교, 정치』, 나남출판, 2002a.

_____, 전성우 역, 「사회과학적 그리고 사회정책적 인식의 '객관성'」, 『'탈주술화' 과정과 근대―학문, 종교, 정치』, 나남출판, 2002b.

_____, 전성우 역, 「세계종교의 경제윤리―비교종교사회학적 시도―서론」, 『'탈주술화'과정과 근대―학문, 종교, 정치』, 나남출판, 2002c.

_____, 전성우 역, 「중간고찰―종교적 현세거부의 단계와 방향에 대한 이론」, 『'탈주술화'과정과 근대―학문, 종교, 정치』, 나남출판, 2002d.

森谷克己, 「舊來の朝鮮農業社會についての研究のために」, 『朝鮮社會經濟史研究』(경성제국대학 법문학회 제1부 논문집), 1933.

安部健夫, 「中國人の天下觀念」, 『元代史の研究』, 創文社, 1972.

原田環, 「1880年代前半の閔氏政權と金允植」, 『朝鮮史研究會論文集』 22, 1985.

月脚達彦, 「開化思想の形成と展開―兪吉濬の對外觀を中心みに」, 『朝鮮史研究會論文集』 28, 1991.

趙景達, 「朝鮮における大國主義と小國主義の相剋－初期開化派の思想」, 『朝鮮史研究會論文集』 22, 1985.

J. C. Alexander & J. L. Mast, "Introduction : Symbolic Action in Theory and Practice : the Cultural Pragmatics of Symbolic Action", *Social Performance, Symbolic Action, Cultural Pragmatics and Ritual*, J. C. Alexander & B. Giessen & Jason L. Mast, eds., Cambridge University Press, 2006.

_____ & P. Smith, "The Strong Program in Cultural Sociology : Elements of a Structural Hermeneutics", *The Meanings of Social Life*, Oxford University Press, 2003.

_____, "Introduction : Durkheimian Sociology and cultural studies today", J. C. Alexander, ed., *Durkheimian Sociology : Cultural Studies*, Cambridge University Press, 1988.

_____, "Introduction : The Meaning of (Social) Life : On the Origins of a Cultural Sociology", *The Meanings of Social Life*, Oxford University Press, 2003a.

_____, "On the Social Construction of Moral University : The Holocaust from War Crime to Trauma Drama", *The Meanings of Social Life*, Oxford University Press, 2003b.

_____, "Cultural Trauma and Collective Identity", *The Meanings of Social Life*, Oxford University Press, 2003c.

_____, "A Cultural Sociology of Evil", *in The Meanings of Social Life*, Oxford University Press, 2003d.

_____, "Why Cultural Sociology is not 'Idealist' : A Reply to Mclennan", *Theory, Culture & Society*, Vol. 22(6), 2005.

_____, "Cultural Pragmatics : Social Performance between Ritual and Strategy," *Social Performance, Symbolic Action, Cultural Pragmatics and Ritual*, J. C. Alexander & B. Giessen & J. L. Mast, eds., Cambridge University Press, 2006.

Barthes, R., "The Imagination of the Sign", S. Sontag, ed., *A Barthes Reader*, New York : Hill and Wang, 1995.

Bell, V., "Mimesis as Cultural Survival : Judith Butler and Anti-Semitism", V. Bell, ed., *Performativity & Belonging*, California : Sage Publications, 1999.

_____, "Performative Knowledge", *Theory, Culture & Society*, Vol. 23(2-3), 2006.

Benhabib, S., "Feminism and the Question of Postmodernism," *Situating the Self : Gender, Community and Postmodernism in Contemporary Ethics*, Cambridge : Polity Press, 1992a.

_____, "The Generalized and the Concrete Other : The Kohlberg-Gilligan Controversy", *Situating the Self : Gender, Community and Postmodernism in Contemporary Ethics*, Cambridge : Polity Press, 1992b.

Butler, J., "Performative Acts and Gender Constitution : An Essay in Phenomenology and Feminist Theory", *Theatre Journal*, Vol.40, No.4, Dec., 1988.

Chan, Wing-tsit, "Chinese Theory and Practice with Special Reference to Humanism", C. A. Moore, ed., *The Chinese Mind*, Hawaii University Press, 1966.

Chang Kyung-Sup, "Compressed Modernity and its Discontents : South Korean Society in Transiton", *Economy and Society*, vol.28, No.1, 1999.

Chartier, R., "Intellectual History or Sociocultural History?", *Modern Intellectual History : Reappraisals and New Perspective*, D. LaCapra & S. L. Kaplan, Cornell University Press, 1982.

Ching, J., "Chines Ethics and Kant", *Philosohpy East and West*, Vol.28, No.2, 1978.

Cua, A. S., "Reflections on the Structure of Confucian Ethics", *Philosohpy East and West*, Vol.21, No.2, 1971.

_____, "The Ethical Significance of Shame : Insights of Aristotle and Xuzi," *Philosohpy East and West*, Vol.53, No.2, 2003.

Davis, T. R., "Determination, Uniformity, and Relevance : Normative Criteia for Generalization and Reasoning by Analogy", D. H. Helman ed., *Analogical Reasoning : Perspectives of Artificial Interlligence, Cognitive Science and Philosohpy*, Kluwer, 1988.

Emirbayer, "What Is Agency?", M & A. Mische, ed., *The American Journal of Sociology*, Vol.103, No.4, Jan., 1998.

Fairbank, J. K., "A Preliminary Framework," John King Fairbank, ed., *The Chinese World Order : Traditional China's Foreign Relations*, Harvard University Press, 1968.

Fingarette, H., "The Problem of the Self in the Analects", *Philosophy East and West*, Vol.29, No.2, 1979.

_____, "Fallowing the 'One Thread' of the Analects," *Journal of the American Academy of Religion*(Thematic Issue) 47, No.3S, 1980.

Fischer, M. M. J., "Cuture and Cultural Analysis", *Theory, Culture & Society*, Vol.23(2-3), 2006.

Foucault, M., "The Ethics of the Concern of the Self as a Practice of Freedom", P. Rabinow & N. Rose, eds., *The Essential Foucault*, New York : The New Press, 2003a.

_____, "What is Enlightenment?", P. Rabinow & N. Rose, eds., *The Essential Foucault*, New York : The New Press, 2003b.

_____, "On the Genealogy of Ethics : An Overview of Work in Progress", P.

Rabinow & N. Rose, eds., *The Essential Foucault*, New York : The New Press, 2003c.

_____, "Nietzsche, Genealogy, History", P. Rabinow & N. Rose, eds., *The Essential Foucault*, New York : The New Press, 2003d.

_____, "Polemics, Politics, and Problematizations", P. Rabinow & N. Rose, eds., *The Essential Foucault*, New York : The New Press, 2003e.

Frisby, D., *Fragments of Modernity : Theories of Modernity in the Work of Simmel, Kracauer and Benjamin*, Cambridge : Polity Press, 1985.

Geertz, C., "Thick Description : Toward an Interpretive Theory of Culture", *The Interpretaion of Cultures*, New York : Basic Books, 1973a.

_____, "Religion As a Cultral System", *The Interpretaion of Cultures*, New York : Basic Books, 1973b.

_____, "Ethos, World View, and the Analysis of Sacred Symbols", *The Interpretaion of Cultures*, New York : Basic Books, 1973c.

_____, "Ritual and Social Change : A Javanese Example", *The Interpretaion of Cultures*, New York : Basic Books, 1973d.

_____, "Deep Play : Notes on the Balines Cockfight", *The Interpretaion of Cultures*, New York : Basic Books, 1973e.

Giesen, B., "Performing the Sacred : a Durkheim Perspective on the Performative Turn in the Social Science", J. C. Alexander & B. Giessen & Jason L. Mast, eds., *Social Performance, Symbolic Action, Cultural Pragmatics and Ritual*, Cambridge University Press, 2006.

Greimas, A. J., "Narrative Grammar : Units and Levels", P., trans., *Bodrock, MLN*, Vol.86, No.6, Dec. 1971.

Grossberg, L., C. Nelson & P. A. Treichler, "Cultural Studies : An Introduction", L. Grossberg & C. Nelson & P. A. Treichler, eds., *Cultural Studies*, London : Routledge, 1992.

Habermas, J., "Consciousness-Raising or Redemptive Criticism : The Contemporaneity of Walter Benjamin", *New German Critique*, Spring.79, Issue.17, 1973.

_____, "The European Nation-state : Its Achievements and Its Limits. On the Past and Future of Sovereinty and Citizenship", Mapping The Nation, ed., *Gopal Balakrishnan*, London : Verso, 1996.

_____, "From Kant to Hegel and back again : The Move towards Detranscendentalization", *European Journal of Philosophy* 7(2), 1999.

Hall, S. M, "The Question of Cultural Identity", *Modernity and Its Futures*, The Open University, 1992.

Halttunen, K., "Cultural History and the Challenge of Narrativity", V. E. Bonnell & L. Hunt, eds., *Beyond The Cultural Turn*, California University Press, 1999.

Hansen, C., "Chinese Language, Chinese Philosophy, and 'Truth'", *The Journal of Asian Studies*, vol.44, No.3, 1985.

Harootunian, H., "Shadowing History : National Narratives and the Persistence of the Everyday", *Cultural Studies*, vol.18, No.2/3, 2004.

Hobsbawm, E., "Mass-Producing Traditions : Europe, 1870∼1914", E. Hobsbawm & T. Ranger, eds., *The Invention of Tradition*, Cambridge University Press, 1983.

Hutnyk, J., "Culture", *Theory, Culture & Society*, Vol.23(2-3), 2006.

Jamson, F., "On 'Cultural Studies'", *Social Text*, No.34, 1993.

Junge, K., "The Promise of Performance and the Problem of Order", *Social Performance, Symbolic Action, Cultural Pragmatics and Ritual*, J. C. Alexander & B. Giessen & Jason L. Mast, eds., Cambridge University Press, 2006.

Juthe, A. "Argument by Analogy", *Argumentaion 19*, 2005.

Kellner, H., "Narrativity in History : Post-Structuralism and Since", *History and Theory*, vol.26, No.4, 1987.

Lacapra, D., "Rethinking Intellectual History and Reading Texts", *Modern Intellectual History : Reappraisals and New Perspective*, D. LaCapra & S. L. Kaplan, Cornell University Press, 1982.

Lau, D. C., "Some Notes on the Sun Tzu, 孫子", *Bulletin of the School of Oriental and African Studies*, Vol.28, No.2, 1965.

Lèvi-Strauss, C., "Structural Analysis in Linguistics and in Anthropology", *Structural anthropology*, Claire Jacobson and Brooke Grundfest Schoepf Doubleday, trans., London : Penguin Books, 1977a.

_____, "The Effectiveness of Symbols", *Structural anthropology*, Claire Jacobson and Brooke Grundfest Schoepf Doubleday, trans., Penguin Books, 1977b.

_____, "The Structural Study of Myth", *Structural anthropology*, Claire Jacobson and Brooke Grundfest Schoepf Doubleday, trans., Penguin Books, 1977c.

_____, "Social Structure", *Structural anthropology*, Claire Jacobson and Brooke Grundfest Schoepf Doubleday, trans., Penguin Books, 1977d.

Lovell, T., "Resisting with Authority : Historical Specificity, Agency and the Performative Self", *Theory, Culture & Society*, Vol.20(1), 2003.

Mann, M. "The French Revolution and the Bourgeois Nation", *The Sources of Social Power*, vol.II, Cambridge University Press, 1993.

McLennan, G., "The 'New American Cultural Sociology' : An Appraisal", *Theory, Culture & Society*, Vol.22(6), 2005.

Mink, L. O., "The Autonomy of Historical Understanding", *History and Theory*, vol.5, No.1, 1966.

Mou, B., "A Redxamination of the Structure and Content of Confucius Version of the Golden Rule", *Philosopy East & West*, Vol.54, No.2, 2004.

Nelson, C., P. A. Treichler, & L. Grossberg, "Cultural Studies : An Introduction", *Cultural Studies*, L. Grossberg & C. Nelson & P. A. Treichler, eds., London : Routledge, 1992.

Park Myoung-Kyu & Chang Kyung-Sup, "Sociology between Western Theory and Korean Reality : Accommodation, Tension and a Search for Alternatives", *International Sociolgy*, vol.14(2), 1999.

Rabinow, P. & N. Rose, "Introduction : Foucault Today", P. Rabinow & N. Rose, eds., *The Essential Foucault*, The New Press, 2003.

Rabinow, P. & W. M. Sullivan, "Interpretative Turn", *Interpretive Social Science : A Second Look*, P. Rabinow & W. M. Sullivan, eds., Califormia University Press, 1987.

Roth, A. L., "'Men Wearing Masks' : Issues of Description in the Analysis of Ritual", *Sociological Theory*, Vol.13, No.3, 1995.

Rothenberg, M. A., "Embodied Political Performativity in Excitable Speech : Butler's Psychoanalytic Revision of Historicism", *Theory, Culture & Society*, Vol.23(4), 2006.

Rubin, V., "Shen Tao and Fa-Chia", *Journal of the American Oriental Society*, Vol.94, No.3, 1974.

Said, E. W., "The Problem of Textuality : Two Exemplary Positions", *Critical Inquiry*, Vol.4, No.4. 1978.

Scott, J. W., "Multiculturalism and the Politics of Identity", John Rajchman, *The Identity in Question*, London : Routledge, 1995.

Searle, J., "Reiterating the Differences : A Reply to Derrida", Glyph 1, 1969(J. Derrida, G. Graff, ed., *Limited Inc.*, Evanston, Ill. : Northwestern University Press, 1988.

Sewell, W. H. Jr., "The Concept(s) of Culture", V. E. Bonnell & Lynn Hunt, eds., *Beyond The Cultural Turn*, Califormia University Press, 1999.

Swindler, A., "Culture and Social Action", P. Smith, ed., *The New American Cultural Sociology*, Cambridge University Press, 1998.

T'ang Chün-i., "The Development of Ideas of Spiritual Value in Chinese Philosophy", C. A. Moore, ed., *The Chinese Mind*, Hawaii University Press, 1966a.

_____, "The Individual and the World in Chinese Methodology", C. A. Moore, ed., *The Chinese Mind*, Hawaii University Press, 1966b.

_____, "The Magical Power of Words", *Culture, Thought and Social Action*, Harvard University Press, 1985a.

_____, "A Performative Approach to Ritual", *Culture, Thought and Social Action*, Harvard University Press, 1985b.

Taylor, C., "Interpretation and the Sciences of Man", P. Rabinow & W. M. Sullivan, eds., *Interpretive Social Science : A Second Look*, Califormia University Press. 1987.

Tenbruck, F., "The Problem of the Thematic Unity in the Works fo Max Weber", *British Journal of Socilolgy*, 35(2), 1980.

Tu Wei-ming, "The Neo-Confucian Concept of Man", *Humanity and Self-Cultivation : Essays in Confucian Thought*, Asian Humanties Press, 1979a.

_____, "The Unity of Knowing and Acting : From a Neo-Confucian Perspective", *Humanity and Self-Cultivation : Essays in Confucian Thought*, Asian Humanties Press, 1979b.

_____, "'Inner Experience' : The Basis of Creativity in Neo-Confucian Thinking", *Humanity and Self-Cultivation : Essays in Confucian Thought*, Asian Humanties Press, 1979c.

_____, "Jen a Living Metaphor in the Confucian Analects", *Philosophy East and West*, vol.31, No.1, 1981.

_____, "Embodying the Universe : A Note on Confucian Self-Realization", *Self as Person in Asian Theory and Practice*,New York State University Press, 1994.

Wallacker, B. E., "'Two Concepts in Early Chines Military Thought", *Language*, Vol.42, No.2, 1966.

Weitzenfeld, J. S., "Valid Reasoning by Analogy", *Philosohpy of Science*, 51, 1984.

White, H., "The Burden of History", *History and Theory*, vol.5, No.2, 1966.

_____, "The Value of Narrativity in the Representation of Reality", *Critical Inquiry*, Vol.7, No.1, 1980.

Yang, Lien-sheng, "Historical Notes on the Chinese World Order", John King Fairbank, eds. *The Chinese World Order : Traditional China's Foreign Relations*, Harvard University Press, 1968.

Zhao Tingyang, "Rethinking Empire from a Chines Concept All-under-Heaven(天下)", *Social Identities*, Vol.12, No.1, 2006.

3. 단행본

강동진,『일제의 한국침략정책사』, 한길사, 1980.

강만길,『고쳐쓴 한국근대사』, 창작과비평사, 1994.

강재언,『한국의 개화사상』, 비봉출판사, 1981.

_____,『한국근대사연구』, 한울, 1982.

강정인,『서구중심주의를 넘어서』, 아카넷, 2004.

_____ 외,『난 몇 퍼센트 한국인일까ー강정인 교수와 학생들이 함께 본 우리 안의 서구중심
　　　주의』, 책세상, 2004.

고미숙,『한국의 근대성, 그 기원을 찾아서ー민족·섹슈얼리티·병리학』, 책세상, 2001.

구선희,『한국근대 대청정책사 연구』, 혜안, 1999.

권석봉,『청말대조선정책사연구』, 일조각, 1986.

권영민,『서사양식과 담론의 근대성』, 서울대 출판부, 1999.

금장태,『동서교섭과 근대한국사상』, 성균관대 출판부, 1984.

_____,『한국유교의 현실인식과 변혁론』, 집문당, 2006.

김기정,『미국의 동아시아 개입의 역사적 원형과 20세기 초 한미관계 연구』, 문학과지성사,
　　　2003.

김도형,『대한제국기의 정치사상 연구』, 지식산업사, 1994.

김동노,『근대와 식민의 서곡』, 창비, 2009.

김명호,『열하일기 연구』, 창작과비평사, 1990.

_____,『초기 한미관계의 재조명ー셔먼호 사건에서 신미양요까지』, 역사비평사, 2005.

_____,『환재 박규수 연구』, 창비, 2008.

김민환,『개화기 민족지의 사회사상』, 나남출판, 1988.

김상준,『맹자의 땀, 성왕의 피』, 아카넷, 2011.

김상환,『예술가를 위한 형이상학』, 민음사, 1999.

_____,『해체론 시대의 철학』, 문학과지성사, 1996.

김성우,『조선중기 국가와 사족』, 역사비평사, 2001.

김세민,『한국근대사와 만국공법』, 경인문화사, 2002.

김영민,『한국 근대소설사』, 솔출판사, 2003.

김영작,『한말 내셔널리즘ー사상과 현실』, 백산서당, 2006.

_____ 외,『한국 근대정치사의 쟁점ー청일전쟁·갑오개혁·김옥균 암살』, 집문당, 1995.

김용구,『세계관충돌의 국제정치학』, 나남출판, 1997.

_____,『사대질서의 변형과 한국 외교사ー임오군란과 갑신정변』, 도서출판ONE, 2004.

김용덕·宮嶋博史 편,『근대교류사와 상호인식』I, 아연출판부, 2000.

김용섭,『한국근대농업사연구』I·II, 지식산업사, 2004.

김원모,『근대한미관계사』, 철학과현실사, 1992.

＿＿＿,『개화기 한미교섭관계사』, 단국대 출판부, 2003.

김종엽,『연대와 열광』, 창작과비평사, 1998.

김진균·정근식 편,『근대주체와 식민지 규율권력』, 문화과학사, 1997.

김치수 편역,『구조주의와 문학비평』, 홍신사, 1980.

김한규,『한중관계사』II, 아르케, 1999.

김형효,『동서철학에 대한 주체적 기록』, 고려원, 1985.

＿＿＿,『구조주의의 사유체계와 사상－레비-스트로쓰, 라깡, 푸꼬, 알뛰쎄르에 관한 연구』, 인간사랑, 1989.

＿＿＿ 외,『민본주의를 넘어서』, 한국정신문화연구원, 2000.

김홍중,『마음의 사회학』, 문학동네, 2009.

김효전,『근대한국의 국가사상』, 철학과현실사, 2000.

나병철,『탈식민주의와 근대문학』, 문예출판사, 2004.

남진우,『미적 근대성과 순간의 시학－김수영·김종삼 시의 시간의식』, 소명출판, 2001.

노대환,『동도서기론 형성 과정 연구』, 일지사, 2005.

단국대 동양학연구소 편,『개화기 한국과 세계의 상호 교류』, 국학자료원, 2004.

동덕모,『한국의 개국과 국제관계』, 서울대 출판부, 1980.

류대영,『개화기 조선과 미국 선교사－제국주의 침략, 개화자강, 그리고 미국 선교사』, 한국 기독교역사연구소, 2004.

문중섭,『한말의 서양정치사상 수용』, 경성대 출판부, 1998.

민두기,『시간과의 경쟁』, 연세대 출판부, 2001.

민태원,『김옥균전기』, 을유문화사, 1947.

민현식,『한글본 '이언' 연구』, 서울대 출판부, 2008.

박명규,『국민·인민·시민－개념사로 본 한국의 정치주체』, 소화, 2009.

박성창,『수사학』, 문학과지성사, 2000.

박성환,『막스 베버의 문화사회학과 인간학』, 문학과지성사, 1992.

박영도,『비판의 변증법－성찰적 비판문법과 그 역사』, 새물결, 2011.

박은숙,『갑신정변 연구－조선의 근대적 개혁구상과 민중의 인식』, 역사비평사, 2005.

박일근,『근대한미외교사』, 박우사, 1968.

박지향,『일그러진 근대－100년 전 영국이 평가한 한국과 일본의 근대성』, 푸른역사, 2003.

박찬승,『한국근대정치사상사연구』, 역사비평사, 1992.

박천홍, 『(악령이 출몰하던) 조선의 바다-서양과 조선의 만남』, 현실문화연구, 2008.

박충석, 『한국정치사상사』, 삼영사, 1982.

_____ · 渡邊浩 편, 『국가이념과 대외인식-17~19세기』, 아연출판부, 2002.

박희병, 『연암을 읽는다』, 돌베개, 2006

백동현, 『대한제국기 민족담론과 국가구상』, 고려대 민족문화연구소, 2009.

서동욱, 『차이와 타자』, 문학과지성사, 2000.

서영희, 『대한제국정치사연구』, 서울대 출판부, 2003.

손승철, 『조선시대 한일관계사 연구-교린관계의 허와 실』, 경인문화사, 2006.

손정목, 『한국개항기 도시변화과정 연구』, 일조각, 1982.

손형부, 『박규수의 개화사상연구』, 일조각, 1997.

송병기, 『근대한중관계사연구』, 단국대 출판부, 1985.

송영배, 『동서철학의 교섭과 동서양 사유방식의 차이』, 논형, 2004.

송준호, 『조선사회사연구』, 일조각, 1987.

신용하, 『한국근대사와 사회변동』, 문학과지성사, 1980.

_____, 『한국근대사회의 구조와 변동』, 일지사, 1994.

_____, 『한말 애국계몽운동의 사회사』, 나남출판, 2003.

_____, 『한국 근대지성사 연구』, 서울대 출판부, 2005.

_____, 『신판 독립협회 연구-독립신문 · 독립협회 · 만민공동회의 사상과 운동』 상 · 하,
      일조각, 2006.

신일철, 『신채호의 역사사상 연구』, 고려대 출판부, 1983.

연갑수, 『대원군집권기 부국강병정책 연구』, 서울대 출판부, 2001.

_____, 『고종대 정치변동 연구』, 일지사, 2008.

연세대 국학연구원 편, 『전통의 변용과 근대개혁』, 대학사, 2004.

왕현종, 『한국 근대국가의 형성과 갑오개혁』, 역사비평사, 2003.

유영렬, 『개화기의 윤치호 연구』, 한길사, 1985.

_____, 『한국근대사의 탐구』, 경인문화사, 2006.

유영익, 『갑오경장연구』, 일조각, 1990.

윤덕한, 『이완용평전』, 중심, 1999.

이기문, 『개화기의 국문연구』, 일조각, 1970.

이능화, 『朝鮮基督敎及外交史』, 한국학연구소, 1977.

이상익, 『역사철학과 역학사상』, 성균관대 출판부, 1996.

_____, 『서구의 충격과 근대 한국사상』, 한울, 1997.

_____, 『유가사회철학 연구』, 심산, 2001.

이승원 외,『국가의 정치적 상상력―근대계몽기의 신체・전쟁・민족담론』, 소명출판, 2003.

이승종,『비트겐슈타인이 살아 있다면』, 문학과지성사, 2002.

이영찬,『유교사회학』, 예문서원, 2001.

이완재,『초기 개화파 연구』, 민족문화사, 1989.

이용희,『한족주의』, 서문당, 1977.

이진경,『근대적 시・공간의 탄생』, 푸른숲, 1997.

이진우,『탈현대의 사회철학』, 문예출판사, 1993.

이춘식,『사대주의』, 고려대 출판부, 1997.

이태진,『조선유교사회사론』, 지식산업사, 1989.

_____,『고종시대의 재조명』, 태학사, 2000.

_____ 외,『고종황제 역사청문회』, 푸른역사, 2005.

이혜경,『천하관과 근대화론―양계초를 중심으로』, 문학과지성사, 2003.

이화여대 한국문화연구원,『근대계몽기 지식 개념의 수용과 변용』, 소명출판, 2004.

_____,『근대계몽기 지식의 발견과 사유 지평의 확대』, 소명출판, 2006.

임형택,『실사구시의 한국학』, 창작과비평사, 2000.

장인성,『장소의 국제정치사상』, 서울대 출판부, 2002.

_____,『근대한국의 국제관념에 나타난 도덕과 관념』, 서울대 출판부, 2006.

전복희,『사회진화론과 국가사상』, 한울, 1996.

전봉덕,『한국근대법사상사』, 박영사, 1981.

전석담,『조선경제사』, 박문출판사, 1949.

전성우,『막스 베버 역사사회학 연구―서양의 도시시민계층 발전사를 중심으로』, 사회비평
     사, 1996.

전성우,『막스 베버 사회학』, 나남출판, 2013.

전해종,『한중관계사 연구』, 일조각, 1970.

정문길・최원식・백영서・전형준 편,『동아시아, 문제와 시각』, 문학과지성사, 1995.

정선태,『개화기 신문 논설의 서사 수용 양상』, 소명출판, 1999.

정옥자,『조선후기 역사의 이해』, 일지사, 1993a.

_____,『조선후기 지성사』, 일지사, 1993b.

_____,『조선후기 조선중화사상 연구』, 일조각, 1998.

_____ 외,『조선시대 문화사』상・하, 일지사, 2007.

정용화,『문명의 정치사상―유길준과 근대 한국』, 문학과지성사, 2004.

정재서 편,『동아시아 연구, 글쓰기에서 담론까지』, 살림, 1999.

정진석,『대한매일신보와 배설』, 나남출판, 1987.

조동걸,『한국 민족주의의 성립과 독립운동사연구』, 지식산업사, 1989.

조혜정,『글 읽기와 삶 읽기』1, 또하나의문화, 1992.

_____,『글 읽기와 삶 읽기』2, 또하나의문화, 1994.

최기영,『대한제국시기 신문 연구』, 일조각, 1991.

최덕수,『개항과 한일관계』, 고려대 출판부, 2004.

최문형,『제국주의 시대의 열강과 한국』, 민음사, 1990.

최병옥,『개화기의 군사정책연구』, 경인문화사, 2000.

최원식,『한국계몽주의문학사론』, 소명출판, 2002.

_____·백영서 편,『동아시아인의 '동양' 인식-19～20세기』, 문학과지성사, 1997.

최인훈,『회색인』, 문학과지성사, 1977.

최재석,『한국가족제도사연구』, 일지사, 1983.

최창규,『근대한국정치사상사』, 일조각, 1991.

하영선 외,『근대 한국의 사회과학 개념 형성사』, 창비, 2009.

한국사상사연구회편,『조선유학의 '개념'들』, 예문서원, 2002.

한기형 외,『근대어·근대매체·근대문학-근대매체와 근대 언어질서의 상관성』, 성균관
　　　대 출판부, 2006.

한우근,『한족주의역사학』, 일조각, 1994.

한일관계사논집 편찬위원회 편,『일본의 한국침략과 주권침탈』, 경인문화사, 2005.

한자경,『칸트와 초월철학-인간이란 무엇인가』, 서광사, 1992.

한철호,『친미개화파 연구』, 국학자료원, 1998a.

한형조,『주희에서 정약용으로』, 세계사, 1996.

_____,『왜 동양철학인가』, 문학동네, 2000.

허동현,『근대한일관계사연구-조사시찰단의 일본관과 국가구상』, 국학자료원, 2000.

현광호,『대한제국과 러시아 그리고 일본』, 선인, 2007.

황호덕,『근대 네이션과 그 표상들-타자·교통·에크리튀르』, 소명출판, 2005.

Adorno, Th. & M. Horkheimer, 김유동 역,『계몽의 변증법』, 문학과지성사, 2001.

Alexander, J. C. & S. Seidman, 윤민재·남은영 역,『문화와 사회』, 사회문화연구소, 1990.

_____, 이윤희 역,『현대 사회이론의 흐름』, 민영사, 1993.

Althusser, L., 이종영 역,『맑스를 위하여』, 백의, 1997.

Aristoteles, 천병희 역,『시학』, 문예출판사, 2002.

Arrington, R. L., 김성호 역,『서양윤리학사』, 서광사, 2003.

Austin, J., 김영진 역,『말과 행위』, 서광사, 1992.

Barthes, R., 이화여대 기호학연구소 역, 『모드의 체계』, 동문선, 1998.

_____, 김웅권 역, 『S / Z』, 동문선, 2006.

Beasley, W. G., 장인성 역, 『일본 근현대 정치사』, 을유문화사, 1999.

Berger, P., 이양구 역, 『종교와 사회』, 종로서적, 1987.

Carr, E. H., 김택현 역, 『역사란 무엇인가』, 까치글방, 1997.

Cohen, P., 이남희 역, 『학문의 제국주의』, 산해, 2003.

De Barry, Th. 표정훈 역, 『중국의 '자유' 전통』, 이산, 1998.

Deleuze, G., 이정우 역, 『의미의 논리』, 한길사, 1999.

_____, 김재인 역, 『천의 고원』, 새물결, 2001.

_____, 허경 역, 『푸코』, 동문선, 2003.

_____, 김상환 역. 『차이와 반복』, 민음사, 2004.

Derrida, J., 박성창 역, 『입장들』, 솔출판사, 1992.

_____, 김웅권 역, 『그라마톨로지에 대하여』, 동문선, 2004.

Deuchler, M., 이훈상 역, 『한국 사회의 유교적 변환』, 아카넷, 2003.

Dirlik, A., 설준규·정남영 역, 『전지구적 자본주의에 눈뜨기』, 창작과비평사, 1998.

Dray, W., 황문수 역, 『역사철학』, 문예출판사, 1980.

Duara, P., 문명기·손승회 역, 『민족으로부터 역사를 구출하기—근대 중국의 새로운 해석』, 삼인, 2004.

Durkheim, E., 노치준·민혜숙 역, 『종교생활의 원초적 형태』, 민영사, 1992.

Duus, P., 김용덕 역, 『일본근대사』, 지식산업사, 1983.

Edgar, A., Sedgwick, ed., 박명진 외역, 『문화이론 사전』, 한나래, 2003.

Eliade, M., 박규태 역, 『상징, 신성, 예술』, 서광사, 1991.

_____, 이은봉 역, 『성과 속』, 한길사, 1998.

Fairbank, J. K & E. O. Reischauer & A. M. Craig, 김한규·전용만·윤병남 역, 『동양문화사』 상·하, 을유문화사, 1991.

Fann, K. T., 황경식·이운형 역, 『비트겐슈타인의 철학이란 무엇인가?』, 서광사, 1989.

Fanon, F., 이석호 역, 『검은 피부 하얀 가면』, 인간사랑, 1998.

Fingarette, H., 송영배 역, 『공자의 철학』, 서광사. 1993.

Foucault, M., 이규현 역, 『성의 역사』 1(앎의 의지), 나남출판, 1990a.

_____, 문경자·신은영 역, 『성의 역사』 2(쾌락의 활용), 나남출판, 1990b.

_____, 이혜숙·이영목 역, 『성의 역사』 3(자기에의 배려), 나남출판, 1990c.

_____, Gordon, C., ed., 홍성민 역, 『권력과 지식』, 나남출판, 1991.

_____, 오생근 역, 『감시와 처벌』, 나남출판, 1994.

_____, 이정우 역,『담론의 질서』, 서강대 출판부, 1998.

_____, 이정우 역,『지식의 고고학』, 민음사, 2000.

_____, 홍성민 역,『임상의학의 탄생』, 이매진, 2006.

Freud, S., 임홍빈・홍혜경 역,『정신분석 강의』, 열린책들, 1997c.

_____, 김인순 역,『꿈의 해석』, 열린책들, 2004.

Gandhi, L., 이영욱 역,『포스트식민주의란 무엇인가』, 현실문화연구, 2000.

Garver, N & Lee Seung-Chong, 이승종・조성우 역,『데리다와 비트겐슈타인』, 민음사, 1998.

Gennep, A. Van, 서영대 역,『통과의례』, 인하대 출판부, 1986.

Giddens, A., 권기돈 역,『현대성과 자아정체성-후기 현대의 자아와 사회』, 새물결, 1997.

_____, 황명주 외역,『사회구성론』, 자작아카데미, 1998.

_____, 이종인 역,『뒤르켐』, 시공사, 2000.

Gilligan, C., 허란주 역,『다른 목소리로』, 동녘, 1997.

Girard, R., 김진식・박무호 역,『폭력과 성스러움』, 민음사, 2000.

Graham, A. G., 나성 역,『도의 논쟁자들』, 새물결, 2001.

Granet, M., 신하령・김태완 역,『중국의 고대 축제와 가요』, 살림, 2005.

_____, 유병태 역,『중국사유』, 한길사, 2010.

Gutting, G., 홍은영・박상우 역,『미셸 푸코의 과학적 이성의 고고학』, 백의, 1999.

Habermas, J., 박성수 역,『사회과학의 논리』, 문예출판사, 1986.

_____, 이진우 역,『현대성의 철학적 담론』, 문예출판사, 1994.

_____, 황태연 역,『도덕의식과 소통적 행위』, 나남출판, 1997.

_____, 이진우 역,『탈형이상학적 사유』, 문예출판사, 2000a.

_____, 한상진・박영도 역,『사실성과 타당성』, 나남출판, 2000b.

_____, 장춘익 역,『의사소통의 행위이론』 1, 나남출판, 2006a.

_____, 장춘익 역,『의사소통의 행위이론』 2, 나남출판, 2006b.

Harootunian, H., 윤영실・서정은 역,『역사의 요동-근대성, 문화 그리고 일상생활』, 휴머니스트, 2006.

Hegel, G. W. F., 임석진 역,『법철학』 2, 지식산업사, 1990.

_____, 임석진 역,『정신현상학』 1・2, 한길사, 2005.

Henrich, D., 이상률 역,『막스 베버의 과학방법론』, 이삭, 1983.

Hobsbawm, E., 강명세 역,『1780년 이후의 민족과 민족주의』, 창작과비평사, 1994.

Hunt, L. ed., 조한욱 역,『문화로 본 새로운 역사』, 소나무, 1996.

Husserl, E., 이종훈 역,『유럽학문의 위기와 선험적 현상학』, 한길사, 1997.

Jauss, H. R., 김경식 역,『미적 현대와 그 이후-루소에서 칼비노까지』, 문학동네, 1999.

Jenks, C., 김윤용 역,『문화란 무엇인가』, 현대미학사, 1996.

Kaltenmark, M., 장원철 역,『노자와 도교』, 까치, 1993.

Kant, I., 백종현 역,『실천이성 비판』, 아카넷, 2002.

_____, 김상현 역,『판단력 비판』, 책세상, 2005.

_____, 백종현 역,『순수이성 비판』1·2, 아카넷, 2006.

Koselleck, R., 한철 역,『지나간 미래』, 문학동네, 1998.

Lacan, J., 권택영 편역,『욕망이론』, 문예출판사, 1994.

Lèvi-Strauss, C., 안정남 역,『야생의 사고』, 한길사, 1996.

_____, 임봉길 역,『신화학』1(날것과 익힌 것), 한길사, 2005.

Löwith, K., 이상률 역,『베버와 마르크스』, 문예출판사, 1992.

Lyotard, J.-F., 유정완 외역,『포스트모던의 조건』, 민음사, 1999.

Marx, K., 김수행 역,『자본론』1, 비봉출판사, 1989b.

_____& F. Engels, 김대웅 역,『독일이데올로기』, 두레, 1989.

Masini, F., 이정재 역,『근대중국의 언어와 역사』, 소명출판, 2005.

Mason, J., 김두섭 역,『질적 연구방법론』, 나남출판, 1999.

Naoki, S., 후지이 타케시 역,『번역과 주체』, 이산, 2005.

Nasio, J.-D., 표원경 역,『정신분석학의 7가지 개념』, 백의, 1999.

_____, 임진수 역,『자크 라캉의 이론에 대한 다섯 편의 강의』, 교문사, 2000.

Needam, J., 김영식·김제란 역,『중국의 과학과 문명─사상적 배경』(Colin A. Ronan 축약
     본), 까치, 1998.

Nietzsche, F., 정동호 역,『차라투스트라는 이렇게 말했다』, 책세상, 2000.

Ong, W. J., 이기우·임명진 역,『구술문화와 문자문화』, 문예출판사, 1995.

Palais, J. B., 이훈상 역,『전통 한국의 정치와 경제』, 신원문화사, 1993.

_____, 김범 역,『유교적 경세론과 조선의 제도들』I·II, 산처럼, 2002.

Palmer, R. E., 이한우 역,『해석학이란 무엇인가』, 문예출판사, 1988.

Pink, B., 맹정현 역,『라캉과 정신의학』, 민음사, 2002.

Rahchman, J., 김재인 역,『들뢰즈 커넥션』, 현실문화연구, 2005.

Richard, I. A., 박우수 역,『수사학의 철학』, 고려대 출판부, 2001.

Ricoeur, P., 김한식·이경래 역,『시간과 이야기』1, 문학과지성사, 1999.

_____, 김한식·이경래 역,『시간과 이야기』2, 문학과지성사, 2000.

_____, 양명수 역,『해석의 갈등』, 아카넷, 2001.

Rorty, R., 박지수 역,『철학 그리고 자연의 거울』, 까치, 1998.

Said, E. W., 박홍규 역,『오리엔탈리즘』, 교보문고, 2000.

_____, 박홍규 역, 『문화와 제국주의』, 문예출판사, 2005.

Sartre, J. P., 양원달 역, 『존재와 무』 상·하, 을유문화사, 1983.

Saussure, F. de, 최승언 역, 『일반언어학 강의』, 민음사, 1990.

Schwartz, B., 나성 역, 『중국 고대 사상의 세계』, 살림, 1998.

_____, 최효선 역, 『부와 권력을 찾아서』, 한길사, 2006.

Simmel, G., 김덕영·윤미애 역, 『짐멜의 모더니티 읽기』, 새물결, 2005.

Spivak, G., 태혜숙·박미선 역, 『포스트식민 이성 비판』, 갈무리, 2005.

Stavrakakis, Y., 이병주 역, 『라캉과 정치』, 은행나무, 2006.

Tanaka, S., 박영재·함동주 역, 『일본 동양학의 구조』, 문학과지성사, 2004.

Taylor, C., 박찬국 역, 『헤겔철학과 현대의 위기』, 서광사, 1988.

Tilly, C., 안치민·박형신 역, 『비교역사사회학』, 일신사, 1999.

Turner, B., 최우영 역, 『근대성과 탈근대성의 역사사회학』, 백산서당, 2005.

Turner, G., 김연종 역, 『문화연구 입문』, 한나래, 1995.

Turner, V., 이기우·김익두 역, 『제의에서 연극으로』, 현대미학사, 1996.

_____, 박근원 역, 『의례의 과정』, 한국심리치료연구소, 2005.

Wagner, E. W., 이훈상·손숙경 역, 『조선왕조 사회의 성취와 귀속』, 일조각, 2007.

Weber, M., 박성수 역, 『프로테스탄티즘의 윤리와 자본주의 정신』, 문예출판사, 1988.

_____, 이상률 역, 『유교와 도교』, 문예출판사, 1990.

_____, 박성환 역, 『경제와 사회』 1, 문학과지성사, 1997a.

Wellmer, A., 이주동·안성찬 역, 『모더니즘과 포스트모더니즘의 변증법』, 녹진, 1993.

Winch, P., 김기현 역, 『사회과학과 철학』, 서광사, 1985.

Wittgenstein, L., 이영철 역, 『철학적 탐구』, 서광사, 1994.

Žižek, S., 이만우 역, 『향락의 전이』, 인간사랑, 2001.

_____, 이수련 역, 『이데올로기라는 숭고한 대상』, 인간사랑, 2002.

_____, 이성민 역, 『까다로운 주제』, 도시출판b, 2005.

加納喜光, 동의과학연구소 역, 『몸으로 본 중국사상』, 소나무, 1999.

溝口雄三, 김용천 역, 『중국 전근대 사상의 굴절과 전개』, 동과서, 2007.

_____·浜下武志·平石直昭·宮嶋博史 편, 『地域システム』, 東京大學出版會, 1993.

金觀濤, 하세봉 역, 『중국사의 시스템이론적 분석』, 신서원, 1997.

大濱晧, 이형성 역, 『범주로 보는 주자학』, 예문서원, 1997.

鹿野政直, 김석근 역, 『근대일본사상 길잡이』, 소화, 2004.

_____, 박유하 역, 『일본근대문학의 기원』, 민음사, 1997.

_____, 송태욱 역, 『탐구』 1, 새물결, 1998a.

_____, 김재희 역, 『은유로서의 건축』, 한나래, 1998b.

福澤諭吉, 양문송 역, 『학문을 권함』, 일송미디어, 2004.

_____, 허호 역, 『후쿠자와 유키치 자서전』, 이산, 2006.

小森陽一, 『일본어의 근대─근대 국가와 '국어'의 발견』, 소명출판, 2003.

汪暉, 이욱연 외역, 『새로운 아시아를 상상한다』, 창비, 2003

李孝德, 박성관 역, 『표상공간의 근대』, 소명출판, 2002.

酒井直樹, 이득재 역, 『사산되는 일본어·일본인』, 문화과학사, 2003.

中野敏男, 서민교·정애영 역, 『오쓰카 히사오와 마루야마 마사오』, 삼인, 2005.

淺田彰, 이정우 역, 『구조주의와 포스트구조주의』, 새길, 1995.

馮友蘭, 박성규 역, 『중국철학사』 상·하, 까치, 1999.

丸山眞男, 김석근 역, 『일본정치사상사 연구』, 통나무, 1995.

_____, 김석근 역, 『일본의 사상』, 한길사, 1998a.

_____, 박충석·김석근 역, 『충성과 반역』, 나남출판, 1998b.

_____, 김석근 역, 『'문명론의 개략'을 읽는다』, 문학동네, 2007.

_____·加藤周一, 임성모 역, 『번역과 일본의 근대』, 나남출판, 1998.

Abbott, H. P., *The Cambridge Introduction to Narrative*, Cambridge University Press, 2002.

Agamben, G., D. Heller-Roazen, trans., *Homo Sacer*, Stanford University Press, 1998.

Anderson, B., *Imagined Communities*(revised edition), London : Verso, 1991.

Ashcroft, Bill, *Post-Colonial Transformation*, London : Routledge, 2001.

Balibar, E. & I. Wallerstein, *Race, Nation, Class, Ambiguous Identities*, London : Verso, 1991.

Barker, C., *Making Sense of Cultural Studies : Critical Problems and Critical Debates*, California
         : Sage Publications, 2002.

Barthes, R., *Elements of Semiology*, A. Lavers & C. Smith, trans., Hill and Wang, 1977.

Bell, C., *Ritual Theory, Ritual Practice*, Oxford University Press, 1992.

_____, *Ritual perspectives and Dimensions*, Oxford University Press, 1997(electronic resourc
         e: http:// www.netLibrary.com/urlapi.asp?action=summary&v=1&bookid=23589
         An electronic book accessible through the World Wide Web; click for information).

Benjamin, W., *The Origin of German Tragic Drama*, John Osborne, trans., London : Verso,
         1998.

_____, H. Eiland & K. McLaughlin, trans., Rolf Tiedemann, eds., *The Aarcades Project
         : prepared on the basis of the German volume*, Cambridge, Mass : Belknap Press, 1999.

Bhabha, H., *The Location of Culture*, London : Routledge, 1994.

Bonnell, V. E. & L. Hunt ed., *Beyond The Cultural Turn*, California University Press, 1999.

Bourdieu, P., Richard Nice, ed., *Outline of a Theory of Practice*, Cambridge University Press, 1977.

Butler, J., *Gender Trouvle : Feminism and the Subversion of Identity*, London : Routledge, 1990.

_____, *Bodies that Matter*, New York and London : Routledge, 1993.

_____, *Excitable Speech : A Politics of the Performative*, London : Routledge, 1997a.

_____, *The Psychic Life of Power*, London : Routledge, 1997b.

_____, *Giving an Account of Oneself*, Fordham University Press, 2005.

Cavell, S., *The Claim of reason : Wittgenstein, skepticism, morality, and tragedy*, Oxford Univ. Press, 1979.

_____, *Philosophical Passages : Wittgenstein, Emerson, Austin, Derrida*, Oxford : Blackwell, 1995.

_____, Stephen Mulhall, ed., *The Cavell reader*, Cambridge, Mass.Oxford : Blackwell, 1996.

Culler, J., *The Pursuit of Signs : Semiotic, Literature, Deconstruction*, Cornell University Press, 1981.

_____, *On Deconstruction : Theory and Criticism after Structualism*, Cornell University Press, 1982.

David S. F., *The Cambridge companion to Walter Benjamin*, Cambridge University Press. 2004.

Derrida, J., G. Graff, ed., *Limited Inc.*, Evanston, Ill. : Northwestern University Press, 1988.

Dreyfus, H. L & P. Rabinow, *Michel Foucault : Beyond Structuralism and Hermeneutics*, The Chicago University Press, 1982.

Duus, P., *The Abacus and the Sword : The Japanese Penetration of Korea 1895~1910*, California University Press, 1995.

Felman, S., *The Literary Speech Act : Don Juan with J. L. Austin, or Seduction in Two Languages*, Catherine Porter, trans., Cornell University Press, 1983.

Foucault, M., *The Order of Things : A Archaeology of the Human Sciences*, New York : Vintage Books, 1973.

Gadamer, H-S. J. Weinsheimer & D. G. Marshall, trans., *Truth and Method(second edition)*, New York : Continuum, 1989.

Garfinkel, H., *Studies in Ethnomethodology*, Bergen County : Prentice Hall, 1967.

Garver, N., *This Complicated Form of Life*, La Salle : Open Court, 1994.

Giddens, A., *New Rules of Sociological Method : A Positive Critique of Interpretative Sociologies*, New York : Basic Books, 1976.

_____, *The Nation State and Violence*, California University Press, 1987.

Gilligan, C. et al, *Mapping the Moral Domain*, Harvard University Press, 1988.

Goffman, E., *The Presentaion of Self in Everyday life*, New York : Anchor Books, 1959.

_____, *Asylum : Essay on the Social Situation of Mental Patients and Other Inmates*, New York : Anchor Books, 1961.

_____, Behavior in Public Places : Notes on the Social Organization of Gatherings, Free Press, 1963.

Hall, D. & R. Ames, *Thinking through Confucius*, New York State University , 1987.

_____, *Anticipating China : Thinking through the Narratives of Chinese and Western Culture*, New York State University. 1995.

Hegel, G. W. F., *Introduction to the Philosophy of History*, Leo Rauch, trans., Hachett Publishing Company, 1988.

Jamson, F., *The Political Unconscious : Narrative as a Socially Symbolic Act*, Cornell University Press, 1981.

Lacan, J., A. Sheridan, ed., *The Four fundamental Concepts of Psycho-Analysis*, Norton Paperback, 1981.

Lai, K., *Learning from Chinese Philosophies : Ethics of Interdependent and Contextualised Self*, Aldershot : Ashgate, 2006.

Levinas, E., A. Lingis, trans., *Totality and Infinity*, Duquesne University Press, 1969.

Lewis, H. B., *Shame and Guilt in Neurosis*, International University Press, 1971.

Leys, R.. *From Guilt to Shame Auschwitz and After*, Princeton University Press, 2007.

Lynd, H. M., *On Shame and the Search for Identity*, London : Routledge, 1958.

Mead, G. H., *Mind, self, and society : from the standpoint of a behaviorist*, The Univ. of Chicago Press, 1962.

Nathason, D. L, ed., *The Many Faces of Shame*, New York : Guilford Press, 1987.

Piers, G. & M. B. *Singer, Shame and Guilt*, Charles C. Thomas, 1953.

Rabinow, P. & W. M. Sullivan eds., *Interpretive social science : a reader*, California University Press, 1979.

Schmid, A., *Korea Between Empires, 1895~1919*, Columbia University Press, 2002.

Scott, J., *A Matter of Record*, Cambridge : Polity Press, 1990.

Searle, J., *Expression and Meaning : Studies in the Theory of Speech Acts*, Cambridge University

Press, 1979.

_____, *Speech Acts : An Essay in the Philosophy of Language*, Cambridge University Press, 1969.

_____, *Intentionality : an Essay in the Philosophy of Mind*, Cambridge University Press, 1983.

Seidman, S. & D. G. Wagner eds., *Postmodernism & Social Theory : the Debate over General Theory*, Oxford : Basil Blackwell, 1992.

Seidman, S. ed., *The Postmodern Turn : New Perspective on Social Theory*, Cambridge University Press, 1994.

Shun Kwong-loi & D. B. Wong, eds., *Confucian Ethics : A Comparative Study of Self, Autonomy and Community*, Cambridge University Press, 2004.

Silverman, K., *The Subject of Semiotics*, Oxford University Press, 1983.

Steinhart, E. C., *The Logic of Metaphor : Analogous Parts of Possible Worlds*, Kluwer Academic Publishers, 2001.

Turner, B. & C. Rojek, *Society & Culture : Principles of Scarcity and Solidarity*, California : Sage Publications, 2001.

Turner, V., *Dramas, Fields, and Metaphors : Symbolic Action in Human Society*, Cornell University Press, 1974.

Vosniadou, S. & A. Ortony eds. *Similarity and Analogical Reasoning*, Cambridge University Press, 1989.

White, H., *Metahistory : The Historical Imagination in Nineteenth-Century Europe*, The Johns Hopkins University Press, 1973.

Wurmser, L., *Mask of Shame*, Johns Hopkins University Press, 1981.

Wuthnow, R., *Meanig and Moral Order : Exploration in Cultural Analysis*, California University Press, 1987.

Žižek, S., *The Plague of Fantasies*, London : Verso, 1997.

浜下武志, 『近代中國の國際的契機－朝貢貿易システムと近代アジア』, 東京大學出版會, 1990.

山邊健太郎, 『日本の韓國併合』, 東京－太平出版社, 1966.

原田環, 『朝鮮の開國と近代化』, 溪水社, 1997.

田保橋潔, 『近代日鮮關係の研究』, 朝鮮總督府中樞, 1940.

부록 : 자료표집 목록

자료표집의 할당표는 다섯 가지 사건사적 계열들에 대한 연구문헌
의 과다(寡多), 서양의 의미작용과 주체의 위치의 중요도에 대한 연구
자의 판단 등에 따라 작성되었다. 할당표는 다음과 같다.

㉠천주교	1801~1845년	1846~1865년	1866~1867년
주요 사건	신유사옥, 황사영 백서사건, 기해사옥	세실 함대 내항, 라피에르 함대의 내항	병인사옥, 병인양요
표집 수	5	5	15
㉡양요	1866~1870년		1871~1872년
주요 사건	제너럴 셔먼호 사건, 병인양요, 와추세트호 내항, 셰난도어호 내항		신미양요
표집 수	10		5
㉢수교	1869~1876년	1877~1882년	1883~1893년
주요사건	서계 접수 거부, 운양호 무력시위, 조일수호조규	이홍장·이유원 서신, 2차 수신사, 조미수호조규	갑신정변, 서유견문
표집 수	10	15	15
㉣기물	1880~1885년		1886~1893년
주요 사건	조선책략과 이언의 전래, 척화비 척거 교서, 개화상소 등장, 한성순보 발행		『한성주보』 발행
표집 수	20		5
㉤민간신문	1896~1898년		1899~1905년
주요 사건	독립신문·황성신문·데국신문 발행, 독립협회 결성, 대한제국 선포, 만민공동회		대한제국 국제 반포, 열강의 이권침탈 심화, 러일전쟁, 을사늑약
표집 수	20		25

546 | 차이와 윤리
개화 주체성의 형성

할당표에 나타나듯이 자료를 12가지로 분류한다. 우선 다섯 가지 사건사적 계열체별로 분류하고, 각 계열체별 자료들을 2~3가지로 다시 나눈 것이다. 자료분류의 지표들로는 먼저 사건사적 계열체 이름 ㉠ 천주교, ㉡ 양요, ㉢ 수교, ㉣ 기물, ㉤ 민간신문을 이용했고, 여기에 시간적 차원을 부가하였다. 이렇게 분류된 자료들의 목록은 다음과 같다.

1. 개항 이전―㉠ 1801~1845년
『순조실록』, 1801년 10월 27일, 세 번째 기사(討邪奏文) : 噫 西洋之國 ~不勝兢惶
『순조실록』, 1801년 12월 22일 첫 번째 기사(頒教文) : 惟上天 ~ 尊王綱
『순조실록』, 1802년 4월 10일, 첫 번째 기사(次對) : 又教曰 ~ 似無慮矣
『헌종실록』, 1839년 10월 18일 첫 번째 기사(斥邪綸音) : 嗚呼 中庸曰 ~怪詭不經之外道乎
『헌종실록』, 1839년 10월 18일, 첫 번째 기사(斥邪綸音) : 嗚呼 今距辛酉 ~ 戚戚于中哉

2. 개항 이전―㉠ 1846~1865년
『일성록』, 1846년 7월 15일, 두 번째 기사 : 予曰 佛朗國書見之乎 ~ 頗如中國文體矣
『일성록』, 1846년 7월 15일, 두 번째 기사 : 予曰 明春必有騷屑矣 ~ 邪術庶可禁止矣 予曰 當有處分矣
『헌종실록』, 1847년 8월 9일 세 번째 기사 : 성근묵의 상소와 비답
『일성록』, 1848년 4월 15일 첫 번째 기사(次對) : 仍教曰 今番彼舶 ~ 敦仁曰 亦無怪其然矣
『헌종실록』, 1848년 4월 15일 첫 번째 기사 (권돈인 상소)

3. 개항 이전―㉠ 1866~1867년
『고종실록』, 1866년 7월 8일 네 번째 기사(회답자문) : 回咨 : 弊邦自昨冬以來 ~ 有此覆陳
『고종실록』, 1866년 7월 8일 일곱 번째 기사(의정부 계)
『고종실록』, 1866년 7월 14일 첫 번째 기사(전교)
『고종실록』, 1866년 7월 30일 첫 번째 기사(次對) : 炳學曰 春間邪獄, ~ 教曰 依爲之也
『고종실록』, 1866년 8월 3일 첫 번째 기사(척사윤음) : 彼所謂造天之天主 ~ 此豈非聰明者之過歟
『고종실록』, 1866년 9월 9일 세 번째 기사(諭告) : 我國介在東海之東 ~ 偕底大道
『고종실록』, 1866년 9월 16일 다섯 번째 기사(勅諭) : 東俗自箕聖以來 ~嗚呼, 尚忍言哉
『승정원일기』, 1866년 9월 12일 (이항로 상소) : 然姑擧其大槪 ~ 又得之於此矣

『용호한록』, 第十八冊 九九四, 九月十四日, 「雲峴送政府書」

『고종실록』, 1866년 9월 16일 다섯 번째 기사(勅諭) : 東俗自箕聖以來 ~ 嗚呼, 尙忍言哉

『승정원일기』, 1866년 9월 19일 (이항로 상소) : 抑又有一獻焉 ~ 表裏相因 不可不加之
　　　意也

『승정원일기』, 1866년 10월 4일 (이항로 상소) : 自古異端 ~ 遏絶內應而爲外攘之田地矣

『승정원일기』, 1866년 10월 7일 (이항로 상소) : 因是而竊有所願 ~ 而我有不可攻之勢矣

『고종실록』, 1866년 11월 5일 네 번째 기사(회답자문) : 弊邦與英法兩國 ~ 千萬幸甚

4. 개항 이전―ⓛ 1866～1870년

『고종실록』, 1866년 7월 30일 첫 번째 기사(次對) : 又曰 武備之解弛 ~ 期有實效也

『승정원일기』, 1866년 8월 16일(기정진 상소) : 古者兩國相攻 ~ 古者兩國相攻

『고종실록』, 1866년 8월 18일 다섯 번째 기사 : 敎曰 么麽小醜 ~ 是臣區區之望

『승정원일기』, 1866년 9월 3일(박주운 상소) : 而惟其昇平已久 ~ 則戚氏所謂任他百萬
　　　來犯者是也 : 且中國之地形 ~ 兵甲器械之利 無與焉

『古歡堂集』 「請勸設民堡增修江防疏」, 今夫夷情叵測 ~ 安見我師之必不勝也

『고종실록』, 1866년 9월 11일 아홉 번째 기사(회답격문) : 然交隣柔遠 ~ 此若免誅, 可謂
　　　無天

『雲養集』 卷之十一, 「洋擾時答某人書」, 然竊謂禦洋之道 ~ 謂之何哉

『瓛齋集』 卷之七 「擬黃海道觀察使答美國人照會」

『승정원일기』, 1867년 1월 16일(신관호 상소) : 臣聞天下之變 ~ 其變恒出於其所不慮
　　　未及救者多矣, 夫制勝, 莫先于科敵 ~ 此臣所爲憧憧而不能已於言也

5. 개항 이전―ⓛ 1871～1872년

『고종실록』, 1871년 2월 21일 두 번째 기사 (회답자문) : 該國之不欲受人凌虐 ~ 勿令非
　　　理相干而已

『고종실록』, 1871년 4월 17일 세 번째 기사(대원군의 편지) : 且念貴國俗尙禮讓 ~ 不宣

『승정원일기』, 1871년 4월 20일(進講) : 炳學曰, 洋船之逗遛內洋 ~ 豈可以人理責之乎

『고종실록』, 1871년 5월 17일 네 번째 기사(자문) : 今此美船之來 ~ 計專於刦盟, 斯可知
　　　矣, 彼其外託和好 ~ 萬萬大願

『瓛齋集』 卷之八 書牘 與溫卿 : 其間二帆一船出去時 ~ 是不識禮義爲何件物事之口
　　　氣也

6. 개항 전후부터 갑오경장 이전까지-ⓒ 1869~1876년

『瓛齋集』卷之十 書牘,「與萬庸叟靑藜」: 東國不嫺兵事 ~ 乃至於此者耶

『승정원일기』, 1875년 5월 10일(次對): 上曰 倭館書契 ~ 其將如何爲言乎

『瓛齋集』卷之十一 書牘「答上大院君 甲戌」: 大凡人之有書 ~ 如何如何。

『瓛齋集』卷之十一 書牘「答上大院君 乙亥正月」: 大抵自初至今 ~ 此豈非自我激變
　　之事乎

『瓛齋集』卷之十一 書牘「答上大院君 又乙亥五月」: 大抵大臣諸宰之意 ~ 誠不忍目
　　見者存焉故耳

『瓛齋集』卷之十一 書牘「答上大院君 又」: 春秋二百四十餘年之間 ~ 各隨其宜耳

『고종실록』, 1875년 11월 15일 첫 번째 기사: 交隣文字 ~ 恐爲允當

『고종실록』, 1876년 1월 5일 첫 번째 기사(議政府啓): 其在柔遠之誼 ~ 恐爲允當

『승정원일기』, 1876년 1월 24일(議政府啓)

『승정원일기』, 1876년 2월 6일: 仍奏曰 彼人以爲 ~ 予曰 卿言甚當矣

7. 개항 전후부터 갑오경장 이전까지-ⓒ 1877~1882년

『고종실록』, 1879년 7월 19일 첫 번째 기사(편지): 萬一日本陰結英法美諸邦 ~ 鳴鼓而
　　攻之

『고종실록』, 1879년 7월 19일 첫 번째 기사(편지): 第目前情事 ~ 無寧粤交之坐守爲得歟

「大淸欽使筆談錄」(송병기 편역, 『개방과 예속』), 7월 18일: 璋曰 近日西洋各國 ~ 第當
　　歸告朝廷

『易言』,「論公法」: 勿拘於成例 ~ 其國爲萬國之一而後 公法可行焉

「조선책략」(송병기 편역, 『개방과 예속』): 天下皆知其志之不少 ~ 今日之急務 莫急於
　　防俄

「조선책략」(송병기 편역, 『개방과 예속』): 泰西通例 ~ 而稍存顧忌

「조선책략」(송병기 편역, 『개방과 예속』): 惟美國自以爲信義所著 ~ 是不達時務之說也

「조선책략」(송병기 편역, 『개방과 예속』): 守先王遺訓 ~ 使歐人不敢肆其惡

『승정원일기』, 1880년 9월 8일(次對): 上曰 防備之策何如乎 ~ 而爲安宗社之策也

『雲養集』卷之十一 書牘,「上北洋大臣李鴻章書」: 伊後西勢日旺 ~ 所以中堂屢示警告

『雲養集』卷之十一 書牘,「上北洋大臣李鴻章書」: 小邦積弱之餘 ~ 此又急務 最當先
　　者也

『陰晴史』상, 1882년 2월 11일: 主人曰 美國在泰西諸國 ~ 何時當舒氣擡頭

『고환당집』「復長岐縣令內海忠勝君」: 雖在盟約之後 ~ 夫以春秋覇者之謠兵 不至於此

『고종실록』, 1882년 3월 29일 첫 번째 기사(송근수 상소) : 今所謂倭卽一洋也 ~ 傳笑於
四方

『고종실록』, 1882년 8월 5일 다섯 번째 기사(傳敎) : 挽近以來 ~ 其失在誰

8. 개항 전후부터 갑오경장 이전까지—ⓒ 1883~1893년

『推案及鞫案』, 「大逆不道罪人喜貞等鞫案」 : 其時入去二十餘名之中 ~ 而西洋諸國
得與同列乎

「조선개혁의견서」(『김옥균전집』) : 自來淸國之自爲屬國 ~ 則政治外交不可不修自强

「池運永事件糾彈上疏文」(『김옥균전집』) : 方今 世界가 商業을 ~ 國家의 廢亡을 期待
할 뿐이오니

『윤치호일기』, 1884년 1월 2일 : 朝訪於機務處 ~ 何其言之愚也

『윤치호일기』, 1884년 1월 10일 : 是夜 ~ 而可傳播其主之本爲其家奴僕等說乎

『윤치호일기』, 1884년 8월 7일 : 歐美各國 ~ 視淸人如上人者乎

『한성주보』 1886년 5월 24일, 「論西日條約政証案」 : 方今時局紛紜 ~ 奉公法而行天下
之公乎

「박영효 건백서」 : 且隣有一國 以同類之人 ~ 皆反求諸己

「박영효 건백서」 : 夫魯雖君主獨裁之邦 ~ 非人民之禍也

「박영효 건백서」 : 是以雖立法行罰 ~ 而俗美於下矣

「박영효 건백서」 : 若政府只有罰人之政 ~ 故不服束縛之政而動之

「박영효 건백서」 : 方今宇內萬國 ~ 心懷虎狼

『서유견문』 「西遊見聞序」 : 聖上御極하신 十八年辛巳春에 ~ 蠻種에 不止흠이라

『서유견문』 「開化等級」 : 大槪 開化라 ᄒᆞᄂᆞᆫ ~ 開化ᄒᆞᄂᆞᆫ 者의 大道라

『서유견문』 「開化等級」 : 世級이 降흘ᄉᆞ록 ~ 潤色흘 ᄯᆞ름이라

『서유견문』 「開化等級」 : 開化ᄒᆞᄂᆞᆫ 事를 主張ᄒᆞ야 務行ᄒᆞᄂᆞᆫ ~ 主人의 堂戶에 入居ᄒᆞ
기도 成就흘더라

9. 개항 전후부터 갑오경장 이전까지—ⓒ 1880~1885년

「大淸欽使筆談錄」(송병기 편역, 『개방과 예속』), 7월 15일 : 憲曰 朝廷之於貴國 ~ 敢不
敬服

「修信使金弘集聞見事件別單」(송병기 편역, 『개방과 예속』) : 日本公使 ~ 亦以不可不
遣使久住爲言是白齊

『易言』, 「論公法」 : 近百年來 ~ 旣久成效自徵

「조선책략」(송병기 편역, 『개방과 예속』) : 今天下萬國 互相往來 〜 在實力不在虛飾

「조선책략」(송병기 편역, 『개방과 예속』) : 又遣學生 〜 朝鮮自强之基 基此矣

「조선책략」(송병기 편역, 『개방과 예속』) : 中國聖人之道 〜 此又自强之基也

「조선책략」(송병기 편역, 『개방과 예속』) : 苟使從事於西學 〜 此于自强之基也

『고종실록』, 1881년 윤7월 6일(홍재학 상소) : 夫磨而不磷 〜 已是陷溺之甚者也

『고종실록』, 1881년 윤7월 6일(홍재학 상소) : 神州陸沈 〜 決不如是之昧然也

『雲養集』卷之八 疏「以領選使渡灣時疏」: 謹按周書曰 〜 而欲保之於危亂之前也

『고종실록』, 1882년 8월 5일 다섯 번째 기사(傳敎) : 惟我東方 〜 誠以勢不得已也

『고종실록』, 1882년 8월 5일 다섯 번째 기사(傳敎) : 且見器械製造之稍效西法 〜 何以
　　禦彼之侮而防其覬覦乎

『승정원일기』, 1882년 12월 22일(윤선학 상소) : 臣看中國人所編易言冊子 〜 是驛傳古
　　今之異也

「경쟁론」(『유길준전집』 4) : 世道人心의 前進步驟 〜 競爭精神을 活潑ㅎ게 ㅎ고

『한성순보』 1883년 10월 31일, 「旬報序」: 禹鼎示象 〜 庶乎開局之本旨也歟

『한성순보』 1883년 12월 20일, 「通籌天下大局策引」: 夫洪濛剖判以來 〜 右中國公
　　報論說

「治道略論」(『김옥균전집』) : 當今宇內氣運丕變 〜 殆指不勝屈

『승정원일기』, 1884년 7월 24일(오감 상소) : 以當今之事勢論之 〜 故傾其社稷而辱且亡

『승정원일기』, 1884년 7월 24일(오감 상소) : 夫所謂有國之爲政者 〜 不可不先立者

10. 개항 전후부터 갑오경장 이전까지 ― ㉣ 1886〜1893년

『한성주보』 1886년 1월 25일, 「論學政第一」: 現查歐洲各國之獨擅富强者 〜 莫急於張
　　學政

『한성주보』 1886년 3월 1일, 「論商會」: 今查海外各國 〜 快彈振興之勢

『雲養集』卷之八 說, 「時務說 : 送陸生鍾倫遊天津」: 夫所謂時務者何也 〜 不固其本
　　而先學他人之末 可謂知乎

『서유견문』, 「開化等級」: 時勢를 量ㅎ며 處地를 察ㅎ야 〜 一箇 開化의 病身이라

11. 갑오경장 이후 ― ㉤ 1896〜1898년

『독립신문』, 1896년 4월 7일 : 우리 신문이 한문은 아니쓰고 〜 모도 보고 알어보기가 쉬흘
　　터이라

『독립신문』, 1896년 4월 9일 : 무론 어늬 나라 사름이든지 〜 늠의게 대접도 바들터이홈

『독립신문』, 1896년 4월 16일 : 관찰ᄉ와 원이라 ᄒᄂᆫ것슨 ~ 스스로 싱길거시요

『독립신문』, 1896년 5월 9일 : 놈의 나라ᄂᆫ 사ᄅᆷ이 셋만 ~ 업수히 넉임을 아니 밧으리요

『독립신문』, 1896년 5월 26일 : 정부와 빅셩 ᄉ이에 ~ 정부와 빅셩이 화목히 지내리요

『독립신문』, 1896년 6월 16일 : 죠션 사나희들이 ~ 후회ᄒᆯ 듯 ᄒ노라

『독립신문』, 1896년 6월 30일 : 기화란 말은 ~ 싱각할 터이요

『독립신문』, 1896년 8월 1일 : 죠션 사ᄅᆷ이 남의게 ~ 엇지 어리셕지 안ᄒ리요

『독립신문』, 1896년 8월 1일 : 죵시도 몸이 약ᄒ고 ~ 단닐 싱각이 엇지 나지 안ᄒ리요

『독립신문』, 1896년 9월 29일 : 나라히 기화되고 안된거슬 ~ 알기를 ᄇ라노라

『독립신문』, 1896년 10월 8일 : 말을 넑어보면 ~ 엇지 우리 말을 듯지 안ᄒ리요

『독립신문』, 1896년 11월 26일 : 가란ᄒ다 업슈히 ~ 깃부지 아니 ᄒ리오

『독립신문』, 1897년 1월 9일 : 오늘날 죠션 사ᄅᆷ들은 ~ 돈 밧은 것만 감샤히 넉이며

『독립신문』, 1897년 1월 26일 : 죠션과 쳥국셔 ~ 신교ᄒᄂᆫ 이도 잇ᄂᄃ

『독립신문』, 1898년 2월 12일 : 남녀간에 혼인ᄒ라 ᄒᄂ ~ 셰상에 몹쓸 고싱이 되ᄂᆫ 일이요

『독립신문』, 1898년 2월 13일 : 지금 죠션 병은 죠션 안에 잇ᄂᆫ ~ 곳칠 생각이 업ᄂᆫ 거시라

『독립신문』, 1898년 3월 8일 : 대한 사ᄅᆷ들이 용ᄆᆼ과 무긔가 ~ 거울 ᄀ치 들여다 보면서

『뎨국신문』, 1898년 8월 17일 : 졔 나라에서 밤낫 압졔만 밧던 사ᄅᆷ은 ~ 남의게 슈모를 면
　　　　ᄒ리오

『뎨국신문』, 1898년 8월 24일 : 기화가 되여 녯법을 ~ 걱졍ᄒᄂᆫ 사ᄅᆷ이 몃치 못되ᄂᆫ 것도
　　　　나 ᄒ나 썩문이라

『뎨국신문』, 1898년 8월 31일 : 외국 친구들이 혼히 말ᄒ긔를 ~ 비로소 분ᄒ고 원통하다
　　　　ᄒ니

『황셩신문』, 1898년 9월 8일 : 이제 우리 이쳔만동포 형뎨가 ~ 착명ᄒ시기를 ᄇ라나이다

『뎨국신문』, 1898년 9월 8일 : 근일에 죵죵 ~ 사ᄅᆷ 노릇들을 ᄒ여 보시오

12. 갑오경장 이후－ⓜ 1899~1905년

『황셩신문』, 1899년 3월 15일 : 今日 我國으로 觀할진딘 ~ 新聞社만 非斥함이로다

『황셩신문』, 1899년 3월 18일 : 父詔其子ᄒ며 ~ 其一雪此言哉어다

『독립신문』, 1899년 3월 31일 : ᄯᅩᄒ 관인된 쟈가 빅셩의 ~ 다이 잇ᄂ지 싱각ᄒᆯ지어다

『황셩신문』, 1899년 4월 4일 : 富貴ᄒ 者ᄂᆫ 其多銀多穀홈을 ~ 猶愈치 아니ᄒ리오

『황셩신문』, 1899년 4월 5일 : 夫人民을 保護ᄒᄂᆫ 道ᄂᆫ ~ 엇지 此法에 基치 아님이리오

『황셩신문』, 1899년 4월 7일 : 長連郡民人들은 官長에게 ~ 先覺者ᄂᆫ 아마 西北人일 듯

『황셩신문』, 1899년 5월 17일 : 大凡 天下에 有道의 國은 ~ 國事를 專力홀지어다

『황성신문』, 1899년 6월 30일 : 此時는 仲夏天氣라 ~ 客이 默然히 退ᄒ더라

『황성신문』, 1899년 9월 19일 : 大凡 人이 侮辱을 當ᄒ야 ~ 憤心이 何如할지오

『황성신문』, 1899년 11월 3일 : 萬國이 虎視ᄒ며 ~ 我先明覘豫揣ᄒ야

『황성신문』, 1899년 12월 9일 : 休休者ㅣ 問曰 公의 國俗은 ~ 窃爲不取하노라

『황성신문』, 1899년 12월 11일 : 人도 恥가 不可無오 ~ 幾人이 有할는지 不知로듸

『황성신문』, 1899년 12월 12일 : 均霑利益 四字는 ~ 第當如何할는지

『황성신문』, 1900년 2월 13일 : 或이 問曰 我國의 便戰이란 ~ 將焉用之ᄒ리오

『뎨국신문』, 1900년 4월 6일 : 서양 빅셩은 유세가에 ~ 태셔 각국과 갓치 기명홀 쯧

『황성신문』, 1900년 4월 7일 : 永登浦 停車場에 ~ 目不忍見이라

『뎨국신문』, 1901년 5월 25일 : 오날날 당ᄒ야 세계 만국이 ~ 겨를치 못홀 터이어늘

『황성신문』, 1901년 9월 13일 : 鬱之字義가 有五ᄒ니 ~ 是曰 眞鬱이라 ᄒ노라

『황성신문』, 1902년 2월 1일 : 夫反乎榮者을 ~ 惡得免全體未解之譏乎리오

『황성신문』, 1902년 6월 28일 : 余ㅣ 嘗過一家러니 ~ 嗚乎子言之誤世也여

『황성신문』, 1902년 7월 18일 : 奈此錮蔽俗習이 ~ 豈有眞實不知之理哉아

『황성신문』, 1904년 2월 29일 : 盖奸黨之蠹國病民하야 ~ 反喜外兵之入城乎

『황성신문』, 1904년 4월 30일 : 本記者난 於舊學新法에 ~ 宜用力而勉之也夫인져

『뎨국신문』, 1905년 6월 14일 : 고금 동서양 물론ᄒ고 ~ 선비라 ᄒ깃고

『황성신문』, 1905년 11월 20일 : 噫 彼豚犬不若한 所謂 ~ 痛哉痛哉라 同胞아 同胞아